펠로폰네소스 전쟁사

펠로폰네소스 전쟁사

도널드 케이건

허승일, 박재욱 옮김

THE PELOPONNESIAN WAR

by Donald Kagan

Copyright © 2003 by Donald Kagan
All rights reserved including the right of reproduction in whole or in part in any form.
This edition published by arrangement with Viking, an imprint of Penguin Publishing Group,
a division of Penguin Random House LLC.
Korean translation copyright © 2006 by Kachi Publishing Co., Ltd.
Korean translation rights arranged with Viking, an imprint of Penguin Publishing Group, a
division of Penguin Random House LLC through EYA(Eric Yang Agency).

이 책의 한국어판 저작권은 EYA(Eric Yang Agency)를 통한 Viking, an imprint of Penguin Publishing Group, a division of Penguin Random House LLC와의 독점계약에 의해서 (주)까치글방에 있습니다. 저작권법에 의해 한국 내에서 보호를 받는 저작물이므로 무단전재 및 무단복제를 금합니다.

허승일(許勝一)은 서울대학교 사학과 출신으로「로마 군대와 원로원의 정치」로 문학박사 학위를 받았다. 서울대 역사교육과 교수, 고전학회, 서양사학회, 고대역사문화학회 회장을 역임했고, 현재는 서울대 명예교수와 키케로학회, 한국서양사연구회 회장으로 있다. 저서로는『증보 로마공화정연구』와『스파르타 교육과 시민 생활』, 역서로는『키케로의 의무론』과『로마혁명사』 1, 2가 있으며, 그라쿠스 형제 개혁을 비롯한 다수의 논문들이 있다.

박재욱(朴在旭)은 서울대학교 인문대학 서양사학과에서 학사, 석사를 마치고 박사과정을 수료했다. 석사논문으로는「스파르타의 아고게(공교육제도)의 전통과 역사적 변화」를 썼고,『문자이야기』를 번역한 바 있다. 스파르타의 교육과 문화, 아테네 민주정, 그리스 비극 등에 관심을 가지고 박사논문을 준비하고 있다. 서울대, 공주대, 목원대 등에서 강의하고 있다.

편집_교정 권은희(權恩喜)

펠로폰네소스 전쟁사

저자/도널드 케이건
역자/허승일, 박재욱
발행처/까치글방
발행인/박후영
주소/서울시 용산구 서빙고로 67, 파크타워 103동 1003호
전화/02 · 735 · 8998, 736 · 7768
팩시밀리/02 · 723 · 4591
홈페이지/www.kachibooks.co.kr
전자우편/kachibooks@gmail.com
등록번호/1-528
등록일/1977. 8. 5
초판 1쇄 발행일/2006. 9. 15
      6쇄 발행일/2020. 12. 3

값/뒤표지에 쓰여 있음

ISBN 89-7291-411-8 03920

나의 손자, 손녀
데이비드와 엘레나에게

감사의 글

이 책에 쓸 수 있도록 영감을 불어넣어준 것은 나의 제자였고 오랜 친구가 된 루이빌 대학의 존 로버츠 헤일이다. 그는 장거리 비행기 여행 중에 나를 설득했다. 누군가는 비전문가 독자들을 위해서 한 권짜리 펠로폰네소스 전쟁사를 써야 하고, 내가 적임자라는 것이었다. 나는 즐겁게 이 책을 썼고, 그는 초고를 읽어주었다. 그의 재능, 열정, 그리고 우정에 감사한다. 나는 또 편집자 릭 코트에게 감사한다. 그는 대단히 꼼꼼하게 읽고 조언을 해주었다. 그 덕에 이 책의 많은 부분이 개선되었다. 그의 큰 친절에 감사한다. 또 나의 아들들 프레드와 밥에게 감시한다. 모두 역사학자인 그 둘은 뛰어난 저술들로 나를 가르쳤고, 헤아릴 수 없이 많은 놀라운 대화들로 나를 도왔다. 마지막으로 나는 내 아네 미르나에게 감사한다. 두 아들을 훌륭하게 키웠고, 그들의 아버지를 나무랄 데 없이 내조했다.

차례

서론 13

제1부 ✤ 전쟁을 향하여

제1장 치열한 경쟁 (기원전 479-439년)　23
제2장 "머나먼 나라에서 벌어진 분쟁" (기원전 436-433년)　47
제3장 아테네의 개입 (기원전 433-432년)　53
제4장 개전 결정 (기원전 432년)　65

제2부 ✤ 페리클레스 전쟁

제5장 전쟁의 목표와 자원 (기원전 432-431년)　83
제6장 테베의 플라타이아 공격 (기원전 431년)　91
제7장 흑사병 (기원전 430-429년)　104
제8장 페리클레스의 마지막 날들 (기원전 429년)　117
제9장 제국의 반란 (기원전 428-427년)　131
제10장 공포와 모험 (기원전 427년)　147

제3부 ✤ 새로운 전략

제11장 데모스테네스와 새로운 전략 (기원전 426년)　161
제12장 필로스와 스팍테리아 (기원전 425년)　175

제13장 공세에 나선 아테네 : 메가라와 델리온 (기원전 424년) 197
제14장 브라시다스의 트라케 출정 (기원전 424-423년) 212
제15장 평화의 도래 (기원전 422-421년) 225

제4부 🌿 거짓된 평화

제16장 평화의 해체 (기원전 421-420년) 241
제17장 아테네와 아르고스의 동맹 (기원전 420-418년) 256
제18장 만티네아 전투 (기원전 418년) 276
제19장 만티네아 전투 이후 : 스파르타와 아테네의 정치와 정책
       (기원전 418-416년) 293

제5부 🌿 시칠리아에서의 재앙

제20장 결정 (기원전 416-415년) 303
제21장 본국의 전선과 제1차 작전 (기원전 415년) 313
제22장 제1차 시라쿠사 공격 (기원전 415년) 328
제23장 시라쿠사 포위공격 (기원전 414년) 338
제24장 포위군이 포위되다 (기원전 414-413년) 354
제25장 패배와 파멸 (기원전 413년) 370

제6부 🌿 제국과 아테네에서의 혁명

제26장 재난, 그 이후 (기원전 413-412년) 385
제27장 에게 해의 전쟁 (기원전 412-411년) 401
제28장 혁명을 향한 움직임 (기원전 411년) 424
제29장 쿠데타 (기원전 411년) 435
제30장 권력을 잡은 400인 협의회 (기원전 411년) 446
제31장 5,000인회 (기원전 411년) 458
제32장 헬레스폰토스의 전쟁 (기원전 411-410년) 469

제7부 🌿 아테네의 몰락

제33장 회복 (기원전 410-409년)   485
제34장 알키비아데스의 귀환 (기원전 409-408년)   496
제35장 키로스와 리산드로스, 그리고 알키비아데스의 몰락
       (기원전 408-406년)   507
제36장 아르기누사이 (기원전 406년)   520
제37장 아테네의 몰락 (기원전 405-404년)   541
결론   561

   펠로폰네소스 전쟁사 자료들   567
   역자 후기   573
   인명 색인   575

지도 차례

그리스와 소아시아 서부   18-19
1. 스파르타와 펠로폰네소스   26
2. 아테네 제국, 기원전 450년경   30-31
3. 에게 해   35
4. 아티카, 메가라, 보이오티아   37
5. 이탈리아 남부와 시칠리아   42
6. 사모스와 밀레토스   44
7. 에피담노스와 코르키라   48
8. 시보타 전투   59
9. 칼키디케와 트라케   61
10. 펠로폰네소스, 필로스, 스팍테리아, 키테라   84
11. 그리스 동북부   100
12. 코린토스 만   123
13. 시칠리아와 이탈리아 남부   156
14. 그리스 중부   162
15. 필로스와 스팍테리아   180
16. 암피폴리스와 인근 지역   215
17. 아르고스로 접근, 기원전 418년   271
18. 아르고스 평원, 기원전 418년   272
19. 만티네아 전투   279
20. 시칠리아와 이탈리아 남부   322
21. 아나포스 전투   329
22. 시라쿠사 포위   339
23. 에게 해와 소아시아   403
24. 헬레스폰토스 해협   422
25. 키지코스 전투   479
26. 보스포로스와 마르마라 해   498
27. 아르기누사이   526
28. 아르기누사이 전투   528
29. 아이고스포타미 전투   547

서론

기원전 5세기 말에 아테네는 거의 30년 동안 스파르타 동맹과 싸웠고, 그 끔찍한 전쟁은 그리스 세계와 문명을 영원히 바꾸었다. 이 전쟁이 벌어지기 겨우 반세기 전에만 해도, 스파르타와 아테네는 그리스인을 단결시켜 거대한 페르시아 제국의 습격에 대항해 싸워 이겼다. 그들은 페르시아의 육군과 해군을 유럽에서 몰아내어 자신들의 독립을 지켰고, 소아시아 해안의 그리스 도시들을 페르시아의 지배로부터 회복했다.

이 놀라운 승리는 그리스에 성장, 번영, 확신의 자랑스러운 시대를 열어주었다. 특히 아테네인은 번성하여 인구가 증가했고, 제국을 건설하여 부와 영광을 누렸다. 아테네의 젊은 민주정은 번성해서 정치 참여, 기회, 정치권력을 시민단의 최하위 계층까지 부여했으며, 그들의 새로운 정체(政體)는 다른 그리스 도시들에서도 뿌리를 내리기 시작했다. 이때는 비범한 문화적 성취의 시대이기도 했다. 아마 독창성과 풍부성에서는 인류 역사 어디에서도 이와 필적할 만한 시대가 없을 것이다. 아이스킬로스, 소포클레스, 에우리피데스, 아리스토파네스와 같은 극작가들은 비극과 희극을 결코 넘어서지 못할 수준까지 올려놓았다. 아테네, 올림피아, 그리고 그리스 세계 전역에서 파르테논 신전과 여러 건물들을 만든 건축가들과 조각가들은 서양 예술의 경로에 강력한 영향을 끼쳤고, 그 영향력은 오늘날에도 여전하다. 아낙사고라스와 데모크리토스 같은 자연철학자들은 인간의 이성만을 사용해서 물리 세계를 이해하고자 노력했고, 프로타고라스와 소크라테스 같은 도덕 및 정치 철학의 선구자들은 인간과 관련된 영역에서 같은 노력을 기울였다. 히포크라테스와 그의 학파는 의학에서 위대한 진보를 이루었고, 헤로도토스는 우리가 오늘날 이해하는 형태의 역사학을 발명했다.

펠로폰네소스 전쟁은 이 놀라운 시대를 끝내버렸다. 그리고 그 전쟁에 참여한 사람들조차도 이것을 결정적인 전환점으로 인식했다. 위대한 역사가 투키디데스는 전쟁이 시작되자 자신은 즉시 그 전쟁에 대한 역사 서술을 시작했다고 말한다.

이 전쟁이 이전에 벌어졌던 모든 전쟁들보다 더 거대하고 주목할 만한 것이리라고 믿었다. 그것은 당시에 양쪽 세력이 모든 면에서 전쟁 준비가 최고로 잘 되어 있었다는 사실에서 나온 추론이었다. 나는 나머지 헬라인들이 이쪽 또는 다른 쪽 편에, 즉시 참여하거나 혹은 장차 참여할 계획인 것을 보았다. 이는 이 전쟁이 전에 헬라인을 뒤흔들었던 그 어떤 것보다 더 거대한 동란이자 일부 이방인들에게 또는 인류의 매우 많은 부분에까지 확장된 것이었기 때문이다.(1.1.2)[1]

기원전 5세기 그리스인의 관점에서는 펠로폰네소스 전쟁이 당연히 세계대전으로 인식되었을 것이다. 이 전쟁으로 수많은 사람들이 목숨을 잃었고, 막대한 재산이 파괴되었으며, 분파와 계급의 적대감이 증폭되었고, 그리스 국가들이 내부적으로 분열되고 서로간의 관계가 불안정해져서 결과적으로 외부로부터의 정복에 저항할 능력이 약화되었다. 이 전쟁은 또한 성장 일로의 민주정의 경향을 역전시켰다. 아테네가 강력하고 성공적이었을 때에는 아테네의 민주적 정체가 다른 국가를 끌어들이는 자석 역할을 했다. 그러나 아테네의 패배는 그리스의 정치적 발전에서 결정적인 사건이었고, 그 결과 그리스는 과두정의 방향으로 나아가게 되었다.

펠로폰네소스 전쟁은 또한 유례없이 잔혹한 분쟁이었다. 이전에 그리스의 전쟁을 지배했던 가혹한 규칙마저도 위반했고, 문명과 야만을 분리하는 가느다란 선을 끊어버렸다. 싸움이 길어지면서 분노, 좌절, 복수의 욕망이 증가했고, 그 결과 포로가 된 적을 불구로 만들거나 죽이는 등의 잔혹행위가 진행되었다. 포로를 구덩이에 던져넣어 갈증과 굶주림 속에 죽어가도록 했다. 바다에 빠뜨려 익사시키기도 했다. 약탈자의 무리가 죄

---

[1] Richard Crawley(*Modern Library*, New York, 1951)의 번역에서 수정해서 사용했다. 이 책 전체에서 전거 표시는 다르게 표시되지 않는 한 투키디데스의 펠로폰네소스 전쟁사를 가리킨다. 숫자들은 전통적인 분류에 따라 권, 장, 절을 나타낸다.

없는 아이들을 살해했다. 도시 전체가 파괴되고, 남자는 살해되고, 여자와 아이들은 노예로 팔렸다. 오늘날 코르푸라고 불리는 코르키라 섬에서는 이 펠로폰네소스 전쟁으로 발생한 내전에서 승리한 파벌이 동료 시민들을 1주일 내내 살육했다. "아들이 아버지에 의해서 살해되었고, 탄원자가 제단에서 끌려나오거나 제단 위에서 학살되었다."(3.81.2-5)

폭력이 번지면서 문명화된 삶의 기반인 관행, 제도, 믿음, 규제가 붕괴되었다. 단어의 의미도 호전성에 발맞추어 변화되었다. "분별없는 대담함이 충성스러운 동맹자의 용기로 간주되었다. 사려 깊은 망설임은 허울 좋은 비겁함이 되었다. 온건함은 남자답지 못함의 외투로 여겨졌다." 종교는 그 억제력을 잃었고, "죄악된 목표를 위해서 멋진 어구를 구사하는 것이 높은 평판을 얻었다." 진실과 명예는 사라졌고, "사회는 모두가 자기 동료를 믿지 못하는 막사와 같이 분열되었다."(3.82.1, 8 ; 3.83.1) 바로 이러한 충돌들을 보면서 투키디데스는 이 전쟁의 성격에 대해서 "사람들 대부분의 인격을 그들의 현재 주변 상황과 같은 수준으로 떨어뜨린 야만적인 교사"(3.82.2)라고 신랄한 평가를 내렸다.

펠로폰네소스 전쟁은 비록 2,400년 이전에 끝이 났지만 끊임없이 이후 모든 시대의 독자들을 사로잡았다. 제1차 세계대전을 조명하기 위해서 이 전쟁을 이용한 저술가들도 있는데, 대부분은 전쟁의 원인을 설명하려는 것이었다. 그러나 분석 도구로서 이 전쟁의 가장 큰 영향력은 20세기 후반을 지배한 냉전기에 있었다. 냉전기에 세계는 거대한 두 세력의 블록으로 나누어졌고, 강력한 지도국이 각 블록을 이끌었다. 장군들, 외교관들, 정치가들, 학자들은 하나같이 그리스에서 전쟁을 일으킨 조건들과 나토와 바르샤바 조약의 대립을 비교했다.

그러나 2,500년 전에 실제로 벌어진 일에 대한 이야기와 그것의 더 깊은 의미를 궁극적으로 이해하는 것은 쉬운 일이 아니다. 지금까지 우리가 가진 지식의 가장 중요한 원천은 그 전쟁의 동시대인이자 참가자였던 투키디데스가 쓴 역사서이다. 그의 책은 당연히 역사 서술의 걸작으로 존중되었고 전쟁의 본성, 국제관계, 대중심리에 대한 지혜로 높이 칭송받았다. 이 책은 또 역사방법론과 정치철학의 초석으로까지 여겨졌다. 그러나 이 책은 전쟁의 연대기로서, 그리고 전쟁이 우리에게 가르쳐줄 수 있는 모든 것으로서 완벽하게 만족스럽지는 않다. 이 책의 가장 분명한 단점은, 책이 완결되지 않은 채 전쟁이 마무리되기 7년 전에 문장이 끝난다는 것이다. 이 분쟁의 마지막에 대한 설명을 얻으려면 훨씬 재능이 떨어지고 벌어진 일들에 대한 직접적인 지식이 거의 없는 저술가들에게 의존해야 한다. 어찌되었든 최소한 이 전쟁의 종결을 이해하기 위해서는 이용할 수 있는 자료들에 대한 현대적인 접근이 필요하다.

그러나 투키디데스가 취급한 시기에 대해서도, 현대의 독자가 그 시기의 군사적, 정치적, 사회적 복잡성을 완전히 이해할 수 있도록 하기 위해서는 의미를 밝혀주는 설명이 필요하다. 다른 고대 저술가들의 책들과 지난 두 세기 동안 발굴되어 연구된 동시대의 비문들은 빈틈을 메워주었고, 때로는 투키디데스가 전하는 이야기에 의문을 제기하게 만들기도 했다. 마지막으로 이 전쟁에 대해서 만족스러운 역사를 쓰려면 투키디데스에 대한 비판적인 시각이 필요하다. 투키디데스는 비범하고 창의적인 정신의 소유자였으며, 고대의 그 어떤 역사가보다 더 정확성과 객관성에 최고의 가치를 두었다. 그러나 우리는 투키디데스 역시 인간의 감정과 결함을 지닌 사람이라는 것을 잊지 말아야 한다. 그리스어 원문을 보면 투키디데스의 문체는 압축이 심해서 이해하기 어려울 때가 많으며, 그렇기 때문에 어떤 번역이라도 필연적으로 해석일 수밖에 없다. 더구나 투키디데스가 이 사건에 참가자였다는 바로 그 사실이 투키디데스의 판단에 영향을 미쳤고, 우리는 그것을 신중하게 평가해야 한다. 투키디데스의 해석을 무비판적으로 단순히 받아들이는 것은, 두 차례의 세계대전에서 매우 중요한 역할을 했던 윈스턴 처칠의 제1, 2차 세계대전사와 제1, 2차 세계대전에 대한 이해를 의문 없이 받아들이는 것만큼이나 시야를 좁히는 일이다.

이 책에서 나는 21세기 독자의 필요에 부응할 수 있도록 기획된 새로운 펠로폰네소스 전쟁사를 시도했다. 나는 이 전쟁에 대해서 주로 학자들을 대상으로 한 4권의 책을 이미 썼는데,[2] 이 책은 그러한 학문적 성과에 바탕을 두고 있다. 이 책에서 나는 읽기 쉬운 이야기를 한 권에 담아서 일반

---

[2] 이 책들은 Cornell University Press를 통해서 출간되었다. 각 권의 제목은 *The Outbreak of the Peloponnesian War*(1969), *The Archidamian War*(1974), *The Peace of Nicias and the Sicilian Expedition*(1981), *The Fall of the Athenian Empire*(1987)이다.

적인 독자들이 즐겨 읽도록 하고, 수많은 사람들이 이 전쟁을 연구하면서 추구했던 지혜를 그들이 얻을 수 있기를 바란다. 나는 이 전쟁의 사건과 후대의 사건을 비교하지 않으려고 애썼다. 비록 많은 비교가 머릿속에 떠올랐지만, 독자가 스스로 결론을 내리도록 하려면 끊어지지 않는 일관된 서술이 더 나을 것이라고 생각했다.

너무나 많은 세월이 지난 지금 이 프로젝트를 수행하는 이유는, 오늘날 펠로폰네소스 전쟁에 대한 이야기는 인간의 특별한 비극으로서 그 어느 때보다 더욱 읽을 만한 강력한 이야기라고 믿기 때문이다. 이것은 대제국의 흥망에 대해서, 서로 매우 다른 두 사회와 삶의 방식 사이의 충돌에 대해서, 인간사에서 지성과 우연의 상호작용에 대해서, 사건의 과정을 결정하는 데 인민 대중은 물론 뛰어난 재능을 가진 개인의 역할도 중요했지만 한편으로는 그들이 자연, 우연, 그리고 서로가 부과한 제한에 종속되어 있었던 것에 대해서 자세히 이야기해준다. 나는 또 펠로폰네소스 전쟁에 대한 연구가 인간이 전쟁, 역병, 내분으로 인한 엄청난 압력 속에서 취할 수 있는 행위에 대해서, 그리고 리더십의 가능성과 그 리더십의 작동이 직면하는 피할 수 없는 한계에 대해서 지혜의 원천이 됨을 증명할 수 있기를 바란다.

그리스와 소아시아 서부

- 에피담노스
- 오르벨로스 산
- 파로레이아
- 크레니데스
- 드라베스코스
- 네아폴리스
- 압데
- 비살타이
- 암피폴리스
- 팡가이온 산
- 에이온
- 아르길로스
- 갈렙소스
- 타
- 볼베 호
- 타소스 섬
- 베로이아
- 테르마
- 보티아이아이
- 스타기로스
- 할리아크몬 계곡
- 칼키디케
- 아칸토스
- 마케도니아 평원
- 피에리아
- 스파르톨로스
- 올린토스
- 아토스 산
- 오레스타이
- 페트라 고개
- 포티다이아
- 팔레네
- 토로비
- 올림포스 산
- 멘데
- 볼루스타나 고개
- 스키오네
- 멜루나 고개
- 오사 산
- 고노스
- 에게 해
- 아드리아 해
- 아폴로니아
- (상) 마케도니아
- 마그나 그라이키아
- 몰로시
- 페네이오스 강
- 라리사
- 마그네시아
- 스키아토스
- 페파레토스
- 파르살로스
- 파가사이 만
- 페라이
- 코르키라(코르푸)
- 아르테미시온 곶
- 시보타
- 테살리아
- 헤스티아이아(오레오스)
- 스키로
- 암브라키아
- 밀리스
- 에우리포스
- 칼키스
- 에우보
- 아낙토리온
- 테르모필라이 고개
- 아이톨리아
- 도리스
- 로크리스
- 이오니아 만
- 솔리온
- 포키스
- 오르코메노스
- 에레트리아
- 카
- 레우카스
- 델포이
- 테베
- 오졸라이인의 로크리스
- 보이오티아
- 아르고스
- 아스타코스
- 코린토스 만
- 아티카
- 카리
- 시키온
- 메가라
- 아테네
- 게
- 케팔레니아
- 아카이아
- 게라네아 산
- 살라미스
- 사론 만
- 엘리스
- 코린토스
- 켄크레아이
- 코
- 올림피아
- 아르고스
- 에피다우로스
- 아이기나
- 케
- 펠로폰네소스
- 트리필리아
- 아르카디아 테게아
- 트로이젠
- 키
- 자킨토스
- 헤르미오네
- 세
- 메세니아
- 라케다이모니아
- 스파르타
- 타이나론 곶
- 말
- 키테라
- 지중해

```
0 마일    50    100    150
0 킬로미터  100   150
```

지역/지형	지명
	흑해
	헤브로스 강
트라케	
	프로폰티스
	로도페 산
	마로네아
	도리스코스
	티로디자
	아이노스
	멜라스 만
	카르디아
	키지코스
	사르페론 곶
	케르소네소스
	람프사코스
고트라케	세스토스
	아비도스
브로스	엘라이오스
	트로이
	시게이온
	스카만드로스 강
	이다 산
렘노스	콜로나이
	안탄드로스
	아드라미티온
	미틸레네
레스보스	카이코스 강
	헤르모스 강
	포카이아
	사르디스
키오스	
	에리트라이
	레베도스
	테오스
	마이안드로스 강
	부티아
	에페소스
사모스	마그네시아
	프리에네
안드로스	밀레토스
테노스	테이키우사
미코노스	카리아
델로스	
	레로스
파로스	
낙소스	코스
시프노스	페셀리스
	리키아
	켈리도니아 군도
테라	
	로도스
	카르파토스
	지중해
크레타	

© 2003 제프리 L. 워드

제1부

전쟁을 향하여

　그리스인에게 자유를 안겨주기 위한 일이라고 일컬어졌던 펠로폰네소스 대전은 공식적인 선전포고와 아테네 제국 본토에 대한 당당하고도 공개적인 돌격과 아울러 시작된 것이 아니라, 평화로운 시기에 한 강력한 국가가 자기보다 훨씬 작은 이웃을 비밀스럽고 기만적으로 습격함으로써 시작되었다. 스파르타의 당당한 밀집 보병이 아티카의 태양 아래에서 진홍빛으로 빛나는 망토를 걸치고 강력한 펠로폰네소스 군대를 진두에서 이끄는 눈부신 행진도 없었다. 오히려 수백 명의 테베 군이 야밤에 내부 배반자의 인도를 따라 소규모 도시 플라타이아에 잠입해서 교활한 공격을 가했다. 이러한 시작은 장차 벌어질 이 전쟁의 성격을 알려주었다. 그리스의 전통적인 전쟁 수행방식은 중장 보병으로 싸우는 시민-군인과 팔랑크스(phalanx)라고 불리던 밀집된 덩어리를 이룬 중무장 보병에 기반을 두었다. 250년 이상 그리스인의 전투를 지배하던 규칙들이 정해져 있었고 또 서로가 그것을 잘 이해했다. 이 전쟁은 바로 이러한 방식으로부터 근본적으로 결별했다. 예전에는 유일한 명예로운 싸움 방식이란 낮에 넓은 평야에서 팔랑크스 대 팔랑크스로 싸우는 것이라고 믿었다. 더 용감하고 더 강한 군대가 당연히 우세를 차지할 것이었고, 그들은 싸워 이긴 땅 위에 승전비를 세우고 분쟁의 대상이었던 토지를 차지한 후 집으로 돌아갈 것이었다. 패배한 적 역시 집으로 돌아갈 것이었다. 그러므로 전형적인 전쟁은 단 하루에 단 한 번의 전투로 결정되었다.
　전쟁을 초래한 사건은 그리스 문명의 중심에서 멀리 떨어진 지역에서 벌어졌다. 스파르타인이나 아테네인은 그것을 "머나먼 나라의 우리가 전혀 모르는 사람들 사이에서 벌어진 불화"[1]라고 표현했을 것이다. 투키디데스의 글을 읽었던 그리스인들 중 거의 대부분은 문제가 시작된 도시가 어디에 있는지, 누가 거기에 살았는지에 대해서조차 알지 못했을 것이다. 그리스 세계의 변두리에 있는 이 먼 지역에서 벌어진 내부 불화가 끔찍하고 파괴적인 펠로폰네소스 전쟁을 초래할 것이라고 예측할 수 있었던 사람은 아무도 없었을 것이다.[2]

---

[1] 이 말은 N. 체임벌린이 제2차 세계대전을 낳은 1938년 체코슬로바키아의 상황을 묘사하면서 쓴 말이다. BBC 기록보관소, 기록물 no. 1930. C. Thorne, *The Approach of War 1938-39*, 1982, p.91에서 인용.
[2] 아테네인의 관점에서는 물론 "펠로폰네소스 전쟁"이었다. 그러나 스파르타인은 당연히 "아테네 전쟁"이라고 생각했다.

제1장
치열한 경쟁 (기원전 479-439년)

그리스인의 세계는 지중해 서쪽 끝 스페인 서부 해안에 산재한 도시들에서 동으로는 흑해의 동부 해안까지 뻗어 있었다. 이탈리아 반도의 남부와 시칠리아 해안 지역의 대부분에서도 밀집된 그리스인의 도시가 지배적이었지만, 그리스 세계의 중심은 에게 해였다. 가장 중요한 도시를 포함하여 그리스 도시의 대부분은 현대의 그리스인 발칸 반도 남부, 에게 해 동부 해안, 아나톨리아(현대의 터키), 에게 해의 섬들, 에게 해 북부 해안에 자리잡고 있었다.

전쟁이 발발할 당시에 이 지역의 몇몇 도시는 중립이었지만, 대부분의 도시와 그중에서도 매우 중요한 도시들은 스파르타나 아테네 어느 한 쪽의 헤게모니 아래에 놓여 있었는데, 이 두 도시는 그리스에서 가장 상이한 도시였으며 서로를 의심의 눈길로 바라보고 있었다. 이들의 경쟁이 그리스의 국제관계를 형성했다.

스파르타와 동맹

스파르타는 기원전 6세기에 구성된 더 오래된 조직을 이끌었다. 스파르타인은 자신의 영역인 라코니아에서 두 종류의 복속민을 지배하고 있었다. 농노와 노예 사이에 있던 헤일로타이(heilotai)는 토지를 경작하고 스파르타인에게 식량을 제공했다. 신체적으로는 자유롭지만 스파르타인의 통제에 종속되어 있던 페리오이코이(perioikoi)는 스파르타인이 필요로 하는 물품을 제조하고 교역했다. 스파르타인만이 생계를 위해서 일할 필요가 없었고, 전적으로 군사훈련에 몰두했다. 덕분에 스파르타인은 그리스에서 유일하게 전문적인 훈련과 기술을 갖춘 한 무리의 시민-군인으로서 그리스 세계에서 가장 뛰어난 군대를 발전시킬 수 있었다.

그러나 스파르타의 사회구조는 잠재적인 위험을 안고 있었다. 헤일로타이의 수는 주인인 스파르타인보다 약 7배가 많았고, 스파르타를 잘 알았던 한 아테네인은 이를 두고 "그들은 기꺼이 스파르타인을 산 채로 먹을 것이다"라고 썼다.(크세노폰, 『헬레니카』 3.3.6) 스파르타인은 그들의 잦은 반란에 대응하기 위해서 독특한 정체(政體)와 생활방식을 만들어냈고, 개인과 가족을 국가의 필요에 종속시켰다. 스파르타인은 육체적으로 완전한 아기만이 살아남도록 허락했다. 소년은 7세에 집을 떠나 20세가 될 때까지 군사학교에서 훈련을 받으며 강하게 양육되었다. 20세에서 30세까지는 병영에서 살면서 새로운 어린 신병을 교육했다. 그들은 결혼할 수 있었지만 아내를 만나는 것은 한밤중에 비밀스럽게 해야 하는 일이었다. 스파르타 남성은 30세에 완전시민, 즉 "농능자"(homoios, 호모이오스)가 되었다. 그는 14명의 동료와 공동으로 식사를 했는데, 음식은 소박했고 종종 다른 그리스인들을 소름끼치게 했던 검은 죽이 나왔다. 병역 의무는 60세까지였다. 이 체계 전체의 목표는 육체적인 힘과 훈련과 규율을 통해서 세계 최고의 군인을 만드는 것이었다.

스파르타인은 군사적으로 탁월했지만 전쟁에 나서는 일에는 보통 주저했다. 군대가 장기간 자리를 비운 틈을 타 헤일로타이가 반란을 일으킬까 두려웠기 때문이었다. 투키디데스는 "스파르타인의 대부분의 제도들은 항상 헤일로타이에 대한 안보와 관련되어서 만들어졌다"(4.80.3)고 지적했으며, 아리스토텔레스는 헤일로타이가 "스파르타인에게 타격을 입힐 재난을 기다리는 자와 같다"(『정치학』 1269a)고 말했다.

스파르타인은 기원전 6세기에 자신들의 독특한 공동체의 안전을 위해서 영속적인 동맹의 네트워크를 만들었다. 현대 학자들은 스파르타의 이 연맹을 보통 펠로폰네소스 동맹이라고 부른다. 그러나 이것은 사실 스파르타를 한편으로 하고 스파르타에 개별적인 협약으로 연결된 여러 동맹국을 다른 한편으로 해서 구성된 느슨한 조직이었다. 동맹국은 소집을 받으면 스파르타의 지휘 아래에서 병사 역할을 했다. 각 국가는 대외 정책에서 스파르타의 지도를 따르기로 맹세했고 그 대가로 스파르타의 보호를 받고 자신의 독립 및 자치를 인정받았다.

동맹 내에서는 이론이 아니라 실용주의가 해석의 원칙이었다. 스파르타인은 자신들에게 이익이 되거나 불가피할 경우에 동맹국을 도왔고, 필요하거나 가능할 때마다 분쟁에 동참하도록 동맹국에 강요했다. 전체 동맹국 회의는 스파르타인이 원할 때에만 열렸고, 우리는 그런 소집에 대해서 들은 바가 거의 없다. 가장 중요했던 규칙은 군사, 정치, 지리적 상황에 의해서 부과되었고, 이에 따르면 동맹국은 비공식적으로 세 가지 범주로 나뉜다. 하나는 플리우스나 오르네아이처럼 소규모이고 스파르타에 인접해서 쉽게 통제할 수 있는 국가였다. 두 번째 범주의 국가에는 메가라, 엘리스, 만티네아가 포함되는데 이들은 강력하거나 멀리 떨어져 있거나 혹은 그 두 경우 모두에 해당되지만, 필요한 경우 궁극적인 처벌을 회피할 수 있을 만큼 강력하거나 멀지는 않은 국가였다. 테베와 코린토스 만이 세 번째 집단에 속하는데, 이들은 너무 멀고 그 자체로 강력해서 그들의 대외 정책 수행이 스파르타의 이해에 거의 종속되지 않는 국가였다.(지도 1)

아르고스는 스파르타 북동쪽의 큰 국가로서 오래된 전통적인 적국이었고, 스파르타 동맹의 일원이 아니었다. 스파르타인은 언제나 아르고스가 다른 적들과 연합하는 것과, 특히 헤일로타이의 반란에 도움을 주는 것을 두려워했다. 펠로폰네소스 동맹의 온전함이나 구성원들의 충성을 위협하는 모든 것은 스파르타인에 대한 잠재적인 치명적 위협으로 간주되었다.

이론가들은 스파르타의 정치질서를 "혼합 정체"로, 즉 군주적, 과두적, 민주적 요소로 구성된 것으로 간주했다. 군주적 요소는 서로 다른 왕가 출신의 이중 왕제에 나타난다. 게루시아(gerousia), 즉 60세 이상으로서 소수의 특권 가문에서 선출된 28인 위원회는 과두적 원칙을 대표했다. 민회는 30세 이상의 모든 스파르타 남성으로 구성되는 민주적 요소였고, 시민들에 의해서 매년 선출되는 정무관인 5인의 에포로이(ephoroi) 역시 마찬가지였다.

두 왕은 종신직이었고 스파르타의 군대를 이끌었으며 중요한 종교적, 사법적 기능을 수행하면서 대단한 특권을 누리고 영향력을 행사했다. 두

1. 스파르타와 펠로폰네소스

왕의 의견이 종종 달랐기 때문에, 둘을 중심으로 하나의 논점에 대해서 서로 다른 편을 드는 분파가 만들어졌다. 게루시아는 스파르타 최고 법정으로서 왕과 동석했는데, 왕 자신도 여기에 기소될 수 있었다. 게루시아는 스파르타가 혈연, 나이, 경험을 중요시하는 사회였기 때문에 특권을 누렸으며, 선출되었다는 사실 자체로 명예를 누렸고, 그래서 비공식적으로 막강한 영향력을 행사했다.

에포로이 역시 중요한 권력을 행사했는데, 특히 대외 문제에서 강력했다. 에포로이는 외국 사절을 접대하고 조약을 협상했으며, 일단 개전이 선포되면 원정대를 구성했다. 에포로이는 또 민회를 소집하고 주재했으며, 게루시아와 동석했고 게루시아의 임원이었으며 왕을 반란죄로 기소할 수 있었다.

조약, 대외 관계, 전쟁과 강화에 대한 공식적인 결정권은 민회에 속했다. 그러나 민회의 실제 권한은 제한되어 있었다. 민회는 오직 관리들이 소집할 때에만 열렸다. 민회에서는 토론이 거의 이루어지지 않았고, 발언자는 대개 왕이나 게루시아 혹은 에포로이 중 누군가였다. 표결은 전형적으로 구두 표결과 같은 환호를 통해서 이루어졌다. 표가 갈린다거나 표를 센다거나 하는 일은 드물었다.

이 정체는 3세기 동안 법률, 쿠데타 혹은 혁명에 의해서 변한 일이 없었다. 그러나 이러한 정체의 안정성에도 불구하고 스파르타의 대외 정책은 종종 일관적이지 않았다. 왕들 사이의 갈등, 에포로이와 왕의 갈등, 에포로이 내부의 갈등, 그리고 에포로이가 연례적으로 교체되는 것에 따른 불가피한 분열이 동맹에 대한 스파르타의 통제력을 약화시켰다. 동맹국은 스파르타의 내부 불화를 이용해서 자신의 이익과 정책을 추구할 수 있었다. 스파르타의 강력한 군대와 동맹에 대한 지휘권은 스파르타인에게 엄청난 권력을 주었지만, 만약 그 힘을 펠로폰네소스 외부의 강력한 적에게 대항해서 사용한다면 헤일로타이의 반란이나 아르고스의 공격이라는 위험을 무릅써야 했다. 만약 스파르타인이 중요한 동맹국의 요청에 응해 그 힘을 사용하지 않는다면, 스스로의 안전이 달려 있는 동맹이 분열되거나 해체될 위험에 처하게 되었다. 전쟁을 초래할 위기에서 이러한 요소들이 모두 스파르타인의 결정에 영향을 끼쳤을 것이다.

아테네와 아테네 제국

아테네 제국은 페르시아 전쟁에서 그리스가 승리한 후 새롭게 형성된 동맹으로부터 생겼다. 아테네는 처음에는 이 동맹의 지도자였다가 나중에는 주인이 되었다. 아테네는 민주정을 이루고 우월한 지위를 획득하기 오래 전부터 자신의 특징을 형성시켜준 독특한 역사를 가지고 있었다. 아테네는 그리스 중부에서 남동쪽으로 뻗은 작은 삼각형 반도인 아티카라는 지역의 핵심 성읍이었다. 초기의 아티카는 약 1,600제곱킬로미터에 이르는 영역 중 상당 부분이 산악지대이며 경작에 부적합했기 때문에 그리스의 기준에서도 비교적 가난했다. 그러나 북쪽에서 침략자들이 휩쓸고 내려왔을 때, 아티카의 지리는 축복받은 것임이 드러났다. 즉 침략자들은 펠로폰네소스의 매력적인 땅을 차지한 반면에 아티카는 정복의 수고를 할 만한 가치가 없는 땅으로 여겼던 것이다. 아테네인은 스파르타인과는 달리 그들이 자신의 땅에서 태어났으며, 달이 생기기 전부터 같은 지역에서 살아왔다고 주장했다. 그 결과 아테네인은 억압받고 소외되고 불만에 찬 하층계급의 부담을 감당해야 할 필요가 없었다.

아테네는 전 지역을 상당히 이른 시기에 통일했기 때문에 아티카의 다른 성읍들과 분쟁이나 전쟁으로 골머리를 앓을 필요가 없었다. 그들은 모두 아테네 도시국가의 일부분이 되었고, 모든 토착 자유 거주민들은 동등한 아테네 시민이 되었다. 아테네 초기 역사에 혼란과 폭력이 비교적 적었던 것과 아테네가 기원전 5세기에 세계 역사상 최초로 민주정을 이루었던 것을 설명하는 일에 이렇게 내외적으로 강한 압력이 없었다는 사실이 도움이 될 것이다.

기원전 5세기 아테네 민주정의 힘과 번영은 에게 해와 그 섬들, 연안 도시들에 중심을 둔 거대한 아테네 해상 제국에 대한 통솔권에 주로 의존했다. 이 제국은 오늘날 학자들이 델로스 동맹이라고 부르는, "아테네인과 그들의 동맹자들"의 결사에서 시작되었다. 이것은 지속적인 대(對)페르시아 해방 및 보복 전쟁에서 아테네를 지도자로 초빙한 그리스 국가들의 자발적인 동맹이었다. 이것이 점차 아테네가 통솔하는 제국으로 바뀌었고 주로 아테네의 이익을 위해서 작동하게 되었다.(지도 2) 세월이 흐르자 동맹국 중 대부분은 독자적인 함대를 포기하는 대신 공동 금고에 돈을 지불하는 편을 택했다. 아테네는 이 기금을 이용해서 자신의 함대 수를 늘렸고, 노잡이들이 매년 8개월 동안 노를 저을 수 있도록 급료를 지불했다. 그럼으로써 아테네 해군은 마침내 그 당시로는 역사상 최대, 최고의 그리스 함대를 보유할 수 있었다. 펠로폰네소스 전쟁 직전에는 150개의 동맹국 중 오직 레스보스와 키오스 두 섬만이 독자적인 함대를 보유하고 상대적인 자율성을 누렸다. 그러나 그들 역시 아테네의 명령에 반항하지 않았을 것이다.

아테네인은 제국을 장악함으로써 큰 이익을 얻었고, 그것을 자신을 위해서 사용했다. 특히 거대한 건축 사업을 벌임으로써 도시를 아름답고 영광스럽게 만들었으며, 시민들에게는 일거리를 제공했다. 또 막대한 양의 예비 자금을 축적했다. 해군은 지중해 전역과 그 너머에서 번창하는 교역에 종사하던 아테네 상인들의 배를 보호했다. 또 아테네인은 해군 덕분에 우크라이나의 밀밭에 도달하고 흑해의 생선을 입수할 수 있었다. 이것들은 아테네인의 빈약한 식단을 보충해줄 수도 있었고, 만약 전쟁으로 아테네인이 자신의 농지를 포기해야만 할 경우에는 제국의 수입을 사용해서 식량을 완전히 대체할 수도 있었다. 일단 아테네인이 도시 둘레의 방벽을 완성하고, 거기에 피라이오스 항으로 이어지는 "장벽"을 추가로 연결하면 ─ 이 일은 실제로 기원전 5세기 중반에 이루어졌다 ─ 아테네는 사실상 난공불락의 도시가 될 것이었다.

아테네에서는 민회가 국내외, 군사, 민사에 관한 모든 정책을 결정했다. 아테네 시민 중에서 추첨으로 뽑힌 500인 협의회는 민회의 심의를 위한 안건을 준비했지만, 상위 기관에 완전히 종속되어 있었다. 민회는 1년에 최소 40회 이상 열렸다. 민회가 열린 장소는 개방된 야외, 즉 아크로폴리스 옆의 프닉스 언덕이었는데, 이곳은 시장 겸 도시 중심지인 아고라를 내려다볼 수 있는 곳이었다. 성인 남성은 누구나 참석해서 표결, 제안, 논쟁에 참여할 수 있었다. 전쟁이 시작되었을 무렵, 약 4만 명의 아테네인들이 참정권을 가지고 있었지만, 참석자 수는 6,000명을 넘는 경우가 거의 없었다. 그러므로 전략적인 결정에 관한 논쟁은 수천 명의 사람들 앞에서 벌어졌고, 그들 중 다수는 각 행위의 세세한 사항들을 승인해야 했

2. 아테네 제국, 기원전 450년경

아드리아 해
에피담노스
아폴로니아
마케도니아
타소스
포티다이아
에게 해
마그나 그라이키아
테살리아
코르키라(코르푸)
파가사이
시보타
에우보이아
암브라키아
아이톨리아
델포이 보이오티아
에레트리아
레우카스
포키스
테베
이오니아 해
메가라 아테네
시키온
케팔레니아
엘리스
코린토스
아티카
올림피아 아르코스
에피다우로스
아르카디아
라코니아 스파르타
키테라
지중해

0 마일 50 100 150
0 킬로미터 100 150

© 2003 제프리 L. 워드

다. 민회는 모든 작전에 파견될 함선과 인원의 수와 구체적인 특징, 소요 비용, 군 지휘관들, 그리고 이 지휘관에게 지시할 정확한 명령을 두고 표결을 행했다.

아테네인의 국가에서 10인의 장군들은 가장 중요한 관직이자 추첨이 아닌 선거에 의해서 채워지는 몇 안 되는 자리였다. 장군들은 전장에서 아테네 육군과 함대를 지휘했기 때문에 군사적인 능력을 갖춘 사람이어야 했다. 또 장군은 매년 선출되며 횟수에 제한 없이 재선될 수 있기 때문에 정치가이기도 해야 했다. 이 지도자들은 전장에서는 군령을 내릴 수 있었지만 도시 내에서는 그럴 수 없었다. 장군들은 1년에 최소 10회 이상 자신의 공직 수행에 대한 불만사항을 공식적으로 받아들여야 했고, 임기가 끝날 때에는 자신의 군사적, 재정적 행위에 대한 완전한 보고서를 제출해야 했다. 이러한 모든 경우에서, 만약 장군이 고발당한다면 재판에 회부될 수도 있었고, 유죄 판결을 받으면 중벌에 처해질 수도 있었다.

10인의 장군들이 함께 모여 내각이나 정부를 구성한 것은 아니었다. 정부의 역할은 민회가 담당했다. 그러나 가끔 뛰어난 장군이 대단한 정치적 지지와 영향력을 획득하여 법률상으로는 아닐지라도 사실상 아테네의 지도자가 되기도 했다. 기원전 479년에서 기원전 462년 사이의 17년 동안 키몬이 바로 그러한 인물이었다. 그는 매년 장군으로 선출되었고 모든 중요한 작전을 이끌었으며, 아테네 민회를 설득하여 자신의 국내외 정책을 지지하도록 했다. 키몬이 떠난 이후에는 페리클레스가 그와 유사한 성공을 거두었고 오히려 더 오랜 기간 동안 장군이 되었다.

투키디데스는 자신의 역사서에 페리클레스를 이렇게 소개한다. "크산티포스의 아들 페리클레스, 당시 아테네의 지도자이자 연설과 행동에서 가장 뛰어난 자."(1.139.4) 투키디데스의 글을 읽는 현대의 독자는 아테네 민주정의 지도자들 중 가장 유명하고 뛰어난 개인인 이 사람에 대해서 훨씬 더 많은 것을 알고 있다. 그는 가장 우수한 혈통의 귀족으로서, 페르시아 전쟁의 개선장군인 영웅의 아들이었다. 외가 쪽 조상 중에는 아테네 민주정의 설립자인 클레이스테네스의 질녀가 있었다. 그러나 페리클레스 가문은 전통적으로 평민의 편이었고, 페리클레스는 자신의 경력 초기에 민주정의 주요 인물로서 등장했다. 그는 약 35세에 민주파 정치집단의 지도자가 되었고, 그것은 그가 이후 평생 보유했던 비공식적인, 그러나 강력한 지위였다.

페리클레스는 그 지위에 엄청난 의사소통과 사고의 힘을 더했다. 그는 당대의 가장 뛰어난 연설가였다. 그의 연설은 다수를 설득하여 자신의 정책을 지지하도록 만들었고, 그의 어구들은 수십 년 동안 아테네인의 기억에 맴돌았으며 향후 수천 년 동안 보존되었다. 페리클레스는 정치가로서는 드물게 진지한 지적 훈련과 상상력, 높은 취향의 덕을 볼 수 있었다. 그는 청년 시절부터 아테네를 변화시키던 계몽운동에 헌신했고, 그럼으로써 몇몇에게는 존경을, 훨씬 많은 사람들에게는 의심을 받았다.

스승인 아낙사고라스가 페리클레스의 연설 방식과 스타일에 영향을 끼쳤다고 한다. 페리클레스는 공부를 통해서 다음의 것들을 배웠다.

> 높은 기상과 고상한 연설 방식을 배웠다. 대중 연설가들의 천박함이나 악한 속임수가 없었을 뿐 아니라, 차분한 얼굴로 결코 웃음을 흘리지 않았고, 위엄 있는 자세와 절제된 복장을 통해서 연설하는 동안 다른 어떤 감정이 방해하지 못하도록 했으며, 목소리를 고르게 제어했고, 이러한 종류의 다른 모든 특징들이 청중에게 매우 강한 인상을 주었다.(플루타르코스, 『페리클레스』 5)

위와 같은 고상함 덕분에 페리클레스는 상층계급에 호소할 수 있었고, 다른 한편으로는 민주적인 정책과 뛰어난 연설 기술을 통해서 대중의 지지를 얻어냈다. 페리클레스는 이처럼 독보적인 인물이었기 때문에 30년 동안 계속해서 선출되었고, 펠로폰네소스 전쟁 직전의 아테네에서 가장 강력한 정치 지도자가 되었다.

이 시기 동안 페리클레스는 매년 장군으로 선출되었다. 그러나 그가 다른 장군들보다 조금이라도 더 큰 공식적 권력을 누린 적이 없었고, 민주 정체를 바꾸려고 시도한 적도 결코 없다는 사실에 주목해야 한다. 페리클레스 역시 국제(國制)에 규정된 조사를 받아야 했고, 어떤 행위를 하기 위해서는 공개적이고 통제받지 않는 민회에서 표결을 받아야 했다. 페리클레스도 자신이 내세운 명분에 대해서 항상 성공적으로 지지를 얻지는 못했고, 어떤 경우에는 그의 정적들이 민회를 설득하여 그가 원하는 것에 반대되는 행동을 하게 했다. 그럼에도 불구하고 전쟁 전야의 아테네 정부는 제1시민이 이끄는 민주정이라고 설명하는 것이 정확할 것이다. 그러나 더 나아가 페리클레스 시대의 아테네가 이름만 민주정일 뿐 점점 제1시민의 지배로 변해갔다는 투키디데스의 주장은 잘못일 것이다. 아테네는 모든 면에서 철저히 민주정으로 남아 있었다. 다만 아테네인은 전쟁이 벌어질 위기의 시기에, 그 전쟁을 위한 전략을 구상하면서, 그리고 전쟁 수행 2년째까지, 늘 위대한 지도자의 충고를 따랐던 것이다.

스파르타에 맞선 아테네

델로스 동맹 초기에는 아테네인이 페르시아인에 맞서 모든 그리스인의 자유를 위해서 선한 싸움을 계속하는 것으로 보인 반면 스파르타인은 종종 펠로폰네소스 내부의 전쟁에 말려들었다. 두 도시 사이의 대립은 페르시아 전쟁이 끝난 후 델로스 동맹이 성장하여 아테네가 성공적으로 부와 권력을 차지하고, 점차 제국적인 야심을 드러내면서 시작되었다. 페르시아 전쟁 직후, 스파르타의 한 분파는 페르시아인이 패주한 후 아테네의 방벽을 재건하는 일에 반대함으로써 아테네에 대한 의심과 분노를 드러냈다. 아테네인은 단호하게 그들의 제안을 물리쳤고, 스파르타인은 공식적으로는 아무런 불만을 제기하지 않았다. "그러나 그들은 은밀히 앙심을 품었다."(1.92.1) 기원전 475년에는 전쟁을 벌여 아테네의 신생 동맹을 파괴하고 해상 통제권을 획득하자는 제안이 열띤 논쟁 끝에 거부되었다. 그러나 스파르타의 반(反)아테네 분파는 결코 낙심하지 않았고, 여러 사건들이 자신의 명분을 세워주자 권력을 잡았다.

기원전 465년에 아테네인은 에게 해 북쪽의 타소스 섬(지도 3)을 포위했는데, 그들은 맹렬한 저항에 부딪혔다. 스파르타인은 아티카를 침공함으로써 타소스 인을 돕겠다는 비밀 약속을 했다. 투키디데스는 "그들은 약속을 지킬 생각이었다"(1.101.1–2)고 말한다. 스파르타인은 펠로폰네소스에서 엄청난 지진이 일어나고 뒤이어 헤일로타이가 대규모 반란을 일으키자 그 약속을 지킬 수가 없었다. 아테네인은 페르시아에 대항해서 기원전 481년에 맺은 그리스 동맹에 따라 당시까지도 공식적으로는 스파르타

3. 에게 해

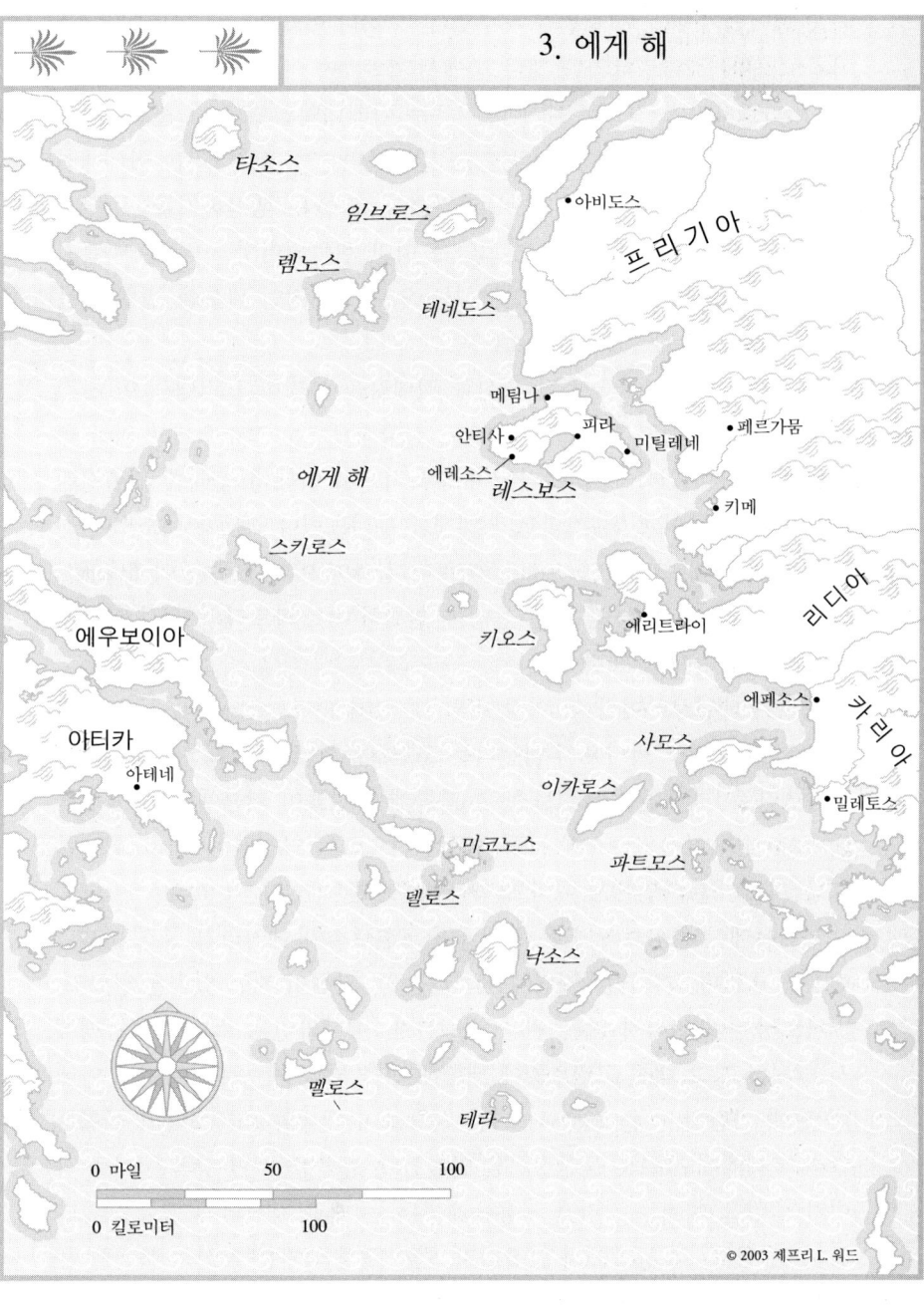

와 한편이었기 때문에 지원을 해주었다. 그러나 아테네 군은 어떤 작업을 하기도 전에 스파르타의 동맹국 중에서 홀로 떠나달라는 요구를 받았는데, 스파르타인이 겉으로 내세운 이유는 아테네인의 도움이 필요없다는 것이었다. 투키디데스는 진짜 동기를 말해준다. "스파르타인은 아테네인의 대담함과 혁명적인 기상을 두려워했다. 그들은 생각하기를……만약 그들〔아테네 군〕이 머무른다면 그들은 아마 설득되어서……편을 바꿀지도…… 스파르타인과 아테네인이 처음으로 공개적인 다툼을 벌인 것은 바로 이 원정 때문이었다."(1.102.1-3)

많은 스파르타인이 느끼던 의심과 적대감을 분명히 드러내준 이 사건은 아테네에서 정치 혁명을 야기했고, 궁극적으로는 그리스에서 외교 혁명의 원인이 되었다. 스파르타인이 모욕적으로 아테네 군대를 퇴출시킨 이 사건은 키몬의 친(親)스파르타 체제를 무너뜨렸다. 펠로폰네소스에 원군을 보내는 데 반대했던 반(反)스파르타 집단이 이제 키몬을 아테네에서 몰아냈고, 스파르타와의 오랜 동맹을 철회하고 스파르타의 숙적 아르고스와 새로운 동맹을 체결했다.

포위된 헤일로타이가 더 이상 버틸 수 없게 되자, 스파르타 군은 휴전하고 그들이 결코 돌아오지 않는다는 조건으로 펠로폰네소스를 떠나도록 허락했다. 아테네인은 코린토스 만 북쪽에 자신들이 최근에 획득한 전략적 요충지인 나우팍토스에 그들을 집단적으로 정착시켰는데, 그 이유는 "그들이 스파르타인에게 이미 느끼던 증오 때문이었다."(1.103.3)

그다음에는 스파르타의 두 동맹국인 코린토스와 메가라가 국경 문제로 전쟁을 벌였다. 기원전 459년에 메가라는 곧 자신이 지고 있음을 알았고, 스파르타가 개입하지 않는 편을 선택하자, 메가라인은 스파르타 동맹에서 탈퇴하고 그 대신 코린토스에 대항해 힘을 빌려주는 것을 대가로 아테네 편에 가담할 것을 꾀했다. 이런 식으로 아테네와 스파르타의 불화는 그리스 세계에 새로운 불안정성을 만들었다. 두 지도적인 강국은 서로 사이가 좋았을 때에는 각자가 자유롭게 원하는 대로 자신의 동맹국들을 다룰 수 있었다. 각 동맹에서 만족하지 못한 구성 국가는 자신의 불만을 풀 곳이 없었다. 그러나 이제 의견이 다른 국가는 자기 우두머리의 경쟁자에게 도움을 요청할 수 있었다.

4. 아티카, 메가라, 보이오티아

아테네 서부 경계에 있는 메가라는 전략적 가치가 매우 컸다.(지도 4) 메가라의 서쪽 항구인 페가이는 코린토스 만으로 가는 통로를 제공했다. 이 길이 아니라면 아테네인은 펠로폰네소스 전체의 길고 위험한 길을 지나야 코린토스 만에 도달할 수 있었다. 메가라의 동쪽 항구인 니사이아는 사론 만에 자리잡고 있는데, 이곳을 통해서 적이 아테네의 항구를 공격할 수 있었다. 더욱 중요하게도, 아테네가 메가리스의 산악 통로를 통제할 수 있다면 펠로폰네소스의 군대가 아티카를 침공하는 일을 불가능하게는 하지 못하더라도 어렵게 만들 수는 있을 것이었다. 그리고 이것은 메가라가 우호적으로 협력하는 경우에만 가능한 상황이었다. 그러므로 메가라와 동맹을 맺으면 아테네에 커다란 이익이 약속되겠지만, 동시에 코린토스, 그리고 아마도 스파르타, 더 나아가 펠로폰네소스 동맹 전체와 전쟁을 벌이게 될 수도 있었다. 그럼에도 불구하고 아테네인은 메가라를 받아들였고, "아테네인에 대한 코린토스인의 강한 증오가 처음 시작된 것은 바로 이 행위 때문이었다."(1.103.4)

비록 스파르타인은 몇 년 동안 이 분쟁에 직접 관여하지 않았지만, 이 사건은 현대 학자들이 "제1차 펠로폰네소스 전쟁"이라고 부르는 것이 시작되었음을 나타낸다. 이 전쟁은 간헐적인 휴전이나 소강 상태를 포함해 15년 이상 계속되었고, 이집트에서 시칠리아에 이르는 전쟁터에 아테네인을 끌어들였다. 이 전쟁은 메가라인이 아테네 동맹에서 탈퇴하고 펠로폰네소스 동맹으로 회귀하여, 그 결과 스파르타 왕 플레이스토아낙스가 펠로폰네소스의 군대를 이끌고 아티카로 진군할 수 있는 길을 열어줌으로써 끝이 났다. 자웅을 겨루는 결전이 벌어질 것이 확실시되었지만, 마지막 순간에 스파르타 군이 싸우지 않고 돌아갔다. 고대의 저술가들에 따르면, 페리클레스가 스파르타 왕과 참모를 매수하여 전투를 기피하도록 했으며, 스파르타인은 군 지휘관들에게 매우 분노해서 그 둘을 모두 심하게 처벌했다고 한다. 좀더 그럴듯한 설명은 이렇다. 즉 페리클레스가 그들에게 받아들일 만한 강화 조건을 제시했고, 그 결과 적대행위가 불필요해진 것이었다. 사실 몇 달 후 스파르타인과 아테네인은 조약을 체결했다.

30년 평화

30년 평화조약은 기원전 446/445년 겨울부터 발효되었다. 조약의 규정에 따라 아테네인은 전쟁으로 획득한 펠로폰네소스의 영토를 포기하기로 합의했고, 스파르타인은 아테네 제국을 어느 정도 공식적으로 인정했다. 스파르타와 아테네는 동맹국들을 대신해서 조약을 비준하는 맹세를 했다. 조약의 핵심 조항에서는 각 동맹의 구성국이 편을 바꾸는 것 —— 메가라가 그렇게 함으로써 전쟁을 촉발시켰었다 —— 을 금지함으로써 그리스 세계를 공식적으로 양분시켰다. 그러나 중립국은 어느 편에든 가담할 수 있었다. 이것은 분명히 무해하고 양식 있는 조건이었음에도 불구하고, 장차 놀랄 만큼 많은 문제를 일으키게 된다. 또다른 규정에 의하면, 장차 양편에서 무슨 불만이 생기면 구속력 있는 중재에 맡기도록 했다. 이러한 장치를 통해서 항구적인 평화를 유지하려는 시도는 역사상 처음이었다. 이것은 양편이 미래의 군사적 분쟁을 기피하기 위해서 진지하게 노력하고 있었음을 시사한다.

평화조약이라고 다 같은 것은 아니다. 로마와 카르타고의 마지막 전쟁(기원전 149-146년)과 같이 한편이 파괴되거나 철저히 패배함으로써 적대행위가 종식되는 경우도 있다. 또 어떤 경우에는 패배했지만 파괴되지는 않은 적에게 가혹한 조건을 부과하기도 하는데, 1871년에 프로이센이 프랑스에 강요한 평화조약이 그러하고, 또 1919년에 승전국이 독일에 강요한 베르사유 조약도 일반적으로 그런 경우로 여겨진다. 이러한 종류의 조약은 패배자의 보복 능력은 완전히 파괴하지 않고서 모욕과 분노를 안겨주는 것이기 때문에, 종종 미래의 전쟁의 씨앗이 되기도 한다. 세 번째로 분쟁을, 그것도 대개 장기적인 분쟁을 끝내는 평화조약도 있다. 이 경우, 전장에서 확실한 승자가 정해졌건 정해지지 않았건, 양편은 장기전의 비용과 위험 및 평화의 가치에 대해서도 알게 된다. 30년 전쟁을 끝낸 1648년 베스트팔렌 평화조약과, 1815년에 빈 회의가 나폴레옹 전쟁을 종결시킨 조정은 그 좋은 예이다. 그러한 조약은 파괴나 처벌이 아니라 분쟁의 재발을 막는 안정을 확보하는 데 목적을 두었다. 그러한 평화조약이 성공하기 위해서는 군사적, 정치적 상황을 진실하고 정확하게 반영해야 하며, 양편 모두가 그 조약이 제대로 작동하기를 진심으로 원해야 한다.

　기원전 446/445년의 30년 평화조약은 이 마지막 범주에 들지 못했다. 오랜 전쟁을 치르면서 양편은 모두 심각한 손실을 입었고, 누구도 결정적인 승리를 거두지 못했다. 즉 해상 강국은 자신의 승리를 육지에서는 유지할 수 없었고, 육상 강국은 바다에서 우세를 잡을 수 없었던 것이다. 평화조약은 성공을 거두기 위한 필수 요소들을 포함했다. 다시 말해, 조약은 두 경쟁국과 그들의 동맹국들 사이의 힘의 균형을 정확하게 반영했던 것이다. 평화조약은 육지에서는 스파르타의, 에게 해에서는 아테네의 헤게모니를 인정함으로써 그리스를 양분했던 이분법을 인정하고 받아들였으며, 그래서 장기적인 평화가 가능하리라는 희망을 주었다.

　그러나 다른 평화조약들과 마찬가지로 이 조약 역시 잠재적인 불안 요소를 안고 있었다. 각 국가에서는 소수 분파들이 이 조약에 불만을 품었다. 어떤 아테네인은 제국의 팽창을 선호했고 어떤 스파르타인은 아테네와 헤게모니를 공유하는 것에 분노하고 완전한 승리를 획득하지 못한 것에 실망했다. 다수의 스파르타 동맹국들과 많은 이들이 아테네인의 영토적 야심을 두려워했다. 아테네인은 이러한 의심을 알고 있었고, 스파르타인과 그 동맹국들이 오직 전쟁을 재개할 좋은 기회만을 노리고 있을 것이라고 걱정했다. 코린토스인은 메가라 편에 서서 개입했던 아테네에 여전히 분이 풀리지 않았다. 한편 메가라는 이제 권력 쟁취 과정에서 아테네군 파견부대를 학살했던 자들이 과두정을 구성하고 있었다. 이들은 아테네에 대해서 점점 격렬한 적개심을 키워가고 있었고, 아테네인 역시 이들에게 그러했다. 보이오티아와 특히 그 중심 도시인 테베 역시 과두파가 통치하고 있었는데, 이들은 전쟁 동안에 자신의 땅에 민주정을 시행했던 아테네인에게 분노했다.

　이 요인들 중 어느 것이나 혹은 전부가 언젠가는 평화를 위협할 수 있었지만, 이 조약에 동의했던 사람들은 전쟁이라면 지긋지긋했고, 조약을 지키고자 했다. 그러기 위해서는 양편이 의심을 누그러뜨리고 신뢰를 구축할 필요가 있었다. 평화조약의 우정이 호전적인 적들보다 강력하게 유지되기 위해서, 그리고 불안정을 조장하려는 그 어떤 경향이라도 모두 통제하기 위해서도 그럴 필요가 있었다. 그리고 평화조약이 비준되었을 때, 이 모든 것이 가능하리라고 믿는 것도 충분히 이성적인 일이었다.

평화에 대한 위협 : 투리

늘 그렇듯이 곧 예상치 못했던 사건이 일어나 기원전 445년 조약과 그 조약의 작성자들을 시험했다. 기원전 444/443년에 스파르타와 아테네는 최근에 재건된 이탈리아 남부의 식민시 시바리스에서 몇몇 전(前) 시민들로부터 요청을 받았다. 시바리스인은 분쟁과 내란으로 많은 사람들이 죽자, 투리(지도 5)라고 불리는 곳 근처에 새로운 식민시를 건설하고자 그리스 본토에 도움을 청했다. 스파르타는 관심을 보이지 않았지만 아테네는 유난스럽게 돕겠다고 나섰다. 아테네인은 그리스 전역에 사신을 보내어 새로운 식민시에 갈 정착민을 모집했다. 그러나 이것은 아테네의 식민시가 아니라 범(汎)그리스적인 식민시가 될 것이었다. 이것은 전례가 없는 완전히 새로운 생각이었다. 페리클레스와 아테네인은 왜 이런 생각을 하게 되었을까?

어떤 학자들은 아테네인을 무제한적인 팽창주의자라고 믿었고, 투리의 건설을 동쪽에서와 마찬가지로 서쪽에서 계속된 아테네 제국 팽창의 일부일 뿐이라고 생각했다. 그러나 투리를 제외하면, 아테네인은 30년 평화로부터 펠로폰네소스 전쟁을 촉발한 위기 사이의 시기에 영토나 동맹국을 획득하려고 하지 않았고, 따라서 아테네인을 팽창주의자라고 보는 이 이론의 시금석은 투리 자체가 되어야 한다. 그러나 아테네인은 투리에 거주했던 10개 부족들 가운데 하나에 불과했고, 단일 집단으로서는 펠로폰네소스인이 가장 컸다는 점을 고려할 때, 아테네인은 투리의 정권을 장악하려는 꿈도 꿀 수 없었다. 더구나 투리의 초기 역사를 보면 아테네인이 투리를 통제하려는 의도가 결코 없었음을 알 수 있다. 투리는 건설되자마자 스파르타의 몇 안 되는 식민시 중 하나인 타라스와 싸움을 벌였다. 투리는 패했고, 승리자들은 올림피아에 승전비를 세우고 다음과 같은 비문을 새겨 모든 그리스인이 보도록 했다. "타라스인은 투리인에게서 취한 전리품의 10분의 1을 올림피아의 제우스에게 바친다." 만약 아테네인이

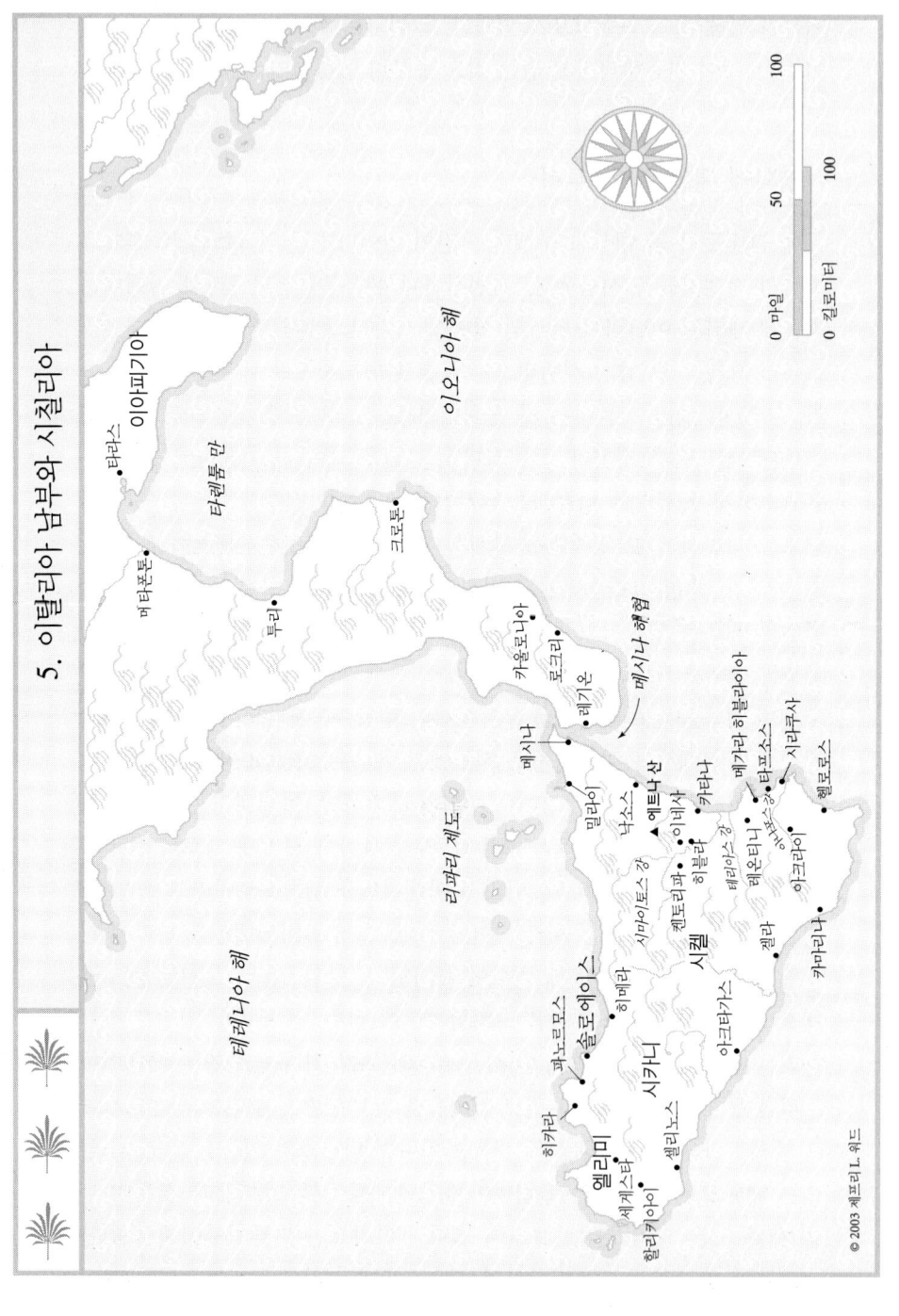

투리를 아테네 제국의 서쪽 중심지로 만들고자 했다면, 투리를 보호하기 위해서 어떤 행동을 취했어야 한다. 그러나 아테네인은 아무것도 하지 않았고, 스파르타의 식민시가 그리스에서 가장 공개적인 장소에서 승리를 뽐내도록 허용했다.

10년 후 전쟁을 초래한 위기 속에서 투리에서는 투리가 실제로 어디의 식민시인지에 대한 논쟁이 벌어졌다. 델포이의 신관은 아폴론이 그 도시의 건설자라고 선언해서 투리의 범그리스적인 성격을 재확인함으로써 이 문제를 정리했다. 아테네와의 관련성이 다시 한 번 부인되었음에도 불구하고, 이번에도 아테네는 아무것도 하지 않았다. 심지어 델포이의 아폴론이 친스파르타적이었으며, 전쟁이 벌어질 경우 투리 식민시가 스파르타인에게 유용할 것이었음에도 불구하고 말이다. 아테네인은 분명히 투리를 범그리스적인 식민시로 여겼고, 그런 태도로 일관했다.

아테네인은 투리의 건설에 아예 참여하지 않을 수도 있었다. 그렇게 아무것도 하지 않았더라면 별다른 관심을 끌지 못했을 것이지만, 페리클레스와 아테네인은 범그리스적인 식민시라는 개념을 발명하고, 그것을 아테네의 영향권 밖에 둠으로써 외교적인 신호를 보냈던 것일지도 모른다. 투리는 아테네가 자기 휘하의 식민시를 건설할 기회를 거부함으로써 서쪽에서 제국적 야망을 가지고 있지 않으며 평화적인 범그리스주의를 추구하려고 한다는 가시적인 증거가 될 것이다.

사모스인의 반란

기원전 440년 여름, 사모스와 밀레토스는 양자 사이에 있는 도시인 프리에네에 대한 통제권을 두고 전쟁에 돌입했다.(지도 6) 사모스 섬은 델로스 동맹의 창립 회원이며, 조공을 바치지 않은 단 세 동맹국들 중에서도 가장 강력했고, 자체의 해군을 소유한 자치국이었다. 밀레토스 또한 동맹의 첫 회원국들 중 하나였으나, 두 차례에 걸쳐 반란을 일으켰다가 진압당한 결과, 해군을 박탈당했고 조공을 바치게 되었으며 민주정을 받아들여야 했다. 밀레토스인이 도움을 요청하자, 아테네인으로서는 가만히 서서 강력한 동맹국이 의지할 곳 없는 다른 동맹국에 자신의 의지를 강요하

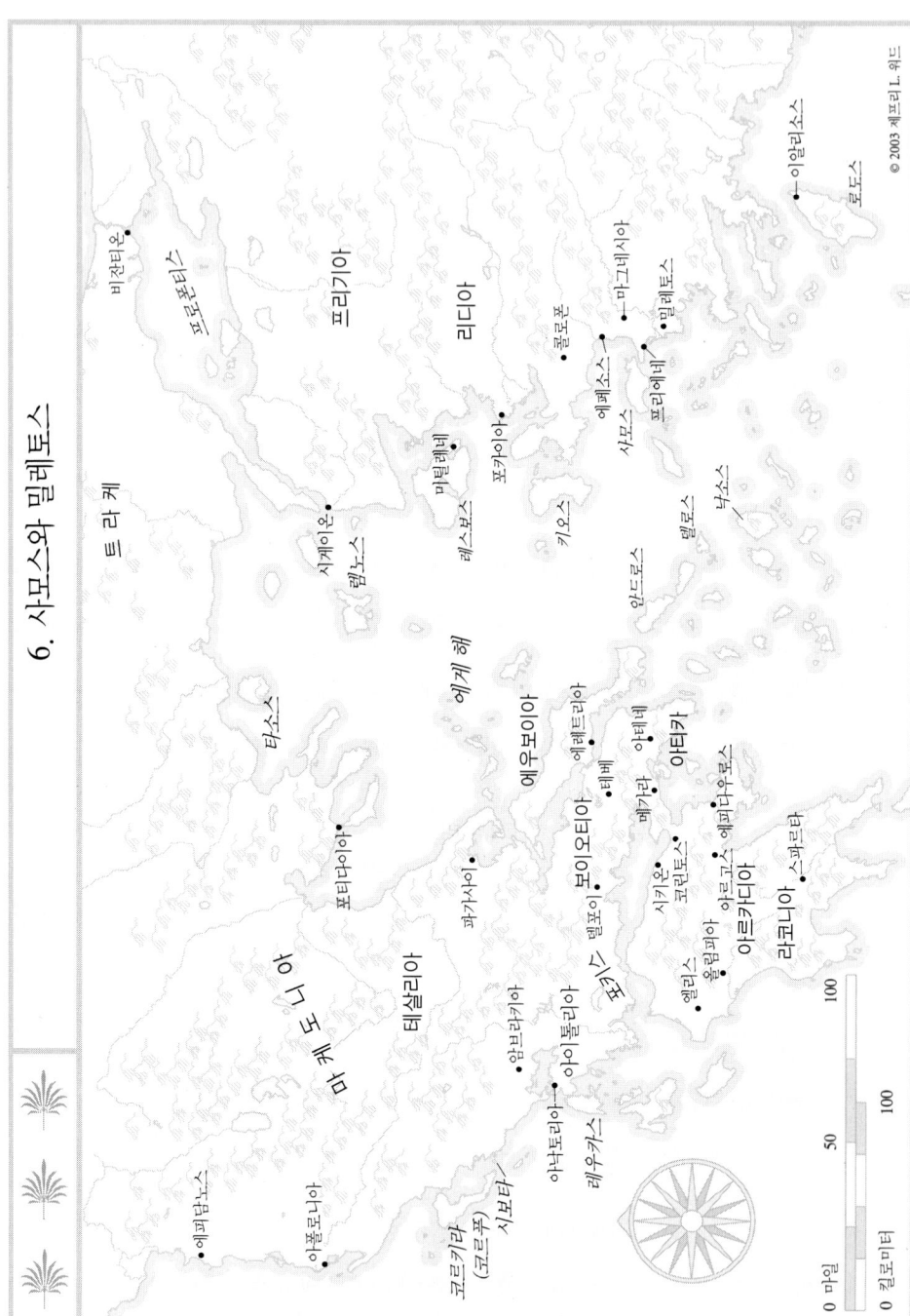

6. 사모스와 밀레토스

도록 내버려둘 수 없었다. 그러나 사모스인은 아테네인의 중재를 거부했고, 그러자 아테네인은 자신의 리더십과 권위에 대한 반항을 묵과할 수 없었다. 페리클레스가 직접 함대를 이끌고 사모스를 공격해서, 과두 지배층을 민주 정부로 대체하고 막대한 배상금을 부과했으며, 선량한 행위를 위한 보증으로 인질을 잡아갔고, 사모스의 치안을 위해서 아테네 군을 주둔시켰다.

사모스의 지도자들은 반항에서 혁명으로 돌아섬으로써 이에 대응했고, 소아시아의 페르시아 총독인 피수트네스를 설득하여 자신들의 대(對)아테네 항전을 돕게 했다. 피수트네스는 사모스인이 자신의 영토에서 용병을 모집하도록 허락했고, 아테네인이 어느 섬에 억류하고 있던 인질들을 구출함으로써 반란자들이 부담 없이 일을 진행할 수 있도록 했다. 반란자들은 민주 정부를 패배시키고 포로가 된 아테네 군과 기타 아테네인 관리들을 페르시아 총독에게로 보냈다.

반란의 소식은 비잔티온에서 봉기의 불을 붙였다. 이곳은 흑해로 이어지는 아테네의 식량수입 경로에 위치한 중요한 도시였다. 레스보스 섬의 중심 도시이자 자율적인 해군을 가진 또 하나의 동맹국이었던 미틸레네는 잠시 기다렸다가 스파르타가 후원하자 즉시 모반에 동참했다. 후에 대규모 펠로폰네소스 전쟁에서 아테네에 패배를 안겨줄 요소들 중에 두 가지가 이때 나타났다. 제국에서의 반란과 페르시아의 후원이 그것이었다. 그러나 스파르타가 참여하지 않는다면 반란은 분쇄되고 페르시아인은 물러설 것이었다. 또 스파르타의 경우, 개입 여부에 대한 결정은 분명히 코린토스에 의해서 영향을 받았다. 왜냐하면 아테네와 전쟁을 벌일 경우 코린토스야말로 함대를 제공하리라고 기대할 수 있는 가장 중요한 동맹이 될 것이었기 때문이다.

스파르타의 대응은 평화조약과 그 조약 체결 이후의 아테네의 정책에 대한 시금석이 될 것이었다. 만약 그 정책이, 특히 서쪽에서 스파르타와 코린토스에 공격적이고 야심적인 것으로 보였다면, 이제 아테네의 해군이 다른 곳에 매여 있는 이때가 바로 아테네를 공격할 기회였다. 스파르타인은 펠로폰네소스 동맹 회의를 소집했는데, 이것은 최소한 그들이 이 문제를 심각하게 고려했다는 증거가 될 것이다. 후일에 코린토스인은 아테네인에게 자신들이 그 문제를 결정하는 데 개입했다면서 이렇게 말했다. "우리는 다른 펠로폰네소스인들이 사모스인을 도울 것인지 여부를 두고 표가 갈리고 있을 때, 당신들에게 반대표를 던지지 않았다……."(1.40.5) 아테네를 공격하지 않기로 결정이 났고, 이제 아테네는 부담 없이 사모스의 반란을 분쇄했고, 페르시아의 후원에 의한 광범위한 봉기와 그에 뒤이어 아테네 제국을 파괴할지도 모르는 전쟁의 발발을 방지했다.

코린토스는 수십 년 동안 아테네를 증오했고 최종적인 위기의 시기에 주된 전쟁 선동자가 되었을 법한데, 왜 기원전 440년의 평화조약을 유지하는 방향으로 개입했던 것일까? 투리에서 표현된 아테네인의 신호를 코린토스인이 이해했고, 범그리스주의의 기초가 된 투리의 재건과 그에 뒤이은 아테네인의 절제에 의해서 분명 코린토스인이 충분한 확신을 가지게 되었다고 보는 것이 가장 그럴듯한 설명이다.

사모스 위기의 결과는 평화조약의 전망에 힘을 실어주는 쪽으로 작용했다. 기원전 446/445년의 협정 이래로 양편은 절제력을 보였고 조약을 위험하게 할 어떤 이익을 추구하지 않았다. 에피담노스에서 생긴 분쟁이 새롭고 예기치 못했던 문제를 일으켰을 때에도, 미래에 대한 전망은 긍정적이었다.

제2장
"머나먼 나라에서 벌어진 분쟁"
(기원전 436-433년)

에피담노스

"에피담노스는 이오니아 만을 향해 항해할 때 오른쪽에 있는 도시이다. 일리리아 종족에 속하는 야만족인 타울란티아 인이 근처에 살고 있다."(1.24.1; 지도 7) 투키디데스는 전쟁을 초래한 사건에 대한 이야기를 이러한 설명과 함께 시작했다. 왜냐하면 그리스인들 중에 에피담노스가 어디에 있는지 혹은 그 외에 에피담노스에 대해서 조금이라도 알고 있는 사람은 거의 없었기 때문이었다. 기원전 436년에 내전으로 귀족당이 에피담노스에서 추방되었는데, 그들은 인근에 살고 있던 비그리스인인 일리리아인과 힘을 합쳐서 자신의 고향 도시를 공격했다. 포위당한 에피담노스의 민주파는 에피담노스의 건립자인 코르키라에 도움을 요청했다. 코르키라 자신은 또한 원래 코린토스에 의해서 건립되었다. 코르키라인은 다른 동맹국에 대해서뿐만 아니라 코린토스 식민시들과의 혈연관계에서도 고립 정책으로 일관하고 있었기 때문에 그 요청을 거부했다. 그러자 에피담노스의 민주파는 코린토스에 가서 원조의 대가로 코린토스의 식민시가 되겠다고 제안했다. 예전에 코린토스의 후예인 코르키라가 에피담노스를 건립했을 때, 코린토스는 관례대로 설립자를 보냈다. 그러나 코린토스와 코르키라의 사이는 유난히 나빴다. 수세기 동안 두 도시는 일련의 싸움을 벌였고, 몇몇 식민시들에 대한 통제권을 두고 자주 다투었다.

그럼에도 불구하고 코린토스인은 에피담노스의 초청을 열광적으로 받

아들였고, 자신들의 개입이 코르키라인의 기분을 상하게 할 것이고 아마 전쟁까지도 벌어질 것이라는 점을 충분히 알고 있었다. 코린토스인은 에피담노스의 민주파를 지원하기 위해서 대규모 부대를 파견했고, 장차 재건립될 식민시에 영구적으로 정착할 사람들도 많이 동반해서 보냈다. 그리고 그 부대는 "만약 바다로 간다면 코르키라인이 막아설지도 모른다는 두려움에서"(1.26.2) 상대적으로 힘든 경로인 육로를 통해서 이동했다. 학자들은 코린토스가 이 소동에 끼어들기로 결정한 것에 대해서 가시적이고, 실제적이고, 구체적인 이유를 찾아내지 못했다. 그러나 투키디데스가 제공하는 설명은 다른 근거들을 들고 있다. 코린토스인의 행위는 바로 자신을 무시하는 식민시에 대한 증오에서 비롯된 것이었다. "일반적인 제전에서 그들은 다른 식민시와는 달리 코린토스인에게 관례적인 특권을 주지 않았고, 첫 제사를 코린토스인이 시작하도록 하지도 않았으며, 오히려 그들을 모욕적으로 다루었다."(1.25.3-4)

코린토스인의 결정 역시 확실히 분쟁의 대상인 식민시들에 대한 지속적인 경쟁의 일부분이었고, 이것은 19세기 말 유럽 국가들 사이에서 벌어진 것과 유사한 제국주의적 경쟁의 한 형태이다. 유럽의 제국들 중 다수가 물질적인 관점에서는 수지타산이 맞지 않았다는 점과, 제국을 획득한 것에 대한 실제적인 이유로 제시된 것들이 개연성 있는 설명이라기보다는 변명에 불과하다는 점이 오래 전부터 분명하게 알려졌다. 진정한 동기는 경제적이고 실제적인 것보다는 오히려 심리적이고 비이성적인 것인 경우가 많았다. 즉 명예와 특권이 문제였다.

그리스 북서부에 자신들의 영향력이 지배하는 영역을 건설하고자 결심했던 코린토스인의 경우도 그와 마찬가지였다. 이러한 결심으로 인해서 코린토스인은 자신의 힘이 쇠퇴하는 동안 성장했던 코르키라와 갈등을 빚게 되었다. 코르키라인은 전함 120척으로 구성된 함대를 보유했는데, 이것은 아테네 바로 다음 가는 규모였고, 그리스 북서부에서 코린토스의 헤게모니에 수년 동안 도전하고 있었다. 코린토스인은 제전에서 공개적인 모욕을 당함으로써 마침내 분노가 폭발했을 것이 틀림없고, 에피담노스 인의 초청으로 핑곗거리가 생기자 즉시 그 기회를 붙잡았다.

코린토스가 개입하자 에피담노스의 사건에 무관심했던 코르키라인도

"머나먼 나라에서 벌어진 분쟁" 49

가만히 있을 수 없었고, 코르키라의 함대는 즉각적이고 거만하게 에피담노스에 최후통첩을 보냈다. 그 내용은 민주파가 코린토스가 파견하는 부대와 식민자들을 떠나보내고, 망명 귀족당을 다시 받아들여야 한다는 것이었다. 코린토스는 그러한 불명예스러운 조건을 받아들일 수 없었고, 에피담노스의 민주파는 자신들의 안전을 위해서라도 지원군을 포기할 수 없었다.

코르키라의 확신에 찬 오만함은 당시에 자신은 강력한 해군을 보유하고 있는 반면 코린토스에는 전함이라고 부를 만한 것이 전혀 없다는 사실에 근거하고 있었다. 코르키라인은 에피담노스를 포위하기 위해서 40척의 배를 보냈고, 한편 귀족 망명자들과 일리리아의 동맹자들은 육지에서 에피담노스를 둘러싸고 있었다. 그러나 코리키라의 확신은 번지수가 틀린 것이었다. 코르키라는 코린토스가 부유한 나라이며 분노하고 있고, 스파르타의 동맹이자 펠로폰네소스 동맹의 일원이라는 사실을 망각했던 것이다. 코린토스인은 과거에 이 동맹을 이용해서 자신의 이익을 추구할 수 있었고, 이번에도 역시 코르키라에 대항해서 그렇게 할 수 있으리라고 기대했다. 그러므로 코린토스는 에피담노스에 완전히 새로운 식민시를 건설하겠다고 선언하고 그곳으로 보낼 정착민을 그리스 전역에서 모집해서, 30척의 코린토스 배와 3,000명의 군인과 함께 보냈다. 스파르타 동맹의 일원이자 강력한 국가인 메가라와 테베를 비롯해서 여러 도시가 추가로 배와 자금을 제공했다. 스파르타인은 한줌의 스파르타 부대만으로도 코르키라인을 겁먹게 할 수 있었지만, 코린토스인의 작전에 내재한 위험을 이미 간파하고서 아무런 원조도 하지 않았다.

코르키라인은 이러한 대응에 충격을 받았고, 코린토스로 "그들이 초대한 스파르타와 시키온의 사절단과 함께"(1.28.1) 협상단을 보냈다. 스파르타가 이 논의에 기꺼이 참여했다는 것은 그들이 평화로운 결과를 희망하고 있었음을 명확히 보여준다. 이 회담에서 코르키라인은 코린토스가 물러나라는 요구를 반복했다. 이것이 실패하자, 코르키라인은 이 분쟁을 양자가 받아들일 수 있는 펠로폰네소스의 어느 국가의 중재에 맡기거나, 혹은 코린토스가 원한다면 델포이 신탁의 중재에 맡기기를 원했다. 코르키라인은 자신이 코린토스의 잠재력을 과소평가했음을 확실히 인식하고 진지하게 화해를 추구했다. 코르키라인은 또 중재 결과를 두려워할 필요도 없었다. 왜냐하면 판결에 참여하도록 제안된 모든 당사자들은 스파르타의 영향 아래 놓일 것이었고, 의심의 여지없이 코린토스인에게 자신들이 데려온 정착민과 함께 물러나라고 요구할 것이기 때문이었다. 이것은 코르키라인에게 만족스러운 조건이었다. 하지만 만약 코린토스인이 이를 거부하고 전쟁을 고집한다면, 코르키라인은 다른 곳에서 도움을 구할 수밖에 없을 것이었다. 그럴 경우에 생길 위협은 분명했다. 코르키라인은 필요하다면 아테네와의 동맹도 마다하지 않을 것이었다.

코린토스

그리스 세계의 먼 구석에서 생긴 사소한 사건이 위기를 조성했고, 이 위기는 이제 그리스 세계 전체의 안정성을 위협하기 시작했다. 이 사건에 에피담노스와 코르키라만이 관련되었을 때에는 문제는 순전히 지역적인 것이었다. 둘 중 누구도 그리스를 지배하는 두 국제 동맹의 일원이 아니었다. 그러나 코린토스가 개입하고, 스파르타 동맹의 구성원들이 말려들기 시작하여 코르키라가 아테네에 도움을 요청하자, 중대한 전쟁이 눈앞으로 다가왔다. 스파르타인은 바로 이러한 위험을 인식했기 때문에 코르키라의 협상단과 동행하여 분쟁의 조정을 지원하는 데 동의했다.

그러나 코린토스인은 양보하지 않으려고 했다. 스파르타인이 보는 앞에서 단호히 거부하는 것은 곤란한 일이므로, 코린토스인은 대안을 제시했다. 만약 코르키라인이 에피담노스에서 함대를 철수시키고 일리리아인이 떠나간다면, 코린토스인이 코르키라의 제안을 고려해볼 수 있다는 것이었다.

그 제안대로 한다면 코린토스 군대는 에피담노스에서 자신들의 세력과 물자 공급력, 포위공격에 대한 수비를 강화함으로써 전략적인 이득을 볼 수 있었다. 코린토스인의 제안은 진정으로 진지하지 않은 것이었지만, 코르키라인은 그렇더라도 협상을 결렬시키지 않았다. 대신 양편이 협상을 하는 동안 서로의 군대를 철수시킬 것을 요청했다. 코린토스인은 이를 다시 거부했고, 이번에는 그 대답으로 전쟁을 선포하고, 75척의 함대와

2,000명의 보병을 에피담노스로 보냈다. 그들은 도중에 코르키라의 함대 80척에 의해서 저지되었고 레우킴네 전투에서 완전히 패배했다. 같은 날 에피담노스는 코르키라 포위군에게 항복했다. 이제 코르키라는 바다와 분쟁의 대상이었던 도시를 지배했다.

복수의 열정에 불타오른 코린토스인은 2년 동안 노력한 끝에 자신들이 가졌던 것 중 가장 큰 함대를 건설했고, 아테네 제국의 도시들을 포함한 그리스 전역에서 숙련된 노잡이들을 고용했다. 아테네인은 여전히 분쟁의 바깥에 머물고자 노력했지만 이러한 일에 반대하지는 않았다. 아마 그래서 코린토스인은 코르키라인이 아테네에서 도움을 얻겠다고 한 것이 허무맹랑한 소리라고 더욱 강하게 믿게 되었을 것이다.

코르키라인은 자신의 카드를 내보일 것을 요구받자 마침내 아테네에 사절을 보내어 코린토스에 대항하는 동맹을 요청했다. 코린토스인은 그 사절단에 대해서 알게 되자 자신들 역시 아테네에 사절을 파견하여 "아테네의 함대가 코르키라인의 함대에 추가되는 것을 막으려고 했다. 그렇게 되면 자신의 승리가 방해를 받을 것이기 때문이었다."(1.31) 푸른 하늘의 작은 구름과도 같았던 원래의 위기는 먼 북서부 지방에 제한된 것이었고 코르키라 식민자들과 그들의 모국 코린토스 사이의 기나긴 분쟁들 중 하나에 불과했는데, 이제 그리스 세계 최대의 열강 중 최소 한 나라가 개입되면서 훨씬 위험한 수준에 이를 수 있는 위협적인 것이 되었다.

제3장
아테네의 개입 (기원전 433-432년)

기원전 433년 9월 프닉스에서는 아테네 민회가 개최되어 코르키라 대표단과 코린토스 대표단의 의견을 청취했다. 전체 회의에서 모든 종류의 주장들이 제기되고 경청되고 논의되었다. 이 안건을 두고 논의한 사람들은 이로 인해서 장차 초래될 수 있는 전쟁에서 싸워야 할 바로 그 사람들이었고, 그들은 자기 스스로의 투표로 나아갈 바를 결정했다.

코르키라인은 어려움에 직면했다. 이 분쟁에는 그들과 아테네 사이의 이전의 우정도, 아테네인의 물질적인 이익도 상관이 없었다. 아테네인이 자신들을 최소한 코린토스와 그리고 아마도 전체 펠로폰네소스 동맹과 전쟁을 벌이게끔 만들 동맹을 맺어야 할 이유가 무엇이겠는가? 코르키라인은 자신들의 주장의 도덕적 정당성과 그들이 제안하는 동맹의 합법성을 주장했다. 30년 평화조약은 분명히 중립국과의 협력을 허용했던 것이다. 그러나 대부분의 사람들처럼, 아테네인은 안보와 이익에 더 관심이 있었고, 코르키라인은 이에 대해서 아테네인을 만족시킬 준비가 되어 있었다. "우리는 당신들의 것을 제외한다면 가장 거대한 해군을 보유하고 있습니다."(1.33.1-2) 즉 아테네의 힘을 더욱 공고히 해줄 군사력을 가지고 있다는 것이었다.

그러나 코르키라인의 가장 강력한 호소력은 공포였다. 그들은 주장하기를, 아테네와 스파르타 동맹 사이의 전쟁은 이제 불가피해 보이므로 아테네인에게는 동맹이 필요하다고 했다. "스파르타인은 당신들을 두려워하여 전쟁을 갈망하며, 코린토스인은 그들에게 큰 영향력을 가지고 있으며 당신들의 적입니다."(1.33.3) 그러므로 아테네인은 가장 실제적인 이유에서 코르키라인의 동맹 요청을 받아들여야 한다. "그리스에는 언급할 만한 가치가 있는 함대가 3개 있습니다. 당신들의 것, 우리의 것, 그리고 코린토스인의 것이죠. 만약 코린토스인이 먼저 우리를 통제하게 되면, 당신들은 그 둘이 하나가 되는 것을 보게 될 것이며, 한꺼번에 코르키라인과 펠로폰네소스인의 함대와 싸워야 할 것입니다. 만약 당신들이 우리를 받아들인다면, 우리는 당신들의 함대에 우리 전함을 더해서 그들과 싸울 것입니다."(1.36.3)

코린토스인의 대변인은 훨씬 더 어려운 변론을 해야 했다. 어쨌든 코린토스는 에피담노스에서 침략자였고, 자신의 동맹국들의 조언조차도 물리쳐가면서 모든 평화적 해결책들을 거부했던 것이다. 그들이 제기한 가장 강력한 주장은, 아테네와 코르키라의 협약의 합법성에 도전하는 것이었다. 기술적으로 볼 때, 코르키라는 어느 편도 아니었으므로 30년 평화조약에 따르면 실제 그러한 동맹은 허용되었다. 그러나 코린토스인은 그것이 상식은 물론 조약의 정신을 침해한다고 주장했다. "비록 조약문에는 조약에 참가하지 않은 모든 도시가 마음대로 원하는 편에 들 수 있다고 쓰여 있지만, 그 구절은 한쪽 편에 해를 끼치려는 의도를 가지고 다른 쪽 편에 드는 자들을 위하려는 뜻이 아니었습니다."(1.40.2) 원래 조약에 참가하고 맹세를 했던 자들 중 그 누구도, 한편이 다른 편과 전쟁을 벌이고 있는 중립국과 동맹을 맺는 것을 인정하는 일은 상상도 하지 못했을 것이다. "만약 여러분이 그들과 한편이 된다면, 우리는 어쩔 수 없이 그들에 대한 우리의 복수에 당신들을 포함시킬 수밖에 없습니다."(1.40.2-3)

코린토스인은 나아가서 전쟁이 불가피하다는 코르키라인의 주장을 부인했다. 그들은 또한 아테네인들에게 과거의 호의들, 특히 사모스 반란 당시 스파르타와 펠로폰네소스 동맹을 설득하여 아테네가 가장 취약할 때 공격당하지 않도록 도와주었던 자신들의 수고를 상기시켰다. 그들은 그 경우를 통해서 두 동맹의 관계를 지배하는 핵심 원리, 즉 평화 유지에 결정적인 원리를 확인했다고 믿었다. 상대방의 영향권에는 서로 불간섭하는 것이다. "우리의 희망에 반해서 코르키라인을 받아들이지 마십시오. 그들이 잘못하도록 돕지도 마십시오. 우리가 여러분께 요청하는 일을 함으로써, 여러분은 합당한 행동을 하게 될 것이며 가장 좋은 방식으로 여러분 자신의 이익을 돌볼 수 있을 것입니다."(1.43)

그러나 코린토스인의 논변은 완전히 건전하지는 않았다. 코르키라는 사모스가 아테네의 동맹국이었던 것과는 달리 코린토스의 동맹국이 아니었고, 조약을 아무리 넓게 해석한다고 하더라도 코린토스에 의해서 공격당하는 중립국에 대한 아테네인의 원조를 금지할 수는 없었다. 아테네는 코르키라의 제안을 받아들이더라도 굳건한 법적 근거를 가질 수 있었다. 그러나 코린토스인의 주장은 더 깊은 의미에서는 올바른 것이었다. 만약 어느 한쪽이 다른 쪽과 전쟁을 벌이고 있는 비동맹 국가들을 돕기 시작한다면, 항구적인 평화는 불가능할 것이다.

기원전 445년 이래, 그리고 위기의 시대를 통틀어서 아테네인은 자신들이 전쟁을 원하지 않음을 행동으로 보여주었다. 그러나 코르키라는 유별난 문젯거리였다. 코르키라가 패전하고 그 해군이 적에게 넘어가면 펠로폰네소스의 함대는 아테네의 해상 우월권에 도전할 수 있을 만큼 강해질 터였다. 아테네와 아테네 제국의 힘과 번영, 그리고 생존 그 자체는 바로 그 해상력에 의존하고 있었다. 아테네인이 이렇듯이 거의 임박한 타격으로 힘의 균형에 치명적 변화가 올 것을 두려워하고 있었는데도, 코린토스인은 아테네인이 코르키라인의 동맹 제안을 거절하고 아마 반(反)코르키라 정책으로 코린토스의 편을 들어줄 것이라고 확신했던 것으로 보이며, 또 그렇게 할 것을 대담하게 제안했다. 왜 그들은 그토록 오판을 했을까? 코린토스인에게는 코르키라가 단지 국지적 문제였다. 코린토스인은 자신들의 편협한 이익을 추구했고, 거기에 조그마한 국가에 당한 모욕에서 오랜 격앙과 분노가 더해져, 그만 자신들의 행위가 국제관계에서의 힘의 균형에 미칠 영향을 과소평가했다. 코린토스인은 자신들이 코르키라와 전쟁을 벌이는 동안에 아테네가 뒷짐을 지고 있을지 여부를 확실히 검증해보려는 노력을 하지 않았다. 대신 코린토스인은 위험을 무시하고 앞으로 돌진하면서 모든 일이 자신들에게 좋게 돌아가기를 바랐다.

언덕에 앉은 아테네인은 이제 가장 어려운 선택을 해야 했다. 민회에서 거의 모든 토론은 하루 안에 끝나는 것이 보통이었다. 그러나 코르키라인과의 동맹을 둘러싼 토론은 너무 길어져서 제2차 회의를 열어야 했다. 첫

째 날에는 동맹 제안을 거절하는 쪽으로 여론이 기울었다. 우리는 그날 밤 내내 열띤 논의가 벌어졌으리라고 상상해볼 수 있다. 그리고 둘째 날 새로운 제안이 나타났다. 그리스의 동맹(symmachia, 쉼마키아)에서는 공격과 방어에 완전히 참여하는 것이 보통이었는데, 새 제안은 오직 방어 동맹(epimachia, 에피마키아)만을 체결하자는 것이었고, 이것은 그리스사에서 처음 등장하는 관계였다. 혁신적인 페리클레스가 그 주창자였기 때문에 제안이 통과될 가능성은 매우 높았다. 페리클레스는 위기의 시대 내내 아테네의 정책을 결정하는 데 자신의 능력을 유감없이 드러냈고, 플루타르코스는 우리에게 바로 이 페리클레스가 "인민을 설득하여 코린토스인과 교전 중인 코르키라인에게 원군을 보내게 하고, 해군력을 가진 강력한 섬과 밀접한 관계가 되게 했다"(『페리클레스』 29.1)고 말한다.

투키디데스는 아테네인이 조약을 찬성했던 것은 그들이 펠로폰네소스인과의 전쟁이 불가피하다고 믿었기 때문이라고 주장하지만, 이 조약 체결에 반대했던 많은 이들은 그러한 주장에 동의하지 않았을 것이다. 그들은 이렇게 질문했을 것이다. 아테네 자체에 대한 위험은 아직도 멀고 의문시되는 상황에서, 왜 우리가 코르키라를 위해서 전쟁을 감수해야 한단 말인가? 오히려 아테네인은 전쟁을 준비하는 것이 아니라 전쟁을 늦추는 데 목적을 둔 정책을 채택한 듯하다. 코르키라인의 제안을 거절함으로써 그들의 함대를 펠로폰네소스인에게 잃어버리는 불쾌한 선택과 원치 않는 갈등을 초래할 공격적 동맹을 받아들이는 것 사이의 중도노선을 택한 것이다.

그러므로 방어 동맹은 정교한 외교적 도구로서 코린토스인이 이성을 되찾도록 하려는 시도였다. 아테네인은 자신들의 새로운 의무를 수행하기 위해서 코르키라로 10척의 함대를 보냈다. 만약 아테네인의 의도가 코린토스인과 싸워 물리치는 데 있었다면, 자신들의 거대한 해군에서 200척 정도는 쉽게 보낼 수 있었을 것이다. 그 정도의 무력에 코르키라의 전함들이 함께 한다면, 코린토스인에게 자신들의 계획을 포기하도록 강제하거나, 혹은 확실한 승리를 거두어 적 함대를 괴멸시키고 코린토스로부터의 모든 위협을 제거할 수 있었을 것이다. 그러므로 실제로는 소수의 전함이 파견되었다는 것은 군사적인 가치보다는 상징적인 의미였고, 아테네인이 코린토스인을 억지해달라는 코르키라의 호소를 심각하게 받아들이고 있음을 보여주려는 의도였다. 키몬의 아들 라케다이모니오스 (Lacedaemonios)를 함대 지휘관으로 선택한 것 역시 결코 우연의 일치가 아니었다. 이것은 분명히 그의 임무에 대한 스파르타의 의혹을 없애려는 뜻을 내포하고 있었다. 라케다이모니오스는 귀족 기사였지만, 우리는 그의 해군 경력에 대해서는 아는 바가 없다. "스파르타인"이라는 뜻의 그의 이름 자체는, 그의 아버지가 펠로폰네소스 동맹의 지도자들과 밀접한 관계였음을 드러낸다.

더욱 놀라운 점은 아테네 군 지휘관들에게 내려진 명령이었다. 그들은 코린토스 함대가 코르키라 자체나 혹은 그 영토를 향해 상륙하려는 의도로 항해하지 않는 이상 교전을 벌이지 말아야 했다. "이 명령들은 조약을 깨뜨리지 않기 위해서 하달되었다."(1.45.3) 그러한 명령은 모든 해군 장교에게 악몽과 같았다. 해상 전투의 혼란 속에서, 무슨 수로 적의 의도를 정확히 알 수 있겠는가? 너무 조심하고 인내하다가는 적절한 개입 시기를 놓칠 수도 있다. 반면에 공격하는 시늉이나 혹은 적의 기동을 잘못 이해하고서 신속하게 대응할 경우에는 불필요한 교전을 초래할 수 있다.

이것은 현대적 용어로는 "최소 억지" 정책이었다. 아테네 군대의 존재는 해군력의 균형에 변화가 생기는 것을 막겠다는 아테네인의 결심을 드러냈다. 그러나 소규모의 함대는 아테네인이 코린토스의 힘을 감소시키거나 파괴하기를 원하지 않았음을 보여주었다. 만약 이 계획이 성공한다면, 코린토스인은 그저 귀국할 것이고 위기는 지나갈 것이었다. 만약 코린토스인이 작정하고 싸우려고 한다 해도, 아테네인은 여전히 전투에서 벗어나 있기를 바랄 것이었다. 어쩌면 코르키라인은 레우킴네에서와 같이 아테네인의 도움 없이도 승리할지도 몰랐다. 어떤 아테네인들은 "양편이 서로 싸우다가 가능한 많이 지쳐버려서, 아테네가 혹시 그들과 전쟁을 벌이게 되더라도 코린토스와 또다른 해상 열강의 힘이 약해져 있기를"(1.44.2) 바라기도 했다. 어느 경우에든, 아테네인은 어떠한 교전도 피할 수 있었다.

시보타 전투

기원전 433년 9월 시보타 전투에서 코린토스와 코르키라의 함대가 마침내 조우했을 때, 아테네의 소함대는 규모가 워낙 작다 보니 코린토스 함대를 억지할 수 없었다. 자신의 행위가 미래의 어떤 시점에 불쾌한 결과를 낳을 수도 있다는 믿음과, 즉각적으로 자신을 파괴할 수 있는 압도적인 무력이 눈앞에 있다는 사실 사이에는 커다란 차이가 있다. 이전 레우킴네 전투에서는 8개의 동맹시가 코린토스를 도왔다. 그러나 시보타에서는 엘리스와 메가라 두 도시만이 코린토스 편에 참가했다.(지도 8) 다른 도시들은 코린토스가 이전에 패배했기 때문에 또는 코르키라가 새로이 아테네와 동맹을 맺었기 때문에 억지되었다. 스파르타가 이들 동맹시들에 그 분쟁에 끼어들지 말라고 설득했을 가능성도 있다. 코린토스인은 자신들의 90척에 식민시 및 동맹시들이 제공한 60척을 더해 150척의 함대로 코르키라인의 110척을 공격했고, 이때 아테네인은 거리를 두고 있었다.

그러나 곧 코르키라의 참패가 분명해졌고, 아테네인은 더 이상 수수방관할 수 없었다. "상황은 코린토스인과 아테네인이 반드시 서로 싸워야만 하는 지경에 이르렀다."(1.49.7)

코르키라 군과 아테네 군이 코르키라를 방어할 준비를 하고 있을 때, 이미 최후의 공격을 시작했던 코린토스인이 갑자기 후퇴했다. 수평선 너머에 갑자기 아테네인의 추가 함대가 등장했던 것이다. 치열한 전투의 한복판에 있던 코린토스인에게는 이 배들이 자신들을 수적으로 압도하여 파멸시킬 대함대의 일부분으로 보이기 쉬웠다. 그래서 코린토스인은 전장에서 후퇴했고 코르키라는 구출되었다.

사실은 코린토스인이 보았던 것은 원래의 함대를 충원하기 위해서 며칠 전에 파견되었던, 고작 20척에 불과한 아테네 전함들이었다. 플루타르코스에 따르면, 페리클레스의 반대파는 처음의 10척이 떠난 이후에 그의 계획을 비판했다고 한다. "그는 10척의 배를 보냄으로써 코르키라인에게는 전혀 도움이 되지 못하고 오히려 그들의 적이 불만을 제기할 커다란 핑곗거리를 제공했다."(『페리클레스』 29.3) 이 전술로는 고작해야 불만족스러운 타협밖에 이룰 수 없었다. 그러나 전쟁의 신은 변덕스럽고, 대담함은 종종 이성이 예견하는 것보다 더 나은 결과를 낳는다. 20척의 보충 소함대가 코르키라 앞바다의 부대와는 전혀 연락을 주고받지 못한 채 며칠 동

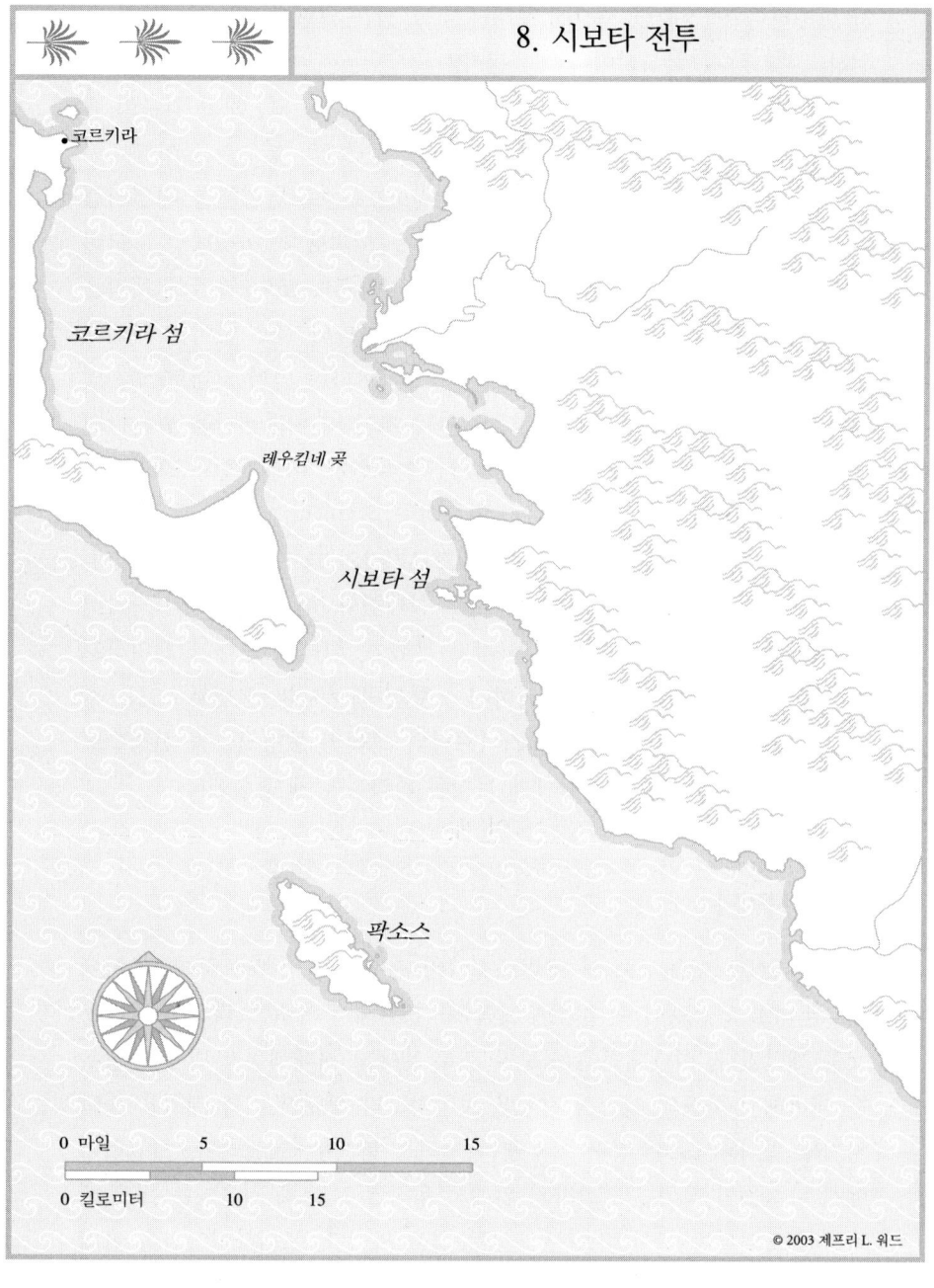

안 항해하다가, 정확한 시간에 도착해서 그 섬을 코린토스의 정복에서 구원하리라고는 누가 상상이나 했겠는가?

다음 날, 코르키라인들은 온전한 30척의 아테네 함대를 보고 기운이 넘쳐서 전투를 개시했다. 그러나 코린토스인은 첫날의 전초전을 아테네인이 코린토스와의 전쟁의 시작으로 간주하고 코린토스 함대를 전멸시킬 기회를 잡으려고 할까봐 두려워했고, 전투를 회피했다. 아테네인은 코린토스인이 후퇴하도록 허용했고, 양편은 면밀하게도 조약 파기의 책임을 부인했다. 코린토스인은 스파르타와 그 동맹시들의 협조 없이는 아테네와 싸워 이길 수 없음을 알았다. 그러나 스파르타는 벌써 코린토스를 억제하려고 했기 때문에, 코린토스인은 만약 조약 파기의 비난을 받는다면 스파르타인의 지지를 기대할 수 없었다. 다른 한편, 아테네인은 스파르타가 분쟁에 끼어들 핑계를 제공하지 않으려고 조심했다.

작전상 아테네의 노력은 성공했다. 코르키라와 그 함대는 보존되었다. 그러나 "최소 억지" 정책은 전략적으로 실패했다. 아테네 군대의 도착이 코린토스인의 전투 개시를 억지하지도 못했고, 아테네 군대가 개입하고도 코린토스의 전투 능력을 파괴하지 못했기 때문이다. 코린토스인은 좌절하고 더욱 분노했으며, 이제 스파르타와 그들의 동맹시들을 전쟁으로 끌어들여 목표를 이루고 적들에게 복수를 하리라 굳게 결심했다.

포티다이아

아테네인은 이제 최소한 코린토스와의 전쟁을 준비해야 하며, 동시에 펠로폰네소스 동맹이 관여되는 것을 막기 위해서 계속 노력해야 한다는 것을 깨달았다. 아테네인은 시보타 전투 전에도 적대행위가 발생할 경우를 대비해서 자신의 재정적 자원을 보존하느라 장대한 건축 계획을 중단하기도 했다. 시보타 전투 이후에는 그리스 북서부, 이탈리아, 시칠리아에서 자신들의 지위를 강화하기 위해서 움직였고, 그해 겨울에는 에게 해 북부의 포티다이아 시(지도 9)에 최후통첩을 보냈다. 포티다이아인은 아테네 동맹의 일원이면서 동시에 코린토스의 식민자들이었고, 대개는 모(母)시와 가까운 관계였다. 아테네인은 코린토스인이 복수를 계획하고 있음

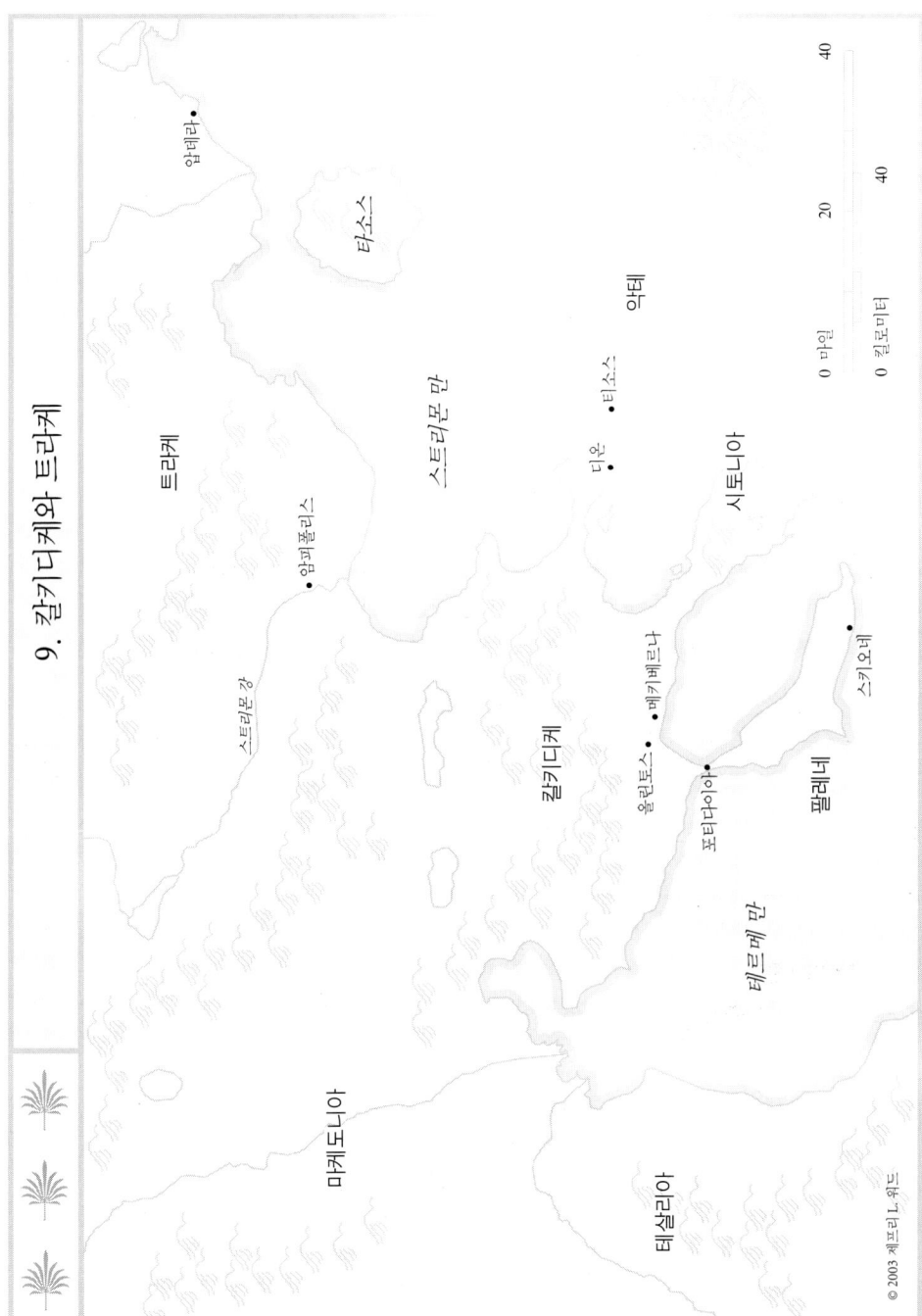

을 알게 되었을 때, 그들이 적대적인 이웃 마케도니아의 왕과 결탁하여 포티다이아에서 반란을 촉발시키지 않을까 두려워했다. 그곳에서부터 다른 도시들로 반란이 번져나가면 제국에 심각한 문제가 될 수 있었다.

아테네인은 더 이상의 추가적인 도발은 하지 않은 채, 포티다이아인에게 그들을 바다쪽에서 보호해주는 성벽을 허물고, 코린토스에서 매년 보내오는 관리들을 떠나보내고, 아테네에 많은 인질을 보낼 것을 명령했다. 이런 조처들은 이 도시에서 코린토스의 영향력을 제거하고 아테네가 이곳을 좌지우지할 수 있도록 하기 위해서였다. 이번에도 역시, 아테네의 전략은 점점 드러나는 문제에 대한 외교적 반응, 즉 달갑지 않은 양극단 사이에서 온건한 선택을 한 것으로 이해해야 한다. 아무런 행동도 취하지 않으면 반란을 초래할 수 있는 반면, 포티다이아에 대한 물리적인 통제권을 요구하기 위해서 군사력을 파견하는 것은 그 도시를 아테네의 입장에서 안전하게 만들 수 있을지는 몰라도 도발적인 행위가 된다. 그러나 최후통첩을 보내는 것은 포티다이아의 잠재적 반란자들에게 강력한 메시지를 전달하는 동시에 30년 평화조약에서 분명하게 허용된, 제국 내부의 조정 문제로 남는다.

당연히 포티다이아인은 그 요구들을 거부했고, 그해 겨울 내내 논의가 계속되었는데, 결국 아테네인은 마케도니아에 이미 나가 있던 파견군의 지휘관에게 "포티다이아에서 인질을 잡고, 성벽을 허물고, 도시 인근에서 계속 감시하여 반란을 일으키지 못하도록 하라"(1.57.6)는 명령을 내렸다. 아테네의 의심은 정당한 것으로 판명되었다. 코린토스인의 후원을 받은 포티다이아인은 벌써 비밀리에 스파르타에 청원하여 자신들의 봉기를 도와달라고 했던 것이다. 스파르타의 에포로이는 이에 대한 응답으로 만약 포티다이아인이 반란을 일으키면 아티카를 침공하겠다는 약속을 했다. 스파르타의 정책이 이렇게 반전된 까닭은 무엇일까?

메가라 법령

바로 그해, 즉 기원전 433-432년의 겨울에(포티다이아인에 대한 최후통첩과 매우 근접한 시기에, 그러나 그 전인지 후인지는 불분명하다) 아테네인은 메가라인에게 아테네 제국의 항구와 아테네 아고라 출입을 금지하는 법령을 통과시켰다. 경제적 금수조치는 현대 세계에서는 종종 외교적 무기로 사용되고는 하며, 전쟁보다는 약한 강제의 수단이다. 그러나 고대 세계에서는 평화시에 이러한 금수조치가 사용된 선례가 없었다.

이것은 분명히 또 하나의 페리클레스의 혁신이었다. 동시대인들은 그 법령으로 인한 전쟁과 그것을 제정한 페리클레스를 비난했다. 그러나 페리클레스는 이 법을 끝까지 고수했고, 심지어 이것이 전쟁이냐 평화냐를 결정짓는 유일한 문제가 되었을 때조차 그러했다. 아테네의 지도자는 왜 금수조치를 도입했으며, 왜 그와 아테네의 다수 시민은 그 법을 승인하고 그것에 집착했을까? 학자들은 이것을 다양하게 해석했다. 경제적 제국주의의 행위로, 의도적인 전쟁 도발의 도구로, 펠로폰네소스 동맹에 대한 도전장으로, 스파르타인을 격분시켜 조약을 위반하도록 하려는 시도로, 그리고 심지어 전쟁 자체의 첫 행위로. 이 법령에 대한 공식적인 설명은 메가라인이 아테네인이 성스러운 땅이라고 주장하는 곳을 경작하고, 불법적으로 국경지방을 침범하고, 탈주한 노예들을 받아들임으로써 먼저 도발했다는 것이다.

그러나 자세히 검토해보면, 현대의 이론들은 면밀함이 결여되어 있고 고대의 불만들은 단순한 핑계에 불과하다. 메가라 법령의 진정한 목적은 메가라가 레우킴네와 시보타에서 취한 행동에 대해서 확실히 처벌함으로써 외교적인 압력을 적당히 강화하여 코린토스의 동맹시들로 전쟁이 확산되는 것을 막기 위해서였다. 코린토스인은 다른 펠로폰네소스인들, 특히 스파르타의 참전이 확실할 때에만 성공할 수 있었다. 메가라는 대부분의 펠로폰네소스 동맹시들의 반대에도 불구하고 레우킴네와 시보타에서 코린토스에 원군을 보냄으로써 아테네의 심기를 거스르고, 동시에 스파르타의 바람을 무시했다. 때가 되면 이 도시들은 아테네와의 또다른 대결을 위해서 코린토스 편을 선택할지도 모른다. 그리고 만약 다수가 그런 단계로 나아간다면, 스파르타인 자신들은 동맹의 지도자로서, 또 자신의 안전을 위해서도 수수방관할 수는 없었다.

다시 한 번, 아테네의 행위는 중도노선으로 보아야 한다. 아무것도 하지 않는다면 메가라와 다른 도시들이 코린토스를 돕도록 부추기는 꼴이 될 수도 있었다. 메가라를 군사력으로 공격한다면 조약을 어기게 되고, 스파르타를 반아테네 전쟁에 끌어들일 수도 있었다. 이와 대조적으로 금수조치는 메가라가 굴복하게 하거나 아니면 심각한 손해를 가할 수도 있었다. 금수조치는 대부분의 메가라인을 불편하게 하고, 아테네와 그 제국과의 교역으로 번영을 누렸던 자들에게는 중대한 손해를 입혔다. 그리고 분명히 그런 사람들 중 몇몇은 도시를 지배했던 과두 위원회의 일원이었을 것이다. 또 이 응징을 통해서 장차 분쟁이 발생할 경우 메가라가 뒤로 물러서도록 설득할 수 있었고, 다른 교역국들에는 심지어 형식적으로는 평화로운 시기라고 해도 그들이 아테네의 보복에서 자유로울 수 없다는 경고가 될 수 있었다.

그러나 메가라 법령에 위험이 전혀 없지는 않았다. 메가라인은 분명히 스파르타인에게 불만을 토로할 것이고, 스파르타인은 그들을 도와야만 하겠다고 느낄 것이었다. 그러나 스파르타인이 쉽게 메가라인의 호소를 거절할 수도 있었다. 왜냐하면 그 법령은 조약을 어기지 않았기 때문이다. 조약에는 교역이나 경제관계에 대한 조항은 전혀 없었다. 게다가 페리클레스는 당시 스파르타의 단독 왕이었던(플레이스토아낙스는 기원전 445년에 추방되었다) 아르키다모스와 개인적으로 친분이 있었다. 페리클레스는 아르키다모스가 평화를 선호한다는 것을 알고 있었고, 스파르타의 지도자인 그가 평화에 대한 자신의 의도 및 법령의 제한된 목적을 알아차리고, 또 그가 다른 스파르타인이 그러한 의도를 이해할 수 있도록 도울 것이라고 기대할 수 있었다. 페리클레스는 아르키다모스에 대한 평가에서는 옳았던 반면, 코르키라와의 동맹 이후에 일련의 사건들로 인해서 일부 스파르타인들 사이에 생겨난 분노는 과소평가했다.

제4장

개전 결정 (기원전 432년)

스파르타, 전쟁을 선택하다

스파르타의 에포로이가 포티다이아인에게 아티카를 침공하겠노라고 언질을 준 것은 비밀 약속이었고 스파르타 민회의 승인을 받은 것이 아니었다. 그리고 스파르타는 기원전 432년 봄에 포티다이아인이 반란을 시작했을 때 그 약속을 지키지 않았다. 스파르타의 왕도 시민들도 전쟁에 나갈 준비가 되어 있지 않았다. 그러나 영향력 있는 일부 분파는 그들의 생각을 변화시키려고 애를 썼다.

포티다이아의 봉기를 막기 위해서 파견되었던 아테네 군은 충분하지도 않았고 또 너무 늦게 도착해서 그다지 효용도 없었다. 코린토스인은 공식적으로 원정부대를 보낼 생각은 감히 하지 못했다. 그러면 공식적으로 조약을 파기하는 것이었다. 대신 코린토스인은 코린토스와 펠로폰네소스의 용병부대를 이끌던 한 코린토스인 장군의 지휘 아래에 "자원병" 부대를 조직했다. 이때 아테네인은 마케도니아와 평화를 맺어 그곳의 전투부대가 포티다이아로 향할 수 있게 했고, 아테네에서 추가로 지원군을 보냈다. 기원전 432년 여름에 대규모 부대와 함대가 도시를 포위했는데, 이 포위공격은 앞으로 2년 이상 계속되면서 대단히 많은 비용을 소모시켰.

포티다이아가 포위되고 메가라인이 아테네의 금수조치에 강력하게 항의하자, 이제 코린토스인은 아테네와 겨루는 일에 더 이상 혼자가 아니었다.[1] 그래서 코린토스인은 불만을 가진 모든 도시들을 부추겨 스파르타인에게 압력을 가했다. 마침내 기원전 432년 7월, 에포로이는 스파르타 민회를 소집했고, 아테네에 불만을 가진 동맹시는 누구나 스파르타에 와서 발언하도록 초대했다. 스파르타 동맹의 회합이 아니라, 이렇게 동맹시들이 스파르타 민회에서 발언하도록 초대된 것은 이번이 유일했다. 스파르타인이 이렇게 평소와 다른 절차를 밟았던 것은, 그들이 기원전 432년 여름에도 여전히 얼마나 전쟁을 주저했는지를 보여준다.

가장 분노한 참석자는 메가라인이었지만, 가장 효율적이었던 것은 코린토스인이었다. 그들은 스파르타인에게 아테네의 역동적인 힘 앞에서는 전쟁에 신중하고 주저하는 전통적인 스파르타의 정책이 매우 위험할 수 있음을 설득하려고 애썼다. 그리고 스파르타인과 아테네인의 특성의 차이를 날카롭게 대조시킴으로써 자신들의 주장을 강조했다.

그들은 혁명적이며 신속하게 계획을 구상하고 그것을 행동으로 옮깁니다. 반면에 여러분은 여러분이 가진 것을 보존하고 새로운 것을 창안하지 않으며, 행동할 때에는 필수적인 것조차 완전하게 하지 않습니다. 또 그들은 자신의 능력 이상을 감행하고 지혜롭지 못할 만큼 위험을 감수하며, 위험 속에서도 낙관적입니다. 반면에 여러분의 방식은 여러분의 능력이 허용하는 것보다 덜 행동하며, 가장 확실한 판단도 불신하고, 조그만 위험에도 여러분이 파멸될 수 있다고 생각합니다…….

오직 그들에게는 희망과 소유가 같은 것입니다. 왜냐하면 그들은 일단 계획을 세우면 신속하게 자신들의 계획을 실행으로 옮기기 때문입니다. 그리고 이런 식으로 해서 그들은 자신들의 전 생애를 위험과 함께 보냅니다……. 왜냐하면 그들은 고요한 평화를 고통스러운 활력보다 더 큰 재앙으로 여기기 때문입니다……. 스스로 평화를 누리거나 다른 사람에게 평화를 허용하는 것은 둘 다 그들의 본성과 어긋납니다.(1.70)

이것은 논쟁술로는 효과적일지 몰라도, 비교의 두 대상 모두를 너무 과

---

1) 아이기나 섬은 제1차 펠로폰네소스 전쟁 동안에 강제로 아테네 동맹에 편입되었다. 이 섬은 아테네의 손에 의해서 저질러진 부당한 처우에 불만을 품고 비밀리에 코린토스와 합류했다. 그리고 다른 펠로폰네소스인들의 분노를 격동시켰다.(1.67.2) 그러나 그들이 불만을 품은 정확한 이유는 분명하지 않다.

장했다. 스파르타인이 위에 묘사된 대로 나태한 자들이었다면, 그들은 거대한 스파르타 동맹을 결성하지도 못했을 것이며, 페르시아에 대항하여 그리스의 승리를 이끈 위대한 동맹도 만들지 못했을 것이다. 마찬가지로 아테네는 30년 평화조약의 조문과 정신에 완전히 부합되게 행동했고, 이에 대해서는 코린토스인 자신들도 암묵적으로 인정하고 있었다. 즉 코린토스인은 사모스 반란 당시에 자신의 동맹시들을 자제시켰다. 지난 몇 년 동안의 아테네의 문제적인 행동은 단순히 코린토스가 먼저 시작한 최근의 행위에 대한 대응이었다. 그런데 코린토스인은 자신들의 행위에 대해서는 가능한 한 거의 이야기하지 않았다.

코린토스인은 위협과 함께 자신들의 연설에 결론을 내렸다. 스파르타인은 포티다이아와 다른 동맹시들을 도와야 하며 아티카를 침공해야 한다. "만일 여러분이 여러분의 친구와 친족을 최악의 적에게 넘겨주고, 남은 우리가 다른 동맹으로 넘어가게 만들지 않으려면."(1.71.4) 이 위협은 공허했다. 그들이 넘어갈 다른 동맹이란 존재하지 않았다. 그러나 스파르타의 안보와 생활방식이 동맹의 온전함에 의존하고 있었기 때문에, 탈퇴의 기미만 보여도 비상사태로 느껴졌다.

그다음 연설자는 아테네 사절단의 일원으로서, 투키디데스에 따르면 "우연히 다른 일로 먼저 그곳에 와 있던"(1.72.1) 사람이었다. 그 "일"이 무엇이었는지는 알 수 없고, 이것이 단지 아테네인이 자신들의 의견을 개진하기 위한 핑계였음은 분명해 보인다. 페리클레스와 아테네인은 불만에 응하기 위해서 스파르타 민회에 공식적으로 대변인을 보내고 싶어 하지 않았다. 그렇게 하면 자칫 아테네의 행동에 대한 판단 권한이 스파르타에 있다고 인정함으로써, 의견 대립을 중재에 맡겨야 한다는 조약의 규정을 어기는 듯한 거동이 될 수 있었다. 그러나 아테네인은 스파르타가 그 동맹시들의 주장에 넘어가는 것을 막기를 원했고, 아테네가 자신의 힘을 정당하게 사용했음을 주장하고 싶었으며, 그 힘이 막강함을 드러내고자 했다. 아테네 대표는 아테네 제국의 성장을 두려움, 명예, 합당한 자기 이익 —— 이러한 것들은 스파르타인도 충분히 이해할 수 있는 문제들이었다 —— 등 어쩔 수 없는 일련의 과정 때문이었다고 주장했다. 그의 어투는 타협적이 아니라 사무적이었고, 그의 결론은 각 당사자들이 조약의 정확한 문구에 충실할 것을 요구했다. 즉 모든 분쟁을 중재에 맡기는 것이다. 그러나 만약 스파르타가 그것을 거부하면, "우리는 전쟁을 시작한 자들에게 보복하기 위해서 노력할 것입니다."(1.78.5)

이 연설은 스파르타인의 반감을 자극해서 그들이 맹세를 어기고 전쟁을 시작하도록 유도하기 위한 의도적인 도발이었을까? 그렇게 보는 관점은 오직 분노를 달래고, 자상하게 차이를 설명하고, 양보를 하는 노력만이 평화를 추구하는 유일한 길이라고 가정하고 있다. 그러나 종종 전쟁을 막는 가장 좋은 방법은 억지력을 사용하는 것이다. 즉 강력하고 확신과 결단에 찬 메시지를 전달하는 것이다. 이 전술은 특히 상대방에게 명예로운 탈출구를 남겨놓을 때 유효한데, 스파르타인에게는 중재 조항이 바로 그것이었다. 아무튼, 동시대의 가장 훌륭한 목격자는 우리에게 아테네의 목표는 여전히 전쟁이 아니었다고 말한다. "그들은 자기 도시의 힘을 분명히 드러내려고 했고, 노인에게는 그들이 이미 알고 있는 사실을 상기시키고, 청년들에게는 그들이 알지 못하는 점을 알려주려고 했다. 그들은 자신들의 주장으로 인해서 스파르타인이 전쟁보다 평화 쪽으로 기울 것이라고 생각했다."(1.72.1)

스파르타의 왕들이 전쟁이냐 평화냐를 결정하는 문제에서 전통적으로 영향력이 컸다는 사실을 고려한다면, 아테네인의 전략은 특히 합리적이었던 듯하다. 기원전 432년 현재에 유일한 현직 스파르타 왕인 아르키다모스는 페리클레스의 친구이자 "지혜와 신중함으로 이름 높은 남자"(1.79.2)였고, 곧 무장 분쟁에 대한 자신의 반대를 분명히 할 것이었다.

외국인들이 연설을 마치자 스파르타인은 모두 물러갔다. 비록 민회는 호전적이었고 전쟁을 시작하자마자 아테네를 쉽게 물리칠 수 있을 것이라고 확신했지만, 아르키다모스 왕은 그와 다른 주장을 했다. 그는 주장하기를, 아테네의 힘은 스파르타가 지금껏 직면했던 것들보다 더 강하며, 또다른 종류의 것이라고 했다. 풍부한 재정적 자원, 해상 제국, 해상 패권을 가지고 있으며 성벽으로 둘러싸인 도시는 스파르타인이 결코 해본 적 없는 전쟁을 수행할 수 있었다. 아르키다모스는 그들에게 "우리가 이 전쟁을 우리 자식들에게 물려주게 될까"(1.81.6) 두렵다고 말했다.

그러나 민회는 너무나 논쟁이 심한 분위기여서, 아르키다모스는 쉽게 아테네의 제안을 추천할 수 없었고, 그래서 온건한 대안을 제시했다. 우선 스파르타는 공식적으로 고소하는 선에서 멈추어야 한다. 그리고 동시에 이방인들(특히 페르시아인)과 다른 그리스인에게서 배를 구해서 만약 논의가 결렬될 경우 벌어질 전쟁을 대비해야 했다. 만약 아테네인이 양보한다면 어떤 행위도 취할 필요가 없다. 만약 그러지 않는다면, 스파르타인이 더 잘 준비된 2, 3년 후에는 싸울 기회가 훨씬 많을 것이다.

코린토스인, 불만을 가진 다른 당사자들, 그리고 행동을 취하기를 열망하는 스파르타인들은 당연히 왕의 이 제안을 환영하지 않았다. 그들은 포티다이아를 구출하려면 신속한 행동이 필요하다고 믿었다. 특히 코린토스인은 분노가 가라앉기를 원하지 않았고, 자유로운 손으로 코르키라를 완전히 분쇄할 수 있기를 원했다. 그들은 아테네인에게도 복수하기를 바랐고, 사실 아테네 제국의 파멸을 희망했는데, 이것은 스파르타의 주전론자들과 일치하는 입장이었다. 대부분의 스파르타인은 지난 50년간의 역사에 대한 선별적인 진술을 듣고, 코르키라, 포티다이아, 메가라의 사태를 보면서, 코린토스인이 그려내는 거만한 아테네에 대한 묘사와 아테네의 성장하는 힘이 제기하는 위험을 확신하게 되었다.

호전적인 에포로스인 스테네라이다스의 짧고 무뚝뚝한 반응이 전형적이었다.

나는 아테네인의 장황한 주장을 이해하지 못하겠습니다. 그들은 자기 스스로를 높이 칭송하면서 자신들이 우리 동맹시와 펠로폰네소스에 잘못하고 있다는 것을 부인하지도 않습니다……. 다른 이들은 많은 돈과 배와 말들을 가지고 있겠지요. 그러나 우리에게는 좋은 동맹시들이 있고, 우리는 이들을 아테네인에게 넘기지 말아야 합니다. 또 우리는 법정이나 말들에 의한 판단에 맡기지도 말아야 합니다. 우리는 말로 상처를 입은 것이 아니기 때문입니다. 대신 우리는 전력을 다해 신속하게 보복해야 합니다. 그리고 우리가 부당한 일을 당했을 때 그 누구도 우리에게 천천히 고려해야 한다는 말을 하지 못하도록 해야 합니다. 오히려 잘못된 일을 꾸미는 자들이 오랫동안 생각하도록 해야 할 것입니다. 그러므로 스파르타인이여, 스파르타인답게 전쟁을 찬성하는 투표를 합시다. 아테네인이 더 강해지도록 허용하지 말고, 동맹시들을 배신하지도 말고, 잘못을 저지르는 자들을 향해 신의 도움으로 전진해 나갑시다.(1.86)

이 에포로스는 자신이 논쟁의 어느 편의 목소리가 더 큰지를 판가름할 수 없다고 주장하면서, 그러나 "그들의 의견을 공개적으로 드러냄으로써 더욱 전쟁을 갈망하도록 만들기 위해서" 표결에 붙일 것을 제안했다. 개표 결과, 대다수가 아테네인이 평화를 깨뜨렸다는 쪽에 투표했다. 이것은 사실상 전쟁을 찬성하는 투표였다.

왜 스파르타인은 특출하게 강력한 적국과의 장기적이고 힘겨운 분쟁을 수행하기로 결정했을까? 더구나 그들에게 즉각적인 위협도 없고, 손에 잡히는 이득을 얻는 입장도 아니었고, 직접적인 위해가 가해지지도 않았는데 말이다. 다수의 스파르타인은 보통 평화를 선호했고, 게다가 신중하고 존경받는 아르키다모스 왕이 그들을 이끌었는데, 무엇이 전쟁을 결심하도록 만들었을까? 투키디데스는 스파르타인이 전쟁을 벌이기로 결정한 이유는 그들이 동맹시들의 주장에 설득되었기 때문이 아니라, "그리스의 많은 부분이 이미 아테네인의 손에 들어간 사실을 보고, 아테네인이 너무나 강력해질 것을 두려워했기 때문"(1.88)이었다고 믿었다. 전쟁의 기원에 대한 투키디데스의 일반적인 설명은 이렇다. "나는 가장 진정한 원인이면서도 가장 덜 언급되는 것은, 아테네인의 힘의 성장이었다고 생각한다. 그것이 스파르타인에게 공포의 대상이 되었고, 그들을 전쟁으로 내몰았다."(1.23.6)

그러나 평화조약과 시보타 전투 사이의 십수 년 동안에는 아테네의 힘이 성장하지도 않았고, 심지어 코린토스인조차도 이미 기원전 440년에 알아차렸듯이 아테네인의 외교 정책도 공격적이지 않았다. 아테네의 힘이 증가한 유일한 경우는 기원전 433년의 코르키라와 동맹을 맺은 결과로 생겼는데, 이것도 스파르타의 권고를 무시한 코린토스의 선제공격에 대한 대응이었다. 그리고 그때에도 아테네인이 마지못해, 그리고 방어적으로 행동했으며, 오직 코린토스인이 힘의 균형에 중대한 변화를 일으키지 못하도록 노력했음이 분명하게 드러났다.

그러나 위기에 처한 사람들은 미래의 위협에 대한 공포에 의해서 움직이기도 한다. 점점 경계심을 느낀 스파르타인이 그러했다. 그들은 "아테네인의 힘이 스스로를 드러내고 자신의 동맹시들에 손을 뻗기 시작했다. 그러자 상황은 참을 수 없게 되고, 스파르타인은 자신들이 가장 확고한 결단을 내려서 가능하다면 그 힘을 분쇄하고 이 전쟁을 수행해야 한다고 결정했다."(1.118.2) 투키디데스의 이 세 가지 설명 방식은 모두 국제관계를 지배하는 근본적인 동기에 대한 자신의 분석을 정당화한다. 공포, 명예, 이익이 바로 그것이다. 스파르타인은 가장 중대한 자기 이익을 실현하기 위해서는 펠로폰네소스 동맹의 단합과 주도권을 유지해야 했다. 스파르타인은 아테네인의 힘과 영향력이 성장하면 지속적으로 스파르타의 동맹시들을 괴롭힐 것이고, 결국에는 그 동맹시들이 스파르타와의 방위조약을 저버릴 것이며, 그렇게 되면 펠로폰네소스 동맹과 스파르타의 헤게모니는 해체될 것임을 우려했다. 스파르타인의 명예, 자신에 대한 스스로의 인식은 주도권을 인정받는 것뿐 아니라 그들의 특이한 정체(正體)를 유지하는 것에 달려 있었고, 그 정체의 안보 역시 같은 요소들에 달려 있었다. 그래서 스파르타인은 바로 자신들을 위험에서 지키기 위해서 만든 동맹을 보존하려고 기꺼이 전쟁이라는 커다란 위험에 자신들을 노출시켰던 것이다. 그것은 스스로의 안전을 위협받더라도 자신의 동맹시들의 이익을 위한다는 의미였다. 한 동맹의 지도자가 스스로는 선택하지 않았을 정책을, 자신의 약한 동맹자들 때문에 추구하는 사례는 역사상 이것이 마지막은 아니었다.

민회의 결정에 뒤이어, 에포로이는 개전을 공식적으로 표결하기 위해서 스파르타 동맹 회의를 소집했다. 동맹시들은 8월까지도 모이지 않았고, 모두가 참여한 것도 아니었다. 아마 참가하지 않고 남아 있었던 동맹시들은 회합의 목적 자체를 반대했던 듯하다. 참석한 동맹시들 중에서 다수(비록 투키디데스가 순수한 스파르타 민회에 대해서 이야기했듯이 절대다수는 아니었지만)는 전쟁을 찬성했다. 그러므로 모든 동맹시들이 전쟁이 불가피하다고 결론지은 것은 아니었다. 그들 모두가 전쟁이 정당하다고 믿지도 않았다. 그들 모두가 그 과업이 쉽거나 분명히 성공하리라고 판단하지도 않았고 전쟁이 반드시 필요하다고 생각하지도 않았다.

스파르타인과 동맹시들은 즉각 침공하여 포티다이아인에 대한 자신들의 약속을 몇 달 늦게나마 이행할 수도 있었다. 그러한 침공 준비는 간단하고 몇 주일 걸리지도 않았을 것이다. 그리고 9월과 10월의 날씨는 전투를 하기에도, 혹은 아테네인이 싸움을 거부할 경우 그들의 재산을 파괴하기에도 좋았다. 비록 아테네인의 곡물은 오래 전에 수확되었지만, 여전히 포도 줄기와 올리브 나무, 그리고 성벽 밖의 농장에 심각한 타격을 가할 시간은 충분했다. 만약 아테네인이 스파르타인의 기대대로 기꺼이 교전에 응한다면, 9월에 침공하는 것이 훨씬 유리했다.

그러나 스파르타인과 동맹시들은 거의 1년 동안 아무런 군사행위도 하지 않았다. 그동안 스파르타인은 아테네에 사절단을 세 번 파견했는데, 그중 최소한 한 번은 전쟁을 피하기 위한 진정어린 노력이었던 것으로 보인다. 적대행위 개시까지의 오랜 지연과 협상하려는 계속된 노력은 논쟁의 격정이 지나간 후에 아르키다모스 왕의 조심스럽고 침착한 주장이 효과를 발휘했고 스파르타에 원래의 보수적 분위기를 회복시켰음을 시사한다. 어쩌면 아직 전쟁은 피해갈 수 있었을지도 몰랐다.

아테네의 개전 결정

스파르타의 첫 사절단은 8월 말쯤에 아테네로 파견되었는데, 그들은 두 세기 전에 페리클레스 어머니의 가문 중 일원이 저지른 신성모독 행위를 언급하면서, 아테네인에게 "여신의 저주를 제거하라"고 요구했다. 페리클레스는 그 가문의 사람들과 폭넓은 관계를 맺고 있었다. 스파르타인은 이 사건을 통해서 아테네가 당하는 어려움에 대해서 페리클레스가 비난받고 불신임되기를 희망했다. 왜냐하면, "그는 당대의 가장 강력한 사람이자 국가의 지도자로서, 모든 일에서 스파르타에 반대했고, 아테네인이 양보하지 못하게 하며 계속 전쟁으로 몰고 갔기"(1.126.3) 때문이다. 페리클레스는 정말 언제나 중재 없는 양보를 반대했다. 그리고 일단 스파르타와 그 동맹시들이 전쟁을 결의하자, 그는 이후의 협상은 오직 아테네의 결의를 잠식하려는 전술적 계략이라며 거부했다.

페리클레스는 이에 대응해 오히려 스파르타인이 하나도 아니고 두 가지의 종교적 위반행위를 오랫동안 자행했으니, 그것에 책임이 있는 자들을 추방함으로써 속죄해야 한다고 주장했다. 첫 번째 신성모독은 신전에 도피한 헤일로타이를 살해한 것으로 이는 "그리스인의 자유"를 슬로건으로 내걸고 전쟁을 하려는 스파르타인이 자신의 땅에서는 엄청난 수의 그리스인을 전제적으로 지배하고 있다는 사실을 환기시켰다. 두 번째는 동료 그리스인을 전제적으로 다스리고 결국 배신하여 페르시아 편으로 넘어갔던 어느 스파르타 왕의 여러 행위들을 상기시켰다.

스파르타인은 다른 대표단을 보내어 여러 가지 요구를 했지만, 결국에는 한 가지로 귀착되었다. "그들은 공개적으로 그리고 명료하게, 만약 아테네인이 메가라 법령을 철회한다면 전쟁이 벌어지지 않을 것임을 선언했다."(1.139.1) 스파르타인이 초기의 입장에서 이렇게 후퇴한 것은 전쟁 결의 이후에 스파르타의 정치적 환경이 변화했음을 분명히 보여준다. 플루타르코스는 아르키다모스가 "동맹시들의 불만을 평화적으로 정리해서 그들의 분노를 가라앉히려고 노력했다"(『페리클레스』 29.5)고 말한다. 그러나 왕도 왕의 반대자들도 확실히 주도권을 잡지는 못했다. 겉으로는 아르키다모스가 협상을 지속할 만큼 충분히 강력해 보였지만, 그의 반대자들은 계속해서 중재 없는 양보를 요구할 수 있었다. 그래서 그 타협의 결과 여전히 중재는 거부했지만 요구 사항은 하나로 줄였다.

이러한 양보는 코린토스의 이익을 저버리는 행위였고, 스파르타인은 메가라인을 중재에 넘기지 않고 지원함으로써 자신의 힘과 동맹 지도자로서의 신뢰성을 과시했으며, 그럼으로써 코린토스를 고립시켰다. 만약 코린토스인이 그런 상황에서 동맹을 탈퇴하겠다고 위협했다면, 아르키다모스와 다수의 스파르타인은 그들을 내버려둘 준비가 되어 있었다. 스파르타인은 이제 다소간 스스로를 위험하게 하면서까지 전쟁을 피하려는 진지한 노력을 했다. 이제 결정은 아테네의 몫이었다.

스파르타인의 제안은 많은 아테네인을 설득시켰다. 그들은 단지 메가라 법령을 지키기 위해서 전쟁을 벌이는 것이 지혜로운 일인지 의심했다. 메가라 법령은 원래 전술적 계략에 불과한 것이지 그 자체로 싸워 지켜야 할 것이 아니었다. 그럼에도 페리클레스는 완고하게 조약에 규정된 중재를 고집했다. 그러나 그도 응답해야 한다는 압력을 무시할 수는 없었다. 그 응답은 외양상 금수조치를 촉발시킨 공식적 책임에 대한 형식상의 선언의 형태로 나타났고, 아테네의 행위를 옹호하기 위해서 메가라와 스파르타에 전달되었다. 플루타르코스는 "이 선언은 페리클레스가 제안했고, 이 정책을 합리적이고 우아하게 정당화했다"(『페리클레스』 30.3)고 말한다. 페리클레스는 아테네의 애매한 법을 근거로 들어, 그 법 때문에 메가라 법령이 새겨진 석판을 내릴 수 없다는 말로 자신이 금수조치의 해제를 거부하는 까닭을 설명했다. 스파르타인은 반박했다. "그럼, 석판을 내리지 말고 돌려놓으시오. 그것을 금하는 법은 없지 않소?"(『페리클레스』 30.1-3) 그러나 페리클레스는 굳건했고 다수의 지지를 유지했다.

마침내 스파르타인은 최후통첩을 보냈다. "스파르타인은 평화를 원한다. 그리고 만약 당신들이 그리스인에게 자치권을 준다면 평화가 올 것이다."(1.139.3) 이것은 아테네 제국의 해체를 요구했고, 페리클레스는 아마 결코 받아들일 수 없는 그 요구에 아테네 민회에서의 논쟁이 집중되기를 원했을 것이다. 그러나 그의 반대자들은 논의를 장악할 수 있었다. 아테네인은 "모든 것들을 단호하게 검토한 후에 응답하기로 결정했다." 많은 이들이 발언했는데, 어떤 이는 전쟁이 반드시 필요하다고, 다른 이는 "메가라 법령은 평화의 방해물이 되지 않아야 하며, 철회되어야 한다"(1.139.3)고 주장했다.

페리클레스는 자신의 정책을 공식적으로 법절차상의 문제에 근거해 변호했는데, 실제로는 훨씬 더 근본적인 이유가 있었다. 스파르타인은 평화조약의 규정에 따라 중재에 회부하는 것을 지속적으로 거부했고, 대신 협박과 강제력을 써서 자신들의 주장을 관철시키려고 했다. "그들은 자신들의 불만을 토론이 아니라 전쟁으로 해결하기 원하며, 이제 그들은 여기에서 더 이상 요청하는 것이 아니라 이미 요구하고 있다……. 이러한 요구들에 대해서 오직 단호하고 명료하게 거부해야만 그들이 여러분을 자신들과 동등하게 여겨야 함을 깨닫게 될 것이다."(1.140.2,5) 페리클레스는 구체적인 사항에서는 얼마든지 양보할 준비가 되어 있었다. 만약 스파르타인이 중재에 회부했다면, 그는 그 결정을 받아들여야 했을 것이다. 페리클레스가 참을 수 없었던 점은 스파르타가 포티다이아와 아이기나에서 아테네 제국에 직접, 혹은 메가라 법령이 나타내는 바와 같이 아테네의 상업 및 제국 정책에 개입하는 것이었다. 만약 그에 대해서 양보한다면, 사실상 에게 해에서 아테네의 패권과 아테네 제국이 스파르타인의 허락을 받아야 하는 것이라고 인정하는 셈이 되었다. 만약 아테네인이 지금 위협을 당한다고 해서 물러선다면, 아테네인은 자신들이 동등한 입장이라는 주장을 버리고, 장차 또다시 협박에 굴복하는 처지가 될 것이었다. 페리클레스는 민회 연설에서 이러한 위험을 신중하게 표현했다.

여러분, 저들은 전쟁을 피할 수 있는 특별한 방법으로 메가라 법령의 철회를 요구하고 있지만, 우리가 만약 메가라 법령을 철회하지 않는다고 해도 여러분께서는 우리가 사소한 문제 때문에 전쟁을 시작한다고 생각하지 마십시오. 또 여러분이 작은 것을 위해서 전쟁을 시작한다는 생각으로 스스로를 비난하지 마십시오. 왜냐하면, 이 "사소한 문제"가 여러분의 결의를 확인하고 검증할 것이기 때문입니다. 만약 여러분이 저들에게 양보한다면, 여러분은 즉각 더 큰 양보를 하도록 요구받을 것입니다. 그것은 여러분이 두려움 때문에 첫 양보를 했을 것이기 때문입니다.(1.140.5)

많은 스파르타인들은 그리고 몇몇 아테네인들도 왜 이 사소한 법령 하나에 군사적 교전까지 벌일 가치가 있는지 이해하기 어려웠을 것이다. 이러한 입장을 취한 아테네는 정당했는가? 당장의 불만들은 양편의 분쟁과 관련이 있을 때에만 실제적인 중요성을 가졌다. 즉 스파르타의 단일한 비타협적인 요구는 물질적으로나 전략적으로 중요하지 않았다. 만약 아테네인이 메가라 법령을 철회했다면 위기를 벗어날 수 있었을 것이며, 그 이후의 상황은 평화의 지속을 촉진하는 방향으로 발전했을 것이다. 스파르타가 코린토스를 배신했기 때문에, 양국 간의 관계는 차가워졌을 것이 분명하고, 아마 이 분열은 스파르타가 아테네와의 분쟁을 기피하기에 충분할 정도로 심각했을 것이다. 펠로폰네소스에는 과거에 그랬던 것처럼 다른 문제들이 발생할 수도 있었다. 장기간의 평화가 유지될 수 있었을 것이고, 모두가 현 상태에서 타협을 이룰 가능성이 가장 높았다.

다른 한편, 최소한 50년 이상 지속된 스파르타의 한 분파는 여전히 아테네인을 질시하고 의심했으며, 아테네 제국에 대한 적개심에 불타고 있었다. 만약 아테네가 양보를 한다면 당분간은 다수의 스파르타인의 공포를 가라앉힐 수 있었겠지만, 아테네의 적들은 언제나 파괴적인 세력으로 남아 있을 것이다. 기원전 431년에 양보를 했다면, 그것은 그저 스파르타의 비타협성만 더 키워주고, 미래에 전쟁이 벌어질 가능성을 더 높일 뿐이었을 것이다.

이러한 고려들이 페리클레스의 마음에 가장 크게 자리잡고 있었다. 그러나 그의 결정은 또한 자신이 구상한 전쟁 수행전략에 근거하고 있었다. 전략이란 전술과는 달리 단순한 군사적 계획의 문제가 아니다. 사람들과 지도자들은 다른 수단들이 실패했을 때 자신들의 목표를 이루기 위해서 전쟁을 택한다. 그리고 전략을 구상하여 그 전략이 군사력을 통해서 목표를 성취하게 해줄 것이라고 믿는다. 그러나 전쟁이 터지기 전에는, 전쟁을 시작하느냐 기피하느냐에 대한 결정에 미치는 영향력은 전략마다 다르다. 기원전 432/431년의 위기에서 스파르타와 아테네는 둘 다 의도치 않게도 전쟁을 일으키도록 돕는 전략들을 선택했다.

그리스 국가 간의 전쟁에서 일반적인 유형은 한편의 팔랑크스가 적의 영토에 진격하여 적군의 팔랑크스와 대면하는 것이었다. 두 군대가 충돌하면, 분쟁을 촉진했던 문제는 하루가 가기 전에 결정되고는 했다. 스파르타의 군사력은 수적으로 아테네보다 훨씬 우세했기 때문에, 아테네인이 전형적인 방식으로 교전에 임한다면 자신들이 승리하리라고 확신했던 스파르타인의 판단에는 근거가 충분했고, 대부분의 스파르타인은 아테네인이 그렇게 하리라는 점을 의심하지 않았다. 만약 아테네인이 다른 경로의 행위를 선택한다면, 스파르타인은 1년 혹은 2, 3년 동안 아테네의 영토를 약탈함으로써 자신들이 원하는 결정적 전투를 이끌어내거나 아테네의 항복을 받아낼 수 있을 것이라고 확신했다. 개전 초기에 스파르타인과 그리스의 다른 국가들은 이러한 단순한 공격전략이 신속하고 확실한 승리를 보장해줄 것이라고 믿었다. 만약 스파르타인이 오랫동안 힘겹고 결과도 불확실한 전쟁을 해야 한다고 믿었다면 —— 아테네인과 아르키다모스는 그들에게 바로 그렇게 될 것임을 납득시키고자 노력했다 —— 그들은 다르게 행동했을 것이다.

그러나 페리클레스는 새로운 전략을 고안했는데, 그것은 아테네 국력의 성격이 독특하고 광대했기 때문에 가능했다. 아테네 해군은 아테네인이 제국을 다스릴 수 있게 해주었고, 제국은 아테네인에게 막대한 소득을 제공하여 아테네의 해상 패권을 유지할 수 있게 해주고 교역이나 구매를 통해서 필요한 재화는 무엇이든 구할 수 있게 해주었다. 비록 아티카의 토지와 곡물은 공격에 취약했지만, 페리클레스는 아테네 시와 피라이오스의 항구 및 해군 기지를 잇는 장벽을 건설함으로써 아테네 자체를 거의 하나의 섬과 같이 만들었다. 이 벽은 당시의 그리스 포위공격의 수준에서는 난공불락이었고, 그래서 만약 아테네인이 성벽 안으로 후퇴하면, 그들은 안전하게 지낼 수 있었던 반면에 스파르타인은 아테네인과 접촉할 수도, 패배시킬 수도 없었다.

페리클레스가 살아 있는 동안에는 아테네에서 계속 유지되었던 그 전략은 비록 어느 정도의 제한된 공격적 요소가 있기는 했지만 근본적으로 방어적이었다. 페리클레스는 "만약 아테네인이 가만히 있고, 함대를 잘 보호하며, 전시에 제국을 확장하려고 하다가 자신의 도시를 위험에 몰아넣지 않으면, 승리할 것이다"(2.65.7)라고 믿었다. 그러므로 아테네인은 스파르타인이 아무 소득도 없이 들판을 약탈하는 동안, 육상 전투를 거부하고, 주변 지역을 포기하고, 성벽 뒤로 후퇴할 것이었다. 그동안 아테네 함대는 펠로폰네소스의 해안에 일련의 습격을 가하는데, 그것은 심각한 타격을 입히려는 것이 아니라, 단지 적을 성가시게 하고 괴롭히며, 적에게 만약 아테네인이 마음만 먹으면 얼마나 큰 타격을 입힐 수 있는지를 미리 맛보게 해주려는 행위였다. 그 공격은 스파르타인과 동맹시들에 자신들이 아테네를 패배시키기에는 무력하다는 점을 분명히 보여주고, 또 물리적으로나 물질적으로가 아니라 심리적으로 그들을 기진맥진하게 하려는 의도에서 나왔다. 조직적으로 느슨한 스파르타 동맹 내의 자연적인 구분, 즉 예를 들면 공격에 취약한 해안 국가들과 보다 안전한 내륙 국가들 사이의 구분은 값비싼 분란을 낳을 것이 분명했다. 펠로폰네소스인들이 승리를 거둘 수 없음이 곧 분명해지고, 평화협상이 이루어질 것이었다. 스파르타의 주전파는 완전히 불신임되고, 기원전 446/445년부터 평화를 유지해왔던 합리적인 분파가 권력을 잡을 터였다. 그러면 아테네는 적국이 스스로에게 승리를 획득할 능력이 없음을 인정하는 것에 더욱 힘입어 평화의 시대를 기대할 수 있을 것이었다.

이 계획은 전통적인 보병 팔랑크스 사이의 대결보다 훨씬 더 아테네에 적합했다. 그러나 그것에도 심각한 결함이 존재했고, 이 계획에 의존하다가 페리클레스의 외교적인 전쟁 억지전략이 실패했다. 그 첫 번째 약점은 이 계획이 근본적으로 신뢰받지 못했다는 점이었다. 페리클레스는 어떻게든 아테네인이 자신의 계획을 받아들이고 자신이 아테네의 지도자로 있는 동안은 그것을 고수하도록 설득할 수 있었다. 그러나 이 계획이 실행되기 전에는, 그 실현 가능성을 믿은 스파르타인, 아니 그리스인은 거의 없었다. 예를 들면, 아테네인은 자신들의 성벽 아래에서 적들이 퍼붓는 모욕과 겁쟁이라는 비난을 감수해야 한다. 그것은 그리스인의 문화적 경험, 즉 전장에서의 용기를 가장 높은 그리스인의 덕목으로 삼는 영웅적 전통을 송두리째 무시하는 행위였다. 더구나 아테네인 대부분은 시골에 살고 있었고, 적들이 자신들의 곡물을 짓밟고 과수와 포도 넝쿨을 망가뜨리며 자신들의 집을 불태우는 동안에 도시의 성벽 뒤에서 수동적으로 바라보고만 있어야 했다. 어떤 그리스인도 조금이라도 저항할 기회만 있다면 결코 그렇게 내버려두지는 않았을 것이고, 채 10년도 전에 아테네인은 그러한 약탈을 허용하기보다는 나가 싸우는 편을 선택했었다.

페리클레스 계획의 두 번째 약점은, 그러한 전략으로는 아테네인을 전쟁에 나가도록 설득하기 어려웠을 것이고, 일단 전쟁이 벌어지면 그 전략을 고수하도록 하기란 더욱 어려웠으리라는 점이다. 스파르타인이 침공해오자, 아테네인은 "언제나 자신들의 것이었던 집과 신전, 그리고 조상의 국가운영이 담긴 전래의 유적들을 포기해야 한다는 사실에, 그리고 생활방식의 변화에 직면해야 한다는 점에, 또 각자가 자신의 폴리스를 포기하는 것과 마찬가지라는 것에 낙담하고 분노했다."(2.16.2) 침략자들이 도시에 근접하자 많은 아테네인들, 특히 청년들이 나가 싸우겠다고 고집을 부리며 페리클레스를 향해 분노했다. "왜냐하면 그가 그들을 전장으로 이끌지 않기 때문에, 그리고 그들은 그가 이 모든 자신들의 수난에 책임이 있다고 생각했기 때문이다."(2.21.3) 결국, 페리클레스는 어쩔 수 없이 자신의 특별한 영향력을 행사하여 민회의 소집을 금지해야 했는데, 이것은 "만약 사람들이 모이면 판단력을 사용하기보다는 분노에 의한 행동으로 실수를 하게 될까 두려웠기 때문이다."(2.22.1)

페리클레스 이외의 그 누구도 아테네인을 설득하여 그 계획을 받아들이고 고수하도록 할 수는 없었다. 그러나 그는 60대 중반이었고, 만약 위기가 신속히 지나갔다가 그가 죽은 뒤에 다시 치솟는다면, 그 전략은 더 이상 가능하지 않을 것이었고, 그에 대한 대안은 거의 분명한 패배였다. 그러한 생각들이 페리클레스의 외교를 더욱 비타협적으로 만들었을지도 모른다.

아테네의 계획에는 또 결함이 있었다. 첫눈에는 이 계획과 같은 접근방식은 매우 적절해 보일 수도 있다. 즉 아테네는 방어적인 목표를 가지고 있었으므로, 당연히 방어적인 전략을 써야 했다. 그러나 가장 바람직한 목표는 억지를 통해서 전쟁을 피하는 것이었으므로, 방어적인 계획은 적합하지 않았다. 억지의 목표는 적에게 공포심을 불러일으켜 싸울 생각을 버리도록 하는 것인데, 페리클레스의 전략은 실제로는 스파르타인에게 거의 공포를 주지 못했다. 예를 들면 만약 아테네인이 싸우기를 거부하면, 스파르타인이 치러야 할 유일한 대가는 한 달 걸려서 아티카로 진군해 들어가서 마음 내키는 대로 약탈하는 데 쓴 노력뿐일 것이었다. 만약 아테네 군이 펠로폰네소스에 상륙한다고 해도, 그들은 요새를 건설하고 상당 기간 동안 주둔하지 않는 이상 별다른 피해를 끼치지 못한다. 만약 그들이 해안에서 떨어진 곳에 요새를 짓는다면, 그들은 포위된 채 굶어죽을 것이다. 만약 해안에 요새를 만든다면, 그들은 분리되어서 그 어떤 파괴행위도 할 수 없다. 이러한 노력들 중에 어떤 것도 스파르타인에게는 그다지 힘이 들거나 비용이 많이 드는 것이 아니었다. 통찰력이 있는 몇몇 사람들은 아테네인이 최소한 습격과 상업 방해를 통해서 해안 국가들에 손해를 입힐 수 있으며, 한편 스파르타가 그들을 보호하지 못함으로써 동맹의 주도권이 잠식되고 위험한 변절행위가 벌어질 수도 있음을 지적할 수 있었다. 그러나 희미한 그 미래를 전망할 만한 상상력을 가진 사람은 거의 없었을 것이다.

만약 아테네인이 그러한 계획을 고안하고 그러한 결과를 예측할 수 있었다면, 그들은 전쟁을 벌이지 않았을 것이다. 그러나 그러한 조건은 페리클레스의 계획에서는 아무런 역할도 하지 못했다. 페리클레스의 외교적 억지전략은 분명하고, 확실하고, 놀라운 공격적 위협이 없이는 절름발이 계획이었고, 실패할 수밖에 없었다.

만약 페리클레스가 전쟁을 억지하기 위해서는 더 강력한 공격적 입장이 필요하다고 믿었다면, 그는 메가라 법령을 부과하지 않거나 혹은 스파르타인이 요구할 때 철회했을 것이고, 그럼으로써 장래의 분쟁 위험을 감수했을 것이다. 그러나 페리클레스는 자신의 방어전략이 성공하리라고 확신했고, 그래서 완고했다. 그는 아테네인을 설득하여 스파르타에 대한 아테네의 최종 답변에 바로 자신의 언어를 쓰도록 했다. "우리는 명령을 받고서 무엇인가를 하지는 않을 것이며, 상호 평등에 기초한 조약에 따라 중재를 통해서 불만을 해결할 준비가 되어 있다."(1.145.1)

제2부

페리클레스 전쟁

전쟁의 처음 10년은 첫 아티카 침공을 이끌었던 스파르타 왕의 이름을 따서 관습적으로 "아르키다모스 전쟁"(Archidamian War)이라고 부른다. 그러나 아르키다모스는 전쟁의 기원과 전쟁을 좌우했던 전략에서 조연배우에 불과했다. "10년 전쟁"(Ten Years War)이라고 부르는 것이 보다 정확한 명칭이겠지만, 그 첫 부분은 마땅히 "페리클레스 전쟁"(Pericles' War)이라고 불러야 할 것이다. 바로 이 아테네 지도자가 전쟁의 시작과 첫 방향을 지배했기 때문이다. 비록 페리클레스의 외교는 스파르타와 그 동맹에 대한 전쟁을 기피하는 데 목표를 두었지만, 기원전 431년에 발발한 분쟁에는 그의 이름을 붙이는 것이 옳다. 그의 온건한 억지 계획이 실패함으로써 전쟁이 초래되었고, 그가 구상하고 고집했던 전략이 전쟁 첫해의 경로를 조성했다. 아테네인은 그가 죽은 뒤 여러 해가 지난 후에야 그의 전략과 결별하고 새로운 승리의 길을 모색했다. 페리클레스는 죽은 후에도 전쟁의 경로와 전쟁의 여러 주인공들의 행위에 짙은 그림자를 드리웠던 것이다.

제5장
전쟁의 목표와 자원 (기원전 432-431년)

스파르타

전쟁을 수행하는 스파르타의 슬로건은 "그리스인의 자유"(2.8.4)였다. 이것은 아테네 제국의 파괴와 제국의 지배를 받던 도시들의 해방을 뜻했다. 여론을 목표로 한 그 선전을 꿰뚫어본 투키디데스는 스파르타의 진정한 동기가 아테네의 성장하는 힘에 대한 두려움이었고, "스파르타인은 그 힘을 파괴하기 위해서 그리고 이 전쟁을 시작하기 위해서 자신들의 모든 힘을 다해 노력하기로 결정했다"(1.118.2)고 말한다. 또 어떤 스파르타인들은 그리스 세계에서 유일한 헤게모니 국가였던 자신들의 이전 지위와 또 그에 따르는 명예와 영광을 회복하기를 원했다.

이런 목표들 중 하나라도 성취하려면, 아테네의 핵심 자원을 파괴해야 했다. 그것은 스파르타 군대의 힘에 맞서 도시를 지키는 성벽, 바다를 장악한 함대, 해군을 부양할 돈을 공급하는 제국이었다. 이들 중 어느 하나라도 남겨둔 채로 거둔 승리의 가치는 제한적이었으므로 스파르타는 공격에 나서야 했다.

스파르타 동맹은 펠로폰네소스의 국가 대부분과, 펠로폰네소스 동북방 경계의 메가라인, 보이오티아인, 북부의 로크리스인, 그리스 중부의 포키아 인, 그리고 서쪽으로는 코린토스의 식민시인 암브라키아, 레우카스, 아낙토리온을 포함했다.(지도 10, 11) 스파르타는 시칠리아에서는 시라쿠사 및 카마리나를 제외한 모든 도리스 도시들과 그리고 이탈리아에서는 로

10. 펠로폰네소스, 필로스, 스파르티아, 키테라

크리스와 그들 자신의 식민시인 타라스와 동맹을 맺고 있었다. 그러나 동맹의 핵심은 펠로폰네소스인과 보이오티아인으로 구성된 그 찬란한 중무장 보병이었다. 이것은 아테네의 중장 보병 팔랑크스보다 두세 배 더 컸고, 세계 최고의 군대라고 널리 인정되었다. 스파르타의 전략은 그 어떤 적에게도 두려움을 안겨주는 이 무적의 군대에 대한 확신에 근거하고 있었다.

전쟁 초기에 페리클레스는 단 한 번의 전투라면 펠로폰네소스의 군대가 나머지 전 그리스의 군대와 맞먹는다고 인정했다. 기원전 446년에 스파르타에 군대가 아티카를 침공했을 때, 아테네인은 싸우지 않고 강화를 선택했고, 그리스 중부에 있는 자신들의 육상 제국을 포기하고 그리스 본토에서 스파르타의 지배력을 인정했다. 이 역사는 스파르타의 주전파가 왜 아르키다모스 왕의 신중론에 설득되지 않았는지를 설명해준다. 그들에게 전통적인 방식은 승리할 수밖에 없는 것이었다. 즉 스파르타인은 작물이 성장하는 계절에 아티카를 침공하기만 하면 되었다. 아테네인은 기원전 446년과 같이 양보를 하거나 혹은 그들이 용기를 낸다면 나와 싸워서 패배할 것이었다. 어느 경우든 전쟁은 단기간에 끝날 것이고 스파르타의 승리는 확실했다.

그러나 스파르타의 자기 확신은 구닥다리 사고방식에 의한 것이었고, 아테네 제국의 형성과 제국의 수입, 방대하고 잘 훈련된 해군, 아테네 성벽 및 그 성벽과 피라이오스의 요새화된 항구를 잇는 "장벽"의 건립이 오늘날의 방식으로 말하자면 군사적 혁명과도 같은 일이었음을 간과했다. 이러한 것들은 전통적 방식을 무력화시킬 수 있는 새로운 전쟁 방식을 가능하게 했지만, 스파르타인은 그 새로운 군사적 현실에 적응하지 못했거나 혹은 적응하지 않으려고 했다.

어떤 스파르타인들은 아테네가 여타 그리스 도시들과는 달리 싸우지도 않고 그렇다고 즉각 항복하지도 않을지 모른다고 믿었지만, 스파르타인 대부분은 아테네인도 포위 상황을 오래 버티지는 못할 것이라고 확신했다. 전쟁이 시작되었을 때, 스파르타인은 "만약 자신들이 아테네인의 땅을 휩쓸어버리면, 몇 년 안에 아테네인의 힘을 파괴할 수 있을 것이라고" (1.102.2) 기대했다. 대부분의 그리스인들도 그렇게 생각했다. 만약 펠로폰네소스인이 아티카를 침공한다면, "어떤 이들은 아테네가 1년을 버틸 것이다, 어떤 이들은 2년을 버틸 것이라고 생각했지만, 그 누구도 3년 이상을 생각하지는 못했다."(7.28.3)

최소한 아르키다모스 왕은 아테네가 전투를 벌이지도 않고 항복하지도 않은 채 무기한 버틸 수 있을 것이고, 그래서 중장 보병의 우세가 승리를 보장하지 못할 것임을 알았다. 그러나 제국 내에서 반란을 촉발시킨다는 대안적인 전략을 실행하려면 바다에서 아테네인을 패배시킬 수 있는 함대가 필요했고, 그러려면 충분한 자금이 있어야 했다. 그러나 아르키다모스는 펠로폰네소스인이 "공급도 없고 세금을 징수할 수도 없다"(1.80.4)는 점을 지적했다. 전쟁이 시작되었을 때, 펠로폰네소스인에게는 100여 척의 삼단노선이 있었지만, 아테네인이 완성시킨 최근의 해군 전쟁 수행방식에 능숙한 노잡이, 조타수, 선장이 부족했다. 해상 전투에서는 언제나 펠로폰네소스인이 함선, 선원, 전술에서 열세였다.

코린토스인은 아르키다모스의 비관적이나 현실적인 주장에 반대하려고 애썼지만, 그들의 제안은 대부분 실행 불가능한 것들이었다. 그들은 결국 안이한 낙관론에 몰입했는데, "지금은 예측할 수 없는 그 모든 다른 방책들"(1.122.1)에, 그리고 "전쟁이 그 스스로 상황에 맞는 방책을 마련하는"(1.121.1) 전쟁의 예측 불가능성에 의지하기로 했다.

아테네

그리스사에서는 페리클레스가 제안한 것과 같은 방어적인 전쟁 계획이 단 한 번도 시도된 적이 없었다. 아테네 제국의 민주정이 등장하기 이전에는 어떤 국가도 이러한 계획을 시도할 수단을 가지지 못했기 때문이다. 그러나 그 방식이 제기하는 모든 어려움에도 불구하고, 그것은 전통적인 전쟁 수행방식보다는 나았다. 펠로폰네소스인의 수적인 우세를 고려할 때, 적을 육상 전투에서 맞아 싸우려는 생각은 모두 바보 같은 짓이었다. 전쟁 초기에 아테네인에게는 전투를 수행할 만한 연령(20세에서 45세까지)과 조건을 갖춘 보병부대가 1만3,000명이 있었다. 그리고 팔랑크스를 짜기에는 나이가 어리거나 많지만 전방 요새와 아테네와 피라이오스의 성벽과 그 둘을 잇는 장벽에 배치할 수 있는 사람이 6만 명 더 있었다. 플루타르코스는 기원전 431년에 아티카를 침공한 스파르타 군대가 6만 명이었다고 한다.(『페리클레스』 33.4) 그 숫자는 너무 크지만, 분명히 스파르타의 군대는 아테네의 전투 중장 보병보다 2-3대 1 정도로 많았을 것이다.

아테네의 힘과 희망은 자신의 웅장한 함대에 있었다. 아테네의 해군 공창에는 항해 가능한 전함이 최소한 300척 있었고, 그 외에도 필요하면 수리해서 사용할 수 있는 배들도 있었다. 아테네의 자유 동맹국들 —— 레스보스, 키오스, 코르키라 —— 역시 모두 다 하면 100척 이상의 배를 제공할 수 있었다. 이 무적함대에 대해서 펠로폰네소스인은 고작 100척밖에 내놓을 수 없었고, 그 승무원들의 기술과 경험은 아테네 함대에 도저히 비길 수가 없었다. 이 점은 전쟁의 첫 10년 동안에 거듭거듭 증명되었다.

페리클레스는 해상의 전쟁 수행에서 핵심적인 것은 함대를 건조하고 유지하며 승무원들에게 봉급을 지불할 수 있는 충분한 돈이라는 것을 알고 있었고, 여기에서도 역시 아테네는 훨씬 우세했다. 기원전 431년에 아테네의 연수입은 은 1,000탈란트 정도였는데, 이중 400은 국내 세입이었고, 600은 공납과 기타 제국의 자원에 의한 것이었다.[1] 비록 연간 전쟁 비용으로 600탈란트를 사용할 수 있었지만, 그 정도로는 페리클레스의 계획을 유지하기에 불충분했다. 아테네는 자신의 자본에도 손을 대야 했을 터인데, 여기에서도 역시 아테네는 자원이 매우 풍부했다. 전쟁 초기에 아테네 국고에는 은화 6,000탈란트와 주조되지 않은 금, 은 500탈란트가 있었고, 아크로폴리스의 아테나 여신상에 도금된 40탈란트 상당의 금도 긴급할 경우 벗겨서 녹여 쓸 수 있었다. 이러한 막대한 부에서 펠로폰네소스인은 도저히 상대가 되지 못했다. 페리클레스가 아테네인에게 "펠로폰네소스인은 공적으로든 사적으로든 빈털터리입니다"(1.141.3)라고 말한 것은 정당했다. 스파르타의 대부분의 동맹시들도 마찬가지였고, 비록 코린토스인이 다른 도시들보다는 형편이 나았다고 해도, 그들 역시 예비 자금은 없었다.

---

[1] 1탈란트는 일정한 무게의 은을 나타낸다. 현대 통화로 환산하는 것은 불가능하지만, 1탈란트가 전함의 선원 한 명의 한 달치 급료였다는 것과, 1탈란트는 6,000드라크마였다는 것, 그리고 1드라크마는 아테네에서 숙련공 한 사람의 일당이었다는 것을 알면 도움이 될 것이다.

페리클레스 계획의 재정적 실행 가능성을 평가하려면 그가 스파르타인이 얼마나 오래 버틸 것으로 기대했는지를 알아야 한다. 이 문제를 탐구한 학자는 거의 없었다. 학자들은 대부분 10년짜리 전쟁도 그의 계산을 벗어나지 않았을 것이라고 생각했다. 그러한 생각은 부분적으로는 전쟁 전야에 페리클레스가 아테네인에게 한 연설에 의존한다. 페리클레스는 펠로폰네소스인이 "해외에서 벌이는 혹은 장기간에 걸친 전쟁에 경험이 없습니다. 그들은 모두 가난하기 때문에 서로 짧은 전쟁만을 치렀습니다."(1.142.3)라고 주장했다. 페리클레스는, 비록 펠로폰네소스인이 아티카에 연례적으로 침공하는 것을 막을 수는 없지만, 그들에게는 아테네 제국을 위험에 빠뜨릴 만한 원정을 개시할 만한 자원이 없다고 올바른 주장을 펼쳤다. 그들의 연례적 원정은 고작해야 한 달 정도 지속될 수 있을 뿐이었고, 유일한 비용은 군인들의 식량이었다.

우리는 페리클레스의 통제력이 확고했고 그의 계획이 철저하게 실행되었던 전쟁 첫 해를 검토함으로써, 페리클레스 전략의 연평균 비용을 대략 추정해볼 수 있다. 그해는 여느 해보다 더 많은 비용이 들지 않았고, 그러면서도 아테네는 충실한 전쟁 상태를 유지했다. 펠로폰네소스인이 기원전 431년에 아티카를 침공했을 때, 아테네인은 펠로폰네소스 인근에 100척의 함대를 파견했다. 에우보이아의 중요한 섬들을 방어하기 위해서 30척의 소함대를 파견했고, 그래서 이미 포티다이아를 봉쇄하고 있던 70척의 전함과 합하면 그해에 모두 200척의 아테네 전함이 활동 중이었다. 한 척의 배를 한 달 동안 항해시키려면 1탈란트가 소요되었고, 그 배가 바다에 머무를 수 있는 시간은 대개 8개월이었다. (그러나 포티다이아를 봉쇄하는 함대는 1년 내내 거기에 머물러야 했을 것이다.) 이러한 추정에 의하면, 해군을 유지하는 데 매년 1,600탈란트가 지출되었다는 결과가 나온다. 이 합계에 군사적 비용도 추가해야 하는데, 그중 대부분은 포티다이아에서 사용되었다. 그곳을 포위하던 보병은 3,000명 이하로 떨어진 적이 없었고, 때로는 그보다 더 많았다. 전통적으로 필요한 포위 병력은 3,500명이 평균이었다. 군인들은 하루에 1드라크마를 지급받았고, 또 시종 몫으로 매일 1드라크마를 받았으므로, 그 부대의 하루 유지비용은 최소한 7,000드라크마, 즉 1과 6분의 1탈란트였다. 여기에 1년치 360을 곱하면

420탈란트가 나온다. 물론 여기에서 세세히 다룰 필요가 없는 다른 군사적 비용도 있었을 것이다. 그러나 해군의 지출과 포티다이아의 부대에 들어가는 비용만을 포함한다고 해도 1년에 총 2,000탈란트에 이른다. (다른 자료들을 바탕으로 한 다른 두 계산법에서도 이와 비슷한 수치가 나왔다.)

그렇다면 페리클레스는 3년짜리 전쟁을 하려면 약 6,000탈란트가 들 것으로 예상했음이 분명하다.

아테네인은 전쟁 2년째에 자신들이 보유한 6,000탈란트에서 1,000탈란트를 따로 분류해서 "만약 적이 아테네 시에 해상 공격을 가해와서 그것을 방어해야 할 경우"(2.24.1)에만 사용하도록 결의했다. 그리고 다른 어떤 목적을 위해서 이것을 사용하자고 제안하는 자에게는 사형을 내리도록 처벌 규정을 두었다. 그러면 국고에는 사용 가능한 유보 자금이 5,000탈란트 남았다. 그리고 그 시기에 총 1,800탈란트였던 3년간의 제국 수입을 더하면, 총 6,800탈란트의 잠재적 전쟁 예산이 나온다. 이 돈으로 페리클레스는 자신의 전략을 3년간 유지할 수 있었겠지만, 4년째는 그럴 수 없었을 것이다.

페리클레스는 이러한 한계를 알고 있었고, 그러므로 10년짜리 전쟁은 예상하지 못했을 것이며, 결국 27년에 이르리라고는 더욱 예상하지 못했을 것이다. 그의 궁극적 목표는 펠로폰네소스 동맹의 진정한 의사 결정자인 스파르타의 여론을 변화시키는 데에 있었다. 스파르타인이 강화를 고려하도록 설득하는 데는 5명의 에포로이 중에서 3명만 설득하면 되었다. 그들의 협조를 얻고 스파르타 민회가 강화를 받아들이도록 하려면, 아테네인은 펠로폰네소스 내에서 보수적이고 평화적으로 스파르타를 균형 있게 유지했던 자연스러운 다수가 복원되도록 돕기만 하면 되었다.

이렇게 조망해보면, 페리클레스의 계획은 탁월한 감각에서 나온 것으로 보인다. 이미 스파르타 왕 아르키다모스는 시민들에게 임박한 전쟁의 성격에 대한 그들의 기대가 잘못된 것임을 경고하려고 했으나 실패했다. 즉 아테네인은 육상 전투를 벌여서 패배하는 것을 기피할 것이고, 스파르타인에게는 그러한 도전을 맞을 만한 다른 전략이 없었다. 페리클레스의 전술적 목표는 스파르타인에게 자신들의 왕이 옳았음을 증명하는 것이었다.

페리클레스가 자신의 시민들에게서 직면했던 주된 문제는 그들이 아티카에서 싸움을 벌이지 않도록 말리는 일이었다. 모든 본격적인 공격적 행위는 자신의 전략과 충돌하기 때문이었다. 그러한 공격은 승리를 가져오지 못할 뿐만 아니라, 적을 격분시켜서 아르키다모스의 합리적인 정책이 대세를 장악하지 못하도록 막을 수도 있었다. 그러나 국내와 국외에서의 억지 정책은 스파르타에서 조만간 평화의 친구들이 권력을 잡도록 해줄 것이었다.

페리클레스는 스파르타에서 그러한 여론의 변화가 상대적으로 신속하게, 그리고 전쟁 시즌이 세 번 지나가기 전에는 생길 것이라고 기대했을지도 모른다. 스파르타인이 아테네의 방어적 전략이라는 돌담에 아무 성과도 없이 자신의 주먹을 계속 쳐댄다는 것은 너무나 불합리한 일이기 때문이었다. 그러나 국가와 시민들이 전쟁에 나설 때에는 이성이 지배하는 경우가 거의 없다. 그리고 서로의 자원에 대한 객관적인 비교 계산은 장기적인 분쟁의 경로를 예측하는 데 결코 충분하지 않다.

제6장
테베의 플라타이아 공격 (기원전 431년)

 세 차례에 걸친 스파르타 사절단이 실패하고 난 후, 선전포고를 하고 7개월 뒤인 기원전 431년 3월에 보이오티아에서 마침내 싸움이 시작되었다. 그러나 그 공격을 가한 것은 스파르타가 아니라, 강력한 동맹국이었던 테베였다. 테베인은 남쪽에 접한 이웃 아테네와 수세기 동안 다투고 싸웠다. 그들은 보이오티아 전체를 통일하고 지배하려고 오랫동안 애썼지만, 종종 아테네의 도움을 받은 몇몇 보이오티아 국가들의 저항에 의해서 좌절해야 했다.
 제1차 펠로폰네소스 전쟁 동안에 아테네인은 전투를 벌여 테베를 패배시키고, 보이오티아의 도시들 대부분에 민주 정부를 성립하고, 테베 본토를 수년간 지배했다. 테베와 아테네는 긴 국경선으로 접해 있었고, 전쟁이 벌어질 경우 테베인은 플라타이아를 손에 넣기를 원했다. 그곳은 시민 1,000명 미만의 작은 도시였지만, 위험과 기회를 동시에 제시하는 곳이었다. 플라타이아의 민주 정부는 과두적인 테베가 지배하는 보이오티아 동맹에 가입하기를 늘 거부했고, 기원전 6세기 이후로 플라타이아인은 아테네의 충실한 동맹이었다. 이 도시는 테베에서 13킬로미터도 채 떨어져 있지 않았고, 테베에서 아테네로 가는 가장 좋은 길의 측면에 접해 있음으로써, 전략적인 위치에 자리잡고 있었다.(지도 11) 아테네 편에서 플라타이아는 테베와 보이오티아를 공격하는 전초기지 역할을 할 수 있었고, 아티카에 진입하려는 테베 군대에 위협이 될 수 있었다. 아마 더 중요한 것은 플라타이아가 아테네의 영역을 지나지 않고도 테베에서 메가라 및 펠로폰네소스로 갈 수 있는 유일한 길에 접해 있다는 점이었을 듯하다. 만약 플라타이아가 아테네의 통제에 들어간다면, 그리스 중부와 펠로폰네소스에 있는 아테네의 적들은 서로 어떠한 협력도 할 수 없게 된다. 전쟁의 개시는 또 테베인에게 아테네인이 펠로폰네소스인 때문에 정신이 팔려 있는 틈에 자신의 오랜 적을 붙잡을 수 있는 이상적인 기회를 제공했다. 이 모든 이유 때문에 테베는 기습적으로 플라타이아를 점령할 계략을 꾸몄다.

기원전 431년 3월 초 어느 흐린 밤에 300명 이상의 테베인이 플라타이아의 과두파 —— 이들은 현재 권력을 잡은 민주파를 무너뜨리고 도시를 테베에 넘기기를 원했다 —— 지도자인 나우클리데스와 그의 반역을 지지하는 몇몇 사람들의 인도를 따라 플라타이아에 잠입했다. 테베인은 준비를 갖추지 못한 플라타이아인이 평화적으로 항복할 것으로 기대하고, 어떠한 보복의 위협도 하지 않고 모든 도시민을 자기들 편에 끌어들이려고 했다. 그들은 플라타이아가 우호적인 과두 정부에 의해서 테베와 동맹을 맺기를 원했지, 사형 집행으로 많은 피를 뿌리고 복수를 기다리는 망명자들을 부담으로 안는 도시를 원하지는 않았다. 그러나 플라타이아의 반역자들은 자신들의 동료 시민들이 맞서 싸울 것임을 확신했고, 적대적인 민주파들을 즉각 죽이기를 원했지만, 테베인은 그들을 무시했다. 사실 쿠데타의 충격이 가시자마자 플라타이아인은 저항을 개시했고, 집집 사이의 벽 아래로 땅을 파서 역습을 계획하기 위해서 모였다. 동이 트기 직전에 그들은 테베인을 덮쳤고, 테베인은 낯선 도시에서 어두움 속에 예기치 못한 공격을 당했다.

폭우가 쏟아지기 시작했고, 플라타이아의 여자들과 도시의 노예들은 피를 보고 울부짖으며 지붕 위에 올라가서 침략자들에게 바위와 벽돌을 집어던졌다. 혼란에 빠진 테베인은 살기 위해서 달아났지만, 플라타이아를 속속들이 아는 원주민들에게 추격을 당했다. 많은 이들이 잡혀서 죽었고, 얼마 지나지 않아 생존자들은 항복할 수밖에 없었다.

테베 군은 플라타이아에 들어간 그 300명이 어려움에 봉착할 경우 달려와 도울 작정이었지만, 그 계획은 실패했다. 비로 아소포스 강이 넘쳐나서 테베와 플라타이아의 영역을 격리시켰으며, 군대가 도착했을 무렵에는 이미 침략자들은 포로가 되어 있었다. 그러나 많은 플라타이아인들은 여전히 위험에서 벗어나지 못했는데, 이는 그들이 여전히 시골의 자기 농장에 머물러 있었기 때문이다. 테베인은 그들을 붙잡아 도시 안의 사람들과 교환할 인질로 삼으려고 했지만, 플라타이아인은 테베 군이 즉각 시골에서 철수하지 않으면 포로들을 죽이겠다고 위협했다. 군대가 철수했음에도 불구하고, 플라타이아인은 그와 상관없이 포로 중 180명을 처형했다. 전통적인 그리스의 전쟁 방식의 기준에서는 이러한 행위는 잔혹한 짓이었지만, 이는 전쟁이 해를 거듭하며 계속되면서 점점 끔찍해지기만 했던 많은 일들 중 첫 번째 것이었다. 그러나 평화시의 야습 역시 중장 보병 전사의 명예로운 방식은 아니었고, 그러므로 그 일을 범한 사람들은 전혀 보호받을 가치가 없어 보였다.

한편, 아테네인은 그 공격에 대한 소식과 플라타이아인이 인질을 잡았다는 소식을 듣자마자 테베 포로들의 가치를 알아챘다. 그리스 도시들은 자신의 시민을 잃는 것을 결코 가볍게 여기지 않았고, 더구나 포로 중에는 에우리마코스라는 테베 지도부에 영향력을 가진 주도적인 정치가가 포함되었다. 인질로서 그 포로들은 아티카에 대한 보이오티아의 침공을 막는 데 도움이 될 수 있었다. 기원전 425년에 그와 비슷한 수의 스파르타 포로들을 잡은 것은 그 이후에 스파르타가 아티카를 침공하는 것을 막아주었다. 그러나 플라타이아인에게 포로들을 살려두라고 요청하는 아테네의 메시지는 너무 늦게 도착했고, 이미 열정이 계산을 삼켜버린 후였다. 이제 테베인은 자유롭게 복수를 꾀할 수 있었고, 아테네인은 그 도시를 불가피한 테베의 공격으로부터 방어하기 위해서 식량과 80명의 중장 보병을 보냈다. 그들은 싸움을 준비하기 위해서 대부분의 여성과 아동, 그리고 중장 보병을 제외한 모든 남성을 도시에서 소개시켰다. 결국 총 480명의 수비군과 빵을 굽는 여성 10명만 남게 되었다.

스파르타의 아티카 침공

플라타이아에 대한 공격으로 평화조약은 명백하게 파기되었으므로, 스파르타인은 아티카를 침공하기 위해서 자신의 동맹국들에 각자의 군사력의 3분의 2를 코린토스의 이스트모스에 집결시키라고 명령했다. 나머지 3

분의 1은 본국에 남아 아테네의 상륙전에 대비할 수 있게 했다. 그 거대한 군대는 아르키다모스 왕이 지휘했고, 그는 애국심과 명예심에 이끌려 자신의 최선을 다했다.

행군하는 동안에조차, 왕의 행위는 그가 아직 분쟁을 피할 수 있다는 희망을 버리지 않았음을 보여준다. 그는 사자를 보내 아테네인에게 아티카를 향하는 펠로폰네소스의 거대한 군대가 보인다면 지금이라도 양보하지 않겠느냐고 물었다. 그러나 페리클레스는 그 전에 아테네 군이 전장에 나가 있는 동안에는 펠로폰네소스인에게서 어떠한 사자나 사절도 받아들이는 것을 금지하는 법령을 제안했고, 아테네인은 스파르타의 사절을 돌려보냈다. 그 사자는 경계선을 넘으며 스파르타인답지 않게 극적인 표현을 남겼다. "오늘은 그리스인에게 거대한 악이 시작되는 날이 될 것이다."(2.12.3)

이제 아르키다모스는 전진할 수밖에 없었다. 이스트모스에서 가장 빠른 경로는 해안 도로를 타고 메가리스 지방을 지나 엘레우시스로 가서 아이갈리오스 산을 넘어 아테네의 기름진 평야로 들어가는 것이었다. 그러나 아르키다모스는 이스트모스에서 얼마간 지체했고 느긋하게 진군했으며, 메가라를 지날 때에는 아테네를 향해 남진하지 않고 북진하여 보이오티아 경계에 있는 아테네 요새인 오이노이 시를 포위했다.(지도 4) 오이노이는 망루를 갖춘 석벽으로 방어되는 작지만 강력한 기지였다. 그러나 이것은 대규모 군대에게는 전혀 위협이 될 수 없었고, 펠로폰네소스인의 계획에 직접적으로는 아무런 개입도 할 수 없었다. 더구나 이곳을 점령하는 일은 쉽지 않았고, 장기간의 포위를 필요로 하며, 원정의 주목적인 아티카 약탈과는 동떨어진 일이었다.

오이노이 공격은 전략적으로 아무런 의미가 없었다. 아르키다모스의 동기는 정치적인 것이었다. 그는 여전히 전쟁을 막고자 했다. 1년 전에 그는 스파르타 군이 아티카 땅을 매우 천천히 약탈해야 한다고 주장했다. 그는 "그 땅은 오직 우리의 인질이라고만 생각해야 합니다. 그 땅은 잘 경작될수록 더 좋은 인질이 될 것입니다."(1.82.4) 이미 그가 지체함으로써 아테네인에게 침략을 대비하고 가축과 재산을 안전하게 소거할 수 있는 시간을 준 것에 대해서 비난하던 스파르타인들은 이렇게 외도하는 그의 진정한 의도를 의심했다.

마침내 아르키다모스는 오이노이 포위를 포기하고 침공의 주된 목적인 "아티카 유린"으로 돌아설 수밖에 없었다. 테베인이 플라타이아를 공격한 지 80일 후에, 5월 말 아티카의 곡물이 익어갈 무렵, 펠로폰네소스 군은 남쪽으로 움직여서 엘레우시스와 트리아 평야를 약탈하기 시작하여, 곡물을 잘라내고 포도 넝쿨과 올리브 나무를 파훼쳤다.

그런 다음 아르키다모스는 동진해서 아카르나이로 나아갔다. 명백한 목표인 아테네의 기름진 평야, 즉 아테네 귀족의 땅이자 가장 큰 타격을 입힐 수 있는 곳을 내버려둔 것이다. 아테네 시 바로 앞에 놓인 그 지역으로 진군해 들어갔다면, 가장 도발적인 전술이었을 것이고 아마 페리클레스의 억지 정책에 대한 가능한 가장 큰 압력이 되었을 것이다. 아르키다모스는 여전히 아테네인이 마지막 순간에 그 이유를 볼 수 있기를 희망했다. 가능한 한 그는 아티카의 가장 훌륭한 평야를 곡물을 베어내지 않은 채 "인질로 잡고" 싶어 했다.

한편, 아테네인은 페리클레스의 계획을 따라 사랑하는 시골에서 이사했다. 아내들과 자식들은 도시로 보냈고, 황소는 아티카 해안에 가까운 에우보이아 섬으로 보냈다. 기원전 480년에 크세르크세스의 군대가 그 땅을 유린한 것을 본 사람은 이제 거의 살아남아 있지 않았기 때문에, 많은 사람들이 퇴거에 불평했다. "그들은 언제나 자신들의 것이었던 집과 신전, 그리고 조상의 국가운영이 담긴 전래의 유적들을 포기해야 한다는 사실에, 그리고 생활방식의 변화에 직면해야 한다는 것에, 또 각자가 자신의 폴리스를 포기하는 것과 마찬가지라는 것에 낙담하고 분노했다." (2.16.2) 처음에는 그들 모두 아테네 시 자체로 몰려들었다. 모든 빈 공간이 채워졌고, 신들의 성소들도 예외가 될 수 없었다. 아크로폴리스 자락에 있던, 펠라르기콘(Pelargikon)이라고 불리던 성소도 마찬가지였는데, 그곳에는 피티아의 아폴론에게서 저주의 신탁이 내려졌음에도 소용없었고, 이는 당연히 경건주의자들을 분개하게 했다. 나중에는 퇴거한 아테네인들을 피라이오스로, 그리고 장벽 사이의 지역으로 분산시켰다. 그러나 당분간은 불편함이 극심했다.

페리클레스에 대한 공격

많은 아테네인은 처음에는 펠로폰네소스인이 기원전 445년에 그러했던 것처럼 전쟁 없이 금방 물러나리라고 기대했다. 그러나 적군이 아크로폴리스에서 11킬로미터도 떨어지지 않은 아카르나이 땅을 휩쓸기 시작하자 아테네의 분위기는 분노로 바뀌어 스파르타인에게만큼이나 페리클레스에게로 향했다. 페리클레스는 적에 대항해서 군대를 이끌고 나가지 않으려고 했기 때문에 비겁하다고 비난받았다.

페리클레스를 공격한 자들 중 가장 주목할 만한 이는 클레온이었다. 그는 몇 년 전부터 페리클레스를 반대했다. 클레온은 아테네에서 새로운 정치인 계급에 속했다. 즉 귀족은 아니지만 부유한 자로서 전통적인 부의 원천인 토지가 아니라 무역과 제조업을 통해서 부를 쌓은 인물이었다. 당시까지 아테네 정치는 민주적이었으나 여전히 차별적이었고, 그것을 지배하던 귀족들의 코드에서 볼 때는 그러한 직업은 저급하고 보잘것없었다. 아리스토파네스는 클레온이 무두장이이자 가죽장수이며, "격류처럼 으르렁거리는" 목소리에 뜨거운 물에 덴 돼지처럼 소리치는 도둑과 싸움꾼이라고 조롱했다. 아리스토파네스의 희극에서 클레온은 당연히 화난 상태로 등장하며 끊임없이 증오를 자극하는 전쟁광으로 나타난다. 투키디데스는 그를 "가장 난폭한 시민"(3.36.6)이라고 불렀고, 그래서인지 그의 연설 방식을 거칠고 위협적인 것으로 묘사했다. 아리스토텔레스는 클레온이 "자신의 공격으로 그 누구보다도 더 많이 시민들을 타락시킨 듯하다. 다른 발언자들은 적절하게 행동했던 반면, 그는 민회에서 발언할 때 고함을 내지른 첫 번째 사람이었고, 그곳에서 욕설을 사용한 첫 번째 사람이었으며, 시민들을 향해 연설하면서 자신의 스커트 자락을 들어올린 [그리고 돌아다닌] 첫 번째 사람이었다"(아리스토텔레스, 『아테네인의 국제』 28.3)고 언급했다. 시인 헤르미포스는 아마 기원전 430년 봄에 지은 것 같은 『운명』이라는 희극에서 페리클레스에게 이렇게 말한다. "사티로스의 왕이여, 왜 창을 높이 들지 않고 겁쟁이 텔레스의 성품을 본받은 듯이 전쟁을 하는데 무서운 말들만 하오? 그러나 만약 작은 칼날이 숫돌에 갈려 날카로워지면, 당신은 맹렬한 클레온에게 얻어맞은 듯이 신음하게 될 것이오."(플루타르코스, 『페리클레스』 33-34) 이런 조롱하는 성격 묘사는 모두 적대자들이 만들었지만, 클레온은 실제로 민회에서 강력한 인물이었고 전쟁의 경로에 중요한 역할을 했다. 그는 페리클레스를 공격한 수많은 인물들 중에 겨우 한 사람이었고, 페리클레스 장군의 친구들 중에서조차도 나가서 싸우자고 간청하는 사람들이 있을 지경이었다.

그러나 기원전 431년에 페리클레스의 개인적인 위신은 극도로 높았고, 투키디데스는 그에 대해서 "아테네인 중 으뜸가고, 연설과 행위에서 가장 강력하다"(1.139.4)고 말했으며, 아테네 자체에 대해서는 "명목상으로는 민주정이나 실제로는 제1시민의 정부"(2.65.9)라고 주장할 수 있었다. 페리클레스는 지혜나 수사학 기술 혹은 애국심과 청렴함만으로 그러한 지위에 오른 것이 아니었다. 동시에 그는 명민한 정치가였고 수년에 걸쳐 많은 군인, 행정가, 정치가들을 길러내어 그들이 정치적 견해를 공유하는 동료 집단을 형성하게 하고, 자신과 함께 장군으로 복무하면서 동시에 자신의 비공식적 리더십을 인정하도록 했다.

그런 사람들의 지지가 있었기 때문에 페리클레스는 자신이 직면했던 비난의 폭풍을 견딜 수 있었고, 펠로폰네소스 군을 공격하자고 재촉하는 많은 아테네인을 억지할 수 있었다. 투키디데스는 페리클레스가 아테네 민회 혹은 그 어떤 비공식적 집회도 소집하기를 거부했다고 말한다. 그러한 집단들이 "판단력을 따르지 않고 오히려 자신들의 분노를 따름으로써 실수를 할까"(2.22.1) 두려웠기 때문이었다는 것이다. 민회의 소집을 막을 합법적인 권리는 그 누구에게도 없었다. 그러므로 프리타네이스(prytanies, 민회의 순번제 운영위원회)로 하여금 민회를 소집하지 않도록 설득할 수 있었던 것은 페리클레스가 받던 존경과 그가 다른 장군들에게 미치던 영향력 덕분이었음이 분명하다.

페리클레스의 전략에 대해서는 그 어떤 효과적인 도전도 없었기 때문에, 그는 자유롭게 그 전략을 고수하면서 스파르타의 영토 유린에 다만 기병대를 파견하여 펠로폰네소스 군이 아테네 시로 너무 근접하는 것을 막는 정도로만 대응했다. 침략군은 수개월 동안 아티카에 머물렀고, 이제 군량이 바닥이 났다. 아르키다모스는 아테네인이 싸우지도 양보하지도 않을 것임을 깨닫고, 주둔지를 떠나 동진하여 파르네스 산과 펜텔리코스

산 사이의 지역을 약탈한 후, 보이오티아를 경유해 귀국했다. 그는 이번에도 아티카의 비옥한 평야를 파괴하는 것을 반대했다. 가능한 한 오랫동안 그 땅을 인질로 잡고 있겠다는 자신의 계획을 고수했던 것이다. 스파르타인은 자신들이 전쟁에 돌입할 때의 전략이 지금까지는 허사로 드러났기 때문에, 전혀 만족할 수가 없었다. 아테네인은 근본적으로 해를 입지 않았고, 이제 자신들이 받은 적은 손해에 보복할 준비를 하고 있었다.

아테네의 대응

펠로폰네소스인이 여전히 아티카에 있을 무렵, 아테네인은 도시 방어를 강화하기 시작했다. 육상이나 해상의 기습을 감시하는 상설 경비대를 배치했다. 또 1,000명의 중장 보병과 400명의 궁수를 태운 100척의 함대에 코르키라의 함대 50척과 그 외 서쪽 동맹시들의 상당한 배들을 딸려서 파견했다. 이 정도의 대규모 함대라면 바다에서 그 어떤 적의 함대와 조우하더라도 쉽게 물리치거나 바다에서 몰아낼 수 있었다. 또 상륙하여 적의 영토를 휩쓸고, 심지어 작은 도시들을 점령하거나 약탈할 수도 있었다. 이 원정부대는 아티카 침공에 대한 보복을 목표로 했고, 펠로폰네소스인에게 자신들이 선택한 전쟁의 대가가 무엇인지를 각인시켜주려고 했다.

아테네인은 펠로폰네소스 해안, 아마도 에피다우로스와 헤르미오네 지방에 상륙했다. 그리고 라코니아의 메토네(지도 1)에도 상륙했다. 아테네인은 이곳을 휩쓸었는데, 방어가 허술한 도시를 공격했으며, 아마 약탈했을 것이다. 브라시다스는 지략과 용기로 메토네를 간신히 지켰다. 스파르타의 장교인 브라시다스는 아테네 군이 분산되어 있는 점을 이용해 도시로 돌진하여 수비군을 지원했다. 스파르타인은 그에 대한 감사 결의를 함으로써 보답했다. 전쟁의 경로는 그를 스파르타의, 아마도 전 역사를 통틀어 가장 위대한 지휘관으로 만들어줄 것이었다. 그는 용감하고 대담하고 빛나는 군인이자, 똑똑하고 능숙하고 설득력 있는 연설가이며, 명민하고 존경받는 외교관이었다.

메토네 이후에 아테네인은 펠로폰네소스 서부 해안의 엘리스의 페이아(지도 1)로 항해했다. 한 부대가 페이아 시를 장악했지만, 아테네인은 그곳을 버리고 떠나갔다. "왜냐하면, 엘리스 전군이 구원병으로 달려왔기 때문이었다."(2.25.5) 아테네 군은 전면적 공세에 맞서서는 펠로폰네소스의 해안 도시 하나도 장악하기 어려울 정도의 규모였고, 또 그럴 생각도 없었다.

그 후 무적함대는 북진하여 아카르나니아(지도 11)로 항해했다. 이곳은 더 이상 펠로폰네소스의 영역이 아니라 코린토스의 이해가 걸린 지역이었고, 그래서 다른 방식으로 취급되었다. 아테네인은 코린토스에 속하는 솔리온 시를 장악했고, 이곳을 우호적인 아카르나니아인에게 맡겨서 전쟁이 끝날 때까지 지배했다. 아테네인은 전격적으로 아스타코스 시를 장악하고 자신의 동맹에 편입시켰다. 마지막으로, 아테네인은 케팔레니아 섬을 전투 없이 차지했는데, 이곳은 아카르나니아, 코르키라, 그리고 코린토스의 레우카스 섬과 관련된 전략적인 위치에 자리잡고 있었다. 제한되고 신중하게 통제된 명령을 완수한 함대는 이제 귀환했다.

한편 30척의 소규모 함대가 그리스 중부의 로크리스로 항해하여 아테네에 매우 중요한 섬인 에우보이아의 수비대로 갔다. 아테네인은 몇몇 지역을 약탈했고 로크리스 군과 전투를 벌여 승리하고, 트로니옴 시를 차지했다. 그곳은 에우보이아와 관련된 좋은 자리에 위치했고, 이제 아테네인의 목초지와 도피처로 사용되었다.

아테네인은 안보를 보다 강화하기 위해서 페리클레스가 "피라이오스의 눈엣가시"라고 부른(아리스토텔레스, 『수사학』 1411a 15) 오랜 적 아이기나로 항해했다. 사론 만의 섬인 아이기나는 펠로폰네소스 해안 바로 앞에 있었고, 피라이오스로 접근하는 경로를 장악할 수 있는 위치였다. 아이기나에 펠로폰네소스 함대가 주둔하면 아테네의 교역을 방해하고 피라이오스를 위협하며 아테네의 대규모 방어 함대를 묶어놓을 수 있었기 때문에, 아테네인은 아이기나의 전 주민을 추방하고 거기에 자신들의 식민자들을 재정착시켰다. 스파르타인은 그곳에서 추방된 사람들을 라코니아와 아르골리스 사이의 접경지역인 티레아에 이주시켰다. 스파르타인은 그곳에서 그들이 민주적인 아르고스를 밀착 감시하고, 그 지방으로 아테네인이 상륙하는 것에 저항할 수 있으리라고 기대했다.

아테네인은 또 제국 동북쪽의 중요한 지역에서 안보를 증대시켰다. 즉

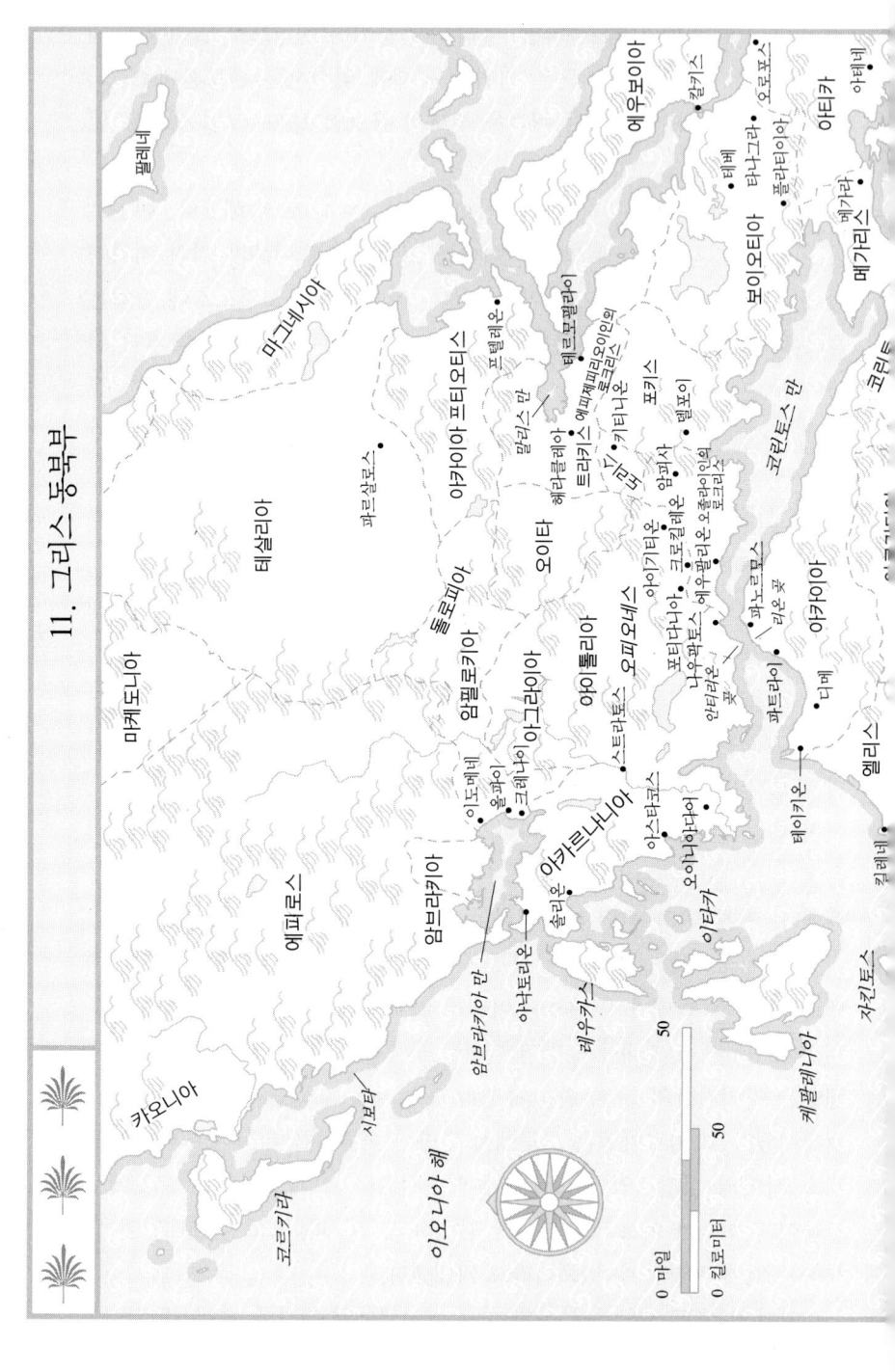

에게 해 북쪽 해안의 도시로서 이전에 적대적이었던 압데라(지도 9)의 지배자 님포도로스를 굴복시켰던 것이다. 아테네인은 그를 그 지방의 외교적 대리인으로 삼았고, 그는 엄청난 일을 해냈다. 님포도로스는 자신의 배다른 형제인 강력한 트라케 왕 시탈케스를 아테네 동맹에 끌어들였다. 그 지방에서 아테네의 골칫거리는 국고를 고갈시키던 포티다이아 포위전이었다. 님포도로스는 시탈케스로 하여금 아테네인에게 기병대와 경무장 보병을 빌려주어 포위전을 끝내도록 하겠다고 약속했다. 그는 또 마케도니아 왕 페르디카스를 아테네인과 화해시켰고, 그는 즉시 아테네 군에 합류하여 포티다이아의 인근 동맹시들을 공격했다.

기원전 431년 가을이 다가오자 페리클레스는 스스로 아테네인 중장 보병 1만 명, 메틱(metic, 거류외인) 중장 보병 3,000명, 다수의 경장 보병부대 등 역사상 최대의 아테네 군대를 이끌고 메가리스를 공략했다. 아테네인은 메가라 평야를 황폐화시키려고 했고, 그렇게 하면 이전의 금수조치와 더불어 메가라인을 굴복시킬 수 있으리라 희망했다. 더 작은 규모의 군대를 보내더라도 마찬가지 결과를 얻을 수 있었겠지만, 페리클레스는 자신의 방어전략으로 인해서 아테네인이 얼마나 의기소침해 있는지를 잘 알았기 때문에 이 침공을 대규모로 감행함으로써 좌절감을 제거하고 동시에 아테네의 힘을 가시적으로 드러내려고 했던 것이다.

페리클레스의 장례연설

이 보복 작전은 아테네인 사이에서 페리클레스의 지위를 더욱 확고히 해주었고, 전쟁 첫 해에 쓰러진 자들을 위한 장례식에서 "도시에 의해서 가장 현명하고 존중받는 인물로 선택되어"(2.34.6) 추도연설을 행했다. 현재까지 전해지는 이 연설은 페리클레스의 설득의 재능이 어떻게 아테네인으로 하여금 그의 고통스러운 전략을 지지하도록 할 수 있었는지를 잘 보여준다.

페리클레스의 연설은 링컨의 게티스버그 연설이 같은 날의 에드워드 에버렛의 따분하고 장황한 연설과 달랐듯이 일반적인 아테네 장례연설과는 달랐다. 페리클레스는 링컨처럼 힘겨운 전쟁의 한가운데서 살아 있는 사람들에게 자신들의 고통이 왜 정당한지, 그리고 왜 계속해서 헌신해야 할 필요가 있는지를 설명하고자 했다. 연설 가운데 그는 아테네 민주정의 성격과 스파르타의 삶의 방식에 비한 민주정의 우월성에 대해서 우리가 가진 가장 영광스럽고 매력적인 그림을 그렸다. 그는 또 아테네인에게 자신의 도시에 가장 강력한 헌신을 하도록 요구했다.

여러분은 날마다 여러분의 도시의 힘을 바라보며 도시의 연인[erastai, 에라스타이]이 되어야 합니다. 그리고 여러분이 이 도시의 위대함을 이해하게 될 때, 그것을 이룩한 이들이 용감하고 명예로웠으며, 행동의 시기에 무엇이 필요한지를 알았던 사람들임을 생각하시기 바랍니다. 그들은 설사 어떤 일에 실패하더라도, 최소한 자신들의 도시는 자신들의 용기[arete, 아레테]를 잃지 않게 하려고 했고, 그 도시에 가장 아름다운 제물을 바쳤습니다. 그들은 공익을 위해서 자신의 목숨을 바쳤기 때문에…….(2.43.1-2)

그 대가로 페리클레스는 그들에게 일종의 불멸성을 약속했다. 아테네를 위해서 싸우다가 죽은 자들에게 그는 이렇게 설명했다.

자신들의 삶을 공익을 위해서 바치고 그럼으로써 결코 낡지 않는 칭송을 받고, 가장 뛰어난 무덤을 얻되 그들이 누워 있는 그곳이 아니라 그들의 영광이 남겨진 영원한 기억 속에서 언제나 그곳에서 필요할 때마다 연설과 행위를 고무시킵니다. 명성 높은 사람에게는 전 세계가 무덤인 것입니다. 고향 땅의 기념비에 새겨진 글뿐 아니라 타향에서도 글로 쓰이지 않은 기억이, 그리고 그들의 행위보다 그들의 정신에 대한 기억이 각각의 사람 속에 남습니다. 이제 여러분이 그들을 본받아야 합니다. 행복에는 자유가, 자유에는 용기가 필요함을 아시고 전쟁의 위험에 움츠러들지 마십시오.

전쟁의 첫 해 : 손익 계산

이 장례연설로 전쟁의 첫 해는 마무리된다. 그리고 그 연설의 힘과 찬란함에 고무된 아테네인은 더욱 굳건히 앞으로 나아갔다. 많은 이들에게는 노력대로 잘 되어가는 듯했겠지만, 진정한 형세는 그리 밝지 않았다.

소모전에서는 결국 가장 많은 손해를 끼친 편이 이기게 되어 있다. 아테네인의 펠로폰네소스 공격은, 펠로폰네소스 바깥의 메가라를 제외하면, 상대적으로 콕 찌르는 수준으로서 성가시기는 했겠지만 실제로는 별로 해를 끼치지 못했다. 스파르타 자체는 건드리지도 못했다. 라코니아와 메세니아의 전 스파르타 영역에서 오직 메토네만 잠깐 공격을 받았던 것이다. 코린토스인은 아카르나니아에서 작은 도시 하나를 잃었고, 에게 해의 무역에서 제외되어 있었던 반면에, 그들의 주된 상업 영역은 분쟁이 없는 서쪽에 있었다. 메가라인은 계속해서 에게 해 항구에서 거부되었고 그들의 영토가 심각하게 유린되었지만, 전쟁의 첫 10년이 지나고서도 강화를 모색해야 할 만큼 충분히 타격을 입지는 않았다.

다른 한편, 아테네는 전쟁 첫 해에 매우 큰 비용을 치렀다. 아테네인은 자신들의 곡물이 망쳐지고 포도 넝쿨과 올리브 나무가 뽑히고 집이 불타거나 무너지는 것을 지켜보아야 했다. 그래서 대개 무역균형을 유지해주던 올리브 기름과 포도주가 감소했고, 그 결과 식량 수입은 아테네 공동체의 자원과 아테네의 저항력을 감소시켰다. 포티다이아의 계속된 포위는 예비 자금에서 매년 2,000탈란트를 고갈시켰고, 이는 사용 가능한 전비의 4분의 1이상이었다.

엎친 데 덮친 격으로, 펠로폰네소스인은 좌절한 징후가 전혀 보이지 않았고, 오히려 다음 해에 다시 기세 좋게 나타나서 그 전에 건드리지 않았던 아티카의 너른 지역을 황폐화시켰다. 펠로폰네소스 동맹 내에는 어떠한 분열의 증거도 없었고, 스파르타에서 평화론자들의 영향력이 증대되지도 않았다. 그러나 아테네에서는 긴장이 벌써 수면 위로 떠올랐다. 페리클레스 전략의 비효율성에 대한 클레온의 불만들은 여전히 희곡의 주제일 수 있었다. 그러나 그것들은 고통이 지속되면 등장하게 되어 있는 반대 의견들을 나타내주었다. 당분간은 아이기나 점령, 메가리스 공격, 그리고 페리클레스의 웅변이 그 반대자들을 잠잠하게 할 수 있겠지만, 만약 상황이 개선되지 않는다면 폭발할 것이 분명했다.

제7장
흑사병 (기원전 430-429년)

기원전 430년 5월에 이르러 아르키다모스는 다시 펠로폰네소스 군을 이끌고 아티카를 침공해 전쟁 첫 해에 시작된 파괴를 계속했다. 이번에는 펠로폰네소스인이 아테네 시 앞의 너른 평야를 황폐하게 했고, 그 후 동서로 아티카의 해안 지역으로 이동했다. 아티카의 평야를 인질로 보유하는 것에는 이제 더 이상 아무런 의미가 없었다. 아테네인이 양보를 하지도, 전투를 벌이지도 않을 것임이 분명했기 때문이다. 침공군은 아티카에 40일간 머물렀는데, 이는 전쟁을 통틀어 가장 긴 체류였고, 군량이 다 떨어져서야 물러갔다.

에피다우로스

5월 말에 페리클레스는 직접 100척의 아테네 삼단노선과 키오스와 레스보스에서 온 50척의 지원군을 이끌었다. 이 함대에는 중장 보병 4,000명과 기병 300명이 타고 있었는데, 이것은 훗날 기원전 415년에 시칠리아 대원정 때만큼 많은 수의 육군 병력이었고, 아테네인이 배에 태운 것 중 가장 큰 규모의 부대들 중 하나였다. 어떤 학자들은 그 부대의 규모가 방어전략에서 공격전략으로의 기본적인 변화를 드러낸다고 생각한다. 그들은 그 부대의 목표가 에피다우로스를 차지하고, 그곳에 수비대를 배치하여 지키는 것이라고 믿는다. 그렇게 하면 아테네는 펠로폰네소스에 본거지를 잡고서 코린토스를 괴롭히고 위협하며 아르고스를 스파르타에 대항하는 전쟁에 참여시키기 좋을 것이다.

　이러한 노력은 분명히 페리클레스 전략의 급격한 변화에 다다를 수도 있었겠지만, 이를 부정하는 강력한 이유들이 있다. 먼저, 투키디데스는 전략의 변화에 대해서 전혀 언급하지 않았고, 페리클레스의 죽음 직전까지도 이전과 같은 관점으로 설명했다. "침묵을 지키고, 함대를 돌보고, 전시에 제국을 확장하려다가 도시를 위험에 빠뜨리는 일을 삼갔다."(2.65.7) 더구나 만약 아테네인이 진심으로 에피다우로스를 차지하고 보유하려고 했다면, 그들은 일을 정말 크게 벌였을 것이다. 에피다우로스의 영역을 약탈한다면, 자신들이 앞으로 나아가고 있다는 것에 대한 충분한 경고가 되기 때문이다.

　이 작전은 전쟁 첫 두 해 동안 아테네 해군이 메토네, 엘리스의 페이아, 트로이젠, 헤르미오네, 할리에이스, 프라시아이 등에 가한 모든 습격의 배후에 있던 정책을 가장 극명하게 드러내는 사례로 보아야 가장 잘 이해할 수 있을 것이다.(지도 1) 아테네인은 매번 해당 도시 인근의 영토를 파괴하기 시작했고, 만약 도시 방어가 허술하면 약탈을 시도하기도 했다. 에피다우로스에 대한 공격은 마찬가지 계획이 단지 더 강력하게 나타난 것일 뿐이며, 아마 적에게 더욱 가시적인 손해를 입히기를 원하는 국내의 압력에 의해서 촉발되었을 것이다.

　에피다우로스를 약탈하면 아테네인의 사기가 오를 것이고, 페리클레스가 정치적 전투를 계속하는 데 도움이 되었을 것이다. 또 인근의 펠로폰네소스 도시들에 겁을 주어 아티카 침공군에 자신의 군인들을 보내지 못하도록 할 수도 있었을 것이다. 또 비록 성사되지는 못했지만, 어쩌면 펠로폰네소스의 해안 도시들로 하여금 스파르타 동맹에서 이탈하게 할 수도 있을 것이다.

　그렇다면, 아테네 해군 제2차 원정을 감행한 것은 페리클레스 자신이 애초의 전략이 먹히지 않고 있음을 인정하기 시작했다는 것을 보여준다. 스파르타인은 여전히 아티카를 약탈했고, 아테네 국고는 포티다이아의 예상치 못한 굳건함 때문에 고갈되고 있었다. 페리클레스는 비록 방어전이라는 근본적 전략을 버리지는 않더라도, 적에게 강화를 설득하기 위해서는 좀더 공격적이어야 한다는 것을 깨달았다.

기원전 430년에 아테네 군은 그 큰 반도의 동쪽 해안에 있는 프라시아이 너머로는 더 이상 나아가지 않고 귀환했다. 분명히 그때쯤에 이 부대는 펠로폰네소스 부대가 아티카에서 돌아가고 있다는 소식을 들었을 것이다. 그렇다면 아테네 해군은 만약 상륙했다가는 압도적인 적을 만나게 될 것이 분명했으므로 펠로폰네소스에서 물러날 수밖에 없었을 것이다. 그렇다 하더라도, 아테네 군은 어쩌면 바로 작년처럼 동북쪽으로 가서 막강한 군사력으로 코린토스와 코린토스의 서쪽 식민시들에 엄청난 타격을 입힐 수도 있었을 것이다. 왜 강력한 무적함대는 그렇게 작은 성과만을 얻은 채 귀환했을까?

아테네의 역병

페리클레스는 아마 전쟁의 계절이 시작될 때 아테네에서 발생한 역병의 위력에 대한 연락을 받았기 때문에 작전을 중단했을 것이다. 이 역병은 에티오피아에서 시작되었다고 하며, 이집트와 리비아로 넘어가 페르시아 제국의 대부분을 지나서 아테네에 나타났다. 투키디데스는 이 병을 앓았고 그 증상을 상세하게 기록했다. 이 병은 폐렴 흑사병, 홍역, 장티푸스, 그리고 여러 다른 병들과 유사한 증상을 보였지만, 정확하게 들어맞는 병명은 알 수 없다. 기원전 427년에 진정될 때까지, 이 병으로 중장 보병 4,400명, 기병 300명, 하층민 다수가 사망했다. 아테네 주민의 약 3분의 1이 휩쓸려나갔다.

원정대는 6월 중순 이후 어느 시기에 되돌아왔는데, 그때는 이미 역병이 아테네에서 한 달 이상 기승을 부리고 있었다. 페리클레스의 정책에 따라 시내에 밀집해 있던 아테네인들은 전염에 대단히 취약했고, 이것은 어떤 이들에게는 죽음을 안겨주었고, 남은 모든 이들에게는 혼란을 불러왔다. 공황, 공포, 그리고 문명의 가장 신성한 유대가 너무나 심하게 붕괴되어서 많은 이들이 그리스 종교의 가장 거룩한 의식인 적절한 장례마저도 등한시할 정도였다. 아테네인은 전쟁 첫 해의 재난은 힘겹게나마 견뎌냈다. 그러나 "펠로폰네소스인의 제2차 침공 이후, 아테네인은 자신의 땅이 두 번째로 약탈당했고 또 역병과 전쟁이 그들을 내리눌렀기 때문에 마음을 고쳐 먹었고, 자신들을 설득하여 전쟁을 시작하게 한 데 대해서 그리고 자신들이 겪는 불행에 대해서 페리클레스가 책임을 져야 한다고 생각했다."(2.59.1)

바로 이러한 분위기에서, 아테네인은 펠로폰네소스에서 막 귀환한 부대를 페리클레스의 동료인 하그논과 클레오폼포스의 지휘 아래에 새로운 원정부대로서 내보냈다. 그들의 임무는 포티다이아의 저항을 끝내고 칼키디케 동맹의 반란을 모두 진압하는 것이었다. 포티다이아는 여전히 버텼고, 하그논의 부대는 역병이 없었던 원래의 아테네 포위군에 병을 옮겼다. 40일 후 하그논은 자기 부대의 잔여 병력을 이끌고 아테네로 돌아왔는데, 처음의 4,000명 중에서 1,050명을 잃은 후였다.

양방향에서 공격을 받은 페리클레스가 이 재난적인 작전을 결정했던 것은 주로 아테네 정치의 압력 때문이었다. 그리스 도시들에서 정치집단을 부르는 호칭은 모두 단순한 편의상의 약칭일 뿐 현대의 정당과 같은 것을 일컫는 말이 아니다. 아테네의 정치는 대개 한 사람 혹은 한 문제를 중심으로, 때로는 그 둘 모두와 관련해서 모여든 유동적인 집단을 통해서 이루어졌다. 현대적 의미의 당규와 같은 것은 거의 혹은 전혀 없었고, 이 집단들이 지속된 시간도 제한되어 있었지만, 10년 전쟁의 초기 몇 년 동안은 아테네 주민의 여론은 세 범주로 나눌 수 있었다. (1) 스파르타와 즉각 강화하기를 원하는 자들. 이 입장의 지지자들을 평화파라고 부르기로 하자. (2) 공격적인 전쟁을 원하고, 스파르타가 지치는 것을 기다리기보다는 위험을 무릅쓰고서라도 싸워 승리하려는 의지가 확고한 자들. 이 집단은 공세적 전쟁파라고 부를 수 있을 것이다. (3) 페리클레스의 정책을 기꺼이 지지하고, 위험을 기피하며, 스파르타를 지치게 하고, 전쟁 전의 상태를 근거로 강화를 협상하기 원하는 자들. 이들은 중도파라고 부르자. 스파르타의 제1차 침공 이후에는 잠잠하던 평화파가 적과의 타협을 다시 촉구하고 나섰다. 더욱 공격적인 전쟁을 주장하던 자들은 아티카가 입은 큰 손실과 펠로폰네소스에 대한 공격이 가져온 빈약한 성과를 지적할 수 있었다. 현재의 지출 수준으로 전쟁을 계속하는 것은 불가능했고, 포티다이아의 포위는 여전히 예산에서 주된 요소였다. 돈을 절약하고 아테네인의 사기를 높이기 위해서는 상당히 큰 승리가 필요했다. 그러나 아테네는 고통스러운 실패를 겪어야 했다.

불길에 휩싸인 페리클레스

기원전 430년 늦여름, 역병이 기승을 부리자 아테네인은 자신의 지도자에게 등을 돌렸다. 아테네인은 이런 전염병을 경험한 적이 없었고, 도시에 대한 이 병의 강력한 영향은 이제 페리클레스의 입지와 그의 전략에 대한 사람들의 신뢰를 잠식했으며, 그의 비타협적인 태도 때문에 벌어진 전쟁을 계속해야 할 것인지에 대한 회의가 생겨났다.

여론의 변화에는 전통 종교도 중요한 역할을 했다. 그리스인은 언제나 역병이 신을 노하게 한 인간의 행위에 대한 징벌이라고 믿었다. 호메로스의 『일리아드』에 첫 부분에 묘사된 사례, 즉 아폴론이 자신의 사제를 모욕한 아가멤논에게 복수하기 위해서 역병을 보낸 일은 잘 알려져 있다. 그러나 역병은 종종 신탁을 무시한 일이나 종교적으로 불결한 행위와도 관련되었다. 아테네에 역병이 돌자 노인들은 이 일을 예언했던 과거의 신탁을 기억해냈다. "도리스인과 전쟁을 하게 될 것이며, 그와 더불어 역병이 돌 것이다." 이것은 도리스인인 펠로폰네소스인과의 전쟁을 가장 완고하게 주장했으며 잘 알려진 합리주의자이며 종교적 회의론자들과 교제하던 페리클레스를 암묵적으로 비난하는 것이었다. 경건파들은 아테네를 휩쓰는 역병이 펠로폰네소스에는 퍼지지 않는다는 점을 지적했다.

어떤 이들은 단순히 페리클레스가 전쟁을 일으킨 것에 대해서, 그리고 그의 전략을 강요함으로써 역병이 아테네인이 아티카 주위에 흩어져 살았던 보통 때보다 훨씬 더 참혹한 결과를 낳은 것에 대해서 책임이 있다고 생각했다. 플루타르코스는 페리클레스의 반대파가 사람들에게 농촌에서 도시로 피난민이 몰려든 것이 역병을 일으켰음을 어떻게 설득했는지 설명해준다. "그들은 페리클레스 때문에 이런 일이 생겼다고 말했다. 전쟁 때문에 그가 농촌의 무리들을 성벽 안으로 쏟아넣었고, 그 많은 사람들에게 일자리를 주지 않았기 때문이다."(『페리클레스』 34.3-4) 스파르타인이 물러가고 페리클레스가 이끌던 군대가 펠로폰네소스에서 돌아왔을 때, 그는 더 이상 공개적인 논쟁을 막을 수 없었다. 포티다이아 원정군에 대한 비용과 지휘 문제를 결의하기 위해서 민회를 열어야 했던 것이다. 그 부대와 장군들의 출정은 페리클레스에 대한 정치적 지지를 약화시켰고, 페리클레스에 대한 공격이 결국 성공을 거둔 것은 분명히 그들이 자리를 비운 틈이었을 것이다.

평화협상

페리클레스의 소망과 충고와는 반대로, 아테네 민회는 화평을 청하는 사절단을 보내기로 결의했다. 이 결정은 당시의 여러 사건들 중에서 페리클레스 시대의 아테네가 이름만 민주정이었지 사실은 제1시민의 지배였거나 점점 그렇게 되고 있었다는 투키디데스의 주장에 대한 가장 분명한 반증이다. 이 협상의 성격은 전쟁의 향후 진로를 이해하는 데 결정적이다. 그러나 고대의 저자들은 아테네인이 어떤 조건을 제시했고 스파르타인이 어떻게 응답했는지에 대해서 침묵하고 있으므로, 우리는 그것을 가능한 한 잘 재구성하기 위해서 노력해야 한다.

스파르타인은 아마 아테네인에게 전쟁 전의 최후통첩에서 자신들이 요구했던 것, 즉 포티다이아에서의 철수, 아이기나의 자치권 회복, 메가라 법령의 철회 등을 상기시켰을 것이다. 기원전 430년의 상황은 자신들에게 유리했으므로, 어쩌면 마지막 대표단이 요구했던 조건을 추가했을지도 모른다. 아테네 제국의 포기를 뜻하는, 그리스의 자치권 회복 말이다.

받아들일 수 없는 그러한 조건으로 아테네인은 적 앞에서 속수무책이었고, 스파르타가 그 조건들을 고집한 것은 결국 아테네의 평화 사절단을 거부하는 행위였다. 이러한 결과는 페리클레스의 주장, 즉 아테네인이 스파르타인에게 자신들이 양보하지도 않을 것이며 싸워서 패배하지도 않을 것임을 확신시키기 전에는 만족할 만한 강화를 이루지 못하리라는 주장의 타당성을 증명할 뿐이었다. 그러나 평화파는 계속해서 페리클레스를 평화의 주된 걸림돌로 여겼고, 그를 제거하기로 단단히 마음먹었.

스파르타가 아테네의 제안을 거부한 것은 또 아르키다모스와 그와 같은 생각을 가진 사람들이 자신들의 동포들 사이에서 입지를 마련하지 못했음을 잘 드러내준다. 아테네인이 자신의 집과 곡물을 위해서 싸우기를 거부한 것은 오직 대부분의 스파르타인에게 아테네인이 겁쟁이이며 만약 계속 압박당하거나 더 많이 시달리면 결국에는 양보할 것이라는 확신만을 심어주었다. 펠로폰네소스에 대한 공격은 심각한 손해를 전혀 입히지 않았지만 상당히 거슬리는 것이었고 펠로폰네소스인을 더욱 분노하게 했다. 아테네에 역병이 발생한 것은 더욱 고무적이었다. 적은 약해졌고, 곧 손쉽게 승리할 수 있을 듯했다.

그러나 스파르타의 호전적인 분파는 심각하게 오판하고 있었다. 역병이 아테네인을 쇠약하게 했지만, 전쟁을 계속할 힘을 무너뜨리지는 않았다. 당시까지의 진행 상황을 더 냉정하게 검토했다면, 스파르타인은 장기전에서 승리를 기대할 수 없다는 점을 알 수 있었을 것이다. 아테네인은 일단 역병에서 회복되기만 하면 다시 함대와 성벽 뒤에 안전하게 숨을 것이고, 아직 스파르타인은 그것들을 극복할 수 있는 계획을 마련하지 못했다. 좀더 온건하게 접근했더라면, 아테네를 설득해서 메가라를 그만 놓아주고, 코르키라를 포기하고, 더 나아가 아이기나와 포티다이아를 포기하라고 할 수 있었을 것이다. 그렇게 했다면 최소한 아테네의 여론을 분열시킬 수 있었을 것이다. 그러나 대부분의 스파르타인은 적에게 의지할 수단이 없을 것이라고 믿었기 때문에 아테네인이 아무리 절망적인 상황에서라도 받아들이지 않을 조건을 내걸었다.

한편, 아테네에서는 페리클레스의 적들이 그에 대한 공격을 더욱 강하게 집중시켰다. 결국 페리클레스는 일어나 자신과 자신의 정책을 변호했다. 페리클레스는 논란이 많고 심지어 인기가 없는 정책을 추구하면서도 사람들에게 진실을 이야기한, 민주 국가에서 보기 드문 정치 지도자였다. 페리클레스의 변함없는 꼿꼿함은 성난 청중에게 대꾸할 말이 없게 했다. 청중들은 자신들에게 무엇을 숨기고 있다거나 속이고 있다고 주장할 수 없었던 것이다. 그는 자신뿐 아니라 그들에게도 책임이 있음을 명쾌하게 밝혔다. 페리클레스는 아테네인에게 말했다. "만약 여러분이 제게 지도력에 필요한 자질이 다른 사람들보다 최소한 조금이라도 더 있다고 생각했기 때문에 전쟁을 벌이자는 제 주장을 따르셨다면, 이제 와서 제가 잘못했다고 비난받는 것은 잘못된 일입니다."(2.60.7)

이 연설을 하면서, 페리클레스는 또 더 버텨야 하는 것에 대한 새로운 논변을 내세웠다. 그는 아테네 제국의 위대함과 힘, 그리고 이 제국을 유지하며 이 제국이 모든 바다의 주인이 되게 해주는 해군력을 칭송했다. 페리클레스는 이에 비하면 땅과 가옥을 상실한 것은 아무것도 아니라고 주장했다. 그것들은 "커다란 재산의 정원 혹은 장식품에 불과합니다. 그러한 것들은 아테네가 자유를 유지하기만 한다면 쉽게 되찾을 수 있습니다. 그러나 아테네가 자유를 상실하면 나머지 모든 것들 역시 잃게 될 것입니다."(2.62)

페리클레스는 비록 이전에는 아테네인에게 제국을 더 확대하지 말라고 촉구했지만, 이 연설에서는 팽창주의적인 감상을 자극하는 것 같다. 우리는 여기에서 그가 새로운 상황에 맞추어 말했음을 알아야 한다. 이전에 그를 공격했던 것은 클레온처럼 더 공격적으로 싸우기를 원했던 사람들이었던 반면에, 이제는 전혀 싸우기를 원하지 않는 사람들에게서 위험이 오고 있으며, 그래서 이전과 다른 것을 강조해야 했다. 아테네인은 독보적인 힘을 가지고 있으므로 두려워해야 할 것은 전쟁의 패배가 아니라 오히려 강화조약을 잘못 맺고 제국을 상실하는 일이었다. 아테네인은 예상 밖의 곤란에 빠졌다. "이제 여러분이 보유한 제국은 독재자입니다. 이제는 제국을 차지한 것이 잘못된 일로 보일 수 있습니다. 그러나 제국을 버리는 것은 분명히 위험한 일입니다." 왜냐하면, "여러분이 지배하는 자들이 여러분을 증오하기 때문입니다."(2.63.1-2)

페리클레스의 언급은 반대파가 제국과 전쟁에 반대하는 도덕적 논변을 되살렸음을 알려준다. 그러나 페리클레스는 제국의 내재적인 부도덕성에 대한 그들의 비난을 거부하기보다는 오히려 그것을 자신의 정책을 방어하는 무기로 사용했다. 도덕성을 따질 시간은 지나갔다. 이제는 생존의 문제이다. 페리클레스는 아테네인에게 직면한 어려움을 넘어 먼 미래를 바라보라고 주문했다.

현재의 찬란함과 장래의 영광은 기억 속에 영원히 남을 것입니다. 그리고 여러분이 부끄러움 없는 현재뿐 아니라 고귀한 미래를 가질 것이라는, 또 여러분이 그 둘 모두를 지금의 열정으로 성취할 것이라는 선견지명이 있다면, 스파르타인에게 사자를 보내지 마십시오. 그들에게 여러분이 현재

의 고난으로 인해서 괴로워하고 있다고 알게 하지도 마십시오.(2.64.6)

페리클레스에 대한 유죄 선고

비록 페리클레스가 정책에 대한 논쟁에서 승리하고 아테네인이 스파르타에 더 이상 사절단을 보내지 않았지만, 그의 반대파는 물러서지 않았다. 그들은 정치 영역에서 그를 물리치지 못하자 이제 법정으로 향했다. 아테네 정치가들은 종종 한 인물과 그의 정책을 공격할 때 부정부패라는 죄목을 씌웠다. 페리클레스 자신도 키몬을 그러한 죄목으로 고발함으로써 자신의 공적인 경력을 시작했다. 기원전 430년 9월경에 정무관들에 대한 신임 투표가 진행되고 있을 때, 페리클레스는 면직되었고 공금횡령 혐의로 재판에 회부되었다.

평화파는 이러한 일을 단독으로 진행시킬 만큼 세력이 강하지 못했다. 그러나 상황은 그들에게 유리하게 진행되었다. 협상이 실패한 후, 하그논과 전염병에서 살아남은 그의 부대가 포티다이아에 대한 공격에서 실패하고 귀환했다. 그들의 실패는 투키디데스가 전하는 광범위한 불안감이 조성되는 데 한몫했다. 아테네인은 "자신들의 개인적인 고난을 슬퍼했다. 서민들은 가진 것 없이 시작했는데 그마저도 **빼앗겼기** 때문에, 부자들은 시골의 아름다운 농장과 가옥들과 값비싼 가재들을 잃어버렸기 때문이었다. 그러나 가장 나쁜 일은, 그들이 평화가 아니라 전쟁을 가졌다는 것이다."(2.65.2)

페리클레스는 결국 유죄가 선고되었고 무거운 벌금형을 받았다. 배심원들은 분명히 그의 유죄를 완전히 확신하지는 못했거나 혹은 오랜 기간 동안 자신들의 지도자였던 사람에게 극단적인 행위를 하고 싶지 않았던 듯하다. 공금횡령죄는 사형까지도 가능했기 때문이다. 페리클레스는 친구들의 도움으로 곧 벌금을 지불했지만, 기원전 430년 9월경부터 기원전 429년 한여름에 다음번 공직 임기가 시작될 때까지는 자리에서 물러났을 것이다.

스파르타인의 해상 진출

한편 스파르타인은 아테네인이 완강히 버티고 자신들의 전략이 효과를 거두지 못하자 점점 불만이 높아졌다. 펠로폰네소스 해안 도시들에 대한 공격은 스파르타가 아테네의 막강한 해군력에 맞서 자신들의 동맹국들을 보호할 능력이 있는지를 의심케 했다. 그래서 기원전 430년 늦여름에 스파르타인은 엘리스 해안 근처의 섬으로 아테네의 동맹인 자킨토스를 공격했다. 삼단노선 100척에 중장 보병 1,000명이 동원되었고, 스파르타의 해군 사령관인 크네모스가 함대 지휘를 맡았다.(지도 11) 이 부대의 목표는 그 지역에서 아테네에 필요한 기지들을 빼앗음으로써 펠로폰네소스 서부와 서북쪽의 동맹국들을 보호하는 것이었다. 그러나 스파르타인은 도시를 점령하지 못했고, 겨우 인근 지역만을 약탈한 뒤 귀환했다.

결정적인 승리를 얻기 위해서는 스파르타인이 새로운 공격전략을 짜야 한다는 것이 점점 분명해졌다. 그러기 위해서는 지금껏 보유했던 것보다 훨씬 더 큰 함대를 가지고 바다로 나가야 했고, 그래서 스파르타인은 페르시아의 대왕 아르타크세르크세스 1세에게 사절단을 보내어 동맹을 청했다. 사절단은 트라케의 시탈케스에게 들러서 그에게 아테네와의 동맹을 버리고 펠로폰네소스인과 한편이 될 것을 요청했다. 그리고 그가 포티다이아의 포위를 풀어줄 부대를 보내주기를 희망했다. 그러나 아테네의 사절 2명도 거기에 와 있었고, 그들이 시탈케스의 아들 사도코스를 설득하여 펠로폰네소스인을 체포해 아테네로 이송하게 했다. 그들은 아테네에 도착하자마자 재판 없이 사형을 당했고 그들의 시신은 적절한 장례도 치르지 않고 구덩이에 던져졌다. 이러한 테러와 보복행위는 페리클레스가 실권한 동안에 일어났고 아마도 기원전 430년 가을에 권력을 잡고 있었던 전쟁파의 작품이었을 것이다. 중도파는 힘을 잃었고 평화파는 불신임을 당했던 상황이었기 때문이다. 투키디데스는 아테네인이 이러한 잔혹행위를 벌인 것은, 펠로폰네소스 사절단의 일원이자 포티다이아 방어에 가장 뛰어난 능력을 보인 코린토스인인 아리스테오스를 두려워했기 때문이라고 믿는다. 아테네인은 이 대담하고 뛰어난 인간이 탈출하여 장차 자신들에게 해를 가할까 두려워했다는 것이다. 공식적인 설명에서는 이 즉결처분은 스파르타의 잔혹성에 대한 보복이었다. 전쟁 초기부터 스파르타인은 바다에서 잡은 포로는 그가 아테네인이든, 아테네 동맹국 사람이든, 혹은 중립인이든 모두 죽였다. 양편의 이러한 행동은 장차 행할 더 나쁜 범죄들의 전조로서, "전쟁은 폭력 교사이다"(3.82.2)라는 투키디데스의 관찰 실례가 된다.

포티다이아 재점령

아마 클레온이 주도했을 전쟁파는 스파르타의 자킨토스 공격과 암브라키아인이 암필로키아의 아르고스를 습격한 것에 대응하여, 20척의 배와 함께 포르미온을 나우팍토스로 보내어 기습으로부터 항구를 방어하고 코린토스 만을 봉쇄하도록 했다. 그들은 또 제국에서 공납금을 더 엄격하게 징수하여 수입을 증가시키려고 했다. 그러나 그들이 거둔 가장 큰 성공은 기원전 430/429년 겨울에 포티다이아를 점령한 것이었다. 2년 반 동안의 포위 끝에 도시의 식량이 고갈되었고 주민들은 사람까지 잡아먹었다. 그곳에 배치된 아테네 군은 추위에 노출되었고 질병에 시달렸으며, 어떤 이들은 아테네 군이 기원전 433/432년에 도착한 이래로 계속 고향을 떠나 있었을 것이다. 아테네인은 이미 이 일에 2,000탈란트 이상을 소모했고, 그러지 않아도 텅 비는 국고에서 매일 최소한 1탈란트를 지출했다. 그래서 아테네의 장군들 —— 크세노폰, 헤스티오도로스, 파노마코스 —— 은 포티다이아인에게 지나치게 관대하지는 않으나 받아들일 만한 조건을 제시했다. "그들은 아이들과 아내를 데리고 떠날 수 있으며, 용병들은 옷 한 벌씩, 여자들은 두 벌씩을 가지고, 정해진 여행 경비를 들고 갈 수 있었다."(2.70.3-4)

당시 상황에서 이것은 합리적인 조정이었고 아테네인에게도 반가운 일이었을 것이다. 그러나 전쟁파는 장군들이 무조건 항복 외에는 받아들이지 말았어야 한다고 불평했고 그래서 그들을 재판에 회부했다. 강화를 맺으면서 아테네의 위원회와 민회의 자문을 구하지 않았으므로 그들이 권한 밖의 일을 했다는 것이 불만의 내용이다. 그러나 당연히 정치적인 부분도 있었다. 이 장군들은 모두 그 전 해 늦겨울에 페리클레스가 아직 막강한 영향력을 가지고 있을 당시에 그와 함께 선출된 사람들이었다. 이 장군들을 기소한 것은 페리클레스와 그의 온건파를 기소한 것과 마찬가지였지만, 이 시도는 실패했다. 아테네인은 장기적이고 비용이 많이 드는 포위공격이 끝난 것에 안도했고, 기술적인 문제로 트집을 잡으려고 하지 않았다. 아테네인이 장군들을 무죄 방면한 것은 또 페리클레스에 대한 사람들의 반감이 줄어들었음을 시사할 수도 있다. 그리고 드디어 일단의 식민자들이 그 버려진 도시를 차지하기 위해서 출발했고, 이곳은 이후 트라케 방면 지역에서 아테네의 핵심 기지가 되었다.

전쟁 두 번째 해가 끝날 무렵 아테네인은 12개월 전보다 훨씬 쇠약해져 있었다. 아테네인은 두 차례의 침공을 당하면서 절제력을 보여주었고, 자신들의 땅과 가옥이 전투 한 번 벌이지 않고 불타는 것을 허용했다. 그러나 스파르타인은 아티카 전역을 이미 휩쓸었기 때문에 추가로 침공한다고 해서 더 나은 결과를 얻으리라고 기대할 수 없었다. 게다가 아테네 함대는 거의 손상을 입지 않고 펠로폰네소스 해안 국가들을 괴롭힐 수 있음을 보여주었다. 페리클레스 계획에 따르면, 이제 스파르타의 전쟁파가 불신임되고 아르키다모스와 그의 중도파가 권력을 잡아 합리적인 강화 조건을 제시할 때가 되었다.

그러나 스파르타의 단호함은 오히려 그 어느 때보다 맹렬해졌다. 그들은 육상 전투를 벌일 수 없게 되자 해상 공격을 시작하여 서쪽 바다에 대한 아테네의 통제권과 심지어 나우팍토스의 안전까지도 위협했다. 그들의 성공은 펠로폰네소스인이 "바다로부터 단절될" 것이라는 페리클레스의 확신에 찬 예상에 도전했다. 비록 스파르타의 페르시아 사절단이 중간에서 막혔지만, 앞으로도 사신이 지나가지 못하리라는 보장은 없었고, 아테네의 쇠약함을 볼 때 페르시아의 대왕은 충분히 그들에게 설득될 것이었다. 그렇게 된다면, 배와 돈에서 아테네의 우월성에 근거를 둔 모든 계산은 쓸모없어진다. 스파르타인은 그러한 전망에 고무되었고 자신들의 요구사항대로가 아니라면 어떤 강화도 맺지 않겠다는 의도를 분명히 했다.

그동안에 역병은 여전히 아테네의 인력과 사기를 휩쓸어갔고 아테네의 재정 상황 역시 심각한 문제였다. 전쟁이 시작될 당시 사용 가능했던

5,000탈란트의 자금(긴급 자금 1,000탈란트를 제외하고) 중에서 거의 2,700탈란트 —— 반 이상 —— 가 이미 지출되었다. 포티다이아에 대한 값비싼 포위공격과 그로 인한 국고 고갈 사태는 이제 끝났지만, 스파르타의 해상 활동은 아테네인이 함대를 충원하고 동맹국을 보호하기 위해서 지출을 재개해야 한다는 것을 뜻했다. 전쟁 2년 동안의 지출 비율로서는 앞으로 2년 이상 싸울 수 없었다. 전쟁파조차도 아테네가 이듬해에 주요 작전을 벌일 수 없을 것이라는 점을 인정해야 했지만, 휴면 정책 역시 위험했다. 비록 스파르타인의 비타협성이 아테네인의 전쟁 의지를 되살렸지만, 그리고 아테네인의 성벽과 함대와 제국은 온전했지만, 아테네의 장래는 불확실했다.

제8장
페리클레스의 마지막 날들 (기원전 429년)

아테네인은 자신들의 고난, 실망, 그리고 명백한 전략적 실패에도 불구하고 기원전 429년 봄에 페리클레스를 다시 장군으로 선출했다. 그가 보여준 재능에 대한 사람들의 존경, 그리고 그에 대한 오랜 신뢰가 이러한 결정을 내리게 했겠지만, 군사적, 정치적 현실도 그러한 선택을 지지했다. 스파르타가 강화협상을 거부했으므로, 아테네인은 향후 몇 년간 평화파의 주장을 효과적으로 물리칠 수 있었다. 또 클레온과 동료들이 주장하던 공격을 취할 수도 없었다. 역병이 여전하고 국고의 돈은 말라가고 있었기 때문이다. 유일한 대안은 처음의 정책을 계속하는 것뿐이었고, 그것은 페리클레스가 계속 아테네의 지도자로 남는 것을 뜻했다.

그러나 기원전 429년 7월에 복귀한 페리클레스는 몇 달밖에 살 수 없었다. 플루타르코스는 그를 죽음에 이르게 한 질병은 갑작스럽게 온 것이 아니라 오래 끈 것이었고 "그의 신체를 서서히 소진시키고 그의 고결한 정신을 잠식했다"(『페리클레스』 38.1)고 말한다. 그동안에 페리클레스도 그리고 다른 그 누구도 아테네의 정책을 확고히 붙들거나 아테네 시민들에게 영감과 안정을 줄 수 없었다. 오랜 세월 속에 처음으로, 아테네인은 전시 국가를 진정하게 민주적으로 운영하는 일에 내재한 불편함을 경험했다.

스파르타의 플라타이아 공격

스파르타인은 아티카는 이미 완전히 휩쓸었기도 하고, 또 역병에 전염되는 것이 두렵기도 해서 429년 5월에 아테네 본토를 피해 대신 플라타이아를 침공하기로 결정했다. 보이오티아의 이 작은 도시는 스파르타에 전략적인 중요성이 거의 없었고 스파르타의 침공을 촉발시킬 만한 일은 아무것도 하지 않았다. 공격 결정을 처음 제안한 것은 테베인이었다. 이들은 자기들의 목표를 이루는 데 펠로폰네소스 군을 이용하려고 애썼다. 테베인은 전쟁 동안에 강력하고 야심차다는 것을 분명히 보여주었기 때문에, 그들의 소망은 쉽게 무시될 수 없었다. 그래서 그 소망을 들어주는 것이 테베인의 지속적인 지원을 얻기 위해서 스파르타인이 지불해야 하는 대가였다. 기원전 5세기 후반을 지배한 동맹 정치에서 국가 간 관계를 지배하던 오랜 규칙들은 새로운 종류의 전쟁이 가져온 급박한 정세에 점점 더 자리를 내주었다. 투키디데스는 위선을 꿰뚫어보고 스파르타의 진정한 동기를 설명했다. "플라타이아 문제 전체에서 스파르타의 적대적인 태도는 주로 테베인 때문이었다. 스파르타인은 당시 막 시작되려던 전쟁에서 테베인이 자신들에게 유용할 것이라고 생각했다."(3.68.4)

기원전 490년에 플라타이아는 아테네인이 마라톤에서 페르시아인을 몰아내는 것을 돕기 위해서 군대를 파견한 유일한 국가였다. 기원전 479년에 페르시아 전쟁을 종결지은 플라타이아 전투 이후, 스파르타인은 전투에 참가한 모든 그리스인에게 맹세했다. 플라타이아인에게 "그들의 땅과 도시를 회복시켜주며 독립을 유지하도록" 해주겠다고 했으며, "그 누구도 그들을 향해 부당하게 혹은 그들을 노예로 삼기 위해서 진군하지 못하도록 할 것이다. 만약 누가 그렇게 한다면 여기에 모인 모든 동맹국들이 전력으로 그들을 보호할 것이다"(2.71.2)라고 약속했다. 그러므로 플라타이아에 대한 스파르타의 공격은 부끄러운 일일 뿐 아니라 잔혹한 역설로 가득한 것이다.

아르키다모스는 플라타이아인에게 둘 중 하나를 선택하라고 요구했다. 그리스인을 노예로 삼는 아테네에 대항하는 싸움에 자유의사로 참여하던지, 아니면 최소한 중립을 지키라는 것이었다. 그러나 중립이란 이미 불가능한 일이었다. 테베인이 덤벼들 준비를 하고 있었고, 플라타이아의 여성과 아이들이 아테네에 있는 상황에서 플라타이아인은 "양편 모두를 친구로" 받아들일 수 없었다. 그러자 아르키다모스는 플라타이아인에게 전쟁이 계속되는 동안 자신들의 도시를 떠나 있으라고 요구했다. 스파르타인이 그들의 땅과 재산을 보호해줄 것이며, 사용료를 지불하고, 분쟁이 끝난 다음에는 온전하게 되돌려주겠다고 했다. 이 제안 역시 눈속임이었다. 테베인은 일단 도시가 펠로폰네소스인의 손에 들어오고 나면 결코 되돌려주려고 하지 않을 것이었다.

플라타이아인은 마침내 항복에 대한 아테네의 허락을 받기 위해서 휴전을 요청함으로써 대응했다. 플라타이아인의 곤경은 열강들 사이에 낀 소국의 의지할 데 없는 상황을 잘 보여준다. 모든 사람들이 그토록 소중히 여기던 독립성은 그러한 동맹의 세계에서는 환상에 불과했고, 단역을 맡은 국가들은 기껏해야 헤게모니 국가들 중 하나의 보호와 호의에 기댈 수 있을 뿐이었다. 플라타이아인은 아테네인이 스파르타와의 일정한 타협을 허락해줄 것으로 기대했다. 자신들의 도시는 오직 중장 보병의 전투를 통해서만 지킬 수 있었는데, 아테네는 그러한 싸움에서 이길 힘이 없었기 때문이었다. 그러나 그때 아테네는 아마 일시적으로 전쟁파가 우세한 상황이었고, 그래서 플라타이아인에게 동맹에 충실하기를 촉구하면서 "뒤로 물러나 플라타이아인이 학대당하도록 내버려두지는 않을 것이며, 전력으로 도울 것"(2.73.3)이라고 약속했다.

이제 플라타이아인은 스파르타의 제안을 거부할 수밖에 없었다. 이에 대해서 아르키다모스는 스파르타인이 맹세를 깨뜨리는 것이 아니라고 주장했다. 합리적인 모든 제안을 거부함으로써 잘못을 저지르고 있는 것은 바로 플라타이아인이었다. 사실 스파르타인은 종교적인 사람들이었고 신들의 악의를 두려워했다. 특히 맹세를 어긴 자를 심판하는 신은 다름 아닌 제우스 자신이었다. 그러나 왕의 그럴듯한 논변은 정치적 선전이기도 했다. 이것은 뻔뻔스러운 침략행위와 "그리스인의 자유의 대변자"가 자율성의 원칙을 침해하는 것을 정당화하려는 시도였다.

스파르타인은 장기적이고 고비용인 포위공격 없이 플라타이아를 차지하기 위해서 여러 가지 노력을 했으나 모두 실패했고, 어쩔 수 없이 9월에는 도시 주위에 포위공격용 벽을 쌓고 지켜야 했다. 방어군은 겨우 플라타이아인 400명에 아테네인 80명, 그리고 음식을 만드는 여자들뿐이었다. 그러나 플라타이아에는 강력한 방어용 성벽이 있었고, 적은 병력으로도 펠로폰네소스 군 전부의 공격을 막아낼 수 있는 위치에 있었다.

스파르타인이 플라타이아를 포위하고 있는 동안에, 5월 말에 이르러 아테네인은 동북쪽으로 공세를 취했다. 칼키디케 동맹의 반란은 포티다이아 함락 이후에도 계속되어서 아테네의 제국 수입을 앗아갔고 다른 지역적 반란을 부추겼다. 그래서 아테네인은 크세노폰과 다른 장군 두 명에게 중장 보병 2,000명과 기병 200명을 맡겨 보내어 반란을 분쇄하게 했다. 그들은 스파르톨로스 시(지도 16)를 공격했고, 도시 내의 민주파 배반자들의 도움을 받았다. 이것은 과두파와 민주파의 분파적 투쟁이 격화되면서 전쟁 내내 반복될 유형의 첫 시작이었다. 애국심이 가끔 분파적 이익을 이겨낼 때도 있었지만, 정파에 대한 애정이 독립에 대한 애정보다 클 때에는 민주파는 아테네에, 과두파는 스파르타에 자신의 도시를 배반해 넘길 것이었다.

스파르타에서는 또다른 유형도 생겨났는데, 민주파가 자신의 분파를 위해서 아테네의 도움을 구할 때 그 반대편의 과두파도 역시 외부, 즉 이웃한 올린토스에서 도움을 청했다. 올린토스인은 군대를 파견했고, 그들의 뛰어난 기병과 경장 보병부대는 아테네 중장 보병을 패퇴시켰다. 아테네인은 지휘관 전원과 430명, 그리고 칼키디케에서의 우선권을 상실했다. 이 전쟁에서 중장 보병 군대가 중장 보병 이외의 군사력에 의해서 당하는 패배는 이것이 마지막이 아니다.

스파르타의 서북 방면 작전

아테네인이 동북 방면에서 질서를 회복하는 데 실패하고 있을 때, 펠로폰네소스인은 서북 방면에서 자신들을 보호하기 위해서 움직였다. 이 작전을 부추긴 것은 그 지역의 동맹국인 카오니아 인과 암브라키아인이었다. 그들은 자신들이 이 지역을 지배하기 위해서 아테네를 몰아내고 싶었던 것이다. 그래서 그들은 스파르타인에게 동맹국들에서 함대와 1,000명의 중장 보병을 모아서 아카르나니아를 공격하자고 제안했다. 그들의 이 제안은 아테네인이 펠로폰네소스를 공격하는 것을 막으려는 거대한 전략의 첫 단계였다. 아카르나니아는 쉽게 함락될 것이고, 자킨토스와 케팔레니아, 그리고 어쩌면 나우팍토스까지도 그 뒤를 이을 것이다.

여기에서 스파르타인이 자신의 동맹국들의 이익 때문에 위험한 일에 빠져들었던 여러 사례들 중 하나를 볼 수 있다. 그러나 이 계획은 표면적으로는 매력적이었다. 아테네인이 서쪽 바다에서 가진 배는 나우팍토스의 20척뿐이었고, 암브라키아인과 카오니아 인은 그 지역에 정통한 열정적 동맹국이었다. 코린토스인 역시 자신의 식민시인 암브라키아인의 제안을 지지했다. 코린토스는 아테네가 서쪽으로 진출하면 가장 위협받는 도시였기 때문이었다.

스파르타는 다시 한 번 크네모스를 펠로폰네소스 군의 함대 사령관으로 임명했다. 그는 나우팍토스의 포르미온 함대를 몰래 비켜 지나가서 레우카스로 항해하여 그곳에서 레우카스, 암브라키아, 아낙토리온의 동맹군 및 코린토스의 우방인 에피로스(지도 11)에서 온 이민족 군대와 합류했다. 그 후 크네모스는 암필로키아의 아르고스를 육로로 지나면서 마을들을 약탈하고, 추가 부대 없이 아카르나니아의 대도시 스트라토스를 공격했다. 그는 이곳에 대한 공격이 작전의 핵심이라고 믿었다. 아카르나니아인은 정면 대결을 회피하고, 지형에 대한 지식과 투석기 기술을 이용했다. 그리고 크네모스는 패배하여 펠로폰네소스로 귀환해야만 했다.

포르미온의 등장

아르카나니아인은 크네모스가 스트라토스에 도착하자마자 포르미온에게 구원을 요청했다. 그러나 이 아테네 장군은 코린토스와 시키온의 함대가 여전히 코린토스 만에 남아 있는 상황에서 나우팍토스의 호위를 풀고 떠날 수는 없었다. 그의 임무는 펠로폰네소스의 증원군을 차단하는 것이었다. 포르미온은 이미 11년 전에 사모스에서 페리클레스와 하그논과 함께 함대를 지휘했던 뛰어나고 숙련된 장군이었다. 기원전 432년에 그는 포티다이아 공격에서 중장 보병을 뛰어난 솜씨로 이끌었다. 그러나 포르미온은 해군 지휘관으로서 가장 뛰어난 재능을 가졌고, 그는 이제 곧 그것을 드러낼 것이다.

크네모스가 스트라토스를 향해 진군하는 동안 코린토스 만으로는 증원군이 항해해 들어왔다. 포르미온은 47척의 적 함대에 비해서 20척밖에 없었다. 펠로폰네소스인은 아테네인이 그런 열세에서는 싸움을 회피할 것으로 믿었다. 그러나 펠로폰네소스인은 아카르나니아로 가는 중장 보병을 많이 태웠고, 그래서 원래부터도 아테네 배에 비해 느렸던 그들의 배는 최신의 해전에는 덜 적합했다. 아테네 전함의 뛰어난 기동성과 승무원 및 노잡이들의 우월한 숙련성 역시 적의 숫자상의 우월성을 상쇄해주었다.

포르미온은 적 함대가 펠로폰네소스 해안을 따라 서쪽으로 항해할 동안에는 건드리지 않았다. 그는 그들이 리온과 안티리온 곶의 좁은 해협을 통과해서 자신의 전략이 더욱 효과를 발휘할 수 있는 더 개방된 바다에 도달할 때까지 때를 기다렸다.(지도 12) 마침내 아테네인은 펠로폰네소스인들이 열린 바다를 지나 파트라이에서 본토로 가려고 할 때 공격했다. 적군은 어둠을 방패삼아 빠져나가려고 했지만, 포르미온은 해협 한가운데서 그들을 따라잡아 전투를 강요했다.

펠로폰네소스인은 월등한 수적 우세에도 불구하고 방어진형을 채택했다. 뱃머리를 앞으로 향하고 넓은 원을 그리면서 아테네인이 돌파할 수 없도록 서로 밀착했다. 중앙에는 가장 빠른 배 5척을 두고 방어선이 뚫리는 곳이 생기면 즉각 도울 수 있게 했다. 포르미온은 함대를 일렬로 배치하고 적군이 형성한 원형진 주위를 둘러싸게 했다. 이것은 아테네 군의 취약한 측면을 노출시켰고 만약 펠로폰네소스인이 기습을 했다면 아테네인의 배를 들이받아 가라앉히거나 항해 불능으로 만들 수 있었을 것이다.

포르미온은 적함을 둘러싼 자신의 전함들을 더 밀집된 원형으로 이끌었고, 펠로폰네소스인을 점점 더 좁은 공간으로 밀어넣으면서, "항상 스치고 지나가며 언제든지 돌격할 수 있다는 인상을 주었다."(2.84.1) 포르미온은 근접전이 벌어지면 펠로폰네소스인이 진형을 유지하지 못하고 서로의 노가 부딪힐 것이라고 생각했다. 그는 또 새벽이 되면 만 쪽에서 미풍이 불어온다는 것과 그로 인해서 갑자기 요동치는 바다에서는 많은 부대를 배에 태우고 있는 펠로폰네소스인이 제대로 배를 몰 수 없을 것이라는 점을 알고 있었다. 투키디데스는 뒤이어 벌어진 전투를 극적으로 설명해준다.

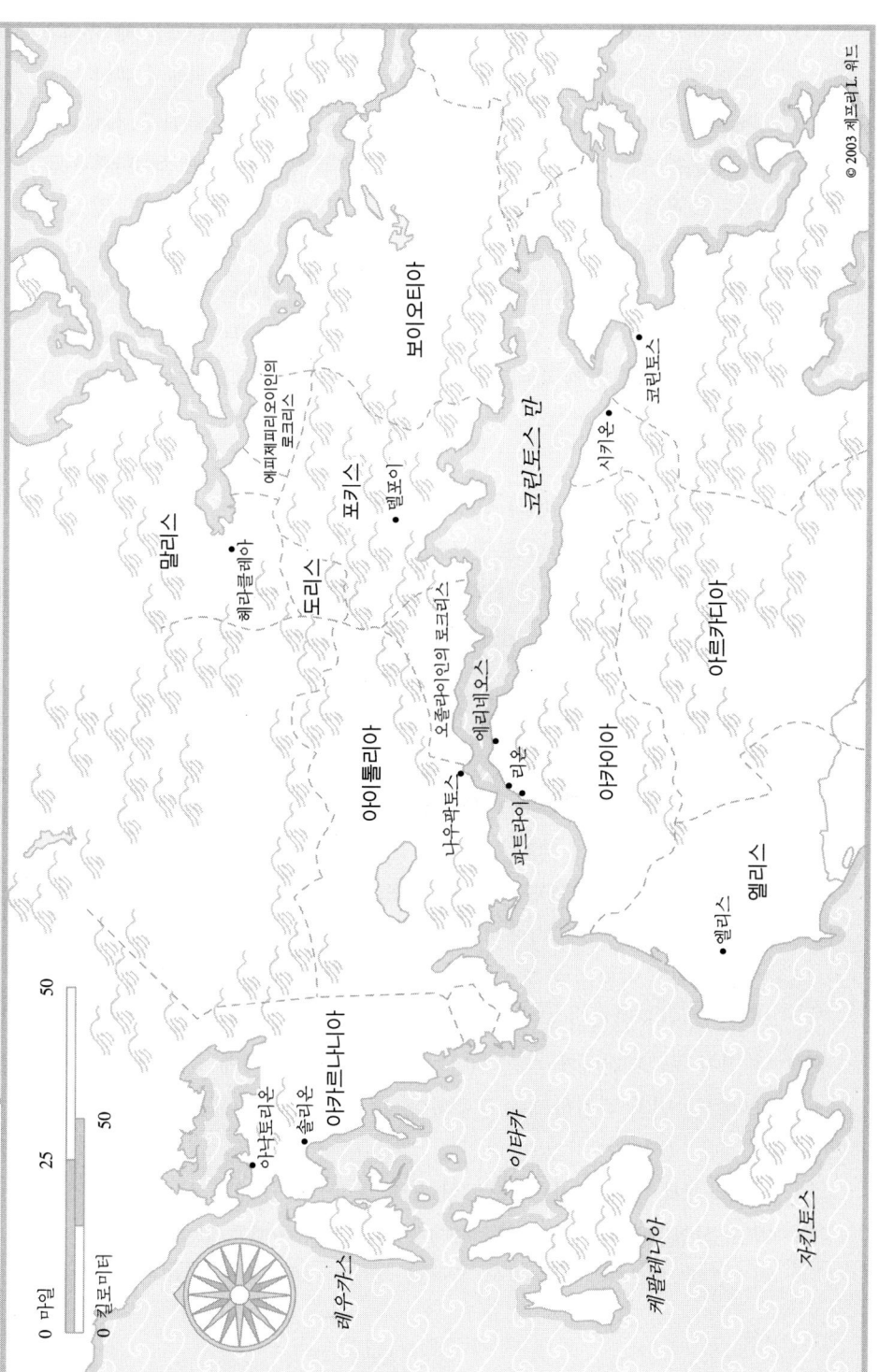

바람이 불기 시작하자 이미 근접해 있던 배들은 바람과 작은 배들〔이것들은 전함이 아니라 다수의 소형 선박들이었고, 안전을 위해서 원의 중심에 배치되어 있었다〕 때문에 혼란에 휩싸였다. 배들이 충돌했고, 사람들은 배들을 떼어놓기 위해서 막대기로 밀어내리고 했는데, 서로 조심하라고 고함치고 욕을 퍼붓는 통에 지휘관의 말도 조타수의 소리도 들리지 않았다. 마침내 미숙한 노잡이들이 높은 파도에 노를 저을 수 없게 되었을 때, 바로 그 알맞은 순간에 포르미온은 신호를 보냈고 아테네인이 그들을 덮쳤다. 아테네인은 처음에는 장군들의 배를 침몰시켰고 그 후에는 마주치는 대로 파괴했다. 그들은 적 함대의 단 한 척도 방어에 나서지 못하게 했고 모두가 파트라이와 아카이아의 디메로 도주하도록 내몰았다.(2.84.3)

아테네인은 12척의 배와 승무원들을 잡았고 승전비를 세운 후 나우팍토스로 개선했다. 살아남은 펠로폰네소스 배들은 킬레네에서 스트라토스의 패배 후에 절뚝이며 귀환하는 크네모스를 만났다. 펠로폰네소스인이 처음으로 육상과 해상 양면에서 펼친 공격 시도는 치욕스러운 실패로 끝나버렸다.

수적으로 우세했던 펠로폰네소스 함대가 참패를 당했다는 소식에 스파르타인은 충격을 받았다. 그들은 지휘관들을 문책했고 해군 사령관으로서 작전 전체를 책임졌던 크네모스가 특히 비난받았다. 이 문제를 다루기 위해서 크네모스에게 3명의 "조언자들"(xymbouloi, 크심불로이)이 파견되었는데, 그중에는 용맹한 브라시다스도 있었다. 그는 전투를 벌이되 "소수의 적함에 의해서 바다에서 내몰리지 말라"(2.85.3)는 명령을 받고 왔다.

한편, 포르미온은 아테네로 사신을 보내 승전을 알리고 증원군을 요청했다. 그러나 민회의 반응은 이상했다. 민회는 20척의 배를 보냈다. 그러나 먼저 포르미온에게 가는 최단 경로에서 훨씬 남쪽에 있는 크레타의 키도니아를 먼저 점령하도록 명령했다. 당시에 새로운 전선에서 공세를 취한 것은 시기에 맞지 않아 보인다. 그러나 아테네인은 스파르타의 동맹인 크레타에서 문제를 일으킴으로써, 스파르타인의 군대가 집중되는 현상을 막고 싶었던 것이 분명하다. 아테네는 임의로 이때를 택한 것은 아니었다. 그때 크레타에서 요청이 들어와 있었기 때문이다. 그리고 크레타의 요청은 즉각 받아들이거나 거부해야 하는 것이었다. 비록 크레타에서의 시도는 실패했고, 그 작전은 궁극적으로는 착오였을지 모르지만, 터무니없다고 비난받을 일은 아니었고 그다지 비용이 많이 들지도 않았다. 그렇지만 아테네인에게는 나우팍토스에 대함대를 보내고도 따로 크레타에 독립부대를 보낼 수 있을 만큼 배가 충분했는데, 왜 고작 20척의 배를 포르미온에게 보내서 그가 계속 심각한 수적 열세에 놓이도록 했을까? 가장 그럴듯한 대답은 아테네인에게 건강한 남자들과 돈이 부족했기 때문이었다는 것이다.

나우팍토스에서 포르미온은 여전히 20척의 배만을 가지고 77척의 스파르타 군을 맞아야 했다. 이번에는 중무장 보병의 부담을 벗은 펠로폰네소스인들이 싸움을 벌이고 싶어 안달이었고, 이전의 전투 때보다 더 정력적이고 창조적이고 숙련된 지휘를 받았다. 펠로폰네소스 군은 엘리스의 킬레네에서 출항했고, 펠로폰네소스 해안을 따라 동쪽으로 항해하여 코린토스 만의 가장 좁은 지역인 파노르모스에서 육군과 합류했다.

만약 포르미온이 거의 네 배에 이르는 적군과 교전을 벌이기를 거부했다면, 적은 자유롭게 서쪽으로 항해하여 아테네의 봉쇄선을 깨뜨리고 포르미온의 함대를 나우팍토스에 묶어둘 수 있었을 것이다. 바다의 지배자라는 아테네의 이미지는 무너졌을 것이고, 불안에 빠진 종속국들은 반란을 일으키도록 자극받았을 것이다. 그러나 포르미온은 그런 일이 생기도록 내버려둘 남자가 아니었다. 그는 펠로폰네소스의 리온에서 코린토스 만으로 1.6킬로미터도 채 떨어지지 않은 곳의 안티리온 해협 바로 밖에 닻을 내렸다.

양편은 1주일 동안 해협을 마주하고서 서로 노려보았다. 아테네인은 수적으로 열세였고, 코린토스 만의 자신들의 해군 기지인 나우팍토스도 보호해야 했기 때문에 먼저 움직임을 취할 수 있는 우선권이 없었다. 그러므로 스파르타인이 펠로폰네소스 해안을 따라 동진하면서 선제공격을 했다. 우익에서는 가장 뛰어난 배 20척이 나우팍토스를 향했다. 포르미온은 어쩔 수 없이 적과 보조를 맞추어 코린토스 만의 좁은 지역으로 물러나야 했다. 그가 움직이자 나우팍토스에 살고 있던 아테네 동맹군인 메세니아 중장 보병이 육상에서 따라 이동했다. 스파르타인은 아테네 배들이 일렬로 북쪽 해안을 따라 서둘러 움직이는 것을 보고, 방향을 전환하여 그중 9척을 고립시키고 해안으로 몰았다. 남은 11척은 펠로폰네소스의 최정예 20척과 마주쳤다. 만에 하나 아테네인이 그들과 싸워 이기거나 빠져나온다고 해도, 여전히 나머지 57척과 상대해야 했다. 재난이 임박했음이 분명했다.

아테네의 11척은 자신들의 빠른 속도를 이용해 적의 옆을 빠져나왔다. 10척이 나우팍토스에 도달했고, 거기에서 뱃머리를 바깥으로 돌린 채 기다리면서 곧 도착할 압도적인 수의 적군과 싸울 준비를 했다. 아테네의 마지막 1척은 아직 귀환하는 중이었고 그 뒤를 쫓던 펠로폰네소스인은 이미 승리의 노래를 부르고 있었다. 어떤 상선 한 척이 우연히 나우팍토스의 먼 바다에 정박하고 있었다. 이 배는 충격적인 역전을 만드는 도구가 되었다. 고립무원에 처한 그 아테네 전함은 나우팍토스의 보호를 향해 달려가지 않고, 대신 정박한 상선을 이용해 측면을 보호하면서 270도 회전하여, 선두의 추격자를 들이받아 가라앉혔다. 이미 전투가 끝났다고 믿었던 펠로폰네소스인은 이제 완전히 혼란에 빠졌다. 어떤 배들은 뱃길을 몰라 좌초되었다. 다른 배들은 그 광경을 보고 깜짝 놀라서 노를 물에 집어넣어 배를 멈추고 나머지 함대가 오기를 기다렸는데 — 이것은 최악의 실수였다. 움직이는 적군 앞에서 기동력을 잃고 고립된 것이다.

남아 있던 아테네인은 놀라운 국면 전환에 기운이 솟았고, 여전히 2대 1로 자신들을 앞서는 적군을 공격하러 앞으로 나섰다. 그러나 이제 펠로폰네소스인은 전투 의욕을 완전히 상실하고 파노르모스로 도망쳤으며 사로잡았던 9척의 아테네 배들 중에서 8척과 자신의 배 6척을 포기했다. 양편은 모두 승전비를 세웠지만, 누가 이긴 것인지는 분명했다. 아테네인은 함대와 나우팍토스의 기지, 그리고 바다에서의 자유로운 행동을 보존했다. 펠로폰네소스인은 아테네의 증원군이 올까봐 두려워서 패배한 채 물러났다. 크레타를 경유한 증원군이 곧 도착했는데, 전투에는 너무 늦었지만 적군이 추가적인 공세를 취하지 못하도록 할 수 있는 때에 맞게 왔다.

만약 포르미온이 패배했더라면, 아테네인은 나우팍토스를 포기해야 했을 것이며, 그와 더불어 코린토스의 상업과 그외 펠로폰네소스 국가들의 서방 교역을 방해할 수 있는 능력을 상실했을 것이다. 바다에서의 패배는 또 아테네의 자신감을 뒤흔들고 적에게 더 야심찬 해상 작전을 벌일 용기를 주었을 것이다. 그렇게 되면 제국에서 반란이 촉발되고, 또 그 반란은 페르시아의 대왕의 지지를 얻었을지도 모른다. 아테네인이 특별한 애정을 가지고 포르미온을 기념한 것은 놀라운 일이 아니다. 아크로폴리스에는 그를 기념하는 입상을 세웠고, 그가 죽은 후에는 아카데미로 가는 길 위에 있는 국립묘지에 페리클레스의 무덤 옆에 그를 매장했다.

스파르타의 피라이오스 공격

크네모스와 브라시다스는 패배의 소식을 안고 귀국하기 싫었다. 그들은 이제 앞뒤를 가리지 않았고 피라이오스를 공격하자는 메가라인의 주장에 동의했다. 그 생각은 말할 수 없이 무모했지만, 메가라인은 아테네의 항구가 봉쇄되지도 수비되지도 않고 있다는 점을 지적했다. 아테네인 역시 과신에 차 있었고 준비가 덜 되어 있었다. 때는 항해 가능한 계절이 끝난 11월이었고, 바로 직전에 치욕스럽게 코린토스 만을 포기한 펠로폰네소스의 해군 패잔병들이 그토록 대담한 공격을 하리라고는 누가 예상할 수 있었겠는가? 기습 작전에 의존하는 펠로폰네소스인의 이 계획에 따라, 함대의 노잡이들을 육로를 통해서 사론 만에 있는 메가라인의 니사이아 항구로 보냈다. 그곳에서 아직 사람이 타지 않은 메가라 삼단노선 40척을 얻고, 그들은 그 배들을 타고 곧장 아무 의심 없이 보호되지 않고 있는 피라이오스를 향해 나아갈 것이었다. 제1 단계는 계획대로 진행되었지만, 니사이아에서 스파르타 지휘관들은 "그 위험부담에 완전히 겁에 질려 버렸다. 그리고 바람이 그들을 막고 있다는 소문도 있었다."(2.93.4) 그래서 그들은 대신 살라미스를 공격해서 약탈했고, 이것으로 게임은 끝났다. 치솟은 불길이 아테네에 경보를 울렸고, 아테네인은 스파르타인이 이미 살라미스를 함락시키고 피라이오스로 오고 있다고 믿은 탓에 공황에 빠졌다. 투키디데스는 그들이 성공할 수도 있었을 것이라고 믿었다. 그러나 그들의 소심함은 비싼 대가를 치렀다. 새벽에 아테네인은 용기를 냈고 보병을 보내어 항구를 방어하고 살라미스에는 함대를 파견했다. 펠로폰네소스인은 아테네 함대를 보자마자 도주했다. 아테네는 안전해졌고, 아테네인은 장차 그런 기습 공격이 성공할 수 없도록 확실한 조처들을 취했다.

페리클레스의 죽음

나우팍토스와 피라이오스에 대한 공격은 펠로폰네소스인의 해전 경험 부족으로 인해서 실패했다. 그들은 값비싼 오류를 범했고 전장에서 두려워했다. 페리클레스는 이미 그러한 행동을 예견했다. 그러나 그는 살아서 자신의 예견이 성취되는 것을 즐기지는 못했다. 기원전 429년 9월, 전쟁 발발 2년 6개월 만에 그는 죽었다. 그의 말년은 행복하지 못했다. 아테네의 "제1시민"은 관직에서 쫓겨나서 비난받고 처벌받았다. 많은 친구들이 역병으로 죽었고, 그의 여동생과 적자인 두 아들, 크산티포스와 파랄로스도 그렇게 죽었다. 페리클레스는 상속자를 잃자 아테네인에게 부모가 모두 아테네인이어야 한다는 시민법의 예외를 인정해달라고 요청했다. 사실 이 법은 바로 자신이 20년 전에 제안했던 것이다. 그는 오랜 세월 동안 자신이 사랑한 밀레토스 여인 아스파시아스가 낳은 아들 페리클레스의 시민권을 요청했다. 아테네인은 그의 소원을 받아들였다.

공적인 문제들도 페리클레스의 마지막 날들을 내리눌렀다. 그의 온건한 억지 정책은 전쟁으로 터져나왔고, 그의 보수적 전략으로는 전쟁에서 승리할 수 없을 듯했다. 역병은 그 어떤 전투보다도 더 많은 아테네인을 살상했다. 시민들은 전쟁과 역병을 증폭시킨 전략에 대해서 그를 비난했다. 그의 생의 끝 무렵에 이르러, 페리클레스 주변에 있던 몇몇 친구들이 그가 잠든 줄로 알고서 그의 위대함, 그의 능력, 그의 성취들, 특히 아테네를 위해서 그가 거둔 많은 승리들을 이야기하기 시작했다. 그러나 페리클레스는 그들의 대화를 듣고서 그들이 칭송할 대상으로 선택한 성취들에 대한 자신의 놀라움을 표현했다. 왜냐하면, 페리클레스는 그러한 일들이 종종 우연으로 이루어졌고 많은 이들의 힘으로 된 것이라고 믿었기 때문이다. "그러나 그들은 가장 위대하고 가장 아름다운 것에 대해서 이야기하지 않았다. 현재 살아 있는 아테네인 중 누구도 내 장례를 치르지는 않았기 때문이다(살아남았다는 사실 자체가 가장 중요하다는 뜻/역주)."
(플루타르코스, 『페리클레스』 38.4) 이것이 마음에 무거운 짐을 가진 한 사람이 자신을 향해 피할 수도 있었던 전쟁을 고의로 초래했다고 비난하는 자들에게 주는 응답이었다.

페리클레스의 죽음으로 아테네는 독특한 자질을 가진 지도자를 상실했다. 그는 군인이었고 뛰어난 전략가였지만, 여러 빼어난 자질 중에서도 특히 뛰어난 정치가였다. 그는 정책을 결정할 수 있었고, 아테네인이 그 정책을 채택하고 그것에 헌신하게 하며 과도하게 야심적인 일을 벌이지 않도록 설득할 수 있었으며, 그들이 자신감을 잃었을 때에는 격려해줄 수 있었다. 복직된 페리클레스는 아마 아테네인을 일치된 정책으로 묶을 수 있는 능력을 가진 유일한 인물이었을 것이다. 페리클레스는 기록상 마지막 연설에서 정치가에게 필요한 자질들을 나열했다. "반드시 실행되어야 하는 일이 무엇인지 알고, 그것을 설명할 수 있는 능력, 조국을 사랑하고 부패에 물들지 않는 것."(2.60.5) 이러한 특징을 페리클레스보다 더 많이 가진 자는 없었고, 만일 그가 실수를 한다고 해도, 그것을 바로잡을 아테네인은 바로 그 자신이었다. 그의 동포들은 몹시도 그를 그리워하게 될 것이었다.

그 해에 트라케의 왕이자 아테네의 동맹인 시탈케스가 페르디카스의 마케도니아 왕국과 인근의 칼키디케 도시들을 공격했다. 그는 몇몇 요새들을 차지할 수 있었지만 심각한 저항에 직면했다. 비록 그에게 15만 명의 막대한 군대가 있고 그중 3분의 1이 기병이었지만, 아테네 함대의 협력에 의지하기 위해서 칼키디케에 대한 공격을 미루었다. 그러나 함대는 결코 오지 않았다. 아마 아테네인은 일단 그 거대한 군대가 움직이는 것을 보자, 시탈케스의 군대가 그 지역의 아테네 제국까지도 넘보지 않을까 두려워했던 듯하다. 게다가 그 계획을 구상한 이후에 스파르타가 해상으로 나우팍토스와 피라이오스를 공격했다. 이 공격들은 실패했지만, 아테네인의 자신감을 흔들어놓기에는 충분했고, 아테네인은 지금이 본국에서 멀리 떨어진 곳에 대규모 원정을 감행할 때가 아니라고 결정했다. 신중함과 기원전 429/428년 겨울의 인력 및 재정의 부족도 역시 아테네인이 시탈케스에게 약속한 함대를 보내지 못하게 된 이유였을 것이다.

트라케 군대의 거대한 규모는 북방의 모든 그리스인을 두렵게 했지만, 이 군대는 식량 부족으로 결국 별다른 성공 없이 물러났다. 전쟁 3년째에 아티카는 침략당하지 않았고 해상의 패배를 모면했다. 그러나 아테네의 보유 자금은 계속 감소했고, 가용 잔액은 1,450탈란트였다. 전쟁 첫 해 수준으로 전쟁을 계속한다면 1년을 더 싸울 수 있는 돈이었고, 그 절반 정도의 속도로는 2년을 싸울 수 있었다. 원래의 승리 전략은 실패했고, 아테네인은 아직 대체 전략을 구상하지 못했다. 이대로 계속 가다가는 재정 자원이 고갈되겠지만, 아테네인에게는 적에게 강화를 강요할 방법이 없었다.

제9장
제국의 반란 (기원전 428-427년)

아테네의 "새로운 정치가들"

　페리클레스의 죽음은 아테네인의 정치생활에 커다란 변화를 가져왔다. 투키디데스는 "그를 따랐던 사람들은 서로 더 동등했다"(2.65.10)고 말했다. 그 결과 전쟁에 필수적인 통합되고 일관된 리더십을 발휘할 수 없었다. 이전에는 장군들이 거의 언제나 귀족들이었다. 그러나 점차 새로운 정치가 집단이 성장했는데, 이들은 교역과 산업을 통해서 부유해진 가문 출신이었다. 이들은 최소한 토지 귀족만큼 부유했고, 종종 교육 수준이 높았으며, 자신들의 전임자들 못지않게 정치력을 발휘하기 시작했다.
　경쟁 파벌들의 지도자로 새로이 떠오른 두 인물은 니케라토스의 아들 니키아스와 클레아이네토스의 아들 클레온이었다. 투키디데스와 그 이후 대부분의 학자들은 이 두 사람의 입장이 서로 완전히 달랐다고 평가했다. 니키아스는 경건하고 꼿꼿하며 내성적이고 신사였다. 반면 클레온은 페리클레스의 숙적으로서 전쟁 옹호자였고 선동 정치가이며 속물이었다. 그런데 사실 두 사람은 모두 귀족적인 계보가 없는 "신인" 계급 출신이었다. 니키아스는 아티카의 은광에 노예를 대여하는 일로 재산을 모았다. 클레온의 아버지는 무두질 공장으로 성공했다. 두 경우 모두에서, 그 부친들은 각 가문에서 처음으로 우리에게 알려진 인물들이었다.
　인격, 성품, 전쟁을 대하는 방식에서 이렇게 다른 한 쌍을 찾기도 어려울 듯하다. 그러나 이 두 사람은 보통 묘사되는 것만큼 그렇게 서로 다르지는 않았다. 둘 다 스파르타와의 평화협상을 달가워하지 않았고, 둘 다 페리클레스 사후의 여러 해 동안 전쟁에서 승리할 수 있는 방법을 모색했다. 기원전 425년까지는 두 사람의 의견이 갈렸다는 기록이 전혀 없다. 기원전 428년에는 그들의 이해관계가 거의 일치했다. 즉 아테네의 안전을 위해서는 반드시 제국을 유지해야 하고, 아테네인에게는 전쟁을 계속하겠다는 기백이 넘쳐야 하며, 자원을 절약하고 새로운 자원을 발견해야 하며, 전쟁을 어떻게든 성공적으로 끝내기 위해서는 공격적인 작전을 재개할 수 있는 어떤 전략이 마련되어야 한다는 것이었다. 이 둘에게는 협력할 동기가 있었고, 또 서로 협력하지 않았다고 믿어야 할 이유도 없다.

레스보스의 음모

기원전 428년에 스파르타인은 5월 중순에 이르러 아티카 침공을 재개했고, 한 달 동안 피해를 입힌 후 물러났다. 그러나 휴식은 짧았다. 레스보스 섬에서 제국과 아테네의 생존 자체를 위협할 계략이 이미 모양을 갖추고 있었다. 키오스와 더불어 레스보스는 델로스 동맹이 아테네 제국이 되었을 때 자치권을 보유했던 단 두 섬 중 하나였다. 레스보스의 주요 도시인 미틸레네는 아테네의 동맹국들 중에서 특이하게도 과두정이 지배했다. 레스보스의 도시들은 또 동맹에 대한 분담금으로 공물이 아니라 여전히 전함을 제공한다는 점에서 예외적이었다. 그러나 이러한 특전에도 불구하고 미틸레네는 전쟁 이전부터 아테네 동맹에서 탈퇴할 생각을 하고 있었지만, 펠로폰네소스인이 미틸레네를 자신들의 동맹에 받아들이기를 거부했기 때문에 그 시도는 좌절되었다. 그러한 거부는 평화시의 일이었고, 전쟁 기간이라면 레스보스의 반란은 분명히 아테네의 적들이 환영할 일이었다.

이 계략이 태어난 곳은 미틸레네였다. 그 반란의 뿌리에는 레스보스 섬을 지배하려는 미틸레네의 야망이 있었다. 봉기하기에 지금보다 더 좋은 때는 없었을 것이다. 아테네가 역병과 인력 및 재정 부족으로 약화되었다는 것이 널리 알려졌다. 한 번 반란이 일어나면 곧 변절이 확산되어 아테네를 더욱 무력화시킬 것 같았다. 이 계략의 성공은 아테네의 적들의 도움에 달려 있었는데, 기원전 428년의 시점에서 볼 때 스파르타인은 물론 보이오티아인도 그 계획에 관련되어 있었기 때문에 그러한 도움은 확실했다. 미틸레네는 이미 그 전에 올림피아에 모였던 펠로폰네소스인에게 도움을 요청하는 연설을 했다. 그들은 주장하기를, 반란의 주된 동기는 아테네가 언젠가는 키오스를 제외한 다른 모든 동맹국들처럼 자신들을 종속국으로 만들 것이라는 두려움이었다. 그러나 그들은 진정한 동기 —— 미틸레네의 주도하에 레스보스의 모든 도시들을 통일하는 것 —— 는 감추었다. 아테네가 결코 그것을 허락하지 않았을 것이기 때문이다. 아테네인은 대개 자신이 지배하는 영역에서 커다란 단위들이 생겨나는 것을 반대했고, 사실 전형적으로는 큰 단위를 작은 단위로 분해하려고 노력했다. 레스보스 섬에 미틸레네에 적대적인 민주 도시 메팀나가 존재했으므로, 만약 반란이 일어나면 아테네는 분명히 개입할 것이다.

그렇지만 어쨌든 미틸레네인은 방어벽을 쌓았고, 항구를 막고, 해군 규모를 키우고, 흑해 지역에서 곡물을 조달하고 용병 궁수들을 데려왔다. 그러나 이들이 이런 준비들을 마치기 전에 그들의 의도가 새어나갔다. 적대적인 이웃 국가들이 미틸레네의 프록세노이(proxenoi), 즉 아테네 대표단과 협력하여 아테네에 사태의 진전을 경고하려고 애썼다. 아마 그들은 현 정부에 적대적인 민주파였을 것이고, 자기들의 정치적 동기를 위해서 행동했다. 반란자들은 계획이 노출됨에 따라 준비가 덜 된 상태에서 움직여야 했다.

아테네의 대응

아테네인은 6월에 펠로폰네소스에 대한 연례 작전으로 함대를 보냈다. (기원전 431년에는 100척이 출항했지만, 이번에는 경제적 제약으로 40척만 보낼 수 있었다.) 그러나 미틸레네인이 레스보스 섬을 통일하고 있다는 것을 확인하자마자 그곳으로 방향을 돌렸다. 그들은 종교 제전 중에 반란자들을 급습할 수 있기를 희망했다. 그러나 모든 정책 결정이 프닉스의 전체 회의에서 이루어지는 아테네 민주정에서는 효과적인 비밀 유지가 불가능했고, 한 소식통이 미틸레네인에게 미리 경고를 주었다. 함대가 도착해서 미틸레네인에게 전함을 포기하고 성벽을 허물라고 명령했지만 그들은 거부했고, 아테네인은 공격을 시작했다.

비록 미틸레네인이 물자와 궁수가 도착하기 전에, 방어벽을 다 쌓기 전에, 그리고 펠로폰네소스와 보이오티아와의 동맹이 공식적으로 완결되기 전에 발목이 잡혔지만, 아테네인은 자신들의 군사력과 예비대가 비교적 약하다는 사실을 알아차렸고, "모든 레스보스인과 싸우기에는 자신들이 충분히 강하지 못하는 것"(3.5.4) 때문에 두려워했다. 미틸레네인은 동맹군을 기다리는 동안 "할 수만 있다면 당분간 아테네 함대에서 자유롭고 싶었고"(3.4.2) 그래서 일시적인 휴전을 요구했다. 지연 작전의 일환으로, 미틸레네인은 아테네에 사신을 보내어 아테네가 함대를 철수시킨다면 동맹에 충성할 것을 약속했다. 그들은 이제 거의 완성되던 레스보스 섬의 강제 통일에 대해서는 아무것도 말하지 않았다. 사실상, 미틸레네인은 아테네인에게 미래의 충성에 대한 대가로 자신들의 레스보스 섬 지배를 인정해달라고 청원했다. 물론 아테네인은 미틸레네에 메팀나를 넘겨줄 수 없었고, 자신들의 제국 지배를 보장하고 정당화해주는 보호를 메팀나에 제공하지 않을 수 없었다. 미틸레네인은 아테네인이 거절할 것임을 알고 있었기 때문에, 스파르타에 비밀 사절단을 보내어 동맹의 지원을 요청했다.

펠로폰네소스인에게 호소하는 미틸레네

미틸레네의 사절단은 7월에 1주일 간격으로 두 차례 스파르타에 도착했다. 그러나 두 번 모두 성공적이지 못했다. 스파르타인은 미틸레네인에게 단지 올림피아 제전에 모인 펠로폰네소스 동맹 앞에서 자신들의 이야기를 하라고만 충고했다. 스파르타인이 이 분쟁에 더 관여하기를 거부했던 것은 부분적으로는 미틸레네 반란의 발상이 원래 스파르타가 아니라 보이오티아에서 나왔다는 사실 때문이었고, 또 부분적으로는 미틸레네를 도우려면 대규모, 고비용의 함대를 동원해서 해전을 벌여야 할 것이라는 사실을 깨달았기 때문이었다. 포르미온에게 치욕적 패배를 당했던 기억은 분명히 두 번째 이유를, 특히 달갑지 않은 예상이었을 것이다.

8월에, 펠로폰네소스 동맹은 올림피아의 제우스 성소에서 경기가 끝난 후에 회합을 가졌다. 미틸레네 대표는 동맹국들에 그들의 개입이 그리스인의 자유라는 더 큰 대의를 위한 것이며, 미틸레네의 이익뿐 아니라 그들 자신의 목표에도 부합된다는 점을 확신시켜야 했다. 그는 아테네가 동맹국들의 독립을 침해하고 있다고 말했다. 그러므로 만약 미틸레네가 반란에 실패한다면 노예가 되는 것을 피할 수 없었을 것이다. 그는 지금이 봉기를 위한 이상적인 시점이라고 주장했다. "이런 좋은 기회는 이전에 없었습니다. 아테네인은 역병과 과다한 비용 지출로 무너졌습니다. 그들의 함대의 일부는 여러분의 해안을 항해하고 있고[포르미온의 아들 아소피오스가 7월에 이 원정부대를 이끌고 나왔다], 나머지는 우리를 향해 진을 치고 있습니다. 만약 여러분이 이 여름에 육지와 바다로 두 번째 공격을 한다면, 그들에게는 여분의 함대가 전혀 없을 것입니다. 그들은 여러분에게 저항하지 못하거나 아니면 우리 모두의 영역에서 함대를 철수시킬 것입니다."(3.13.3-4) 미틸레네인은 마지막으로 전쟁이 아티카가 아니라 전쟁비용을 공급하는 제국에서 결판날 것이라고 주장했다.

만약 여러분이 정력적으로 우리를 도와준다면, 여러분의 동맹에는 여러분이 가장 필요로 하는, 강력한 해군을 가진 나라가 추가될 것입니다. 또 여러분은 아테네의 동맹국들을 떼어놓음으로써 더 쉽게 아테네인을 패배시킬 수 있을 것입니다. (여러분이 우리를 도와준 이후에는 모든 나라들이 더 대담하게 앞으로 나아갈 것이기 때문입니다.) 그리고 여러분은 아테네에 반란을 일으킨 자들을 돕지 않는다는 비난에서 벗어날 수 있을 것입니다. 그러나 만약 여러분이 스스로를 공개적으로 해방자로 내보인다면, 여러분은 더 분명하게 승리할 수 있을 것입니다.(3.13.5-7)

동맹은 미틸레네인을 즉각 받아들였고, 스파르타인은 동맹국들에 아티카 침공을 위해서 코린토스의 이스트모스에 집결할 것을 명령했다. 스파르타인 자신들은 아테네에 대한 육지와 바다로의 연합 공격을 위해서 배들을 이스트모스를 가로질러 사론 만으로 운반할 준비에 착수했다. 그러나 동맹국들은 "모이는 것이 더뎠다. 그들은 곡식을 추수하는 중이었고, 마지못해 돕고 있었기 때문이었다."(3.15.2)

이 위기를 맞아, 아테네인은 이전에 자유를 지키고 제국을 획득하게 했던 바로 그 결단력과 거친 기백을 보여주었다. 비록 함대 중 40척이 여전히 레스보스를 봉쇄하고 있었지만, 전쟁 첫 해와 마찬가지로 100척의 삼단노선을 바다에 내보내 펠로폰네소스를 급습했다. 확신과 능력을 이렇게 대담하게 과시하기 위해서는 아테네의 자원을 최대한 짜내야 했다. 노잡이는 보통 최하층에서 충원되었는데, 이번에는 오직 중무장 보병으로만 싸우던 중장 보병(hoplites) 계층의 사람들도 노잡이로 동원되었다. 거류외인들 역시 이 긴급 상황을 맞아 노잡이로 봉사할 것을 요구받았다. 이런 승무원들은 포르미온이 지휘하던 병사들만큼 훌륭하지는 못했지만, 스파르타인은 여전히 기원전 429년의 패배에 겁을 먹고 있었다.

아테네인은 마음 내키는 대로 펠로폰네소스에 상륙하기 시작했고, 이러한 힘의 과시를 본 스파르타인은 아테네가 쇠약해졌다던 미틸레네인의 주장이 잘못된 것이었다고 확신했고, 그래서 공격을 포기하고 귀환했다. 다시 한 번 미틸레네인과 레스보스에 있는 그들의 동맹국들은 단독으로 아테네와 대결해야 했다.

그들은 펠로폰네소스 동맹의 도움을 받지 못한 채 메팀나를 함락시키는 데 실패했고, 안티사, 피라, 에레소스를 종속국으로 만들어 자신들의 입지를 강화시키는 정도에 만족해야 했다. 그리고 이것은 레스보스의 상황을 거의 변화시키지 못했다. 그러나 스파르타가 확실하게 물러서자 아테네인은 용기를 얻어 더 강하게 압박했고, 미틸레네 주위에 벽을 쌓았던 파케스 장군에게 중장 보병 1,000명을 맡겨 미틸레네를 해상과 육상에서 모두 봉쇄하게 했다. 이러한 포위와 봉쇄로 메팀나를 보호할 뿐 아니라 또 미틸레네가 항복하도록 유도할 수 있었다.

미틸레네 포위

미틸레네에 대한 포위공격은 겨울이 시작되자마자 개시되었는데, 아테네의 재정적 자원을 페리클레스가 전쟁을 시작하면서 전혀 예상하지 못했던 정도로까지 잡아먹었다. 기원전 428/427년 겨울에 가용 예비 자금은 1,000탈란트 이하로 떨어졌다. 재정 위기는 몇 년 안에 올 것이 아니었다. 바로 지금이었다.

그래서 아테네인은 페리클레스가 공표한 작전의 일부분이 아닌, 두 가지 비상조치를 취했다. 기원전 428년 늦여름에 아테네인은 동맹국들에 요구하는 공납금을 높인다고 발표했다. 아테네인은 징수 마감 몇 달 전에 12척의 배를 파견하여 새로이 부과된 세금을 거두었다. 얼마나 거두었는지는 알 수 없지만, 아테네인은 카리아에서 저항에 직면했고, 그 신규자금을 가져오려다가 리시클레스 장군이 살해되었다.

그러나 설령 과세 금액을 높이고 징수를 강화한 것이 성공했다고 하더라도 미틸레네 포위공격으로 인해서 급격히 심화된 아테네의 재정 부족을 메울 수는 없었을 것이다. 그러므로 아테네인은 필사적인 해결책을 실행하기로 결정했다. "아테네인은 포위공격에 필요한 돈이 모자라게 되자, 처음으로 200탈란트에 이르는 직접세(eisphora, 에이스포라)를 도입했다."(3.19.1) 투키디데스의 말이 역사상 처음이라는 뜻인지 혹은 이 전쟁 기간 중 처음이었다는 것인지는 분명치 않지만, 직접세가 매우 오랜 세월 동안 부과되지 않았던 것은 확실하다. 오늘날의 납세자들에게는 — 그리고 사실 문명의 발생 이후 대부분의 사람들에게는 — 이상하게 들리겠지만, 그리스 국가들의 시민들은 직접세라는 관념을 개인의 독립에 대한 침해이며 자유의 근간인 재산권에 대한 공격이라고 여겨 혐오했다. 직접세가 배타적으로 적용되었던 유산 계급에는 이 새로운 과세가 특히 고통스러웠다. 그리고 이 집단에는 중장 보병 부대를 구성했던 자영농이 포함되었다.

동맹국들에 대한 재정적 요구를 높이는 것은 위험한 전술이며 아테네의 힘의 근원을 잠식하는 반란을 초래할 수 있었다. 그리고 직접세의 부과는 전쟁에 대한 아테네 주민의 열정 자체를 마르게 할 위험이 높았다. 페리클레스가 아테네의 자원에 대한 공적인 논의에서 결코 이러한 편의주의적인 발상을 제시하지 않았던 것도 놀라운 일이 아니다. 그러나 기원전 428년에 이러한 방편을 도입한 것에 대해서 오직 클레온과 그의 분파에게만 책임을 돌릴 이유는 없다. 아테네에 대한 육상과 해상을 통한 공격 가능성과 제국의 반란이라는 위험에 직면하여 아테네인의 힘을 집결시킨 것은 분명히 주로 장군들이었을 것이며, 그중에서도, 특히 니키아스와 파케스였을 것이다. 그들은 클레온과 그의 지지자들 못지않게 아테네의 안전이 미틸레네의 반란을 제국 전역에 퍼지기 전에, 그래서 국고를 고갈시키기 전에 진압하는 일에 달려 있음을 실감하고 있었다. 그들은 분파 정치나 신분 투쟁에 따라서 행동한 것이 아니라, 긴급 사태를 맞아 신중한 애국심에 따라 움직인 것이었다.

이 시기 내내 스파르타인은 레스보스의 사태를 예의주시하고 있었다. 그들은 늦겨울에 살라이토스를 비밀 사절로 미틸레네에 보내어, 반란자들에게 원래 기원전 428년에 계획되었던 육해군 공동 작전이 이제 기원전 427년에 실행될 것임을 알려주었다. 그들은 아티카를 침공하고, 알키다스 장군의 지휘 아래 전함 40척을 미틸레네로 보내기로 했다. 이 반가운 소식은 반란군의 용기를 북돋아주어 아테네에 대항해 버티도록 했고, 살라이토스 자신은 미틸레네에 머물면서 그 섬에서의 활동을 조정했다.

겨울이 끝나가자 아테네인은 이 전쟁 동안에 아직 마주친 적이 없는 커다란 도전에 직면했다. 아테네인은 본토가 침공당할 위기에 처한 상황에서 동맹의 강력한 구성원이 일으킨 반란을 진압해야 했고, 그래서 신속하게 반란을 처리해야 했다. 왜냐하면 포티다이아에서와 같은 장기적인 포위공격은 결국 예비 자금을 고갈시키고 자신들의 방어력을 끝장낼 것이기 때문이었다.

육상과 해상을 통한 스파르타의 활동

기원전 427년에 아티카에 대한 스파르타의 침공은 아테네인을 압박하여 미틸레네로 더 큰 규모의 함대를 보내지 못하도록 하려는 의도였다. 펠로폰네소스인은 여전히 강력했지만, 아르키다모스는 죽음이 임박한 까닭에 처음으로 작전을 이끌지 않았다. 그의 아들인 아기스는 이 일을 맡기에는 너무 경험이 부족하다고 판단되었을 것이기 때문에, 망명 중인 왕 플레이스토아낙스의 형제인 클레오메네스가 지휘를 맡았다. 동시에, 스파르타인은 해군 사령관 알키다스에게 삼단노선 40척을 주어 레스보스로 보냈다. 그리고 그들은 아테네인이 본토에 대한 침공에 정신이 빠져서 이들을 중간에 막아서지 못하기를 희망했다.

스파르타의 호전적인 분파는 오랫동안 에게 해에 대한 해군 공격과 더

불어 아티카를 침공하면 델로스 동맹 전체에서 반란이 촉발될 것이고 그것이 아테네 제국을 파멸시킬 것이라고 믿었다. 그러나 꼭 맞는 기회가 찾아온 적이 없었다. 440년 사모스 반란이 좋은 기회였을지도 모르지만, 코린토스인이 거부함으로써 망쳐버렸다. 드디어 이제 때가 왔다.

지속 시간과 피해의 규모로 본다면, 이 아티카 육상 침공을 능가할 만한 것은 기원전 430년의 경우뿐이었다. 이전의 공격에서 손상되지 않았던 모든 것과 그 공격들 이후 자라난 모든 것들이 잘려나갔다. 바다에서는 펠로폰네소스 군이 아테네 해군과 정면으로 싸워 이길 희망이 없었기 때문에, 그들의 성공은 속도에 달려 있었다. 그러나 알키다스는 "펠로폰네소스 반도를 도느라 시간을 낭비했고, 그 이후의 항해에서는 느긋한 자세로 나아갔다."(3.29.1) 그럼에도 알키다스는 델로스까지는 아테네 함대를 피할 수 있었다. 그러나 그 지연은 치명적이었다. 이카로스와 미코노스에서 그는 미틸레네가 이미 항복했다는 소식을 들었다.

펠로폰네소스인은 다음 단계를 구상하기 위해서 회의를 열었다. 이 시점에서조차 대담하고 진취적으로 행동했더라면 많은 것을 이룰 수 있었을 것이다. 엘리스의 용맹한 사령관 테우티아플로스는 미틸레네에 대한 즉각적인 공격을 제안했다. 그는 아테네인이 그곳에서 승리를 거둔 직후인 이때에 공격을 가한다면 아테네인을 깜짝 놀라게 할 수 있을 것이라고 확신했다. 그러나 신중한 알키다스는 그 제안을 거부했다. 이오니아 망명자들이 더 나은 제안을 했다. 그들은 스파르타인에게 함대를 동원해서 아테네에 종속된 이오니아 도시들의 반란을 지원해달라고 요청했다. 그들의 계획에 따르면 알키다스가 소아시아 해안의 도시들 중 하나를 차지하고, 그곳을 기지로 삼아 이오니아 전체에 반란을 일으킨다는 것이었다. 페르시아 총독 피수트네스는 이미 기원전 440년의 사모스 반란도 도운 적이 있으므로, 이번에도 아테네의 적들을 지지할 것이다. 만약 그 반란이 성공한다면, 아테네인은 가뜩이나 취약한 때에 그 지역으로부터의 수입을 상실하게 될 것이다. 부분적으로 성공한다고 해도, 아테네인은 어쩔 수 없이 이오니아의 반란 도시들을 봉쇄하기 위해서 군대를 나눌 수밖에 없다. 가장 낙관적인 결과가 나온다면, 스파르타 동맹, 반란을 일으킨 아테네 종속국들, 페르시아 제국의 결합이 이루어질 것이다. 그리고 훗날 아테네는 바로 이러한 조합에 의해서 패배할 것이다.

이오니아인은 스파르타의 존재를 자신들의 반란을 지원하는 데 이용하기를 원했고, 그들의 충고는 뛰어났다. 투키디데스에 따르면 이오니아 본토인들이 펠로폰네소스의 배들을 보았을 때, "그들은 달아나지 않고 오히려 이 배들이 아테네인일 것이라고 생각하여 가까이 다가왔다. 아테네가 바다를 지배하는데 펠로폰네소스의 배가 이오니아에 접근할 것이라고는 눈꼽만큼도 기대하지 못했기 때문이었다."(3.32.2) 그러한 함대의 지원은 분명히 최소한 한 도시는 반란을 일으키도록 할 수 있었을 것이다. 이러한 행위로 인해서 아테네 함대가 무적이라는 신비로운 기운이 일단 벗겨지면, 다른 국가들이 동참할 것이고 페르시아 총독도 아테네인을 아시아에서 몰아낼 기회를 잡으려고 할 것이다.

그러나 알키다스는 그러한 활동에 대해서 귀를 기울이지 않았다. "너무 늦게 도착하여 미틸레네를 구출하는 데 실패하자, 그의 마음속에 가장 중요했던 것은 가능한 빨리 펠로폰네소스로 돌아가는 일이었다."(3.31.2) 그는 아테네 함대에 잡힐지도 모른다는 두려움에 빠져서 나는 듯이 귀환했고, 소아시아에서 잡은 포로들이 자신의 탈출을 지연시킬지 모른다는 생각에 대부분을 죽여버렸다. 에페소스에서, 우호적인 사모스인들이 그에게 그러한 행동은 결코 그리스인을 자유롭게 하는 방법이 아니며, 이미 스파르타에 편향된 그리스인들을 소외시킬 것이라고 경고했다. 알키다스는 양보하고 아직 살아 있던 포로들을 풀어줬지만, 스파르타의 명성은 이 사건으로 인해서 심하게 손상되었다. 파케스는 스파르타인의 위치를 알게 되자 파트모스까지 추적하다가 포기했고, 알키다스는 펠로폰네소스에 안전하게 귀환했다. 투키디데스가 나중의 경우에서 말한 바에 따르면, 스파르타인은 "아테네인 입장에서는 싸우기에 누구보다 가장 손쉬운 사람들이었다."(8.96.5)

미틸레네의 운명

펠로폰네소스의 함대가 제시간에 도착하지 못한 것은 미틸레네의 반란자들에게 재앙이었다. 봉쇄로 인해서 도시의 식량 공급이 급속히 고갈되자, 반란자들의 용기를 북돋기 위해서 파견된 스파르타인인 살라이토스는 아테네 포위군을 돌파할 필사의 공격을 계획했다. 기회를 잡기 위해서는 미틸레네가 제공할 수 있는 것보다 더 많은 중장 보병이 필요했고, 그래서 그는 비상조치로 하층계급에게 중장 보병 장비를 지급했다. 미틸레네의 과두 정부는 이 계획에 동의했는데, 이것은 그들이 평민을 신뢰하고 의지할 만하다고 믿었음을 드러내준다. 그러나 이 신병들은 일단 무장을 갖추자 가용 식량을 도시민 전부에게 분배할 것을 요구했다. 만약 과두 정부가 동의하지 않으면, 그들은 도시를 아테네에 넘겨주고 상층계급을 제외한 단독 강화를 맺겠다고 위협했다.

사료상으로는 정부가 이러한 요구를 충족시킬 수 있었는지, 혹은 그렇게 하는 것이 시민들의 충성을 보장해줄 것이었는지를 분명히 알 수 없다. 아마 식량 재고가 너무 적어서 모두에게 분배하는 것은 불가능했을 것이다. 상황이 어떠했든, 과두 정부는 거의 무조건 항복에 가까운 조건으로 파케스에게 양보했다. 아테네인은 "미틸레네인에 대해서 마음대로 결정할 수 있었다."(3.28.3) 그러나 파케스는 자신의 허락을 받고 항구적인 조정을 협상하기 위해서 미틸레네에서 아테네로 간 사절단이 돌아기 전에는 미틸레네인 누구도 감금하거나 노예로 삼거나 살해하지 않겠다고 약속했다.

아테네 군이 도시에 진주하자 스파르타에 가장 가까웠던 미틸레네 과두파는 공포에 질렸고, 피난처를 찾아 신들의 제단으로 도망쳤다. 파케스는 그 탄원자들에게 아무런 해를 끼치지 않겠다고 약속하고, 안전하게 지키기 위해서 그들을 인근의 테네도스 섬으로 옮겼다. 파케스는 더 나아가 아테네에 반대했던 다른 레스보스 도시들을 장악했고, 숨어 있던 살라이토스를 잡은 뒤에는 그를 테네도스 섬의 친스파르타 미틸레네인, 그리고 "그가 보기에 반란에 책임이 있는 모든 사람들"(3.35.1)과 함께 아테네로 보냈다.

기원전 427년 여름에 미틸레네인의 운명을 고려하기 위해서 모인 아테네 민회의 분위기를 이해하려면 그들이 처해 있던 상황을 되새겨보아야 한다. 그들은 전쟁 4년째에 침공과 역병으로 끔찍한 고난을 겪었고, 원래의 전략은 실패했고 손에 잡히는 유망한 대안은 없었다. 미틸레네의 반란과 이오니아에 대한 스파르타 함대의 침투는 호시탐탐 기회를 엿보는 재난의 무시무시한 전조였다. 프닉스에 자리한 사람들은 자신들의 생존에 대한 공포와, 그러한 위험에 처하게 한 사람들에 대한 분노에 지배받고 있었다.

아테네인은 살라이토스가 자신을 살려주는 대가로 스파르타인을 설득하여 플라타이아 포위를 포기하도록 하겠다고 제안했는데도 재판 없이 처형하기로 즉시 결정함으로써 이러한 감정들의 힘을 드러냈다. 그러나 미틸레네의 운명은 뜨거운 논쟁의 주제가 되었다. 투키디데스는 이 회의의 세부사항들을 설명하지도 않고 연설문을 전하지도 않지만, 그 경과를 재구성하기에는 충분할 정도로 이야기해준다. 미틸레네의 사절단에는 과두파와 민주파가 모두 포함되어 있었는데, 아마 이들이 먼저 발언했을 것이며, 두 분파는 거의 확실히 반란의 책임 문제에서 의견이 갈렸을 것이다. 과두파는 모든 미틸레네인에게 책임이 있다고 주장했는데, 이것은 아테네인이 주민 전부를 말살하려고 하지는 않을 것이라고 믿었기 때문이었다. 민주파는 오직 과두파에게만 책임이 있고, 그들이 평민들을 강제로 동참시켰다고 주장했다.

미틸레네의 모든 성인 남성을 죽이고 여자와 아이들은 노예로 팔자는 클레온의 발의가 논쟁의 초점이 되었다. 클레온의 맞상대는 에우크라테스의 아들 디오도토스였는데, 그에 대해서는 달리 알려진 바가 없다. 민회가 이 문제를 두고 분파별 — 페리클레스의 신중한 정책을 따르며 디오도토스가 대표하는 온건파와 클레온이 이끄는 더 공격적인 분파 — 로 갈려 있는 동안에 모든 아테네인은 분노했다. 미틸레네인이 특권적인 지위를 누리면서도 반란을 일으켰기 때문에, 반란을 오랫동안 신중하게 준비했기 때문에, 그리고 무엇보다도 이 반란으로 인해서 펠로폰네소스의 함대가 이오니아 해안에 도달했기 때문이었다. 이런 분위기에서 클레온의 제안이 법으로 제정되었고, 삼단노선 1척을 파견해 파케스에게 판결을 즉시 실행하라고 명령했다.

미틸레네 논쟁 : 클레온 대 디오도토스

그러나 얼마 지나지 않아 아테네인은 자신들의 결정을 재고하기 시작했다. 일단 분노를 표현하고 나자, 일부 사람들이 자신들의 결정이 얼마나 무시무시한 것인지를 알아차렸다. 미틸레네의 사절단과 그들에게 우호적인 아테네인들 —— 물론 디오도토스와 다른 온건파를 포함하여 —— 은 이러한 태도 변화를 이용했고, 우리가 아는 한 모두가 온건파였던 장군들을 설득하여 그다음 날에 이 문제를 재검토하기 위한 특별 민회를 요청하도록 했다.

투키디데스는 이 회의를 설명하면서, 클레온을 그의 역사책에서 처음으로 "가장 난폭한 시민이며 당시에 시민들에게 단연 가장 영향력 있는 인물"(3.36.6)이라고 소개했다. 클레온은 미틸레네의 반란이 부당하며, 예상치 못한 행운이 대개 그러하듯이 방자한 폭력(hybris, 히브리스)으로 변한 결과라고 주장했다. 따라서 정의는 신속하고 가혹한 처벌을 요구한다는 것이었다. 그는 평민과 과두파는 모두 반란에 참여했으므로 어떠한 구분도 하지 말아야 한다고 주장했다. 게다가 클레온은 관대함은 오직 추가적인 반란을 독려할 따름인 반면, 전례 없이 가혹한 처벌은 반란을 억제할 것이라고 믿었다. "우리는 미틸레네인을 다르게 취급하지 말았어야 했습니다. 그랬으면 이들이 이토록 오만해지지는 않았을 것입니다. 일반적으로, 아첨을 경멸하고 확고부동함을 존경하는 것이 인간의 본성입니다."(3.39.5) 그의 말이 내포한 뜻은, 아테네인이 오래 전에 미틸레네의 독립을 박탈했어야 했으며, 그렇게 하지 않은 것은 과거의 여러 오류들 중 하나일 뿐이라는 것이었다. "여러분의 동맹국들을 생각해보십시오. 만약 여러분이 적에 의해서 강제로 반란을 일으킨 자와 자유의사로 반란을 일으킨 자에게 똑같은 처벌을 내린다면, 사소한 핑곗거리만 있어도 반란을 일으키지 않을 자가 그 누구겠습니까? 성공의 보상은 자유이며 실패의 대가는 그리 끔찍하지 않은데 말입니다."(3.39.7)

만약 아테네인이 유화 정책, 잘못된 동정, 온화함을 계속 유지한다면, "우리는 반란국 하나하나에 우리의 목숨과 돈을 거는 셈입니다. 만약 성공한다고 해도, 우리가 회복한 그 국가는 이미 파괴된 국가일 것이며, 우리의 힘의 근원인 미래의 세입을 거두어들일 수 없는 상태일 것입니다. 만약 실패한다면 우리는 새로운 적을 추가하게 될 터이고, 현재의 적과 싸우는 데 쏟아야 할 시간을 우리 자신의 동맹국들과 싸우는 데 허비하게 될 것입니다."(3.39.8) 클레온의 연설은 페리클레스와 온건파의 제국 정책에 대한 전면적인 공격이었다. 클레온은 대신 최소한 전시에라도 반란을 억지하기 위해서 계산된 공포 정책을 펼 것을 추천했다.

클레온과 디오도토스는 극단적인 두 입장의 대변자였지만, 그들 외에도 발언자들이 여럿 있었다. "다양한 견해들을 나타낸"(3.36.6) 여러 사람들은 분명히 정의와 인간성에 대해서 이야기했을 것이다. 클레온이 한 것으로 전해지는 연설에서는 이런 고려들을 반박하고 있으며, 제2차 민회는 처벌이 "잔인하고 과도했다"(3.36.4)는 아테네인의 감정을 알리기 위해서 특별히 소집되었기 때문이다.

클레온의 말에는 좀더 약한 처벌을 위해서 클레온이 발의한 처벌안을 거부하는 것이 부패나 더 나아가 반역의 증거는 아닐지라도 최소한 약함의 표시가 될 것이라는 의미가 들어 있었으므로, 디오도토스는 아테네인에게 관대함 때문이 아니라 편의성에 대한 계산을 해보고 자신의 제안에 찬성해달라고 기민하게 호소했다. 디오도토스는 진정으로 미틸레네인에게 더 온건한 처벌을 내리기를 원했다. 그러나 그의 더 깊은 목적은 온건한 제국 정책이 지속되도록 방어하는 것이었다. 디오도토스는 반란자들이란 언제나 성공을 기대하기 때문에 처벌의 위협으로는 그들을 막을 수 없다고 주장했다. 반대로, 현재의 보다 온건한 정책은 반란을 일으킨 자들을 "벌금을 냄으로써 사면을 받을 수 있고, 장차 공납을 바칠 수도 있는 상태에 둠으로써, 합의에 도달하도록"(3.46.2) 유도할 수 있는 것이었다. 클레온의 더 가혹한 방침을 채택한다면 오직 반란자들을 "포위되었을 때 최후까지 버티도록" 만들 뿐이며, 그럼으로써 아테네에 "항복하지도 않을 것이고 적에 맞서는 우리의 힘의 근원인 미래의 세입도 낼 수 없게 될 적을 포위하느라 돈을 낭비하게"(3.46.2-3) 할 것이었다.

디오도토스는 또 이렇게 주장했다. "이제 모든 도시의 데모스(demos)들은 충분히 여러분에게 기울어져 있고, 과두파들과 함께 반란을 일으키지 않거나, 아니면 비록 강요당했더라도 혁명을 일으킨 자들에게 즉시 적대적이 될 것이므로, 여러분은 적대 도시의 다수를 동맹으로 얻어 전쟁에 나갈 수 있습니다"(3.47.2) 실제 증거를 보면 제국의 주민들에 대해서, 심지어 하층계급에 대해서도 디오도토스가 틀렸음을 알 수 있지만, 그는 사실을 확실히 하는 것보다는 정책을 처방하는 데 관심이 더 많았다. 그는 계속 주장하기를, 아테네인은 반란자들 중에서 가능한 적은 수만을 정죄해야 한다고 했다. 평민들을 귀족 선동자들과 마찬가지로 처형한다면 장래의 봉기에서 평민을 아테네의 반대편에 서게 할 뿐이기 때문이었다. "데모스가 죄가 있다고 하더라도, 여러분은 그렇지 않은 척해야 합니다. 그래야 여전히 여러분에게 우호적인 유일한 집단이 적대적으로 변하지 않을 것입니다."(3.47.4)

디오도토스가 보기에 미틸레네는 격리된 사례였다. 그러므로 클레온이 제안하는 계산된 공포 정책은 공격적일 뿐 아니라 궁극적으로는 자충수였다. 그는 파케스가 유죄 집단이라고 아테네로 보낸 자들만을 정죄하자고 제안했다. 그 제안은 겉보기처럼 인도적인 것은 아니었다. 파케스가 "죄가 가장 무거운" 자들이라고 체포한 사람들의 수는 1,000명을 약간 넘을 정도였고, 이는 레스보스의 반란 도시들의 전체 성인 남성 인구 중에서 아마 10분의 1에 이르렀을 것이기 때문이다.

결국에 가서 민회에서 거수한 수는 거의 같았지만 디오도토스의 제안이 이겼다. 클레온은 즉시 "유죄인" 1,000명에 대한 사형을 제안했고, 그의 발의는 통과되었다. 레스보스인들은 개인적으로나 집단적으로나 적절한 재판을 받지 못했다. 민회는 단순히 파케스의 견해만을 근거로 그들을 유죄로 간주했고, 표결이 완결되었다는 증거도 없다. 이것은 아테네인이 반란을 일으킨 속국에 취한 행위들 중 가장 가혹했다. 그러나 비록 그들이 공포, 좌절, 고난 때문에 대단히 분노하고 무정해지기는 했지만, 그래도 아직 클레온의 더 잔인한 계획에서는 한발 물러설 줄 알았다.

제1차 민회가 끝난 후에 모든 남자를 죽이라는 명령을 싣고 레스보스로 떠난 배는 24시간 전에 출발했다. 그러나 두 번째 삼단노선이 그 명령을 무효화하기 위해서 즉시 파견되었다. 아테네에 있던 미틸레네 사절단은 노잡이들에게 식량과 마실 것을 공급하고 만약 그들이 먼저 레스보스에 도착한다면 보상을 해주겠다고 약속했다. 선원들은 선행을 할 수 있는 기회에다 이익을 볼 것이라는 희망까지 안고서 먹고 자는 일상적 휴식도 마다하고 엄청난 속도를 냈다. 첫 번째 배의 사람들은 자신들이 맡은 끔찍한 임무를 수행하느라 서둘 이유가 없었지만, 그래도 미틸레네에 먼저 도착했다. 투키디데스는 나머지 이야기를 극적으로 들려준다. "파케스는 명령서를 읽고 막 그 명령을 실행하려고 했다. 바로 그때 두 번째 배가 들어왔고 파멸을 막았다. 미틸레네인은 이렇게 구사일생으로 위험에서 벗어났다."(3.49.4)

제10장
공포와 모험 (기원전 427년)

미틸레네 반란에 대한 아테네의 반응은 페리클레스의 유산인 이전의 온건한 접근에 새롭고 더 공격적인 기운이 도전하기 시작했음을 반영한다. 기원전 427년의 선거는 에우리메돈과 데모스테네스라는 두 신임 장군에게 힘을 주었는데, 이들은 곧 대담한 정책들을 도입한다. 온건파조차 신중하게나마 공세를 취할 필요를 느꼈다. 기원전 427년 여름에 니키아스는 메가라 해안에 있는 작은 미노아 섬을 장악하고 요새를 쌓음으로써 봉쇄를 강화했다.

플라타이아의 운명

그러나 미노아 섬에 대한 공격이 이루어진 그때에 플라타이아 방어군은 항복했다. 스파르타인은 굶주린 소수의 병력이 방어하는 그 성벽을 쉽게 쓸어버릴 수 있었지만, 무력으로 그 도시를 차지하지 말라고 명령했다. 그 이유는 "만약 아테네와 평화조약이 체결되면, 그리고 양편에서 전쟁으로 정복한 곳들을 복원시키기로 합의하면, 스파르타는 플라타이아가 자유의사로 편을 바꾸었음을 근거로 계속 붙잡을 수 있기 때문이었다." (3.52.2)

이렇게 복잡한 법률 형식에 관심을 가졌다는 것은 스파르타가 이미 기원전 427년에 평화협상의 가능성을 생각하고 있었음을 처음으로 보여준다. 아테네가 역병에서 굳건하게 살아남은 것과 제국 내의 반란을 쉽게 진압한 것, 그리고 스파르타 자신이 바다에서 무능력했던 것 등은 정신을 차리게 만드는 현실이었다. 그러나 스파르타인은 아직 완전한 승리 이외에는 달리 결말을 지을 준비가 되어 있지 않았다.

스파르타인은 플라타이아인의 항복을 받아내기 위해서 수비대에게 스파르타의 5인 심판관에 의한 공정한 재판을 약속했다. 그러나 그들의 처분은 정의를 조롱하는 것이었다. 플라타이아인에게 어떠한 혐의도 제시되지 않았다. 각 사람에게는 오직 전쟁 기간 동안에 스파르타인과 그 동맹국들에 어떤 좋은 기여를 한 것이 있는가 하는 질문만이 주어졌다. 플라타이아인은 매우 확신에 찬 변론을 함으로써 심문자들을 당황시켰다. 그래서 테베인은 스파르타인이 누그러질까 두려워서 자신들의 대답을 장황한 연설로 제시해야 했다. 그러자 스파르타의 심판관들은 원래의 질문을 플라타이아인에게 반복했고, 이에 대해서 플라타이아인 각자는 당연히 없다고 대답했다. 최소한 플라타이아인 200명과 아테네인 25명이 그 후 처형되었고, 도시에 남은 여자들은 노예로 팔렸다. 스파르타인은 순전히 정치적인 자기 이익을 위해서 행동했다. "테베인에 대한 스파르타인의 행동은 거의 완전히 테베인을 위한 고려에 영향을 받았다. 스파르타인은 테베인이 이제 막 시작된 전쟁에서 유용할 것이라고 생각했다."(3.68.4) 스파르타인은 사실상 장기전을 준비하고 있었고, 그 전쟁에서는 보이오티아의 힘이 정의와 예의에 대한 평판보다 더 결정적인 요소가 되었을 것이다.

결국 스파르타인은 플라타이아를 테베인에게 넘겨주었고, 테베인은 도시를 완전히 평지로 만들었다. 도시의 토지는 공을 세운 테베인들에게 10년간 임대되었고, 기원전 421년에도 테베인은 그곳이 마치 자신의 영토인 양 이야기했다. 플라타이아는 지워졌고 아테네인은 개입할 노력을 전혀 하지 않았다. 그 두 사태는 사실 불가피했다. 플라타이아는 전략적으로 취약했다. 그렇더라도 아테네인이 플라타이아의 운명에 대해서 부끄러워하거나 더 나아가 수치스러워해야 할 이유가 있었다. 성실한 동맹인 플라타이아는 공격을 당했을 때 아테네가 동맹에 붙들어두고 도움을 약속하지만 않았더라면 합리적인 조건으로 항복할 수도 있었다. 아테네인은 살아남은 플라타이아인에게 아테네 시민권이라는 유례가 드문 특권을 제공했다. 그러나 고향땅을 잃은 자들에게 이것은 결코 합당한 보상일 수 없었다.

코르키라의 내전

아테네의 서방 동맹국인 코르키라에서 곧 새로운 위협이 나타났다. 정치적 분쟁이 가열되면서 아테네의 적들이 권력을 잡고 그 섬의 강력한 해군을 상실하게 될 위험에 처한 것이다. 기원전 433년 시보타 전투에서 코린토스인에게 포로로 잡혔던 250명가량의 코르키라인이 귀환한 것이 문제의 시작이었다. 코린토스인은 이 포로들을 잘 대우하고 충성을 확보했다. 기원전 427년 초, 펠로폰네소스인 사이에서 아테네 동맹국들의 전체적인 반란이 곧 일어날 것이라는 기대가 높았던 시점에, 코린토스인은 이들을 귀국시켜 고국의 정체와 정부를 전복시키도록 했다.

코르키라의 누구도 이들이 자신들의 정부와 적대적인 외국 세력의 첩자가 되었다는 사실을 알아차리 못했다. 그들은 자신들이 안전하게 돌아온 것이 800탈란트라는 엄청난 몸값을 치른 덕이라고 주장했다. 그들은 일단 귀국하자 코르키라를 스파르타 동맹에 넣으려는 의도는 숨긴 채, 아테네와의 동맹을 끊을 것과 전통적인 중립을 회복할 것을 주장했다. 그들의 노력에도 불구하고, 민주적인 코르키라 민회는 중도노선을 택했다. 방어 동맹을 재확인하되, 동시에 "과거에 그러했듯이 펠로폰네소스인들과 친구가 될 것"(3.70.2)을 결의했다.

그러나 이 결의는 과두파 음모가들의 승리였고, 코르키라를 아테네에서 떼어놓은 첫 단계였다. 그들은 다음 단계로 아테네와 밀접한 관계에 있는 민주파 지도자인 페이티아스를 고발했다. 코르키라를 아테네인의 노예로 만들려고 했다는 것이었다. 그러나 보통의 코르키라인들은 아테네와의 동맹을 반역과 동등한 것으로 여기지 않았고 페이티아스는 무죄를 인정받았다. 그러자 그는 자신을 고발한 자들 중 가장 부유한 5명에게 종교적인 불법행위의 죄를 씌우는 데 성공했다. 피고인들은 막대한 벌금을 지불할 능력이 없었고, 신전으로 피할 수밖에 없었다.

과두파는 승리를 거둔 페이티아스가 이 승리를 이용해 아테네와의 전면적인 공격 및 방어 동맹을 추진할 것을 두려워하여, 그것을 막기 위해서 암살과 공포의 방법을 취했다. 그들은 단검으로 무장하고서 협의회장에 침입하여 페이티아스 외 6명을 살해했다. 페이티아스의 민주파 동료 몇 사람은 항구에 있던 아테네 삼단노선으로 도피했다. 그 배는 즉각 아테네로 떠났고, 망명자들은 아테네에서 자신들의 사연을 이야기하고 보복을 요청했다.

이러한 공포 분위기에서 암살자들은 민회를 소집했지만, 코르키라 시민들은 여전히 동맹을 바꾸기를 거부했다. 그러자 음모가들은 오직 중립만을 제안할 수 있었고, 그 조치조차도 강제로 통과시켜야 했다. 과두파는 아테네의 공격이 두려워서 아테네에 사절을 보내어 코르키라의 사태는 아테네의 이익을 저해하려고 한 것이 아니라며 사정했다. 그러나 아테네인은 그 말을 믿을 수 없었고 사절단을 혁명분자로 체포했다. 그러나 아테네에 보낸 사절은 단지 과두파가 스파르타와 협상을 벌일 시간을 벌기 위해서였고, 과두파는 스파르타가 지지해줄 것이라는 희망에 용기를 얻어 평민들과 정면 대결을 벌였으며, 비록 민주파 반대자들을 파멸시키지는 못했지만 승리를 거두었다. 민주파는 아크로폴리스와 다른 여러 고지대, 그리고 항구 바다쪽을 점거했으며, 과두파는 시장 주변과 항구 내륙쪽을 통제했다. 다음 날 양편은 노예들에게 자유를 약속하며 지원을 구했다. 노예 대부분은 민주파에 동참했지만, 과두파는 내륙에서 용병 800명을 고용했고, 코르키라는 공개적으로 내전에 돌입했다.

이틀 후 민주파는 두 번째 전투에서 형세를 역전시켰고, 과두파는 도주해서 겨우 목숨을 건졌다. 다음 날 나우팍토스 주둔 아테네 군 사령관인 니코스트라토스가 전함 12척과 메세니아 중장 보병 500명을 데리고 도착했다. 그는 대단히 온건하게 행동했다. 패배한 분파에게 보복하지도 않았고, 단지 코르키라가 아테네에 위협이 되지 않도록 완전한 공격 및 방어 동맹만을 요구했다. 재판에 회부된 것은 혁명을 선동한 일에 가장 책임이 크다고 인정된 10명의 과두파뿐이었다. 나머지 코르키라인은 서로 평화를 이룰 것을 요구받았다.

그러나 코르키라의 열정은 너무나 불타올랐기 때문에 그토록 점잖은 해결책은 불가능한 것으로 판명되었다. 재판에 회부된 그 10명은 도주했다. 민주파 지도자들은 니코스트라토스를 설득하여 아테네 전함 5척을 남겨두게 했다. 그 대가로, 코르키라의 배 5척에 자신들의 적인 과두파 중에서 고른 사람들을 승선시켜 제공했다. 선택된 이 과두파들은 아테네로 보내졌다가는 끔찍한 운명을 맞이하게 될 것이 두려웠고, 그래서 역시 신전의 성역으로 도주했다. 그리고 니코스트라토스가 그들에게 안전을 다시 보장해주었지만 그들은 꿈쩍도 하지 않았다. 그러자 민주파는 모든 과두파를 살해할 준비를 했다. 그러나 니코스트라토스는 그렇게 무분별한 반응은 금지했다.

이 시점에서 펠로폰네소스인이 손을 썼다. 알키다스 휘하에서 에게 해로부터 무질서하게 귀환하던 40척의 함대가 킬레네에서 13척의 동맹 함대를 징발하고 브라시다스를 참모(크심불로스)로 삼아 아테네의 주력함대가 오기 전에 코르키라에 도달하려고 서둘러 왔다. 코르키라의 민주파는 아테네인의 충고를 무시하고 이들을 맞아 무질서하고 훈련도 되지 않은 60척의 함대를 보냈다. 펠로폰네소스인이 쉽게 승리했다. 그러나 코르키라에 있던 12척의 아테네 함대가 그들이 승리의 약탈을 하는 것을 막았고, 펠로폰네소스인은 탈취한 코르키라 전함들을 가지고 코르키라 맞은편의 본토 쪽으로 물러섰다. 다음 날 브라시다스는 알키다스에게 코르키라인이 혼란과 공포에 빠져 있는 틈에 공격하자고 요청했지만, 소심한 해군 사령관은 거부했고, 그로 인한 지연은 치명적이었다. 투클레스의 아들 에우리메돈이 이끄는 60척의 아테네 함대가 레우카스에서 출발했다는 소식이 들려왔고, 펠로폰네소스인은 도망쳐야 했다.

이제 위험에서 벗어난 민주파는 내전의 강력한 동기인 분노와 증오를 폭발시켰다. 정치적 처형은 단순한 살인으로 타락했다. 사람들은 사적인 복수와 돈 때문에 살해되었다. 불경과 신성모독은 일상적인 일이 되었다. "아버지가 아들을 죽이고, 사람들이 신전에서 끌려나와 신전 옆에서 살해되었고, 어떤 이들은 디오니소스 신전에 감금된 채로 죽었다."(3.81.5) 이런 참혹한 일들은 투키디데스에게 전시의 내전이 낳는 사악한 결과를 묘사할 기회를 주었고, 그의 장엄한 역사 서술의 몇 부분은 어두운 예언적인 지혜들로 가득 차 있다.

투키디데스는 말하기를, 이러한 잔학행위는 거대한 전쟁이 낳은 일련의 내전들에서 벌어질 많은 결과들의 첫 번째 일에 불과했다. 각 국가에서 민주파는 자신들의 적에 대항해서 아테네에 도움을 요청할 수 있었고, 한편 과두파는 스파르타에 그렇게 할 수 있었다. "평화로운 시기였다면, 그들에게는 그렇게 할 만한 핑계나 욕망이 없었을 것이다. 그러나 양편이 싸우고 있었기 때문에 여러 나라의 각 분파들은 만약 그 지방의 정부를 전복시키기 원한다면 쉽게 한편 혹은 다른 편을 동맹으로 끌어들일 수 있었다."(3.82.2) 투키디데스는 또 말한다. "분파들 때문에 도시들에서 많은 그리고 끔찍한 일들이 벌어졌다. 그러한 일들은 지금도 벌어지고, 그리고 인간의 본성이 그대로인 한 언제나 벌어질 것이다."(3.82.2) 평화롭고 번영하는 시대에는 문명과 잔인한 야만을 분리해주는 물질적 부유함과 안보의 망이 찢어지지 않았고 사람들도 짐승같이 변하지 않았기 때문에, 사람들과 각 국가들이 합리적으로 행동한다. "그러나 사람들에게서 편안한 만족과 일상적 필요를 빼앗아가는 전쟁은 사람들의 성향을 그 환경과 같게 맞추는 난폭한 선생이다."(3.82.2)

당파에 대한 소속감과 충성심이 가장 높은 덕으로 간주되었기 때문에, 그것이 다른 모든 것들을 뒤덮고 전통적 도덕성의 모든 제한들을 폐기하는 행위를 정당화했다. 광신적인 행위와 등 뒤에서 적을 파멸시키려고 계략을 꾸미는 배신 역시 마찬가지로 존경받았다. 이러한 일들을 거부하는 것은 적을 두려워하여 당파의 통일성을 해치는 행위였다. 맹세는 그 의미를 잃고 표리부동의 도구가 되었다.

이러한 공포 상태는 분파 전쟁이 벌어졌을 때 전형적으로 나타나는 개인적인 탐욕, 야망, 그리고 권력에 대한 욕심의 결과였다. 양 분파의 지도자들은 그럴싸한 구호들 —— 한편에서는 "시민에게 정치적 평등을", 다른 편에서는 "탁월한 자들에 의한 온건한 통치" —— 을 내세웠지만, 그들은 가능한 모든 사악한 속임수를 이용했고, 어느 당파에도 속하지 않은 사람들을 "싸움에서 자기편을 들지 않았기 때문에, 혹은 그들이 살아남은 것에 대한 질투 때문에"(3.82.8) 살해하기까지 했다. 이러한 새로운 종류의 악행이 혁명과 함께 그리스 세계의 여러 국가들로 확산되었다. "일반적으로, 지적 수준이 낮은 사람들이 승리했다. 그들은 자신들의 약점과 상대방의 지적인 능력을 두려워했다. 논리적인 말싸움에서 이길 자신도 없었고, 상대방의 재치로 인한 뜻밖의 일을 당하고 싶지도 않았기 때문에, 그들은 과감하게 행동했다. 반대로 그들의 적들은 그들을 무시했고 자신들의 예견 능력을 과신한 까닭에, 머리로 얻을 수 있는 것을 행동으로 얻으려고 할 필요가 없다고 생각했다."(3.83.3-4)

니코스트라토스가 행했던 억제와는 완전히 대조적으로, 코르키라에서 전임자였던 아테네 장군 에우리메돈은 7일 동안 아무런 행동도 취하지 않음으로써 학살이 계속되도록 방치했다. 에우리메돈은 클레온과 뜻을 같이했고, 온건 정책이 그 자체로 비효율적이며 혁명을 부추긴다고 한탄했음이 분명하다. 그가 코르키라의 사령관으로 등장한 것은 최근에 선출된 장군들이 부임했음을 알려주며, 그가 그곳에서 한 행동들은 아테네에서 새로운 기운이 힘을 얻었음을 시사한다.

아테네의 제1차 시칠리아 원정

9월에는 그와 같은 기운이 아테네인을 설득하여 라케스와 카로이아데스 휘하에서 20척의 원정대를 이전의 전장과는 멀리 떨어진 시칠리아로 보내게 했다. 시칠리아 동부의 레온티니인은 아테네인의 오랜 동맹이었다. 이들은 그 지역의 중심 도시인 시라쿠사인이 시칠리아 전체를 지배하려는 작전의 일환으로 자신들을 공격했다고 불평했다. 전쟁은 급속히 섬 전체로 퍼졌고, 좁은 해협을 건너 이탈리아로까지 번졌다. 적대진영들은 부분적으로는 종족적 구분선에 따라 나뉘었다. 펠로폰네소스인은 물론 도리스인은 시라쿠사인 편에 섰다. 이오니아인과 아테네인은 그들을 반대했다. 레온티니인은 패배가 임박하자 동맹국 아테네에 도움을 청했다.

아테네인은 이미 생존이 달린 전쟁을 벌이고 있으면서도 왜 그 전쟁의 주요 전략과는 명백히 관련이 없는 그토록 먼 곳에 원정대를 보낸 것일까? 투키디데스의 설명에 따르면, 그들의 실제 목표가 "시칠리아에서 펠로폰네소스로의 곡물 수입을 막는 것이었다. 그리고 아테네인은 시칠리아의 상황을 자신들의 통제권 속으로 가져올 수 있을지 여부에 대한 사전 조사를 하고 있었다."(3.86.4)

이 원정을 선동한 것은 전적으로 "급진파", "민주파", 혹은 전쟁파로 불리던 클레온 주변의 집단이었다고들 하지만, 증거를 보면 그렇지 않다. 이 원정에 대해서는 이전 기원전 427년에 미틸레네의 운명을 결정했던 것이나 기원전 433년에 코르키라와의 동맹을 낳았던 것과 같은, 서로 다른 입장을 가진 논쟁에 대한 언급이 전혀 없다. 원정 지휘관들은 에우리메돈이나 데모스테네스와 같은 "매파"가 아니었고, 니키아스의 동료인 라케스 같은 이도 포함되어 있었다. 이 원정에 대해서는 반대가 거의 없었음이 분명하다.

우리는 또 하나의 명백한 사실을 간과하지 말아야 한다. 아테네인은 기원전 427년에 요청을 받았기 때문에, 그리고 심각해질 수도 있는 잠재적 위험을 알게 되었기 때문에 시칠리아로 갔다. 전쟁 초기에 펠로폰네소스인은 시칠리아에서 큰 함대를 얻을 수 있다고 이야기했고, 만약 그것이 현실화된다면 아테네인에게 큰 위협이 될 것이다. 마찬가지로, 만약 코린토스의 식민시인 시라쿠사인이 시칠리아의 다른 그리스 도시들을 정복하도록 허용된다면, 그들은 그들의 모시와 펠로폰네소스인 전체의 이익을 위해서 결정적인 도움을 줄 수 있었다. 모든 아테네인은 그 위협을 알아차렸을 것이다. 시칠리아의 곡물이 펠로폰네소스에 도달하지 못하게 막겠다는 욕망은 상황의 변화를 반영하는 새로운 사태였다. 스파르타인의 아티카 유린의 기간과 강도는 어느 정도 침공군의 식량 공급에 달려 있었다. 시칠리아의 수확물을 상실하면 미래의 침공은 단축될 것이다. 이러한 점에서 아테네의 서방 동맹국에 제한된 군사 원조를 제공함으로써 곡물 수송로를 끊는다는 것은 그럴듯한 일이었다.

그러나 시칠리아를 복속시키려는 시도는 전시에 제국을 확장하지 말라는 페리클레스의 충고를 명백하게 어기는 것이었다. 분명 아테네인 중에는 분별없는 확장론자들이 있었고, 그들 중 일부는 서방을 정복하기 딱 좋은 지역으로 보았다. 그러나 클레온이 그들 중 한 명이었다거나 혹은 그가 언제라도 팽창 그 자체를 위한 팽창을 추구했다는 증거는 전혀 없다. 클레온과 데모스테네스나 에우리메돈과 같은 이들은 펠로폰네소스로의 곡물 전달을 막기 위해서, 그리고 시라쿠사가 시칠리아를 지배하여 적에게 도움을 제공하는 일이 생기지 않도록 하기 위해서 시칠리아를 장악하기를 원했다. 그러나 그들은 단순히 이전의 상태를 회복하는 것 이상을 추구했을지도 모른다. 아테네인이 개입했다가 돌아가면, 시라쿠사인은 시칠리아를 다시 한 번 장악하려고 시도할 것이고, 아마 아테네가 그 사태를 막을 힘이 없을 때를 노려서 일을 벌일 것이다. 아테네인이 "시칠리아의 상황을 자신들의 통제 아래 두기"를 추구한다는 것은, 오직 아테네의 지배를 의미했다. 그리고 아마도 시칠리아에 수비대와 해군 기지를 건설해서 미래의 분쟁 방지를 뜻했을 것이다.

20척의 함대는 제2차 역병의 발발 직전에 떠날 수 있었다. 그들의 사명은 아테네에 새로운 정치 현실을 조성했다. 여러 사태들을 통해서 급진파가 이제 정책에 영향을 끼치고 심지어 정책을 형성할 수 있는 위치로 이동했고, 온건파는 상대방의 의제를 완전히 거부할 수 없는 위치가 되었다.

시칠리아에서 아테네인은 소규모 군사력으로 주목할 만한 성공을 거두었다. 내륙 도시인 레온티니는 해군 근거지를 제공할 수 없었고, 그래서 라케스와 카로이아데스는 메시나 해협 바로 맞은편에 있는 우호적인 이탈리아 도시인 레기온에 근거지를 건설했다.(지도 13) 아테네인은 시칠리아에서 펠로폰네소스로 정상적인 경로를 통해서 곡물이 운송되는 것을 방해하기 위해서 메시나 해협을 완전히 장악하려고 했다. 이것은 메시나를 시칠리아의 그리스인, 특히 이오니아인과 시라쿠사에 적대적인 원주민 시켈인의 집결지로 삼으려는 계획이었다. 또 아테네인은 그 지역 부대의 도움을 받아 시라쿠사를 전투에서 이길 수도 있었고, 그렇게 된다면 시라쿠사 편에 붙었던 자들을 더 많이 끌어올 수 있을 것이었다. 승리를 거둔다면 최소한 시라쿠사가 시칠리아를 지배하는 것만은 막을 수 있었다.

첫 시도는 그다지 성과가 없었다. 아테네인은 레기온에 도착하자 곧 부대를 둘로 나누어 시칠리아의 해안 도시를 탐사하고 원주민의 감정을 조사하게 했다. 라케스는 카마리나 근처의 남쪽 해안을 따라 항해했고, 한편 카로이아데스는 시라쿠사 앞바다의 동쪽 바닷가로 향했는데, 그는 거기에서 시라쿠사 함대를 만나 전사했다. 아테네인의 계획은 바다를 통제하는 것, 특히 메시나 해협 근처의 바다를 통제하는 것에 근거를 두고 있었고, 그래서 라케스는 해협의 서쪽 입구에 있는 리파리 제도의 시라쿠사 동맹국들을 공격했지만, 리파리인은 물러서지 않았다.

이런저런 실패들이 그늘을 드리우고 있을 때, 라케스는 메시나를 장악

함으로써 해협을 아테네인의 지배 아래 두었는데, 이것이 시라쿠사로부터의 이탈을 촉진했고 시칠리아에서의 시라쿠사의 지위를 위협했다. 이전에 시라쿠사인에게 지배를 받던 많은 시켈인 원주민들이 아테네 편으로 넘어왔다. 라케스는 그들의 도움으로 공세를 계속하여 로크리인과의 전투에서 승리하고 비록 장악하지는 못했지만 히메라까지 공격했다.

라케스의 성취는 사소한 것이 아니었다. 그는 시라쿠사가 레온티니를 정복하는 것을 막았고, 메시나와 그 해협을 차지했고, 시라쿠사의 많은 복속국을 아테네 편으로 끌어들였으며, 시라쿠사 본국의 주변 지역을 위협하기 시작했다. 바다에서는 시라쿠사인이 소규모의 적 함대를 상대하는 것도 두려워한 까닭에 아테네인은 아무런 도전도 받지 않았다. 시라쿠사인은 자신들이 처한 위험을 충분히 알고 있었다. 그들은 "그곳〔메시나〕이 시칠리아로의 통로임을 알았고, 아테네인이 언젠가 그것을 이용해서 더 큰 군대를 끌고 와 공격할 것을 두려워했다."(4.1.2) 그들은 결국 아테네인을 제압하기 위해서 자신들의 함대를 키우기 시작했다.

이에 대응하여 아테네 장군들은 증원군을 요청했다. 민회는 3명의 지휘관과 40척의 배를 추가로 보냈다. 이것은 "부분적으로는 그곳에서의 전쟁을 신속하게 끝낼 수 있을 것이라고 생각했기 때문이며, 부분적으로는 함대를 훈련시키고자 했기 때문이었다."(3.115.4) 피토도로스는 라케스로부터 지휘권을 받기 위해서 몇 척의 배를 끌고 즉시 출발했고, 소포클레스와 에우리메돈은 주력부대와 함께 나중에 따라갈 것이었다. 이 새 함대는 기대를 잔뜩 품고서 항해해나갔다.

제3부

새로운 전략

 10년 전쟁의 첫 부분은 페리클레스의 목표와 전략에 의해서 형성되었고, 그는 죽은 이후에조차 아테네의 정책을 지도했다. 페리클레스 전략은 장점도 많았지만, 여러 사건들은 결국 그것이 부적절함을 드러냈다. 지출은 국고를 고갈시켰고, 제국에서는 반란이 일어났고, 스파르타인이 평화를 모색하는 신호는 전혀 보이지 않았다. 페리클레스 자신이 만약 살아 있었다고 하더라도 아마 새로운 현실들에 적응하여 자신의 전쟁 계획을 수정했을 것이다. 그러나 기원전 427년에 새로운 장군들과 정치 지도자들이 등장했는데, 이들 중 몇몇은 고인이 된 지도자와는 사뭇 다른 생각을 가지고 있었다. 향후의 몇 년 동안, 아테네인은 최초의 전략에서 크게 벗어나서 살아남아 승리하기 위한 어떤 방법들을 모색했다.

제11장
데모스테네스와 새로운 전략 (기원전 426년)

그리스 중부의 스파르타인

기원전 426년에 청년 아기스는 아버지 아르키다모스가 죽은 후 그의 뒤를 이어 스파르타의 왕위에 올랐고, 플레이스토아낙스는 망명에서 돌아왔다. 이로써 스파르타는 다시 두 왕을 가지게 되었다. 아기스는 최초의 공식 행위 중 하나로 군대를 이끌고 펠로폰네소스에서 벗어나 아티카를 침공하러 나섰다. 그러나 잇따른 지진으로 인해서 코린토스의 이스트모스에 이르렀을 때 회군해야만 했다. 지극히 종교적이었던 스파르타인은 이것을 완전한 승리를 위해서 전쟁을 계속 고집하는 것이 잘못이라는 신의 경고로 해석할 수도 있었을 것이다. 그러나 그들은 오히려 목적을 훼방당한 사람들이 종종 하는 방식으로 반응했다. 그들은 새로운 수단을 이용해서 자신들의 원래 계획을 관철시키려는 의지를 더 굳건히 했다. 그러나 어떤 스파르타인들은 마치 어떤 아테네인들처럼 최초의 전략이 실패했고 승리를 위해서는 새로운 전략이 필요하다는 것을 알아차렸다.

그래서 기원전 426년 여름에 스파르타는 그리스 중부에서 새로운 전선을 여는 일에 착수했다. 이 지역에서는 트라키스인과 이웃 도리스인 — 스파르타와 다른 도리스인의 전통상의 모시(母市) — 이 오이타이아인과의 전쟁 때문에 도움을 요청했다.(지도 14) 그리하여 스파르타인은 트라키스 근처의 헤라클레아에 역사상 몇 되지 않는 자신들의 식민시 하나를 건설했다. 왜냐하면, "이 도시는 또 아테네와의 전쟁을 수행하는 데 매우

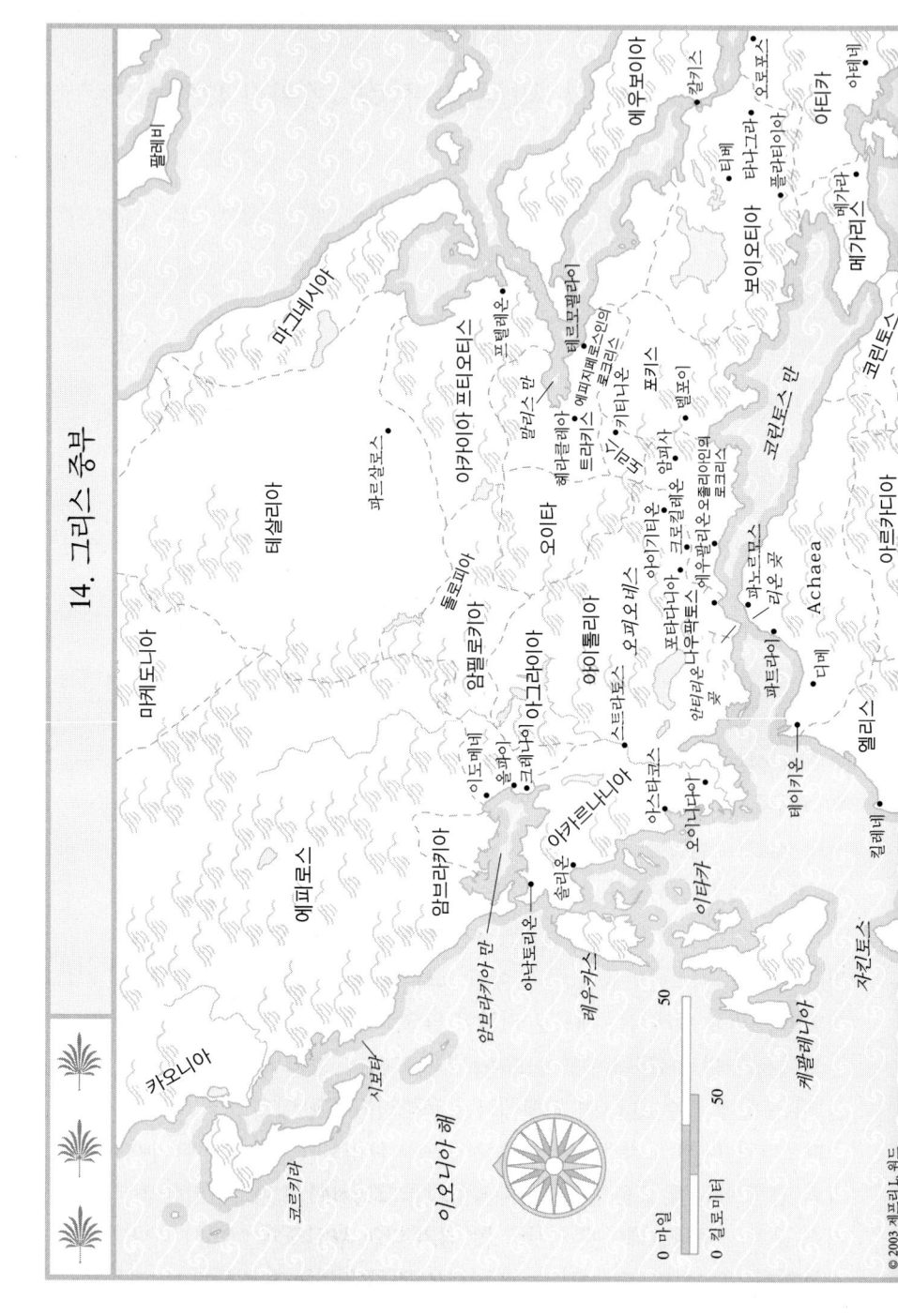

좋은 위치에 자리했다. 에우보이아에서 매우 가까운 곳에서 함대를 무장시킬 수 있었고, 트라케를 향한 해상 원정을 위해서도 유용한 곳이었다. 간단히 말해, 스파르타인은 식민시를 건설하기 위해서 열심이었다."
(3.92.4)

스파르타의 이러한 결정을 선동한 것이 브라시다스라고 결론짓고 싶은 유혹이 있을 것이다. 왜냐하면 이것은 그의 기질과 상상력과 잘 맞는 일이며, 실제로 그는 몇 년 후에 이 새로운 식민시를 이용하러 나설 것이기 때문이다. 에우보이아에 전면적인 공격을 감행한다는 대담한 계획은, 최근의 아테네 함대와의 교전을 생각해보면 대부분의 스파르타인이 감히 선뜻 동의할 만한 일이 아니었다. 그러나 이 새 식민시는 해적질의 근거지로 사용되어 아테네의 상선을 나포하고 에우보이아를 노략질할 수 있었다. 아테네 제국의 북방 지역에 대한 침공 계획은 훨씬 더 전망이 밝았다. 스파르타인은 전쟁에 이기기 위해서 제국에 대한 전면적인 공격을 가해야 했는데, 더 크고 더 나은 해군이 없기 때문에 육로가 닿는 부분들, 즉 마케도니아와 트라케, 에게 해 북쪽 해안만 건드릴 수 있었다. 만약 스파르타인이 그곳에 군대를 보낼 수 있게 된다면, 이탈을 촉진하고 아테네의 수입을 감소시키며, 다른 곳에서도 반란을 유발할 수 있을 것이었다. 게다가 트라케는 헬레스폰토스의 아테네 보유 도시들을 장악하는 일에도 근거지로 이용될 수 있었다.

아테네의 측면을 돌아 배후를 치는 것은 쉬운 일도, 안전한 일도 아니었다. 스파르타인이 이 목표를 이루려면 먼저 자신들의 군대를 그리스 중부와 적대적인 테살리아로 움직여야 했다. 일단 그곳에 도착하면, 그들은 지원을 끌어들이고 그 지역 아테네 동맹국들을 설득하여 제국에 반란을 일으키게 해야 했다. 이 작전의 각 단계마다 귀중한 군대를 상실할 위험이 도사리고 있었다. 스파르타인은 기원전 426년에는 그러한 위험을 감수하려고 하지 않았다. 그러나 헤라클레아의 식민시 건설은 장차 어떤 일을 하든지 필수적인 첫 단계였다.

그러나 헤라클레아는 북방으로 가는 길의 기지인 것 외에는 실망스러운 도시였다. 스파르타인은 테르모필라이에서 8킬로미터가량 떨어진 곳에 성읍을 지었고, 그리스 중부에서 테살리아로 가는 경로를 통제하는 통로를 가로질러 바다까지 성벽을 쌓았다. 그리고 또 에우보이아에 대항하는 해군 기지를 위해서 항구를 건설했다. 그러나 이 스파르타 식민시는 테살리아의 변경에 건설되어 그들과 불화를 일으켰고, 테살리아인이 계속해서 그곳을 공격했다. 그곳의 스파르타 관리들은 다른 그리스인을 대하는 일에서 스파르타의 무능력만을 드러냈다. "그들은 스스로 작전을 망치고 그 도시를 사람이 살지 않는 나라로 만들었다. 그들은 가혹하고 때로는 어리석은 명령들로 대부분의 주민들을 겁주어 쫓아버렸고, 그래서 그들의 이웃들은 더 쉽게 그들에게 승리할 수 있었다."(3.93.3)

아테네의 선제공격

한편 아테네인은 공세를 취하려고 계속해서 어느 정도 노력하고 있었다. 니키아스에게 전함 60척과 중장 보병 2,000명을 주어 멜로스 섬을 공격하게 했다. 니키아스는 멜로스를 장악하는 데 실패하자 보이오티아에 상륙하여 타나그라에서 나머지 아테네 군과 합류했다. 이들은 히포니코스와 에우리메돈의 지휘 아래 아테네에서 그 전에 출발했던 부대였다. 이들은 그 지방을 휩쓸었고 타나그라인과 일부 테베인을 정면대결에서 물리쳤다. 그 이후에 히포니코스와 에우리메돈은 아테네로 되돌아갔고, 니키아스의 부대는 다시 배에 올라 로크리스인의 영토를 일부 약탈한 뒤에 역시 귀환했다.

이러한 행위들의 핵심은 무엇이었을까? 멜로스는 에게 해 섬들 중에서 유일하게 아테네 동맹에 가입하지 않았고, 비록 기원전 426년에 공식적으로는 중립국이었지만 스파르타의 식민시였다. 투키디데스는 아테네인이 공격한 이유에 대해서 "멜로스인은 비록 섬사람들이었지만 동맹에 굴복하거나 심지어 가입하려고도 하지 않았고, 아테네인은 그들을 넘어뜨리기를 원했다"(3.91.2)라고 말한다. 아테네인이 멜로스인을 50년 이상 무시한 후에 그토록 갑자기 움직인 이유는 분명하지 않다. 계속되던 재정 압박도 한 이유가 될 수 있을 것이다. 연대불명의 한 비문은 멜로스인이 기원전 427년에 스파르타 함대를 재정적으로 지원했음을 증명하는 듯하다. 만약 사실이 그러했다면, 아테네의 공격은 도리스인 "중립국"이 적을 돕는 데에 대해서 처벌하려는 의도였을 것이다.

아테네인 입장에서는 멜로스를 싼값에 차지할 수 있었다면 즐거웠을 테지만, 그들은 포위공격의 비용을 감당할 수 없었다. 아테네인은 테베의 중장 보병 군대에 대항해서 육상 전투를 벌일 위험을 감수할 생각이 없었다. 더구나 펠로폰네소스의 군대가 뒤에서 덮칠 위험도 있었다. 로크리스 기습을 포함하여 이 작전 전부는 그 자체로 하나의 완결된 단위로 인식되었고, 커다란 위험이나 비용을 초래하지 않았다. 이것들은 더욱 공격적인 전략을 향한 조심스럽고 실험적인 전진이었다.

아테네인은 또 데모스테네스와 프로클레스의 지휘 아래에서 전함 30척을 펠로폰네소스 주변에 보냈다. 이 아테네 배들에는 일상적인 10명의 승무원만 탔고 중장 보병은 전혀 없었다. 이 함대는 비록 서방의 동맹국들에서 약간의 도움을 받을 수 있었지만, 그 어떤 결정적인 성과를 거두리라고는 전혀 기대할 수 없었다. 아테네에서 새롭고 적극적인 기상이 생겨났음에도 불구하고 인력과 재정의 부족 때문에 여전히 작전의 규모와 범위는 제한되었다.

이 부대는 레우카스 섬을 휩쓸었다. 이곳은 코르키라, 이탈리아, 시칠리아로 가는 길에서 핵심적인 경유지였고, 충성심 높은 코린토스 식민시로서 펠로폰네소스 함대에 배를 제공하고 있었다. 이 섬을 장악하면, 아테네인이 이오니아 해를 배타적으로 통제할 수 있고, 아카르나니아의 동맹국들도 레우카스를 함락시키고 섬을 장악할 것을 주장했다. 그러나 나우팍토스에서 온 아테네의 메세니아 동맹국들은 데모스테네스가 자신들을 위협하고 있는 아이톨리아인을 공격하기를 원했다. 메세니아인은 데모스테네스에게 난폭하지만 미개한 아이톨리아의 부족들과 싸우는 편이 더 쉬울 것이라고 장담했다. 그들의 마을은 분산되어 있고, 성벽도 없었다. 그들은 중장 보병처럼 싸우지도 않았고 경무장을 했을 뿐이었다. 그리고 그들 중 어떤 이들은 고기를 날로 먹을 정도로 야만적이었다. 이 미개한 사람들은 힘을 합하기 전에 쉽게 각개격파될 수 있었다.

데모스테네스의 아이톨리아 작전

그해에 처음 장군이 되었던 데모스테네스는 아마 "아테네의 서방 동맹국들을 돕고, 가능한 한 적에게 타격을 입히라"는 것과 같은 모호한 명령을 받았을 것이다. 레우카스를 포위하고 아카르나니아인의 분노를 피하는 것이 안전하고 확실한 작전 과정이었을 것이다. 그가 받은 명령에는 내륙에 살고 있고 동맹국 영토에서 동쪽으로 멀리 떨어진 야만인에 대한 작전 수행에 대해서는 분명 언급조차 없었을 것이다. 이 신참 장군에게는 나우팍토스인의 요구에 응하는 것이 군사적으로는 물론 정치적으로도 위험한 일이었겠지만, 그래도 그는 그들의 요구대로 했다. 투키디데스에 따르면, 데모스테네스는 메세니아인을 기쁘게 해주고 싶었던 것이다. 그들은 아테네에 아카르나니아인보다 훨씬 더 중요한 동맹국이었다. 그들은 코린토스 만에서 결정적인 위치를 차지하고 있었으므로, 그들을 잃는 것은 재난에 가까운 일이었다. 그러나 데모스테네스는 거침없는 상상력으로 이 작전에서 단순히 나우팍토스를 방어하는 것 이상의 거대한 가능성을 보고 있었다. 그리고 자신의 모든 경력을 특징지을 대담한 방식으로 거대한 계획을 마음에 품었다. 데모스테네스는 아카르나니아와 나우팍토스의 지원군을 이용해서 신속하게 아이톨리아를 정복하고 아이톨리아의 패잔병들을 자신의 군대로 징집할 수 있었다. 그 후에는 로크리스 서부를 지나 도리스의 키티니온으로 갈 것이었다. 거기에서 그는 포키스로 들어가 아테네의 오랜 우방인 포키스인을 자신의 군대에 합류시킬 것이다. 이 거대한 군대를 가지고, 데모스테네스는 보이오티아의 배후를 칠 수 있었다.

만약 데모스테네스가 보이오티아의 서쪽 국경에 도달할 바로 그때 니키아스, 히포니코스, 에우리메돈의 연합군이 동쪽에서 진격한다면, 그들은 함께 아테네에 위대한 승리를 안겨줄 수 있고, 스파르타의 가장 강력한 동맹국인 보이오티아를 전쟁에서 몰아낼 수 있었다. 이전에 아테네인과 협력했던 보이오티아의 민주파 역시 도움이 될 수 있었다. 데모스테네스는 이 모든 것을 아테네 군의 지원 없이 성취할 수 있기를 희망했다. 그는 아테네에 끼치는 위험부담은 낮추면서 위대한 일을 성취하려고 했다.

그는 독단으로 행동했고, 아테네 민회의 승인이나 조언을 받지 않았다.
　데모스테네스는 거의 즉시 문제에 빠졌다. 아카르나니아인은 그를 따라 아이톨리아에 가기를 거부했고, 코르키라의 함대 15척은 귀국해버렸다. 자신들의 바다 밖에서 그들의 이익이 아닌 일로 싸우기 싫었던 것이다. 아마 바로 그 이듬해였을 것이다. 헤르미포스 희극의 한 인물은 이렇게 말했다. "포세이돈께서 표리부동한 코르키라인을 자신들의 변변찮은 배와 함께 파멸시키시기를."[1] 그러나 사실, 아이톨리아인과 싸우기 위해서 레우카스를 포기하는 결정은 모든 동맹국들에 의심을 불러일으켰을 것이 틀림없다.
　데모스테네스가 조금 덜 확신에 찬 장군이었다면, 자신의 군대의 상당수와 함대의 3분의 1을 상실한 상황에서는 계획을 포기했을 것이다. 그러나 그는 전진했다. 로크리스에 있는 아테네의 동맹국들은 아이톨리아인의 이웃들이었고, 같은 종류의 갑주와 무기를 사용했으며, 또 적과 지형을 잘 알고 있었다. 이들의 모든 군대를 내륙으로 보내서 아이톨리아를 진군하며 도시들을 하나씩 장악하던 데모스테네스와 만나게 하는 것이 계획이었다. 이 계획은 엉클어지기 시작했다. 로크리스인은 증원군과 함께 도착하도록 되어 있었는데, 아예 나타나지를 않았다. 이 세 번째 결함은 앞의 것들과는 달리 데모스테네스를 고민에 빠뜨렸다. 아이톨리아의 거친 산악 지대에서는 작전의 성공과 군대의 안전 자체가 경무장한 투창부대인 로크리스인을 필요로 했다. 그러나 메세니아인은 만약 데모스테네스가 산개한 아이톨리아인이 세력을 집결시키기 전에 충분히 신속하게 이동한다면 쉽게 승리를 거둘 것이라고 장담했다.
　당시에는 군사 정보가 연락병에 의해서 직접 구두로 전달되는 보고에 주로 의존하고 있었기 때문에, 데모스테네스의 계획은 보기보다 훨씬 더 위험했다. 메세니아인의 충고는 이미 뒤늦은 것이었다. 아이톨리아인은 그 원정의 소식을 들었고, 벌써 저항할 준비를 하고 있었다. 데모스테네스는 아이톨리아 전역에서 엄청난 수의 동료 부족원들이 도와주러 오고 있다는 것을 알지 못했다. 증원군이 없었기 때문에 기다려야 했지만, 우

---

1) J. M. Edmonds, *The Fragments of Attic Comedy*, Leiden, 1957-1961, 304-306.

유부단이나 신중함은 데모스테네스의 천성이 아니었다. 그는 즉시 아이톨리아인을 향해 전진하기로 결정했다.

데모스테네스는 아이기티온을 쉽게 장악했다. 그러나 이 도시의 신속한 항복은 함정이었다. 주민들은 지원군과 함께 주변 언덕에 매복해 있다가 아테네인과 그 동맹군이 들어오자 사방에서 공격했다. 공격군은 경무장한 숙련된 투창부대였다. 그들은 심각한 손해를 입힌 후 아테네인 중무장 팔랑크스가 자신들을 공격하기 전에 신속하게 후퇴했다. 아테네인은 이제 로크리스 동맹군이 약속했던 투창부대가 얼마나 절실하게 필요한지를 깨달았다. 아테네 궁수들의 노력이 도움이 될 수 있었겠지만, 지휘관이 전사하자 궁수들은 흩어져버렸고, 중장 보병 부대는 방어력을 상실한 채 날쌘 경무장 아이톨리아 군의 반복되는 돌격에 약화되었다. 마침내 아테네 군이 도주하기 시작했을 때, 마지막 불운 하나가 참패를 살육으로 바꾸었다. 그들을 안전하게 이끌어주었을 메세니아인 길 안내인 크로몬이 전사했고, 그러자 아테네인과 동맹군은 험하고 숲이 우거진 낯선 지방에 갇혔다. 많은 자들이 길을 잃고 숲을 헤맸고, 그래서 아이톨리아인은 숲에 불을 질렀다. 아테네 동맹군의 사상자 수는 너무나 많았고, 아테네인은 해병대 300명 중에서 120명과 프로클레스 장군을 잃었다. 패배한 아테네인은 휴전 후에 시신을 되돌려받았고, 나우팍토스로 후퇴한 후에 아테네로 출항했다.

데모스테네스는 "벌어진 사태 때문에 아테네인을 만나기 두려워서"(3.98.5) 나우팍토스에 잔류했는데, 충분히 그럴 만한 일이었다. 그는 자신을 파견한 이들의 승인을 받지 않은 작전을 위해서 성공적이고 전도유망한 작전을 포기했던 것이다. 데모스테네스의 계획은 멀리 내다보고 상상력이 뛰어난 것이었겠지만, 성급하게 구상되었고 볼품없이 실행되었다. 그 계획이 성공하려면 신속함이 필요했다. 그러나 바로 그 신속함 때문에 그토록 복잡한 작전에 꼭 필요한 신중한 준비와 조정이 불가능했다. 데모스테네스는 또 지형과 경무장 보병 전술에 익숙하지 않았다. 그는 그토록 많은 불확실성에 직면해서도, 또 심지어 일이 분명히 잘못되기 시작한 후에도 앞으로 밀어붙인 데에서 책임이 있을 것이다. 그러나 비범한 위업은 위험을 감수하는 것을 두려워하는 신중한 장군들에 의해서는 이루어지지 않으며, 또 거대한 전쟁은 대담한 지도자 없이는 잘 이길 수 없는 법이다. 마지막으로 우리는 데모스테네스가 비교적 매우 적은 위험만을 감수하고 있었음을 잊지 말아야 한다. 아테네인은 겨우 해병대 120명을 잃었을 뿐이다. 이것은 비록 유감스러운 일이기는 해도 만약 승리했다면 얻을 수 있었을 엄청난 보상에 비하면 별로 과도한 희생은 아니었다. 게다가 데모스테네스는 자신의 실수를 통해서 유익함을 얻을 수 있었던 보기 드문 군인이었다. 그는 이 경험에서 배운 것을 이용해서 장차 톡톡히 이익을 본다.

동북부에 대한 스파르타의 공격

데모스테네스가 패배했다는 소식에 고무된 스파르타인은 나우팍토스를 아테네의 통제권에서 낚아채자고 하는 아이톨리아인의 초대를 받아들였다. 스파르타인은 3,000명의 펠로폰네소스 군을 그리스 중부로 보내어 로크리스인을 강제로 자신들 쪽으로 편입시켰다. 스파르타인은 나우팍토스에 근접해서 아이톨리아인과 합류했고, 그들은 함께 시골을 약탈하고 도시 주변을 점령했다. 데모스테네스는 펠로폰네소스인의 침공 소식을 듣고 대담하게도 자신을 내치고 화나게 했던 아카르나니아인에게 가서 도움을 요청했다. 놀랍게도 데모스테네스는 그들을 설득하여 3,000명을 아카르나니아 배에 태워 보내게 했고, 그 함대는 제시간에 도착해서 나우팍토스를 구원했다. 스파르타인은 도시를 휩쓸 수 없을 것이라고 결론짓고 아이톨리아로 후퇴했다.

암브라키아인의 말에 설득된 스파르타 장군 에우리로코스는 펠로폰네소스 군을 이용해 암브라키아인의 지역적 숙적인 암필로키아인의 아르고스와 암필로키아와 아카르나니아 전체를 공격하기로 했다. 암브라키아인은 "만약 자신들이 이 지역을 정복한다면, 그곳 전부를 스파르타 동맹에 편입시키겠다"(3.102.6)고 말했다. 그래서 에우리로코스는 아이톨리아인을 버려두고 암필로키아인의 아르고스 근처에서 암브라키아인과 만나기로 했다.

암브라키아인의 중장 보병 3,000명이 그해 가을에 암필로키아를 침공했고, 아르고스에서 8킬로미터도 채 떨어지지 않은 해안가의 요새인 올파이를 차지했다. 이 위협에 대응하여, 아카르나니아인은 에우리로코스의 스파르타 군이 남쪽에서 올라와서 북쪽에서 내려오는 암브라키아인과 합류하는 것을 중간에서 차단하기 위해서 부대를 파견했다. 그들은 또 나우팍토스에 사람을 보내어 데모스테네스에게 자신들의 군대를 지휘해달라고 요청했다. 당시에 그는 장군직에서 해임된 상태였고, 아마 여전히 아테네인과 불화를 겪고 있었을 것이다. 그는 자신의 임기 말에 귀국하여 자신을 변호하는 일을 하지 않은 것이다. 그러나 아카르나니아인의 요청은 그가 높은 평판을 누렸다는 것에 대한 강력한 증거였다.

한편 에우리로코스는 적 부대를 우회하여 올파이에서 암브라키아인과 합류했다. 이 연합군은 북쪽 내륙으로 진군하여 메트로폴리스라는 곳에서 주둔했다. 곧이어 아테네 함대 12척이 도착하여 올파이 항구를 봉쇄했고, 데모스테네스가 자신의 충성스러운 메세니아인 200명과 아테네 궁수 60명을 데리고 나타났다.

데모스테네스의 군대는 수적으로는 열세였으나 이 약점을 극복하기 위해서 그가 고안한 계획을 보면 그의 타고난 천재성과 그가 얼마나 이전의 실수에서 유익함을 얻었는지를 잘 보여준다. 그는 전장이 될 곳 —— 수풀이 덮힌 움푹 파인 곳 —— 의 한쪽 편에는 중장 보병 400명과 경무장 부대 약간을 배치했다. 그는 자신의 팔랑크스에 대한 측면공격에 반격을 가하기 위해서 그들에게 매복하고 있다가 전투가 벌어지면 적의 배후로 이동하라고 명령했다. 이것은 예상치 못한 전략이었고, 일반적인 중장 보병 전술과 동떨어진 것이었으며, 그리고 결정적이었다.

전투 개시까지 5일이 지연되었다. 아테네인은 스파르타인이 먼저 공격해서 데모스테네스의 함정 속에 빠져들기를 희망했고, 스파르타인은 암브라키아의 동맹군들이 도착하기를 기다렸다. 그러나 에우리로코스는 마침내 공격하기로 결정했다. 그는 이 결정 때문에 혹독한 비판을 받았다. 그러나 그의 임무는 아르고스를 차지하는 것이었고, 무작정 기다릴 수는 없는 노릇이었다. 기대했던 증원군이 항상 나타나는 법은 아니었고, 그들이 없다고 해도 에우리로코스는 여전히 수적으로 우세했다. 또 특히 여러 족속으로 구성된 군대가 눈앞에 적을 두고서 오랫동안 참는 것도 불가능한 일이었다. 어찌되었든 간에 추가 부대가 왔다고 해도 결과를 바꾸지는 못했을 것이다. 이 전투는 수가 아니라 전략의 우월함에 의해서 결정되었기 때문이다.

마침내 전투가 벌어졌을 때, 에우리로코스가 이끌던 펠로폰네소스인의 좌익은 데모스테네스와 메세니아인이 자리잡은 우익의 측면을 포위해서 들어갔다. 그들이 대열의 끝을 감싸고 막 포위공격을 시작했을 때, 데모스테네스가 준비한 덫이 작동해 그들을 가두었다. 아카르나니아인은 에우리로코스의 배후에서 매복하다가 튀어나와 그의 후방 부대를 산산이 부숴버렸다. 그들은 완전히 얼이 빠진 채 도주했고, 그들의 공황은 전염되어 퍼져나갔다. 데모스테네스 휘하의 메세니아인은 최고의 싸움을 했고, 곧 적군의 주력을 뒤쫓았다. 그러나 전선의 다른 쪽 끝에서는 투키디데스가 그 지역 최고의 전사라고 묘사한 암브라키아인이 적군을 패배시키고 아르고스까지 추격했다. 그러나 그들은 아르고스 성벽 앞에서 돌아섰을 때 자신들의 주력부대가 도주하는 것을 보았고 승리한 아카르나니아인과 대면하게 되었다. 암브라키아인은 올파이까지 싸워나갔으나, 많은 손실을 입었다. 밤이 되자 데모스테네스는 적군의 시체로 뒤덮인 전장을 장악했다. 쓰러진 적 가운데는 스파르타의 두 장군 에우리로코스와 마카리오스도 있었다.

다음 날 스파르타 군의 새 지휘관인 메네다이오스는 육상에서는 적 부대에, 해상에서는 아테네의 함대에 올파이가 포위되었음을 알게 되었다. 그는 암브라키아 군의 제2차 부대가 언제 나타날지 혹은 나타나기나 할는지 전혀 알 수 없었고, 탈출할 길도 없었다. 그래서 메네다이오스는 시신 수습과 자신의 군대의 안전한 후퇴를 논의하기 위한 휴전을 제안했다. 데모스테네스는 자신의 전사자들을 수습하고 전장에 승전비를 세웠다. 그러나 그런 후에 다시 한 번 비정통적인 작전을 펼쳤다. 그는 전통적인 방식처럼 패배한 적군 전부에게 안전한 통로를 제공하는 데 동의하지 않았다. 대신, 비밀 협약을 맺어 메네다이오스, 만티네아에서 온 부대, 다른 펠로폰네소스 부대의 지휘관들, 그리고 부대들 중에서 "가장 주목할 만한 사람들"에게 신속하게 떠난다는 조건으로 퇴각을 허락했다. 투키디데스의 말에 따르면, 데모스테네스가 이 군인들의 탈출을 허락한 것은 "스파르타인과 펠로폰네소스인이 그 지역의 그리스인들에게 배신자이자 자기만 아는 자들로 불신임받도록 하려는"(3.109.2) 의도였다고 한다. 이런 식의 정치적, 심리적 전쟁 수행은 그리스의 이전의 분쟁에서는 알려지지 않은 것이었다.

이 불미스러운 협약은 실행하기가 쉽지 않았다. 올파이에 포위된 군대 중에서 이 거래에 대해서 아는 이들은 장작을 모으러 가는 척하면서 주둔지에서 빠져나가기 시작했다. 선택된 펠로폰네소스 귀족들은 자기 동료들에게 이 비밀을 누설했고, 그들 역시 대부분 탈출에 동참한 것으로 보인다. 펠로폰네소스인이 아니지만 벌어지는 사태를 지켜본 다른 이들은 달려가 도피 행렬에 동참했다. 아카르나니아 군대가 추격을 시작하자 장군들은 교활한 협약 내용을 설명하면서 병사들을 제지하려고 했지만, 그 혼란 속에서는 거의 불가능한 일이었다. 결국 펠로폰네소스인은 탈출하도록 허용되었던 반면에, 아르카나니아 추격군은 암브라키아인을 잡히는 대로 살육했다.

한편 암브라키아의 제2차 부대가 올파이에서 북쪽으로 몇 킬로미터 떨어진 이도메네에 도착해서 근처에 있는 두 가파른 언덕 중 낮은 곳에서 밤을 지냈다. 데모스테네스는 그들이 접근한다는 보고를 듣고 이미 선발대를 보내어 매복을 하고 전략적 위치를 잡도록 했다. 그들은 이미 높은 쪽 언덕을 장악했고, 아래쪽 언덕의 암브라키아인은 그 사실을 전혀 알지 못했다. 데모스테네스는 마침내 자신이 산악 전투와 비관습적인 전략에 대해서 배운 모든 것을 내보일 준비가 되었다.

데모스테네스는 밤에 전진하면서 군대 일부를 정면으로 보내고, 나머지는 산을 지나가게 했다. 그는 날이 밝기 전에 도착했고, 암브라키아인은 아직 자고 있었다. 그는 모든 자연적 유리함을 활용했고 자신이 직접 유리함을 만들기도 했다. 데모스테네스는 기습에 더해서 암브라키아인과 유사한 도리스 방언을 하는 메세니아인을 최전방에 내세워서, 그들이 경보를 울리지 않고도 초소를 통과할 수 있도록 했다. 이 계략은 대단히 성공적이었다. 잠에서 깬 암브라키아인은 처음에는 공격자들을 자신의 동료라고 여겼다. 암브라키아인은 대부분 즉시 살해되었고, 산을 통해서 탈출하려던 자들은 데모스테네스가 그곳에 남겨놓은 예비 부대에 잡혔다. 그들은 대열이 흐트러지고 지형에 어두웠기 때문에 중장 보병과 대면한 경무장 보병이라는 사실이 오히려 자신들에게 역효과를 냈다. 어떤 이들은 공황에 빠져 바다로 뛰어들었다. 이들은 아테네의 배로 헤엄쳐 가서 "야만인과 증오스러운 암필로키아인"의 손에 죽느니 차라리 아테네 해군에 의해서 죽는 편을 택했다. 암브라키아인의 파멸은 거의 전면적이었다. 투키디데스는 전사자의 수를 기록하기를 거부했는데, 그 이유인즉 그 도시의 규모를 생각할 때 수치가 너무 커서 믿을 수 없기 때문이라는 것이다. 그의 말에 따르면, "이것은 이 전쟁 동안에 단일 도시에 닥친 재난 중에서는 가장 규모가 컸다." (3.113.6)

데모스테네스는 암브라키아를 함락시킴으로써 그 살육의 여세를 몰아가려고 했지만, 아카르나니아인과 암필로키아인은 선뜻 그러려고 하지 않았다. "그들은 이제 아테네가 암브라키아인보다 더 까다로운 이웃이 될까봐 두려웠다." (3.113.6) 그들은 아테네인에게 전리품의 3분의 1을 주었다. 300벌이라는 놀라운 분량의 갑주가 데모스테네스를 위해서 따로 구별되었다. 이것들을 손에 넣었고 또 거기에서 드러나는 영광도 얻었기 때문에 데모스테네스는 이제 기꺼이 귀국하기를 원했다. 그는 자신이 받은 상들을 신들에게 봉헌하고 신전에 쌓아서 자신의 것으로는 아무것도 남기지 않을 만큼 영리하기도 했다. 이것은 그의 경건함, 겸손함, 사심이 없음을 공공연하게 잘 드러내주는 행위였다. 아테네의 함대 20척은 북부의 동맹국들을 안심시키기 위해서 나우팍토스로 귀환했다. 아카르나니아인과 암필로키아인은 덫에 걸렸던 펠로폰네소스인들을 안전하게 귀국하도록 해주었다. 또 살아남은 암브라키아인과는, 오랜 분쟁을 종결짓고 그 지역이 장차 또 거대한 전쟁에 휘말려 들어가지 않도록 하기 위해서 100년 조약을 맺었다. 암브라키아의 모시인 코린토스는 중장 보병 300명을 보내어 소규모 수비군을 제공했다. 그런 군사력의 도움이 필요했다는 것은 한때 강력했던 도시가 얼마나 무력화되었는지를 보여준다.

그러나 그 수비대가 온 것은 또 아테네가 북부를 완전히 장악하지는 못했다는 사실을 드러낸다. 아테네는 이 군사행동으로 펠로폰네소스인이 그 지역을 장악하는 것을 막을 수 있었고, 그래서 아테네의 배가 여전히 안전하게 그리스 서부 해안과 이오니아 해를 항해할 수 있었지만, 아테네의 헌신은 제한되어 있었기 때문에 더 이상의 성과는 얻지 못했다. 아테네는 중장 보병을 전혀 제공하지 않았다. 오직 전함 20척과 궁수 60명에 위대한 장군 한 명이었는데, 그나마 그 장군은 민간인이었다. 동북부에서의 싸움은 그해 전체에 아테네가 기울인 노력들의 특징을 드러낸다. 더 대담하고 공격적인 기상을 가졌지만, 신중함과 자원에 의해서 제한되었던 것이다. 기원전 427/426년의 전비는 이전의 해들에 쓰인 것과 비교하면 사소한 정도였다. 국고에서 261탈란트만을 지출했는데, 이것은 전쟁 첫 두 해 동안에 차용된 금액의 5분의 1이었다. 그러나 아테네는 새로운 전략을 가지고 있더라도, 재정 문제를 해결하거나 예상치 못한 행운을 얻지 못하고서는 전쟁에서 승리할 수 없었다.

제12장
필로스와 스팍테리아 (기원전 425년)

서쪽에 대한 아테네의 전념

 기원전 425년 봄에 아테네인은 40척의 함대를 펠로폰네소스 주변으로 보냈다. 그 함대는 소포클레스와 에우리메돈이 지휘를 맡았고, 시칠리아의 피토도로스를 지원하라는 명령을 받았다. 그러나 그들이 도착하기 전에 문제가 발생했다. 시라쿠사인과 로크리스인이 메시나를 탈환했고, 이탈리아에서는 로크리스인이 아테네의 작전 근거지이자 그 지역의 주된 동맹국인 레기온을 공격했다. 각각의 패배는 아테네가 다른 동맹국들을 얻을 기회를 손상시켰는데, 아테네의 서방 전략의 핵심은 바로 그러한 일련의 관계를 맺는 것이었다. 아테네인이 증원군을 보냈다면 현 상태를 회복할 수도 있었을 것이다. 그러나 시칠리아인의 소식은 함대가 떠나기 전에 아테네에 도달하지 못했고, 그래서 함대는 서두르지 않고 나아갔다.
 코르키라에서도 곤란한 일들이 벌어졌다. 에우리메돈은 민주파가 자신들의 적을 살육하도록 허용한 후에 출항해서 떠나갔다. 그때 잠재적 희생자들 중 500명이 본토로 탈출했고, 그들은 그곳에서 요새들을 점거해 섬을 공격하는 근거지로 삼았다. 그들의 습격으로 코르키라 시에는 식량이 떨어질 지경이었고, 그들은 코린토스와 스파르타에 도움을 구했으나 소득을 얻지 못하자 마침내 스스로 용병들을 고용했다. 이 혼합군은 코르키라에 상륙했고, 자신들이 승리하기까지는 떠나지 않겠다는 결의의 표현으로 배를 불태웠으며, 이스토메 산에 진을 치고서 변두리 지역을 장악했다. 그들의 성공은 펠로폰네소스인을 고무시켜서 코르키라를 차지하기 위해서 전함 60척을 보내게 했다. 아테네인 다수는 비록 펠로폰네소스인의 침입에 대해서는 알지 못했지만, 여전히 코르키라를 구원하는 일이 시칠리아에서 작전을 벌이는 것보다 훨씬 더 가치 있게 함대를 이용하는 것이라고 생각했다.

데모스테네스는 아테네의 서해 함대 전개에 대해서 제3의 안을 가지고 있었다. 그의 영광스러운 아카르나니아 작전은 아이톨리아인의 재앙에 대한 기억을 없애버렸고, 그는 기원전 425년 한여름부터 임기가 시작될 그해의 선출직 장군이었다. 데모스테네스는 비록 당시에는 지휘권이 없는 민간인이었지만 메세니아에 상륙하여 그곳에서부터 적에게 심각한 손해를 입히고자 하는 계획을 가지고 있었다. 이를 위해서는 그도 역시 함대가 필요했다.

각각의 대안들은 나름의 장점을 가지고 있었고, 세 가지 모두를 개별 함대를 이용해 동시에 추구할 만한 가치도 있었다. 그러나 아테네인은 세 가지 모두를 수행할 만한 돈이 없었고, 또 아마 그럴 인력도 없었을 것이다. 그러나 아테네인은 더 대담해진 분위기에서 다른 때에서라면 이상하게 보였을 명령을 내려 함대를 내보냈다. 소포클레스와 에우리메돈은 시칠리아로 갈 것을 명령받았다. "그러나 또한 코르키라를 지나가는 길에 산에 있는 자들에게서 공격받고 있는 도시 사람들을 보살필 것" 역시 명령받았다. 그들은 또 데모스테네스가 "만약 그가 원하거든 펠로폰네소스 주변에서 이 함대를 이용하도록"(4.2) 허용하라는 명령도 받았다.

데모스테네스의 계획 : 필로스 요새

이 함대가 라코니아의 해안에 도달해서야 비로소 아테네 장군들은 펠로폰네소스 함대가 코르키라에 있다는 사실을 알게 되었다. 소포클레스와 에우리메돈은 서둘러 거기로 가려고 했으나, 데모스테네스의 생각은 달랐다. 일단 바다에 나오자 그는 동료들에게 자신의 계획의 세부사항을 자유롭게 이야기할 수 있었다. 공개된 민회에서는 적에게 누설될 것을 우려하여 그렇게 할 수 없었다. 데모스테네스는 스파르타인이 코리파시온

(호메로스에 나오는 필로스 자리)이라고 부르는 곳에 상륙하여 그곳에 항구적인 요새를 지을 생각이었다. 데모스테네스는 이전의 항해에서 그 지역을 살펴보고 메세니아 친구들의 충고도 들었음이 분명했다. 이곳은 스파르타에 적대적인 메세니아인이 항구적인 근거지를 잡기에 자연적으로 매우 유리했다. 메세니아와 라코니아의 농지를 약탈하기에도 좋았고, 헤일로타이의 반란을 자극하기에도 좋았다. 이곳은 해전을 위해서도 매우 유용했다. 그 지역에서 가장 큰 안전한 항구(오늘날 나바리노 만이라고 불린다)를 보유하고 있었다. 요새를 세우는 데 필요한 목재와 석재도 충분했다. 주변 지역은 황무지였고, 스파르타에서 직선거리로는 50킬로미터 정도 떨어져 있었으며, 스파르타 군대가 선택할 가능성이 높은 경로로는 75킬로미터 정도 거리에 있었다. 그래서 이곳을 차지한 사람들은 스파르타 군대가 들이닥치기 전에 안전하게 준비할 수 있었다. 데모스테네스가 "이곳은 다른 어느 곳보다 유리한 장소이다"(4.3.3)라고 믿은 것은 올바른 판단이었다.

그러나 소포클레스와 에우리메돈은 코르키라의 안전을 염려했고, 데모스테네스의 상상력 풍부한 대담함에 확신을 가지지 못했다. 그들은 데모스테네스의 계획이 무분별한 돌출행위라고 생각했고, 그에게 "펠로폰네소스에는 차지할 수 있는 황폐한 곳들이 많이 있소. 나라의 돈을 탕진하기를 원한다면 말이오"(4.3.3)라고 빈정거렸다. 데모스테네스는 자신이 필로스에서 장기적인 작전을 벌이자는 것이 아니라, 단지 요새를 건설하기에 충분할 정도의 시간 동안만 함대를 투입하고, 그 후에는 소규모 수비군을 남긴 후 코르키라로 가자는 것이라며 항변했다. 데모스테네스는 메세니아 해안에 성공적으로 상륙할 수 있다면 펠로폰네소스 함대를 코르키라에서 후퇴하게 강요할 수 있을 것이고, 따라서 최소 비용을 들여 가장 쉬운 방법으로 두 가지 목표를 달성할 수 있을 것이라고 확신했다.

이때 운도 한몫 거들었다. 데모스테네스는 필로스에 상륙하도록 장군들을 설득하는 데 실패했지만, 폭풍이 불어 아테네 함대를 그곳으로 데려갔다. 장군들이 폭풍이 가라앉기를 기다리는 동안에, 데모스테네스는 월권을 하여 자기 상급자들의 의지를 거스르고 병사들에게 직접 호소했지만, 이 역시 성공하지 못했다. 그러나 폭풍이 계속되자 지루해진 병사들은 마침내 데모스테네스의 호소에 동의했다. 모험 정신이 그들을 사로잡았고, 그들은 스파르타인이 나타나기 전에 서둘러 가장 취약한 지역들에 요새를 구축했고, 6일 만에 방어선을 완성했다. 폭풍이 그치자 장군들은 데모스테네스에게 소부대와 전함 5척을 주어 그곳에 남겨서 새롭게 건설된 요새를 방어하게 하고는 코르키라로 떠나갔다.

그때 스파르타인은 제전을 벌이고 있었고, 스파르타 군은 아티카에 있었으므로 이 문제를 가볍게 취급했다. 아테네인은 이전에도 펠로폰네소스에 상륙했었고, 그때는 병력이 훨씬 더 많았는데도 스파르타 대부대를 만날 만큼 오래 머물지는 않았다. 아테네인이 필로스에서 항구적인 근거지를 만들려고 한다고 해도, 스파르타인은 자신들이 무력으로 그것을 취할 수 있을 것임을 의심하지 않았다. 언제나처럼 봄을 맞아 아티카로 군대를 전진시킨 아기스 왕은 좀더 경계심을 가졌다. 그는 또 식량 부족과 유난히 나쁜 날씨 때문에 고생했고, 그래서 15일 만에 귀국했는데, 이것은 당시까지 가장 짧은 침공이었다.

스파르타인은 또 아테네인의 요새 건설 소식을 코르키라에 있는 해군 사령관 트라시멜리다스에게 알렸다. 그는 아기스 왕만큼이나 재빨리 그 위험성을 알아차렸고, 즉시 본국으로 향했다. 그는 북진하던 아테네 함대를 빠져나와 필로스에 안전하게 도착했다. 한편 아기스 왕의 군대는 아티카에서 돌아왔고, 스파르타인은 또 펠로폰네소스의 동맹국들에 부대 파견을 요청했다. 아티카에 가지 않았던 스파르타의 최전방 수비대와 필로스에 가장 가까이 있던 페리오이코이는 즉시 아테네인의 기지를 공격하기 시작했다.

스팍테리아의 스파르타인

스파르타의 군대가 집결하고 있을 때, 데모스테네스는 소포클레스와 에우리메돈이 가는 길을 막고 자신이 위험에 처했음을 알리기 위해서 배 2척을 보냈다. 그 배들은 자킨토스에서 아테네 함대를 발견했고, 함대는 필로스의 수비대를 돕기 위해서 서둘렀다. 스파르타인은 그렇게 날림으로 짓고 소수의 병력으로 방어하는 기지를 자신들이 탈취할 수 있으리라는 것을 거의 의심하지 않았지만, 아테네 함대가 곧 도착하리라는 것도 알고 있었다. 따라서 스파르타인은 육상과 해상을 통해서 즉각 필로스를 공격할 계획이었고, 만에 하나 그 공격이 실패한다면 항구의 입구를 차단해서 아테네 함대가 접근하는 것을 막기로 했다. 스파르타인은 또 인근 본토뿐 아니라 스팍테리아 섬에도 부대를 배치해서 아테네 함대가 상륙하거나 기지를 마련하지 못하도록 했다. 스파르타인은 "해전을 벌이는 위험을 감수할 필요 없이, 포위공격을 통해서 그곳을 함락시킬 수 있을 것이라고" 믿었다. "그곳은 별로 준비 없이 세워진 곳이어서 식량이 없었기 때문이었다."(4.8.8) 그 전략은 이론상으로는 좋았다. 그러나 실제로 실행될 수는 없었다. 스파르타인은 해협(지도 15)을 가로막을 수 없었던 것이다.[1] 남쪽 해협은 넓이가 1,280미터에 깊이가 60미터였기 때문에, 펠로폰네소스의 함대를 모두 동원한다고 해도 봉쇄할 수 없었다. 그래서 스파르타인은 남쪽 해협에서 전함 60척을 가지고 아테네의 40척과 정면 대결을 벌여야만 항구를 보호할 수 있었다. 그러나 이러한 대결은 아테네인에게 완벽하게 들어맞았을 것이고, 스파르타인이 이러한 일을 감행하려고 했다는 증거는 전혀 없다. 우리는 스파르타인이 아테네인을 막기 위해서 어떤 계획을 가지고 있었는지 아직도 모른다. 그러나 분명히 그 계획 자체가 잘못된 것이었거나 혹은 실행이 형편없었거나 둘 중 하나였을 것이다. 스파르타인은 에피타다스를 지휘관으로 하고 중장 보병 420명에 헤일로타이를 보조로 붙여서 스팍테리아에 배치했다. 그들은 만약 아테네 함대가 나바리노 만 밖으로 쫓겨나가지 않는다면, 그곳에서 운명과 적군의 손에 떨어질 것이었다. 그리고 우리가 알고 있듯이 아테네 함대는 쫓겨나가지 않았다.

한편 데모스테네스는 적 함대로부터 자신의 삼단노선 3척을 보호하기

---

[1] 필로스와 스팍테리아의 지형에 대해서는 상당한 논란이 있다. 어떤 학자들은 여기에서 이야기되는 만이 나바리노 만 전체가 아니라 필로스 남단 혹은 인근 다른 곳의 작은 만이었다고 함으로써 문제를 설명하려고 했다. 그러나 이런 학자들 중 한 명이 인정하듯이, "Cove Harbor는 장소에 대한 투키디데스의 설명과 그의 역사 서술에서 일정 부분에서는 일치하지만, 다른 부분에서는 충돌하며, 다수의 의견에 따르면 이곳은 그가 묘사하는 행위들이 벌어지기에는 너무 작은 곳으로 보인다." Robert B. Strassler, ed., *The Landmark Thucydides*(New York : Simon and Schuster, 1996), p.228 주.

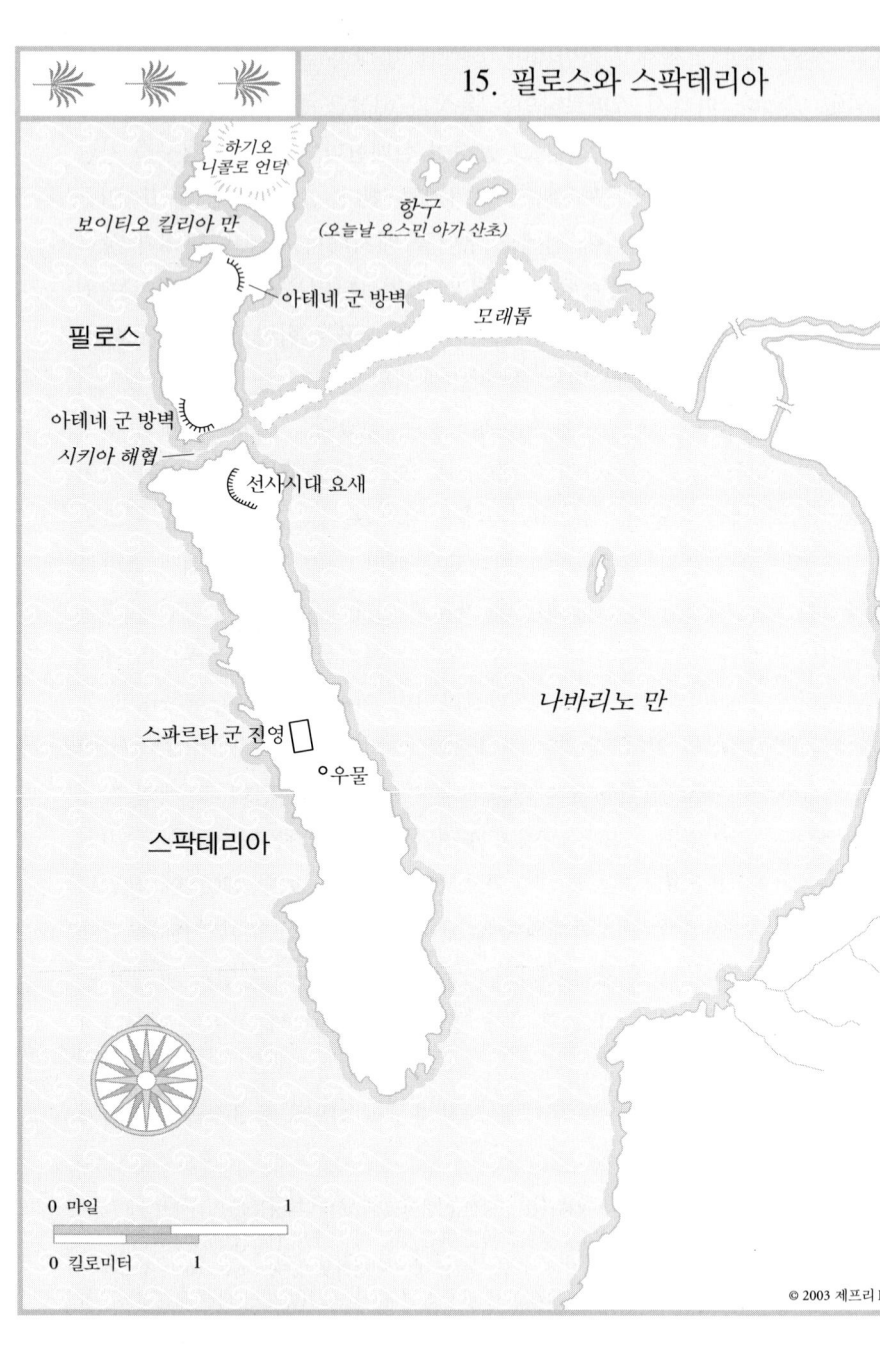

위해서 배를 해변으로 끌어올리고 울타리를 둘렀다. 그는 적대적이고 황량한 땅에서 전통적인 중장 보병 군대를 조달할 수도 없는 상황이었기 때문에, 600명에 못 미치는 선원들을 빈약한 방패로 무장시켰다. 그러나 메세니아의 사략선 한 척이 무기와 중장 보병 40명을 싣고 곧 도착했다. 이것은 분명히 데모스테네스가 사전에 준비해놓은 지원이었을 것이다. 이제 데모스테네스는 원래 자신에게 배정된 전함 5척에 각각 10명씩 있던 인원을 포함하여, 최소한 중장 보병 90명을 확보할 수 있었다. 그러나 요새를 방어하는 아테네 군은 여전히 수적으로 열세였고, 무장도 열악했다.

데모스테네스는 내륙을 향한 요새 뒤편에 병력 대부분을 배치했다. 자기 자신은 중장 보병 60명과 궁수 몇 명을 데리고 적군의 상륙에 가장 취약한 해안 지역, 즉 반도의 서남단을 방어하는 어려운 일을 맡았다. 그들은 바다로 난 가장 끄트머리에 자리를 잡았다.

아테네의 해상 승리

데모스테네스는 전투가 벌어지기 직전의 연설을 통해서 고대의 수륙 양면 작전에 관한 단순한 진리 하나를 자신의 부대와 공유했다. "상대편이 해변에 버티고 서서 두려움에 굴복하지 않고 자신의 위치를 지킨다면, 누구라도 배에서 상륙하기란 불가능합니다."(4.10.5) 스파르타인은 데모스테네스가 예상한 바로 그곳을 공격했고, 브라시다스의 특출한 용맹에 의지해 힘차게 전진했다. 브라시다스는 부상을 입고 방패를 놓쳤지만 아테네인은 굳게 버텼고, 스파르타인은 이틀 동안 전투를 벌인 후 후퇴했다. 그 공격 이후 사흘째 되던 날 소포클레스와 에우리메돈이 자킨토스에서 도착했다. 그들의 함대는 다수의 키오스 전함과 나우팍토스의 전함 몇 척을 추가하여 50척으로 불어났다. 스파르타인은 항구 안쪽에서 대기하면서 전투를 위해서 전함을 준비하고 있었다. 뒤이어 벌어진 전투는 아테네 해군에게는 대승이었고 스파르타인에게는 재앙이었다. 스파르타인의 용기는 패배 후에 삼단노선을 아테네인이 예인해 가지 못하도록 파괴하고서 파도를 헤쳐나오는 데 다 써버렸다. 아테네인은 승전비를 세우고, 스팍테리아 섬에 고립된 스파르타 중장 보병의 주위를 돌며 유유히 떠나갔다.

이 해상 승리의 놀라운 결과와 중요성은 이루 말할 수 없을 정도이다. 스파르타인은 자국의 군인들을 구출할 수 없다는 사실을 깨닫자 즉각 필로스에서 휴전을 제의했다. 휴전 동안 그들은 전반적인 평화를 협상하고 스팍테리아 파견 부대를 귀환시킬 것이었다. 스파르타와 같이 맹렬한 군사 국가가 고작 포로 420명을 귀환시키기 위해서 기꺼이 강화를 모색했다는 것은 우리가 보기에는 뜻밖의 일일 수도 있다. 그러나 이 부대는 스파르타 군대의 10분의 1에 육박했고, 그들 중 최소한 180명은 가장 좋은 가문 출신의 스파르티아테스(Spartiates, 완전시민)들이었다. 스파르타는 엄격한 유전학 규칙을 실행하여, 불완전한 유아는 살해하는 곳이었다. 또 가장 원기왕성한 때에 남성과 여성을 분리시켜놓음으로써 효율적으로 출산을 통제했다. 명예에 대한 규칙에 따르면 군인들은 불명예보다는 차라리 죽음을 택해야 했다. 지배계층은 오직 자기들 내부에서만 혼인했다. 그러므로 스파르티아테스 180명의 안전에 대한 관심은 단순히 감정적인 태도가 아니라 극도로 실제적인 필요에 따른 것이었다.

휴전조약에 따르면 아테네인은 스팍테리아를 계속 봉쇄할 수 있지만 공격하지는 말아야 했고, 그곳에 갇힌 자들에게 식량과 음료를 공급하는 것을 허락해야 했다. 그 대가로 스파르타인은 필로스의 아테네 요새를 공격하거나 그곳으로 몰래 전함을 보내지 않겠다고 약속했고, 또 전함 60척을 담보로 넘기기로 동의했다. 아테네 삼단노선 1척이 스파르타의 사절을 태우고 평화회담을 위해서 아테네로 향했다. 휴전은 그들이 돌아올 때까지 계속될 것이고, 그때가 되면 아테네인은 스파르타인의 전함을 넘겨받은 상태 그대로 돌려줄 것이었다. 이러한 조건들 중 하나라도 위반하면 휴전은 끝장날 것이었다. 이것은 아테네인에게는 매우 좋은 기회를 제공했다. 만약 협상이 결렬되면, 아테네인은 손쉽게 어떤 조건 위반을 주장하면서 스파르타의 배들을 억류할 수 있었다. 그러나 스파르타인은 자기들에게 그토록 불리한 허점이 있는 조건이라고 해도 그것을 거부할 수 있는 입장이 아니었다.

스파르타의 평화 제의

스파르타는 아테네 민회에 자신들의 평화 조건을 제시했다. 그들은 아테네인이 우위를 점했음을 인정했지만, 그러나 아테네인의 승리가 권력 균형이 근본적으로 변화해서 생긴 결과는 아님을 상기시켰다. 즉 아테네인이 유리할 때 평화를 맺는 일이 현명하다는 것이었다. 스파르타인은 스팍테리아의 포로들과 교환하는 조건으로 아테네인과의 공격 및 방어 동맹을 제안했다. 영토 조정에 대해서는 아무런 언급이 없었으므로, 아테네인은 아이기나와 미노아에 대한 통제권을 유지하고 서북방에도 근거지를 가질 수 있었다. 그 대가로 아테네인은 플라타이아의 복원에 대한 주장을 포기해야 했다.

스파르타인의 이러한 제안이 페리클레스가 전쟁 개시 때부터 마음에 품었던 바로 그러한 종류의 평화이기 때문에, 아테네인이 그것을 받아들여야 한다고 생각할 수도 있을 것이다. 그러나 그 제안이 정말 그러했는지는 전혀 확실하지 않다. 페리클레스의 목표는 대체로 심리적인 것이었다. 그는 스파르타인에게 그들이 아테네를 패배시킬 수 없음을 확신시키려고 했다. 그러나 스파르타 사절단이 민회에 한 연설을 보면, 그들이 그러한 교훈을 아직 배우지 못했음이 드러난다. "우리가 겪고 있는 이 불운은 우리의 힘이 부족해서도 아니고, 우리가 힘이 성장했다고 오만해졌기 때문도 아닙니다. 오히려 그와 반대로, 우리의 자원은 그대로 남아 있지만, 우리가 계산 착오를 한 것이며, 이러한 실수는 누구든지 할 수 있는 것입니다."(4.18.2)

아테네인은 스파르타가 일단 인질들을 되찾고 나면, 언제든 원하는 때에 전쟁을 재개할 것임을 분명히 알고 있었을 것이다. 그리고 기원전 425년에 아테네인은 스팍테리아의 포로들이 자기들 손에 있는 한 평화를 사실상 확보할 수 있음을 알게 되었다. 그러나 투키디데스의 말처럼, "그들은 더 많은 것을 움켜쥐려고 했다."(4.21.2) 즉 탐욕, 야망, 그리고 제국의 팽창이 아테네인의 동기였다는 것이다. 그러나 꼭 이렇게 결론지어야만 하는 것은 아니다. 아테네인이 그저 스파르타인의 미래의 호의에 대한 약속과 그 호의의 지속에 달려 있는 동맹에 대한 약속뿐 아니라 그 이상의 것을 원했다고 해도 잘못은 아니었다. 스파르타인이 진심으로 그러한 제안을 했다고 하더라도, 지금 평화와 우정을 제안하는 그 스파르타인들이 계속해서 권력을 잡고 있으리라는 보장은 없었다. 스파르타 국내 정치의 변덕이야말로 이 분쟁이 발생하는 데 한몫을 했던 요소였다. 또, 전쟁 옹호파는 기원전 430년에 아테네가 제안한 평화를 거부할 만큼 충분히 강했다. 안전을 확보하자마자 호전적인 분위기가 우세를 점하지 말라는 법이 어디 있는가? 합리적인 아테네인이라면 누구나 제시된 것 이상의 확실한 보장을 원했을 것이다.

놀라울 것 없이, 스파르타의 제안에 대한 반대를 주도한 것은 클레온이었다. 그는 스팍테리아에 억류된 스파르타인이 항복하고 인질로서 아테네로 이송되어야 한다는 역제안을 했다. 그는 또 요구하기를, 스파르타인이 니사이아와 페가이, 메가라의 항구, 트로이젠, 아카이아를 넘겨주어야 한다고 주장했다. 이 지역들은 모두 전쟁 동안에 아테네로부터 빼앗은 것이 아니라 "불운하게도 이전의 협약에 의해서, 자신들이 좀더 조약을 맺는 데 열심이었던 때에"(4.21.3) 넘겨졌던 곳들이기 때문이라는 것이다. (클레온은 기원전 445년, 즉 우월한 스파르타 군대가 아티카 평원에 버티고 있던 때를 말하는 것이다.) 그런 후에라야만 아테네인이 포로들을 넘겨주고 지속적인 평화에 동의할 것이라는 말이었다.

스파르타인은 이 불쾌한 조건들을 내놓고 거부하는 대신, 계속해서 비공개로 협상을 진행할 수 있는 위원회를 지명해줄 것을 요구했다. 클레온은 이에 대해서 그들이 사악한 의도를 비밀 속에 숨기려고 한다고 거칠게 비난했다. 만약 그들이 무엇인가 명예로운 것을 이야기하고자 한다면, 공개된 민회에서 제시하라는 말이었다. 그러나 스파르타인은 자신의 동맹에 대한 배신행위가 될지 모르는 일을 공개적으로 논의할 수는 없었기 때문에 포기하고서 귀국했다.

이러한 협상 결렬에 대해서 클레온을 비난하기 쉽다. 비공개 협상을 했더라도 잃을 것은 없었고 많은 것을 얻을 수 있었으리라고 볼 수도 있기 때문이다. 그러나 현실적으로 무엇을 이룰 수 있었겠는가? 아테네인이 위원회를 구성해 비밀 협상을 하기로 결의했다고 가정해보자. 아테네의 정치적 상황을 고려할 때, 니키아스와 그의 지지자들이 회담을 지배했을 것이다. 이들은 평화를 갈망했고, 진정으로 스파르타와의 우호관계를 바랐으며, 스파르타인의 경건함을 믿고자 했기 때문에, 아테네인에게 매우 매력적인 협상을 이룰 수 있었을지도 모른다. 그리고 그 협상에는 동맹, 영원한 우정에 대한 약속, 플라타이아의 복원, 그리고 심지어 메가라에 대한 포기까지도 포함될 수 있었을 것이다. 그 대가로 스파르타는 오직 스팍테리아의 사람들을 풀어주는 것과 필로스에서의 철수만을 요청할 것이었고, 그 요구들은 거부하기 어려웠을 것이다.

그러나 스파르타인이 메가라를, 혹은 최소한 메가라의 항구들을 기꺼이 내놓았을 것이라는 생각은 비현실적이었다. 스파르타는 서북방을 포기할 수도 있었고 코르키라와 포티다이아에 대한 코린토스의 요구를 무시할 수도 있었겠지만, 메가라를 포기하는 것은 아테네가 지협을 직접 장악하게 함으로써 스파르타를 보이오티아와 그리스 중부로부터 단절시키는 일이었다. 일이 그렇게 된다면 동맹의 지도자이자 동맹국들의 보호자로서 스파르타에 대한 신뢰는 사실상 파괴되었을 것이다. 코린토스, 테베, 메가라는 저항했을 것이다. 스파르타가 아테네와 그러한 조약을 맺고 지키려고 한다면, 자신의 주요 동맹국들을 저버려야 하고, 더 나아가 아테네와의 동맹 조건에 의해서 아테네와 더불어 그들과 싸워야 할 수도 있었다. 분명 그러한 협상은 불가능했다. 연이은 불만으로 인해서 곧 적대행위와 전쟁이 벌어질 것이고, 스파르타의 전쟁 수행 능력은 줄어들지 않은 상태였을 것이다. 클레온과 그를 지지한 아테네인들이 스파르타와의 비밀 협상을 반대할 만한 이유는 충분했다.

비밀 협상으로 얻을 수 있는 것은 전혀 없었던 반면에, 아테네인에게는 잃을 것이 있었다. 시간적 지연은 스파르타인에게 유용했다. 즉 스팍테리아의 사람들이 탈출할 방법을 찾을 수 있을지도 모르는 일이었다. 겨울에는 아테네인이 계속 그 섬을 봉쇄할 수 없을 것이고, 평화가 이루어지지 않더라도 그때가 되면 갇혔던 사람들이 도망칠 수도 있었다. 휴전에 따라 스팍테리아로 식량이 공급되는 매일매일은 그 섬이 또 하루를 더 버틸 수 있게 해주었고, 아테네가 자신의 카드를 놓치게 될 가능성을 높였다. 클레온은 그 위험을 직시했고, 다수는 그를 지지했다.

이 논쟁은 아테네의 정치에서 결정적인 전환점을 이룬다. 기원전 430

년에 스파르타가 아테네의 평화 제안을 거부한 때부터 기원전 425년의 필로스 사태까지의 시기에, 아테네에서는 스파르타가 평화를 모색하도록 강제하기 위해서는 최대한 정력적으로 전쟁을 수행해야 한다는 것에 일반적인 동의가 이루어졌다. 그 평화의 성격에 대한 의견 차이는 공동의 노력에 대한 헌신에 의해서 압도되었다. 그러나 필로스에서의 승리와 그 결과인 스파르타의 평화 사절단은 전환적인 사건들이었다. 그때까지는 스파르타와의 합의에 대해서 이야기하는 것만으로도 반역이었다. 그러나 이후에는 애국적인 사람이 분명한 생각을 가지고 옹호할 수 있는 대상이 되었다. 페리클레스의 전쟁 목표들, 즉 전쟁 이전의 현 상태를 복원하는 것, 제국을 유지하는 것, 아테네에 대한 스파르타의 공세를 끝내는 것, 이 모두가 쉽게 도달할 수 있는 범위에 들어온 것처럼 보였다. 아테네인 중에는 그러한 평화가 충분히 확실하지 않으며 페리클레스였더라면 더 확실한 보장을 고집했을 것이라고 주장하는 사람들도 있었겠지만, 그러나 신중한 사람이라면 스파르타를 믿고 지속적인 화합을 위한 길을 닦는 편이 현명하다고 대응할 수 있었을 것이다. 니키아스는 아마 기원전 425년에 그러한 관점을 가지고 있었던 것 같다.

그러나 클레온은 매우 다른 목표를 가지고 있었다. 그는 사실상 기원전 445년의 30년 평화조약 이전에 존재했던 이상적인 상태로 돌아가기를 요구했다. 그때에는 아테네가 메가라, 보이오티아, 그리고 그리스 중부의 여타 지역들과 펠로폰네소스의 수많은 해안 도시들까지 통제하고 있었다. 클레온은 몇몇 "불운" 때문에 협박을 당하는 상태에서 조인한 평화조약의 결과로 아테네인이 그 지역들을 포기하도록 강요받았다고 믿었다. 클레온의 주장에 담긴 뜻은, 필로스와 스팍테리아의 사건들에 힘입어 아테네인이 이전의 상태로 복귀할 것을 주장해야 한다는 것이었다. 그 당시는 평화가 스파르타의 정치의 변덕이나 스파르타의 선한 의지라는 자의적인 표현에 의존하는 것이 아니라, 전략적 방어 거점을 아테네가 장악함으로써 보장되던 때였다.

니키아스에 반대하는 클레온

스파르타 사절단의 필로스 귀환은 휴전에 종지부를 찍었다. 그러나 아테네인은 스파르타가 조건을 위반했다고 주장하면서 담보로 잡았던 배들의 반환을 거부했다. 이제부터 스파르타인은 육지에서만 싸워야 했는데, 이것은 스파르타 해군이 당시까지 비효율적이었던 점을 생각해보면 그다지 큰 불리함은 아니었다. 이제 아테네인은 스팍테리아에 있는 자들을 체포하는 데 몰두했고, 전함 20척을 추가로 보내어 봉쇄를 강화했다. 스팍테리아는 식량이라고는 전혀 없고 짠물밖에 나지 않는 황폐한 섬이었고, 아테네 함대가 섬으로의 접근을 완전히 통제하고 있었으므로, 아테네인은 신속한 성공을 기대했다. 그러나 스파르타인은 이러한 도전 앞에서 놀라운 천재성을 발휘했다. 그들은 봉쇄선을 뚫고 갇힌 자들에게 식량과 물을 전달하겠다는 사람에게, 그 사람이 자유인이라면 상당한 보상을, 헤일로타이라면 자유를 제공했다. 많은 이들이 위험을 무릅쓰고 바람과 어둠을 이용해 섬에 도착했다. 어떤 이들은 항구가 없는 바다쪽 해안에 작은 배들을 좌초시켜가며 도달했고, 다른 이들은 물속으로 해협을 지나가서 스팍테리아의 사람들이 항복 예상 시점보다 훨씬 오랫동안 생존할 수 있도록 했다.

마침내 아테네인 자신들이 식량과 식수의 부족에 시달리기 시작했다. 1,400명 이상의 남자들이 필로스의 아크로폴리스에 있는 작은 샘 하나와 해안에서 발견한 소량의 식수에 의존했다. 그들은 좁은 공간에 틀어박히게 되었고, 포위가 예상보다 길어짐에 따라 사기가 떨어졌다. 그들은 겨울이 시작되면 정기적인 보급선이 도착할 수 없게 되어 봉쇄가 풀릴까봐 두려웠다. 시간이 지나가고 스파르타인이 추가 사절단을 파견하지 않음에 따라 스파르타인이 자기편 사람들을 구출할 확신을 가지고 있다는, 그리고 아테네는 결국에는 대단한 전략적 이익도 얻지 못하고, 평화협상도 성공하지 못한 채 막다른 골목에 다다를 것이라는 두려움이 커져갔다. 아테네에서 많은 사람들이 자신들의 실수를 느끼기 시작했고, 평화 제안을 거부하자고 주장했던 클레온에게 책임이 있다고 생각하기 시작했다.

아테네 민회가 필로스의 상황이 심상치 않게 돌아간다는 사실을 알게 되자 드디어 클레온과 그의 정책이 공개적으로 공격을 받았다. 그런 일이 벌어진 회의는 원래는 스팍테리아 공격을 위해서 데모스테네스가 요청한 증원군 문제를 논의하기 위한 자리였다. 클레온은 분명히 데모스테네스와 긴밀한 연락을 주고받았고, 스팍테리아를 습격하려는 그의 계획에 대해서 잘 알고 있었다. 논쟁이 벌어졌을 때는 이미 작전에 요청된 경무장 부대가 소집되어 있었고, 데모스테네스는 인근 동맹국들에 추가 부대를 보내달라고 요청하면서 습격을 준비하기 시작했다. 데모스테네스는 또 분명히 스팍테리아에 있는 자들을 체포하는 데 필요한 특수부대도 요청했을 것이다.

데모스테네스가 자신을 옹호하기 위해서 클레온을 선택한 것은 자연스러운 일이었다. 클레온은 스파르타의 평화 제안에 대한 가장 거리낌 없는 반대자였고, 만일에 스팍테리아에 있는 자들이 탈출한다면, 그에 대한 책임을 그에게 물을 수도 있었다. 클레온은 또 능력 있는 정치가였고 데모스테네스의 대담한 계획이 성공할 수 있으리라고 전망할 만한 기질을 가진 자였다. 니키아스는 이제는 협상을 통해서 평화를 이루는 편을 선호했고, 스파르타인을 포로로 잡으면 아테네의 호전적인 분위기에 불을 질러 그러한 평화가 불가능해지는 것이 아닐까 두려워했다. 그래서 니키아스는 너무 늦기 전에 합의에 이를 것을 희망하면서 가능한 오랫동안 공격을 늦추려고 애썼다. 니키아스에게는 데모스테네스와 같이 경무장 부대로 험한 지형에서 전투를 벌이는 일에 대한 경험이 없었고, 데모스테네스의 작전이 성공할 수 있을지를 판단할 만한 직접적인 정보도 없었기 때문에, 타고난 신중함이 또 발동하여 중장 보병이 장악한 섬에 상륙을 시도하는 것의 위험성을 과대평가했을 것이다. 어쨌든 니키아스는 스팍테리아 습격을 위한 증원군 요청에 분명히 반대했다.

클레온이 필로스에서 나쁜 소식을 가져온 사자들을 거짓말을 한다고 비난했기 때문에, 그 사자들은 아테네인에게 자신들의 보고가 정확함을 확인해줄 위원단 지명을 요청했다. 아테네인들은 이에 동의하여 클레온을 대표단의 일원으로 선출했다. 그러나 클레온은 이 여행이 시간 낭비이고 아테네인이 큰 기회를 놓치게 될지도 모른다고 주장했다. 그는 만약 민회가 그 경고성 보고를 믿는다면 스팍테리아를 공격하고 스파르타인들을 체포할 추가 부대를 즉각 파견해야 한다고 요구했다. 왜냐하면 "클레온은 아테네인이 이제 좀더 어떤 작전을 펼치기를 열망하고 있는 것으로 보았기"(4.27.4) 때문이었다.

민회는 그러한 부대를 파견하고 지휘관으로 니키아스를 임명하기로 결의했음이 분명하다. 클레온이 니키아스를 지목했던 것이다. 그는 정말 용맹한 장군들이 지휘를 해야 필로스로 충분한 부대를 데리고 가서 스팍테리아에 갇힌 자들을 체포하는 일이 더 쉬울 것이라고 주장했다. 그는 "만약 자신이 지휘를 맡는다면 그렇게 했을 것이다"(4.27.5)라고 말했다.

이제 클레온의 게임에 빠진 아테네인은 그에게 그 일이 그렇게 쉽다고 믿는다면 왜 직접 가지 않는지 물었다. 군중의 분위기를 알아채고 또 "클레온의 조롱을 눈치챈" 니키아스는 장군들로서는 기꺼이 클레온이 마음대로 군대를 이끌고 가서 그 일을 수행하도록 허락할 것이라고 응수했다. 클레온은 처음에는 그 제안을 받아들이려고 했다. "이 제안이 도발에 불과하다고 생각했다." 그러나 곧 반대했다. "그는 지휘권을 양도하겠다는 제안이 진짜였다는 것을 깨닫자," 장군은 니키아스이지 자신이 아니라고 말했던 것이다. 니키아스는 상대방이 당황하고 있음을 알아채자, 클레온을 완전히 불신임당하게 하려고 그 제안을 반복했다. 그리고 군중들이 곧 동참했는데 어떤 이는 정직하게, 어떤 이는 클레온에 대한 적대감 때문에, 또 어떤 이는 그저 재미있어서 그렇게 했던 것이다.

니키아스는 그 스스로뿐 아니라 다른 장군들을 대신해서는 더욱더 그러한 제안을 할 만한 법적인 권위를 가지고 있지 못했다. 그러나 민회가 그의 고함을 수용했을 때, 아테네인이 그 제안을 받아들일 것임이 분명해졌다. 마침내 "자기 스스로 한 제안에서 벗어날 길이 없어진" 클레온은 증원군을 이끌기로 동의했고, 아테네에 있던 렘노스와 임브로스인 부대 하나와, 아이노스 출신의 펠타스테스(peltastes, 작은 방패를 가진 경무장 부대)들, 그리고 다른 곳에서 온 궁수 400명만을 데리고 떠났다. 클레온은 이 인원과 필로스에 있는 기존 부대를 이용해서 20일 안에 "그 스파르타인들을 산 채로 데려오거나 아니면 거기에서 죽이겠다"고 약속했다.

20일 안에 성공하겠다는 그리고 아테네의 중장 보병을 전혀 이용하지 않겠다는 클레온의 약속은 허풍도 아니고 무모한 것도 아니었다. 데모스테네스의 계획은 즉각적인 공격이었으므로, 이제 필요한 경무장 부대를 손에 넣었으니 신속한 결단이 필연적이었다. 클레온은 20일 안에 성공하거나 그렇지 않으면 실패할 것임을 알고 있었다. 또 투키디데스가 소프로네스(Sophrones, 신중한 사람)의 태도랍시고 묘사하는 것들은 변명이 되기는커녕 이해하기도 힘들다. 애국적 아테네인들이 아테네 원정부대의 지휘권과 연합군 및 아테네 선원들의 생명에 대한 책임을, 무능한 것은 물론이고 완전히 바보라고 믿었던 한 사람에게 넘겨줄 수 있었다는 사실은, 기원전 425년의 사건들이 만들어낸 아테네인 내부의 분열이 잠재적으로 얼마나 위험한 것이었는가를 충격적으로 드러내준다.

스팍테리아 잔류 스파르타인의 항복

클레온은 데모스테네스를 자신의 동료 지휘관으로 지명했고, 그에게 원군이 가고 있음을 알렸다. 그러나 필로스에서 데모스테네스는 숲이 우거진 스팍테리아를 공격하는 데 망설이고 있었다. 그 속에 수를 알 수 없는 스파르타 중장 보병이 숨어 있었다. 이때, 다시 한 번 행운이 용감한 자의 편에 선 것 같다. 아테네 군인들 중 일부가 필로스에서는 너무 숙소가 붐벼 뜨거운 식사를 준비할 수가 없게 되자 섬 안쪽으로 들어갔는데 그중 한 명이 실수로 산불을 일으켰다. 얼마 지나지 않아 숲이 대부분 불타 없어졌고, 데모스테네스는 스파르타인이 자신의 생각보다 수가 더 많다는 것을 알 수 있었다. 그는 또 전에는 보이지 않았던 안전한 상륙 지점을 찾아냈고, 적의 가장 큰 전략적 유리함 중 하나가 산불로 없어져버렸음을 깨달았다. 클레온이 새로운 특수부대를 이끌고 도착했을 때, 데모스테네스는 아이톨리아에서 배운 값비싼 교훈을 행동으로 옮길 준비가 되어 있었다.

데모스테네스는 날이 밝기 직전에 섬의 해안 쪽 면과 항구를 향한 안쪽 면에 동시에 중장 보병 800명을 상륙시켰다. 데모스테네스는 적 부대가 대부분 섬의 중심부에 집중되어서 식수원을 지키고 있고, 나머지는 필로스 맞은편에 있는 섬 북단 부근에 있으며, 남단의 상륙 지점을 수비하는 것은 중장 보병 30명뿐이라는 것을 알 수 있었다. 이 소규모 스파르타 부대는 수많은 날 동안 아테네인이 아무런 해도 끼치지 않고 배로 왔다 갔다 하는 것을 보았던 터라, 마치 아테네인이 그 전해에 서북부의 이도메네 전투에서 당했듯이, 잠자리에 든 채로 잡혀서 금방 제거되었다. 아테네인은 나머지 부대, 즉 중장 보병, 펠타스테스, 궁수, 그리고 심지어 무장이 빈약한 함대 노잡이 대부분까지를 동이 틀 무렵 상륙시켰다. 노잡이 8,000명, 중장 보병 800명, 궁수 800명, 경무장 부대 2,000명 이상이 스파르타인 420명과 대치했다.

데모스테네스는 자신의 부대를 200명 단위로 나누어 섬의 높은 곳 모두를 장악하게 했다. 그래서 스파르타인이 어디서 싸우더라도 배후나 측면에서 공격받도록 한 것이다. 이 전략의 핵심은 경무장 부대의 활용이었다. 그들은 "가장 어려운 상대였다. 그들은 화살, 투창, 바위, 투석기 등으로 멀리서 공격했던 것이다. 그들을 공격하는 것은 불가능했다. 그들은 도망칠 때조차 여전히 유리했고, 추격자들이 돌아서면 다시 달려들었다. 데모스테네스는 처음부터 바로 이러한 계획을 가지고 상륙 계획을 세웠고, 실제로 자신의 군대를 그렇게 편성했다."(4.32.4)

스파르타인은 처음에는 아테네 중장 보병과 정면으로 마주했다. 그러나 경무장 군사들이 측면과 배후에서 무기들을 퍼부었고, 그러는 동안 아테네 중장 보병은 멀리 떨어져서 관망했다. 스파르타인은 자신들을 괴롭히는 자들을 향해 돌격하려고 했으나, 그들은 간단히 후퇴해서 중장 보병이 닿을 수 없는 높고 험한 안전한 곳으로 가버렸다. 경무장 부대는 적이 반복되는 헛된 추격으로 육체적으로 지치고 사상자들로 인해서 수가 감소했다는 것을 알게 되자 돌아서서 고함치며 무기들을 날리면서 스파르타인에게 돌진했다. 예상치 못한 함성에 스파르타인은 허를 찔렸고, 함성 소리에 묻혀 지휘관들의 명령이 들리지 않았다. 스파르타인들은 섬의 북단으로 도주했고, 거기에서 대부분은 요새 뒤로 숨어 추가 공격에 저항했다.

메세니아 장군 코몬이 클레온과 데모스테네스에게 와서 섬의 가파른 해안에서 통로를 찾고 적의 배후를 치기 위해서 궁수와 경무장 부대를 요청했다. 스파르타인은 그런 예상치 못한 곳을 방어하느라 부대를 허비하지 않으려고 했고, 그래서 코몬의 군사들이 나타나자 충격에 휩싸였다.

그들은 압도적인 다수에게 포위되었고, 힘든 싸움과 굶주림에 지쳤고, 도망갈 곳도 없었기 때문에 완전한 파멸을 눈앞에 두었다. 클레온과 데모스테네스는 살아 있는 포로가 시체보다 더 가치가 있었기 때문에 항복할 기회를 주었다. 스파르타인은 결정을 내리라고 시간을 주는 휴전을 받아들였다. 스팍테리아의 지휘관은 항복의 책임을 지기 싫었다. 그래서 스파르타에 명령을 내려달라고 사자를 보냈다. 스파르타에서도 당국자들은 책임질 일을 피하고 싶어 했고, 그래서 "스파르타인은 당신들에게 자신의 운명을 스스로 결정하되, 불명예스러운 일은 하지 말 것을 명령한다"(4.38.3)고 말했다. 그에 따라 섬의 군사들은 항복했다. 스파르테리아에 온 420명 중 128명이 죽었다. 남은 자는 292명이었고 그중 120명은 스파르티아테스였다. 이들은 클레온이 약속한 20일 내에 넉넉히 아테네로 호송되었다. 아테네인의 사상자는 얼마 되지 않았다. 투키디데스는 "클레온의 약속은 미친 짓이었지만 실현되었다"(4.39.3)고 언급했다.

이 결과는 그리스 세계를 충격에 빠뜨렸다. "그리스인의 눈에 이것은 전쟁 동안에 가장 예상치 못했던 사건이었다."(4.40) 스파르타인이 항복하게 되리라고는 아무도 생각지 못했기 때문이었다. 아테네인은 필로스 요새에 수비대를 주둔시켰고, 나우팍토스의 메세니아인은 군대를 보내어 그곳을 스파르타 본토 침공의 기지로 이용했으며, 헤일로타이가 이탈하기 시작했다. 게다가 아테네인은 만약 스파르타인이 다시 아티카를 침공하면 인질을 살해하겠다고 협박했다. 당황한 스파르타인이 여러 차례 사절단을 보내어 필로스와 인질들의 반환을 협상했지만 아무런 성과도 없었다. 아테네인은 이번 일의 영웅인 클레온에게 감사를 쏟아부었다. (데모스테네스는 필로스의 안전을 확보하기 위해서 뒤에 머물렀다.) 민회는 그에게 국가의 최고 명예를 수여하기로 결의했다. 그는 마치 올림피아 제전의 우승자처럼 프리타네이온에서 국비로 식사를 제공받았고, 극장의 앞자리를 차지했다. 약 2개월 후 민회는 새로 사정(査定)을 해서 아테네 동맹국들에 물리는 공납금을 높였다. 대부분의 학자들은 이 일에 클레온이 개입했을 것이라고 보았고, 사실이 그러했다. 이것은 그가 당시에 아테네 정치를 지배했다는 것뿐 아니라 제국에 대한 그의 가혹한 관점 역시 반영한다. 기원전 425년 한여름부터 기원전 424년 봄까지 장군으로 선출된 클레온은 아테네에서 최고의 지위를 누렸고, 그가 후원하는 안건은 어떤 도전도 받지 않고 민회를 통과하기가 십상이었다.

공납금 사정은 전쟁을 위해서 더 많은 돈을 끌어모으기 위한 것이었고, 총 세액은 이전의 할당금보다 세 배 이상인 1,460탈란트였던 듯하다. 이 새 법령은 또 세입을 더 난폭하고 효율적으로 거두게 했다. 가끔 공납금을 내지 않았던 지역들과, 또 멜로스 섬처럼 전에는 전혀 납부하지 않았던 지역들도 여기에 포함되었다. 아테네의 수입을 늘리려는 이러한 시도들은 필로스와 스팍테리아의 사건들이 아테네의 특권을 급상승시키고 스파르타의 명성을 떨어뜨리기 전에는 실행하기가 너무 위험했을 것이다. 그리고 이 시도들은 또 제국을 과거의 최대 수준으로 회복시키고, 강력하게 지배하며, 그로부터 가능한 최대한의 수입을 끌어내겠다는 클레온의 결의를 반영한다. 아테네인은 돈이 너무나 필요했고, 클레온의 대승은 아테네가 그 돈을 요구할 수 있게 해주었다.

그해 여름에 니키아스는 이름을 알 수 없는 장군 두 명과 함께 전함 80척, 아테네 중장 보병 2,000명, 기병 200명, 그리고 다수의 동맹군을 데리고 코린토스의 영역을 침공했다. 고대 저자들은 이 작전의 목표가 무엇이었는지 설명해주지 않는다. 이 군대는 코린토스에서 9-11킬로미터 떨어진 솔리게이아라는 마을 근처에 상륙했지만, 소식통들이 코린토스인에게 침공을 알렸다. 코린토스 중장 보병이 아테네 군을 공격했지만 전투에서 패배했고, 212명을 잃었다. 아테네 군의 사망자는 겨우 50명이었다. 아테네인은 승전비를 세웠지만, 승리를 만끽할 수는 없었다. 코린토스에 남아 있던 노인들이 도와주러 달려오자, 니키아스는 이들이 펠로폰네소스의 증원군인 줄 알고 신속하게 배로 철수했던 것이다.

그 후 아테네인은 코린토스의 마을인 크로미온으로 항해해서 그 지역을 휩쓸었지만, 마을 자체를 차지하려고 하지는 않았다. 다음 날 그들은 에피다우로스에서 멈췄다가 에피다우로스와 트로이젠 사이의 반도인 메타나로 이동했다. 메타나에서 니키아스는 반도의 좁은 길목에 성벽을 쌓고 수비대를 남겨서 향후 가까이에 있는 트로이젠, 할리에이스, 에피다우로스의 영역을 약탈하게 했다. 이 모험이 작전의 주된 목표였던 것 같다. 펠로폰네소스 동부에 요새를 만드는 것은 아마 서부 필로스에서의 성공에 영향을 받은 것이었던 듯하다. 메타나에서 약탈을 가함으로써 트로이젠이나 할리에이스와 같은 도시들이 아테네 편으로 넘어오도록 강제할 수 있었다. 그리고 아테네인은 에피다우로스를 위협하거나 장악할 수도 있었고, 그러면 아르고스를 동맹에 편입시킬 수도 있었다. 필로스-스팍테리아 이후의 들뜬 나날에는 모든 일이 가능해 보였다.

아테네인은 또 서부에서도 활발하게 움직였다. 소포클레스와 에우리메돈은 필로스에서 코르키라로 함대를 이동시켰다. 그곳에서는 이토메 산의 과두파가 여전히 아테네에 우호적인 도시의 민주파를 괴롭히고 있었다. 함대의 도착은 상황을 역전시켰고, 아테네인은 동맹자들과 함께 산의 요새를 점령하고 과두파가 항복하도록 강요했다. 단 오직 아테네인에게 항복하는 것이었고 아테네 법정에 선다는 조건이었다. 포로들은 보호 차원에서 인근의 섬에 두었다. 그러나 코르키라의 민주파는 피를 원했다. 그들은 과두파를 속여 탈출을 시도하게 만들었고, 아테네인은 휴전이 깨어졌음을 선언하고 그 포로들을 살기등등한 그들의 적에게 넘겨주었다. 그들은 극도로 잔혹하게 살해되거나 자살했다. 여자들은 노예로 팔렸다. 소포클레스와 에우리메돈은 이런 끔찍한 잔혹행위가 벌어지도록 허용했다. "이런 식으로 산지의 코르키라인은 군중에 의해서 살해되었고, 오랜 분쟁은 최소한 이 전쟁과 관련해서는 이런 식으로 끝을 맺었다. 이제 딱히 말할 만한 과두파는 전혀 남아 있지 않았다."(4.49.6)

전쟁의 계절이 끝나갈 때 쯤, 아테네의 동맹국들은 서북방에서 또 하나의 승리를 거두었다. 나우팍토스의 수비대와 아카르나니아인이 배신자들을 이용해서 — 그리스인의 포위공격에서는 너무나 흔한 방식이다 — 아낙토리온을 점령했고, 그 후 아카르나니아인이 코린토스인을 몰아내고 그 도시를 식민시로 만들었다. 코린토스인에게는 아낙토리온의 상실이 뼈아픈 일이었다. 중요한 지역에서 이미 쇠퇴하던 자신들의 지위에 더욱 타격을 입혔던 것이다.

전쟁 내내, 양편은 "야만인" 국가들에서 도움을 얻으려고 시도했다. 그 중 가장 중요한 국가는 페르시아였다. 기원전 425년에 지은 아리스토파네스의 『아카르니아인들』을 보면, 페르시아 대왕의 사절, 즉 "왕의 눈"이 아테네에 등장하는 재미있는 장면이 있다. 이것은 아테네인이 페르시아인과 교류하고 있었으며, 아마 분쟁이 시작될 때부터 그러했으리라는 것을 드러내준다. 스파르타인 역시 페르시아인에게 구애를 했으며, 기원전 430년에는 페르시아 궁정을 향하던 스파르타 사절단이 아테네인에 의해서 가로막히기도 했다. 기원전 425/424년의 겨울에 아테네인은 사절단을 또 잡았는데, 이번에는 페르시아 군주로부터 스파르타로 가는 답신을 가지고 있었다. "스파르타인과 관련해서는, 왕은 그들이 무엇을 원하는지 알 수 없었다. 많은 사절들이 왕에게 왔지만, 그들은 다 다른 말을 했다. 만약 그들이 무엇인가 분명한 것을 말하고 싶다면, 그들은 페르시아 사신과 동행하여 사람을 보내야 할 것이다."(4.50.2) 스파르타인의 불투명성은 아마 소아시아의 그리스인을 페르시아인에게 넘기지 않으려는 마음을 드러내는 일일 것이다. 자신들이 그리스인의 자유를 위해서 싸운다고 주장하는 한, 이것은 분명 페르시아의 협력에 대한 최소한의 요구였다. 아테네인은 이 상황을 이용하려고 했다. 중간에 가로챈 사신과 함께 자신들의 사절단을 대왕에게 보낸 것이다. 그러나 그들은 에페소스에 도착했을 때 아르타크세르크세스의 사망 소식을 듣고, 협상을 진행하기에는 때가 좋지 않다고 판단했다. 아직은 양편 어느 쪽도 페르시아인의 도움을 기대할 수 없었다.

기원전 425년의 사건들은 전쟁의 경로를 완전히 바꾸어놓았다. 교착 상황이 깨어졌고, 아테네인은 모든 곳에서 유리한 위치를 차지했다. 제국의 새로운 과세로 재정 압박이 감소했다. 적 함대를 나포함으로써 해상의 위협과 제국의 바다에서 추가적인 반란의 가능성이 사라졌다. 서북방은 거의 완전히 적에게서 자유로워졌다. 페르시아의 개입 위험은 당분간 없었고, 아테네인의 시칠리아 작전은 서쪽의 그리스인이 펠로폰네소스의 도리스인 사촌들을 도울 수 없도록 만들었다. 마지막으로, 스팍테리아에서 잡은 포로들은 아테네에 안전하게 억류되어 있었고, 이것은 아티카가 침공당하지 않을 것을 보장해주었다. 아테네인은 기뻐할 만했고, 더 밀어붙여 완전한 승리를 거두고자 했다. 문제는 어떻게 진행할 것인가 하는 점이었고, 그 대답은 그들이 정확히 어떤 종류의 승리를 바라는가에 달려 있었다.

협상을 통한 평화, 즉 스파르타가 아테네 제국의 보전을 인정하고, 그것을 증명하기 위해서 아테네와 동맹을 맺는 것에 만족할 사람들은 제한된 전략을 선호했다. 그들은 결정적인 육상 전투를 회피하려고 했다. 펠로폰네소스에 확보한 요새들을 유지하고, 가능하면 더 많이 차지하려고 했다. 그 요새들을 이용해서 적을 괴롭히고, 기를 꺾고, 지치게 만들려고 했다. 즉 페리클레스의 원래 전략을 지속하거나 혹은 적당하게 확대하려고 했다.

클레온과 그의 동지들은 그러한 평화는 궁극적으로 스파르타의 약속과 선의에 근거를 둔 것이기 때문에 안전하지 못하다고 주장했을 것이다. 그리고 무엇인가 손에 잡히는 것 —— 전쟁의 재개를 막을 확실한 방어책 —— 이 필요하다고 주장했다. 그들은 메가라에 대한 통제와 보이오티아의 중립화에 관심을 가졌다. 이러한 양보는 스파르타인이 협상 과정에서는 아테네에 약속까지 할 수도 있겠지만, 실행에 옮기지는 못할 것이었다. 적이 약화되고 사기가 꺾인 때에, 그리고 아테네의 힘은 절정에 달한 때에 평화를 맺는다는 것은 바보 같은 계획일 것이다. 올바른 전략은 메가라, 보이오티아, 그리고 다른 적절한 지역들을 향해 움직이는 것이다. 그들을 굴복시키고 나면 비로소 진정으로 지속될 수 있는 평화를 협상할 때가 무르익을 것이다. 클레온과 그 친구들은 바로 이러한 생각들을 가지고 있었을 것이며, 아테네인이 그들의 충고를 따르기로 선택한 것도 놀라운 일은 아니다.

제13장

공세에 나선 아테네 : 메가라와 델리온
(기원전 424년)

클레온은 스팍테리아에서 대승을 거둔 덕에 기원전 424년 봄 선거에서 호전적인 인사들인 데모스테네스, 라마코스와 더불어 장군으로 선출되었다. 니키아스, 니코스트라토스, 아우토클레스, 그리고 언젠가 이 전쟁의 역사를 쓸 올로로스의 아들 투키디데스도 역시 선출되었다. 이들은 모두 클레온과 그의 정책을 반대하는 사람들이었다. 아테네인은 가장 대담한 군사행동을 감행하기 직전이었지만, 이것은 장군들의 배열에서 변화가 생겼기 때문이 아니라, 아테네인 다수가 최근의 승리들에 고무되어 이제 더욱 호전적인 전략을 추구할 준비가 되었다는 사실을 반영한다.

키테라와 티레아

5월 초에 온건파 3인방 —— 니키아스, 니코스트라토스, 아우토클레스 —— 이 전함 60척, 중장 보병 2,000명, 기병 약간, 그리고 다수의 동맹군을 데리고 라코니아 동남단 바로 앞의 키테라 섬(지도 1)을 공략하러 나섰다. 이 침공은 필로스와 메타나의 사례를 본떠 펠로폰네소스 주위에 본거지를 마련하여 아테네인이 적에게 타격을 가하고, 괴롭히고, 낙심시키고, 사기를 꺾을 수 있게 하려는, 새로운 전략의 일부분이었다. 키테라는 스파르타가 이집트와 교역하는 기지였고, 곡물과 다른 물자들을 공급했고 펠로폰네소스 해안에 대한 방어를 맡은 곳이기도 했다. 이 섬이 아테네인의 손에 들어온다면, 교역이 중단될 것이고, 키테라는 펠로폰네소스 공략의 발판이 될 뿐 아니라 서쪽으로 가는 길에 편리한 정류장 역할을 할 것이다.

니키아스는 전함 10척과 소규모 중장 보병 부대를 이끌고 해안 도시 스칸데이아를 신속하게 제압했고, 그동안 주병력은 배후의 키테라 시를 향해 곧바로 진군해서 적을 고지로 몰아붙였다. 니키아스는 키테라인에게 항복을 권유하고 관대한 조건을 제시했다. 원주민이 자신의 섬에 남아서 땅을 보유하되, 그 대가로 매년 4탈란트를 공납으로 바치고 아테네 군 수비대를 설치한다는 조건이었다.

키테라의 함락은 스파르타인에게 필로스와 스팍테리아에서 군사들을 상실한 것만큼이나 강한 충격이었고, 그들은 이에 대응하여 펠로폰네소스의 여러 지역에 수비대를 보내고, 처음으로 궁수부대와 기병 400명의 부대를 조직했다. 투키디데스는 그들의 정신 상태를 생생하게 묘사한다.

> 그들은 기존 질서에 반항하는 혁명이 일어나지 않을까 두려워서 매우 주의를 기울였다. 자신들이 그 섬에서 겪은 재난은 크고 예기치 못한 것이기 때문이었다. 필로스와 키테라가 함락되었고, 모든 방향에서 신속하고 경계를 무용지물로 만드는 전쟁이 자신들을 둘러싸고 일어났다……. 스파르타인은 군사적인 면에서 전에 없이 소심해졌다. 그들은 전쟁 준비에 대한 자신들의 정상적인 개념을 넘어서는 일인 해상 경쟁에 말려들었다. 더구나 이 익숙하지 않은 영역에서 그들은 도전하지 않는 것 자체가 성공 하나를 놓치는 것이라고 여기는 아테네인과 싸워야 했던 것이다. 게다가 예상치 못한 불운들이 너무나 많이, 그리고 너무나 짧은 시간에 몰려와서 커다란 공포를 일으켰고, 키테라 섬에서와 같은 재난이 자신들에게 또 엄습해오지 않을까 두려웠다. 이런 이유로 스파르타인은 전장에 나아갈 담력이 줄어들었다. 또 이러한 불행에 대한 경험이 이전에는 거의 없었던 탓에 자신감을 잃어버렸고, 그래서 무슨 일을 감행하더라도 결과는 나쁠 것이라고 생각했다.(4.55)

아테네인은 다음으로 오랫동안 스파르타와 아르고스 사이에 분쟁의 원인이 되었던 접경 지역인 키누리아의 티레아를 공격했다. (어떤 역사가들은 이곳을 펠로폰네소스의 알자스-로렌이라고 묘사했다.) 스파르타인은 이전에 이 도시를 아이기나인에게 주었다. 그들은 아테네인에 의해서 전쟁 초기에 고향 섬에서 쫓겨났다. 그들은 힘을 모아 아테네 함대가 나타났을 때 해안 근처에 벽을 쌓았다. 작정하고 노력했으면 아테네인의 상륙을 막을 수 있었겠지만, 스파르타인의 사기는 그렇게 할 수 있을 만큼 높지 못했다. 아테네인은 아무 저항도 받지 않고 티레아를 향해 곧바로 진군하여 도시를 불태우고, 전리품을 차지하고, 아이기나인을 살육하고, 포로들을 많이 잡았는데, 그중에는 키테라에서 온 피난자들도 있었다. 아테네인은 안전을 위해서 키테라인을 에게 해 섬들 여러 곳에 분산시켰다. 그러나 아이기나인은 모두 살해했는데, "이들은 과거에 언제나 적이었기 때문이었다."(4.57.5) 전쟁이 오랜 증오를 증폭시키면서, 점점 늘어가는 잔혹행위의 목록에 하나가 더 추가되었다.

시칠리아에서의 좌절

아테네인은 시칠리아에서는 그 정도의 성공을 누리지 못했다. 메시나를 상실하고 레기온이 함락되어 해협 어느 편에서도 근거지를 가지지 못했던 것이다. (아테네인은 결국에는 레기온을 탈환했다. 그러나 메시나는 적의 손에 남았다.) 아테네인은 기원전 425년에 더 이상 섬에서 싸우지 않았고, 대신 시칠리아의 그리스인들이 외부의 개입 없이 서로 싸우도록 내버려두었다. 시칠리아에 도착한 소포클레스와 에우리메돈은 동맹국들이 전쟁에 지쳐 있고, 그리스 본토에서 전투에 휘말린 아테네인이 자신들의 이익을 위해서 싸워줄 의지와 능력이 있는지를 의심하고 있다는 것을 발견했다. 기원전 424년에 시라쿠사의 동맹인 겔라와 아테네의 동맹인 카마리나가 개별적으로 평화를 맺었다. 이 두 도시는 겔라에서 열리는 국제회의에 시칠리아의 다른 도시들을 초대하여 공동의 평화를 모색했다. 이런 종류의 외교 회의는 그리스사에서 보기 드문 것이었다. 여기 모인 자들에게 시라쿠사의 헤르모크라테스는 자신이 자기 도시의 이익이 아니라 시칠리아 전체의 이익을 위해서 말하는 것이라고 주장하면서, 아테네가 그 커다란 힘으로 시칠리아에서 사악한 음모를 꾸미고 있다고 비난했다. 헤르모크라테스는 시칠리아의 그리스인이 도리아인과 이오니아인 사이의 분쟁에서 손을 뗄 것을 주장했다. 그것은 오직 시칠리아를 외부인들의 손쉬운 먹이로 만들 뿐이라고 했다. 대신에 그는 그리스인의 시칠리아라는 통일된 국가에 대해서, 시칠리아의 모든 그리스 도시들을 포함하는 항구적인 평화에 대해서, 그리고 시칠리아인을 위한 시칠리아에 대해서 비전을 제시했다.

일반적으로 말해, 우리는 이웃이며, 바다로 둘러싸인 한 섬에 함께 살고 있고, 시칠리아인이라는 한 이름으로 불리고 있습니다. 제 생각에, 우리는 상황이 벌어지면 전쟁을 할 수도 있고, 우리 사이에서 함께 논의하여 다시 평화를 이룰 수도 있습니다. 그러나 만약 우리가 현명하다면, 외국인이 공격해올 때 우리는 항상 함께 행동하여 그들을 몰아내야 합니다. 우리 중 하나라도 해를 당한다면, 우리 전부가 위험해지는 것이기 때문입니다. 그리고 우리는 다시는 외국인들을 동맹이나 중재자로 끌어들이지 말아야 할 것입니다. 그러면 우리는 오늘날 시칠리아의 두 가지 유익을 잃지 않을 수 있을 것입니다. 아테네인으로부터 벗어나는 것과 우리의 내전을 끝내는 것 말입니다. 미래를 생각해보면, 우리는 자유로운 나라에서, 외부의 위험에 지금보다 덜 노출된 상태에서 살 수 있을 것입니다.(2.64.3-5)

헤르모크라테스의 연설은 종종 진실하고 이타적인, 공동선을 위한 호소라고 여겨졌다. 그러나 그의 동기에 대해서 의문을 제기해야 할 이유가 있다. 무엇보다도 시칠리아의 그리스 도시들이 그리스 본토의 강국을 끌어들이지 않기로 합의한다면 이익을 보는 것은 시라쿠사일 것이다. 게다가 기원전 424년에 시칠리아의 가장 강력하고 호전적인 국가인 시라쿠사는 아테네에 의해서 가장 큰 위협을 당하고 있었다. 헤르모크라테스의 이후의 행위들 역시 그의 진실성에 의심을 제기하게 한다. 그는 기원전 415년에 아테네의 침공에 대항하기 위해서 시라쿠사인에게 코린토스와 스파르타 같은 그리스 도시뿐 아니라 심지어 카르타고에 도움을 요청할 것을 주장했다. 그는 또 아테네인이 이미 시칠리아에서 물러갔는데도 불구하고 시칠리아인에게 당시 펠로폰네소스인이 아테네에 대해서 벌인 전쟁에 동참할 것을 촉구했다.

그러나 기원전 424년에 겔라에 모인, 전투에 지친 시칠리아인들은 헤르모크라테스의 웅변에 설득되었다. 시라쿠사인이 선의의 증거로 모르간티나를 카마리나에 양보한 것도 그 웅변에 힘을 실어주었다. 그리고 그들은 현 상태를 근거로 평화를 이루는 데 동의했다. 아테네의 동맹국들은 아테네인에게 이를 알리고 협약에 동참하도록 초대했다. 아테네인은 시칠리아에 근거지도 없고, 동맹국들은 더 이상 싸우려고 하지 않고, 자신의 군사력으로 그 섬을 정복하기에는 부족한 상황이었으므로 그 평화를 수용하고 귀국했다.

아테네 장군들은 이 결과에 만족했을 것이다. 자신들의 사명이 아테네의 동맹국을 보호하고, 시라쿠사가 시칠리아 전역을 장악하는 것을 막고, 또 어쩌면 추가적인 이득을 볼 수 있는 전망이 있는지를 조사하는 것이었기 때문이다. 겔라 회의는 이 모든 목표를 성취한 것으로 비쳐질 수도 있었다. 그러나 아테네로 돌아오는 길에 곧 이 장군들은 시칠리아를 굴복시킬 수 있는 때에 회유되어 후퇴했다는 비난에 직면했다. 이런 고발은 성공하지 못한 지휘관이나, 혹은 성공했지만 기대만큼 완전하게 하지 못한 지휘관에게 종종 가해졌다. 이 장군들은 정말 시칠리아의 친구들로부터 얼마간의 선물을 받았을 수도 있다. 그러나 뇌물을 받았다는 증거는 없다. 그럼에도 불구하고 그들은 모두 유죄를 선고받았다. 소포클레스와 피토도로스는 추방당했고 에우리메돈은 벌금을 물었다. 투키디데스는 이 유죄 판결을 이렇게 설명한다. "그들〔아테네인〕은 현재 너무나 행운을 누리고 있었기 때문에, 자신들을 가로막을 수 있는 것은 아무것도 없다고 생각했다. 그들은 자신의 힘이 충분하든지 충분하지 않든지 상관없이 쉬운 일과 어려운 일을 똑같이 이룰 수 있을 것이라고 기대했다. 이렇게 된 이유는 그들이 대부분의 시도들에서 믿기 어려운 성공을 거둔 탓에, 자신들이 가진 힘과 자신들의 소망을 구분하지 못하게 되었기 때문이었다."
(4.65.4)

필로스와 스팍테리아, 메타나와 키테라에서의 승리 후 기원전 424년에 아테네인은 이전보다 더 큰 기대를 가졌고 비현실적인 낙관론을 느꼈을 법도 하다. 그러나 아테네인이 장군들의 직무 수행에 불만족스러워했던 데에는 사실 몇 가지 이유가 있었다. 무엇보다도 기원전 427년에 시칠리아에 갔던 20척의 첫 번째 원정부대는 시라쿠사의 승리를 막고, 메시나를 차지하고, 시칠리아의 그리스인과 원주민 시켈인들의 지지를 확보했으며, 그 섬의 사람들에게 엄청난 열정을 불러일으켜서 아테네에 추가적인 원조를 요청하게끔 했다. 기원전 424년에 아테네인이 40척을 추가하면 그 섬의 전쟁을 신속하고 만족스럽게 끝낼 수 있을 것이라고 그렇게 쉽게 믿었던 것도 이해하기 어렵지 않다. 우리는 아테네인이 새로운 장군들에게서 그 분쟁이 "시칠리아인을 위한 시칠리아"—— 어쨌든 이 표어는 시라쿠사의 주도적인 귀족 정치가의 것이었다 ——를 기초로 종결되었다는, 그리고 자신들이 동맹국들에서 사실상 쫓겨났다는 소식을 들었을 때 얼마나 충격을 받았을지 충분히 상상해볼 수 있다. 아테네인이 헤르모크라테스의 표어가 사실은 "시라쿠사인을 위한 시칠리아"를 뒤에 숨긴 것이라고 의심하고, 적에게 우호적인 도리아 국가가 시칠리아를 통일하는 것을 두려워한 점도 그럴법한 일이었다. 또 아테네인이 20척으로 거의 정복하다시피 한 시칠리아를 60척을 가지고 잃지는 말아야 한다고 믿었던 것 역시 이해가 가능한 일이다.

사실 소포클레스, 에우리메돈, 피토도로스는 최소한으로만 사태를 주도했고, 거의 아무것도 성취하지 못했다. 그들은 필로스에서 늑장을 부려 코르키라의 스파르타 함대가 빠져나가게 했고, 시칠리아에는 너무 늦게 도착한 탓에 여름 내내 걸린 오랜 봉쇄로 별로 성공을 거두지 못했다. 그들이 더 주의 깊게 행동했다면, 시칠리아에 충분히 일찍 상륙하여 큰 일을 이룰 수 있었을 것이다. 이런 상황에서라면, 누구든지 이 지휘관들을 해임시켜야겠다고 느꼈을 것이다. 그러나 이 경우 아테네인의 반응은 비합리적이었다기보다는 정도가 지나쳤던 것으로 보인다.

메가라에 대한 공격

기원전 424년 여름에 아테네는 페리클레스의 전략을 거의 완전히 포기했다. 아테네는 이웃 국가들을 향해 공격적인 작전을 펼쳤는데, 그 의도는 스파르타에서 핵심적인 동맹국들을 박탈하고 아티카를 침공으로부터 완전히 안전하게 만들려는 것이었다. 아테네인은 6월에 메가라를 정복하여 펠로폰네소스 방면의 공격 위험을 제거하려고 했다. 전쟁이 시작된 이

후 메가라인만큼 고생한 사람들도 없었다. 메가라 법령이 에게 해에서 그들의 무역을 망쳐버렸고, 매년 아테네 군대가 메가라 땅을 온통 휩쓸었다. 아테네가 기원전 427년에 미노아를 점령하여 니사이아 항구에서 사론 만으로 단 한 척의 배도 나갈 수 없게 함으로써 압박의 끈은 더욱 조여졌다. 그로 인한 고생 때문에 내분이 벌어졌고, 민주파 집단이 극단적인 과두파 정부를 추방했다. 스파르타와 주로 과두적인 동맹국들은 이 새로운 지도부에 경계심을 느꼈고, 니사이아에 수비대를 배치하여 메가라인을 감시하는 한편, 메가라 망명자들을 플라타이아 자리에 살게 했다. 1년 뒤에 이 과두파들은 플라타이아를 떠나 코린토스 만에 있는 메가라의 서쪽 항구인 페가이를 점령했고, 그곳에서 메가라의 마지막 남은 해상 통로를 막았다.(지도 4) 기원전 424년에 메가라인은 오직 펠로폰네소스로부터 코린토스를 경유하는 육상으로만 식량과 다른 물자를 얻을 수 있었다. 그러나 동맹국들은 메가라의 민주파를 싫어하고 의심했기 때문에 비협조적이었다.

    메가라의 사람들은 이렇게 많은 압력에 직면하여 페가이의 망명자들을 불러들였다. 그들의 공격을 끝내고 서쪽 항구를 다시 사용할 수 있기를 바랐던 것이다. 한편 민주파의 지도자들은 그들이 돌아오면 메가라에 과두정이 회복되고 자신들을 죽이거나 추방할 것이라고 두려워하여, 도시를 아테네에 넘기는 음모를 꾸몄다. 아테네 장군 히포크라테스와 데모스테네스와 함께, 그들은 아테네인이 메가라와 니사이아를 잇는 장벽을 차지하고 펠로폰네소스 주둔군을 막도록 하는 계획을 꾸몄다. 그 후 민주파는 메가라를 배신할 것이었다. 만약 이 계획이 성공하면 메가라가 아테네 동맹에 가입하게 되고, 연례적인 침공과 상업적 금수조치와 봉쇄가 종결될 것이다. 메가라인은 아테네의 도움으로 페가이의 망명객들을 쫓아내고, 두 항구를 모두 되찾으며, 이전의 번영을 다시 누릴 수 있었다. 남쪽 경계의 요새들에 군대를 배치하고 펠로폰네소스인을 항구적으로 메가리스 지방에서 몰아낼 수 있었다.

    위험한 상황에 처한 민주파 지도자들에게는 이 계획의 장점들이 쉽게 부정적 고려들을 능가했을 것이다. 그러나 메가라인 대부분은 생각이 달랐다. 메가라인과 아테네인은 최소한 기원전 6세기부터 서로 적이었다.

제1차 펠로폰네소스 전쟁 당시의 정략결혼은 메가라인이 아테네인 주둔군을 살육하면서 끝장났고, 다음 전쟁이 벌어지기까지의 시기 동안에는 국경 분쟁, 신성모독적인 살해에 대한 고발, 메가라 법령의 부과가 이어졌다. 죽도록 증오하는 적과의 동맹이라는 개념은 아무리 정략적인 것이라고 해도 메가라인들이 받아들이기에는 너무나 매력 없는 생각일 수밖에 없었다. 그래서 민주파는 동맹을 바꾸는 것을 공공연하게 제안할 수 없었고, 오직 아테네인과 비밀리에 음모를 꾸밀 수밖에 없었다.

아테네인의 니사이아 점령 계획은 복잡하고 위험이 컸다. 히포크라테스가 밤에 중장 보병 600명을 이끌고 미노아에서 항해해 와서 장벽 근처의 참호에 몸을 숨겼다. 동시에 데모스테네스가 경무장한 플라타이아인 약간과 소수의 아테네 중장 보병을 이끌고 엘레우시스를 통해서 육상으로 와서 니사이아에 좀더 가까운 에니알리오스에 매복했다. 그들의 성공은 기습과 비밀 유지에 달려 있었다. "밤새도록, 그 일을 벌이는 사람들 외에는 아무도 무슨 일이 일어나고 있는지 알지 못했다."(4.67.2)

동시에 메가라 민주파는 장벽에 대한 세 갈래 공격에서 자신들이 맡은 역할을 준비하고 있었다. 매일 밤 펠로폰네소스인은 그들이 니사이아의 문들을 열어 수레에 작은 배를 싣고 나가게 해주었다. 표면상으로는 아테네의 배를 공격하는 데 쓴다는 이유에서였다. 그 후 수레를 다시 도시로 가지고 들어갔다. 미리 정해놓은 어느 밤에, 그들은 숨어 있던 아테네인이 바로 그 문을 통해서 장벽으로 들어가게 했다.

정해진 그 밤에, 메가라의 배반자들은 수비대를 죽였고, 히포크라테스가 자신의 군사를 이끌고 니사이아 성문을 차지했다. 날이 밝자 아테네인은 장벽을 장악했고, 사전에 정한 시간에 아테네 중장 보병 400명이 기병 600명과 함께 그들이 차지한 위치를 확고하게 지키기 위해서 도착했다.

이 단계에서조차 메가라 민주파는 공공연히 동맹을 바꿀 것을 제안하지 않았고, 대신 자신들의 목적을 달성하기 위해서 동포들에게 끔찍한 속임수를 썼다. 그들은 메가라인을 이끌고 성문을 나와 기다리고 있던 아테네 군을 공격하게 하겠다고 제안했다. 배반자들은 따로 표시를 해서 아테네 군이 전투 중 공격하지 않게 하려고 했다. 나머지 사람들은 항복하지 않는 한 살육당할 것이었다. 이 배신행위는 음모가들 중 한 명에게는 감당하기에는 너무 컸다. 그는 이 계획을 과두파에게 알렸고, 그들은 메가라인을 설득하여 성문을 굳게 닫아걸도록 했다. 만약 민주파가 어떻게든 성문을 열 수 있었다면 도시는 스파르타가 군대를 보내기 전에 아테네인에게 떨어졌을 것이다.

아테네인은 여전히 강제로라도 메가라를 항복시킬 수 있었다. 그러나 불운하게도 브라시다스가 나타나는 바람에 그렇게 할 수 없게 되었다. 그는 마침 코린토스와 시키온 근처에서 다른 목적으로 군대를 모으고 있었는데 메가라에서 벌어진 사태의 소식을 들은 것이다. 브라시다스는 보이오티아에 증원군을 요청하여 자신이 가진 동맹군 3,800명과 직속부대 수백 명과 합류하게 했다. 그는 이 군대로 니사이아를 구원하고 싶었다. 그러기에는 때가 너무 늦자, 그는 300명의 부대를 이끌고 메가라를 구원하려고 했다.

그러나 메가라인이 그를 받아들이지 않으려고 했다. 민주파는 스파르타인이 자신들을 파멸시키고 과두 망명자들을 복원시킬 것임을 알고 있었고, 망명자들의 과두파 친구들은 스파르타인의 도착이 내전에 불을 붙여서 아테네인에게 도시를 차지하는 기회를 주는 것이 아닐까 두려워했다. 양편 모두 아테네인과 펠로폰네소스 군대 사이에 틀림없이 벌어질 전투의 결과를 기다리는 편을 선호했다.

보이오티아인은 아테네인이 메가리스를 장악하면 자신들이 펠로폰네소스에서 단절되고 공격에 노출될 것임을 알았고, 그래서 중장 보병 2,200명과 기병 600명을 브라시다스에게 보냈다. 5,000명에 못 미치는 아테네 중장 보병이 이제 6,000명의 적군과 싸우게 된 것이다. 아테네인은 메가라인에게 전투를 강요하는 대신에 니사이아에서 때를 기다리는 편을 택했다. 브라시다스 역시 기다리는 쪽을 택했다. 그는 만약 아테네인이 공격에 나선다면 지금 위치가 유리할 것이라고 믿었고, 또 자신의 군대가 와 있다는 것 자체가 아테네인을 낙담하게 해서 후퇴하게 만들고, 전투 없이 도시를 구할 수 있을 것이라고 믿었다. 그리고 정말 그렇게 되었다. 아테네인은 니사이아 장벽 뒤로 물러났고, 브라시다스는 메가라로 돌아갔으며, 이번에는 들어갈 수 있었다. 아테네인은 니사이아에 수비대를 남기고 아티카로 후퇴함으로써 실패를 인정했다. 메가라에서는 배반자임이 드러난 민주파가 도시를 탈출했고, 과두파 망명자들이 복수를 다짐하며 권력을 다시 잡았다. 그들은 여전히 도시에 있던 자신들의 적들을 가능한 많이 처벌했고, 정치권력을 소수에게 제한하는 매우 편협한 체제를 세웠다. 이후로 메가라는 스파르타의 충실한 동맹이 되었고, 아테네에는 더욱 이를 가는 적이 되었다.

아테네의 보이오티아 침공

8월 초에 아테네인은 보이오티아에 대한 대담하고 정교한 작전을 감행했다. 이것은 이전의 메가라에 대한 공격과 유사한 특징을 가지고 있었고, 그래서 이 두 선제공격이 사실은 전쟁의 경로를 바꾸려는 거대한 한 작전의 요소들로서 동시에 구상된 것임을 시사한다. 그러나 메가라에서의 실패는 데모스테네스와 히포크라테스가 그들의 계획의 두 번째 단계를 실행하는 것을 막지는 못했다.

보이오티아에서 몇몇 도시의 민주파 지도자들은 아테네인과 짜고 자신의 분파가 권력을 잡으려고 했고, 데모스테네스와 히포크라테스는 기꺼이 그들과 협력했다. 서쪽에서는 민주파들이 시파이, 테스피스 항구, 카이로네이아를 아테네에 넘겨줄 것이었다. 한편, 동쪽에서는 아테네인이 아테네 국경 바로 너머에 있는 델리온의 아폴로 성소를 차지할 것이었다.(지도 4) 메가라에서처럼, 성공하기 위해서는 동시에 공격이 이루어져서 보이오티아인이 델리온의 아테네 주력에 대항하여 군대를 소집하지 못하도록 해야 했다. 이번에도 역시 배반자들이 시파이와 카이로네이아를 넘겨줄 수 있으려면 비밀 유지가 절대적으로 필요했다. 세 지역을 동시에 장악하면 테베인의 결의를 약화시킬 수 있을 것이고, 보이오티아 전역에서 민주적이고 테베에 반대하는 반란을 일으킬 수 있을 것이라고 기대되었다. 최소한, 아테네는 보이오티아 접경에 요새 세 곳을 확보할 수 있었다. 그리고 그곳을 이용해서 약탈 원정도 벌이고 망명객들의 피난처로 쓸 수도 있었다. 이런 덜 낙관적인 형태로도 이 계획은 적의 영토에 항구적인 요새를 마련한다는, 이미 라코니아에서 성공을 거둔 새로운 전략의 일부분이 될 것이었다. 때가 되면, 그 세 곳의 아테네 요새가 가하는 압력이 보이오티아인을 항복시킬 것이었다.

아테네인은 델리온에 주요한 타격을 가하려면 대규모 군대가, 시파이에 상륙하는 데는 그보다는 적은 군대가 필요했다. 그렇게 대규모의 군대를 보내는 것은 아테네인들이 기꺼이 감내할 수 있는 것보다 더 많은 수의 군인들을 위험에 노출시키겠지만, 데모스테네스는 서북방의 동맹국들에서 부대를 모집할 수 있을 것으로 기대했다. 그러나 그들을 모으는 데는 시간이 걸릴 것이고, 비밀 계획이 새어나갈 위험은 점점 커졌을 것이다. 그래도 위험을 회피할 수만은 없었다. 데모스테네스는 전함 40척을 가지고 서북방으로 가서 필요한 인력을 모으고 정해진 시파이 공격 날짜를 기다렸다. 데모스테네스는 아테네를 출발한 후 3개월이 지난 후에 시파이에 나타났다. 아마 보이오티아의 민주파가 준비되는 데 그렇게 오랜 시간이 필요했기 때문일 것이다.

데모스테네스의 함대가 마침내 11월 초에 시파이의 항구로 들이닥쳤을 때에는 이미 모든 것이 잘못되고 있었다. 반란자들 가운데 배신자들이 보이오티아인에게 계획을 누설했고, 보이오티아인은 카이로네이아와 시파이를 장악하기 위해서 군대를 보냈다. 만약 이중 공격의 타이밍이 완벽하게 맞물렸다면 보이오티아의 부대는 동쪽의 델리온에 대한 히포크라테스의 공격으로 물러서게 되었을 것이다. 그러나 이것 역시 불발탄이 되었다. 데모스테네스가 시파이에 더 일찍 도착한 탓에 보이오티아인이 자유롭게 그에게만 집중할 수 있었던 것이다. 데모스테네스는 방어가 잘 갖춰진 그곳을 무력으로 뚫을 수 없었고, 계획의 서쪽 부분은 실패했다.

델리온에서 히포크라테스는 중장 보병 700명, 거류외인 1만 명 이상, 동맹군, 그리고 요새 건설을 지원하기 위해서 온 수많은 아테네인을 거느리고 있었다. 이 군대는 요새가 건설되는 동안 버티고 서서 보이오티아 군대의 도전을 단념시키기만 했다. 요새가 건설된 후에는 소규모 수비대가 그것을 지킬 수 있었다. 데모스테네스와 히포크라테스는 자기들과 맞먹는 수의 군대와 전투를 벌일 생각은 애초부터 전혀 없었다.

아테네인은 그 지역을 장악함으로써 아폴로 신의 성소가 있는 신성한 땅을 점령했고, 이것은 그리스인의 금기에 대한 심각한 위반행위였다. 이러한 행위는 이 피비린내 나고 확장된 "현대적" 전쟁을 특징지은, 전통적 관행에 대한 거부의 또 하나의 사례였다.

델리온

히포크라테스는 보이오티아인의 간섭 없이 3일 만에 요새를 완성했고, 군대를 귀환시킬 준비를 했다. 그는 서쪽에서 무슨 일이 벌어지고 있는지 몰랐기 때문에 아무 문제가 없을 것으로 기대했다. 그의 대부대는 아테네를 향해 남쪽으로 가는 직선경로를 택했고, 중장 보병은 도시에서 1.6킬로미터쯤 떨어진 곳에서 멈추어 델리온에서 마지막 정리 작업을 마치고 돌아올 장군을 기다렸다. 한편, 보이오티아인은 몇 킬로미터 떨어진 타나그라에 집결했는데, 중장 보병 7,000명(아테네인과 같은 수였다), 경무장 부대 1만 명, 기병 1,000명, 펠타스테스 500명이었다. 비록 보이오티아인의 군대가 더 강했고, 아테네인의 새로운 요새는 보이오티아 땅에 서 있었지만, 보이오티아 연맹의 정무관인 보이오타르케스 중 9명이 전투를 반대했다. 전투를 주장한 단 2명은 모두 테베인이었다.

그러나 군대 사령관이자 60세가 넘은 유력한 귀족인 아이올리다스의 아들 파곤다스는 아테네인이 취약하다는 것을 알아챘고, 보이오티아인을 설득하여 버티고 싸우도록 했다. 그리스의 중장 보병 간 전투에서는, 자신의 땅을 방어하는 편이 거의 4분의 3 이상 승리했다. 팔랑크스를 구성하는 농민-전사들은 공격할 때보다 자신의 땅과 집을 방어할 때 더 맹렬히 싸웠던 것이다. 양편의 장군들은 전투 전의 연설에서 이러한 경향에 주의를 기울였다. 파곤다스는 자기 군사들에게 적 부대가 이미 본국으로 후퇴 중이라고 할지라도 최선을 다할 것을 촉구했다. 보통의 경우에는 자유란 자신의 땅을 지키는 것이었다. 그러나 "원근(遠近) 각처의 사람들을 노예로 삼으려고 하는" 아테네인과 싸울 때에는, "마지막까지 싸우는 것 이외에 무엇을 할 수 있겠는가?"(4.92.4) 한편 히포크라테스는 아테네인에게 외국 땅에서 교전하는 것을 두려워하지 말라고 했다. 그는 이 전투가 실제로는 아테네를 방어하기 위한 것이라고 설명하고, 이 군사행동의 전략적 목표를 분명히 알려주었다. "만약 우리가 이긴다면, 펠로폰네소스인은 보이오티아의 기병을 상실하여 다시는 아티카를 침공하지 못할 것이며, 한 번의 전투로 우리는 그들의 땅을 정복하고 우리의 땅을 자유롭게 할 수 있을 것이다."(4.95.2)

파곤다스의 말은 국경 지역을 둘러싼 일상적인 분쟁이 아니라 "마지막까지" 싸우는 델리온 전투의 독특한 성격을 강조했다. 이것은 즉 아테네군을 괴멸시키고, 델리온 전투라는 깃털의 몸통인 더 큰 전쟁을 끝내는 것이었다. 파곤다스는 두 군대를 분리하는 능선으로 진군하면서 천재적이고 창조적으로 자신의 군대를 편성했다. 그는 양측면에 기병과 경무장 부대를 배치하여 어떠한 측면공격도 맞받아칠 수 있게 했다. 중장 보병의 오른쪽에는 테베의 부대를 밀집시켰는데, 대개 8열인 것에 비해서 엄청나게 깊은 25열로 배치했다. 다른 도시의 중장 보병은 마음대로 정렬하도록 했는데, 아마 표준적인 방식으로 했을 것이다. 이것은 중장 보병 팔랑크스에서 매우 깊은 우익(右翼)을 사용한 최초의 경우였고, 다음 세기에 테베의 에파미논다스와 마케도니아의 필리포스와 알렉산드로스가 이 전술을 사용하여 압도적인 파괴력을 발휘했다. 보이오티아의 우익은 적의 좌익을 패배시킬 것이 거의 확실했지만, 중장 보병의 수가 같기 때문에 전형적인 8열로 배치된 적은 더 길게 늘어서서 측면공격을 해올 수 있었다. 그러므로 보이오티아인의 성공은 우익의 테베인이 신속하게 승리를 거두어 적을 패주시키는 데에 달려 있었다. 동시에 좌익의 기병과 경무장 부대는 아테네인이 측면을 돌아 후방으로 나와 거기에서 자신들을 패배시키는 것을 막아야 했다. 테베인은 또 정예 중장 보병 300명을 이용했다. 이들은 분명 특별 훈련을 받은, 가장 부유한 계층 출신이었다. 이것은 전문 부대라고 할 만한 이들에 대한 별도의 훈련으로는 기록상 첫 번째였다. 일반적인 팔랑크스가 보통의 시민군으로 구성된 것과는 대조적이다. 이것은 그리스의 전쟁이 점점 복잡해지고 있었으며 펠로폰네소스 전쟁으로 그런 경향이 더욱 가속화되었다는 증거이며, 다른 나라들도 곧 이를 모방할 것이다.

파곤다스가 능선 위에서 아래로 진군해 내려오기 시작했을 때, 히포크라테스는 연설을 하면서 전열의 중앙에 겨우 도달해 있었다. 부대 전체에 연설을 전하기 위해서는 여러 차례 반복을 해야 했다. 히포크라테스는 우익과 함께 서 있으면서, 적 팔랑크스의 좌익을 포위할 수 있을 것임을 금방 알아챘다. 그는 또 전장의 양편에 있는 협곡 때문에 자신이 열세인 측면에서 기병과 경무장 부대의 활동이 둔해질 것임도 역시 알았고, 그래서 언덕으로 돌격해 달려갈 것을 명령했다.

우익의 아테네인은 금방 테스피아이, 타나그라, 오르코메노스의 군사로 구성된 보이오티아의 좌익을 패주시켰다. 전장의 다른 쪽 끝에서는 테베인의 활동이 변변치 못했다. 그들과 대치하고 있는 용맹한 아테네인들이 서서히, 한걸음 한걸음씩 후퇴하면서 대열이 흐트러지거나 패주하지 않았던 것이다. 이때는 보이오티아인에게 큰 위기의 순간이자 아테네인에게 희망의 순간이었다. 만약 다른 어떤 개입이 없다면, 테베인으로 구성된 우익이 아테네인을 포위하기 전에 아테네의 우익이 보이오티아의 전열을 포위할 것이기 때문이었다. 그렇게 되면 테베인은 협공을 당할 것이고, 보이오티아인의 군대는 패주하여 아마 괴멸될 것이었다.

바로 이 순간 파곤다스는 전술적 천재성을 발휘하여 전투의 흐름을 뒤집었다. 그는 우익에서 기병부대 둘을 우회시켜 언덕 뒤에 아테네인이 보지 못하게 숨겼다. 그들이 마침내 승리하고 있는 아테네인의 뒤에 나타나서 아테네인을 공황 상태에 빠뜨려버렸다. 아테네인은 배후에 완전히 새로운 부대가 도착해서 자신들을 공격한다고 생각했던 것이다. 이것은 아테네인의 돌격 의지를 무너뜨렸고, 우익의 테베인에게 자신들과 대치하던 아테네인을 돌파하여 패주시킬 수 있는 시간을 주었다. 아테네 군은 이제 무더기로 도망쳤고, 보이오티아인과 로크리스인의 추격에 시달렸다. 밤이 찾아온 것만이 더 큰 살육을 막아줄 수 있었다. 아테네인은 길고 복잡한 협상 이후에 마침내 시신을 수습하게 되었을 때, 자신들이 수많은 경무장 부대와 비전투 요원들 외에도 중장 보병을 거의 1,000명이나 잃었다는 것과, 히포크라테스 장군도 그중에 포함되었음을 알았다. 이것은 10년 전쟁에서 당시까지 가장 큰 손실이었다. 보이오티아인은 델리온의 아테네 요새를 제거하기 위해서 일종의 거대한 화염방사기를 만들어서 성벽에 불을 붙이고 수비군을 몰아냈다. 전례 없는 전쟁이 군사적 문제들을 해결하기 위한 새로운 기술의 발달을 촉진했던 것이다.

고대에 델리온 전투보다 유명한 전투도 드물었다. 소크라테스가 중장 보병으로, 알키비아데스가 기병으로 참여했던 것이 그 주된 이유였다. 전장에서는 훌륭한 파곤다스가 독보적이었고, 그의 전략적 혁신은 자신의 시대를 훨씬 앞선 것이었다. 이 대결은 또 군사적으로 중요한 결과를 낳았다. 아테네인이 이 전쟁에서 보이오티아를 손에 넣는 데 실패한 것은 승리가 불가능해 보이던 스파르타 동맹에 더 버틸 수 있는 용기를 주었다. 아테네에서는 패배와 심각한 인명 손실이 호전적 분파에 타격을 주었고, 평화협상을 선호하던 사람들에게 도움이 되었다. 델리온의 재앙을 낳은 전략에 대해서 아테네인을 비판하는 사람들이 있었다. 어떤 이들은 아테네가 페리클레스의 노선을 벗어나 공격적으로 나선 것을, 또 어떤 이들은 아테네가 정면공격을 하지 않고 복잡하고 우회적인 경로를 택한 것을 비난했다. 그러나 기원전 424년에 페리클레스의 전략은 이제 더 이상 실행이 불가능해 보였고, 새로운 전략이 반드시 필요했다. 그리고 전략적으로도, 적에 비해 수적으로도 열세이고 사기도 낮은 군대에게 정규전을 강요할 수 없었을 것이다.

결국 아테네인이 보이오티아를 적으로 간주하고 제거하려고 했던 결정은 옳았던 것으로 증명되었고, 대치 중이었던 적의 중장 보병, 기병, 경무장 부대의 연합군에 비해서 아테네 군이 열세에 놓였던 것을 고려한다면, 기습과 각개격파 전략을 택한 것 역시 옳은 선택이었다. 게다가 원래의 계획에는 별다른 위험이 없었다. 데모스테네스는 혁명으로 안전이 보장되지 않았더라면 시파이에 상륙하지 않았을 것이었고, 델리온이든 어디에서든 대규모 군대와 싸울 생각은 전혀 없었다. 만약 그 지역들에서 무엇인가 일이 잘못된다고 해도, 귀환하는 길은 여전히 확보되어 있었다. 심지어 비밀 유지에 실패하고 타이밍이 엉클어진다고 해도 히포크라테스가 버티고 서서 싸우지 않고 퇴각했더라면 델리온의 재앙은 벌어지지 않았을 것이다. 조금만 운이 따라 주었더라면, 이 군사행동은 중요한 승리를 이룰 수 있었을 것이다. 그러나 놀라운 승리를 여러 차례 거둔 이후인 기원전 424년에는 행운이 아테네에서 등을 돌리기 시작했다.

제14장
브라시다스의 트라케 출정 (기원전 424-423년)

기원전 424년 8월 중순, 보이오티아에 대한 아테네의 침공이 처참하게 실패하기도 전에 이미 브라시다스는 매우 대담한 행동으로 전쟁의 경로를 스파르타에 유리하게 바꾸기 시작했다. 즉 군대를 트라케를 향해 북진시킴으로써 아테네 제국의 접근 가능한 유일한 곳을 위협한 것이다. (이 군대는 아테네가 메가라를 공격했을 때 우연히 코린토스 근처에 소집되었던, 그래서 브라시다스로 하여금 메가라를 구원할 수 있게 해주었던 바로 그 군대였다. 중장 보병 무장을 갖춘 헤일로타이 700명과 펠로폰네소스 출신의 용병 중장 보병 1,000명이었다.) 기원전 424년에 이르자 펠로폰네소스는 필로스와 키테라를 근거로 삼은 아테네인의 괴롭힘을 더 이상 견디기 힘들었고, 스파르타인은 이 상황을 개선시키기 위해서라면 무엇이든 할 준비가 되어 있었다. 브라시다스의 계획을 통해서 스파르타인은 필로스의 아테네인과 메세니아인이 모반을 획책하고 있는 상황에서 대담하고 강건한 헤일로타이 700명을 떠나보낼 수 있었고, 이 일로 혹 위험에 처하게 될지도 모르는 스파르티아테스는 지휘관 한 명뿐이었다. 이들의 주 목표는 암피폴리스였다. 이곳은 목재, 금, 은 등 전략적 자원이 풍부했다. 또 이곳의 입지도 중요했다. 여기에서 스트리몬 강으로 가는 통로와, 또 아테네의 생존에 꼭 필요한 곡물 보급을 맡은 선박들이 들어오는 헬레스폰트와 보스포로스로 가는 동쪽 길을 통제할 수 있었다.(지도 16)

그러나 암피폴리스와 마케도니아 및 트라케의 다른 아테네 속국들로 가는 길은 위험했다. 그곳들과 헤라클레아에 있는 스파르타의 새 식민시

사이에는 테살리아가 놓여 있었다. 테살리아는 공식적인 아테네의 동맹국으로서, 광활한 평지였기 때문에 만약 빛나는 테살리아 기병의 공격을 받는다면 중장 보병 군대가 안전하게 진군하기 어려웠다. 또 그리스 북부에는 스파르타인에게 부대를 지원해줄 우방이 없었다. 그럼에도 브라시다스는 공격을 시도하려고 열심이었고, 특히 기원전 424년의 사건들 이후에는 유리한 기회를 제공할 듯 보였다. 즉 보티아이인과 칼키디케인은 기원전 432년부터 아테네에 반란을 일으켰으며, 마케도니아의 왕인 페르디카스는 가끔은 아테네와 평화를 이루거나 동맹을 맺기도 했지만 진심으로는 언제나 아테네의 적이었고 스파르타인에게 트라케로 군대를 보내줄 것을 요청했다. 반란자들은 용기백배한 아테네인이 곧 군대를 보내어 자신들을 쳐부술까 두려워했고, 페르디카스는 린케스티스인의 왕 아라바이오스와 사적인 불화가 있어서 펠로폰네소스 군대를 자신의 편에 끌어들이기 원했다. 스파르타가 동북 방면에서 군사행동을 할 때 아테네에 적대적인 그리스 도시들이 지원해줄 것이라고 믿을 수 있었으므로, 브라시다스는 정부를 설득하여 자신의 계획을 승인하게 했다.

브라시다스는 테살리아에서 첫 도전에 직면했다. 그곳의 평민들은 아테네에 우호적이었다. 더구나 외국 군대가 자신의 땅을 진군하는 것을 원하는 그리스인은 아무도 없었다. 투키디데스의 말처럼, "만약 테살리아인이 그 지역을 늘 그렇듯이 폐쇄적인 과두정에 의해서 지배되는 것이 아니라 오히려 평등한 체제였다면, 브라시다스는 결코 지나가지 못했을 것이다."(4.78.3) 파르살로스의 친구들이 길 안내자를 보내 그들이 안전하게 지나가도록 해주었고, 브라시다스의 외교술과 현명함 덕분에 파르살로스까지 갈 수 있었다. 거기서부터 페르디카스의 영토로 가는 나머지 길에서는 테살리아인 호위대가 그를 이끌어주었다.

브라시다스가 북부에 도달했다는 소식을 들은 아테네인은 페르디카스를 적으로 선포하고, 의심스러운 동맹국들에 대한 감시를 강화하기 시작했다. 브라시다스는 페르디카스의 환심을 사기 위해서 그가 이웃 국가를 공격할 때 동참하기로 했지만, 곧 불협화음이 생겨났다. 브라시다스는 분쟁을 조정하겠다는 아라바이오스의 제안을 받아들여 전장에서 퇴각했고, 이것은 마케도니아 왕의 기분을 매우 거슬리게 했다. 이로 인해서 페르디카스는 브라시다스 군대의 2분의 1을 감당하겠다던 자신의 지원 규모를 3분의 1로 줄였다.

브라시다스는 칼키디케 반도의 아칸토스가 암피폴리스를 공격하기 위한 좋은 근거지가 될 것이라고 보고 8월 말에 자신의 군대를 그곳으로 데려갔다.(지도 16) 비록 그 도시는 분파적 분쟁으로 나뉘어 있었지만, 브라시다스는 기습이나 배반을 통해서 점령하려고 하지 않았다. 그는 시민들을 설득하여 양보하도록 했다. 투키디데스는 브라시다스에 대해서 유쾌한 반어법이거나 거만한 정중함으로 이렇게 말했다. "그는 능력 없는 연설자가 아니었다. 스파르타인임에도 말이다."(4.84.2) 아칸토스인은 그를 호위 없이 홀로 도시에 들어오게 했다. 브라시다스는 정중한 말로 운을 떼고, 스파르타가 그리스인의 해방자임에 대해서 이야기하고, 이 도시의 독립을 해치지 않을 것이며, 어느 분파의 편도 들지 않고, 아테네와의 관계에서 보호를 제공하겠다고 약속했다. 그는 만약 그들이 거부한다면 이제 막 추수할 무렵인 아칸토스인의 곡물을 망치겠다고 위협했다. 아칸토스인은 표결을 통해서 아테네에 대항해 반란을 일으키고 펠로폰네소스인을 받아들이기로 결정했다. 이것은 "브라시다스의 말에 현혹되었고, 곡물이 걱정되었기 때문이었다."(4.88.1) 인근의 도시인 스타기로스가 반란에 동참했는데, 이로써 스파르타인은 성공적으로 명분을 내세울 수 있게 되었다.

암피폴리스 점령

12월 초 브라시다스는 암피폴리스로 진격했다. 이 도시를 무너뜨린다면 분명 그 지역 전체에서 총체적인 반란을 이끌어낼 수 있을 것이었고, 헬레스폰토스로 가는 길도 열릴 것이었다. 암피폴리스는 스트리몬 강이 급하게 굽어지는 지역에 위치하여 삼면에서 강으로 보호되었다.(지도 16) 강에 놓인 다리 하나를 통해서 서쪽에서 그 도시로 접근할 수 있었는데, 그곳을 건너는 적군은 암피폴리스가 건설된 언덕을 두르고 있는 방벽과 마주치게 되어 있었다. 동쪽의 방벽은 도시를 효과적으로 섬처럼 고립시켜주었다. 소규모 함대만으로도 서쪽에서 오는 어떠한 공격이든지 쉽게 막아낼 수 있었다.

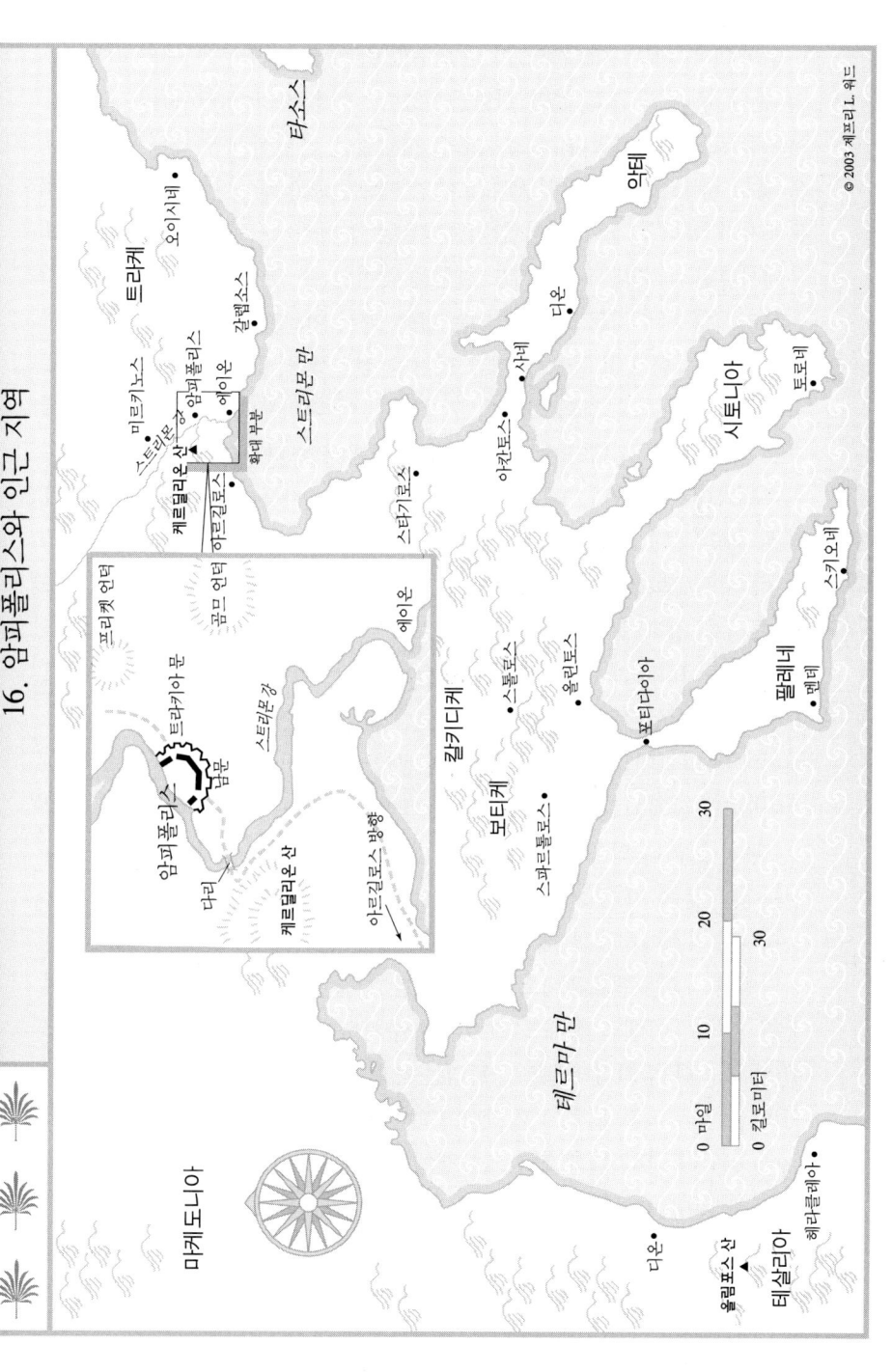

암피폴리스에는 아테네인이 극소수였고, 주민 대부분은 투키디데스가 "혼합된 무리"라고 불렀던 사람들이었다. 그중 몇몇 정착자들은 인근의 아르길로스 출신이었다. 아르길로스 사람들은 은밀하게 아테네에 적개심을 품고 있었으므로, 암피폴리스 내의 아르길로스 출신자들은 믿을 만한 동맹자가 아니었다. 그래서 암피폴리스는 공격이나 포위를 당할 때면 외부에서뿐만 아니라 내부에서도 위험을 맞이할 수 있었다.

브라시다스는 어둡고 눈이 오는 밤을 타서 아르길로스로 진격했고, 그 도시는 즉각 아테네 동맹에 대한 반란을 선언했다. 동이 트기 전에, 브라시다스는 스트리몬 강의 다리에 도착했다. 이 다리는 그의 전략에 결정적으로 중요했다. 눈보라가 여전히 불고 있어서 브라시다스가 수비병들을 기습하기에 용이했다. 더구나 그들 중에는 배신자들도 있었다. 펠로폰네소스 군은 쉽게 다리와 도시 성벽 외부의 모든 땅을 장악했고, 충격에 빠진 다수의 암피폴리스 군을 포로로 잡았다. 성벽 내에서는 서로 다른 국가 출신의 정착민들 사이에서 급속도로 분쟁이 발생했다. 투키디데스는 만약 브라시다스가 도시 주변을 약탈하지 않고 즉시 공격했더라면 쉽게 점령할 수 있었을 것이라고 믿었다. 그러나 그런 소규모 부대를 이끌고 성벽에 둘러싸인 도시를 공격한다면 분명 상당한 수의 병력 손실을 입을 것이었고, 실패할 가능성도 있었다. 그래서 브라시다스는 속임수를 쓰기로 했다. 그러나 암피폴리스인은 곧 용기를 되찾고 배신자에 대항해서 자신들의 성문을 지켜냈다.

암피폴리스에서는 아테네 군 수비대장인 에우클레스가 에이온으로 파견되었다. 그는 펠로폰네소스 전쟁사를 저술한 역사가이자 당시 트라케 방면 지역의 아테네 함대를 지휘하던 투키디데스에게 구원을 요청하려고 했다. 그러나 투키디데스는 스트리몬 해협 입구에서 5킬로미터도 채 떨어지지 않은 에이온에 있지 않았다. 그는 반나절을 항해해 가야 하는 타소스에 있었다. 투키디데스의 역사책에는 자신이 에이온에 부재했던 이유에 대한 설명이 없다. 어쩌면 그는 암피폴리스를 지원하기 위해서 병력을 모으고 있었던 것일지도 모르지만, 확실한 증거는 없다. 그의 여행이 암피폴리스와 아무런 관계도 없었을 수도 있다. 이유가 무엇이었든, 투키디데스가 늦게 도착한 것은 결과에 결정적인 요인이 되었다.

투키디데스의 말에 따르면, 브라시다스는 투키디데스가 곧 도착하여 저항을 강화할 것을 두려워했기 때문에 암피폴리스인에게 온건한 항복 조건을 제시했다고 한다. 이 주장의 진실이 무엇이든, 아테네 함대가 등장하면 항복을 받아낼 기회는 크게 줄어들 것이었으므로 브라시다스는 신속하게 그리고 온건하게 움직였다. 그러나 에우클레스와 암피폴리스인은 투키디데스의 함대가 소규모임을 알고 있었다. 브라시다스가 일단 다리를 건너면 그 함대는 거의 무용지물이 될 것이었다. 도시가 무력으로 점령된다면 시민들에게는 냉혹한 운명이 닥칠 것이었다. 추방되거나, 노예가 되거나, 심지어 죽음까지 당할 수 있었다. 그래서 암피폴리스인은 브라시다스가 제시한 조건들을 받아들였다. 암피폴리스의 모든 거주민은 동등한 권리를 가지고 자신의 재산을 보유하며 머무를 수 있었고, 그것이 싫다면 재산을 가지고 5일 안에 자유롭게 도시를 떠날 수 있었다. 암묵적인 조건으로는 암피폴리스가 스파르타 동맹으로 넘어와야 했는데, "이러한 요구는 그들이 두려워했던 일에 비하면 받아들일 만해 보였다." (4.106.1) 브라시다스가 제안을 하자마자 저항은 가루가 되어 사라졌고, 도시는 조건을 받아들였다.

브라시다스가 암피폴리스에 진입하고 몇 시간 후, 투키디데스가 7척의 전함을 데리고 에이온에 도착했다. 그는 12시간 만에 80킬로미터를 이동할 정도로 신속하게 움직였던 것이다. 투키디데스는 아마 "다리 점령됨, 적이 거기에 있음" 식의 수신호 연락을 받았을 것이다. 그런 연락을 받았다고 하면, 투키디데스 자신이 전하는 그의 대응방식이 설명될 것이다. "[투키디데스는] 암피폴리스가 항복하기 전에 시간을 맞추어 도착하기를 무척 원했다. 그러나 만약 그것이 불가능하다면, 에이온이라도 구출할 수 있도록 서둘렀다." (4.104.5) 실제로 투키디데스는 암피폴리스를 구원하기에는 너무 늦었지만, 에이온마저 점령당하는 것은 막았다.

암피폴리스의 투키디데스

암피폴리스를 상실하자 아테네인은 충격을 받았고 격분했다. 그들은 투키디데스에게 책임을 물었다. 투키디데스는 재판에 회부되어 전쟁이 끝날 때까지 20년 동안 추방되었다. 고대의 투키디데스 전기 작가들에 따르면 클레온이 고발자였으며, 죄명은 프로도시아(prodosia, 반역)였다고 한다. 성공하지 못한 장군들에게는 종종 공금 횡령죄나 반역죄를 덮어씌웠다. 클레온은 여전히 아테네에서 주도적인 정치가였고, 그런 고소를 제기할 법한 제1후보였다. 역사가들은 오랫동안 그 재판의 결정의 정당성에 대해서 논쟁을 해왔다. 문제는 이 사안에 대한 유일한 자료가 투키디데스의 설명이라는 사실 때문에 복잡해진다. 게다가 그 설명 자체도 묘하다. 투키디데스는 자신에게 내려진 선고에 대해서 직접적으로 논의하지 않았다. 대신 그는 사건에 대한 객관적인 묘사를 선택했다. 그로서는 단순한 서술이 가장 효과적인 변론이었다. 그렇게 말할 수 있는 근거가 있다. 우리는 투키디데스의 서술을 이용해서 그 자신에게 제기된 암피폴리스 함락의 책임에 대해서 너무나 쉽게 직접화법의 변론을 만들 수 있다. 그는 아마 이렇게 말했을 것이다. "브라시다스가 스트리몬 강의 다리를 기습적으로 공격했을 때, 긴급 상황이 발생했습니다. 다리 수비대는 소규모였고, 일부는 배신했으며, 준비도 되어 있지 않았습니다. 그래서 브라시다스는 손쉽게 다리를 장악했습니다. 다리를 수비하는 책임은 암피폴리스 수비군의 사령관인 에우클레스에게 있습니다. 도시는 방어 준비가 되어 있지 않았지만, 다행히 금방 기운을 회복해서 즉각적인 반란을 막을 수 있었습니다. 그리고 저에게 도움을 요청했습니다. 저는 당시 타소스에 있었고, 즉각 출병하여 가능한 한 암피폴리스를 구하고, 최소한 에이온은 지키려고 했습니다. 저는 시간을 매우 아꼈습니다. 반란의 위험이 크다는 것을 알고 있었고, 또 제가 도착하면 흐름을 우리 쪽으로 끌어올 수 있을 것이었기 때문입니다. 에우클레스가 하루만 더 버텨냈더라면 우리는 브라시다스를 물리칠 수 있었을 것입니다만, 에우클레스는 그러지 못했습니다. 저는 선경지명을 가지고 신속하게 움직임으로써 에이온을 구했습니다."

어쨌든 투키디데스의 공식적인 변론은 아테네 배심원들을 납득시키지 못했다. 다만 현대 역사가들 사이에서는 그의 서술 속에 담긴 암묵적인 논변이 상당한 성공을 거두기는 했다. 그러나 그가 법정에서 한 진술이 역사책에 제시된 것과 본질적으로 같은 것이었다고 할지라도, 우리는 왜 그 변론이 그를 무죄로 만들지 못했는지를 이해할 수 있다. 그것에는 핵심 질문에 대한 대답이 없었던 것이다. 즉 왜 그는 에이온이 아니라 타소스에 있었는가 하는 점이었다.

투키디데스는 당연히 무엇인가 정당한 일 때문에 타소스에 갔을 것이다. 그렇다고 해도 그가 브라시다스 원정부대의 도착을 예상하지 못한 책임과 부적절한 때에 부적절한 장소에 있었던 책임을 벗어날 수는 없다. 그러나 그가 받은 처벌은 지나친 감이 있다. 더구나 브라시다스가 대담하고 색다른 전술을 썼다는 점, 그리고 에우클레스가 다리를 점령당하고 암피폴리스인이 항복하도록 허용하고도 아무런 재판이나 비난을 받지 않았던 점을 고려하면 더욱 그러하다. 만약 비이성적인 데모스가 희생양을 찾고 있던 것이라면, 왜 투키디데스만을 정죄했을까? 우리는 아테네 법정이 정치적이거나 혹은 다른 어떤 요인에 의해서 투키디데스와 에우클레스를 차별했는지 알 수 없다. 아테네인은 모든 기소된 장군들에게 자동적으로 유죄를 선고하지 않았고, 기소된 자들에게 모두 같은 처벌을 내리지도 않았다. 그들은 여러 가지를 고려하여 결정했고, 사안의 구체적인 세부사항들에 따라 결론은 달라졌다.

누구의 책임이든지 간에, 암피폴리스의 함락은 트라케 전 지역의 반란을 자극했다. 여러 지역들의 분파들이 브라시다스에게 은밀히 사신을 보내어 자신들의 도시를 스파르타에 넘기려고 했다. 암피폴리스 점령 직후에, 스트리몬 해협 바로 위쪽에 있는 미르키노스와 에게 해 연안의 갈렙소스와 오이시네가 떨어져 나갔고, 뒤이어 악테 반도의 도시들 대부분이 이탈했다.

칼키디케 도시들의 시민들은 스파르타의 본격적인 도움에 의지했고 아테네의 힘을 과소평가했다. 그러나 그들의 기대는 두 방향 모두에서 틀렸다. 아테네인은 즉각 트라케 지방에 대한 지배력을 강화하기 위해서 수비대를 파견했다. 반면에 브라시다스가 스트리몬 해협에서 함선을 건조하는 동안 증원군을 보내줄 것을 요청했으나, 스파르타 본국의 정부가 이를 거부했다. "왜냐하면, 주도적인 인물들이 그에 대해서 질투심을 품었기 때문이었고, 또 그들은 그 섬의 병력을 귀환시키고 전쟁을 종결짓는 편을 선호했기 때문이었다."(4.108.7)

물론 스파르타인의 결정에 질투가 일정한 역할을 하기는 했다. 그러나 정책에 대한 진정한 의견 차이가 더 중요한 요소였다. 스팍테리아에서 병사들이 포로로 잡힌 이후로, 평화협상을 원하는 분파가 국가를 지배했다. 그들은 계속해서 협상단을 파견하도록 스파르타인을 설득했다. 그러나 아테네인이 모두 거부했던 것이다. 이제 그들은 브라시다스의 승리가 이제껏 갈구했던 평화를 위한 강력한 유인책이 될 수 있을 것이라고 생각했다. 암피폴리스와 여러 도시들을 점령함으로써, 필로스와 키테라의 포로들을 돌려받기 위한 협상에서 강력한 입지를 마련했기 때문이다.

이러한 보수파에게는 쉽게 공감이 간다. 페르디카스는 믿을 수 없는 사람임이 드러났다. 테살리아로 추가 병력을 이동시키는 것은 위험했다. 필로스와 키테라에 여전히 적군이 있고 헤일로타이가 불온한 움직임을 보이는 상황 속에서 병력을 국외로 내보내기를 원하는 스파르타인은 거의 없었다. 같은 때에 아테네에서는 메가라, 보이오티아, 암피폴리스에서의 연이은 패배로 인해서 공격적 전쟁을 주장하던 자들의 신용이 떨어졌다. 아테네인은 평화협상을 고려할 준비가 되어 있었다. 아테네인은 그해를 완전한 승리에 대한 희망에 들떠 시작했으나 기죽은 분위기로 끝을 맞았고, 타협할 준비가 되었다.

휴전

기원전 423년 봄, 아테네인은 마침내 스파르타인과 평화를 논의할 준비가 되었고, 이를 위해서 1년간의 휴전을 받아들였다. 스파르타인은 아테네인에게 델포이의 성소에 출입할 수 있게 해주겠노라고 약속했고, 전함을 띄우지 않기로 동의했다. 아테네인은 필로스로 도주해오는 헤일로타이를 받아들이지 않겠다고 서약했다. 아테네는 필로스와 키테라를 보유했다. 단 필로스의 수비대는 좁은 지역 내에 격리되었고, 키테라에서는 펠로폰네소스와 아무런 접촉을 하지 말아야 했다. 니사이아와 미노아 섬, 아틀란테 섬의 아테네 군 수비대에게도 같은 조건이 적용되었다. 펠로폰네소스 동부의 트로이젠에서는 아테네인이 이전에 트로이젠인들과 맺은 협약에 따라 아테네 군의 존재가 용인되었다.

협상을 돕기 위해서 양편의 사절단에게는 안전통행권이 보장되었다. 그리고 모든 분쟁은 중재를 통해서 조정하기로 합의되었다. 휴전 제안의 마지막 문장을 보면, 평화에 대한 스파르타의 열망이 진정한 것이었음을 알 수 있다. "이러한 것들이 스파르타인과 동맹국들에는 좋아 보입니다. 그러나 만약 여러분이 보기에 이 제안들보다 더 공평하거나 올바른 것이 있다면, 스파르타로 와서 우리에게 말해주십시오. 스파르타인과 동맹국들은 여러분의 제안을 하나도 거부하지 않을 것입니다. 다만 여러분이 우리에게 요청한 것과 같이, 여러분이 보내는 사람들에게 전권을 부여해주십시오. 그러면 휴전은 1년간 유지될 것입니다."(4.118.8-10)

아테네 민회는 기원전 423년 3월에 이 휴전을 받아들였다. 그러나 곧 문제가 발생했다. 델리온에서의 승리에 고무된 보이오티아인과, 오랜 원한을 품어온 포키아인이 협약을 거부했다. 그들이 델포이로 가는 아테네의 육상 통로를 장악하고 있었기 때문에, 협약의 제1항이 위태로워졌다. 코린토스인과 메가라인 역시 아테네인이 자신들에게서 뺏은 영토를 그대로 유지하는 조항들에 반대했다. 평화에 대한 가장 큰 장애물은 트라케에 있는 스파르타 군을 지휘하는 외골수 천재였다. 휴전이 체결되고 있을 때, 칼키디케의 스키오네가 아테네에 반란을 일으켰고, 브라시다스는 즉시 배를 타고 건너가 이 새로운 기회를 활용했다. 그는 애초에 반란을 선호하지 않았던 이들까지 자기편으로 끌어들였다. 한마음이 된 스키오네는 브라시다스에게 "헬라스의 해방자"라는 칭호와 함께 황금관을 선사했다. 이런 공적 행위는 전례가 없는 것이었다. 브라시다스는 곧 스키오네에 병력을 주둔시켰다. 이 도시를 근거지로 삼아서 같은 반도 내의 멘데와 포티다이아를 공격하려는 의도였다.

브라시다스는 이와 같이 야심찬 인물이었기 때문에 휴전 소식을 받아들이기 힘들었을 것이 분명하다. 특히 스키오네는 휴전이 체결된 이후에 반란을 일으켰기 때문에 스파르타의 지배에서 제외된다는 것을 알고는 더욱 마음이 상했을 것이다. 브라시다스는 스키오네를 아테네의 복수에서 보호하기 위해서 반란이 휴전 체결 전에 일어났다고 거짓 주장을 했다. 스파르타인은 그의 말을 믿고 스키오네에 대한 지배권을 요구했다. 그러나 브라시다스는 속임수를 썼음이 밝혀지면 무척 곤란하게 될 것이었다.
 그러나 아테네인은 이미 스키오네에서 벌어진 사건들의 시간순서를 잘 알고 있었고, 따라서 그 도시의 지위에 대한 중재를 거부했다. 분노한 아테네인은 클레온의 제안에 따라 도시를 파괴하고 시민들을 죽이기로 결정했다. 이번에는 재고나 집행유예 따위는 없을 것이었다. 암피폴리스, 아칸토스, 토로네, 그리고 동북부의 여러 도시들이 배신을 함으로써 페리클레스의 온건한 제국 정책은 더욱 평판을 잃었다. 이제 아테네인은 클레온이 제안한, 공포를 통한 억지 정책을 시도할 마음이 생겼다.
 한편 브라시다스는 자신의 길을 걷기 시작했다. 그는 스파르타 정부의 소망과는 반대로 평화가 아니라 승리를 목표로 삼았다. 브라시다스는 멘데가 반란을 일으키자, 이것이 의심할 바 없이 휴전 기간 내였음에도 불구하고 반란자들을 맞아들였다. 분노한 아테네인은 즉각 건방진 두 도시를 공격할 병력을 준비했고, 브라시다스는 두 도시를 보호할 수비대를 파견했다. 불행하게도, 칼키디케에서 스파르타 군이 신속한 행동을 취하는 것이 브라시다스에게 꼭 필요했을 때, 페르디카스가 린케스티스인에 대한 싸움에 그 병력이 동참할 것을 요구했다. 이 마케도니아 왕에게 물자 공급을 의존하고 있던 브라시다스는 거절할 수 없었다.
 페르디카스는 일리리아의 동맹국들이 배신하자 후퇴할 수밖에 없었다. 그러나 페르디카스와 브라시다스 사이에 다툼이 생겨서, 이 왕과 스파르타 장군은 협력하여 아테네 군에 대항할 수 없었다. 마케도니아 군은 한밤중에 떠나버렸고, 브라시다스의 부대는 취약한 위치에서 린케스티스인과 편을 바꾼 일리리아인의 대규모 부대를 맞이해야 했다. 그러나 브라시다스는 자신의 뛰어난 능력을 발휘하여 스파르타 군을 안전하게 귀환시켰다. 이 사건을 통해서 스파르타와 페르디카스의 동맹은 끝이 났다. 페르디카스는 "자신의 이익과는 반대되게도, 아테네인과 가장 빨리 평화를 이룰 수 있는 방법을 모색했고, 브라시다스를 떨쳐내려고 했다."(4.128.5)

니키아스의 트라케 원정

 스키오네와 멘데의 반란을 진압하기 위해서 팔레네로 떠나는 아테네 원정군의 지휘는 니키아스와 니케라토스가 맡았다. 단 토로네는 조약 이전에 반란을 일으켰기 때문에 휴전 조항에 따라 스파르타에 속했다. 니키아스와 니케라토스는 브라시다스가 어떤 행동을 했든지 간에 협약을 깨뜨리지 않으려고 했다. 그들은 진정으로 평화를 원했다. 그러나 브라시다스의 조약 위반이 아테네인을 분노케 했으므로, 그들은 스키오네와 멘데만은 회복하려고 했다. 만약 니키아스와 그의 친구가 완전히 불신임당하는 일만 벌어지지 않았더라면, 그들은 반란을 일으킨 도시들을 진압하고 휴전이 맺어진 상황을 복원시킬 수 있었을 것이다.

아테네 군은 브라시다스가 북방 원정에서 돌아오기 전에 포티다이아에 기지를 마련했다. 멘데는 원주민과 스키오네에서 온 300명, 그리고 스파르타 장군 폴리다미다스 휘하의 펠로폰네소스 군 700명이 방어하고 있었다. 폴리다미다스는 상관의 명령에 충실했으나 브라시다스와 같은 인물은 못되었다. 그는 스파르타인이 해외에 나갔을 때의 전형적인 모습을 보여주었다. 폴리다미다스가 아테네 군에 대한 공격을 준비하고 있을 때 멘데의 몇몇 민주파가 싸우기를 거부했다. 그는 민주파 항의자들을 거칠게 몰아붙이고 체포했다. 그러자 민주파의 멘데인 동료들이 펠로폰네소스 군과 멘데 과두정부를 공격했고, 아테네 군에 성문을 열어주었다. 아테네 군 병력이 도시로 밀려 들어와 멘데에 민주정을 회복시키고 아테네 동맹에 다시 가입시켰다.

탈출한 펠로폰네소스 부대는 스키오네로 도망쳤다. 이 병력 덕분에 그곳의 주민들은 여름 내내 버텨낼 수 있었다. 니키아스와 니케라토스는 도시 주변에 포위 방벽을 쌓고 페티카스와 동맹을 맺었다. 이것은 유용한 전술이었다. 스파르타인이 평화협상에서 가장 유리한 위치를 차지하려는 소망에서 이제 막 브라시다스에게 구원군을 보내려던 참이었기 때문이다. 아테네의 평화파와 마찬가지로 스파르타의 평화파도 평화를 이루기 위해서 전쟁을 가열시키는 어색한 역할을 맡았다. 브라시다스에게 추가로 군대가 도착했더라면 협상을 통한 조정의 가능성은 완전히 무너졌을 것이다. 그러나 마케도니아 왕이 테살리아에서 자신의 큰 영향력을 행사했고, 스파르타인은 그러한 시도를 할 생각을 접었다.

테살리아인은 스파르타 군대를 가로막았지만 3명의 장군이 북쪽으로 이동하는 것은 허용했다. 그들을 이끌었던 이스카고라스는 평화파였고, 브라시다스와 결코 우호적인 관계가 아니었다. 이스카고라스는 총독으로 일할 2명의 젊고 정력적인 인물들을 데려왔다. 암피폴리스에는 클레아리다스를, 토로네에는 클레오니모스를 앉힐 것이었다. 이들은 자신들의 스파르타 본국의 정부에 의해서 임명되었고 정부에 충성스러웠기 때문에 명령에 따를 것으로 기대할 수 있었다. 그들의 임명은 암피폴리스, 토로네, 아칸토스와 여러 도시들에서 브라시다스가 약속한 자유와 독립을 헛 것으로 만들었다. 브라시다스의 명성은 상처를 입었고 아테네로부터 추가적인 이탈은 더 이상 없을 것으로 보였다.

봄이 다가오고 휴전의 끝이 보이기 시작하자 혼란이 급증했다. 트라케 지역 외부에서는 휴전이 유지되었다. 그러나 브라시다스의 조약 위반은 아테네에서 의심과 분노를 키웠고, 안정적인 평화로 나아가는 길을 막았다.

제15장
평화의 도래 (기원전 422-421년)

아테네와 스파르타는 불만이 가득했으나 어느 쪽도 휴전을 깨뜨리려고 하지는 않았다. 그래서 휴전은 원래의 종결 기한인 3월을 지나서 422년 한여름까지 계속되었다. 스파르타인은 브라시다스를 내버리고 처벌하기를 거부했다. 오히려 그의 군대를 보충해주려고 했고 그가 조약 위반을 통해서 획득한 도시들을 다스릴 총독들을 파견했다. 아테네 입장에서는 스파르타인이 나쁜 심보를 품고 휴전에 임했다고 결론을 내리고 다음과 같이 생각하기 쉬웠다. 그들이 휴전에 임한 까닭은 오직 브라시다스가 더 많은 성공을 거두고 더 많은 반란을 일으킬 수 있는 시간을 벌기 위해서였으며, 그럼으로써 평화협상에서 더 많은 요구를 할 수 있는 지렛대를 얻으려고 했다는 것이다. 그래서 아테네인은 전함 30척, 중장 보병 1만 2,000명, 기병 300기, 그리고 렘노스와 임브로스의 뛰어난 경장 보병으로 대규모 부대를 편성하여 암피폴리스와 여러 도시들을 되찾으려고 했다.

사령관 클레온

이 원정에서 그해 장군으로 선출되었던 클레온은 기꺼이 지휘권을 맡았다. 그러나 클레온과 그의 여러 동료들이 소집한 병력은 성공을 보장할 만큼 강력한 것은 아니었다. 브라시다스에게는 스키오네와 토로네에서 수비대로 있는 병력 외에도 그와 거의 규모가 같은 부대가 있었다. 게다가 성벽이 갖추어진 도시를 방어한다는 커다란 이점도 가지고 있었다. 아테네는 페르디카스와 트라케의 몇몇 동맹국들에 의지해야만 했다. 한편 브라시다스는 효과적으로 고립되어 었으며 스파르타로부터 추가적인 지원을 기대할 수 없었다. 클레온에게 운이 따라 주었더라면 중요한 승리를 거두고 트라케 지역에 안전을 회복할 수 있었을 것이다. 그랬다면 아테네는 더 큰 협상력을 가지게 되었을 것이거나, 아니면 클레온이 바랐던 대로 아테네인을 고무시켜 승리를 위해서 펠로폰네소스와 그리스 중부에서 공세를 재개하도록 할 수 있었을 것이다.

클레온은 처음에는 매우 잘했다. 분명한 목표인 스키오네를 공격하는 척하면서 대신 스파르타의 근거지인 토로네를 쳤다. 당시 브라시다스는 다른 곳에 가 있었고, 도시에 남겨진 부대는 아테네 군의 적수가 되지 못했다. 클레온은 해상과 육상에서 동시에 공격을 감행했다. 수비 병력이 성벽에 대한 공격을 막는 데 치중하는 사이에, 클레온의 전함들이 무방비인 해안을 습격했다. 스파르타 군 지휘관인 파시텔리다스는 덫에 걸렸다. 그가 정면의 클레온 부대와의 교전에서 벗어나서 토로네로 도망쳤을 때 도시는 이미 아테네 함대의 손에 떨어져 있었고, 그는 포로가 되었다. 클레온은 토로네의 성인 남성들을 포로로 잡아 아테네로 보냈고, 여자와 아이들은 노예로 팔았다. 브라시다스의 구원군이 6킬로미터 근처까지 도달했지만 이미 도시가 아테네 군에게 떨어졌다.

클레온은 토로네에서 에이온으로 가서 암피폴리스 공격을 위한 기지를 마련했다. 칼키디케의 스타기로스에 대한 공격은 실패했지만, 갈렙소스는 기습공격으로 점령했다. 기원전 422/421년 제국의 세금 목록을 보면 그 지역에서 많은 도시들이 회복된 것을 알 수 있는데, 분명 클레온의 업적이었을 것이다. 클레온은 외교적인 영역에서는 페르디카스와 마케도니아 군대와 동맹을 달성했고, 오도만티인의 왕 트라케인 폴레스와도 동맹을 맺었다.

클레온은 에이온에서 이 새로운 동맹국들의 도착을 기다려 이들과 함께 브라시다스를 암피폴리스에 묶어둔 다음 점령하려는 것이었다. 그러나 브라시다스는 그 위협을 미리 알아챘다. 그리고 아마 그때 케르딜리온이라는 언덕으로 군대를 이동시켰을 것이다. 그 언덕은 암피폴리스 서남쪽에 아르길로스인의 영역에 있었다.(지도 16) 암피폴리스 자체에는 클레아리다스에게 지휘권을 맡겨두었다. 브라시다스는 케르딜리온에서 사방을 모두 조망할 수 있었고 클레온의 모든 움직임을 추적할 수 있었다.

투키디데스의 말에 따르면, 브라시다스는 클레온이 휘하의 부대만으로 자신을 공격할 것이라고 기대했기 때문에 이 장소를 선택했다고 한다. 클레온이 스파르타 부대의 규모가 작은 것을 보고 무시하리라고 생각했던 것이다. 그러나 브라시다스의 병력은 적군과 거의 필적한 규모였고, 클레온은 분명 그 사실을 잘 알고 있었을 것이다. 클레온이 증원군을 계속 기다렸기 때문이다. 클레온은 곧 자신의 부대를 암피폴리스 동북쪽에 있는 언덕으로 이동시켰다. 투키디데스는 이 결정을 두고 군사적인 목적은 전혀 없었고, 다만 아테네 부대의 불평에 대응한 것이었다고 간단히 생각했다. 투키디데스가 묘사하는 아테네 병사들은 자신들의 수동적인 움직임에 짜증이 났고 장군의 리더십을 의심했다. 그들은 클레온의 무능과 비겁함을 브라시다스의 노련함과 대담함에 비교했다. 그러나 클레온에게 비판적인 자도 그를 비겁하다고 비난할 수는 없을 것이다. 투키디데스 자신도 그를 지나치게 대담하고 낙관적인 인물로 그리고 있다. 실제로 브라시다스는 클레온이 동맹국을 기다리지 않고 공격해올 만큼 경솔한 인물일 것이라고 기대했다. 무능하다는 비난도 의미가 없다. 클레온은 스팍테리아를 점령하겠다던 자신의 약속을 지켰고, 토로네에서도 자신이 영리하고 노련하며 성공적인 인물임을 증명했다. 사실 암피폴리스에서 클레온을 의심한 사람들이야말로 클레온이 갈렙소스를 습격하고 그 지역의 여러 도시들을 회복했을 때 그의 휘하에 있던 자들이었다.

트라케 군이 도착할 때까지 기다리고, 그 후에 도시를 포위하고 기습적으로 점령하려고 했다고 보는 것이 클레온의 움직임을 더 잘 설명하는 것이다. 그 일을 이루기 위해서는 적의 규모와 진영, 성벽의 높이와 강도, 병력과 주민의 배치, 성벽 밖의 지형에 대해서 정확하게 파악해야 했다. 그러려면 수색 작업을 해야 했다. 투키디데스는 클레온이 바로 그러한 일을 한 것을 설명했다. "그는 암피폴리스 정면의 강력한 언덕에 와서 자신의 군대를 배치했다. 그리고 직접 스트리몬 강의 습지대를 살피고 트라케에 대해서 그 도시가 어떤 위치에 자리잡고 있는지 조사했다."(5.7.4) 병사들은 정말 불안해했을 것이다. 그러나 그러한 전진은 반드시 필요했고,

도시로부터의 공격을 저지하기 위해서 대규모로 이루어져야 했다.

클레온은 언덕에 도달하자 암피폴리스 성벽에 병력이 전혀 배치되어 있지 않다는 것을 알아냈고, 성문에서 자신을 공격하러 나오는 부대도 없었다. 투키디데스의 말에 따르면 클레온은 공성 장비를 가져오지 않은 것이 실수였다고 생각했다 한다. 공성 장비만 있었으면 현재의 병력만으로도 도시를 차지할 수 있었으리라고 생각했다는 것이다. 그러나 투키디데스가 어떻게 클레온의 생각을 알 수 있었는지는 분명치 않다. 클레온은 그 전투에서 전사했고 따라서 직접 말을 듣지는 못했을 것이다. 또 20년 후에 투키디데스가 역사를 서술할 때 정보를 제공했을 아테네 병사들은 클레온의 개인적인 사상에 동참했을지라도 편견을 가지고 있었을 것이다. 우리는 클레온의 추론을 확실하게 알 수는 없다. 그러나 그가 펠로폰네소스 군의 병력을 과소평가하고 바보같이 자신의 군대를 위험으로 몰아넣었다는 증거는 없다. 실제로 브라시다스는 클레온이 에이온에서 북진하는 것을 보고 도시 내의 클레아리데스와 합류했을 때 자신의 군대가 숫자상으로는 나을지 몰라도 질적으로 떨어진다고 판단했기 때문에 감히 클레온을 공격할 생각을 하지 못했다. 클레온으로서는 자신이 정찰 활동을 마치고 에이온으로 안전하게 돌아갈 수 있으리라고 생각할 만했다.

암피폴리스 전투

그러나 브라시다스는 가능한 빨리 싸우고 싶었다. 스파르타나 페르디카스에게서 재정과 물자를 공급받지 못했으므로 그의 부대는 날이 갈수록 약해졌다. 반면에 클레온은 트라키아와 마케도니아의 부대들 덕분에 곧 엄청나게 힘을 키울 것이다. 클레아리다스에게 군대를 맡기고 150명을 선발하여, "브라시다스는 아테네인이 벗어나기 전에 즉각 공격을 가하기로 마음먹었다. 만약 그들의 증원군이 도착한다면 다시는 그들을 고립시킬 수 없을 것이라고 생각했다."(5.8.4) 브라시다스는 클레온을 속여 덫에 빠뜨리려는 계획의 일환으로 큰 쇼를 벌였다. 전투 직전에 거행하는 제사를 올리고, 클레아리다스의 군대를 도시의 북단에 있는 성문, 즉 트라키아의 문으로 보냈던 것이다.(지도 16) 그는 그 문으로 공격할 것처럼 위협함으로써 클레온을 암피폴리스의 동쪽 성벽을 지나 에이온 쪽으로 움직이게 강요했다. 아테네 군은 암피폴리스를 지나 행군하면서 성벽 뒤에서 아무런 움직임이 보이지 않으면 이제 안전하다고 믿을 것이었다. 그러나 브라시다스는 엘리트 부대 중에서 선별한 병력을 이미 남문에 배치해두었고, 그들로 아테네 군을 공격할 계획이었다. 아테네 군은 깜짝 놀라 적의 전군이 북문에서 남문까지 자신들을 뒤쫓아온 것으로 생각하고 전력으로 눈앞의 적을 물리치는 데 집중할 것이다. 그때 클레아리다스는 트라키아의 문에서 주력을 이끌고 나와 아테네인의 측면을 공격할 수 있을 것이다.

클레온은 소규모 병력을 보내어 암피폴리스의 북부 혹은 동북부를 정찰한 것 같다. 클레온은 적군이 트라키아의 문에 집결해 있고 아테네인은 대부분 그곳에서 남쪽에 있다는 것을 알자, 에이온으로 후퇴하라는 명령을 내리는 편이 안전하고 신중한 판단이라고 생각했다. 증원군 없이 정면 대결을 벌일 생각은 전혀 없었던 것이다.

투키디데스의 말에 따르면, 공격이 이루어지기 전에 클레온은 벗어날 시간이 충분하다고 판단하여 후퇴 명령을 내렸다. 후퇴하는 대열의 안전을 확보하려면 좌익에서 정교한 기동이 필요했다. 그러나 이 작전은 실행하는 데 시간이 좀 걸렸다. 클레온은 직접 가장 위험한 우익에 자리를 잡고 왼쪽으로 선회하게 했고, 그 결과 오른쪽 측면이 무방비 상태가 되어 매우 위험해졌다. 이러한 기동 때문에, 즉 좌익의 기동과 이를 조정하는 데 실패함으로써 혼란이 빚어졌고 대열이 흐트러졌다. 브라시다스는 아테네 군의 좌익이 전진하는 것을 내버려두었고, 적의 이러한 전술적 실패를 공격의 기회로 이용했다. 그는 남문에서 달려나와 아테네 군의 중앙을 쳤고, 아테네 군은 기습에 완전히 무력했다. 아테네인은 "그의 대담함에 놀라고 자신들의 무질서함에 겁을 먹어 도주하기 시작했다." (5.10.6) 클레아리다스는 가장 적절한 순간에 트라키아의 문에서 뛰쳐나와 아테네 군의 측면을 공격하여 혼란을 더욱 가중시켰다.

좌익의 병력은 에이온 쪽으로 달렸지만 클레온이 지휘하던 우익은 용감하게 위치를 고수했다. 그러나 클레온은 버티고 싸울 의도가 결코 없었고, 투키디데스의 말에 따르면 "즉시 도망쳤고" 미르키니아 펠타스테스의 창에 죽임을 당했다. 클레온은 비겁자라는 욕을 먹었지만, 그러한 비난을 지지할 만한 증거는 없다. 클레온은 좌익과 함께 탈출하지 않았다. 그는 도주하는 부대에서 가장 위험한 자리인 뒤편에 머물렀고, 또 멀리서 던진 투창에 맞아 죽었으며, 등 뒤에서 공격당했다는 증거도 없다. 스파르타인이 스팍테리아의 전사자들을 기리며 말했던 것과 같이, "용감한 자가 드러나는 것은 찰나의 일이다." 어쨌든 클레온의 동시대 아테네인들은 클레온이 암피폴리스에서 용감히 싸웠다고 믿었다. 클레온과 또 그와 함께 싸웠던 사람들은 국립 전몰자 기념묘지라고 할 수 있는 케라메이코스에 매장되었다. 그의 동포들이 그렇게 믿었다면, 우리 역시 그의 용기를 의심하지 말아야 한다.

클레온의 죽음에도 불구하고 그의 동료들은 버티고 서서 용감하게 싸웠다. 그들은 투창부대와 기병에게 공격당하기 전까지는 대열을 흐트러트리지 않았다. 아테네 기병은 에이온에 남겨졌던 듯하다. 어떤 전투도 기대하거나 의도하지 않았기 때문이었다. 아테네인 600명 정도가 전사했다. 스파르타인은 오직 7명만 쓰러졌는데, 그중에는 브라시다스가 있었다. 그는 부상당한 채로 전장에서 이송되었는데, 숨을 거두기 전에 자신의 마지막 전투가 승리로 끝났음을 알 수 있었다.

브라시다스와 클레온의 죽음

암피폴리스 전투는 투키디데스가 "양편에서 평화에 가장 반대했던 사람들"(5.16.1)이라고 묘사한 두 지도자를 앗아갔다. 암피폴리스인은 브라시다스를 도시 안에 아고라 맞은편에 매장하고, 기념비를 세우고, 도시의 건립자 명단에 그의 이름을 넣었다. 그리고 영웅으로 숭배하여 매년 체육대회와 제전을 벌여 그를 기념했다. 브라시다스는 아테네 제국을 파괴하고 그리스 세계에 스파르타의 패권을 회복하는 일에 깊이 헌신했다. 만약 그가 살아남았더라면, 북방의 전쟁은 계속되었을 것이다. 그의 죽음은 승리를 거둘 때까지 싸우기를 원했던 자들에게는 심각한 좌절이었다.

브라시다스처럼 클레온도 호전적인 정책을 추구했고, 그것이 자신의 도시를 위한 가장 좋은 방법이라고 확신했다. 분명히 그의 공적인 스타일은 아테네인의 정치생활의 품격을 낮추었고, 반란을 일으킨 동맹국에 대한 그의 가혹함은 증명할 필요도 없다. 그러나 클레온은 정말 폭넓은 여론을 대표했다. 그는 항상 자신의 정치적 입장을 정력적이고 용감하게 내세웠고, 정직하게 그리고 직접적으로 표현했다. 클레온이 페리클레스보다 더 군중에게 아부했다고 말할 수 없으며, 오히려 페리클레스와 같은 모질고 도전적이고 현실적인 방식으로 연설했다. 클레온은 자신의 생명을 내걸었고, 자신이 추천한 원정에 참여해서 가장 앞서 싸우다가 죽었다.

투키디데스의 "양식 있는 사람"이 어떻게 생각하든지 간에, 아테네는 사실 클레온의 죽음 이후에 더 나아지지 않았다. 클레온의 관점은 다른 이들의 노력을 통해서 지속되었다. 그들 중 몇몇은 능력이, 몇몇은 애국심이, 어떤 이는 정직함이, 또 어떤 이는 용기가 클레온에 미치지 못했다. 그러나 클레온의 죽음이 브라시다스의 죽음과 마찬가지로 평화를 하나의 진정한 가능성으로 만들어주었다는 투키디데스의 주장은 옳다. 이제 아테네에서 권력을 가진 사람 중 누구도 니키아스가 주장하는 평화안에 성공적으로 반대할 만큼 대단한 사람은 없었다.

평화의 도래

스파르타인은 암피폴리스의 승리에 고무되어 트라케로 증원군을 보냈다. 그러나 브라시다스의 전사 소식이 당도하자 증원부대는 회군했다. 지휘관이었던 람피아스는 스파르타의 정서를 잘 알고 있었던 것이다. "그들이 회군한 중요한 이유는, 자신들이 출발할 때 스파르타인의 마음이 평화 쪽으로 기울었음을 알고 있었기 때문이었다."(5.13.2) 동북 방면에서 최근에 벌어진 사건들은 전쟁의 현실에 중요한 변화를 일으켰다. 스팍테리아에서 포로들이 잡힌 후에는 아테네에 억류된 그들이 살해되지 않게 하기 위해서 아티카를 약탈하지 않았다. 펠로폰네소스 함대는 더 이상 존재하지 않았고, 아무튼 아테네 속국들의 반란을 지원하는 데 실패했다. 브라시다스의 대담한 작전을 위해서는 스파르타인이 원하거나 할 수 있는 것보다 훨씬 더 큰 헌신이 필요했다. 그리고 아테네가 바다를 지배하고 있고 페르디카스와 테살리아의 그의 동맹국들이 육상에서 적대적으로 나오는 상태에서는 증원부대가 그곳을 지나갈 수도 없었다.

스파르타가 전쟁의 지속을 두려워할 이유는 많았다. 아테네인은 여전히 필로스와 키테라에서 공격해올 수 있었다. 헤일로타이가 점점 더 많이 도주하고 있었고, 스파르타인은 대규모 헤일로타이 반란이 촉발될까 두려웠다. 아르고스와 맺은 30년 평화조약의 만기가 다가오고 있는 것 역시 추가적인 위협이었다. 아르고스인은 조약 갱신을 위해서 키누리아의 반환이라는 받아들일 수 없는 요구를 했다. 그러나 만약 전쟁이 계속된다면 스파르타인은 아르고스-아테네 연합이라는 치명적 위험을 감수해야 할지도 몰랐다. 그리고 그렇게 되면 스파르타의 동맹국들은 더 많이 스파르타를 떠나갈 것이다. 예를 들면 스파르타는 최근에 만티네아 및 엘리스와 분쟁이 있었는데, 이들은 민주정 국가들로서 스파르타의 보복을 두려워했고 아르고스 편에 참여할 가능성이 높았다.

게다가 스파르타의 여러 지도자들은 개인적인 이유에서도 평화를 모색했다. 그들은 아테네에 포로로 있는 자기 친족들을 귀환시키기 위해서 노력하고 있었다. 투키디데스는 플레이스토아낙스 왕이 "조약에 매우 열심이었다"(5.17.1)고 말한다. 평화조약은 분명히 그의 어려운 상황을 개선시켜줄 수 있었다. 그의 정적들은 그가 제1차 펠로폰네소스 전쟁 당시에 아티카를 침공하여 파괴하는 데 실패한 것을 결코 용서하려고 하지 않았고, 그가 자신의 복권을 위해서 델포이의 신탁을 매수했다고 고발했다. 그들은 그의 복권이 불법적이라고 생각했고, 바로 그것이 스파르타가 겪고 있는 모든 패배와 불운의 근원이라고 믿었다. 플레이스토아낙스는 조약의 체결이 이러한 개인적 공격들의 이유 역시 감소시켜줄 것을 희망했다.

객관적으로 아테네인은 평화협상에 나설 동기가 그보다는 적었던 것 같다. 아테네 영토는 3년 넘게 약탈당하지 않았고, 그것을 보장해줄 포로들을 여전히 붙잡고 있었다. 비록 국고의 예비 자금은 계속해서 감소했지만, 아테네인은 기원전 421년에 싸움을 계속하고 최소한 3년은 더 버티기에 충분한 자원을 가지고 있었다. 그러나 아테네인은 대부분 전쟁을 그렇게 오래 끌고 싶지는 않았다. 메가라 및 보이오티아에서의 실패와 트라케의 반란은 사기를 저하시켰고, 델리온에서의 손실은 충격적이었다. 아테네인은 또 제국 내에서 추가적인 반란이 일어날까 두려워했다. 물론 그러한 우려는 다소 과장된 것이기는 했다. 아테네가 바다를 지배하는 한, 에게 해나 소아시아에서 반란이 일어날 위험은 거의 없었기 때문이다. 칼키디케의 봉기도 더 이상 확산될 것 같지 않았으나 아테네인에게는 그러한 공포가 현실이었고, 그 두려움이 그들을 평화협상으로 나아가게 했다.

아테네에서는 최근의 여러 패배와 전쟁을 주도한 인물들이 전사함으로써 니키아스와 평화파의 입지가 강해졌다. 여기에서도 투키디데스는 니키아스의 사적인 동기가 중요한 원동력이었다고 강조한다. 니키아스는 당대에 아테네에서 가장 성공적인 장군으로서 "자신의 도시에 결코 해를 끼치지 않은 인물이라는 명성을 후대에 남기기를"(5.16.1) 원했다는 것이다. 니키아스는 또 천성이 신중했고 단호한 결의와 억제력을 가지고 싸우는 페리클레스의 전략에 찬동했다. 필로스의 승리로 페리클레스식의 평화가 가능할 것으로 보이자 니키아스는 끈질기게 아테네인을 설득하여 그 계획을 채택하게 하려고 했다. 그는 그것이 아테네인에게 가장 좋은 길이라고 진심으로 믿었기 때문이다.

전쟁의 진행에 대한 실망, 재정적 문제, 전쟁파 지도자들의 제거 등은 모두 평화를 향한 움직임을 설명하는 데 도움이 된다. 그러나 아테네인이 그토록 많은 희생을 치른 마당에, 그리고 필로스 사건 이후 그 어느 때보다 전쟁의 전망이 밝았던 바로 그 순간에 왜 기꺼이 전쟁 중지를 요구했는지는 여전히 의문스러울 수 있다. 아테네인은 그저 아르고스가 스파르타와의 조약을 파기하고 아테네와 합류하여 새로운 노력을 시작하도록 기다리기만 하면 되었다. 아르고스, 만티네아, 엘리스, 그리고 기타 여러 국가의 연합 세력이 펠로폰네소스에서 스파르타와 교전하게 내버려두고, 아테네인은 그와 동시에 필로스와 키테라에서 공격을 가하고 헤일로타이의 반란을 선동할 수 있었다. 펠로폰네소스인은 이러한 공격들을 막는 데 완전히 몰두할 것이고, 그러면 아테네는 자유롭게 메가라를 침공할 수 있었다. 펠로폰네소스 동맹이 결국 붕괴될 가능성도 높았고, 그러면 스파르타의 힘이 파괴되고 아테네는 자유롭게 고립된 보이오티아와 협상을 할 수 있다. 아무리 못해도 스파르타는 매우 약화될 것이고 아테네에 더 유리한 조건으로 평화협상에 나설 수밖에 없게 되었을 것이다.

그러나 이러한 이성적인 계산은 기원전 421년에 아테네인들 역시 느끼고 있던 전쟁에 대한 깊은 피로감을 무시하는 것이다. 아테네인은 전투와 역병으로 심각한 손실을 입었고, 오랫동안 축적한 국고를 다 소모했고, 도시 밖에 있는 자신의 집들이 파괴되고 올리브 나무와 포도 넝쿨이 쓰러지는 것을 지켜봐야 했다. 부유한 이들과 농부들은 평화를 가장 기꺼이 받아들이려던 집단이었다. 아리스토파네스는 기원전 425년의 희극 『아카르니아인들』에서 이 점을 해학적으로 분명히 표현했다. 아리스토파네스의 영웅 디카이오폴리스는 전형적인 아티카 농부를 대변했다. 그는 자신의 의지와는 반대로 아테네 시에 운집해 살아야 했고, 자신의 농지로 돌아갈 것을 갈망했다.

평화협상이 진행되는 동안, "전쟁 없는 이전의 깨끗한 삶을 갈망하는" 사람들은 에우리피데스의 『에렉테오스』의 합창단 대사를 즐겁게 들었다. "내 창이 사용되지 않아서 거미줄이 무성하게 하라" 그리고 "평화시에는 잠자던 자들이 나팔소리가 아니라 닭 우는 소리에 잠을 깬다"(플루타르코스, 『니키아스』, 9.5)는 격언을 생각했다. 평화조약이 마침내 승인되기 직전이었던 기원전 421년 봄에 나온 아리스토파네스의 『평화』는 마찬가지의 바람들로 가득 차 있지만, 또 전쟁의 종결에 대한 전망을 유쾌하게 표현했다. 이 희극의 영웅 트리가이오스는 평화에 대한 찬가를 부른다.

> 수많은 기쁨들을 생각해보시오.
> 동포들이여, 그것들은 평화 덕분이라오.
> 편안하고 안락한 모든 삶,
> 그것은 평화가 오래 전 우리에게 주었던 것들이라오.
> 무화과와 올리브, 포도주와 은매화,
> 절이고 말린 감미로운 과일들
> 만발한 제비꽃 향기, 숨쉬는 가슴이 갈망하네.
> 그토록 오래 잃었던 즐거움을,
> 동포들이여, 여기 평화가 돌아오오.
> 춤과 노래로 평화를 맞이하오! (571-81)

니키아스는 평화파의 뛰어난 지도자였고, 군사적 성공과 경건한 공적인 모습을 통해서 아테네에서 인기를 얻었다. 잘 알려진 평화 지지자였고 포로들에게도 특히 친절을 보였으므로 스파르타인 역시 니키아스에게 확신을 가질 수 있었다. 그들에게 니키아스는 완벽한 협상자의 자격을 갖추었음이 분명했다. 그러나 아테네인은 계속 평화협상을 거부했는데, 이제 곧 자신들에게 유리한 상황이 전개될 것임을 충분히 알고 있었기 때문이었다. 그러므로 스파르타인은 평화를 강요하기 위해서 무모할 정도의 모험을 감행해야 했다. 봄이 다가오자 "스파르타인 편에서 풍성한 사전 준비가 진행되었다." 마치 아티카에 항구적인 요새를 세울 것처럼 해서, 아테네인이 "이야기에 더 관심을 가지도록"(5.17.2)했다. 아테네인은 공포와 분노로 즉시 포로들을 살해하고 평화의 기회에 종지부를 찍는 방식으로 대응할 수도 있었겠지만, 이번에는 스파르타의 허세가 통했다. 아테네인은 마침내 전쟁 전 상태를 전반적 원칙으로 하는 평화협상에 동의했다. 예외는 테베가 플라타이아를 보유하고 아테네는 니사이아와 서쪽에서 코린토스의 영토였던 솔리온과 아낙토리온을 보유하는 것이었다.

니키아스의 평화

50년 동안 지키겠다고 서약된 이 평화조약은 공동의 성소들에 대한 자유로운 접근을 허용했고, 델포이의 아폴론 신전의 독립성을 확립했으며, 분쟁을 비전투적인 수단을 통해서 해결할 수 있게 했다. 영토에 대한 조항에서는 기원전 422년에 배신하여 보이오티아인에게 넘어갔던 아테네의 변경 요새 파낙톤을 복원시켰다. 스파르타는 또 암피폴리스를 아테네에 넘기기로 약속했다. 단 암피폴리스의 시민들과 다른 도시 출신의 시민들은 자기 소유를 가지고 자유롭게 떠날 수 있었다. 스파르타는 또 토로네, 스키오네, 기타 아테네가 재점령했거나 포위하고 있는 도시들을 포기했다. 스키오네의 사람들에게 이것은 죽음을 의미했다. 아테네 민회는 이미 그들의 운명에 대해서 선언했다. 그 외에 트라케의 반란 도시들은 두 부류로 나뉘었다. 첫 부류는 암피폴리스 및 아테네가 회복한 도시들로서, 그들은 아테네의 통제권 속으로 다시 들어갔다. 그러나 아르길로스, 스타기로스, 아칸토스, 스톨로스, 올린토스, 스파르톨로스는 그리스인의 자유라는 이름 아래 그들에게 반란을 일으키도록 부추겼던 스파르타인을 부끄럽게 했다. 아테네인은 스파르타의 체면을 살려주기 위해서 이 도시들에 기원전 425년에 증액된 금액이 아닌, 원래의 공납금만을 내도록 허락했다. 그들은 어느 쪽 동맹에도 속하지 않는 중립국이 되었다. 그러나 아테네인이 평화적인 설득을 통해서 그들의 지지를 회복하는 것은 허락되었다. 이 모든 골치 아픈 법률조항들에도 불구하고, 이 조약은 스파르타가 자신의 북방 동맹국들을 배반하는 행위였다.

아테네인 역시 중요한 양보를 했다. 칼키디케인에게 이례적인 독립성을 부여하고, 펠로폰네소스 주변의 자신들의 기지들, 즉 필로스, 키테라, 메타나를 반환하는 데 동의했다. 아테네는 아탈란테 섬과 프텔레온(아마 아카이아 해안의 도시일 것이다)의 반환에도 동의했다. 포로 교환 조항은 아테네인이 스파르타에 대한 중요한 억제력을 상실하게 했다. 그러나 이것은 평화를 위해서는 핵심적인 사항이었다. 마지막 조항에서는 아테네와 스파르타가 각자의 동맹국들에 이 평화를 부과해야 함을 분명히 했다. "만약 무엇인가를 잊어버린다면, 그것이 무엇에 관한 것이든지, 그 문제는 양편의 맹세에 따라 이루어질 것이며, 올바른 논의를 거쳐, 아테네인과 스파르타인 양편 모두에게 우호적으로 변경할 수 있다."(5.18.11)

아테네인은 아티카 첫 침공 10주년을 며칠 남겨놓지 않은 날에 조약을 비준했다. 아마 기원전 421년 3월 12일이었을 것이다. 평화조약은 아테네인과 스파르타인, 그리고 전체 그리스인 다수에게 큰 기쁨을 안겨주었다. 아테네에서는 "사람들 대부분의 여론에서는 이것은 분명히 악에서 풀려났음을 의미했고, 모든 사람들은 입을 모아 니키아스를 신의 축복받은 사람이라고 했다. 그의 경건함 때문에 신들이 가장 위대하고 아름다운 축복에 그의 이름을 붙이는 영광을 안겨주었다고 말했다."(플루타르코스, 「니키아스」 9.6)

이 조약은 언제나 니키아스의 평화라고 불렸다. 그리고 니키아스는 한 개인으로서는 이 조약이 성사되는 일에 가장 크게 공헌했다. 아르키다모스 전쟁이 아테네인에게 페리클레스가 추구하던 바로 그러한 종류의 승리를 안겨준 것처럼 보일지도 모르나, 사실은 전혀 그렇지 않다. 페리클레스의 목표는 스파르타인에게 그들이 아테네를 강제할 수 없다는 것, 아테네가 난공불락이라는 것, 아테네 제국은 항구적인 현실적 실체라는 것, 그리고 불만은 위협과 무력이 아니라 논의, 협상, 중재를 통해서 조정되어야 한다는 것을 확신시킴으로써 기원전 445년에 수립된 국제 질서를 굳건한 토대 위에 두려는 것이었다.

평화조약은 그러한 목표를 이루지 못했고 영토 문제에서도 원상태를 복원하지 못했다. 예를 들면 암피폴리스와 파낙톤은 아테네에 적대적이고 스파르타에 굴복하지 않는 사람들의 도시였으므로, 이들이 아테네에 반환된다는 것은 생각할 수 없는 일이었다. 마라톤에서 아테네의 전우였고 그 이후 언제나 충직한 동맹이었던 플라타이아는 테베의 지배에 내버려졌다. 암피폴리스의 상실은 니사이아의 획득으로 보상되었지만, 페리클레스가 칼키디케의 반란 도시들과의 조정을 보았다면 분명 소름끼쳐했을 것이다. 그들의 장래 지위와 심지어 그들이 바칠 공납금의 액수도 아테네인에 의해서가 아니라 아테네와 스파르타 사이의 조약의 조항에 의해서 결정되었다. 이것은 페리클레스가 전쟁을 하면서까지 지키려고 했던 것, 즉 아테네 제국의 정당성, 온전성, 독립성의 원칙에 위배되었다.

평화가 이루어진 방식은 더 불만족스러웠다. 스파르타가 아테네가 난공불락이라는 것이나 아테네 제국이 항구적인 삶의 요소임을 받아들이기에 이르렀다는 증거는 전혀 없다. 스파르타에 평화를 강요한 주된 힘은 포로들을 돌려받고 싶은 소망, 아르고스가 아테네와 동맹을 맺을지도 모른다는 위협 등 당장의 어려움들이었다. 전쟁파는 붕괴되지도, 영구적으로 불신임되지도 않았고, 스파르타인이 펠로폰네소스에서 질서를 회복한 다음에 복수와 우월권을 추구하지 않으리라는 확신도 없었다. 평화는 스파르타인에게 회복할 시간을 주었고 보복할 수 있게 해주었고, 자신들이 전쟁에서 이길 능력이 없다는 확신은 거의 주지 않았다. 한편 아테네인은 군사적 위협 때문에 평화를 강요받았다. 결국 10년 전쟁은 양편에 아무런 바람직한 결과를 가져다주지 못했다. 아테네 제국을 파괴하지도, 그리스인에게 자유를 안겨주지도, 아테네의 힘에 대한 스파르타의 두려움에 종지부를 찍지도 않았고, 페리클레스가 전쟁을 감수하면서까지 추구했던 아테네의 안전에 대한 보장도 마련하지 못했다. 생명을 걸고, 고난을 감수하며, 돈을 쏟아부었는데 결국은 허사였다.

니키아스의 평화는 제1차 펠로폰네소스 전쟁을 종결지은 30년 평화와 마찬가지로 양편의 누구도 승리할 수 없었던 분쟁을 중지시켰다. 그러나 두 평화의 유사성은 그것이 끝이다. 기원전 445년의 영토 조항은 현실적이었지만, 기원전 421년의 조약에서는 그렇지 못했다. 이 조약은 암피폴리스와 파낙톤을 아테네에 반환한다는 스파르타의 약속에 의지하고 있었지만, 이 약속은 지켜질 것 같지 않았다. 또 니사이아, 솔리온, 아탁토리온 등에 대해서는 언급조차 없었고, 메가라와 코린토스는 이것에 대해서 분명 격분할 것이다. 그러면 평화는 위태로워질 것이다. 이전의 조약은 페리클레스가 굳건히 지배하던 아테네에 의해서 동의되었다. 그는 조약의 문자와 정신을 진심으로 준수하려고 했던 지도자였고, 스파르타 역시 그 조약에 만족할 만했다.

기원전 421년의 아테네에는 안정적인 지도력이 부족했다. 아테네의 정책은 최근에 여러 차례 변경되었고, 평화에 대한 반대자들을 극복할 수 있었던 주된 이유는 그들 가운데 영향력 있는 인물들이 일시적으로 사라졌기 때문이었다. 스파르타에서는 높은 지위에 있는 많은 스파르타인들이 이 평화를 인정하지 않았다. 새 에포로이가 조약 반대파에게 권력을 부여할 수 있었고, 심지어 평화조약을 이루어낸 에포로이도 조약의 모든 조항을 실행에 옮기려는 열정은 가지고 있지 않았다. 기원전 445년에는 스파르타의 동맹국들이 반대 없이 평화조약을 받아들였지만, 기원전 421년에는 보이오티아, 코린토스, 엘리스, 메가라, 트라키아 동맹국들이 협력을 거부했다. 기원전 445년에는 아르고스인이 스파르타와의 조약에 묶여 있었다. 그러나 그들은 기원전 421년에는 어느 편에도 속하지 않았고, 펠로폰네소스에서 자신들의 예전의 헤게모니를 회복하고자 했으며, 그리스 세계의 분열을 자신들의 이익을 위해서 이용하려고 했다. 이 모든 장애물들이 평화의 전망을 처음부터 의심스럽게 했다.

전쟁에 지친 소수의 아테네인들은 기원전 421년 대(大)디오니소스 제전에서 아리스토파네스의 『평화』를 보고 웃으며 그러한 문제들을 고려했다. 아리스토파네스가 전쟁의 절구와 공이라고 불렀던 브라시다스와 클레온은 죽었고, 전쟁의 신 자신은 무대에서 쫓겨났다. 트리가이오스와 아테네 농부들의 합창단은 이제 자유롭게 평화의 여신 에이레네를 10년 동안 묻혔던 구덩이에서 건져냈다.

제 4 부

거짓된 평화

　니키아스의 평화는 8년도 가지 못했고, 기원전 414년에 공식적으로 소멸되기 전부터 그 정신은 여러 차례 심각하게 손상되고 깨어졌다. 이 시기에 아테네에서 핵심적인 인물은 니키아스였다. 그는 페리클레스 사후 가장 오랫동안 중요한 영향력을 발휘한 아테네의 정치 지도자였다. 니키아스의 강점과 약점은 사건들의 경로에 결정적이었다. 그는 평화조약을 형성하고 현실화시킨 핵심 인물이었고, 또 그 조약이 어떻게 실행에 옮겨질 것인지를 결정했다.

제16장
평화의 해체 (기원전 421-420년)

곤란에 처한 평화

별로 놀랄 일은 아니지만, 평화의 심각한 약점이 거의 즉각 드러났다. 아테네인은 조약을 실행하는 일을 누가 먼저 시작할 것인지를 결정할 수 있는 행운을 잡았다. 스파르타가 먼저 아테네인 포로들을 반환하게 했다. 스파르타인은 또 클레아리다스에게 암피폴리스를 넘겨주고 인근의 다른 도시들에 협약을 받아들이게 압박하라는 명령을 내렸다. 트라케에 있는 스파르타의 동맹국들은 그 요구를 거부했고, 클레아리다스는 그들을 고분고분하게 만들 수 없었다고 주장했지만, 사실은 그는 그렇게 할 마음이 없었다. 그는 급히 스파르타로 돌아와 자신을 변호하고 혹 조약이 변경될 수 없는지 살폈는데, 스파르타인은 작지만 중요한 수정을 가함으로써 그렇게 했다. 그는 "만약 가능하다면 암피폴리스를 복원하고, 만약 불가능하다면 거기에 있는 모든 펠로폰네소스인을 철수시켜라"(5.21.3)는 명령을 받았다.

평화조약을 맺는 것에서 아테네인이 노렸던 중요한 구체적 목표는 암피폴리스의 회복이었는데, 이 수정은 도시를 내버림으로써 사실상 아테네인이 그 도시를 차지하지 못하도록 했다. 그러므로 스파르타인은 자신들의 첫 의무를 처리하면서 조약의 문자와 정신을 모두 깨뜨린 것이다.

스파르타 인근의 오랜 동맹국들 역시 처음부터 평화를 잠식했다. 메가라는 아테네가 니사이아를 차지하여 자신의 동방 무역을 방해한다는 사실에 격분했다. 엘리스는 스파르타와의 독자적인 분쟁 때문에 평화를 거부했다. 테베인이 이끄는 보이오티아인은 아테네인에게 자신들이 기원전 422년에 함락시킨 국경 요새인 파낙톤도, 또 아테네인 전쟁 포로들도 반환하는 것을 거부했다. 테베인의 힘과 위신은 기원전 431년 이래 매우 커졌고, 아테네인이 펠로폰네소스 전쟁에서 한숨 돌리게 되면 자신들의 성취를 잠식하지 않을까 두려워했다. 그래서 테베인은 아테네인과 여러 차례에 걸쳐 열흘짜리 휴전을 계속 맺음으로써 자기들 단독으로 아테네인과 싸우는 것을 피했다. 그들이 진정으로 원했던 일은 스파르타로 하여금 전쟁을 재개하게 하고, 아테네인의 힘을 파괴하게 하는 것이었다.

코린토스인은 평화에 훨씬 덜 즐거워했다. 포티다이아의 식민시가 다시 완전히 아테네의 손에 떨어졌고, 그 시민들은 쫓겨나 흩어졌다. 아테네는 또 서북방에 있는 코린토스 식민시인 솔리온과 아낙토리온도 차지했다.

스파르타-아테네 동맹

이렇게 첩첩이 쌓인 장애물들은 곧 아테네가 협정에 등을 돌릴 위험을 가져왔다. 아테네는 필로스와 키테라의 반환을 거부하거나 혹은 스팍테리아에서 잡힌 포로들의 송환을 거부함으로써 대응할 수도 있었다. 평화조약의 조항들에 대한 그러한 거부는 아르고스를 고무시키고 아르고스-아테네 동맹이라는 위험을 초래할 수 있었다. 그리고 불만을 품은 엘리스와 만티네아 같은 국가들이 거기에 동참할 가능성도 있었다. 그런 상황은 스파르타인에게는 악몽과 같을 것이다. 그래서 이들은 이제 이런 위험 상황에서 벗어날 외교적 방법을 모색해야 했다. 스파르타인은 결국 15년짜리 방어동맹을 제안했다. 이 동맹의 조건들에 따르면, 서로 상대방을 공격에서 방어해야 하며, 상대방에 대한 공격자를 공동의 적으로 간주해야 하고, 헤일로타이가 반란을 일으킬 경우 아테네가 스파르타를 원조해야 했다. 마지막 조항에서는 상호 동의에 따라 동맹 조건들을 변경할 수 있게 했다. 아테네인은 이 협약에 동의했고, 이것을 승인할 때 새 동맹에 대한 선한 신뢰의 표현으로 기원전 425년부터 잡아두었던 스파르타인 포로들을 넘겨주었다.

　스파르타인이 평화조약의 합의사항들을 실행하지 않는데도 아테네인이 동맹을 받아들이고 스파르타의 침공에 대한 담보인 포로들을 넘겨준 이유는 무엇일까? 포로를 잡고 있는 한 아테네는 스파르타의 동맹국에 의한 공격에서도 안전했다. 스파르타의 지지 없이 감히 아테네를 공격할 자는 없었다.

　니키아스와 그의 지지자들은 비틀거리는 평화를 지지하는 수단으로 이 동맹을 받아들였지만, 한편으로는 동맹 그 자체를 환영하기도 했다. 스파르타와 맺은 협력의 전망은 페르시아 전쟁 후 행복하고 영광스러웠던 키몬의 친스파르타 정책으로의 귀환이라는 환상을 일으켰다. 그 시대는 아테네에 멋진 날들이었다. 그리스인 사이에 평화가 유지되었고, 아테네인은 에게 해 제국을 팽창시키며 번영을 누릴 수 있었다. 그러나 기원전 421년에 키몬식 접근은 더 이상 가능하지 않았다. 이제 양편의 마음속에 있는 지배적인 기억은 공동의 적에 대항하는 일치된 노력이라기보다는 장기간의 쓰디쓴 내전이었다. 이것은 지속적인 평화를 구축할 수 있는 선한 의지가 거의 없음을 의미했다. 이러한 상황에서는 신뢰를 전제할 수 없고 서로 노력하여 믿음을 쌓아야 했다. 그렇게 본다면, 이 동맹은 평화의 기회를 오히려 더 잠식시킬 수도 있었다. 왜냐하면, 스파르타가 이것을 이용해 계속 평화조약의 의무들을 무시하고 그럼으로써 아테네인의 회의주의가 증대될 수도 있었기 때문이다.

　그러나 니키아스와 그의 동료들은 상황을 다르게 보았다. 그들에게는 메가라와 보이오티아에서의 작전 실패와 델리온과 암피폴리스에서의 패배는 오직 분쟁의 지속이 내포하는 위험을 잘 보여주었을 뿐이었다. 아테네인은 관대하게 행동해야 하고, 상호 신뢰의 분위기를 조성하기 위해서 먼저 발을 내디뎌야 했다.

　만약 그들이 스파르타와의 동맹을 거부했다면, 아테네인에게 남은 대안은 무엇이었을까? 사실 다른 기회는 거의 없었던 듯하다. 아테네인은 아르고스가 주도하고 펠로폰네소스의 다른 민주정 국가들, 즉 엘리스와 만티네아가 동참하는 새로운 연합을 촉진할 수도 있었다. 그리고 아테네인 스스로 이 새 동맹에 가입하고, 펠로폰네소스로 군대를 보내어 승리의 기회가 커진 싸움을 벌일 수도 있었을 것이다. 아테네인은 필로스로부터 헤일로타이가 습격하게 하고 해상에서 해안 도시들을 습격하여 스파르타인의 관심을 분산시킴으로써 그 기회들을 더 개선시킬 수도 있었다. 그런 싸움에서 승리하면 펠로폰네소스 동맹과 스파르타의 세력을 끝장낼 수 있었다. 그러나 전쟁에 대한 피로감이 계속 정서를 지배했고 니키아스가 여전히 아테네 정치에서 지배적 인물이었기 때문에 그러한 경로는 불가능했다.

만약 기원전 421년에 호전적인 정책이 불가능했다면, 남은 선택지는 하나였다. 니키아스의 평화를 깨지 않고 동맹을 거부한 뒤, 그냥 일이 진행되는 대로 놓아두는 것이었다. 그렇게 하면 아테네는 인명이나 자원의 손실 위험 없이 스파르타를 계속 압박할 수 있을 것이고, 억류 중인 스파르타 포로들과 아르고스로 인한 새로운 위협이 아테네가 공격당하지 않도록 보장해줄 것이었다. 아테네가 스파르타와 거리를 두는 한, 아르고스인은 가까운 시일 내에 아테네와 동맹을 맺을 수 있으리라는 전망에 고무되었을 것이다. 아테네는 동맹국의 이탈로 인한 펠로폰네소스 동맹의 혼란에서 이익을 볼 수 있고, 아테네가 스파르타 편에 서기를 거부함으로써 스파르타에 불안과 위험을 증가시킬 수 있었다. 아테네인에게는 그토록 온건하고, 그토록 안전하고, 그러면서도 너무나 전망이 밝은 정책이 가능했다. 그러나 아테네인은 그것을 버리고 동맹을 맺었다.

아르고스 동맹

아테네와 스파르타 사이의 새로운 협정은 필연적으로 의견을 달리하는 국가들의 역대응을 낳을 수밖에 없었다. 코린토스인은 아르고스의 고관들과 따로 만나서 그 동맹이 "펠로폰네소스의 노예화"를 겨냥한 것이 분명하다고 경고했고, 또 아르고스인이 펠로폰네소스인의 자유를 방어하기 위한 새로운 동맹을 이끌어야 한다고 촉구했다. 이것은 오래된 두 세력권과는 다른 별도의 동맹을 따로 형성하여 그 두 세력의 결집된 힘에 저항하자는 제안이었다.

코린토스의 제안이 성공하느냐 여부는 스파르타의 여러 분파들 간의 분쟁에 달려 있었다. 평화조약과 그 이후의 아테네와의 동맹을 받아들였던 사람들은 아르고스에 대한 염려에 마음이 쓰였고, 그런 염려가 계속되는 한 스파르타가 기꺼이 전쟁을 벌일 일은 없을 것이었다. 만약 코린토스인이 위와 같은 제안을 하지 않았더라면, 아르고스는 동맹의 협박으로 인해서 늘 그렇듯이 아무런 행동도 취하지 않았을 것이고, 그러면 스파르타인이 느끼는 두려움의 근원이 제거되었을 것이다. 경험상 우리는 그러한 두려움이 스파르타를 큰 전쟁들로 몰아간 핵심적인 자극이었음을 안다. 코린토스인은 기원전 431년에 아테네인에 대한 걱정을 이용해서 스파르타인을 전쟁으로 몰고 갔듯이, 그로부터 10년이 지난 후에는 아르고스에 대한 비슷한 염려를 가지고 같은 일을 하려고 했다. 물론 이번에는 일이 더 복잡하고 어렵겠지만 말이다. 코린토스인은 과거에는 동맹 탈퇴와 아르고스와의 동맹이라는 협박을 효과적인 무기로 사용했다. 그러나 이번에도 성공하기 위해서는 스파르타인에게 아르고스 동맹의 전망이 현실적인 것임을 확신시켜야 했다.

따라서 아르고스인은 12명을 지명하여 이들에게 아테네와 스파르타를 제외한 모든 국가와 동맹을 맺을 수 있는 전권을 부여했다. 아테네와 스파르타는 오직 아르고스 민회의 동의를 얻어야 가입할 수 있도록 했다. 아르고스에는 새로운 동맹체제 구성을 시도할 만한 해묵은 이유와 새로운 이유가 모두 있었다. 스파르타에 대한 적개심은 몇백 년이나 되었고, 키누리아를 수복하겠다는 희망을 포기한 적은 하루도 없었다. 아르고스는 이 지역을 반환받지 않고서는 스파르타와 평화를 이룰 의향이 없었기 때문에, 어찌되었든 간에 전쟁은 거의 확실했다. 아르고스인은 이 전쟁에 대비하기 위해서 공공의 비용으로 "가장 강건하고 가장 부유한"(디오도로스 12.75.7) 청년 1,000명을 선발하여 스파르타의 팔랑크스와 대적할 수 있는 엘리트 부대로 양성했다. 아르고스인은 이러한 수단들과 펠로폰네소스를 지배하겠다는 야심을 가지고 있었기 때문에, 코린토스인이 가리키는 경로를 기쁘게 채택했다.

만티네아인이 가장 먼저 아르고스인 편에 참여했다. 그들은 스파르타인에 의한 공격을 두려워할 만한 이유가 충분했기 때문이었다. 즉 만티네아인은 이웃인 테게아인과 싸워서 그들을 몰아내고 영토를 확장했고, 라코니아 접경에 요새를 건설했다. 아르고스는 자신들을 보호해줄 수 있을 것으로 보였으므로 만티네아인은 열렬히 동맹을 체결했고, 더구나 만티네아가 아르고스와 마찬가지로 민주정이었기 때문에 더욱 기꺼이 그렇게 했다. 만티네아가 이탈했다는 소식은 펠로폰네소스의 스파르타 동맹국들 사이에 커다란 파문을 일으켰고, 그들은 만티네아인이 자신들보다 "무엇인가를 더 알고 있다"(5.29.2)고 결론지었다. 그래서 그들은 새로운 아르고스 동맹에 자신들도 참여하려고 열심이었다.

스파르타인은 이 동맹을 알게 되자 이 모든 일을 일으킨 것에 대해서 코린토스인을 비난했다. 그리고 코린토스인에게 아르고스와의 제휴는 펠로폰네소스 동맹의 다수의 결정을 받아들이겠다는 코린토스의 합의는 물론이고 코린토스와 스파르타를 묶는 맹세를 위반하는 행위임을 상기시켰다. 스파르타인의 지적에 따르면, 코린토스인은 이미 니키아스의 평화의 수용을 거부함으로써 그러한 서약들을 위반하고 있었다. 코린토스의 행동파는 반동맹 도시들이 참가한 회합에서 이러한 비난을 맞받아쳤다. 그들은 솔리온과 아낙토리온을 탈환하겠다는 자신들의 진정한 동기는 숨기고서, 대신에 "핑계로 자신들은 트라케의 동맹국들을 배신하고 싶지 않다고 말했다."(5.30.2) 그들의 주장은 다음과 같이 바꿔 말할 수 있을 것이다. "우리는 포티다이아인과 트라케 지방의 칼키디케의 여러 친구들에게 맹세를 했소. 그들은 여전히 아테네인에게 속박되어 있으니, 만약 우리가 '니키아스의 평화'에 동의한다면, 우리는 신들과 영웅들에게 한 맹세를 위반하는 것이 되오. 게다가 다수결을 받아들이겠다는 우리의 맹세에는 '신들과 영웅들을 방해하지 않는 한'이라는 구절이 들어 있소. 칼키디케인에 대한 배신은 분명 그러한 일이 될 것이오. 동맹국들을 저버리고 그리스를 노예로 만드는 자와 결탁함으로써 맹세를 깨뜨린 것은 우리가 아니라 바로 당신들이오."

이 교묘하고 매력적인 반박은 새로운 동맹을 아테네 독재에 대항하는 투쟁의 연장으로, 즉 스파르타의 이기심에 배신당한 신뢰하는 동맹국들과의 믿음을 지키는 수단으로 묘사했다. 물론 스파르타인은 이에 설득되지 않았다.

이 회합에 뒤이어 아르고스의 사절들은 코린토스인에게 동맹에 즉각 참여할 것을 촉구했지만, 코린토스인은 계속 꾸물거리면서 아르고스인에게 다음번 민회 모임 때에 다시 와달라고 요청했다. 이렇게 지연된 이유는 십중팔구 코린토스의 보수파가 더 많은 과두 정부들이 참여하기를 기다리면서 계속 망설였기 때문일 것이다.

동맹에 그다음으로 참여한 나라는 엘리스였다. 이곳의 공식적 정체는 민주정이었지만, 사회제도와 관습은 과두적이었다. 엘리스인은 먼저 코린토스인과 동맹을 맺은 후, 코린토스인이 "그들에게 지시해준 대로" (5.31.1) 아르고스에 와서 조약을 체결했다. 엘리스가 새로운 동맹에 가입한 것은 이 동맹이 출범하는 데 도움이 되었다. 엘리스가 가입한 후에야 비로소 코린토스인이 아르고스 동맹에 참여했고, 코린토스인은 충성스럽고 극렬히 반(反)아테네적인 칼키디케인을 데려왔다.

그러나 메가라인과 보이오티아인은 계속 아르고스의 제안을 거부했는데, 이들은 아르고스의 민주적 정체 때문에 거리를 두었다. 이제 코린토스인은 전략적인 위치에 자리하고 있고 굳건히 과두적인 테게아로 향했다. 코린토스인의 생각에는 테게아가 이탈한다면 펠로폰네소스 동맹 전체를 넘어오게 할 수 있을 듯했다. 그러나 테게아인은 이를 거부함으로써 계획에 심각한 타격을 입혔다. "코린토스인은 이때까지는 열심히 노력했지만, 열정이 사그라졌고, 아무도 자기편에 합류하지 않을 것이라고 두려워하기 시작했다."(5.32.4)

코린토스의 행동파는 자신들의 구상을 지키기 위해서 마지막 시도를 했다. 보이오티아인에게 아르고스 동맹에 들어와 자기들과 한편이 될 것과, "다른 행동들도 공동으로 취할 것"을 요청했다. 그들은 보이오티아인이 보이오티아-아테네의 10일간의 휴전과 같은 것을 자신들에게도 얻어주기를 요청했고, 또 만약 아테네인이 이를 거부한다면 보이오티아가 스스로의 휴전을 포기하고 앞으로 코린토스 없이는 어떤 추가적인 휴전도 맺지 말아줄 것을 요청했다.

코린토스인의 책략은 분명했다. 아테네인은 확실히 그 제안을 거부할 것이고, 그러면 보이오티아인은 아테네에 대항하여 자신들이 보호받지 못하고 있음을 깨닫고 코린토스에 매여 아르고스 동맹으로 이끌려 들어올 것이다. 그러므로 보이오티아인의 대응은 우호적이나 신중했다. 그들은 아르고스 동맹과 관련한 결정은 질질 끄는 한편, 아테네로 가서 코린토스를 위한 휴전을 요청하는 일에는 기꺼이 동의했다. 물론 아테네인은 동의하지 않았고, 코린토스인이 정말 스파르타의 동맹이라면 코린토스인은 이미 휴전을 확보하고 있다고 응답했다. 보이오티아인은 아테네와의 휴전을 계속했고, 코린토스인은 이에 보이오티아인이 약속을 어겼다고 주장하며 분노했지만, 별 수 없었다.

이런 복잡한 외교협상이 진행되는 동안, 아테네인은 마침내 스키오네 포위공격을 완수하고 기원전 423년에 클레온이 제안한 법령에 따라 그 생존자들을 죽이거나 노예로 삼았다. 아테네인은 이러한 조처를 처음 실행한 것이 스파르타인이었음을 자신과 다른 이들에게 상기시키기 위해서 플라타이아의 생존자들을 그곳에 정착시켰다. 그러나 이러한 공포행위도 칼키디케와 제국의 트라키아 방면에서 질서를 회복시켜주지는 못했다. 암피폴리스는 여전히 적대적인 자들의 수중에 있었고, 다음 여름에는 디온인이 아토스 곶의 칼키디케 도시이자 아테네의 동맹국인 티소스를 점령했다. 게다가 아테네는 아무런 행동도 취하지 않았다. 암피폴리스를 회복하려면 포티다이아에서와 거의 같은 정도의 포위공격이 필요했다. 반란을 일으킨 식민시에 대한 공격을 촉구한 아테네인은 없어 보이지만, 스파르타인이 암피폴리스를 구원하지 못한 것에 대해서 엄청난 좌절감과 분노가 점점 커지고 있었음이 분명하다.

스파르타의 문제

코린토스인이 아르고스 동맹을 창설하기 위해서 동분서주하고 있을 때, 스파르타인은 펠로폰네소스에 있는 적들을 향해 공세를 취하기 시작했다. 플레이스토아낙스 왕은 스파르타의 군대를 만티네아 서부 지역인 파라시아로 진군시켰다. 이곳은 만티네아인이 전쟁 동안에 정복한 땅이었다.(지도 1) 아르고스의 동맹국들이 만티네아를 수비하기 위해서 군대를 보냈고, 만티네아 시민들은 위협받고 있는 영토를 지키려고 노력했지만 허사였다. 스파르타인은 파라시아에 독립을 회복시키고 만티네아인이 세운 요새를 파괴한 후에 철수했다. 스파르타인은 이후 레프레온을 점령할 부대를 파견했다. 이곳은 엘리스와 메세니아 중간의 지역이며 엘리스인과 분쟁의 원인이 되었던 곳이었다.

이러한 행동들은 스파르타의 국경과 헤일로타이 국가에 어느 정도 안전을 확보해주었다. 그러나 스파르타인은 국내적인 문제에도 직면하고 있었다. 클레아리다스는 암피폴리스에서 브라시다스의 군대를 데려왔다. 이 군대에는 군역의 대가로 자유와 어느 곳에서든 거주할 수 있는 권리를 획득한 700명의 헤일로타이가 포함되어 있었다. 700명의 헤일로타이가 라코니아를 자유롭게 돌아다닌다는 사실은 당연히 스파르타인을 당황스럽게 만들었을 것이다. 네오다모데이스(neodamodeis)라는 새로운 계층의 사람들이 출현한 것도 역시 마찬가지였다. 이 신분의 사람들은 스파르타 역사에서 이때 처음으로 언급되는데, 자유롭게 사는 해방 헤일로타이였던 것 같다. 아마 그들 역시 군사적 봉사를 잘 수행한 대가로 해방을 얻었을 것이다. 스파르타인 역시 군대에 소집할 수 있는 주민 수가 지속적으로 감소하는 문제와 싸워야만 했다. 여러 이유들로 인해서 스파르타 중장보병을 이루는 "동등자"의 수는 기원전 479년 플라타이아의 5,000명에서 기원전 5, 4세기를 거치며 격감했다. 그러나 스파르타인은 레프레온에 부대를 파견해야 했기 때문에 두 문제를 동시에 처리할 수 있었다. 즉 브라시다스의 퇴역병들과 네오다모데이스를 엘리스 국경 지역에 보내어 정착시켰다.

스파르타인이 직면했던 또다른 문제는 스팍테리아에서 항복하여 아테네에서 수년간 포로 생활을 하다가 귀환한 사람들이었다. 인질에서 풀려난 이 사람들은 처음에는 간단히 이전에 스파르타 사회에서 차지했던 지위를 회복했고, 그중에는 매우 영향력이 큰 인물들도 여럿 있었다. 그러나 스파르타인은 점차 이 복권된 포로들이 항복을 했었다는 불명예가 문제를 일으키지 않을까 두려워하기 시작했고, 그래서 그들의 참정권을 박탈했다. 그러나 이 잠재적인 위험 집단은 스파르타 내에 머물도록 허락되었다. 이러한 내부적 위협과 싸워야 했다는 것이 왜 대부분의 스파르타인이 신중하고 평화로운 외교 정책을 계속 지지했는가를 설명하는 데 도움이 된다. 엘리스와 만티네아 국경 지역이 최근에 더욱 안전해진 것과 아르고스 동맹의 도전이 줄어든 것, 아테네인의 평화적인 행동 등은 모두 평화파의 대의를 지지해주었다.
 그러나 아테네인은 스파르타가 조약의 의무규정을 이행하지 못한 것에 여전히 분노했다. 비록 스파르타인은 아테네가 코린토스, 보이오티아, 메가라에 평화를 강제하는 일을 돕겠다고 계속 약속했지만, 그들은 매번 약속을 지켜야 할 순간이 오면 그러지 못했다. 암피폴리스에서 스파르타가 보인 행동은 더욱더 분노를 일으켰다. 스파르타인은 암피폴리스를 아테네의 통제 아래로 되돌리는 데 자신들의 무력을 사용하는 대신 오히려 군대를 철수시킴으로써 조약을 명백하게 위반했으며, 아테네인은 점점 더 스파르타인이 고의로 자신들을 기만하고 속였다고 믿게 되었다. 아테네인은 "스파르타인이 악한 의도를 품고 있다고 의심하여" 필로스를 복원시키는 데 반대했고, "심지어 그 섬의 포로들을 반환한 것을 후회했고, 다른 지역들에서는 버티고 서서 스파르타인이 약속을 실행하기를 기다렸다."(5.35.4)
 이에 대응하여 스파르타인은 아테네에 계속 필로스를 반환하거나 최소한 현재 그곳에 거주하는 메세니아인을 제거하고 헤일로타이를 쫓아낼 것을 요구했다. 스파르타인은 암피폴리스를 반환하기 위해서 할 수 있는 모든 일을 다 했다고 주장하면서, 아테네인에게 자신들이 다른 약속들도 이행할 것임을 확실하게 말했다. 간단히 말해, 스파르타인은 예전의 이행되지 못한 약속들 대신 새로운 약속들만을 제시했다. 그러나 아테네의 평화파는 여전히 강력하여 동료 시민들로부터 추가적인 양보를 얻어냈다. 그 결과 아테네인은 필로스에서 메세니아인과 헤일로타이를 철수시켜 케팔레니아 섬에 정착시켰다.
 아테네인이 유화 정책의 일환으로 이러한 노력까지 기울였지만, 평화에 대한 스파르타인의 약속은 더욱 의심을 받았다. 기원전 421년 초가을에, 새로운 에포로이가 취임했는데, 그중 크세나레스와 클레오불로스 두 사람은 "조약을 깨는 데 가장 열심이었다."(5.36.1) 그들은 대아테네 전쟁을 재개하는 방향으로 일을 추진했고, 곧 그럴 수 있는 기회가 나타났다. 여전히 지배적이었던 평화파는 바로 얼마 전에 스파르타에서 보이오티아인과 코린토스인 같은 충성스런 동맹국들과 아테네인을 포함하는 회의를 소집해서 모두가 조약을 받아들이게 하려고 했다. 아마 이 회의가 완전히 실패로 끝난 것이 크세나레스와 클레오불로스로 하여금 자신들의 복잡한 계획을 실행에 옮기도록 자극했을 것이다.

코린토스인은 아르고스 동맹을 이용하여 스파르타인을 놀라게 해서 평화조약을 깨뜨리도록 하려고 했던 반면, 이 호전적인 에포로이는 정반대 정책을 취했다. 그들은 스파르타가 아테네 동맹과 평화를 맺은 까닭은 주로 아르고스의 위협 그리고 스팍테리아의 포로와 필로스를 회복하려는 열망 때문이었다고 믿었다. 그들은 일단 이러한 관심사들이 처리되고 나면, 스파르타가 전쟁을 재개할 준비가 될 것이라고 생각했다. 이제 남은 것이라고는 필로스를 되찾는 일과 아르고스 동맹을 끝장내는 일뿐이었다. 이 두 에포로이는 비밀리에 행동하면서 코린토스와 보이오티아의 사절단에게 양국이 협력할 것과 보이오티아가 아르고스와 동맹을 맺고 그 후 아르고스 동맹을 스파르타 동맹으로 끌어들이기 위해서 노력할 것을 제안했다. 두 에포로이는 아르고스인과 조약을 맺으면 펠로폰네소스 바깥에서 전쟁을 수행하기가 더 쉬워질 것임을 지적했다. 그들은 또 보이오티아인에게 파낙톤을 스파르타인에게 주어서 그들이 이것을 필로스와 맞바꿀 수 있게 해달라고, "그리고 그럼으로써 아테네와 전쟁을 벌이기에 더 용이한 입장에 설 수 있게"(5.36.2) 해달라고 요청했다.

코린토스인의 설명할 수 없는 이상한 정책

코린토스와 보이오티아의 사절단이 스파르타에서 고국으로 돌아가는 중에 두 명의 아르고스 고위 관리가 그들의 길을 막고 보이오티아인에게 아르고스 동맹에 참여할 것을 요청했다. 이 제안을 할 때 아르고스인은 고의적으로 모호한 말을 썼다. "공동의 정책을 취한다면, 그들은 스파르타인 혹은 누구라도 마음대로 골라서 전쟁을 벌일 수도, 조약을 맺을 수도 있을 것이다."(5.37.2) 아르고스인은 여전히 스파르타를 희생시키고 펠로폰네소스의 헤게모니를 잡고자 했다. 그러나 그들의 애매한 제안은 아르고스를 아무것에도 구속시키지 않는 다른 해석을 가능하게 했다. 보이오티아인들은 이 초청을 기쁘게 받아들였다. "왜냐하면 운 좋게도 아르고스인이 그들에게 요청한 것은 스파르타 친구들이 가르쳐준 바로 그것이기 때문이었다."(5.37.3) 고국에 돌아오자 보이오티아의 수장들 역시 그 소식에 기뻐했다. 그러나 스파르타인과 아르고스인의 요청은 오직 겉으로만 같았고 그들이 목표하는 바는 정확히 정반대의 결과였다. 게다가 보이오티아의 수장들은 보이오티아 연방 협의회의 승인을 유보한 채, 아르고스에 사절을 보내어 동맹을 체결하기로 동의했다.

일이 다음과 같이 진행된 데에는 분명 코린토스인이 그 배후에 있었을 것이다. "보이오티아의 수장들, 코린토스인, 메가라인, 그리고 트라케의 사절단은 먼저 자신들 중 누군가가 방어를 필요로 하는 상황이 벌어진다면 서로를 도울 것이며, 또 공동의 합의 없이는 전쟁을 벌이지도 평화조약을 맺지도 않겠다는 맹세를 하기로 결정했다. 그리고 오직 그렇게 한 이후에만 보이오티아인과 메가라인(양자는 동일한 정책을 추구했으므로)이 아르고스인과 조약을 맺을 수 있을 것이라고 했다."(5.38.1) 트라케의 칼키디케인은 코린토스의 위성국이었고, 보이오티아의 메가라인도 마찬가지였다. 보이오티아인 자신들은 그런 합의를 필요로 하지 않았다. 그들은 아르고스와 합류할 준비가 되어 있었고, 또 코린토스가 이미 아르고스의 동맹이었으므로 공동 조약은 보이오티아에 아무런 이익을 주지 않기 때문이었다. 궁극적으로, 이러한 공동 행동의 틀은 고작해야 이전에 코린토스인이 제안했다가 성공하지 못한 것의 확장판에 불과했다.

코린토스인은 보이오티아인이 자신들을 신뢰하지 않음을 알고 있었다. 보이오티아인은 이전에 코린토스인의 제안을 거부했고, 코린토스인을 스파르타 동맹의 배반자로 여겼으며, 코린토스와 어떤 조약이라도 맺었다가는 스파르타의 심기를 불편하게 할 것이 분명하다고 우려했기 때문이다. 보이오티아의 수장들은 최고 권력을 가진 보이오티아 연방 협의회에 메가라, 코린토스, 그리고 트라케의 칼키디케인들과 공동 조약을 체결할 결의안을 제시했다. 그들은 그 제안의 배후에 비밀 계획을 숨겼다. 만약 크세나레스와 클레오불로스가 사적인 교섭을 했다는 이야기가 스파르타에 전해지면 그 둘은 심각한 문제에 처하기 때문이었다. 보이오티아의 수장들은 자신들의 권위를 믿고 제안이 통과될 것을 확신했지만, 보통의 상황이 아니었던 만큼, 협의회가 그 제안을 거부했다. 협의회는 "스파르타 동맹의 배반자들과 맹세를 나눔으로써 자신들이 스파르타에 적대적인 행위를 하는 셈이 될까 두려웠던"(5.38.3) 것이다. 보이오티아의 수장들이 예기치 못했던, 그러나 아마 코린토스인은 예견했을 이러한 협의회의 거부는 논의에 종지부를 찍었다. 코린토스인과 칼키디케인은 귀국했고, 보이오티아의 수장들은 감히 아르고스 동맹을 세우려고 하지 않았다. 아르고스로 조약을 협상할 사절은 파견되지 않았고, "이 모든 일들은 태만과 시간 낭비였다."(5.38.4)

보이오티아인

한편 스파르타의 평화 옹호자들 역시 필로스의 회복에 열심이었고, 만약 보이오티아인을 설득해서 파낙톤과 그들이 여전히 억류하고 있는 아테네 포로들을 돌려주게 할 수 있다면, 아테네인이 필로스를 스파르타에 반환할 것이라고 믿었다. 이들은 아테네인과 여러 차례 대화를 나눈 이후에조차 이러한 견해를 유지했다. 그러므로 아테네 협상단, 아마도 니키아스와 그의 동료들이 그들에게 그런 생각을 유지하도록 부추겼음이 분명하다. 양 분파가 모두 그 임무에 우호적이었으므로, 스파르타인은 보이오티아에 공식 사절을 보내어 아테네에 양보할 것을 청원했다. 보이오티아인의 반응을 보면, 보이오티아의 전쟁파가 이제 새로운 계획을 개발했음을 알 수 있다. 즉 그들은 스파르타가 이전에 아테네인과 교섭했던 것에 준하는 개별 조약을 자신들과 맺지 않는다면, 파낙톤을 반환하지 않겠다고 말했다. 스파르타인은 이것이 아테네인과 맺은 조약을 위반하는 행위가 될 것임을 알았다. 그 조약에는 어느 국가도 상호 동의 없이는 평화를 맺거나 전쟁을 일으킬 수 없음이 내포되어 있었기 때문이다. 그러나 아테네와의 결별이야말로 바로 전쟁파가 원했던 것이었고, 그래서 전쟁파는 보이오티아 동맹에 대한 제안을 지지했다. 그러나 전쟁파는 다수가 아니었기 때문에 평화 옹호자들에게서 추가적인 지지를 얻을 필요가 있었다. 그러나 모든 스파르타인이 필로스 회복을 아무리 원한다고 해도, 스파르타가 보이오티아인과 조약을 맺음으로써 배신행위를 하는 상황에서까지 아테네인이 필로스를 돌려줄 것이라고 믿는 스파르타인이 어디 있겠는가? 유일하게 개연성 있는 설명은 스파르타인이 아테네 평화파의 끝이 없어 보이는 관용에, 그리고 그들이 계속해서 아테네 정책을 통제할 수 있을 것이라는 예상에 자신들의 믿음을 걸었다는 것이다. 기원전 420년 3월 초, 스파르타인은 예정대로 아테네의 공격으로부터 보이오티아의 안전을 보장해주는 조약을 보이오티아인과 체결했다.

보이오티아인은 그 조약이 스파르타-아테네 동맹에 대한 타격이라고 생각하여 환영하면서도 자신들의 스파르타 동맹국들을 속일 준비를 하고 있었다. 보이오티아인은 즉시 파낙톤의 요새를 허물어서 아테네에 중요한 국경 요새를 제거했다. 비록 스파르타인은 이러한 책략에 대해서 전혀 알지 못했지만, 아마 코린토스인이 이 일에 연루되었을 것이다. 이 일은 안락과 안전이 아니라 분쟁과 공포가 스파르타를 전쟁으로 내몰 수 있을 것이라는 그들의 믿음과 일치했기 때문이다.

한편 아르고스인은 약속된 동맹을 협상하러 올 보이오티아 사절단을 기다리고 있었지만, 아무도 오지 않았다. 그 대신 아르고스인은 파낙톤이 허물어지고 있다는 소식과 스파르타가 보이오티아와 조약을 맺었다는 소식을 들었다. 그들은 배신당했다고, 스파르타가 이 모든 사태의 배후에 있으면서 아테네를 설득하여 파낙톤 파괴를 수용하고 보이오티아를 상호 동맹에 맞아들이게 했다고 생각했다. 아르고스인은 이제 공황 상태에 빠졌다. 아르고스인은 보이오티아와도, 아테네와도 조약을 맺지 못하게 되었고, 자신들 내부의 단합마저도 붕괴되어 그 일부가 스파르타 편으로 넘어갈 것이라고 두려워했다. 아르고스인이 가장 염려한 일은 이제 곧 자신들이 스파르타, 보이오티아, 아테네가 이끄는 펠로폰네소스 연합과 직면하게 되는 것이었다. 그래서 공포에 질린 아르고스인은 "가능한 빨리" 스파르타에 사절단을 보내어 "어찌하든지 간에 평화를 누릴 수 있기 위한 조약을 맺으려고"(5.40.3) 노력했다.

스파르타와의 동맹을 위한 협상단은 양편 모두의 열심을 반영한다. 아르고스는 키누리아에 대해서 제삼자의 중재를 원했다. 그리고 스파르타인은 분쟁 지역을 자신들의 손에 남겨줄, 구조약의 단순한 갱신을 원했다. 아르고스인은 일단 50년간의 조약을 받아들이되, 장차 언제라도 어느 편에서든 제한된 전투를 요청하여 키누리아 지배권을 결정할 수 있다는 조건을 달았다. 스파르타인은 처음에는 이 요청을 터무니없다며 거부했지만, 신중히 살펴본 이후에는 그 조건들에 동의하고 조약을 체결했다. "왜냐하면 그들은 아무튼 간에 아르고스인과 친구가 되기를 원했기 때문이었다."(5.4.3) 아르고스의 사절단은 6월 말까지 공식 승인을 받아서 스파르타에 돌아오게 되어 있었다. 그러나 그들의 도착이 지연되면서 사태는 다른 방향으로 흘러갔다.

제17장
아테네와 아르고스의 동맹 (기원전 420-418년)

아테네와 스파르타의 결별

스파르타인은 보이오티아인과의 협약을 실행하기 위해서 파낙톤과 보이오티아의 아테네 포로들을 인수하러 갔다. 그럼으로써 둘 다를 아테네인에게 반환하려고 했던 것이다. 스파르타인은 그 요새가 파괴된 것을 발견했지만, 포로를 인수받았고 아테네로 가서 필로스를 되찾으려고 했다. 스파르타인은 파낙톤이 비록 파괴되기는 했어도 이제 더 이상 적대적인 세력이 머물 수 없으므로 적절히 회복된 것이라고 주장했다. 그러나 아테네인은 요새를 온전한 채로 돌려받기를 원했고, 스파르타가 보이오티아와 조약을 맺은 것에도 분노했다. 그것은 상의 없이는 새로운 동맹을 맺지 않는다는 약속을 위반한 것일 뿐 아니라, 말을 듣지 않는 동맹국들에 압력을 넣겠다던 스파르타의 약속이 거짓이었음을 드러냈다. 그래서 아테네인은 "사절단에게 분노로 대답했고 쫓아버렸다."(5.42.2)

스파르타의 행동은 클레온 사후로 얌전해졌던 아테네의 전쟁파가 부활하는 데 도움이 되었다. 안티파네스의 아들 히페르볼로스가 클레온의 지위를 얻고자 했다. 고대 저자들은 그를 "군중의 지도자"라고 불렀고, 아리스토파네스는 기원전 421년에 공연된 『평화』에서 그를 민회의 지배자라고 불렀다. 그는 트리에르아르코스(trierarchos, 전함의 함장 겸 재정 담당자)였고, 민회의 활동적인 구성원으로서 법령들을 발의하고 수정했으며, 아마도 협의회의 일원이자 동시에 장군이었을 것이다. 어떤 고대 저자들은 그를 우스꽝스럽고 무가치한 불한당으로, 심지어 다른 선동가보다 더 수준이 낮은 자로 다룬다. 아리스토파네스가 그에게 카르타고에까지 이르는 제국적 야망이 있었다고 한 것은 과장일지도 모른다. 그러나 히페르볼로스가 기원전 421년의 평화와 그에 뒤이은 스파르타와의 동맹을 반대했다는 것은 의심의 여지가 없다. 히페르볼로스는 숙련된 연설가였지만, 클레온과 같은 군사적 명성이나 부유하고 경건했던 니키아스와 같은 개인적 위상과 영향력은 가지고 있지 못했다. 히페르볼로스는 숨어 있던 예기치 못한 경쟁자에게 도전받지 않았더라면 당연히 전쟁파의 지도자로 등장했을 것이다.

클레이니아스의 아들 알키비아데스는 30세에서 35세 사이의 나이로 기원전 420년 봄에 장군으로 선출되었다. (30세는 장군직의 최소 연령이었다.) 알키비아데스는 올림피아 전차경주에 나갈 정도로 부유했고, 외모도 너무나 잘 생겨서 "귀족 가문의 많은 여성들이 쫓아다녔고" 또 "남자들도 그를 쫓아다녔다."(크세노폰, 『메모라빌리아』 1.2.24) 그리고 그는 재능 있는 연설가로서 당대 최고의 선생들에게 훈련받았다. 알키비아데스의 지적 능력은 널리 존경을 받았고, 소크라테스와의 관계는 논쟁의 기술을 날카롭게 해주었을 뿐만 아니라 명성을 높이는 데도 중요한 역할을 했다. 그가 가진 결함들마저도 그에게 해가 되는 만큼 도움이 되었다. 그는 연설하는 데 문제가 있었으나 사람들은 그것이 매력적이라고 생각했다. 그는 자기 멋대로였고 성격이 나빴으며 예측불허에 난폭했다. 그러나 그의 기행들은 최소한 질투와 실망만큼이나 존경을 안겨주었다. 이런 거대한 성품으로 인해서 그는 관심과 악평의 대상이 되었고, 그래서 이른 나이에 쉽게 공적 삶에 들어섰다.

알키비아데스의 정치적, 군사적 경력에 가장 큰 영향을 끼친 것은 그의 가문이었다. 그는 선조들의 명성 덕분에 비정상적으로 빠르게 아테네의 유력한 지위에 이를 수 있었다. "알키비아데스"라는 이름은 스파르타에 기원을 둔다. 최소한 기원전 6세기에 알키비아데스 가문은 스파르타의 대표단(프록세노이)으로서 아테네에 왔다. 비록 그 역할은 펠로폰네소스 전쟁 즈음에는 이미 사라졌지만, 그렇게 형성된 관계의 결과로 얻어진 이름이었다. 알키비아데스는 아버지를 통해서 살라미니오이라는 고귀한 씨족에 속했다. 알키비아데스의 고조부는 아테네의 해방자이자 민주정의 창건자인 클레이스테네스의 동지였다. 증조부는 페르시아 전쟁 때 트리에르아르코스로서 자신이 비용을 들여 마련한 전함을 가지고 싸웠다. 조부는 도편추방을 당할 만큼 중요했던 정치적 인물이었고, 페리클레스의 동료인 그의 아버지는 기원전 447년 코로네아 전투에서 전사했다.

알키비아데스의 어머니는 알크마이온 가문, 즉 가장 유력한 가문의 후예였다. 페리클레스의 어머니도 이 가문 출신이었기 때문에 소년 알키비아데스와 그의 형제 아리프론의 아버지가 전사했을 때 페리클레스가 이들의 보호자가 되어주었다. 알키비아데스는 다섯 살쯤부터 사납고 말 안 듣는 동생과 함께 아테네를 이끄는 정치가의 집에서 양육되었다. 알키비아데스의 유년기는 페리클레스가 아테네에서 가장 유력한 인물로서 거의 도전할 자가 없을 정도였던 때와 겹친다. 이미 야망을 품고 있었고, 또 아버지 가문의 전통 때문에 많은 기대를 받고 있던 이 재능 많은 소년은 보호자의 권력과 영광을 보면서 더욱더 큰 야망을 품었다.

그러나 공적인 성공만으로는 클레이니아스의 아들이자 페리클레스의 피후견인에게 충분하지 않았고, 그의 야심찬 비전을 부추기는 아첨들은 부족하지 않았다. 플루타르코스는 이렇게 썼다. "그를 망쳤던 자들이 이용했던 것은 바로……그의 탁월함에 대한 사랑, 그리고 명성에 대한 사랑이었다. 그래서 그들은 그를 곧장 뻔뻔한 음모의 길로 몰아넣었다. 그들은 알키비아데스에게 그저 공적 삶에 들어서기만 한다면 그가 곧바로 평범한 장군들과 공공의 지도자들을 모두 무색하게 만들 수 있을 것이라고, 또 그뿐 아니라 심지어 그리스인 사이에서 페리클레스의 권력과 명성마저도 능가할 수 있게 될 것이라고 설득했다."(『알키비아데스』 7.3-4) 비록 여전히 공손했던 기원전 5세기의 민주정에서 알키비아데스의 고귀한 가문의 배경은 그에게 경쟁자들을 누를 수 있는 커다란 이점으로 작용했지만, 기원전 420년에 알키비아데스는 고작해야 포르미온에게서 용맹함으로 상을 받은 것 그리고 포티다이아와 델리온에서 기병으로서 멋지게 싸운 것과 같은 훌륭한 군사적 경력만을 자랑할 수 있을 뿐이었다.

알키비아데스는 스팍테리아에서 스파르타가 항복한 후, 스파르타 포로들을 돌보아줌으로써 자기 가문과 스파르타의 예전 관계를 새롭게 하고

자 애썼다. 알키비아데스는 10년 전쟁이 끝나자 스파르타인과 교섭하여 그 결과로 얻어질 평화에 대해서 명망을 얻기 원했다. 그러나 스파르타인은 좀더 경험 많고 신뢰할 만하며 영향력 있는 인물인 니키아스를 선호했다. 알키비아데스는 무시와 모욕을 당했다고 느꼈고, 자기의 입장을 뒤집어서 스파르타인은 진실하지 않다는 이유로 스파르타와의 동맹을 공격했다. 알키비아데스는 스파르타인이 아테네와 동맹을 맺었던 까닭은 오직 아르고스를 적대하는 일에서 자유로워지기 위해서였다고 주장했다. 그래서 아르고스 문제가 처리되면 스파르타는 고립된 아테네인을 다시 공격할 것이라고 말했다. 알키비아데스는 진심으로 스파르타와의 동맹보다는 아르고스와의 동맹을 선호했다. 스파르타의 동기에 대한 그의 주장은 분명 크세나레스, 클레오불로스, 그리고 그들의 분파와 동일선상에 있었다.

파낙톤의 파괴와 스파르타와 보이오티아의 동맹이 니키아스의 입지를 심하게 약화시켰을 때, 알키비아데스는 "민회에서 니키아스에 대적하여 소란을 일으켰고, 여러 죄명들로 너무 그럴듯하게 니키아스를 중상했다. 니키아스 본인은……스팍테리아 섬에 고립된 적군을 체포하는 것을 거부했고, 다른 이들이 그들을 잡아 오자 풀어주거나 심지어 라케다이몬인에게 돌려보내서 그들의 환심을 사고자 했다. 또 그 후에는 그들의 검증된 친구였음에도 불구하고 바로 그 라케다이몬인이 보이오티아인과, 심지어 코린토스인과 개별 동맹을 맺는 것을 설득하여 막지 않았다. 그러고도 어떤 헬레네스가 아테네의 친구와 동맹이 되고자 할 때면, 그것이 라케다이몬인에게 좋은 기쁨이 되지 않는 이상, 기를 쓰고 막으려고 했다."(플루타르코스, 『알키비아데스』 14.4-5) 동시에 알키비아데스는 은밀히 아르고스의 민주파 지도자들에게 요청하여 엘리스와 만티네아의 사절단과 함께 와서 아테네와 동맹을 맺게 했다. "때가 무르익었고, 그 자신은 전력을 다해 협력할 것이었다."(5.43.3)

알키비아데스의 초청은 제시간에 도착하여 아르고스가 스파르타와 동맹을 맺는 것을 막았다. 아르고스인은 아테네와 스파르타가 협력하고 있다는 잘못된 믿음 하나 때문에 그 동맹을 추구했었다. 그러나 이제 진실이 밝혀졌으므로 아르고스인은 스파르타와의 연계에 대한 모든 생각을 지워버렸고 아테네와의 동맹에 대한 전망에 기뻐했다. "그들은 아테네가 과거에 자신들과 우호적이었던 도시이며, 자신들처럼 민주정이고, 해상의 열강이며, 만약 전쟁이 벌어진다면 자신들 편에서 싸워줄 것이라고 생각했다."(5.44.1) 스파르타인은 아르고스인이 돌아선 것을 알게 되자, 아테네인이 높이 평가하던 세 사람 —— 레온, 필로카리다스, 그리고 마지막으로 알키비아데스 가문과 연계된 가문 출신의 엔디오스 —— 을 아테네로 보내어 아테네가 아르고스와 동맹을 맺지 못하게 하고, 필로스 반환을 요청하고, 스파르타와 보이오티아의 동맹이 결코 아테네인에게 위협이 되지 않을 것이라고 설명하게 함으로써 손실을 메우려고 했다.

 스파르타의 사절단은 아테네 협의회 앞에 등장하여 자신들이 모든 불화를 가라앉힐 전권을 가지고 있다고 말했다. 알키비아데스는 만약 이들이 민회 앞에서 같은 선언을 한다면 아테네인이 아르고스 동맹을 거절할까봐 두려웠다. 그래서 그들에게 자신들이 그와 같은 권위를 가지고 왔음을 드러내지 말라고 설득했다. 그 대가로 알키비아데스는 자신의 영향력을 발휘해서 필로스를 반환하고 다른 불화들을 가라앉히겠노라고 약속했다. 그러나 실제 민회가 열리고, 알키비아데스가 사절단에게 그들이 협정을 맺을 전권을 가지고 있는가 묻고 그들이 그렇지 않다고 대답했을 때, 알키비아데스는 그들의 정직성을 문제 삼아 공격하면서 그들을 어안이 없게 만들었다. 민회는 곧 아르고스와 합류할 준비가 되었지만, 지진이 벌어져서 바로 그 자리에서 동맹을 체결하지는 못했다. 스파르타의 사절단은 알키비아데스의 속임수에 항의할 기회를 가지지 못한 채 급히 스파르타로 돌아가야 했던 것 같다. 그들이 다음 날 민회에 참석했다는 증거가 없기 때문이다.

 다음 날 회의에서 니키아스는 표결을 연기시키려고 했다. 니키아스는 스파르타와의 우호관계가 아르고스와의 관계보다 더 가치가 있다고 주장했고, 알키비아데스 때문에 스파르타 사절단에게서 그들이 왜 왔던 것인지를 듣지 못했으므로 사절단을 보내어 스파르타의 진의를 분명히 파악하자고 제안했다. 니키아스는 또 아테네의 행운과 안전은 최고조에 달해 있으므로 평화를 맺는 편이 유리할 것인 반면에, 스파르타 입장에서는 위협을 당하고 있고 불안전한 상태이므로 속전속결을 통해서 사태를 뒤집는 편이 훨씬 유리할 것이라고 주장했다. 니키아스의 주장과 정반대의 관점에서 본다면 스파르타의 불성실함과 지속적인 적대행위, 그리고 그로 인해서 회복의 시기가 지난 후 아테네의 안전에 제기될 위협에 초점을 맞출 수도 있었을 것이다. 이러한 관점에 따른다면, 스파르타가 쇠약해지고 강력한 동맹에 의해서 위협을 받고 있는 바로 지금이야말로 스파르타 문제에 종지부를 찍고 그토록 오랫동안 아테네를 괴롭힌 위협을 제거할 절호의 기회일 수 있었다. 그러나 아테네인은 여전히 전쟁을 재개하기를 너무나 망설였다. 그들은 아르고스와의 동맹 문제에 대한 결정을 연기하고 대신 니키아스를 사절단의 일원으로 스파르타에 보냈다. 이 사절단은 파낙톤을 온전히 반환할 것과 암피폴리스의 반환, 그리고 보이오티아인이 니키아스의 평화를 받아들이지 않는다면 그들과의 동맹을 끊을 것을 요구했다. 또 이 사절단은 만약 스파르타가 보이오티아인을 버리지 않는다면, 아테네는 아르고스와 동맹을 맺을 것임을 선언했다.

이러한 요구들은 화해의 희망을 완전히 무너뜨렸다. 스파르타인은 당연히 그 요구들을 거부했다. 그러나 니키아스는 스파르타에 니키아스의 평화에 대한 맹세를 갱신해달라고 요청했다. "그는 만약 아무 소득 없이 돌아갔다가는 공격을 당할까봐 두려웠다. 그는 스파르타와의 평화에 대한 책임자로 여겨지고 있었기 때문에 이러한 우려는 현실로 나타났다." (5.47.4) 스파르타인은 전쟁을 재개하기 싫어서 그 요청에 동의했지만, 보이오티와의 동맹은 유지했다. 니키아스가 예상했던 대로, 아테네 민회는 이 소식을 듣자 분노에 휩싸였고 즉각 아르고스, 엘리스, 만티네아와 조약을 체결했다. 이것은 펠로폰네소스의 이 세 민주정 국가들 및 그 종속국들과 아테네 및 그 종속국들 사이의 상호불가침 조약이자 해상 및 육상의 방어동맹으로서, 유효 기간은 100년이었다. 이 조약은 알키비아데스 편의 승리였고, 니키아스의 평화와는 상이한 새로운 길 위에 아테네를 올려놓았다.

그러나 이 모든 갈등에도 불구하고 아테네와 스파르타는 최소한 공식적으로는 조약을 유지했다. 양편 어느 쪽도 평화를 깬 책임을 지기는 싫었기 때문이었다. 한편 코린토스인은 이제 좀더 내놓고 자유롭게 움직일 수 있게 되었고, "동맹에서 물러나서 다시 한 번 스파르타 쪽으로 기울었다." (5.48) 이들은 속임수를 통해서 아르고스 동맹의 힘을 감소시켰다. 그런 후 과두파를 쓸어 없애고 아테네와 제휴한 민주파의 연합이 권력을 잡게 했다. 스파르타로 하여금 위협감을 느끼게 하고 전쟁을 재개하도록 유도하려는 것이었다. 코린토스인은 또 아르고스, 엘리스, 만티네아와 맺었던 방어동맹을 조심스럽게 유지했다. 스파르타의 정치가 불안정하여 추가적인 전략적 조작이 필요할지도 몰랐고, 또 펠로폰네소스의 민주정 국가들에 비해서 자신들은 애매한 위치에 섬으로써 장차 중요한 순간에 끼어들 수 있을지도 몰랐기 때문이다.

스파르타의 수모

아테네가 펠로폰네소스의 민주정 국가들과 동맹을 수립한 것은 아테네의 정치 향방을 바꾸었을 뿐 아니라 스파르타의 적대국들에 새로운 자신감을 불어넣었다. 기원전 420년 여름의 올림피아 경기에서 스파르타인은 공개적으로 크게 모욕을 당했다. 엘리스인이 스파르타인을 제전 동안의 성스런 평화조약을 위반했다는 죄목으로 고발했고, 그럼으로써 스파르타인은 경기와 제사에 참가할 자격을 박탈당했다. 스파르타인은 이 결정에 항의했지만, 엘리스인으로 구성된 올림피아 법정은 그들에게 패소판결을 내리고 벌금을 부과했다. 엘리스인은 대신 벌금의 반의 납부를 연기시켜주고, 나머지 반도 만약 스파르타인이 레프레온을 반환한다면 자신들이 대신 내주겠다고 제안했다. 스파르타인이 이를 거부하자, 엘리스인은 모욕적이게도 스파르타인이 올림피아의 제우스 제단과 모든 그리스인 앞에서 차후에 벌금을 납부하겠다는 맹세를 하도록 요구했다. 스파르타인은 이 역시 거부했고 신전과 제사와 경기에서 쫓겨났다. 엘리스인이 이런 대담한 도발적 행동을 할 용기를 얻은 것은 오직 펠로폰네소스의 다른 동맹들 및 아테네와의 동맹 덕분이었다. 엘리스인은 혹시 모를 스파르타인의 공격에서 성소를 방어하기 위해서 자신들의 부대를 출동시켰고, 아르고스와 만티네아에서 온 1,000명의 부대, 그리고 아테네 기병부대가 그들을 도왔다.

그러나 이러한 모욕을 얌전히 받아들이지 않았던 스파르타인이 한 명 있었다. 아르케실라오스의 아들 리카스는 가문의 부와 명성에서 매우 탁월한 인물이었다. 리카스의 아버지는 올림피아에서 2번이나 우승했고, 리카스 자신도 전차경주에 출전했을 뿐 아니라 스파르타의 김노파이디아 경기를 보러 온 외국인들을 접대했다. 그는 아르고스인의 프록세노스였고 보이오티아인과 밀접한 관계가 있었다. 그는 아마 크세나레스와 클레오불로스의 정책을 지지했을 것이며, 스파르타인, 아르고스인, 보이오티아인 사이의 비밀 협상을 수행하기에 그보다 더 적합한 인물은 없었다. 어찌되었든, 기원전 420년에 올림피아 경기에서 그가 보여준 행동은 대담하고 도전적인 기상을 드러낸다.

리카스는 스파르타인으로서 경기에 참여하는 것을 금지당하자, 자신의 전차를 테베인에게 주어 테베인의 이름으로 경주하게 했다. 그 전차가 제1착으로 들어오자, 리카스는 경주장으로 성큼성큼 걸어 나가서 우승한 전차경주자들에게 승리관을 씌움으로써 참가한 그 전차가 자신의 것이었음을 분명히 드러냈다. 분노한 엘리스인은 경기 진행자들을 보내어 리카스를 채찍질하고 쫓아내게 했다. 이러다가는 스파르타 군대가 개입할지 모른다는 두려움이 있었지만, 스파르타인은 아무런 행동도 취하지 않음으로써 아테네인과 아테네의 펠로폰네소스 동맹국들을 두려워한다는 인상을 남겼다. 이 올림피아 경기가 끝난 직후에, 아마도 스파르타의 굴욕에 자극을 받아서인지, 아르고스인은 다시 코린토스인에게 아테네를 포함한 새로운 동맹에 들어오라고 제안했다. 스파르타 대표단이 그 제안을 반박하기 위해서 코린토스에 갔지만, 지진이 발생해서 회합은 무산되었고 아무런 행동도 취하지 못했다.

스파르타가 나약해졌다는 인식이 퍼지면서, 스파르타는 또 창피를 당했다. 기원전 420-419년 겨울에 트라키스의 헤라클레아(지도 14)의 식민단이 인근 주민들에게 패배했고, 그곳의 스파르타인 총독은 살해되었다. 테베인은 중장 보병 1,000명을 보냈는데, 겉으로는 도시를 구출하기 위해서였지만 3월이 되자 도시를 자기들 손 안에 장악하고 새로 부임한 스파르타인 총독을 쫓아냈다. 투키디데스는 테베인이 이렇게 행동한 것은 아테네가 헤라클레아를 차지할까봐 두려웠기 때문이었다고 말한다. 스파르타인은 펠로폰네소스의 문제들에 정신이 팔려 있었기 때문에 이곳을 방어할 수 없었다. 우리는 테베인이 스파르타가 보여준 무능력함에 자극받아 그리스 중부에서 스파르타의 영향력을 감소시키고 자신들의 영향력은 증대시킬 수 있는 기회를 포착한 것이 아닐까 추측해볼 수 있다. "그러나 스파르타인은 테베인에게 분노했고"(5.52.1) 이 사건들은 스파르타와 중요한 동맹국 사이의 관계를 더욱 긴장시켰다. 비록 이로써 스파르타가 입은 물질적 손해는 거의 없었지만, 아르고스, 엘리스, 만티네아와 아테네의 동맹은 아테네인이 스스로 중요한 행동을 취하기 이전부터 벌써 성과를 냈다.

펠로폰네소스의 알키비아데스

기원전 419년 초여름에 아테네인은 새로운 동맹을 강화하고 스파르타의 지위 하락을 활용하기 위해서 움직이기 시작했다. 장군으로 재선된 알키비아데스는 소규모 아테네 중장 보병과 궁병을 이끌고 펠로폰네소스로 들어갔다. 이것은 아르고스 및 여러 펠로폰네소스 동맹국들과 협의하여 미리 계획된 원정이었다. 알키비아데스가 전략적으로 멀리 내다본 궁극적인 목표는 코린토스였다. 코린토스를 이긴다면 스파르타 동맹에 치명적인 타격을 가할 수 있기 때문이었다. 아테네인은 아르고스에서 출발해 펠로폰네소스를 가로질러 만티네아와 엘리스까지, 그리고 다시 코린토스 만 바깥의 아카이아 해안에 있는 파트라이까지 진격해나갔다. 알키비아데스는 파트라이를 아테네 동맹에 끌어들였고, 그 주민들을 설득하여 해안에 성벽을 쌓아 아테네와의 교신을 유지하고 스파르타의 공격에 대비할 수 있도록 했다.(지도 1) 코린토스인, 시키온인, 그리고 여러 인접국 사람들이 때맞춰 도착해서 아테네인이 코린토스 만의 가장 좁은 지점인 나우팍토스 맞은편의 리온에 아카이아의 요새를 건설하는 것은 막을 수 있었다.

이 모든 것은 단순한 무력시위가 아니라 코린토스와 여타 스파르타 동맹국들에 압력을 가하기 위한 계획의 일환이었다. 파트라이와 조약을 맺고 리온에 요새를 세운다면 코린토스, 시키온, 메가라의 배들이 지나가지 못하도록 코린토스 만을 봉쇄하는 것은 손쉬운 일이었다. 알키비아데스는 소규모 부대만을 이끌고 파트라이로 갔고 해군은 전혀 동행하지 않았다. 그리고 파트라이인은 마음만 있었다면 쉽게 그들을 물리칠 수도 있었다. 파트라이인이 아테네 동맹을 받아들인 것만 보아도 스파르타가 몰락하고 있다는 인식이 얼마나 스파르타에 손해를 입히고 있었는지 알 수 있다. 알키비아데스가 아무 저항 없이 펠로폰네소스를 행군했다는 것은 바로 이러한 스파르타의 몰락 분위기를 더욱 강조했다.

그해 여름에 알키비아데스가 품고 있던 두 번째 목표는 에피다우로스를 점령하는 것이었고, 이 일은 아르고스인이 맡았다. 투키디데스에 따르면, 아르고스인은 에피다우로스 공격을 정당화하기 위해서 종교적 위반이라는 뻔한 핑계를 댔지만, 진짜 목적은 아테네인이 자신들을 도우러 올 수 있는 지름길을 확보하고, 또 무엇보다도 "코린토스인을 침묵시키는 것"(5.53.1)이었다.

아카이아와 에피다우로스에서의 작전들은 모두 코린토스를 위협하고 고립시키려는 계획의 일부였다. 파트라이와의 동맹은 코린토스와 서부 식민시들 사이의 교역과 통신을 차단하는 데 도움이 되고, 에피다우로스를 점령한다면 그들을 양방향에서 위험에 몰아넣을 수 있으며 아르고스와 아테네가 스파르타와 동맹을 맺은 펠로폰네소스 국가들을 패배시킬 수 있음을 과시할 수 있었다. 에피다우로스를 손에 넣는다면, 코린토스에 남쪽에서는 아르고스인이 진격하고, 해안으로는 기원전 425년에 니키아스가 했던 것처럼 아테네인이 상륙할 수 있었다. 이 정도의 위협이라면 충분히 코린토스인을 스파르타 동맹에서 탈퇴하도록 강요할 수 있었다. 코린토스인이 중립을 지키기만 해도 보이오티아인과 스파르타인의 연합 작전은 저지될 수 있었다. 얼마 가지 않아 메가라와 여러 펠로폰네소스 국가들 역시 쇠약해진 스파르타 편에 남아서 훨씬 더 강력한 새로운 동맹에 대적하는 것보다는 중립을 선택하게 될 것이었다.

바로 이것이 아테네인에게 커다란 위험이나 투자 없이 성공을 약속했던 현실주의적 전략이었다. 알키비아데스는 군사력을 주로 외교적 압력을 가하는 수단으로 사용했다. 즉 펠로폰네소스 군대를 전장으로 불러내거나 그들의 자원을 고갈시키는 것이 아니라, 오직 그들의 행동 경로를 변경하도록 강요하는 데에만 사용했다.

아르고스와 대적하는 스파르타인

아르고스인의 에피다우로스 침공은 정말 그 의도한 목적을 이루었고 스파르타인으로 하여금 행동하게 했다. 젊은 아기스 왕은 스파르타 전군을 이끌고 아르카디아로 진출했다. 그는 자신이 원하기만 하면 서북쪽의 엘리스나 북쪽의 만티네아, 심지어 동북쪽의 아르고스를 향해 나갈 수 있는 그런 경로를 택했다. "아무도 그들이 어디를 향해 가는지 알 수 없었고, 어떤 도시들에서 소집되었는지조차 몰랐다."(5.54.1)

아기스의 진짜 목표가 결코 드러나지 않은 것은, 그가 국경에서 의례적인 제사를 드릴 때, 점괘가 불길하게 나왔기 때문이었다. 스파르타인은 귀환할 준비를 했고, 동맹국들에는 도리스인의 거룩한 달인 카르네이오스 월이 지난 다음에 다시 진군할 계획을 알렸다. 비록 스파르타인이 진심으로 종교적인 사람들이기는 했지만, 기원전 419년 여름에 아기스 왕이 이끄는 스파르타 군대가 아르고스나 그 동맹국들을 공격하는 일을 막는 점괘가 두 번이나 연달아 나왔다는 이 드문 우연의 일치에 대해서는 의심해보아야 한다. 우리는 바로 그 여름에 펠로폰네소스 동맹이 붕괴될 위험에 처하자 스파르타인이 그 어떤 흉조에도 불구하고 행동을 감행했음을 알기 때문에 이 의심은 더욱 증폭된다. 국경에서의 불길한 복점은 단순히 핑계였을 가능성이 매우 높다.

아기스는 나가 싸우라는 명령을 받았으므로 불리한 점괘가 나온다고 할지라도 그저 철군할 수는 없었다. 에피다우로스인, 동맹의 친구들, 그리고 많은 스파르타인들은 싸우기를 원했고, 그들을 오랫동안 억제하기는 불가능했다. 아기스가 카르네이오스 월 이후에 재집합하도록 명령한 것은 지연을 경건하게 정당화하고, 동시에 과두파가 아르고스를 장악할 수 있는 시간을 벌려는 시도였음에 분명하다. 아르고스를 지배했던 반스파르타 민주파는 또 그들 나름대로 종교적인 궤변에 호소했다. 그들은 카르네이오스 월 전달의 27일에 에피다우로스를 침공했고, 나아가 자신들이 에피다우로스 영역에 머무는 모든 날들을 그 달의 27일이라고 불렀다. 이렇게 함으로써 그들은 카르네이오스 성일을 위반하는 것을 피했다. 에피다우로스인은 펠로폰네소스 동맹국들에 도움을 요청했지만, 어떤 동맹국들은 성월(聖月)을 핑계로 아예 나타나지도 않았고, 또 어떤 동맹국들은 에피다우로스 국경까지만 와서 멈췄다.

아르고스 동맹이 이 기회를 이용해 에피다우로스를 공격하기 전에, 아테네인은 만티네아에서 평화회의를 소집했다. 이번에도 알키비아데스는 중장 보병 전투 대신에 군사적 압력과 외교를 선택했고, 아기스의 망설임을 이용해 코린토스인에게 버림받기 전에 먼저 스파르타를 버리라고 설득했다. 그러나 이 회의에서 코린토스인 역시 노련하게 동맹국들의 위선을 비난했다. 평화를 말하면서도 아르고스인이 에피다우로스인을 향해 칼을 겨누고 있었기 때문이었다. 그러므로 코린토스인은 회의가 진행되기 전에 양편의 군대가 해산할 것을 요구했다. 아마 그들은 아르고스인이 이를 거부하고, 그럼으로써 이 회의를 무산시킬 핑계를 제공하리라고 기대했을 것이다. 그러나 아르고스인이 철수하기로 합의한 이후에도 이 회의는 아무런 성과를 거두지 못했다. 코린토스인은 자신들이 스파르타 동맹에서 탈퇴하면 아테네의 승리를 초래할 수 있다는 점을 잘 알고 있었음이 분명했다. 그래서 알키비아데스가 드디어 코린토스인을 스파르타에 대항하는 새로운 동맹에 강제로 집어넣으려고 하자 코린토스인이 평화조약을 거부함으로써 이 회의는 결렬되었고, 외교적 승리에 대한 알키비아데스의 바람도 끝났다.

아르고스인은 신속하게 돌아와 에피다우로스를 습격했고, 스파르타인은 다시 아르고스 방면의 국경 지대로 진군했다. 이번에는 그들이 어디로 향하는지가 분명했다. 아테네인은 이에 대응하여 아르고스 동맹국들을 보호하기 위해서 중장 보병 1,000명을 파견했고, 아르고스인은 자신의 도시를 보호하기 위해서 철수했다. 그러나 이번에도 아기스의 제사에서는 불길한 점괘가 나왔고, 군대는 귀환했다. 그렇다고 해도 스파르타가 공격할 것이라는 위협만으로도 에피다우로스에 대한 압력을 거둘 수 있었고, 아기스와 그의 동료들은 아르고스인과의 직접 대결을 피할 수 있었다. 알키비아데스도 자신의 군대를 아테네로 되돌렸고, 기원전 419년의 작전은 코린토스가 여전히 스파르타의 동맹국인 채로 끝났고, 펠로폰네소스 동맹을 파멸시키기 위해서는 외교 이상의 것이 필요하다는 사실이 명백해졌다. 이런 실망스러운 결과는 새로운 동맹에 긴장을 조성했을 뿐 아니라 아테네 정치권력의 균형이 미약함을 드러냈다.

뒤이은 겨울 동안에 스파르타인은 해상으로 300명을 보내어 에피다우로스를 지원했다. 이들은 아이기나와 메타나에 있는 아테네 기지들(지도 1)을 지나는 경로로 갔고, 아르고스인은 이것에 대해서 불만을 터트렸다. 조약에 따르면 아테네인은 어떠한 적군도 동맹국의 영토를 가로질러 지나가지 못하도록 해야 했는데, 아테네인은 해상을 통제하고 있으면서도 그러한 횡단을 허용했다. 아르고스인은 아테네인에게 스파르타를 괴롭힐 수 있도록 나우팍토스의 헤일로타이와 메세니아인을 필로스에 반환함으로써 이 일을 보상하라고 요구했다. 이 요구는 스파르타와의 싸움에 아테네인이 더욱 분명한 결의를 보이기를 강요하려는 것이었다.

알키비아데스는 이에 대응하여 아테네인을 설득해서 니키아스의 평화가 새겨진 돌에 스파르타가 맹세를 깨뜨렸다고 써넣도록 했고, 또 헤일로타이를 필로스에 반환하고 그로써 메세니아의 시골을 습격하기 시작했다. 그럼에도 아테네인은 공식적으로 조약 파기를 선언하지는 않으려고 했고 이것 역시 아테네의 정치적 상황이 미묘했음을 알려주는 대목이다. 아테네인 대부분은 아르고스 동맹을 지지했지만, 스파르타와의 전쟁을 재개하는 데에는 늘 다수가 찬성하지 않았다. 알키비아데스는 다른 나라 사람들이 주로 싸움을 벌일 동맹에 자기 동포들을 설득하여 끌어들이기는 쉬웠지만, 많은 아테네 병사들이 위험에 처할 전쟁에 참여하게 만들기는 쉽지 않았다. 이러한 분열과 이중성 때문에 일관되고 통일성 있는 정책을 추구할 수 없었다.

스파르타인 역시 내부적으로 분열되어 있었다. 엄밀히 따져볼 때 아테네인의 행위들 중 조약을 위반한 것은 하나도 없었지만, 그 각각은 나름대로 문제가 있었고, 에피다우로스에 대한 아르고스의 공격을 아테네인이 원조했다는 것은 단순히 무시할 수 있는 일이 아니었다. 그렇다고는 해도 스파르타인 역시 조약이 파기되었음을 선언하지는 않았고, 스파르타인이 맹세를 깨뜨렸다는 아테네인의 선언에 대해서 공식적으로는 아무런 반응도 하지 않았다. 어떤 스파르타인들은 아테네와의 평화를 유지하기로 작정했다. 다른 스파르타인들은 전쟁 재개를 희망했지만 채택할 전술에 대해서는 의견이 달랐다. 어떤 이들은 아르고스와 아테네인을 포함한 그 동맹국들에 대한 직접 공격을 원했다. 다른 이들은 아테네와의 전쟁을 재개하기 전에 외교와 책략을 통해서 아르고스를 동맹에서 떼어놓기를 원했다. 결국 아테네와 스파르타 모두 에피다우로스 작전에 더 이상 관여되기를 피했고, 그해 겨울은 아무런 사고 없이 지나갔다.

알키비아데스의 전략이 즉각적이고 결정적인 결과를 낳지 못한 것과 스파르타와의 전쟁 재개에 대한 공포가 아테네의 지도력에 치명적인 변화를 초래했다. 아테네인은 기원전 418년에 니키아스와 그의 동료 몇 명을 장군으로 선출하고 알키비아데스를 거부했다. 이 선거는 사실상 모험에 반대하고 신중함을 택한 것이었고, 특히 펠로폰네소스의 전장에 아테네 군대를 투입하는 데에 반대하는 것이었다. 그러나 아테네인은 아르고스 동맹을 포기하지 않았으므로 여전히 펠로폰네소스의 동맹국들을 도울 의무가 있었다. 아마 아테네인은 적대적인 국가들 사이에서 양편 모두와의 동맹에 속한다는 것의 모순점을 제대로 알지 못한 채, 자신들의 군대를 좀더 조심스럽게 지휘하기를 원했던 것 같다.

아르고스 평야의 대결

기원전 418년 한여름, 아기스 왕은 완전시민, 테게아인, 여전히 스파르타에 충성하는 아르카디아인을 포함하여 중장 보병 8,000명을 이끌고 아르고스로 진격했다. 스파르타의 동맹국들은 펠로폰네소스 내부에 있든 외부에 있든 플리우스에 집합하라는 명령을 받았다. 모인 이들은 전부 1만 2,000명에 달했고, 거기에 더해 경장 보병이 5,000명, 기병과 보이오티아의 산악 보병이 1,000명이었다. 이렇게 놀라운 대(大)부대의 소집은 알키비아데스의 정책이 만든 위협에 대한 스파르타의 대답이었다. 스파르타인은 "동맹국 에피다우로스인이 고통당하고 있고, 다른 펠로폰네소스 동맹국들 중에서 어떤 나라들은 반란을 꾀하고 어떤 나라들은 악의를 품고 있었기 때문에, 그리고 만약 신속하게 행동하지 않는다면 문제는 점점 더 커지리라고 생각했기 때문에"(5.57.2) 이 작전을 감행했다.

이에 대응하여 아르고스인은 중장 보병 7,000명을 소집했고, 엘리스인은 3,000명, 만티네아인과 아르카디아 동맹국은 2,000명 이상을 소집해서 총합 1만2,000명의 부대가 이루어졌다. 아테네인은 중장 보병 1,000명과 기병 300명을 추가로 보내기로 동의했지만, 이들은 아직 도착하지 않았다. 만약 아르고스인이 스파르타의 부대와 그 동맹국 부대가 합류하도록 내버려둔다면 수적으로 심각한 열세에 놓이게 될 것이었다. 스파르타 동맹의 중장 보병 2만 명에 비해서 자신들은 1만2,000명이 될 것이고, 스파르타인 편에서는 기병이 1,000에 경장 보병이 5,000명인데 자신들은 그런 병력이 전혀 없었다. 그러므로 아르고스인은 아기스의 부대가 플리우스에 집결한 북부군과 결합하기 전에 중간에 차단해야 했고, 그래서 아르카디아를 향해 서쪽으로 진격했다.(지도 17)

스파르타에서 플리우스로 가는 직선경로는 테게아와 만티네아를 지나는 것이었다. 그러나 아기스는 북부군과 결합하기 전에는 전투를 피할 필요가 있었으므로 감히 그 길을 택하지는 못했다. 대신에 아기스는 벨미나, 메티드리온, 오르코메노스를 지나가는 서북쪽의 경로를 택했다. 아기스는 메티드리온에서 아르고스인과 그 동맹국들을 만났는데, 그들은 언덕을 차지하고 길목을 막고 있었다. 그들은 또 아르고스와 만티네아로 가는 길도 방해했다. 즉 만약 아기스가 동쪽으로 움직이려고 한다면 아기스의 군대는 적대국의 영토에서 고립되어 수적으로 우세한 적군과 단독으로 싸울 수밖에 없는 처지가 될 것이었다. 아르고스인은 이러한 기동을 통해서 엄청난 전술적 성공을 거두었고, 아기스는 적군을 마주보는 다른 언덕을 차지할 수밖에 없었다. 밤이 찾아올 무렵, 아기스는 상황이 절망적임을 알았다. 불리한 상황에서 싸우던가 아니면 후퇴하여 불명예를 뒤집어쓸 수밖에 없었다.

그러나 동틀 무렵이 되자 스파르타의 군대는 사라지고 없었다. 아기스는 아르고스인을 교묘히 피해 빠져나올 수 있었고, 플리우스에서 집결하여 "유사 이래 가장 뛰어난 그리스 연합군"(5.60.3)의 지휘권을 장악했다. 약 27킬로미터 떨어진 곳에는 아르고스가 있었고 또 메티드리온에서 기회를 놓친 후 급히 귀환한 아르고스 수비군이 있었다. 양쪽 군 사이에는 트레토스 고개라고 하는, 기병이 다닐 만한 단 하나의 거친 산길이 있었다. 이 길은 네메아 남쪽에서 들어가서 미케네 앞으로 나오는 길이었다.(지도 18) 그러나 더 곧바른 길은 트레토스 서쪽으로 해서 켈루사 산을

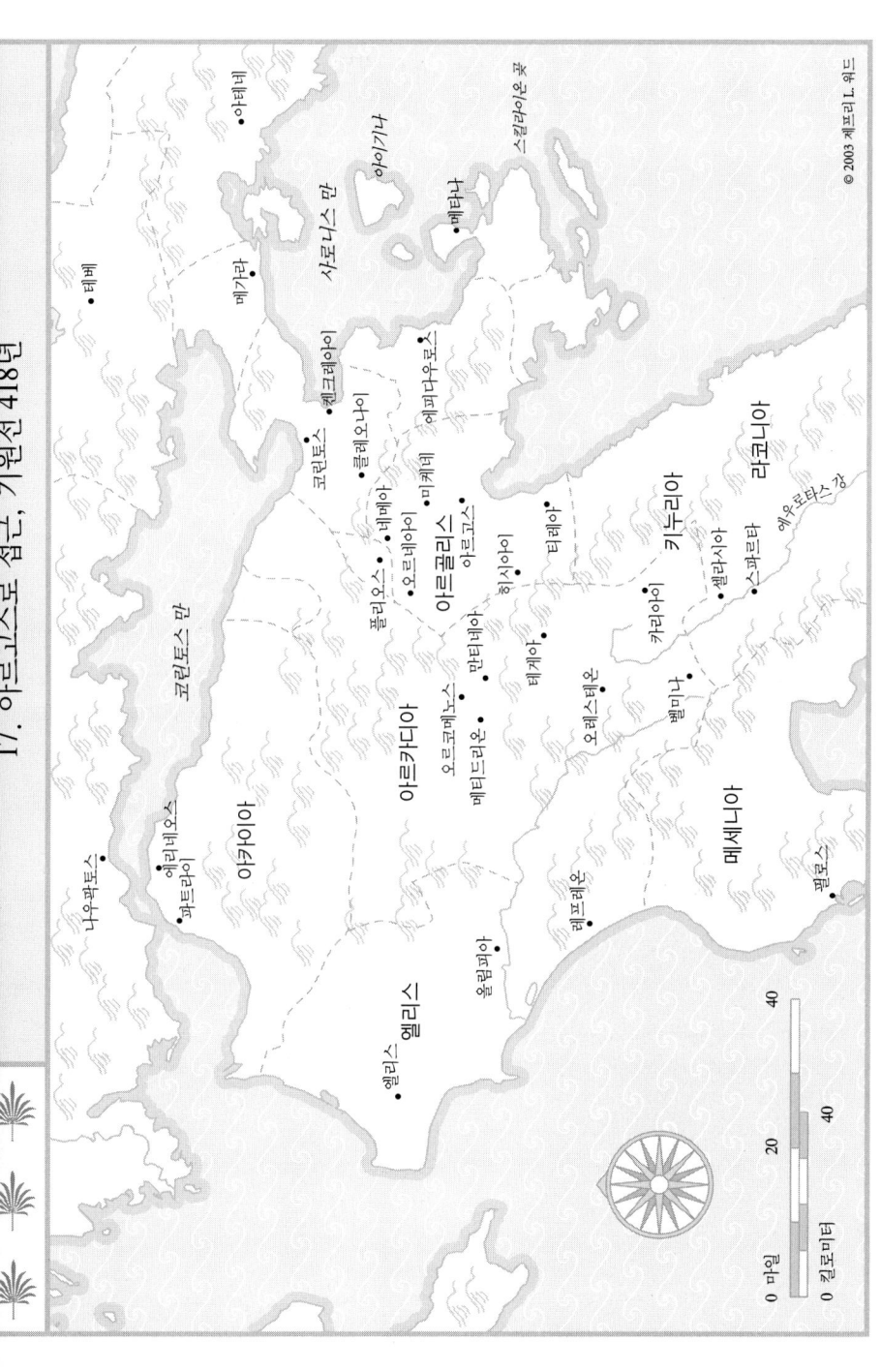

18. 아르고스 평원, 기원전 418년

지나 아르고스 평야로 들어가는 것이었다. 비록 기병이 다니기에는 힘들어도 보병은 이 길로 아르고스까지 갈 수 있었다. 아르고스인은 이 길의 존재를 분명 알고 있었을 테지만, 아르고스 장군들은 네메아로 바로 진군하여 트레토스 고개를 지나오는 정면의 공격을 막으려고 했다. 그럼으로써 켈루사 산을 통한 측면의 움직임에는 취약하게 노출되었다. 아르고스인은 이런 악수를 둔 지 며칠 지나지 않아서 또다시 같은 유형의 큰 실수를 범했다. 즉 즉각적인 전투를 피함으로써 적에게 작전 목표까지 도달할 시간을 준 것이었다. 아마 아르고스 장군들은 여기에서도 화해가 가능할 것이라는 희망에 시간을 낭비했던 것이리라.

아기스는 군대를 3열 종대로 나누었다. 보이오티아인, 시키온인, 메가라인, 그리고 기병 전부는 트레토스 고개로 진군했다. 코린토스, 펠레네, 플리우스의 병사들은 켈루사 산길로 전진해서 아마 오늘날의 피크티아 마을 근처에 있는 평야에 도달했을 것이다. 아기스 자신은 스파르타인, 아르카디아인, 에피다우로스인을 이끌고 제3의 경로를 택했다. 이것 역시 험하고 어려운 길이었고 아마 아기스는 이 길을 통해서 오늘날의 말란드레니 마을 근처에 이르렀을 것이다. 아무튼, 아직은 아르고스 군 배후를 치기에는 너무 멀었다. 다시 아기스는 한밤에 성공적으로 진군했고, 다음 날 아침에는 네메아에 있는 아르고스 군에 아기스가 그들의 배후에서 사민토스와 오늘날의 쿠트소포디 근처였을 그 인근 마을들을 습격하고 있다는 소식이 전해졌다. 아르고스인은 서둘러 도시로 발걸음을 돌렸지만 플리우스인과 코린토스인과의 소규모 전투로 지연되었고, 이것을 뚫고 나왔지만 아기스와 그의 동맹군 사이에 끼어버렸다. "아르고스인은 중간에 단절되었다. 평야 쪽에서는 스파르타인과 그 동맹군이 도시로 가는 길을 막았다. 위쪽에는 코린토스인, 플리우스인, 펠레네인이 있었다. 네메아 방면에는 보이오티아인, 시키온인, 메가라인이 있었다. 그들에게는 기병도 전혀 없었는데, 동맹국 중 유일하게 아테네인이 오지 않았기 때문이었다."(5.59.3)

아르고스인은 스파르타인이 자신들과 도시 사이에 가로막고 선 것을 보고 싸울 준비를 했다. 양편의 군이 막 교전을 시작하려고 할 때, 2명의 아르고스인, 트라실로스와 알키프론이 앞으로 나아가 아기스를 향해 말했다. 그들은 4개월간의 휴전이라는 성과를 거두고 돌아옴으로써 모두를 깜짝 놀라게 했고, 전투는 벌어지지 않았다. 더욱 이상한 것은 양편 군대의 반응이었다. 양편의 군인들은 모두 전쟁의 기회를 뺏긴 것에 분노했다. 아르고스인은 처음부터 "유리한 조건에서 싸울 수 있을 것이고, 스파르타인은 아르고스인의 영역에서 고립되어 아르고스 시 가까이에 있는 것이다"(5.59.4)라고 믿었다. 아르고스인은 도시로 돌아온 후 트라실로스의 모든 재산을 몰수하고 돌로 쳐서 거의 초죽음이 되게 했다. 한편 스파르타인은 "아기스를 극렬히 비난했다. 가장 절호의 기회라고 믿었던 상황에서 아르고스를 정복하지 않았기 때문이다."(5.63.1)

극소수의 아테네인이 그것도 너무 늦게 도착했을 때, 아르고스의 지도자들은(분명 과두파였을 것이다) 그들을 내쫓고 민회 앞에 나서지 못하게 했다. 사절단의 역할로 그 부대와 함께 왔던 알키비아데스는 입이 딱 벌어질 정도의 대담함으로 아테네 군의 지각을 전혀 변명하지 않고 오히려 아르고스인에게는 동맹국들과의 협의 없이 휴전을 맺을 권리가 없다고 불평했다. 알키비아데스는 오히려 아테네 군이 이제 왔으므로 동맹군이 전쟁을 재개해야 한다고 주장했다. 엘리스, 만티네아, 그리고 여러 동맹국들은 쉽게 설득이 되었고, 동맹 전체는 아르카디아의 오르코메노스를 공격하기로 결정했다. 이곳은 핵심적인 지역으로서, 코린토스의 이스트모스와 그 너머에서 오는 군대가 펠로폰네소스 중부와 남부로 가지 못하게 막을 수 있는 곳이었다. 얼마간 망설인 끝에 아르고스인도 오르코메노스 포위전에 참여했고 오르코메노스는 얼마 버티지 못하고 새로운 동맹에 가입했다. 알키비아데스는 공식적인 지휘권 없이도 아테네의 자기 경쟁자들을 좌절시키고 4국 동맹에 새로운 활력을 불어넣었다.

오르코메노스의 상실은 스파르타인을 격분시켰고 아기스의 행위를 소급해서 비난하게 만들었다. 스파르타인은 아기스의 가문을 파멸시키고 1만 탈란트의 벌금을 물게 할 작정이었다. 아기스가 다시 전장에 나아가 이 불명예를 씻고 오겠다는 약속을 한 후에야 그들은 진정되었다. 그럼에도 불구하고 스파르타인은 아기스가 원정에 나갈 때 10명의 크심불로이가 그를 수행하고 그에게 "조언"을 하도록 하는 전례 없는 법을 제정했다. 이들의 동의 없이는 아기스가 군대를 이끌고 도시 밖으로 나갈 수 없었다. 스파르타인은 아기스의 군사적 행동을 문제로 삼은 것이 아니었다. 만약 그들이 작전 실패나 용기의 부족을 비난하려고 했었다면 아기스가 스파르타에 돌아오자마자 즉시 처벌했을 것이다. 오히려 스파르타인은 아기스의 실수가 정치적인 것이라고 판단했다. 즉 아기스는 전투를 벌이지 않고 아르고스의 과두파가 도시를 스파르타에 넘겨줄 수 있는 여지를 주고자 했던 것이다. 오르코메노스의 함락은 그의 계획이 실패했음을 증명했고 동맹이 여전히 생명력을 가지고 있음을 과시했다.

오르코메노스의 함락 이후, 아기스는 아르고스와 화해할 희망을 버리고 아르고스인의 뻔뻔한 사기극에 보복할 마음을 굳게 먹었다. 테게아의 분쟁은 아기스가 필요로 했던 기회를 제공했다. 새로운 동맹이 성공을 거두고 스파르타가 망설이는 모습을 보이자, 테게아를 아르고스와 그 동맹국들에 넘겨주려고 하는 분파가 고개를 쳐들었고 스파르타에는 만약 신속하게 움직이지 않는다면 그 도시를 잃게 될 것이라는 소식이 전해졌다. 테게아를 적대국이 지배한다면 라코니아의 스파르타인은 사실상 저지되고, 펠로폰네소스 동맹에서 스파르타의 권위는 끝장나고, 메세니아로 가는 길은 방해를 받게 된다. 기원전 6세기에 테게아가 동맹에 가입함으로써 펠로폰네소스 동맹과 스파르타의 흥기가 시작되었다. 이제 테게아가 떨어져나가는 것은 그 둘 모두의 끝을 의미했다. 아기스와 스파르타인은 북진하여 테게아를 구출하는 것 외에 다른 대안이 없었다.

제18장
만티네아 전투 (기원전 418년)

스파르타인이 테게아가 위험하다는 소식을 들은 것은 기원전 418년 8월 말이었고, 그 즉시 아르카디아의 동맹국들을 소집하여 테게아에서 만나기로 했다. 스파르타인은 또 북쪽의 동맹국들인 코린토스, 보이오티아, 포키스, 로크리스에도 요청하여 가능한 빨리 만티네아로 와달라고 했다. 그러나 이들의 부대가 그렇게 할 수 있을지는 미지수였다. 오르코메노스가 함락되어 남쪽으로 가는 가장 좋은 길목이 적의 손에 들어갔기 때문이었다. 북쪽의 동맹군들이 안전하게 통과하기 위해서는 먼저 코린토스 쯤에서 군사력을 집결시켜야 했고, 그 후에는 오직 숫자로 밀어붙여 막아서는 모든 적을 압도해야 했다. 그러나 아무리 일이 수월하게 진행된다고 해도 북부군은 스파르타인이 연락을 보낸 후 12일이나 14일 정도 안에는 도저히 도착할 수 없었다. 게다가 투키디데스의 말을 살펴보면 이들 중 몇몇은 이 소집령을 불편하게 생각했고 보이오티아인과 코린토스인은 아마 지난번의 펠로폰네소스 진격이 결정적인 성과를 거두지 못한 것에 여전히 마음이 상해 있었다. 망설임과 분노가 뒤섞인 탓에 그들의 도착 시간은 더욱 지연되었을 것이다.

아기스의 테게아 진군

아기스는 만티네아에서 만날 적군이 이전에 아르고스에서 만났던 정도의 규모, 즉 약 2만 명 정도일 것이라고 예상할 수 있었다. 아르고스에 있는 아기스 자신의 군대는 8,000명을 헤아렸고 거기에 아기스는 약간의 네오다모데이스를 추가했다. 테게아의 전군이 테게아 시로 집결한다면, 아기스의 군대는 총 1만 명에 이르는 중장 보병을 보유할 수 있었다. 그렇다고 해도 적군의 규모가 여전히 더 컸다.

아기스는 또다른 문제에도 직면했다. 스파르타인들이 아기스의 지휘를 신뢰하지 않았던 것이다. 아기스는 군대를 이끌고 두 차례 아티카를 침공했다. 처음에는 지진 때문에 돌입하지 못했고, 다음 해에는 아티카의 곡물이 너무 덜 익어서 군대를 먹일 수가 없었던 데다가 강력한 폭풍우 때문에 고생해야 했다. 아기스는 필로스에 아테네 요새가 건설된다는 소식을 듣고 전쟁 동안에 가장 짧은 침공 기간인 겨우 15일 만에 아무런 보람도 없이 군대를 스파르타로 철수해야 했다. 기원전 418년의 아르고스 원정에서도 역시 젊은 왕의 신뢰도를 높여줄 만한 성과는 전혀 없었다. 아기스는 흉조를 핑계로 두 번 국경에서 물러섰고, 마침내 수적 열세 속에 포위된 적군을 공격할 기회가 왔을 때에는 전투를 거부했다. 아기스가 전쟁 대신에 외교를 택한 것에 대한 공감대는 아르고스와 그 동맹국들이 후에 오르코메노스를 점령했을 때 완전히 사라졌다. 테게아에서 들려온 나쁜 소식은 분명 스파르타인을 더욱 불쾌하게 했을 것이다. 그리고 아기스에게 다시 한 번 군대를 지휘하도록 허용한 것은 오직 또 한 명의 왕인 플레이스토아낙스가 불신임되었기 때문이었다. 다만 스파르타인은 아기스 왕을 10명의 조언자들에게 종속시키는 조심스러운 조처를 취했다. 만티네아는 아기스 왕이 자신을 증명할 마지막 기회였다. 성공하면 재신임될 것이었고 실패는 곧 불명예 퇴진을 뜻했다.

아기스는 이 작전을 수행하면서 까다로운 전략적 문제에 직면했다. 그는 쿠데타를 막기 위해서 가능한 빨리 테게아에 도착해야 했다. 그러나 도착 후에는 최소한 1주일 이상 자신들보다 규모가 큰 적군과 대치하면서 북부군의 도착을 기다려야 했다. 만약 스파르타의 지휘관이 다른 사람이었다면, 적군이 테게아의 영토를 유린하고 농장을 파괴하도록 내버려두고 또 그들이 도시에 접근하여 스파르타인과 그 지휘관을 비겁하다고 비난할지라도 동맹군이 올 때까지 테게아 성벽 안에 머물면서 전투를 피했을 것이다. 그러나 아기스는 자신이 싸움을 두려워한다는 그 어떤 낌새도 내보여서는 안 되는 입장이었다. 아기스는 수적으로 우월한 적군을 맞이해야 할 것임을 알았기 때문에 스파르타의 군대 전부를 데리고 올 수밖에 없었고, 그 결과 스파르타 자체는 무방비 상태였다. 이때 메세니아인이 필로스에 자리를 잡고서 헤일로타이의 반란을 부추기고 있었다.

아기스는 테게아로 오는 도중에 엘리스인이 만티네아에 모인 동맹군들과 합류하지 않았다는 반가운 소식을 들었다. 만티네아인은 자신들의 이웃이자 숙적인 테게아를 공격하기를 원했지만, 엘리스인은 레프레온을 향해 진격하는 편을 선호했다. 한편 아테네인과 아르고스인은 테게아의 전략적 중요성을 인식하고 있었기 때문에 모두 만티네아인의 견해를 지지했다. 엘리스인이 화를 내고 자신들의 중장 보병 3,000명을 철수시키자 아기스는 적 동맹군의 이러한 불화를 이용해서 자기 군대의 6분의 1을 돌려보내 스파르타를 수비하게 했다. 아기스는 500명에서 700명 정도의 이 병력 없이도 8,000명의 아르고스 연합군에 대해서 스파르타 군과 동맹군 9,000명 이상으로 여전히 수적 우세를 누릴 수 있었다.

전투 강요

엘리스인이 이탈함으로써 아기스의 전략적 갈등이 해소되기는 했지만, 엘리스인은 얼마 지나지 않아 자신들의 철수가 얼마나 어리석은 일인지를 깨닫고 되돌아와 아르고스 연합군의 대열을 넓힐 것이었다. 그리고 스파르타의 북부 동맹군은 그 전에 도달하기 힘들었다. 이제 이러한 상황들이 아기스에게 엘리스인이 재등장하기 전에 정면 대결을 벌이도록 강요했다. 아기스는 테게아에 자신의 동맹군들을 모으고 만티네아 시 동남쪽 1.6킬로미터 정도에 있는 헤라클레스 성소(헤라클레이온)로 진군했다.(지도 19) 테게아와 만티네아의 고대 도시들이 위치한 평원은 약 670미터 정도의 고지였고 산으로 둘러싸여 있었다. 이 평원은 길게 남북으로는 약 29킬로미터였고, 넓게 동서로는 약 18킬로미터였다. 남쪽에서 북쪽으로 갈수록 조금씩 경사가 낮아져서, 만티네아는 16킬로미터 떨어진 테게아보다 고도가 30미터 정도 낮았다.

만티네아에서 남쪽으로 5킬로미터 정도만 가면 평원의 폭이 3킬로미터

정도로 좁아지는데, 그 양편에는 서쪽으로 미티카스 능선이, 동쪽으로 카프니스트라 능선이 있었다. 두 국가의 경계선은 아마 이 협곡이었거나 아니면 약간 더 남쪽이었을 것이다. 테게아에서 얼마 떨어지지 않은 곳에서 오늘날 자노비스타스라고 불리는 강이 발원하여 북쪽으로 흐르다가 미티카스 능선 북쪽의 만티네아 평원 서쪽 끝으로 빠져나간다. 사란다포타모스라는 다른 강은 테게아를 지나 북쪽으로 흐르다가 동쪽으로 급격히 꺾어져 테게아 영역 내에 있는 오늘날의 베르소바 시 근처에서 세 갈래로 흩어진다. 만티네아에서 남쪽으로 가는 길은 두 갈래가 있었는데, 하나는 팔란티온을 향해 서남쪽으로 나아가고, 협곡의 동쪽 끝 근처에 있는 다른 길은 테게아를 향해 남쪽으로 나아간다. 만티네아의 동쪽에는 고대인들이 알레시온이라고 불렀던 산이 있었다. 테게아행의 길은 이 산을 지나갔고, 산이 평야와 만나는 지점에는 포세이돈 히피오스 신전이 있었다. 알레시온 산 남쪽에는 펠라고스라고 불리는 참나무 숲이 있었는데, 이 숲은 카프니스트라와 미티카스에 거의 닿았다. 테게아행 길은 이 숲을 지나갔고, 팔란티온행 길은 이 숲의 서쪽을 스쳐갔다. 스파르타인이 야영장을 차린 헤라클레스 성소는 평야의 동부, 알레시온 산 남쪽에 있었다.

 아기스는 먼저 적의 농지를 약탈하기 시작했다. 적이 농지를 방어하기 위해서 전투에 나서도록 강요하려는 것이었다. 그러나 스파르타 군은 추수기가 다 끝나고 나서야 도착했기 때문에 이 전략으로 평상시와 같은 압력을 가할 수는 없었다. 만티네아의 곡물은 6월 하순과 7월 말 사이에 추수가 되었으므로 곡물과 그 외 이동 가능한 가치 있는 모든 것들은 이미 안전하게 보관되었고, 스파르타인은 별다른 피해를 입힐 수 없었다. 한편 아르고스 동맹의 구성원들은 알레시온 산의 낮은 경사면에서 강력한 방어태세를 갖추었고, 이곳은 "가파르고 접근하기 어려운" 곳이었다. 이제 엘리스인도 동맹군에 다시 동참할 것을 요청받고서 오는 중이었고, 아테네의 증원군도 오고 있었다. 동맹의 장군들은 아마 이 사실을 알고 있었을 것이다. 이 증원군이 도착하면 아르고스인은 수적으로 우세해지고, 스파르타의 북부 동맹군이 등장하기 전에 전투를 개시할 수 있도록 싸움의 시점을 선택할 수 있었다. 그러나 증원군이 오기 전에는 아기스가 무모하게 쳐들어오지 않는 한 아르고스 동맹으로서는 전투를 피하는 것이 백번

나왔다.

 아기스는 바로 그렇게 하기를 원했고, 자기 군대를 알레시온 산의 언덕으로 돌진시켰다. 이것은 자포자기한 남자의 무모한 행동이었다. 비록 수적으로 조금 앞서 있다고 해도 팔랑크스를 이룬 중장 보병이 버틴 언덕으로 돌진하는 것은 파멸이었다. 스파르타인은 "돌을 던질 만한, 혹은 투창을 던질 만한" 거리에 이르렀을 때 갑자기 진격을 멈추었다. 이 상황이 불가능한 일임을 알아차린 "한 연장자"가 아기스에게 소리쳐서 말했다. 아기스가 하고자 하는 일은 "하나의 악을 다른 악으로 고치려는 것"(5.65.2)이라고 말이다. 이 현명한 연장자는 아마 크십불로이 중의 한 명이었을 것이다. 그는 젊은 왕이 이러한 격렬한 행동을 통해서 아르고스에서의 자신의 행위에 대한 기억을 지우려고 함을 알아차렸을 것이다. 이 경고를 듣고 아기스는 적군과 교전하지 않고 급히 후퇴했고, 동맹군이 그의 뒤를 쫓으려고 하지 않았기 때문에 겨우 재난을 면할 수 있었다.

 이제 아기스는 그 어느 때보다 더 깊이 좌절했을 것이다. 그가 아는 한 적군은 증원군이 올 때까지는 고지에서 내려오지 않을 것이기 때문이었다. 그러므로 아기스는 스파르타에 연락해서 이전에 돌려보냈던 군대를 테게아에 다시 보내달라고 요청했다. 이제 그는 적이 선택한 시간과 장소에서 전투를 벌일 수밖에 없음을 인정했다. 이러한 불리함을 줄이기 위해서 아기스는 스파르타가 며칠 동안 무방비 상태로 놓이게 되는 도박을 할 수밖에 없었다.

 플레이스토아낙스 왕이 요청받은 부대를 이끌고 테게아를 향하자, 아기스는 적에게 증원군이 도달하기 전에 적군을 평야로 유인해 전투를 강요할 작전을 구상했다. 테게아인과 만티네아인은 수년 동안 평야를 지나는 수로들의 지배권을 두고 싸웠다. 이 지역의 모든 강과 여울들은 토양 아래의 석회암에 있는 구멍들로 빠져나갔다. 폭우가 쏟아져서 이 구멍들이 막히면, 경사진 땅에 있는 만티네아는 물에 잠길 위험이 있었다. 테게아인은 우기 동안에 간단한 도랑들을 파서 구멍을 막거나 강줄기를 우회시킴으로써 만티네아 영역에 물이 넘쳐나게 할 수 있었다. 수량이 더 많은 사란다포타모스 강을 자노비스타스 강으로 유도해서 만티네아 평야에 홍수가 나게 하고 곡물과 도시에 피해를 입히는 방법도 있었다. 이것은 두 강이 가장 근접한 지점에서 2.4킬로미터 정도의 운하를 뚫으면 가능한 일이었다. 과거에 테게아인은 몇 번 그런 시도를 했었고, 그 때 만든 도랑을 유지했다. 사란다포타모스 강을 원래의 정상적인 수로로 흐르게 하고 싶을 때는 그저 그 도랑에 방벽을 쌓기만 하면 되었다. 테게아인은 만티네아와의 반복되는 충돌 속에서 손쉽게 방벽을 재거하고 만티네아에 홍수를 일으킬 수 있었다.

아기스는 테게아 쪽으로 후퇴했다. 아마 사란다포타모스 강을 자노비스타스 강으로 우회시키려고 그랬을 것이다. 또 사람들을 보내어 국경의 배수구들을 막게 하거나 물을 모이게 하는 도랑을 파도록 했을지도 모른다. 그러나 이런 노력들만으로는 아기스의 목적을 달성할 수 없었다. 왜냐하면, "아기스는 물길을 바꾼다는 소식을 들은 언덕 위의 적군이 그 일을 막기 위해서 내려오기를 원했고, 그래서 평야에서 싸움을 벌일 수 있기를 원했기"(5.56.4) 때문이었다. 배수구들은 아기스가 적군을 내버려둔 알레시온 산에서 얼마간 떨어진 곳에 있었고, 또 그곳은 만티네아에서는 더욱 먼 곳 있었으므로 일단 스파르타 군이 떠나면 만티네아 군도 철수할 것이며, 게다가 펠라고스 숲이 그들 사이에 있었으므로 아르고스인은 스파르타인의 전술을 즉각 알아차리지는 못했을 것이다. 그러나 하루만 지나도 마른 땅 위에 물이 나타나 만티네아 영토로 흘러들어갈 것이고, 만티네아인은 쓰디쓴 경험을 바탕으로 테게아인과 그 동맹국들이 무엇을 했는지 알아차릴 것이다. 만티네아인이 몇 주 후에 시작될 우기 전에 사란다포타모스 강을 원래의 수로로 돌려놓지 않는다면 그들의 땅은 홍수에 잠길 것이다.

동맹군의 움직임

아기스의 계획 —— 사면초가인 자가 가장 해볼 만했던 도박 —— 은 적군이 분노와 공포로 인해서 늦추는 편이 유리할 전투에 즉각 달려들 것이라는 가정을 전제로 했다. 아기스는 테게아 근처에서 하루를 보낸 후 다시 만티네아의 헤라클레이온을 향해 진군했다. 그는 아르고스인보다 앞서서 가장 좋은 자리에 자기 군대를 전투 대형으로 배치하려고 했다. 그러나 아기스는 헤라클레이온까지 가지 못했다. 적군이 예상대로 움직이지 않았기 때문이다. 대신에 아르고스 동맹군 내부의 정치적 의심과 불신이 아기스에게 직접적인 이득을 주었다.

스파르타인이 알레시온 산에서 물러난 후, 동맹군 부대는 아르고스 장군들이 아무런 행동도 취하지 않은 것에 대해서 불평하기 시작했다. "이전에도 스파르타인이 아르고스 근처에서 멋지게 덫에 걸렸는데 그냥 보내줬고, 지금은 그들이 도망가는데도 아무도 추격하지 않았다. 오히려 스파르타인은 아무 방해도 받지 않고 도달하며, 우리는 배신당하고 있다." (5.65.5) 여기에서 마지막 말이 의미심장하다. 불만이 가득한 이 부대는 지휘관들의 비겁함이 아니라 배신행위(prodidontai, 프로디돈타이)를 비난하고 있었다. 장군들은 분명 귀족으로 구성된 아르고스 1,000인대 출신이었을 것인데, 그들이 이전에 보여준 행동들이 아르고스의 민주파 시민들 사이에서 이미 의심을 불러일으켰고, 이제 그러한 의혹이 증폭됨으로써 장군들은 어쩔 수 없이 언덕을 내려와 전투를 준비할 수밖에 없었다.

아기스는 테게아에서 진출해 나오면서 그 무엇을 보았든 보지 못했던 간에, 협곡의 북쪽으로 가야 했다. 만약 적 부대가 만티네아에 있다면 그들이 자노비스타스 강의 물을 보고서 뛰쳐나올 때까지 기다려야 했다. 만약 그들이 이미 평야에 내려왔다면, 즉각 전투를 벌일 수 있었다. 아기스의 군대가 대오를 지어 숲에서 빠져나왔을 때, 아기스는 적군이 언덕에서 이미 벗어나 자기들과 근접한 곳에서 완전한 전투태세를 갖추고 있는 것을 보고 충격을 받았다. 동맹군은 지난밤에 평야에서 야영을 했고, 고지에 있던 파수병들이 아르고스 장군들에게 아기스 군의 접근을 알렸을 것이다. 그럼으로써 동맹군은 스파르타인들이 숲에서 빠져나오는 장소 가까이에서 진용을 갖추고 자신들이 선택한 전투 대형으로 기다릴 수 있었던 것이다. 아기스는 덫에 걸렸다.

전투

스파르타 왕의 첫 번째 임무는 군대를 배치하고, 일시적인 혼란을 틈타 적군이 공격해오기 전에 전투 대형으로 열을 지어 숲에서 진군해 나오게 하는 것이었다. 여기에서 스파르타 군대의 비길 데 없는 규율과 훈련이 빛을 발했다. 아기스는 스파르타의 6개 군단 지휘관들에게만 명령을 내리면 되었고, 나머지는 지휘 시스템이 해결해주었다. 스파르타 군대는 보통의 그리스 군대와 달리 "다른 장교들을 지휘하는 장교들로 구성되었다. 명령 실행의 책임을 많은 이들이 공유했기 때문이었다."(5.66.40) 아르고스의 장군들은 일단 적군이 숲에서 빠져나올 때 공격하지 않았고, 스파르타인이 대열을 정비하기 전에 돌격하지도 않았다. 두 전술 중 하나라도 실행했더라면 스파르타 군을 후퇴시키고 전투를 기피하게 만들 수 있었을 것이다. 그러나 장군들은 군사들의 불만에 눌려 그날에 싸움을 벌이고야 말겠다는 결심을 했던 것 같다.

동맹군은 가장 강력한 부대, 즉 조국을 지키기 위해서 싸우는 만티네아 군을 우익에 배치하고, 그 옆에 비슷한 동기를 가진 아르카디아인을, 그리고 그 옆에 특수훈련을 받은 엘리트 부대인 아르고스 1,000인대를 두었다. 이 우익은 공격을 담당했고 전투를 결정짓는 역할을 맡았다. 그들 옆에는 일반적인 아르고스 중장 보병이 있었고, 그 옆에는 오르네아이와 클레오나이의 부대가 있었다. 좌익은 수비를 맡았다. 우익이 결정적인 타격을 가할 수 있을 때까지 포위공격을 막아내고 붕괴되지 않는 역할이었다.

스파르타 군의 배치를 보면 이 전투에 대해서 특별한 계획은 없었던 것을 알 수 있다. 대개 척후병을 맡거나 기병과 연계해서 싸웠던 아르카디아인인 스키리타이가 전통적인 좌익에 자리잡았다. 그 옆에는 트라케에서 브라시다스와 함께 싸웠던 부대가 상당수의 네오다모데이스와 함께 있었다. 스파르타 군대의 주력은 중앙에 있었고, 그 옆에는 헤라이아와 마이날리아에서 온 아르카디아 동맹군이 있었다. 테게아인은 우익에 자리잡았고, 약간의 스파르타 군이 그들을 보조하며 대열의 끝을 이루었다. 기병은 나누어져서 양익을 보호했다. 스파르타 군의 배치는 전통적이고 방어적이었고, 이는 기습을 받은 군대와 장군에게서 쉽게 볼 수 있는 진형이었다. 선제권은 아르고스의 장군들이 쥐고 있었다.

동맹군의 약 8,000명의 중장 보병은 약 1킬로미터에 달하는 전선을 가로질러 뻗어 있었고, 한편 약 9,000명의 중장 보병을 가진 펠로폰네소스 군은 100미터 정도 더 긴 전열을 이루고 있었다. 우익에 있던 테게아인과 그들 옆의 스파르타 소부대는 동맹군 좌익의 아테네인을 넘어서 뻗어 있었지만, 약간 수가 밀리던 동맹군은 그곳에 추가로 병력을 보내서 불리한 상황을 회복하려고 하지 않았다. 오히려 동맹군은 우익을 적 좌익의 스키리타이인보다 훨씬 길게 늘였다. 스파르타 군은 언제나처럼 천천히 전진했다. 이들은 팔랑크스를 유지하기 위해서 불던 피리 소리의 리듬에 맞추어 움직였다. 그러나 동맹군은 "열정적으로, 그리고 충동적으로 전진했다."(5.70) 당연하게도, 동맹군의 장군들은 좌익이나 중앙이 뚫리기 전에 우익에서 자신들의 주력으로 결정타를 날리고 적군을 패주시키려고 했다.

아기스는 자신의 좌익이 포위당할 위험에 처한 것을 보고, 좌익의 스키리타이인과 브라시다스 군대의 고참병들에게 본대와 떨어져 더욱더 왼쪽으로 가서 만티네아인이 있던 자리에 가 맞서라고 신호했다. 이로써 펠로폰네소스 군 전열에 위험한 구멍이 뚫렸기 때문에, 아기스는 히포노이다스와 아리스토클레스라는 장교에게 명령하여 스파르타 군 우익 끝에 있던 그들의 휘하 부대 — 아마 스파르타 보병 1,000명 정도 — 를 이끌고 가서 이 공백을 메우게 했다.

그리스 전쟁사에서 이러한 기동의 사례는 달리 찾아볼 수 없다. 두 군대가 교전하려는 찰나에 전열을 바꾸는 것, 고의로 자기 전열에 구멍을 내고 이 구멍을 막기 위해서 또다른 구멍을 내는 것 — 이 모든 전술은 전례가 없었다. 사실 아기스를 놀라게 했던 우측으로의 이동은 모든 군대에 전형적인 사항이었다. 이것은 방패가 없는 쪽으로 움직이려는 중장 보병 팔랑크스의 자연스러운 경향 때문이었다. 그리고 아기스는 이것을 예측했어야만 했다. 그러나 그는 다시 한 번 경험 부족을 드러냈다.

아기스가 취했어야 할 최선의 방법은 대형을 유지하는 것이었다. 우익을 보내어 적 좌익의 측면을 찔러 포위하고, 자신의 강력한 스파르타 군대를 중앙의 별로 강하지 않은 아르고스 일반 부대를 향해 돌진시킨 후, 적의 맹공을 정면으로 막고 있는 좌익이 자신이 구원하러 갈 때까지 버틸 수 있기를 바랐어야 했다. 그러한 전략이 안고 있는 위험은 펠레폰네소스인으로 구성된 좌익이 너무 빨리 무너져 포위될 수 있다는 점이었다. 그러나 습격을 당한 상황에 놓인 스파르타인에게는 다른 대안이라도 더 큰 위험을 감수해야 했다. 아기스에게는 이러한 상황에서 판단력, 확신, 숙련된 지휘관으로서의 결단력이 필요했다. 그러나 이전에 그의 행보가 보여주듯이 그는 아직 이러한 자질들을 갖추지 못했다. 오히려 아기스는 위에서 말한 비정상적인 명령을 내렸다.

아기스의 명령이 수행되었더라면 그 기동이 어떤 결과를 낳았을지에 대해서는 결코 알 수 없다. 좌익은 포위공격을 막기 위해서 명령대로 움직였다. 중앙의 스파르타인과 자신들 사이에 간격을 벌렸던 것이다. 그러나 중앙의 우익에 있던 병사들은 그 간격을 메우기 위해서 나아가지 않았다. 해당 부대의 두 지휘관, 아리스토클레스와 히포노이다스가 명령 수행을 완전히 거부했기 때문이었다. 이러한 명령불복종은 아기스의 명령만큼이나 유례가 없는 일이었다. 이 두 지휘관은 후에 비겁자라는 비난을 받고 국외추방되었다. 스파르타 법정은 아기스의 전략이 실행 가능했다고 믿었던 것 같다. 그러나 사실 이 두 지휘관은 전장에서 사령관의 직접 명령을 거부하기는 했지만, 원래의 팔랑크스 위치, 즉 중앙에서 자신의 자리를 지켰고 이후에 도망가거나 성소에 도피하지 않고 스파르타에 돌아와 재판을 받았다. 이것은 비겁자들의 행동이 아니다.

게다가 스파르타의 지휘관들이 전장에서의 직접 명령에 불복종했다는 것에는 설명이 필요하다. 이 고참 병사들이 자신의 군대를 무능력한 자가 이끈다고 믿었다고 생각해야 이 지휘관들의 명령 거부가 적어도 부분적으로나마 이해될 수 있다. 이 사령관은 처음에 적을 만났을 때에는 무모하게 언덕을 향해 돌진시키더니, 적과 창을 던질 수 있는 거리에서 갑자기 되돌렸고, 마침내는 갑자기 적이 선택한 곳에서 적이 선택한 진형으로 전투를 벌이게 만들었다. 이들의 행동에 대한 또 하나의 이유를 찾는다면, 아마 아리스토클레스가 아기스의 동료 왕이었던 플레이스토아낙스의 형제였기 때문에 왕이 자기 형제를 보호하려고 히포노이다스에게 안전을 도모하라고 설득했을지도 모른다. 그러나 어떤 말을 해도 결국 그들은 완전히 어리석은 명령에 반발한 것이었고, 그 명령으로 말미암아 스파르타 군대에 닥치게 될 끔찍한 위험을 방지하려고 노력했던 것이다.

결국 스파르타인은 이 두 지휘관이 아기스의 명령에 불복종했음에도 불구하고 아니, 오히려 이들이 그 명령을 거부했던 덕분에 이 전투에서 승리를 거두었다. 그들이 자기 자리를 지켰기 때문에 스파르타 군 중앙의 오른쪽에는 구멍이 없었다. 오히려 그들은 스파르타 군의 중앙을 강화했고, 거기에서 승리가 이루어졌다. 스파르타가 승리한 데에는 적의 실수들 또한 기여했다. 아기스는 자기 오른쪽의 부대로 자기가 만든 왼쪽의 구멍을 메울 수 없다는 사실을 알게 되자, 자기 말을 뒤집어서 좌익에게 그 간격을 다시 메우라고 명령했다. 그러나 이때는 이미 너무 늦었다. 만티네아 군이 스파르타 군 좌익을 포위했고, 아르고스의 엘리트 부대의 지원을 받아 스파르타 군 좌익과 중앙 사이의 틈으로 돌입했다.

아르고스 군과 그 동맹군에는 이것이 전투에서 결정적인 순간이자 승리를 위한 가장 큰 기회였다. 만약 그들이 오합지졸인 좌익의 스키리타이 군, 네오다모데이스, 브라시다스 고참병들을 무시했더라면, 혹은 소규모 부대를 보내어 이들을 진압하고서 주력을 왼쪽으로 돌려 스파르타 군 중앙의 측면과 배후를 쳤더라면, 그들의 승리는 거의 확실했을 것이다. 스파르타 군의 중앙은 그때 여전히 전면의 적과 싸우고 있었기 때문이다. 그러나 동맹군은 오른쪽으로 돌아서 스파르타의 좌익을 괴멸시켰고, 그럼으로써 자신들의 기회를 날렸고 또 승리도 함께 날아갔다. 만티네아 군과 아르고스 엘리트 부대는 스파르타 군 대열의 틈으로 돌진해 들어간 후 자연스럽고 손쉬운 결정을 내렸다. 그들은 왼쪽이 아니라 오른쪽으로 돌았다. 오른쪽을 보니 적이 무방비 상태로 노출되어 있었고, 이것은 왼쪽에 방패로 보호된 스파르타 군보다 훨씬 유혹적이고 안전한 목표였던 것이다. 게다가 동맹군은 적 팔랑크스에 접근할 때 자신들 앞에 열린 틈을 보고서 아마 깜짝 놀랐을 것이다. 이 틈은 자신들이 전진을 시작할 때에는 없었던 것이기 때문이었다. 동맹군의 장군들은 우익에 전력을 다해 적 좌익을 공격하여 신속하고 철저하게 괴멸시키라고 사전에 명령했을 것이 분명하다. 그래야만 중앙으로 치고 들어갈 가능성이 생기기 때문이었다. 스파르타의 좌익이 갑자기 열리면서 전략의 변화가 필요해졌다. 그러나 아기스가 깨달았듯이 중장 보병 팔랑크스가 일단 움직이고 난 후에 전투 계획을 변경하는 것은 거의 불가능에 가까웠다. 동질적이고 잘 훈련된 익숙한 군대를 이끄는 위대한 지휘관이라면 이러한 기동에 성공했을지도 모른다. 그러나 우리는 동맹군 장군이 누구였는지 알지 못하고, 그 군대는 여러 국가에서 온 혼성부대였다. 동맹군은 가장 일반적으로 행동했고,

그 결과 전투에서 졌다.

동맹군이 필요없이 스키리타이 군과 해방 헤일로타이를 추격하는 동안에 아기스와 스파르타 군의 중앙은 자기들 앞의 평범한 부대들, 즉 아르고스 연장자들로 구성된 "5개 군단"과 클레오나이와 오르네아이의 중장보병들을 격퇴했다. 사실 "스파르타 군이 접근하자 대부분은 감히 서서 싸우지 못하고 도망쳤다. 어떤 이들은 너무 급히 도망치다 넘어지는 바람에 적에게 잡히고 말았다."(5.72.4)

이때 스파르타 우익은 측면을 찔린 동맹군 좌익의 아테네 군을 포위하기 시작했다. 아테네 군은 기병대 덕분에 패주는 면했지만, 역시 재앙은 피할 수 없었다. 우익의 동맹군이 기회를 살리지 못한 것이 승패를 결정지었기 때문이었다.

일단 전장의 흐름이 바뀌자 아기스는 승리의 성격을 결정짓는 여러 명령들을 내렸다. 아기스는 우익으로 하여금 후퇴하는 아테네 군을 끝장내게 하지 않고 오히려 전군을 이끌고 궁지에 몰린 좌익을 지원했다. 이로써 아테네 군과 일반 아르고스 군 일부는 탈출할 수 있었다. 아기스의 결정은 순수하게 군사적인 이유에서 이해할 수 있다. 스파르타 왕은 분명 자기 군대를 추가적인 손실로부터 보호하고 적군의 주력 —— 만티네아 군과 아르고스 엘리트 부대 —— 를 괴멸시키기를 원했던 것이다. 그러나 이 결정에는 정치적인 가치도 있었다. 이상하기는 해도 아테네와 스파르타는 여전히 기술적으로는 평화 상태였다. 만티네아에서 아테네 군을 괴멸시켰다면 분명 아테네의 반스파르타파의 힘이 강해졌을 것이다. 그러나 스파르타 군이 절제함으로써, 스파르타가 힘과 위신을 되찾는다고 해도 아테네인이 온건한 정책을 채택하고 평화를 유지하도록 설득할 수 있었다.

정치의 개입

전장의 다른 쪽 끝에서는 만티네아 군과 아르고스 엘리트 부대가 자기 편이 붕괴된 것을 보고 도망쳤다. 만티네아 군의 사상자 수는 매우 많았다. 그러나 "대부분의 아르고스 엘리트 부대는 구출되었다."(5.73.4) 어깨를 나란히 하고 싸웠던 이 두 부대에서 왜 한 부대는 거의 전멸당하고 다른 한 부대는 거의 손실을 입지 않았는지는 이해하기 힘들다. 투키디데스에 따르면 그들은 후퇴할 때 거의 추격을 받지 않거나 혹은 별로 멀리까지 추격당하지 않았다. "스파르타 군은 적군이 패주할 때까지는 오랜 시간 버티고 서서 싸웠지만, 일단 적이 도망가자 추격은 짧고 간단하게 했기 때문이다."(5.73.4) 그래도 이것으로는 만티네아인이 살육당하고 아르고스인은 탈출한 이유는 설명이 되지 않는다. 이것을 이해하려면 훨씬 후대의 역사가인 디오도로스의 다른 해석을 보아야 한다.

스파르타 군은 적군의 다른 부대들을 패주시키고 많은 이들을 살육한 후, 아르고스의 엘리트 1,000인대를 향해 갔다. 스파르타 군은 그들을 수적 우세 속에 포위했고 완전히 전멸시키려고 했다. 이 엘리트 부대는 수적으로는 매우 열세였지만 용기는 탁월했다. 제1선에서 싸우던 스파르타 왕은 위험을 겁내지 않았다. 그는 적을 섬멸하려고 했지만 —— 그는 자기 동료 시민들에게 위대한 성과를 거둠으로써 이전의 치욕을 보상하겠노라고 한 약속을 실행하고 싶었다 —— 자기 의도를 실행에 옮길 수 없었다. 고문 중 한 사람이자 스파르타에서 명성이 높았던 스파르타인 파라크스가 왕에게 엘리트 부대에게 탈출구를 내어주라고, 그리고 삶의 희망을 포기한 사람들을 이용해서 운명에 버림받은 자들의 용기를 알아보려고 하지 말라고 명령했다. 그래서 왕은 자신이 받은 명령에 의해서 파라크스의 판단에 따라 그들의 탈출을 용인할 수밖에 없었다.(12.79.6-7)

크심불로스인 파라크스는 이 전투의 정치적 파급 효과를 미리 고려했던 것이 분명하다. 대부분의 평민 민주파 아르고스인이 탈출한 시점에서 아르고스의 귀족 엘리트 부대를 전멸시키면 아르고스와 다른 민주정 국가들의 동맹이 계속되게 할 뿐일 것이었다. 그러나 만약 반스파르타 정책이 완전히 실패한 상황에서 아르고스 엘리트 부대가 귀환한다면, 그들은 도시를 장악하고 스파르타와 동맹을 맺을 수 있었다. 만약 그렇게 된다면 이것은 적 연합군에 치명타가 될 수 있었다. 복수심에 불타는 경험 부족의 아기스는 자신의 명예를 회복하는데 마음이 모두 가서 전투가 한창일 때는 이러한 것을 미리 내다볼 수 없었다. 그리고 그에게 고문단을 붙인 스파르타인의 결정은 매우 사려 깊은 판단이었던 것으로 증명되었다.

만티네아 전투의 의미

비록 만티네아 전투에서 패배한 적군을 섬멸시키지는 못했지만, 이 전투의 의미는 중대했다. 스파르타 편에서 이 전투의 가장 중요한 결과는 패하지 않았다는 사실 그 자체에 있었다. 만약 아르고스 엘리트 부대가 스파르타 군 전열의 간격을 적절히 이용해서 스파르타 군과 그 동맹군을 패배시켰더라면, 펠로폰네소스에서 스파르타의 지배권은 끝장났을 것이다. 만티네아에서 동맹군이 승리했더라면 당연히 테게아를 상실했을 것이고, 그것은 다시 스파르타를 자신의 동맹국들과 메세니아로부터 단절시킴으로써 스파르타의 전략적 입장을 무너뜨렸을 것이다. 게다가 스파르타의 위신이 손상을 입었다면 그 헤게모니에도 치명타가 되었을 것이다. 만티네아에서 동맹군이 승리했다면 전쟁의 큰 판도에서도 아테네와 그 우방들에 승리가 돌아갔을 것이 분명하다. 반대로 스파르타의 승리는 스파르타의 자신감과 명성을 회복시켰다. "당시 스파르타인에 대한 그리스인들의 비난들, 즉 스팍테리아 섬에서의 재난에 따른 겁쟁이라는 비난과 그 외 다른 사건들에서 비롯한 판단력이 부족하고 느리다는 비난 등이 이 단 하나의 행동으로 사라졌다. 이제 스파르타인들은 운이 나빠서 수치를 당했던 것으로 보였고, 그들의 결연한 의지는 과거와 마찬가지임이 드러났다."(5.75.3)

스파르타의 성공은 또한 과두파의 승리였다. 만티네아에서 동맹군이 승리했더라면 아르고스, 엘리스, 만티네아에서 민주파의 지배가 확고해졌을 것이고, 그 위세가 높아져서 아마 펠로폰네소스의 다른 민주정 국가들에도 자극을 주었을 것이다. 그러나 패배로 말미암아 펠로폰네소스 민주파는 각자의 나라에서 입지가 좁아졌고, 민주파의 영향력은 전반적으로 약화되었다. 이 전투는 전 그리스에서 대세의 흐름을 민주파로부터 과두파로 돌려놓았다.

엘리스 군 3,000명과 아테네 증원군 1,000명은 전투가 종결된 이후에야 만티네아에 도착했다. 그들이 제시간에 도착해서 동맹군의 중앙을 강화시켜주었더라면 이 전투는 완전히 다르게 끝났을 것이다. 이제 그들이 할 수 있는 일은 에피다우로스로 진격하여 자신들의 군대가 만티네아 전투 동안에 감행했던 아르고스에 대한 공격을 완화시키고, 도시에 성벽을 쌓고 수비대를 남겨두는 정도에 만족하는 것이었다.

민주파 동맹은 사기는 떨어졌지만 빈약하게나마 살아남았다. 동맹군이 철수한 뒤 11월에 스파르타인은 군대를 테게아로 이동시켰다. 그러나 그들은 자신들의 승리를 전쟁이 아닌 외교로 이용하려고 했다. 스파르타인은 스파르타에 아르고스의 프록세노스로 있던 리카스를 아르고스에 보내어 평화를 제안했다. 이전에도 스파르타에 우호적이고 "민주정을 무너뜨리고자 하는" 아르고스인들이 있었고, 엘리트 부대인 1,000인대는 분명 그런 이들이었을 것이다. 이들은 만티네아에서 탈출한 후 아르고스에서 유일하게 제대로 된 군사력이었고 전장에서 보여준 용맹 덕분에 위신이 높아졌다. 그와 동시에 만티네아에서 아테네 군이 보여준 미온적인 행동은 아르고스의 민주파를 당황하게 하고 낙담시켰다. "이 전투 이후에 친스파르타인사들은 많은 이들에게 스파르타와의 동맹을 설득하는 일이 훨씬 쉬어진 것을 발견했다."(5.76.2)

리카스가 아르고스 민회에 나와서 평화조약의 조건들을 제시했을 때, 그는 사적인 시민으로서 아테네와의 동맹 유지를 변호하기 위해서 스스로 와 있던 알키비아데스를 발견했다. 그러나 알키비아데스의 웅변술도 만티네아 전투의 결과로 생겨난 새로운 현실과 테게아에 주둔한 막강한 스파르타 군의 상대가 될 수는 없었다. 아르고스인은 스파르타와의 조약을 받아들였다. 그 조약에 따르면 아르고스는 모든 포로를 반환하고, 오르코메노스를 포기하고, 에피다우로스에서 철수해야 했다. 그리고 스파르타와 함께 아테네에도 그와 같은 일을 하도록 압력을 가해야 했다. 이 외에도 자신감을 얻은 과두파는 아르고스인에게 엘리스, 만티네아, 아테네와의 동맹을 철회하도록 설득했고, 스파르타와 동맹을 체결함으로써 자신들의 승리를 장식했다.

아르고스의 탈퇴는 민주파 동맹에 치명타였고, 아르고스인이 아테네인에게 에피다우로스에서 철수할 것을 요구했을 때 아테네인은 순응할 수밖에 없었다. 만티네아는 너무나 약화되어서 그 역시 스파르타와 조약을 체결하고 수많은 아르카디아 도시들에 대한 지배권을 포기했다. 아르고스의 1,000인대는 스파르타 군 1,000명과 함께 시키온 원정에 참여해 그곳에 신뢰할 만한 과두정을 수립했다. 마지막으로 그 연합군은 아르고스에 귀환하여 민주정의 막을 내리고 그곳에도 역시 과두정을 수립했다.

그래서 기원전 417년 3월에 스파르타인은 전쟁과 체제 전복을 통해서 민주파 동맹을 뿌리째 흔들었다. 그러나 만티네아에서의 성공이 스파르타에 재난을 막아주기는 했지만 장래의 안전을 보장해주지는 않았다. 아테네인은 여전히 강력했고, 알키비아데스는 계속 적극적이고 공격적인 정책을 선호했다. 아테네는 여전히 필로스를 장악하고 있었는데, 이것은 헤일로타이에게는 지속적으로 이탈과 반란의 촉진제가 되었다. 엘리스 역시 스파르타의 지배 밖에 있었고, 아르고스의 과두파 지배는 결코 확고하지 않음이 여러 사건들을 통해서 곧 드러났다. 마지막으로, 어떤 정책을 추구할 것인가에 대한 의견의 차이가 계속 스파르타인 자신들을 분열시켰다. 만티네아 전투의 최종적인 의미는 아직은 결정되지 않았다.

제19장
만티네아 전투 이후 : 스파르타와 아테네의 정치와 정책 (기원전 418-416년)

아르고스의 민주정 회복

그리스에서 민주정이 뿌리를 내린 곳에서는 사람들이 강요된 과두정에 만족하지 않고 인민의 지배를 회복하려고 노력했다. 아르고스에서는 새롭게 수립된 과두정이 시행한 억압적인 조치들이 이러한 과정을 촉진시켰다. "인민의 지도자가 될 사람들을 잡아서 [과두파가] 그들을 사형에 처했다. 그리고는 다른 아르고스인들을 공포에 몰아넣음으로써 법을 파괴하고 공공업무를 자기들 손에 쥐기 시작했다."(디오도로스 12.80.3) 기원전 417년 8월에 민주파는 스파르타가 김노파이디아 제전을 즐기는 동안에 반란을 일으켰다. 수많은 과두파를 죽이거나 추방하고 인민의 정부를 재수립했다. 살아남은 과두파는 필사적으로 스파르타의 도움을 요청했지만, 스파르타인은 제전을 포기하지 않았다. 스파르타는 아르고스에 결국 군대를 보내기는 했지만, 그 군대는 그곳에서 결정적인 역할을 하지 못했다.

스파르타인에게 거부당한 아르고스 민주파는 알키비아데스의 충고를 따랐다. 엘리스인의 도움을 얻어 아르고스와 바다를 잇는 장벽을 건설한 것이다. 그들은 또 장벽이 해상의 통로와 연결되도록 아테네와의 동맹을 추구했다. 아르고스인은 이러한 기획을 여름이 끝날 즈음에 마무리했다. 그러나 스파르타인은 이러한 행동에 경계심을 느끼고 아기스의 지휘 아래 아르고스에 군대를 파견하여 건설된 장벽을 무너뜨렸다. 아기스는 또 아르고스 도시인 히시아이를 점령하고서 포로로 잡은 모든 자유민들을 살해했다. 그 후 아기스는 원정을 중단하고 귀국했다. 이러한 잔혹행위들이 점점 더 일반적이 되어갔고, 투키디데스는 그런 것들에 대해서 특별히 논평하지 않는다.

스파르타인이 떠나자, 아르고스의 복원된 민주파는 대부분의 과두파가 피신해 있던 플리우스를 공격하여 음모를 막는 조처를 취했다. 기원전 416년에 알키비아데스는 다시 한 번 아테네 장군이 되어 아르고스에 함대를 이끌고 갔다. 그는 300명의 친스파르타인사들을 여러 섬에 흩어버렸다. 같은 해에 아르고스인은 더 많은 용의자들을 체포했고, 일부는 잡히기 전에 망명을 떠났다. 이러한 조치들에도 불구하고 아르고스는 스파르타 군의 공격에 노출되어 있었고 그래서 아테네인에게 자신들을 방어하는 데 좀더 적극적이 되어달라고 요청했다. 아테네인에게 아르고스와의 동맹은 이제 아주 약간의 기회와 많은 위험을 제공했다.

아테네의 정치

기원전 417년 봄에 니키아스와 알키비아데스가 모두 선출된 것은 아테네 정치를 계속 지배하고 있던 분열과 혼란을 드러냈다. 알키비아데스는 끈기 있게 아르고스에 있는 친구들을 격려했다. 그러나 엘리스와 만티네아 없이는 적극적인 펠로폰네소스 작전을 재개할 수 있는 희망이란 없었다. 한편 니키아스의 정책은 펠로폰네소스에서 관심을 돌려서 칼키디케와 마케도니아의 영토들을 회복하는 것이었다. 이 지역은 아테네에 돈과 목재의 원천으로서 핵심적인 곳이었고, 아테네로서도 반란의 생각들이 더 퍼지기 전에 잃어버린 영토, 신민, 위신을 회복할 필요가 있었다. 기원전 421년의 평화 이래로 칼키디케에서는 아테네와 결별한 나라들이 추가로 생겼고, 이제 마케도니아 왕 때문에 새로운 위험이 나타났다.

기원전 418년에 스파르타인은 아르고스 과두파를 옆에 끼고 페르디카스 왕에게 자신들과 동맹을 맺도록 설득했다. 그러나 그는 여전히 아테네와 완전히 결별하기에는 너무 신중했다. 기원전 417년 5월쯤에 아테네인은 니키아스의 지휘 아래 칼키디케인과 암피폴리스에 대한 작전을 짜기 위해서 페르디카스 왕에게 협력을 강요했다. 페르디카스는 자기 역할을 거부함으로써 아테네인이 그 작전을 포기할 수밖에 없게 만들었다. 이에 대응하여 아테네인은 마케도니아 해안을 봉쇄했지만 별다른 효과는 없었다. 아테네인은 어떤 지속적인 정책에 대해서도 합의를 이룰 수 없었고, 아테네의 두 유력 지도자가 동시에 서로 다른 정책들을 추구하려고 한 결과는 오직 실패와 교착 상태뿐이었다.

히페르볼로스의 도편추방

히페르볼로스는 이 난국을 헤쳐나가기 위해서 낡고 무시되던 도편추방 제도를 사용해 개입했다. 도편추방은 기원전 416년의 아테네 문제를 해결하는 데 완벽한 도구로 보였다. 이로써 아테네인은 니키아스와 알키비아데스의 정책과 지도력 중에서 분명한 선택을 하게 될 것이기 때문이다. 그러나 4반세기 동안 도편추방된 사람은 아무도 없었다. 도편추방의 승부에서 패배하면 그 대가 —— 10년간의 추방 —— 가 너무 컸기 때문에 오직 다수의 지지를 확신하는 사람만이 그러한 극단적인 수단을 환영할 수 있었다. 그러나 페리클레스 이후 그 정도로 확신을 가질 수 있는 아테네인은 아무도 없었고, 기원전 416년에 니키아스와 알키비아데스는 거의 대등한 지지를 받았으므로 두 사람 중 누구도 그 수단을 이용해 도박을 하기를 원하지는 않았다.

그러나 히페르볼로스는 잃을 것이 없어 보였다. 호전적인 분파의 지도자로서 알키비아데스가 등장함으로써 히페르볼로스는 "도편추방의 범위 밖에" 놓였다. 과거에는 오직 유력한 정치적 인물 —— 당파의 지도자 —— 만이 이 제도에 해당되었기 때문이다. 히페르볼로스는 "두 사람 중 한 사람이 추방되면 자신이 그 남은 사람의 경쟁자 자리를 차지할 수 있을 것이라고 기대했다."(플루타르코스, 『니키아스』 11.4) 그는 고대 저자들에 의해서 매섭게 비난받았다. 그러나 어쩌면 그는 도편추방이 아테네에 더욱 안정적인 정책을 가능하게 해줄 것이라는 믿음으로 자기의 이익 이상의 것을 추구했을지도 모른다. 히페르볼로스는 그 동기가 무엇이었던 간에 아테네인이 도편추방을 하도록 설득한 일에 가장 큰 책임이 있는 사람이었다. 일단 결정이 내려지자 니키아스와 알키비아데스는 이 위험한 일을 준비할 수밖에 없었다. 결국 알키비아데스는 니키아스에게 제안하여 둘이 합동으로 히페르볼로스를 추방하는 결정을 지지하자고 했고, 두 사람의 협력은 성공을 보장했다. 히페르볼로스 자신이 도편추방되어 국외에서 사망했다.

기원전 416년 3월의 도편추방은 이 제도의 치명적 약점을 드러냈다. 이 제도는 분명한 다수에 의해서 지지를 받는 지도자나 정책을 확고히 할 수 있었다. 그러나 그러한 명백한 다수가 없을 때에는 쓸모가 없었다. 아마 모두가 이러한 결함을 깨달았기 때문에 이후로 아테네에서는 도편추방이 다시는 시행되지 않았던 것이라고 설명할 수 있다. 지금 와서 생각해보면, 만약 이 두 경쟁자가 자기들끼리 정직한 경쟁의 위험을 무릅썼더라면, 아테네에는 크게 유익했을 것이다. 그러나 히페르볼로스를 도편추방함으로써 아테네에는 일관된 정책이나 지도력이 불가능해졌다. 얼마 지나지 않아서 아테네인은 다시 니키아스와 알키비아데스 두 사람을 모두 장군으로 선출했다. 이는 이들의 정책이 여전히 서로 교착 상태에 있었음을 드러낸다.

이 시기 동안에 아테네인이 보여준 행동은 그들의 깊은 좌절감을 드러낸다. 스파르타가 평화조약을 실행에 옮기려고 하지 않음으로써 두 열강 사이에 진정한 화해를 희망했던 니키아스의 바람은 깨어졌다. 거대한 펠로폰네소스 동맹을 통해서 스파르타를 패배시키려던 알키비아데스의 계획은 비틀거렸다. 한편 트라케와 칼키디케에서 아테네의 손해를 회복하려던 니키아스의 보다 온건한 계획은 계획 단계 이상으로 진전되지 못했다. 그러나 평화로 말미암아 아테네는 재정적 능력을 회복할 수 있었다. 기원전 415년에 유보 자금은 거의 4,000탈란트에 달했을 것이다. 그러는 한편에서는 새로운 젊은 세대가 성숙했다. 이들에게는 전쟁의 쓰디쓴 경험이나 스파르타 군의 침공이라는 강렬한 기억이 없었다. 비록 아테네에는 무적의 해군과 상당한 육군이 있었지만, 이 힘과 활력을 이용해서 진정한 평화를 관철시키거나 전쟁을 승리로 이끌 수는 없어 보였다. 기원전 416년 봄에 멜로스에 대한 작전은 아테네인에게 자신들의 힘과 좌절감을 배출할 곳을 제공했다.

아테네인의 멜로스 정복

멜로스인은 칼키디케 섬사람들 중에서 유일하게 델로스 동맹에 가입을 거부했다. 그래서 이들은 아테네 제국의 부담은 전혀 지지 않으면서도 그 유익을 누릴 수 있었다. 그들은 도리스인이었고 아르키다모스 전쟁 동안에는 스파르타인을 도왔던 것 같다. 그들은 기원전 426년에 아테네의 공격을 물리쳤고, 비록 아테네인이 기원전 425년부터 시작된 납세 명단에 그들을 포함시키기는 했지만 자신들의 독립을 굳건히 유지했다. 아테네인으로서는 키클라데스의 조그만 섬 하나가 자신들의 의지와 권위를 비웃는 것을 오랫동안 방치할 수 없었고, 그래서 추가적인 분쟁이 불가피했다. 멜로스인은 자신들의 안전을 위해서 특별한 관계에 있는 스파르타에 의지했고, 이것은 역설적이게도 아테네의 공격 시점을 설명해주는 요소가 된다.

아테네인은 펠로폰네소스에서 스파르타 군에 의해서, 그리고 북부에서는 스파르타의 외교에 의해서 좌절당하자 최소한 바다에서는 스파르타인이 아테네에 해를 끼칠 능력이 없음을 증명하고 싶었을 것이다. 아테네인은 전함 30척, 중장 보병 1,200명, 궁수 300명, 기마 궁수 20명을 멜로스로 보냈다. 아테네의 동맹국이었던 여러 섬나라들은 전함 8척과 중장 보병 1,500명을 보냈다. 동맹국들과 섬사람들이 이렇게 적극적으로 참여한 것은 이 공격이 특별히 부당하게 여겨지지 않았음을 알려주며, 아테네인 사이에서도 이 침공 결정에 대한 불만의 소리가 없었다. 그러나 이 원정은 니키아스나 알키비아데스가 직접 참가해야 할 만큼 중요해 보이지 않았고, 그래서 티시아스와 클레오메데스가 동맹군을 이끌었다. 그들은 멜로스의 땅을 휩쓸기 전에 사신을 보내어 항복을 권유했다.

멜로스의 정무관들은 그 사절단이 인민들에게 연설하는 것을 허락하지 않았다. 아마 대중이 항복하려고 할까봐 두려웠을 것이다. 대신에 그 사절단이 정무관 자신들과 과두 협의회 앞에서 말할 수 있도록 해주었다. 아테네인의 목적은 멜로스인이 싸우지 않고 항복하도록 설득하는 것이었다. 이것은 다른 어떤 수단보다도 위협을 통해서 성취하기를 원했던 목표였을 것이다. 아무튼 그러한 접근방식은 아테네인이 최근에 스키오네를 다룰 때의 방식과 완전히 맞아떨어진다. 그곳에서는 까다로운 동맹국들을 부드럽게 다루는 정책을 포기하고 공포로 지배하는 편을 선택했다. 아테네인이 멜로스에 대해서 구사한 무뚝뚝하고 거친 말들은 아테네인의 정치적 대화에서 이례적인 사항이 아니었다. 페리클레스와 클레온은 공적 연설에서 아테네 제국을 기꺼이 참주정이라고 명명했으며, 기원전 423년에 스파르타에 간 아테네 대표는 멜로스인과의 대화에서 발견되는 것과 유사한 말들을 사용했다. "우리가 우리에게 주어진 제국을 받아들이고 또 포기하지 않는 것은 전혀 놀라운 일도, 인간 본성에 어긋나는 일도 아니다. 우리는 가장 강력한 동기, 즉 명예, 공포, 이기심에 정복되었기 때문이다. 그리고 우리가 처음으로 이런 식으로 행동하는 것도 아니다. 약자가 강자 밑에 놓이는 것은 언제나 숙명이었다."(1.76.2)

그러나 멜로스인은 항복을 거부했다. 그들은 자신들의 대의가 옳기 때문에 신들이 자신들을 패배하지 않게 할 것이라고 믿었고, 또 스파르타인이 와서 방어해줄 것이라고 믿었다. 아테네인은 신의 간섭을 거부하고, 또 스파르타가 도울 것이라는 위협도 간단히 무시했다. 아테네인은 스파르타인이 "우리가 아는 사람들 중 가장 뻔뻔하게도 마음에 드는 것을 고귀하다고 믿고 편리한 것을 정의롭다고 믿는" 자들이며, 그것은 멜로스인에게 좋지 않은 징조라고 말했다. 스파르타인은 오직 자신들이 우세할 때에만 행동하며, 그래서 "우리가 해상을 지배하는 한 그들이 바다를 건너 이 섬에 오르는 없다."(5.109)

아테네인은 도시를 포위했고, 멜로스인은 굶주림, 낙담, 배신의 공포 속에 마침내 항복할 수밖에 없었다. 아테네인은 남자를 모두 죽이고 여자와 아이들을 노예로 팔기로 결의했다. 알키비아데스가 이 법령을 제안 혹은 지지했다고 전해지는데, 니키아스나 다른 누가 이에 반대했다는 증거도 없다. 이제 아테네인은 페리클레스의 온건한 제국 정책을 실패작으로 보고 완전히 포기했으며, 미래의 저항과 반란을 무산시키려는 바람으로 클레온의 강경책을 선택했다. 이렇게 하면 아테네인의 새로운 방식에 대한 이성적인 설명은 될 것이다. 그러나 감정은 분명히 강력한 역할을 했다. 이 일은 분명 투키디데스가 전쟁은 "폭력 교사이다"라고 말할 때 마음에 두었던 여러 사건들 중 하나였을 것이다.

니키아스 대 알키비아데스

아테네 내에서는 니키아스와 알키비아데스가 민주 정치의 실천에 새로운 정교함과 기교를 도입했다. 이들은 우리 시대의 정치 선전에 대한 현대 교과서를 생각나게 한다. 논쟁점들이 개성에 종속되고 정치가들은 어떤 특별한 전시를 통해서 자기에게 유리한 "이미지"를 투사하려고 노력한다. 게다가 이러한 새로운 방법들은 각 경쟁자에게 막대한 돈을 소유하고 지출할 것을 요구했다. 기원전 417년에 니키아스는 종교적 경건함을 통해서 자신의 명성을 높이려고 했다. 그는 신들에 대한 자신의 헌신을 화려하게 드러냈다. 델로스의 아폴론 신전에 대한 아테네인의 봉헌을 대단한 과시의 기회로 삼아서, 합창단의 행렬에 유례없는 현란함과 정확함, 극적 효과를 부여했던 것이다. 니키아스는 동이 틀 무렵 인근 레네이아 섬의 아테네 분견대를 이끌고 자신이 건설한 배로 만든 가교로 갔다. 이 다리는 레네이아 섬과 델로스 섬 사이의 정확한 거리를 측정하기 위해서 만든 것이었고, 니키아스는 이것을 가장 값비싸고 우아한 색의 태피스트리로 장식했다. 아름다운 의상을 입은 합창단의 행진은 델로스 섬에 있던 사람들 눈에 마치 뜨는 해를 향해 물 위를 걷는 것처럼 보였다. 그때 니키아스가 아폴론에게 곧 유명해질 청동제 야자나무를 봉헌했고, 또 그에게 최소한 1만 드라크마의 값이 나가는 땅을 바쳤다. 그리고 이 땅에서 나오는 수입으로 신들을 위한 연회를 열어 신들이 그 기증자에게 축복을 내리도록 했다. 플루타르코스는 "이 모든 것에는 저속한 과시가 많았고, 그것들은 자신의 명성을 높이고 자기 야심을 만족시키려는 목적이었다."(『니키아스』 3.4–4.1) 그러나 아테네인은 대부분 이 화려한 장면에 깊은 인상을 받았고, 신들이 이토록 경건한 사람을 총애하고 그가 이끄는 도시를 향해 미소를 지을 것이라고 믿었다. 다음 해에는 알키비아데스가 이와 매우 다른, 그러나 그 웅장함에서는 뒤지지 않는 행사를 벌였다. 기원전 416년 올림피아 경기에서 알키비아데스는 전차경주에 7개 팀을 출전시켰다. 이것은 그 어떤 개인이 했던 것보다 많은 수였고, 이중 3팀이 1등, 2등, 4등을 했다. 알키비아데스는 후에 종교적 제전에서의 이러한 엄청나고 값비싼 화려한 행위 뒤의 정치적 동기에 대해서 아무런 망설임도 없이 이야기했다. 그는 자신이 아테네의 힘을 드러내 보이고 싶었다고 말했다. 이러한 엄청난 부의 과시로 인해서 "그리스인은 우리 도시가 실제보다 더 강력하다고 믿게 될 것이다……. 비록 이전에는 그들이 우리가 전쟁으로 녹초가 되었을 것이라고 생각했겠지만."(6.16.2) 그러나 알키비아데스가 더 직접적으로 노렸던 목표는 아테네 유권자들이었다. 니키아스의 성숙한 경건성의 이미지에 반해서 알키비아데스는 더 젊고 모험적인 세대의 강력함과 담대함을 제시했던 것이다. 이러한 과시행위들은 정치적 우월권을 위한 운동에서 언제나 자리했던 한 부분이었다. 그러나 그때까지는 이것들이 경쟁자들에게 분명한 이익을 주지는 않았다.

   니키아스와 알키비아데스는 누구도 부에 대한 탐욕에 이끌린 것이 아니었고, 또 둘 다 정책 결정을 대중에게 넘기기를 원했던 것도 아니었다. 그러나 두 사람 모두 아테네 국가에서 으뜸이 되고자 하는 야망을 품었던 반면, 키몬이나 페리클레스에게서 종종 드러났던 탁월한 정치적 재능은 결여되어 있었다. 아테네의 불행은 이 두 사람이 올림포스에 오른 페리클레스의 계승자가 되기를 원했지만, 두 사람이 할 수 있는 일은 고작해야 서로의 계획을 방해하는 것뿐이었다는 사실이다.

제 5 부

시칠리아에서의 재앙

  기원전 415년 아테네의 시칠리아 원정은 기원후 1915년 영국군이 다르다넬스 해협을 차지하려고 했던 것이나 1960년대와 1970년대 미국의 베트남 전쟁과 비교되었다. 이 시도들의 목적과 실현 가능성은 논란의 대상으로 남아 있으며, 모두 패배와 정도가 다른 재앙으로 끝났다. 아테네인의 모험은 이중에서도 가장 끔찍한 결과를 낳았다. 인력과 전함을 참혹할 정도로 손실했고, 제국에는 반란이 일어나고 강대한 페르시아 제국이 아테네에 대해서 전쟁을 일으키는 기회가 되었다. 이 모든 일들로 인해서 사람들은 모두 이제 아테네는 끝났다고 생각했다. 그 재앙은 너무나 엄청나서, 투키디데스는 회고적으로 바라보면서도 아테네가 거의 10년 이상을 더 버틴 것에 놀라워했다. 이러한 작전들은 언제나 왜 감행되었는지, 왜 실패했고 누구의 책임인지에 대한 뜨거운 논쟁을 촉발시킨다. 아테네의 시칠리아 원정도 예외가 아니다.

제20장
결정 (기원전 416-415년)

아테네와 시칠리아의 관계

기원전 416/415년 겨울에 새로운 시칠리아 작전을 추진하게 한 힘은 아테네가 아니라 시칠리아에서 왔다. 수십 년 동안 동맹이었던 시칠리아의 두 그리스 국가 세게스타와 레온티니가 이웃 셀리노스와 그 보호국인 시라쿠사에 대항하여 아테네에 도움을 요청했다. 아테네는 기원전 424년 겔라 회의 이후 시칠리아에 특별한 관심을 가지고 있었다. 당시 시라쿠사의 헤르모크라테스는 시칠리아 문제에 외국의 간섭을 거부하는 정책을 제안했다. 시라쿠사인이 이 정책을 통해서 얻는 이익은 곧 분명하게 드러났다. 그들은 아테네를 내쫓고서 레온티니의 내전에 간섭하여 그 도시의 통제권을 얻기 위한 작전을 벌였다.

기원전 422년에 시라쿠사의 세력이 성장함에 따라 골머리를 앓던 아테네는 에라시스트라토스의 아들 파이악스를 보내어 상황을 평가하게 했다. 파이악스의 목표는 아테네의 동맹국들과 시칠리아의 다른 그리스인들을 설득하여 시라쿠사에 대항해 힘을 합치게 함으로써 레온티니를 보호하는 것이었다. 파이악스는 이탈리아 남부와 몇몇 시칠리아 도시들에서 지지를 얻었지만, 겔라가 단호하게 거부함으로써 그의 노력은 끝이 났다. 파이악스는 고작 2척의 배만 이끌고 왔고, 또 부정적인 대응을 받자마자 자신의 임무를 포기했다. 그러나 이 일은 아테네가 이 섬의 문제에 지속적으로 관심을 가지고 있었다는 증거였고, 시라쿠사와 적대관계에 있는 자들로 하여금 장차 아테네에서 도움을 받을 수 있을 것이라고 기대하게 했을 것이다.

기원전 416/415년에 세게스타인은 시라쿠사의 후원을 받는 셀리니오스와의 전쟁으로 궁지에 몰려 있었고, 아테네에 도움을 요청했다. 그들의 주된 논지는 "만약 레온티니를 황폐화시킨 시라쿠사인이 처벌을 받지 않는다면, 그리고 그들이 아직 남아 있는 동맹국들을 파멸시킨 후 시칠리아 전체를 장악하게 된다면, 장차 그들은 도리스인 대 도리스인으로서 그리고 펠로폰네소스인의 친족이자 식민자로서 펠로폰네소스인에게 강력한 군대를 보내어 아테네의 힘을 파괴하는 일을 도울 것이다"(6.6.2)라는 것이었다. 또 세게스타인은 전쟁 비용을 부담하겠다고 제안했고 동맹국에 대한 전통적인 유대와 의무에 호소했으며, 미래의 공격에 대한 방어의 중요성 역시 강조했다. 그러나 투키디데스는 아테네인이 이 문제에 그리 관심을 두지 않았다고 생각했다. 이런 이유들은 그저 핑계였다. 아테네인이 호의적으로 응답한 "진짜 이유"는 "아테네인은 시칠리아 섬 전체를 지배하고 싶어 했다"(6.6.1)는 것이다.

투키디데스는 시칠리아를 처음 언급했을 때부터 아테네인이 언제나 이 섬을 지배하고 정복하려고 했다고 주장한다. 투키디데스는 아테네의 시민들을 탐욕스럽고 권력에 굶주린, 그리고 적을 잘 알지 못하는 사람들로 묘사한다. 그는 "많은 이들이 그 섬이 얼마나 큰지, 그 섬에서 사는 그리스인과 이방인 주민들이 얼마나 되는지에 대해서 알지 못했고, 또 자신들이 펠로폰네소스인과 벌인 전쟁보다 별로 뒤지지 않는 규모의 전쟁을 감행하고 있다는 사실도 알지 못했다"(6.6.1)고 말한다.

그러나 기원전 427년에서 424년 사이에 거의 1만2,000명에 달하는 아테네인이 함대를 이루어 시칠리아에 다녀왔으며, 섬 전체와 그 인근을 돌아보았다. 그들이 섬의 지리와 주민에 대해서 많은 것을 배우지 못했을 리가 없으며, 자신들의 지식을 당연히 친구와 친지들과 공유했을 것이다. 게다가 그들 중 대부분이 여전히 기원전 415년의 아테네에 있었다. 더 나아가, 아테네인이 세게스타의 요청을 받아들인 것은 생각 없는 활력 충만이라고 불릴 만한 일이 아니다. 아테네인은 신중하게 사절단을 보내어 "세게스타인 말대로 국고와 신전에 돈이 있는지 살피고, 동시에 셀리노스와의 전쟁이 어떻게 진행되고 있는지 알아보게 했다."(6.6.3) 물론 세게스타인이 교묘하게 아테네인을 속여서 자신들이 매우 부유하다고 믿게 했지만, 아테네인은 그보다는 전함 60척을 한 달간 운용하기에 충분한 은화 60탈란트를 즉각 내보이는 데에 더욱 설득되었다. 사절단이 그 돈을 가지고 귀환했을 때 비로소 민회는 개입 문제를 다시 진지하게 다루기 시작했다.

아테네에서의 논쟁

기원전 415년 3월에 아테네 민회는 세게스타의 요청의 장점을 다시 논의했고, 이번에는 알키비아데스, 니키아스, 라마코스의 지휘 아래에 60척의 배를 시칠리아로 보내기로 결의했다. 이들에게는 셀리노스에 대항하여 세게스타를 지원할 전권이 부여되었다. 만약 가능하다면 레온티니를 회복할 수도 있었다. 또 "시칠리아의 일들을 자신들 판단에 아테네를 위해서 최선이라고 생각하는 방법으로 처리할 수 있었다."(6.8.2) 니키아스는 이 원정의 장군으로 선택되었다. "이것은 그의 뜻이 아니었다. 니키아스는 아테네가 잘못된 결정을 내렸다고 생각했기 때문이다."(6.8.4)

이와 반대로 알키비아데스는 민회가 열리기도 전부터 "무리지어 모여 시칠리아와 그 주변 바다와 섬의 항구들의 지도를 그리고 있던"(플루타르코스, 「니키아스」 12) 아테네 사람들의 상상력을 사로잡았다. 알키비아데스가 이 원정의 주된 옹호자였으므로 그를 단독 사령관으로 선택하는 것이 자연스러웠겠지만, 많은 아테네인이 그를 의심하고 질투하고 싫어했다. 비록 알키비아데스가 제외되지는 않았지만, 니키아스를 포함시킴으로써 알키비아데스의 젊고 야심찬 과감성을 노숙한 정치가의 경험, 신중함, 경건함, 행운으로 균형을 맞추게 했다. 니키아스는 장군으로 봉사하는 일에 대해서 내키지 않음을 분명히 말했을 테지만, 이 임무를 거부하는 행위는 비애국적 혹은 비겁한 일로 간주되었을 것이다.

입안된 작전의 모든 면에서 서로 의견이 다른 두 장군을 공동으로 지휘관에 임명하는 일은 분명 불가능했다. 그래서 민회는 제3의 인물, 즉 크세노파네스의 아들 라마코스를 선택했다. 경험 많은 군인인 라마코스는 기원전 415년에 약 50세였다. 아리스토파네스는 『아카르니아인들』에서 그를 젊은 "밀레스 글로리오수스(허풍쟁이 군인)"와 같이 묘사했고, 가난뱅이라고 조롱했다. 그는 니키아스의 충고를 존중하면서도 이번 작전의 목적을 지지해줄 것으로 기대되었다.

시칠리아 원정이 내세운 목적은 오직 탐욕스러운 목적을 위장하기 위한 핑계였다고 말하는 투키디데스의 주장에 대해서는 아테네 군의 규모가 적절한 응답이 될 것이다. 즉 함대는 기원전 424년에 시칠리아로 갔던 함대와 같은 규모였다. 기원전 424년에 60척의 배로 시칠리아를 정복할 가능성은 전혀 없었고 그럴 계획도 없었다. 기원전 415년 3월에 같은 수의 함대를 보낸 결정은 다시 한 번 아테네의 의도가 제한적이었음을 알려준다.

그러나 기원전 424년 이후 시라쿠사는 군사력 성장으로 아테네인의 목표에 끼어들 수 있는 여지가 늘어났을 것이다. 시라쿠사는 방해만 받지 않는다면 시칠리아의 대부분을 장악하고 그리스 세계의 균형을 펠로폰네소스인들에게 유리한 방향으로 움직였을 것이다. 제1차 민회에 모였던 아테네인의 다수 혹은 대부분은 이 일들을 아테네인에게 유리하게 정리하려면 시라쿠사를 패배시키거나 심지어는 정복해야 한다고 믿었을 것이다. 시라쿠사에 대한 해상을 통한 직접적인 기습공격은 60척의 배만으로도 성공할 수 있을 것이다. 시라쿠사를 패배시키거나 압도할 수 있는 시칠리아 동맹군을 모으는 시도 역시 가능할 것이다. 어떤 경우에든 아테네인의 위험부담은 적었다. 아테네인이 육군을 보내지 않았으므로, 시라쿠사에 대한 지상공격은 시칠리아 군인들이 수행할 것이었다. 해상 공격도 꼭 심각하게 위험하지는 않았다. 만약 적이 준비되어 있고 너무 강하다면, 함대는 후퇴하면 되었다. 최악의 경우 원정군이 전멸한다고 해도 커다란 불행일 수는 있겠지만 전략적 재앙은 아니었다. 선원 중 다수는 아테네인이 아니라 동맹군일 것이었고, 전함은 대체할 수 있었다. 아무튼 민회가 의결한 규모의 원정은 아테네의 생존을 위협할 정도의 재난과 같은 일을 일으킬 수는 없었다. 그러나 이 임무는 결국에는 그런 일을 초래했다.

재검토를 위한 논쟁

제1차 민회가 끝나고 며칠 후에 "함대를 가장 신속하게 준비시킬 방법"을 검토하고 "원정을 위해서 장군들이 필요로 하는 것들을 표결로 처리하려고"(6.8.3) 제2차 민회가 열렸다. 니키아스는 여기에 출석했다. 그의 의도는 작전 수행의 방법과 수단이라는 주제로부터 전체 기획의 재검토로 논점을 바꾸려는 것이었다. 그러므로 그는 가장 먼저 연설을 했을 것이다. 이제 막 민회에서 통과된 법령을 취소하자고 제안하는 행위는 엄밀히 따지면 완전히 불법적이지는 않았지만 매우 이례적이었다. 그리고 니키아스와 그의 요청을 받아들인 의장에게 여러 가지 법률적 도전을 초래할 위험이 있었다. 그러나 니키아스는 이 주제가 도박을 할 만할 가치가 있을 정도로 중요하다고 믿었고, 의장에게 "잘못된 결정을 내린 국가를 위한 의사가 될 것"(6.14)을 요청했다.

니키아스는 아테네의 현재의 외교적, 군사적 상황에 대한 냉혹한 평가를 제시했다. 즉 자신의 이름을 딴 평화조약을 체결하고 뒤이어 스파르타와 동맹을 맺었던 자신의 정책의 현명함에 대해서 심각한 의문이 제기되었던 것이다. 니키아스는 아테네인이 이미 눈앞에 강력한 적을 두고 있으므로 이번 공격을 수행할 능력이 없다고 주장했다. 평화조약은 오직 명목상으로만 존재하고 있었다. 스파르타인은 이 조약에 강제로 동의했고 여전히 그 조건들을 문제 삼고 있으며, 스파르타의 동맹국들 중 일부는 조약을 아예 거부했다. 시칠리아에 대한 잘못된 원정은 아테네를 약화시킬 뿐 아니라 시칠리아의 세력들이 추가로 스파르타 편에 붙게 만들 것이었다. 스파르타인은 오직 승리를 위한 적절한 공격 순간을 기다리고 있으며, 아테네인은 여전히 전쟁의 피해로부터 회복 중이었다. 그는 페리클레스의 경고를 되살리며 이렇게 말했다. "우리는 현재의 제국을 확고히 하기 전에는 다른 제국을 향해 손을 뻗지 말아야 합니다."(6.10.5) 니키아스는 또 청중들에게 아테네보다 더 강력했던 카르타고인도 시칠리아를 정복하지 못했음을 상기시켰다.

원정 옹호자들은 분명 시칠리아 동맹국들의 요청을 진지하게 신뢰했던 것 같다. 니키아스는 시칠리아 동맹국들을 "야만적인 족속들"이라며 비난하고 불신임하는 데 무척 힘을 썼기 때문이다. 그는 이들이 아테네인에게 도움은 전혀 주지 않으면서 아테네를 문제 속에 끌어들인다고 말했다. 그러나 시라쿠사가 위협을 제기한다는 주장이야말로 이전 민회에서 가장 중요한 논점이었을 것이다. 니키아스는 이 주장을 처리하는 데 대부분의 힘을 쏟았다. 그러나 그는 별 의미 없고 겉모양뿐인 반론밖에 할 수 없었다. 예를 들면 이렇다. "시칠리아인은······ 시라쿠사인에 의해서 통치된다면 지금보다 오히려 덜 위협적이 될 것입니다. 지금은 그들이 오직 스파르타인을 위한 감정만으로 우리를 공격할 수 있겠지만, 만약 시라쿠사인이 지배한다면 한 제국이 다른 제국을 공격하는 일은 없을 것이기 때문입니다."(6.11.3) 잘못된 주장은 또 있었다. 즉 만약 원정이 감행되었다가 실패하면 시칠리아인이 아테네의 힘을 가볍게 보고 기꺼이 스파르타 편에 동참할 것이므로, 시칠리아의 그리스인을 가장 잘 저지하는 방법은 아테네인이 그곳에 가지 않는 것이라고 주장했다. 니키아스는 원정을 아예 하지 않는 편이 최선이고, 만약 원정에 나서야만 한다면 아테네인은 오직 간단하게 힘만 과시한 후에 즉시 귀환해야 한다고 결론지었다.

    니키아스의 연설에서 가장 충격적인 점은 그 연설에서 빠진 것들이다. 이 연설에는 섬을 정복하고 병합하자는 제안에 대한 언급이 전혀 없다. 오히려 니키아스는 이 계획의 뼈대를 두고 개인을 공격했다. 그는 알키비아데스가 위험스러울 정도로 야심찬 젊은 세대의 한 사람이며 그래서 자신의 영광과 이익을 위해서 국가를 위기에 빠뜨리고 있다고 말했다.

    이 공격의 목표가 이렇듯이 개인적인 것이었기 때문에 이에 대한 반대가 나타났다. 투키디데스는 이 기회를 이용해 알키비아데스의 성격을 생생하게 그려냈다. "이 원정에 가장 열심이었던 것은 클레이니아스의 아들 알키비아데스였다······. 그는 장군으로 임명되기를 원했다. 시칠리아와 카르타고를 탈취하기를 원했고, 만약 그 일에 성공한다면 자신의 사적인 재산을 늘리고 명성을 높일 수 있을 것이라고 생각했다."(6.15.2-3) 이러한 욕망은 가장 치명적인 결과를 낳았다. "바로 이것이 후에 아테네 국가를 결정적으로 파멸시켰다. 많은 이들은 그의 삶의 방식에서 무법적인 자기 탐닉과 그가 관여한 모든 일에서 그의 목적을 우려했다. 사람들은 그가 참주를 목표로 하고 있다는 이유로 그를 적대하게 되었다. 그리고 그는 비록 군사적인 면에서는 가장 우수하게 자기 역할을 수행했으나 사적인 삶에서는 그의 모든 활동이 모든 이의 마음을 불쾌하게 했다. 그래서 사람들은 국가의 주도권을 다른 사람들에게 넘겨주었고 얼마 지나지 않아서 국가는 몰락했다."(6.15.3-4)

알키비아데스는 자신의 당당한 삶의 방식과 만티네아 전투를 이끌어낸 정책을 자랑스럽게 변호했다. "나는 여러분을 큰 위험에 빠뜨리거나 많은 비용이 들지 않게 하고도 펠로폰네소스의 가장 강력한 국가들을 한데 모아 그들이 단 하루에 모든 것을 걸게 만들었습니다. 그 결과 지금도 그들은 스스로 확고한 자기 확신을 가지고 행동하지 못하고 있습니다."(6.16)

이 원정의 실제적인 전망에 대해서는 알키비아데스 역시 자기 적대자들과 마찬가지의 편견을 가지고 있었다. 그러나 그의 주장에는 근거가 더 충실했다. 알키비아데스는 시칠리아의 그리스 도시들을 심각하게 불안정하고 애국적 결단이 결여되어 있는 것으로 묘사했다. 그리고 아테네인의 외교로 이방인인 시켈인뿐만 아니라 시라쿠사를 증오하는 그들의 마음도 얻을 수 있을 것이라고 믿었다. 알키비아데스는 그리스 본토의 상황을 설명하면서 스파르타인을 희망이나 진취적 기상이 없는 사람들로 묘사했다. 스파르타인은 막강한 아테네 무적함대에 도전할 만한 함대를 가지고 있지 않기 때문에, 아티카에 이전의 침공들이 성취한 것 이상의 결정적인 피해를 입힐 수 없을 것이다. 해상에서 엄청난 규모의 재앙이 벌어지지 않는 한, 아테네에 불리한 방향으로 전략적인 균형이 변화되지는 않을 것이며, 현재 아테네의 계획으로는 오직 60척의 배만 위험에 노출되는 것이었다.

알키비아데스는 나아가 동맹국을 지원해야 할 필요성을 강조했다. "우리는 움츠러드는 것에 대해서 스스로에게 무슨 그럴듯한 변명을 할 수 있겠습니까? 그들을 돕지 않는 것에 대해서 우리의 시칠리아 동맹국들에게 뭐라 설명할 수 있겠습니까? 우리는 그들을 도와야 합니다. 맹세를 했기 때문입니다."(6.18.1) 또 알키비아데스는 아테네와 그 제국의 성격에 대한 새로운 분석을 제시했다. 그는 아테네인이 성취한 것을 유지하기 위해서는 동맹국들 편에 서는 적극적 정책을 추진해야 한다고 주장했다. "우리는 바로 그런 방법으로 제국을 이루었고, 다른 이들도 바로 그 방법으로 제국을 이루었습니다. 즉 그리스인이건 이방인이건 우리에게 도움을 요청하는 자들을 언제나 열심히 도와주는 것입니다."(6.18.2) 제한된 야심을 가진 평화적 정책을 채택하거나 제국의 경계에 대해서 자의적인 한계를 설정하는 것은 재난을 가져올 것이었다.

그러고 나서 알키비아데스는 시칠리아 원정이 가진 더 큰 목표들에 대해서 이야기했다. 그는 시칠리아에서의 승리가 아테네에 전 그리스에 대한 통제권을 안겨줄 것이라고 주장했다. 페리클레스는 전쟁 2년째에 이와 비슷한 감정을 표현했었다. 그러나 그는 "필요 이상으로 낙담해 있는" 아테네인에게 결코 져서는 안 될 전쟁에서 싸울 수 있는 확신을 회복시키기 위해서 그런 말을 한 것이지, 새로운 정복을 위한 원정을 지지하려고 한 것은 아니었다.

알키비아데스는 결론적으로 소피스트의 특징을 가진 주장을 내세웠다. 이 소피스트들은 수사학과 기타 기술들의 교사로서, 당대의 부유한 젊은 이들을 가르쳤다. 이들은 자연세계와 인간 사회의 관습의 차이를 매우 강조했다. 그는 아테네가 몇몇 국가들(스파르타가 명백한 반명제이다)과는 달리 그 본성상 매우 적극적이며 따라서 수동적 정책을 채택할 수 없다고 말했다. 장기간의 평화와 휴식은 아테네를 위대하게 만들어준 바로 그 기술과 성격을 둔화시킬 것이다. 더 심각한 것은 자신의 본성과 반대로 갈 때 빚어질 결과였다. "적극적인 국가는 수동적으로 변할 때 급속히 무너질 것입니다. 그리고 자신들의 기존 성격과 관행에 가장 잘 조화를 이루며 행동하는 사람들은 가장 안전해질 것입니다."(6.18.7) 이것은 실제로는 대담한 이탈인 것에 보수적 색채를 덧입혀버린, 대단한 수사학적 속임수였다.

니키아스는 알키비아데스의 이 연설이 원정에 대한 아테네인의 열정을 증가시키는 것을 깨닫고 정직한 반대에서 철저한 속임수로 돌아섰다. 니키아스는 "같은 주장으로는 그들의 마음을 더 이상 원정에서 되돌릴 수 없음을 알았다. 그러나 원정에 필요한 군사력 규모를 과장한다면 그들의 마음을 바꿀 수 있을 것이라고 생각했다."(6.19.2) 이 조작은 니키아스가 기원전 425년에 스팍테리아에 갇힌 스파르타인들과 관련해 시도했던 책략을 생각나게 한다. 그때 니키아스는 클레온에게 장군직을 제안하여, 그가 그것을 거부하고 따라서 불신임되기를 기대했었다. 기원전 415년의 민회에서 니키아스의 의도는 제안된 과업의 엄청난 규모를 알게 함으로써 아테네인이 정신을 차리도록 하는 것이었고, 또 그렇게 함으로써 알키비아데스의 입지를 좁히려는 것이었다. 이 두 경우 모두 속임수는 실패했고, 예기치 못한 결과를 낳았다.

니키아스는 신랄한 풍자로 알키비아데스가 제시한 약하고 분열된 시칠리아 상을 거부했다. 대신 시칠리아를 강력하고 부유하며 군사적으로 막강한, 아테네에 적대적이고 싸울 준비가 된 적대국으로 묘사했다. 적은 수적으로 월등히 우세하며, 군대를 먹일 식량도 현지에서 조달 가능했고, 기병대를 위한 말도 풍부했다. 특히 아테네인이 결의한 소규모 부대에게는 현지 식량 조달과 말은 이용할 수 없는 자원이었다. 니키아스는 적의 기병이 적절한 보급을 갖추지 못한 소규모 아테네 부대를 해안에서 손쉽게 격파할 것이라고 지적했다. 겨울이 오면 아테네와의 의사소통은 거의 4개월이 걸렸다. 아테네가 승리하려면 전함과 물자 수송선을 포함한 대규모 함대와 중장 보병 대부대, 거기에다 적 기병을 상대할 대규모 경장 보병이 필요했다. 더구나 이 원정에는 막대한 돈이 들 것이었다. 세게스타인의 비용 부담 약속은 신뢰할 수 없기 때문이었다.

니키아스는 계속해서, 아테네인이 그렇게 대규모 부대를 동원한다고 하더라도 승리를 거두기는 쉽지 않을 것이라고 주장했다. 원정대를 파견하는 일은 멀고 적대적인 나라에 식민단을 보내는 것과 같았다. 이 모험에는 신중한 계획과 행운이 필요했다. 그러나 행운은 인간의 통제 밖에 있기 때문에 신중한 준비에 조심스럽게 의존해야 한다. "나는 내가 제안한 준비가 국가에 최고의 안전을, 그리고 원정길에 떠나는 우리들에게도 안전을 제공할 것이라고 생각합니다. 그러나 만약 누군가 다른 생각이 있다면, 나는 그에게 내 지휘권을 넘겨드릴 의향이 있습니다."(6.23)

니키아스는 이토록 비관적인 분석과 불길한 예언을 함으로써 누군가 반박하기를 원했고 그럼으로써 지휘권을 내려놓을 핑계를 얻고자 했다. 어쩌면 그는 제안된 지도자 집단 중 가장 경험이 많고 경건하며 운이 좋은 사람이 이런 태도를 보인다면 민회의 마음을 누그러뜨릴 수 있을 것이라고 믿었을지도 모른다. 만약 그렇다면, 그는 다시 한 번 심각한 계산 착오를 한 것이었다. 민회는 그토록 대규모의 원정을 부담해야 한다는 전망에 설득되기는커녕 그 이전보다 더 열심이었고 "그 결과는 니키아스가 원했던 것과 정반대로 나타났다."(6.24.2) 시민들은 니키아스가 적절한 조언을 했다고 믿었던 것이다.

데모스트라토스라는 한 사람이 있었다. 그는 귀족이었지만 원정과 전쟁의 재개를 찬성하는 급진적 정치 지도자였다. 이 사람이 여기에서 예기치 못한 도전으로 니키아스를 난처하게 만들었다. 니키아스가 제안하는 것은 정확하게 얼마나 큰 규모의 군대인가? 니키아스는 이 질문에 대답해야 했고, 이에 삼단 노선 100척, 중장 보병 5,000명, 그에 비례하는 경장 보병을 제안했다. 논쟁이 가열되면서, 니키아스는 적이 기병을 통해서 중요한 이익을 볼 것이라고 스스로 예언했음에도 불구하고, 정작 기병 요청을 잊어버렸다. 이제 아테네인은 원정대의 규모를 결정할 전권을 장군들에게 줄 것과, "아테네를 위해서 그들이 보기에 최선의 것이라면 무엇이든 하도록"(6.26.2) 결의했다.

제2차 민회에서, 니키아스는 자신의 의도와는 반대로 제한된 목적과 책임을 가진 적당한 규모의 원정부대를 거대한 야심과 기대를 안은 대규모 함대로 바꾸었다. 그리고 이 원정대의 실패는 재앙을 초래할 것이었다. 니키아스 이외의 그 어떤 아테네 정치가도 감히 그토록 대규모의 군대를 제안하지 못했을 것이며, 두 차례의 민회 동안에 다른 누구도 그런 제안을 하지 않았다. 오직 제2차 민회에서 니키아스의 연설이 있은 다음에야 비로소 아테네인은 신중하고 제한된 모험에서, 위험하고 잘못 구상되고 무계획적이고 무제한적인 몰두로 돌아섰다. 니키아스의 개입이 없었더라도 아테네인은 분명 기원전 415년에 시칠리아를 향해 항해했을 것이지만, 그들이 대규모 재난을 초래하지는 않을 수 있었을 것이다.

제21장

본국의 전선과 제1차 작전 (기원전 415년)

신성모독

투키디데스는 기원전 415년의 아테네의 분위기를 시칠리아 작전에 대한 열심과 열정으로 묘사한다. "배를 타고 나가고자 하는 열정이 그들 모두에게 똑같이 일어났다. 나이든 자들은 정복을 할 수 있다고 믿었거나 아니면 최소한 그 정도의 대규모 부대가 피해를 입지는 않을 것이라고 믿었다. 전성기의 사람들은 먼 곳을 바라보며 멋진 장면을 갈망했고 자신들이 안전할 것이라고 확신했다. 대중과 군인들은 당장 돈을 벌 수 있기를 또 제국을 확장시킴으로써 그로부터 끝없는 수입의 원천을 가질 수 있기를 희망했다."(6.24.3)

그럼에도 불구하고 원정에 대한 논란이 없지는 않았다. 어떤 사제들이 이 원정을 경고했고, 또 어떤 사제들은 재난의 징조를 알렸다. 그러나 알키비아데스와 작전의 지지자들은 그와 반대되는 징조와 계시를 만들어냈다. 확연히 드러나 보이는 부정적 징조들도 원정 준비를 중지시키지 못했다. 그러나 예정된 출발 날짜 직전에 심각한 사건이 벌어져서 많은 이들에게 경각심을 불러일으켰다.

기원전 415년 6월 7일 아침, 잠에서 깨어난 아테네인들은 도시 전역의 헤르메스 석상들이 얼굴이 망가지고 남근이 잘려져 나간 것을 발견했다. 이 끔찍한 신성모독으로 인해서 분노와 공포가 일어났을 뿐 아니라, 사건의 세부사항들은 이 종교적 범행이 정치적 측면도 포함하고 있음을 시사한다. 신성모독자들은 넓은 지역에서 단 하룻밤 만에 공격을 실행했는데, 이는 이 일을 준비한 자들이 소수의 술취한 폭도들이 아니라 함께 행동한 상당수의 집단이었음을 증명한다. 헤르메스는 여행자들의 신이었으므로 그 신상에 대한 공격은 준비 중이던 시칠리아 원정을 막으려는 노력이었음이 분명하다. 아테네인은 "이 일을 심각하게 받아들였다. 이 일이 원정길 항해에 대한 징조로 보였고 또 민주정을 전복시키고 파괴하려는 음모가들에 의해서 실행된 것으로 보였기 때문이었다."(6.27.3)

민회는 조사에 착수했고 이 일이나 다른 신성모독의 증거를 제공하는 증인에게 보상금과 면책권을 제공하기로 했다. 협의회는 저명한 민주 정치가들을 포함하는 조사위원회를 구성했다. 원정을 위한 마지막 계획이 논의되고 있을 때 피토니코스라는 한 사람이 나타나 알키비아데스와 그 친구들이 신성한 엘레우시스 비교(秘敎)를 조롱하는 것을 발견했다고 고소함으로써 민회를 충격에 빠뜨렸다. 한 노예가 면책권을 받은 상태에서 증언을 했다. 자신과 다른 이들이 풀리티온의 집에서 비교의 행위를 거행하는 장면을 보았다고 했고, 알키비아데스 외 9명을 그 참가자로 거명했다.

비록 이 사건은 헤르메스 상 훼손과는 아무런 관계가 없었지만, 일촉즉발의 분위기에다 알키비아데스가 관련되었다는 사실이 이 일에 큰 관심을 가지게 했다. 알키비아데스와 그의 난폭한 친구들이 종교 의례를 조롱할 수 있다는 것을 의심하는 사람은 거의 없었다. 그래서 알키비아데스의 적들은 작정하고 이 죄목을 잡고 늘어졌고, 알키비아데스가 비교에 대한 모독행위와 신상의 파괴 모두에 관련되어 있을 것이라고 주장했다. 거기에 알키비아데스가 "민주정의 파괴"(6.28.2)를 추구한다는 말도 덧붙였다.

알키비아데스는 이 모든 혐의를 부인했고 즉시 재판을 받겠다고 밝혔다. 그는 자신을 지지하는 병사들과 선원들이 원정에 나가 있는 상태에서 자신의 적들이 아무런 방해도 받지 않고 자유롭게 자신들의 주장을 펼칠 수 있는 궐석 재판을 피하려고 했던 것이다. 사실 이 적들은 바로 같은 이유로 재판 연기를 원했다. 그들은 "그가 행운을 안고 항해해 나가게 합시다"라고 말했다. "전쟁이 끝나면 돌아와 자신을 변호하게 합시다. 그때나 지금이나 법은 똑같을 것입니다."(플루타르코스, 『알키비아데스』 19.4) 민회는 동의했고 알키비아데스는 혐의를 안은 채로 아테네를 출발했다.

아테네 군은 마침내 6월 하반기에 시칠리아를 향해 출발했다. 이들은 먼저 코르키라에 들러서 동맹군을 만날 예정이었다. 이 원정군은 "당시까지 하나의 국가가 해상에 투입한, 순전히 그리스인만으로 구성된 병력으로는 가장 비용이 많이 들고 장엄한 무장을 갖추었다."(6.31.1) 트리에르아르코스들은 국가 재정에 자기 자신의 돈을 추가로 들여서 자신의 배를 강하고 빠르게뿐 아니라 아름답게 만들었다. 중장 보병들도 자기 장비를 화려하게 꾸미기 위해서 경쟁했다. 아테네 시민들과 그곳에 있던 동맹국 사람들은 모두 피라이오스로 내려가 그 장관을 구경했다. "이것은 적에 대한 원정이라기보다는 오히려 다른 그리스인들 앞에서 자신들의 부와 힘을 과시하는 것처럼 보였다."(6.31.1) 나팔이 울렸고, 군중은 배를 바다로 내보낼 때 하는 기도를 드렸다. "그들은 노래를 부르고 신에게 제주를 바친 후 바다로 나아갔다. 처음에는 대열을 이루었지만 일단 바다로 나가자 그들은 아이기나까지 경쟁적으로 내달렸다."(6.32.2) 니키아스의 실패한 책략 때문에 위험할 정도로 크기가 부풀려진 이 대원정군은 멀고 험난한 모험을 떠나는 것보다는 마치 보트 경주에 참여하는 듯이 노를 저어나갔다.

마녀 사냥

대함대가 안전하게 출항하자 조사위원회는 최근의 불명예스런 사건들에 대한 조사에 박차를 가했다. 거류외인인 테우크로스라는 사람은 메가라로 도망갔다가 면책특권을 약속받고 아테네로 돌아와 놀라운 증언을 했다. 그는 자신이 비교를 조롱하는 일에 참여했고 헤르메스 상을 훼손시킨 범죄자들의 신원을 밝힐 수 있다고 주장했다. 그는 조롱에 참여한 11명과 신상을 공격한 18명을 이름을 제시하며 고소했다. 알키비아데스는 그 명단에 없었다. 위원회는 이 혐의자들 중 한 명을 체포하여 처형했다. 그러나 나머지는 모두 안전하게 도망쳤다.

다음에는 디오클레이데스라는 사람이 헤르메스 사건에 대해서 증언했다. 그는 그 일이 벌어지던 날에 밤길을 걷다가 아크로폴리스 남쪽 경사면에 있는 디오니소스 극장의 합창단 자리에 약 300명의 음모가들이 모여 있는 것을 달빛 아래에서 보았다고 이야기했다. 그는 다음 날 아침에 그들이 범죄자들일 것이라고 결론짓고, 자신이 신원을 알아볼 수 있었던 몇몇 사람들에게 가서 돈을 뜯어내려고 했다. 그들은 뇌물을 약속했지만 지급하지 않았고, 그래서 디오클레이데스는 그들 중 42명을 고발했다. 이 집단에는 협의회 의원 2명과 부유한 귀족 여러 명이 포함되어 있었다. 이러한 고발들은 아테네 민주정을 전복시키려는 총괄적인 과두적 음모에 대한 공포에 기름을 부었고, 그 이후에 벌어진 공황 상태가 너무나 심각해서 협의회는 증언을 확보하기 위해서 아테네 시민에 대한 고문을 금지하는 법률을 정지시켰다. 이 조치를 제안한 페이산드로스는 혐의자들을 고문대에 올려 신속한 자백을 받아낼 계획이었다. 협의회 의원 2인은 재판을 받겠다고 약속함으로써 고문을 피할 수 있었지만, 그들은 메가라 혹은 보이오티아로 도망쳤고, 뒤이어 보이오티아의 군대가 아테네 국경에 등장하자 아테네에는 과두정이나 참주정 혁명에 대한 공포에 배신과 침략에 대한 공포가 더해져서 불안이 더욱 심해졌다.

그날 밤 아테네인은 무장을 갖추고 밤을 지새웠으며, 협의회는 안전을 위해서 아크로폴리스로 올라갔다. 아테네인은 제보자 디오클레이데스에게 감사하는 마음으로 그에게 영웅의 화관을 씌우고 프리타네이온에서 무료 식사를 제공하기로 결의했다. 이것은 올림피아 제전의 우승자와 같은 대접이었다. 그러나 그의 영광은 얼마 가지 못했다. 고발당한 죄인들 중의 한 명이자 후일 아테네의 유명한 연설가가 될 안도키데스도 증언을 하기로 했다. 그는 협의회로부터 면책특권을 부여받은 후 자신이 참여한 정치적 만찬 모임(hetairia, 헤타이리아)이 그 훼손 사건에 책임이 있다고 밝혔다. 그는 범죄자들의 명단을 제공했는데, 그들 모두는 테우크로스의 명단에도 나오는 사람들이었다. 그들 중 4명은 즉각 도망쳤지만, 나머지는 모두 이미 죽었거나 망명 중이었다. 협의회는 디오클레이데스를 심문했고, 그는 자신의 증언이 거짓이었음을 인정했다. 그리고 자신이 알키비아데스의 사촌인 페고스의 아들 알키비아데스와 또다른 한 사람의 지시로 그렇게 했다고 주장했다. 이 둘은 모두 도망쳤다. 그의 위증으로 휘말렸던 사람들은 무죄로 풀려났고 디오클레이데스는 처형되었다.

아테네인들은 헤르메스 상 사건이 만족스럽게 해결되었고 "많은 악과 위험"(안도키데스, 『비교(秘敎)에 대하여』 66)에서 벗어났다고 믿으며 마음의 위안을 얻었다. 범죄자들은 결국 소수의 사람들이었고, 별로 영향력 없는 정치가들로 구성된 하나의 헤타이리아 구성원이었으며, 대단한 음모도 아니었다. 그러나 신성한 비교에 대한 모독 문제는 아직 해결되지 않았고 그래서 조사는 계속 진행되었다.

새로운 고발이 아테네 사회의 최상류층에서 나왔다. 그 사람은 알크마이온 가문의 아내인 아가리스테였다. 두 이름은 모두 아테네 최고의 가문과 관련이 있었다. 아테네 민주정의 기초를 놓은 클레이스테네스, 그리고 페리클레스가 여기에 속했다. 아가리스테는 비교를 조롱한 행위가 알키비아데스, 그의 사촌 악시오코스, 그의 친구 아데이만토스에 의해서 한 귀족의 집에서 자행되었다고 제보했다. 이번에도 알키비아데스의 적들은 이 증언을 자신들의 정치적 목적을 위해서 이용했다. 그들은 성스러운 의례를 조롱한 행위는 "민주정에 대항한 음모"(6.61.1)의 일부라고 주장했다. 약 100여 명의 사람들이 먼 나라를 향한 대원정의 전날 밤에 하나 혹은 그 이상의 신성모독 행위를 했다는 고발과 거기에 정치가들, 귀족들, 그리고 특히 알키비아데스 자신이 관여되었다는 사실은 적 군대의 움직임과 결합하여 음모, 배신, 그리고 국가에 대한 위험이라는 염려에 다시 불을 지폈다. "모든 면에서 알키비아데스에 대한 의심이 모아졌다."(6.61.4) 알키비아데스를 공식적으로 고발한 사람은 대(大)키몬의 아들 테살로스였다. 그의 가계와 귀족 가문은 그 고발에 힘을 실어주었고, 고발의 내용이 상세했다는 점도 무게를 더했다. 이제 이 문제는 대단히 심각해졌고, 협의회는 국가의 삼단노선인 살라미니아(Salaminia)를 보내어 알키비아데스 및 원정 참가자들 중 고발당한 몇 명을 아테네의 법정에 세우기 위해서 복귀시키려고 했다.

여기에서 누가 신성모독을 저질렀는지, 그리고 왜 그랬는지를 살펴볼 가치가 있을 것이다. 비교에 대한 조롱행위는 분명히 당시 아테네의 부유한 귀족 청년들 사이에서 유행하던 만찬과 연회 모임인 헤타이리아 중 하나에서 이루어졌을 것이다. 그러나 기원전 415년의 조롱행위는 정치적은 의미는 가지고 있지 않았다. 연회 참가자들 이외의 누구에게도 영향력을 끼칠 능력이나 의도를 가지고 있지 않은 사적인 행위였기 때문이다.

헤르메스 상에 대한 공격은 이보다 더 심각한 사건이었고 단순히 술에 취해서 저지른 일이 아니었다. 아테네 전역의 신상을 손상시키려는 야심 찬 계획을 감행하기 위해서는 조직, 계획, 대규모 집단이 필요했다. 다른 자료들에 의해서 확인된 바에 따르면, 안도키데스가 자신의 헤타이리아가 책임이 있고, 그것은 에우필리토스와 멜레토스가 주도했다고 한 말이 가장 개연성 있는 설명이다. 그러나 훼손행위가 과두정을 위해서건 참주정을 위해서건 국가를 전복시키려는 음모의 일부라고 믿어야 할 이유는 없다. 진실을 말했든 그렇지 않았든지 간에, 제보자들 중 누구도 그렇게 주장하지 않았고, 그것을 뒷받침하는 고대의 증거도 없다.

 그러나 이 행위가 시칠리아로 원정대가 출발하기 바로 전날에 이루어졌다는 것은 우연의 일치가 아니다. 그리고 여기에 정치적 동기가 있었을 것은 당연하다. 몇몇 아테네인은 코린토스인에게 책임을 돌렸다. 그들이 시칠리아 공격을 막으려고 그렇게 했다는 것이다. 외국인들이 그 신성모독에 참가했든지 그렇지 않았든지 간에, 음모를 꾸민 아테네인이 바로 그러한 목적을 염두에 두고 있었음은 분명하다. 그들은 니키아스가 이미 장군 중 한 명으로 임명되었음을 알고 있었다. 니키아스는 복점을 깊이 믿으며 점술사의 후원자로서 아테네에서 가장 두드러지는 경건한 인물이었을 뿐 아니라 또한 신중하기로 유명하고 원정을 반대했다. 아테네인은 다른 그리스인들과 마찬가지로 미신을 믿었고, 지진이나 폭풍 같은 자연적인 사건들 때문에 공적 집회를 멈추는 경우가 많았다. 가장 큰 규모의 공공 항해 전날 밤에 여행자들의 신에게 벌어진 이토록 엄청난 신성모독 행위로 인해서 니키아스가 불안감을 가지는 것이야말로 음모가들의 노력이 노렸던 결과일 것이다.

 음모가들이 비교에 관련된 폭로가 야기할 혼란을 미리 고려했을 이유는 없다. 그러나 대신 그들은 강력한 공포와 당혹감이 발생하여 헤르메스 상에 대한 공격의 의미와 그것이 원정과 무슨 관련이 있는지에 대한 의문이 널리 퍼지게 되기를 기대했을 것이다. 이중적인 신성모독에 의해서 야기된 병적 흥분의 우연한 결과들 중 하나는 니키아스를 강력하게 억제하는 효과였다. 니키아스는 그에게 기대되었던 역할을 더 이상 수행할 수 없었다. 니키아스의 형제 중 2명의 이름이 범죄자들의 명단에 올랐고, 그 중 한 명은 유죄로 보였다. 이들이 이름이 공표되자, 니키아스로서는 신상훼손을 이유로 원정을 취소할 수 없게 되었다. 그렇게 했다가는 니키아스도 즉시 자신의 실패한 정책을 다른 수단으로 성취하기 위해서 음모에 참여했다는 혐의를 받게 되었을 것이다. 예기치 못한 추가적인 분노들 때문에 그 기괴한 음모가 혹시라도 성공할 가능성들이 사라졌다.

알키비아데스가 비교 사건에 관련되었다는 것의 반향 역시 모든 기대와 반대로 나타났다. 비록 알키비아데스는 헤르메스 상 공격에는 아무런 역할도 하지 않았지만, 그의 정적들은 만연한 공황 상태를 이용하여 그가 막 항해에 나설 때 그를 불신임당하게 했다. 그의 모든 적들은 이후에 그를 아테네 법정에 소환했는데, 이때 알키비아데스의 가장 강력한 지지자들은 원정을 떠나 자리에 없었고, 따라서 그는 법정에서 우세를 차지할 수 없었다. 시칠리아 원정을 반대했던 자들은 누구도 예측할 수 없었던 방법으로 행동을 취했는데, 이들은 원정을 막지는 못했지만 궁극적으로는 원정이 재난적인 실패로 끝나는 데 크게 공헌했다.

아테네의 전략

피라이오스를 출발한 아테네 군은 전투용 삼단노선 134척을 보유했는데, 이중 60척은 아테네인의 것이었고, 수를 알 수 없는 수송선들이 중장 보병 5,100명을 실었는데 그중 1,500명은 아테네인이었다. 이는 메가라 습격에 파견된 중장 보병을 제외하면 아테네인이 전쟁 기간 동안 당시까지 동원한 가장 많은 수였다. 아테네는 또 삼단노선의 승무원인 테테스(thetes) 700명을 공급했는데, 나머지 승무원은 대부분 제국의 부속국들에서 조달했고 일부는 아르고스와 만티네아와 같은 자유로운 동맹국들에서 제공했다. 또 여러 종류의 경장 보병 1,300명도 있었다. 30명의 기병 ─ 이 원정의 유일한 기병 ─ 과 그들의 말을 실은 수송선 1척이 있었고, 30척의 수송선에 식량, 군수품, 요리사, 석공, 목수, 그리고 성벽 건축 도구들을 실었다.

코르키라에서 각 장군들은 함대의 3분의 1씩을 지휘했다. 개별 행동을 가능하게 하고 공급 문제를 해소하기 위해서였다. 전체 함대는 이탈리아 남부 해안으로 건너갔고, 그곳에서 예기치 못한 저항에 부딪혔다. 물자를 공급받고 전진기지로 삼으려고 했던 도시들이 그들을 거부했던 것이다. 핵심 국가인 타라스와 로크리스는 심지어 아테네 군이 닻을 내리고 식수를 구하는 것조차 허락하지 않았다. 가장 중요한 국가였던 것은 레기온이었다. 이곳은 전략적으로 중요한 자리였다. 여기에서 시칠리아의 남부와 북부 해안으로 상륙을 감행할 수도 있었고 해협 건너편의 메시나의 주요 항구를 공격할 수도 있었다. 레기온의 동맹자들은 기원전 427년에서 기원전 424년 사이의 모험에는 아테네인에게 전폭적으로 협력했지만, 지금은 중립을 선언하고 자국으로 들어오는 것을 금지했다. 다만 해안에 배를 대고 성벽 밖에 야영지를 차리고 물자를 구매하는 것은 허용했다. 무엇이 레기온인의 태도를 변화시킨 것일까? 아마 이 제2차 원정의 엄청난 규모 때문이었다고 하는 것이 가장 적절한 설명일 것이다. 그들이 보기에 아테네인은 지역적 분쟁에서 동맹국들을 돕고 시라쿠사의 야심을 저지시키기 위해서 온 것이 아니라, 오히려 동쪽에서와 마찬가지로 서쪽으로도 정복을 하러 온 것 같았다. 원래 결의되었던 60척의 배가 왔더라면 이와 같은 인상을 주지는 않았을 것이다. 아무튼 원래 계획했던 기지에서 대함대가 방향을 틀어야 했던 것은 이 원정의 전망에 치명적인 타격을 입혔다.

세게스타에서 들려온 소식은 아테네인에게 실망만을 더해주었다. 니키아스는 세게스타인이 이 작전의 비용으로 오직 30탈란트밖에 제공할 수 없다는 사실에 별로 놀라지 않았지만, 그의 동료들은 기가 막혔다. 이 모든 사태 진행은 목적과 작전을 재검토할 수밖에 없게 했고, 그러므로 니키아스는 최소주의적 접근방법을 제시했다. 아테네인이 셀리노스로 가서 세게스타인에게 군대 전체의 비용을 지불할 것을 요구한다. 만약 그들이 동의한다면, 아테네인은 "이 문제를 계속 고려한다."(6.47) 만약 그들이 거부한다면, 아테네인은 세게스타인이 원래 요청했던 60척의 배에 대한 비용을 요구하고 세게스타와 셀리노스 사이에 평화조약이 체결될 때까지 체류한다. 조약이 맺어지면, 시칠리아 해안을 따라 항해하면서 아테네의 힘을 과시하고 "레온티니인을 도울 수 있는, 혹은 다른 도시들을 끌어들일 수 있는 신속하고 예상치 못했던 방법을 찾지 못한다면" 귀환한다. "그러나 자체의 자원을 낭비함으로써 국가를 위험에 빠뜨리지는 말아야 한다."(6.47) 이중 뒷부분의 가설은 오직 환상에 불과했다. 니키아스의 진정한 의도는 세게스타의 문제를 어떻게든 해결하고, 그 후에는 즉시 아테네로 돌아오는 것이었기 때문이다.

이런 계획이 실행되면 알키비아데스에게는 재난이 되었을 것이다. 아무것도 성취하지 못하고 떠난다면 원정의 주요 제창자로서 불명예가 될 뿐 아니라, 아테네인의 시칠리아 동맹국들을 그들의 적의 손에 넘겨주고 시라쿠사가 시칠리아를 지배할 기회를 증대시키는 셈이 되어, 결국 아테네의 위신에 부정적인 충격을 줄 것이었기 때문이다. 알키비아데스는 그 대안으로 식량과 군대를 공급할 수 있는 시칠리아의 그리스 도시들 및 원주민 시켈인들과 우호관계를 맺을 수 있도록 노력하자고 제안했다. "셀리노스가 세게스타와 조약을 맺지 않고 또 그들이 레온티니인에게 나라를 돌려주는 일을 시라쿠사가 허용하지 않는다면"(6.48) 이들의 지원을 이용해서 시라쿠사와 셀리노스를 공격할 수 있었다.

한편 라마코스는 시라쿠사로 직접 나아가서 "시라쿠사가 준비를 갖추지 못한 상태에서 공황에 빠져 있는 동안에 가능한 한 빨리 시라쿠사 근처에서 전투를 벌이기를"(6.49.1) 원했다. 일이 잘 풀리면 시라쿠사인이 싸우지 않고 항복할 수도 있었다. 그렇지 않다고 해도 우세한 아테네인이 중장 보병 전투에서 우위를 차지할 것이었다. 최악의 경우 시라쿠사인이 전투를 거부하고 성벽 뒤에 숨을 수 있겠지만, 그 경우에도 아테네 군이 신속하게 시라쿠사 근처에 상륙한다면 많은 시라쿠사인과 그들의 재화를 성벽 밖에서 붙잡을 수 있었다. 그 후 아테네인은 그들의 농장을 차지하고 거기에서 물자를 공급받을 수 있었다.

라마코스의 전략은 처음부터 고려했던 것이 아니었다. 시라쿠사를 오직 60척의 삼단노선으로 공격한다는 것은 생각할 수 없는 시도였기 때문이다. 라마코스는 아마 레기온에 거부당하고 세게스타인의 속임수가 드러남으로써 새로운 계획이 필요해졌을 때 처음 이러한 구상을 했을 것이다. 어떻게 시작되었든지 간에, 이 계획에는 여러 단점이 있었다. 라마코스는 시라쿠사를 포위공격하려면 인근에 근거지가 필요함을 알았다. 그래서 그는 메가라의 히블라이아를 점령하자고 건의했다. 이곳은 쉽게 도달할 수 있는 곳이었고 좋은 항구가 있었다.(지도 20) 그러나 이 도시는 수십 년 동안 사람이 살지 않았고 농장도 시장도 없었으며, 따라서 아무런

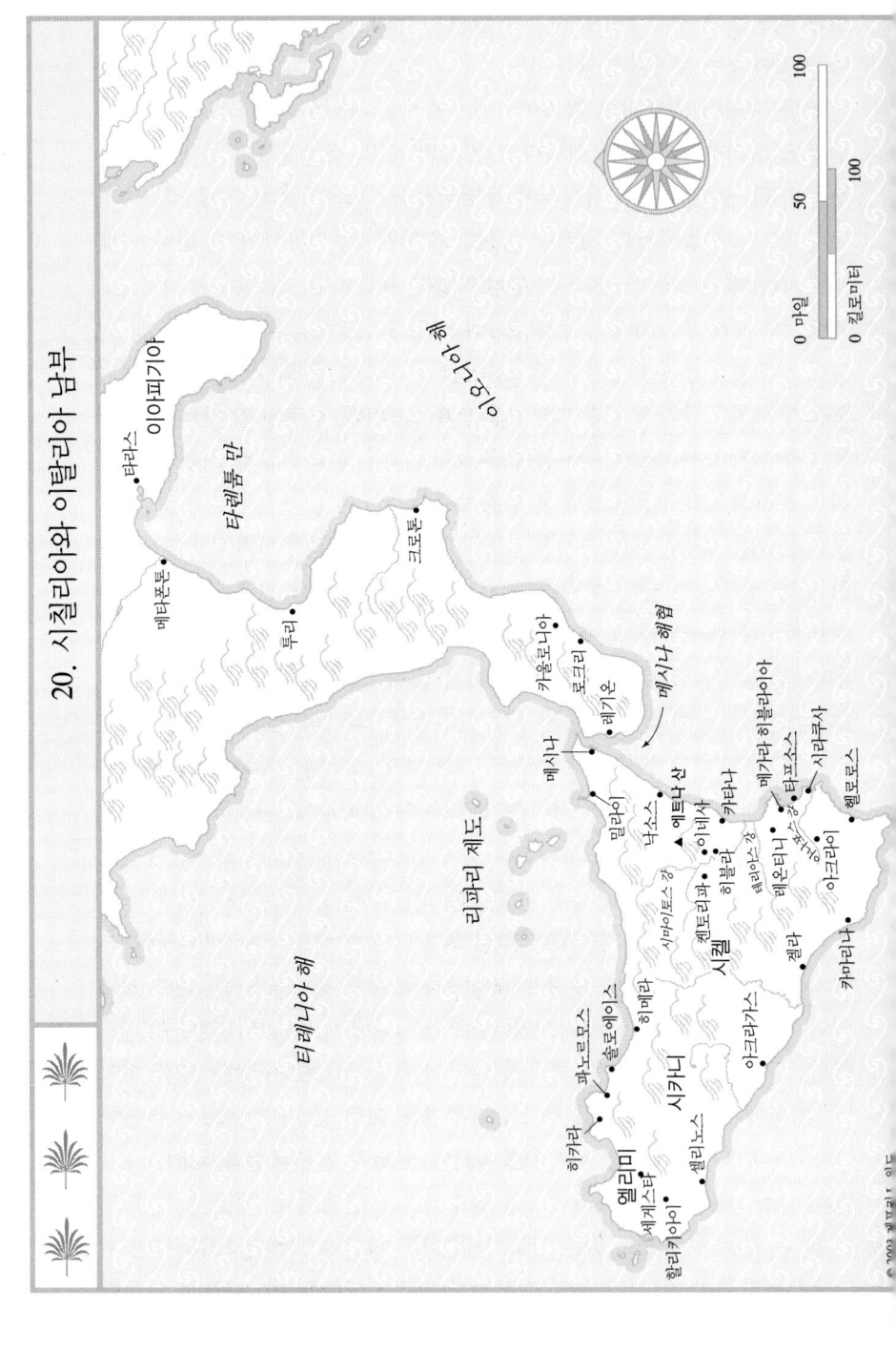

물자도 공급할 수 없는 곳이었다. 아테네인에게는 또한 중장 보병 팔랑크스의 측면을 지켜주거나 포위용 성벽을 쌓는 이들을 보호해줄 기병이 부족했다. 반면에 시라쿠사인에게는 기병이 충분했다. 만약 기습공격이 즉각적으로 성공하지 못한다면, 이러한 문제들이 크게 드러날 것이다.

뛰어난 장군인 데모스테네스는 이러한 약점들이 있다고 해도 라마코스의 조언이 가장 낫다고 생각했다. 투키디데스 자신은 시라쿠사인이 아테네인의 공격에 저항하다가 결국에는 전투에서 패배할 것이라고 판단했다. 이 경우에 그들은 아테네인이 자신들을 해상과 육상에서 고립시키는 것을 막지 못하고, 항복할 수밖에 없을 것이었다. 일이 지나간 후에 하는 판단이 명확할 수는 없지만, 라마코스의 전략이 먹혀들었을 가능성은 충분하다. 그러나 라마코스의 제안은 채택될 기회가 없었다. 니키아스가 원하는 바에 따르면 어떠한 계획도 진행될 수 없었고, 알키비아데스는 자기 자신의 계획 이외에는 귀를 기울이지 않았다. 그래서 라마코스는 아무런 행동도 하지 말자는 니키아스의 제안을 받아들이기 싫어서 알키비아데스의 계획을 지지했고, 그래서 알키비아데스의 안이 아테네 군의 전략이 되었다.

기원전 415년 여름의 작전

아테네 군은 이제 외교적 임무와 해상 원정을 위한 크고 안전하고 편리한 기지를 필요로 했다. 레기온은 이용할 수 없었으므로, 메시나가 최선의 선택이었다. 그러나 메시나인들 역시 알키비아데스가 도시에 들어오는 것을 막았고 오직 시장만을 제공했다. 그래서 알키비아데스는 어쩔 수 없이 함대 —— 여전히 레기온 바깥에서 불편하게 야영 중 —— 에서 60척을 택하여 해안을 따라 더 먼 곳에 있는 낙소스에서 자신의 운을 시험했다. 낙소스인은 시라쿠사인의 오랜 숙적이었고, 그래서 아테네 군을 도시 내로 받아들였다. 그러나 그 남쪽에 있는 카타나는 친시라쿠사파가 지배하고 있었고 아테네 군을 들어오지 못하게 했다.

아테네 군은 레온티니 근처에 야영장을 차리고 마침내 그곳에서 전함 10척을 시라쿠사 항구로 보냈지만, 그곳에는 정박 중인 함대가 없었다.

아테네 군은 일종의 최후통첩을 보냈지만 아무런 응답을 받지 못했고, 항구와 그 주변을 샅샅이 정찰해본 후 아무런 피해 없이, 그러나 실질적으로 전쟁을 선포하고 항구를 빠져나왔다. 적 함대가 그곳에 없었던 이유는, 시라쿠사인이 대함대가 자신들을 공격해올 것이라는 보고를 믿지 않았기 때문이었다. 온건한 민주정이었던 부유하고 강력한 시라쿠사 국가는 아테네 군이 이미 코르키라에 도착했을 때에야 비로소 그 경고를 진지하게 받아들이고 공적으로 논의했다. 민회에서의 오랜 논쟁이 이어졌는데, 헤르몬의 아들 헤르모크라테스는 이 대함대가 시라쿠사와 시칠리아 전부를 정복하려고 한다고 주장했다. (이 자는 아테네를 시칠리아에서 몰아낸 기원전 424년의 겔라 회의에서 주도적인 인물이었다.) 그는 시라쿠사인이 시칠리아, 이탈리아, 나아가 시칠리아의 그리스인들의 오랜 숙적인 카르타고와도 동맹을 맺어야 한다고 주장했고, 코린토스와 스파르타에 도움을 요청하자고 했다. 그러면서 이탈리아 남부에 함대를 보내어 대함대가 시칠리아에 도달하기 전에 막아야 한다고 주장했다.

헤르모크라테스의 정보는 정확했다. 그러나 그의 전략적 조언에는 의문의 여지가 있다. 시라쿠사의 해군은 수적으로나 실력으로나 지금 시칠리아를 엄습하고 있는 아테네 함대의 적수가 되지 못했다. 무슨 수를 쓰더라도, 시라쿠사인이 아테네 군을 중도에 막을 수 있을 정도로 충분히 강한 함대를 건설하고, 거기에 병력을 태우고, 또 제시간에 이탈리아 남부로 보낼 수 있는 가능성은 없었다. 헤르모크라테스 역시 그 사실을 알고 있었을 것이다. 아마 그의 조언은 자기 동포들의 무기력함과 망설임을 극복하기 위해서 신속하고 손쉬운 성공에 대한 거짓된 희망을 주려는 의도였을 것이다.

시라쿠사인들은 여전히 어떠한 행동도 취하지 않으려고 했으므로 약간의 속임수가 필요했을 것이다. 아테나고라스라는 이름의 한 선동가는 아테네인이 정말로 오는 것은 아니라고 주장했다. 그것은 아테네인에게 바보짓이기 때문이었다. 아테나고라스는 아테네인이 오고 있다고 믿는 자들은 민주정을 전복시킬 분위기를 만들려는 의도에서 그렇게 하는 것이라고 주장했다. 어쨌든, 시라쿠사인들 사이의 일반적인 합의는 아테네 공격군을 쉽게 물리칠 수 있다는 것이었다. 대단히 양식 있고 개인적으로 권위가 있는 한 무명의 시라쿠사 장군은 아테네인이 정말 나타날 경우를 대비해 방어 준비를 해도 해로울 것이 없을 것이라고 말했다. 시라쿠사인은 적절한 국가들에 사절단을 보내어 도움을 요청해야 한다는 것이다. 그는 이미 장군들이 이 단계를 밟고 있다고 인정했다. 그는 무엇이든지 알게 되면 민회에 보고하겠다고 약속했지만, 이탈리아로 원정대를 보내는 제안에 대해서는 침묵으로 지나갔고, 그 이후 민회는 휴회했다.

시라쿠사인은 아테네 군이 레기온에 상륙했다는 사실을 알게 되자 마침내 "전쟁이 빠르게 찾아오고 있고 실제로 거의 임박했다는 전제 아래" (6.45) 방어를 위한 조치들을 취하기 시작했다. 이 조처에는 함대를 준비하는 것은 포함되어 있지 않았고, 그래서 아테네인은 텅 빈 항구를 항해하면서 이 사실을 알게 되었던 것이다.

아테네 군은 시라쿠사에서 카타나로 돌아갔다. 아테네 군은 이곳을 두 번째 시도 만에 속임수를 써서 장악할 수 있었고, 동맹에 포함시켰다. 이제 아테네 군은 시라쿠사를 공격할 수도 있고 알키비아데스가 계획한 외교전을 실행할 수도 있는 근거지를 마련했다. 카마리나를 정복할 기회가 있으며 시라쿠사인이 함대를 건설하고 있다는 잘못된 보고 때문에 아테네 군은 아무런 목적도 없이 두 도시를 향해 군사력을 행사했다. 그러나 노력을 낭비하지 않기 위해서 아테네 군은 시라쿠사 영토를 침공했다. 아테네 군이 철수할 때 소수의 낙오된 경장 보병들이 시라쿠사 기병에 의해서 살해되었고, 이것은 미래의 징조였다.

알키비아데스의 도주

아테네 군이 카타나 왔을 때, 국가 삼단노선 살라미니아가 헤르메스 상 훼손 또는 비교 조롱행위를 범했다고 지목된 알키비아데스와 몇 명의 사람들을 아테네로 데려가 재판을 받게 하려고 기다리고 있었다. 플루타르코스는 알키비아데스가 원하기만 했다면 반란을 일으킬 수도 있었을 것이라고 믿었다. 그러나 그때까지 원정의 성과는 실망스러웠고 따라서 그의 인기도 잠식되었을 것이다. 알키비아데스는 조용히 순응했다. 알키비아데스는 자신의 삼단노선을 타고 살라미니아를 따라가겠다고 약속했다.

그러나 그는 살라미니아의 선원들로부터 아테네의 상황을 전해 들었고, 탈출하기로 결심했다. 이탈리아의 투리에서 그는 육지에 내려 펠로폰네소스로 향해 갔다.

아테네에서는 알키비아데스가 궐석 기소되었다. 기소된 다른 사람들과 함께 그는 사형을 언도받았고 그의 재산은 압류되었으며 그의 이름은 아크로폴리스에 있는 불명예의 비석에 새겨졌다. 그리고 도주한 자를 죽이는 사람에게는 1탈란트의 보상금이 약속되었다. 또다른 법령으로 알키비아데스의 이름과 추측컨대 유죄를 선고받은 나머지 사람들의 이름이 엘레우시스의 사제들에 의해서 저주받게 했다. 망명 중이던 알키비아데스는 이에 대응하여 이렇게 말했다고 한다. "그들에게 내가 살아 있음을 보여주리라."(플루타르코스, 『알키비아데스』 22.2)

알키비아데스가 떠남으로써, 니키아스는 원정대의 사실상의 지도자가 되었다. 니키아스는 자신이 제안했던 수동적 전략을 추구하고 가능한 빨리 귀국하기를 원했겠지만, 상당한 시간과 돈을 들였고 또 몇몇의 목숨도 잃었는데 아무것도 이루지 못하고 돌아간다는 선택을 하는 것은 불가능했다. 그의 군대도 아테네인들도 이러한 결과에는 만족하지 않았을 것이다. 그래서 니키아스는 전 함대를 이끌고 세게스타와 셀리노스로 가서, 아테네인을 시칠리아로 끌고 온 원래의 상황에서 무엇을 할 수 있을지 살펴보기로 했다.

니키아스는 메시나 해협을 지나 시칠리아 서북쪽으로, "시라쿠사의 적에게서 가능한 멀리"(플루타르코스, 『니키아스』 15.3) 항해했다. 함대는 비록 주로 카르타고의 영역인 곳에서 유일한 그리스인 도시인 히메라에는 상륙을 허락받지 못했지만, 세게스타에 적대적인 원주민 시크인의 도시를 공격하여 세게스타인에게 넘겨주었고, 그 "이방인" 주민들은 노예로 삼았다. 니키아스는 직접 세게스타로 가서 약속된 돈을 받고 셀리노스와의 분쟁을 조정하려고 했다. 그 결과는 완전한 낙담이었음에 분명하다. 그는 세게스타인에게서 고작 30탈란트만을 받아냈는데, 아마 이것이 그가 발견할 수 있었던 돈 전부였을 것이다. 그는 카타나에서 다시 아테네 군과 합류했다. 이제 아테네 군은 시칠리아의 거의 모든 그리스 도시들에 접근했다. (우리가 아는 한 아테네 군은 겔라나 아크라가스에는 요청하지 않앉는데, 이것은 아마 제안을 해도 쓸모없을 것임을 알았기 때문이었을 것이다.) 알키비아데스의 전략도 실패했고, 이후 카타나 인근의 작은 도시에 대한 성공적이지 못했던 공격은 이 작전 전체를 상징적으로 보여주었다.

제1차 작전 기간은 큰 실망을 안겨주었다. 이 모험은 알키비아데스가 떠남으로써 이 모험의 목표를 믿지도 않고 또 그것을 성취할 자신만의 전략도 가지지 않은 지도자의 손에 남겨졌다. 플루타르코스는 이 상황을 이렇게 묘사했다. "니키아스는 이론상으로는 두 명의 동료들 중 한 명이었지만 실제로는 홀로 권력을 잡았다. 그는 계속 머물러 있거나 주변을 향해 돌아다니거나 이런저런 생각들을 하면서 시간을 보냈고, 마침내 그의 병사들의 정열적인 희망은 점점 약해졌다. 그리고 적군이 아테네 군을 처음 보았을 때 느꼈던 놀라움과 공포는 점점 사라져갔다."(『니키아스』 14.4) 니키아스는 아직 감히 시칠리아를 떠날 수 없었기 때문에, 그와 그의 병사들은 이제 명확한 행동 방침도 없이 시라쿠사의 주력부대를 맞이해야 했다.

제22장
제1차 시라쿠사 공격 (기원전 415년)

　니키아스가 시간을 끌며 공격할 생각을 하지 않자, 시라쿠사인들은 자신감을 되찾았고 장군들에게 카타나에서 아테네인과 대결하자고 주장했다. 시라쿠사의 기병들은 아테네 군 코앞까지 와서 그들을 모욕하며 이렇게 말했다. "너희는 레온티니인을 그들 자신의 땅에 재정착시키려고 온 것이 아니라 남의 땅에 우리와 함께 정착하려고 여기에 온 것이냐?"(6.63) 니키아스는 더 이상 망설일 수 없었다. 그러나 시라쿠사를 공격할 수 있는 위치로 어떻게 자신의 군대를 배치시킬 수 있을 것인가가 문제였다. 함대는 무장한 적군이 이미 맞이할 준비를 하고 있는 상태에서는 상륙할 수 없었다. 중장 보병은 시라쿠사로 안전하게 진격할 수 있겠지만, 아테네 군에는 경장 보병도 많았고 엄청난 수의 요리사, 석공, 목수, 시종들이 있었는데, 이들을 시라쿠사의 대규모 기병들로부터 보호해줄 아테네 군 기병이 없었다.

시라쿠사의 아테네 군

　그러므로 아테네 군은 속임수를 썼다. 이중간첩을 이용해 시라쿠사 장군들을 속였고, 적군 전부를 카타나로 유인했다. 시라쿠사 군이 64킬로미터를 전진하자, 아테네 군은 거대한 올림포스의 제우스 신전 맞은편, 아나포스 강 남쪽 해안에 있는 시라쿠사 항구에 아무런 저항을 받지 않고 배와 병사들을 상륙시켰다.(지도 21) 아테네 군은 집들과 자연 방벽들로 시

21. 아나포스 전투

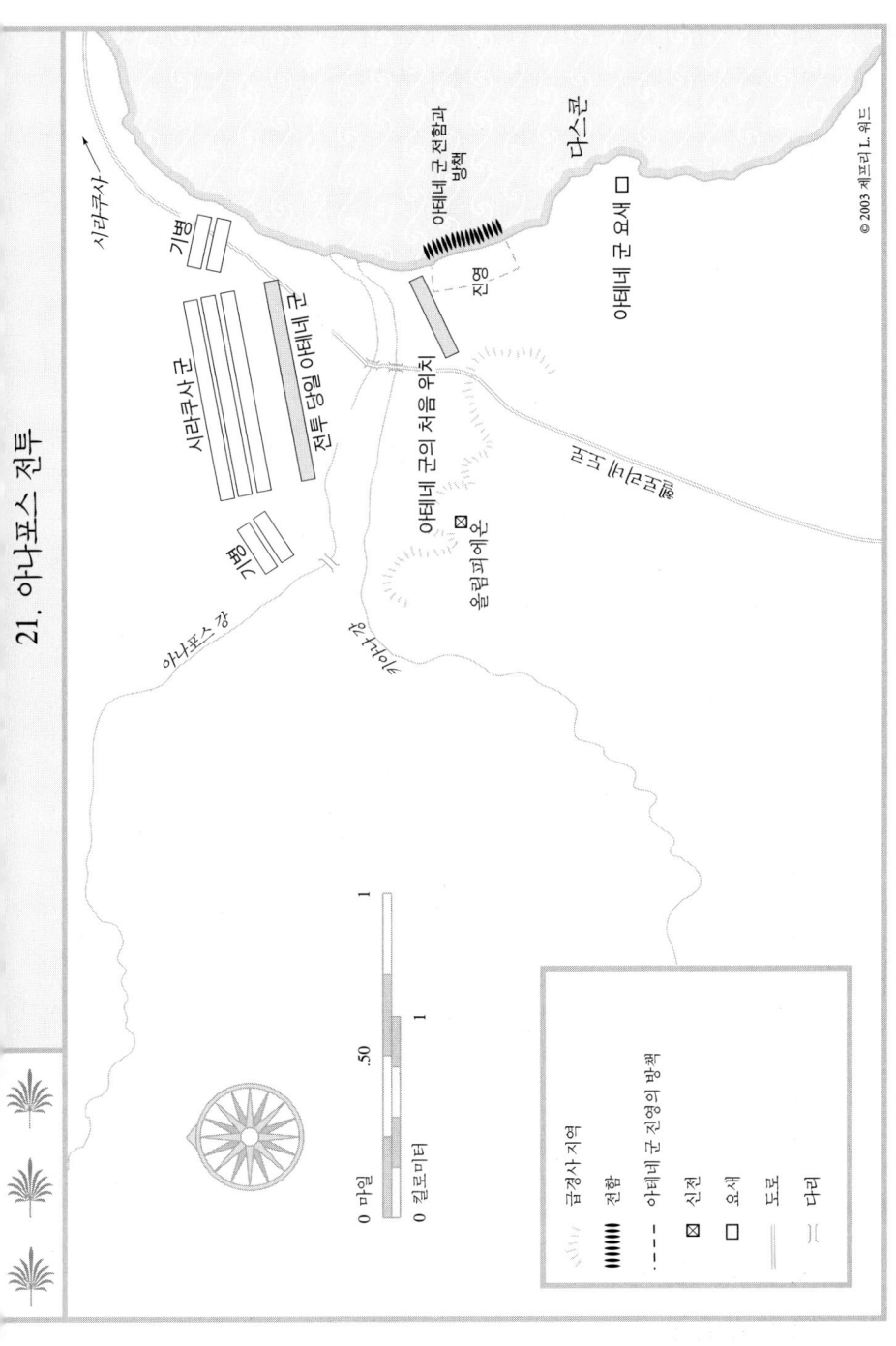

쿠사 기병의 측면공격을 막을 수 있는 위치에 자리를 잡았고, 정면공격이나 해상에서의 공격을 막기 위해서 추가로 요새를 건설했다.

시라쿠사 군이 속은 것을 알고 분노하여 돌아왔을 때, 아테네 군은 이미 그들의 도시 앞에 굳건한 진지를 구축해놓았다. 이에 시라쿠사 군은 전투를 하려고 했지만 아테네 군은 미끼를 물지 않았고, 시라쿠사 군은 그날 밤 야영을 할 수밖에 없었다. 아테네 군은 다음 날 아침에 공격했다. 군대의 절반은 8열로 섰고, 아르고스 군과 만티네아 군은 우익에, 아테네 군은 중앙에, 그리고 기병대의 위험이 가장 컸던 좌익에는 기타 동맹군이 자리잡았다. 그들의 한참 뒤에는 또 한 집단의 아테네 군이 물자를 나르는 민간인 주위를 사각형으로 둘러섰다. 그들은 예비 병력으로서 아테네 군 진지 근처에 남아 있었다. 아테네 군이 강을 건너 진격하자 적군은 깜짝 놀랐다. 어떤 병사들은 밤중에 시라쿠사에 돌아갔다가 급히 되돌아와서 전열의 아무 빈자리에나 찾아 들어가야 했다. 시라쿠사 군과 그 동맹군은 아테네 군 전열에 길이를 맞추었지만 대열의 두께는 두 배였고, 1,500명의 기병이 버티고 있었다. 아테네 군은 이러한 불리한 점에 대응하기 위해서 한쪽 모퉁이를 강쪽으로 두어 전열의 좌익 끝을 강으로 보호해야 했고, 우익에서는 습지를 이용해 적 기병이 팔랑크스의 측면을 공격하는 것을 효과적으로 막았다. 아테네인은 또 투창병, 궁수, 투석병들을 좌우 날개에 배치하여 적 기병을 쫓아내는 데 도움이 되도록 했다. 시라쿠사 군 팔랑크스의 두께와 그 개별 병사들의 용맹함에도 불구하고, 아테네 군과 그 동맹군의 우수한 규율과 경험이 그날을 주도했다.

싸움의 와중에 비와 천둥 번개가 시라쿠사 군을 공포에 빠뜨렸고 그들의 용기를 꺾었던 것 같다. 그러나 숙련된 아테네 군은 이것을 쉽게 극복했다. 곧 아르고스 군이 적군의 좌익을 뒤로 물리쳤고, 아테네 군이 중앙을 밀어붙이자 적군의 대열은 무너졌고 시라쿠사 군과 그 동맹군은 도망쳤다. 이 순간은 아테네 군이 결정적인 승리를 거둘 수 있는 커다란 기회였다. 만약 아테네 군이 공격적으로 추격해서 많은 사상자가 생기게 했더라면 시라쿠사인의 저항이 붕괴되었거나 아니면 최소한 포위공격을 견뎌낼 전망을 어둡게 만들었을 것이다. 그러나 그렇게 하려면 중장 보병보다 더 빨리 더 멀리까지 추격할 수 있는 기병이 필수적이었는데, 아테네 군에는 기병이 없었다. 시라쿠사 기병들은 아무 방해를 받지 않고 추격대를 저지할 수 있었고, 그 덕분에 시라쿠사 군은 재편성을 할 수 있었다. 또 도시의 성벽 뒤에 안전하게 도달하기 전에 제우스 신전에 부대를 파견하여 그곳의 보물들을 보호할 수 있었다. 아테네 군으로서는 전략적 성과가 없는 전술적 승리였다. 시라쿠사는 굳건했고 싸움을 계속할 준비와 능력이 있었다. 시라쿠사를 항복하게 만들려면 무엇인가 수를 써야 했다. 그러나 아테네 군은 즉시 포위공격을 감행하지 않고, 전장에 승전비를 세운 뒤 휴전을 하여 적군의 시신을 반환하고 자신들의 시신을 매장했다. 아테네 군 사상자는 50명이었고 적군은 260명이었다. 그 후 아테네 군은 카타나로 귀항했다.

투키디데스는 니키아스가 물러난 이유로, 계절이 늦었고, 곡물을 추수해야 했고, 아테네와 여러 곳에서 돈을 더 구해야 했으며, 특히 "적의 기병에 완전히 지배당하지 않도록 아테네에 기병을 요청하고, 시칠리아의 동맹국들에서도 일부 기병을 모집해야"(6.71.2) 했던 것 등을 들었다. 니키아스의 동시대인들은 그가 더 단호하게 행동하지 않은 것을 비난했다. 아리스토파네스는 이 전투 직후에 공연된 『새』에서 "니키아스의 지연"을 농담거리로 삼았고 플루타르코스가 전하는 바에 따르면 아테네의 일반적 여론은 "너무 신중하게 계산하고, 늦추고, 지나치게 조심한 탓에 니키아스는 행동할 기회를 망쳤다"(『니키아스』 16.8)는 것이었다.

니키아스가 기병의 부재에 반응하여 신중한 자세를 취했던 것은 불합리한 일이 아니었다. 참호를 파거나 포위 성벽을 쌓을 아테네 군 파견부대는 독자적인 기병이 없이는 시라쿠사 기병의 공격을 물리칠 수 없었을 것이다. 그러나 전쟁은 종종 물질적인 계산 이외의 문제로 결정된다. 훨씬 더 뛰어난 장군이었던 데모스테네스는 만약 니키아스가 기원전 415년 겨울에 좀더 대담했더라면 시라쿠사인은 전투를 벌여서 패배했을 것이고, 도움을 요청하러 나가기 전에 이미 도시가 벽으로 둘러싸였을 것이며, 결국 항복할 수밖에 없었을 것이라고 생각했다. 그렇지만 아테네 군이 기병의 도움 없이 도시를 포위하는 성벽을 쌓을 수 있었을 리는 없다. 그리고 성벽이 제대로 세워지지 않는 한 시라쿠사인은 여전히 원조를 요청하러 사신을 보낼 수도 있고 또 현 상태를 잘 이용할 수 있었을 것이다.

공평하게 평가해본다면, 니키아스는 올바른 계획을 선택했고 매우 노련하게 실행했다. 이 일에 대해서 니키아스는 전술가로서 비난받을 일이 없다.

그러나 전략가로서의 니키아스는 이 원정 실패의 주요 원인이 되는 실수를 저질렀다. 기병은 시라쿠사를 점령하는 데 꼭 필요했다. 처음부터 기병을 이용할 수 있었더라면 시라쿠사인은 항복할 수밖에 없었을 것이다. 외부의 도움도 결코 그들을 구할 수 없었을 것이다. 기병을 준비하지 않았다는 것은 니키아스 자신이 원정대 출발 전에 아테네 민회에서 기병의 중요성을 강조했던 것을 생각해볼 때 더욱 놀라운 일이다. "시라쿠사인이 우리보다 가장 우월한 점은 그들이 말을 많이 가지고 있고 수입에 의존하지 않은 자국산의 곡물을 이용할 수 있다는 것입니다."(6.20.4) 그러나 니키아스는 아테네인이 원정대를 위해서 결의할 군 편성 목록에 기병을 전혀 언급하지 않았다. 더구나 항해에 나서기 전에 계속된 민회에서 이 문제를 해결할 시간이 충분했는데도 아무런 조치를 취하지 않았다. 심지어 시라쿠사를 포위할 것임이 명백해졌던 레기온에서의 회의 이후에도 본국에 기병을 요청할 시간은 충분했다.

아마도 이러한 누락은 잘못된 판단 때문이 아니라 잘못된 목표 때문이었을 것이다. 우리가 이미 본 대로 니키아스는 시칠리아를 공격할 의도가 전혀 없었다. 그리고 억지로 이 작전에 참여했지만 진지한 교전을 피하는 최소 노선을 추구하려고 했다. 니키아스는 아마 어쩔 수 없는 상황에 몰리기 전까지는 시라쿠사 공격과 같은 진지한 단계에 대해서는 전혀 고려하지 않았을 것이며, 일이 벌어지고 나서야 자신에게 그 일을 실행할 병력이 없음을 발견했을 것이다.

그러므로 시라쿠사 포위공격은 아테네에서 돈과 기병이 도착할 때까지 몇 달이나 지연되어야 했다. 그러나 기원전 415/414년의 겨울을 낭비할 이유는 없었다. 그래서 아테네 군은 메시나로 항해해 가서 배신자를 이용해 이 분열된 도시를 정복하려고 했다. 그러나 알키비아데스가 펠로폰네소스로 가는 길에 그들의 음모를 폭로했다. 이 일은 그가 여전히 살아 있음을 증명하는 여러 행동들 중의 첫 번째 것이었다. 함대가 도착했을 때, 적대적인 분파가 아테네 군의 도시 진입을 막았고, 아테네 군은 물러나서 낙소스에 새로운 기지를 건설했다.

시라쿠사의 저항

한편 시라쿠사에서는 헤르모크라테스가 사람들을 격려해서 일련의 주요한 군사적 개혁을 수행했다. 시라쿠사인은 군대의 규모를 늘리기 위해서 가난한 자들에게 무기를 주어 중장 보병으로서 싸울 수 있게 했고, 그리스의 아마추어 시민-군대 사이에서는 찾아보기 힘들었던 조치인 강제 훈련을 도입했다. 장군 수는 15명에서 3명으로 줄었고, 헤르모크라테스는 이 3명 중 1명이었다. 이 장군들에게는 민회의 조언 없이 결정을 내릴 수 있는 전권이 주어졌다. 이로써 더욱 효율적인 지도력 가능해졌고, 작전의 비밀 유지도 개선되었다. 시라쿠사인은 극단적인 긴급 상황에서 자발적으로 민주정을 제한했던 것이다.

시라쿠사인은 외교적인 면에서는 코린토스와 스파르타에 사신을 보내어 자신들의 도시 방어를 도와달라고 요청했을 뿐 아니라, 스파르타인에게 "공개적으로 그리고 더 끈질기게 아테네와 전쟁을 벌여서 아테네인이 시칠리아에서 철수하거나 최소한 증원군을 보내지 못하도록"(6.73) 해달라고 요청했다. 이와 동시에 시라쿠사인은 성벽을 확장해서 더 많은 영역이 포함되게 했다. 이렇게 되면 아테네 군은 시라쿠사를 포위하기 위해서 더 큰 포위 성벽을 쌓아야 했다. 그들은 또 메가라 히블라이아와 제우스 신전에 수비대를 배치하고 해안가의 상륙 예상 지점들에 울타리를 쳤다.

헤르모크라테스는 아테네 군이 카마리나를 자기 편에 끌어들이려고 한다는 소식을 듣고 그곳으로 달려가 아테네 군은 동맹국들을 도우러 온 것이 아니라 시칠리아를 정복하러 온 것이라고 주장했다. 아테네 군 대표인 에우페모스는 이에 대응하여 시라쿠사야말로 시칠리아의 그리스 도시들의 자유에 대한 진정한 위협이라고 주장했다. 카마리나인은 "아테네 군이 시칠리아를 정복하려고 한다고 생각하는 것 외에는" 아테네 군 쪽으로 마음이 갔고, 그들의 공식적인 대답은 "자신들이 전쟁의 양편과 모두 동맹이므로, 어느 쪽도 돕지 않는 것이 맹세를 지키는 일일 것이다"(6.88.1)라는 것이었다. 이러한 표면적인 중립성은 시라쿠사에는 도움이 되었지만, 아테네 군에는 그렇지 못했다. 아테네 군은 시칠리아에서 신속하게 동맹국을 얻어야 했다. 나중은 필요없었다. 아테네 군 함대의 거대한 규모가 아마도 카마리나인의 결정에 영향을 끼쳤을 것이다. 이번에도 함대의 규모 때문에 원래의 전략이 방해를 받은 것이다.

아테네인은 비그리스인인 시켈인과는 협상을 더 잘 했다. 이들 중 몇몇은 자의로 아테네 편을 들었고 식량과 돈을 가져왔다. 다른 이들은 강요해야 했다. 아테네 군은 시켈인들과의 접촉이 더 편리하도록 카타나로 기지를 옮겼고, 또 이탈리아의 에트루리아와 아프리카의 카르타고에까지 도움을 요청했다. 이 두 국가는 모두 예전에 시라쿠사의 적이었다. 에트루리아의 몇몇 도시들은 기원전 413년에 상당한 수의 배를 시칠리아로 보내왔지만, 카르타고에 대한 요청은 완전히 실패했다. 다만 이 요청 자체는 이 원정의 목표에 카르타고 정복도 포함된다고 하던 알키비아데스, 헤르모크라테스, 그리고 투키디데스의 주장을 불식시켰다.

스파르타의 알키비아데스

시라쿠사인은 원조 요청에서 운이 더 좋았다. 시라쿠사의 건설자인 코린토스는 기꺼이 자신들의 식민자들을 지지하는 데 동의했고, 스파르타인을 설득하는 데 도움이 되도록 자기들의 사신도 함께 딸려 보냈다. 그러나 스파르타의 지도자들은 시칠리아에 힘을 쏟을 마음이 없었고 가시적인 도움을 주지 않기로 결정했다. 다만 시라쿠사인에게 사신을 보내어 아테네 군에 대항하여 굳게 버티라고 격려하기로 했다. 그러나 스파르타에서 시라쿠사인과 코린토스인은 알키비아데스라는 유용한 동맹자를 발견했다. 신에게 버림받은 이 아테네인은 스파르타식 방식에 놀라울 정도로 잘 적응했다. 그는 정력적으로 육체훈련과 냉수목욕을 했고, 스파르타식으로 머리를 길렀으며, 스파르타인의 공동식사에서 거친 빵과 검은 죽을 먹었다. 그러나 그가 자기의 남은 생애를 스파르타에서 보내려는 것 같지는 않았다. 그는 지도자이자 돌아온 영웅으로서, 아니면 복수자로서 아테네에 돌아갈 생각이었다.

알키비아데스는 여전히 도망자이자 아테네 법률이 강제되는 모든 곳에서 현상수배범이었기 때문에 그의 첫 번째 목표는 스파르타인을 설득하여 시칠리아의 아테네인을 패배하게 만들고 그 후 그리스에서 전쟁을 재개하게 함으로써 스파르타인 사이에서 자신의 이름을 날리고 영향력과 권력을 획득하는 것이었다. 그가 스파르타 민회에서 행한 첫 연설의 주된 목적은 자신을 향한 스파르타인의 불신과 반감을 누그러뜨렸다. 그는 아테네 민중의 지지를 받는 선동가였고, 스파르타의 친구인 니키아스의 주요한 적이었으며, 아테네를 아르고스, 만티네아, 엘리스와 동행하게 한 치명적 정책의 주도자였으며, 간접적으로는 만티네아 전투와 시칠리아 원정 자체에 책임이 있었다. 그리고 자기 나라를 배반한 자이기 때문에 스파르타인에게 신뢰할 만한 조언을 줄 수 있는 사람은 분명 아니었다.

알키비아데스는 자신의 과거를 가볍게 설명하거나 부인하고, 아테네에서 도주한 것을 민주정으로부터의 해방으로 표현했다. 그는 민주정을 "공인된 바보짓"(6.89)이라고 묘사했다. 알키비아데스는 자신이 아테네 서방 원정의 진정한 동기를 폭로하겠다고 주장했다. 이 원정은 동맹국들을 돕게 위해서 시라쿠사를 공격하는 것에 제한되지 않고, 시칠리아 전체와 그 이상을 차지하려는 의도를 가지고 있다. 아테네인은 시칠리아를 넘어서서 이탈리아 남부, 카르타고와 그 제국, 그리고 심지어 멀리 떨어진 이베리아까지도 굴복시키려고 한다. 아테네인은 이 모든 일을 이루고 나면 이 정복에서 얻은 광대한 자원을 가지고 펠로폰네소스를 공격할 것이고, "그 이후에 그들은 그리스인 전부를 지배하려고 할 것이다."(6.90) 알키비아데스는 아테네의 장군들이 자기 없이도 이 계획을 실행에 옮길 것이라고 주장했다.

알키비아데스는 시라쿠사인이 항복하기 전에 신속하게 행동해야 한다고 주장했다. 그는 "그 누구도 여러분이 오직 시칠리아만을 생각한다고 믿게 하지 마십시오. 펠로폰네소스의 운명도 여기에 걸려 있기 때문입니다."(6.91) 스파르타인은 스파르타 완전시민 사령관의 지휘 아래에 즉시 군대를 시칠리아로 보내야 하며, 또한 본토에서도 전쟁을 재개하여 시라쿠사인을 격려하고 아테네인의 힘을 분산시켜야 할 것이었다. 그러기 위해서 스파르타인은 아테네인이 가장 무서워하는 한 가지 행동을 취해야 한다. 그것은 아티카의 데켈레아에 항구적인 요새를 건설하는 것이다. 스파르타인은 그곳에서 아테네인을 곡물 생산지들과 라우니온 은광으로부터 격리시킬 수 있고, 더 나아가 제국에서 저항과 반란을 격려함으로써 수입을 감소시킬 수 있을 것이다.

배신자 알키비아데스는 자신의 신뢰성을 변호해야 할 필요를 깨달았다. "진정한 애국자는 고국을 상실하고도 그곳을 공격하지 않는 자가 아니라, 고국에 대한 열정으로 무슨 수를 써서든 고국을 회복하려고 노력하는 자입니다."(6.92.4) 우리는 이러한 궤변이 스파르타인에게 감명을 주었는지 여부에 대해서는 알지 못한다. 그러나 알키비아데스는 자신의 연설에 결론을 내리며 스파르타인에게 과거에서 돌아서서 자신이 그들에게 안겨줄 장래의 유익을 생각해보라고 촉구했다. "만약 내가 여러분에게 적으로서 큰 손해를 입혔다면, 나는 또한 친구로서 여러분에게 상당한 이익을 안겨줄 수 있습니다. 나는 이전에는 여러분의 계획을 추측했을 뿐이었지만, 지금은 아테네인의 계획을 속속들이 알기 때문입니다."(6.92.5)

스파르타인이 현상수배범이자 교묘한 속임수로 이름이 높은 이 배신자 망명객을 의심할 이유는 충분했다. 그러나 그의 주장들 중 한 가지는 그가 말한 다른 모든 것에 의혹을 품게 했다. 그것은 명백하게 거짓이었기 때문이다. "출항한 장군들은 가능한 한 아무런 변동 없이 원래 계획을 실행할 것입니다."(6.91.1) 니키아스를 알고 그를 존경했던 스파르타인으로서는, 알키비아데스가 묘사한 장대한 정복 계획을 니키아스가 추진하리라고 생각할 수 없었을 것이다. 이 점에 대해서 알키비아데스는 분명히 거짓말을 했고, 그가 스파르타인에게 폭로했다고 주장하는 아테네의 거대한 목표 역시 자기 자신의 목적을 위해서 날조한 것이라고 의심할 이유가 충분했다. 그는 스파르타인을 겁주어 아테네에 대한 전쟁을 재개하게 만들려고 했다.

스파르타에서의 알키비아데스의 행동을 이해하려면 그가 전설적인 지위를 얻기 이전인 기원전 415/414년의 그의 경력과 업적을 살펴보아야 한다. 그는 아직 해상에서나 육상에서 아테네 군의 승리를 이끌지도 못했고, 그의 모든 계획들은 전략적으로 실패했다. 그가 수행한 작전들은 구별되는 특징이 있었다. 대개 알키비아데스 개인의 외교적인 설득력에 의지했고 또 싸움의 최전방에 동맹군을 이용함으로써 아테네의 위험부담을 줄였다. 이러한 방식은 현명하고 안전해 보일지는 몰라도 결정적인 성과를 낳지는 못했다. 그의 대(對)펠로폰네소스 전략의 정점은 기원전 418년의 만티네아 전투였다. 그러나 그곳에서의 승리에는 예상보다 많은 아테네 중장 보병 병력이 필요했고, 그가 많은 수의 아테네 군을 전투에 내보내는 것을 언제나 꺼려했다는 점을 고려해보면, 그가 당시에 장군이었다고 할지라도 더 많은 병력을 보냈을지는 의문이다.

알키비아데스가 만티네아에 없었다는 점 역시 아테네의 지도자로서는 약점이었다. 알키비아데스는 장군으로서 일관성 있는 정책을 펼치기 위해서 필요한, 매년마다 유지되는 정치적 지지를 획득하지 못했다. 기원전 415년의 시칠리아 전략도 그의 독창적인 것이 아니었다. 대개는 기원전 427-424년에 추진된 성공하지 못한 계획의 반복이었다. 분명 알키비아데스는 소포클레스와 에우리메돈이 실패한 일을 이어받아서 자신의 개인적 지도력과 설득력을 이용해 성공할 수 있을 것이라고 생각했겠지만, 그는 니키아스가 이 원정대를 서방의 그리스 도시들이 겁에 질려 중립이나 반대를 택하게 만들 정도로 엄청나게 크게 부풀리는 것을 막지 못했다. 레기온에서 이 원정의 비용이 분명해졌을 때 알키비아데스는 새로운 현실에 맞춰 계획을 변경하지 않았다. 마침내 그를 향한 동료 시민들의 불신으로 말미암아 그의 정적들이 그를 추방할 수 있었다. 스파르타인이 자신들 앞에서 보고 있던 알키비아데스는 바로 그런 인물이었다. 패배하고 쫓기는 자로서 스파르타인에게 위험의 거대함과 자신의 조언과 도움으로부터 얻을 수 있는 이익을 반드시 설득시켜야만 하는 사람이었다. 알키비아데스의 담대함과 상상력, 그리고 엄청난 허풍은 놀라울 따름이다.

스파르타인은 시칠리아로 장군 한 명을 보냈지만, 그가 지휘하는 병력은 고작 코린토스의 배 2척과 라코니아의 배 2척이었다. 스파르타 완전시민 병사는 아무도 시칠리아로 가지 않았고, 장군인 길리포스 역시 진정한 완전시민은 아니었다. 그는 뇌물수수로 처형된 망명객 클레안드리다스의 아들로서, 어머니는 헤일로타이라는 말이 있었다. 그는 열등한 신분인 모타케스였다. 그러므로 시칠리아에 보낸 모든 스파르타인은 잃어도 그만이었다. 아테네인이 제대로 경계한다면 이 가련한 병력은 시칠리아에 도착하지도 못했을 것이다.

제23장

시라쿠사 포위공격 (기원전 414년)

기원전 5세기에 강한 성벽으로 방어되는 도시를 점령하기 위해서는 포위공격을 세심하게 잘 수행해 물자 공급을 끊어 굶주리게 하거나 내부의 배신을 이용해서 차지해야 했다. 기원전 414년 봄에 아테네인은 바다를 지배했고 육상에서는 도시를 완전히 포위하기에 충분한 병력이 있었다. 그리고 돈과 기병이 도착하자마자 공격을 시작할 준비가 되었다. 일단 시라쿠사 주위로 포위 성벽이 완성되고 나면, 아테네 함대가 펠로폰네소스로부터의 모든 도움을 중간 차단할 수 있었다.

기병이 나타났다는 소식에 시라쿠사 군은 시라쿠사를 내려다보는 고지대인 에피폴라이로 가는 길목에 수비대를 배치했다.(지도 22) "왜냐하면 그들은 아테네인이 에피폴라이를 점령하지 못한다면, 설혹 자신들이 전투에서는 패하더라도 쉽게 벽으로 둘러싸이지는 않을 것이라고 생각했기 때문이다."(6.96.1) 그러나 그들은 너무 늦었다. 시라쿠사 군 수비대가 그곳에 도착하기 전에 니키아스는 아테네 군을 에피폴라이의 북쪽 경사면에서 멀지 않은 레온에 상륙시켰다. 시라쿠사 군이 저지하기 전에 아테네 군은 고지대로 올라섰고, 자신들을 격퇴하려는 시라쿠사 군의 시도를 쉽게 물리칠 수 있게 되었다. 그리고 아테네 군은 에피폴라이의 북쪽 경사면에 있는 랍달론에 요새를 건설하고 그곳에 물자, 장비, 재정을 보관했다.

곧이어 말들이 도착했고 시칠리아의 동맹국들이 보내온 추가 기병들도 함께 왔다. 아테네 군은 이제 자신들의 중장 보병과 총 650명의 기병을 보유함으로써 포위 성벽을 건설하는 병력을 보호할 수 있게 되었다. 시라

22. 시라쿠사 포위

쿠사 시 서북쪽에 고지의 끝자락에서 멀지 않은 곳에 시케라고 불리는 곳이 있었다. 아테네 군은 여기에 요새를 건설했고, 이것을 투키디데스는 "고리(The Circle)"라고 불렀다. 이곳은 아테네 군이 포위공격을 수행하는 동안 작전의 중심지가 되었다.

시라쿠사 군은 적에게 도전하러 나왔으나, 장군들은 오합지졸인 자신들 부대의 혼란상을 보고는 곧 도시의 성벽 뒤로 후퇴했다. 다만 아테네 군이 벽을 계속 쌓지 못하게 하려고 기병 일부를 남겨두었다. 아테네 군은 자신들의 기병과 중장 보병 1개 부대를 이용해서 이 시라쿠사 군을 쫓아버리고 벽 건설을 보호할 수 있었으며, 다음 날 아테네 군은 "고리"로부터 트로길로스를 향해 북쪽으로 벽을 확장시키기 시작했다. 시라쿠사 군은 신속하게 행동하지 않는다면 곧 육상으로 고립될 상황이었다. 그러나 시라쿠사 군 장군들은 아테네 군에 대항하여 자신의 군대를 내보내는 것에 여전히 겁을 냈다. 대신 그들은 포위 성벽의 예정 건설지를 가로지르는 대응벽을 건설하기로 결정했다. 그리고 이 벽을 돌과 나무로 건설하고 중간마다 망루를 짓기로 했다. 아테네 군은 계속 고지 위에 벽을 쌓아올렸고, 이 대응벽을 공격하지 않고 오히려 포위된 도시의 식수원 쪽으로 관심을 돌렸다. 그들은 시라쿠사 지하로 통하던 관들을 파괴했다.

시라쿠사 군의 부주의로 인해서 곧 아테네 군은 자신들의 용맹을 떨칠 기회를 잡았다. 시라쿠사 군은 한낮의 더위에 축 늘어져서 벽에 대한 방비를 소홀히 했다. 그러자 아테네 군 중장 보병 300명이 이러한 경우를 대비하여 중장비로 무장한 경장 보병 한 부대의 지원을 받아 그들을 덮쳤다. 니키아스와 라마코스는 즉시 나머지 군대를 이끌고 뒤따랐고, 각자가 한쪽 날개를 맡았다. 이 기습부대는 대응벽의 수비군을 몰아내고 테메니테스라고 불리는 중심부 근처의 벽까지 이르렀다. 추격부대는 문 안으로 돌입하는 데는 성공했지만, 그곳을 지키기에는 수가 너무 모자랐다. 아테네 군은 테메니테스를 차지하는 데는 실패했지만, 대응벽을 파괴하고 또 하나의 승전비를 세웠다.

니키아스의 와병과 라마코스의 죽음

이때쯤 니키아스가 병에 걸렸다. 신장 쪽의 문제였고, 이것은 죽을 때까지 그를 괴롭혔다. 아마 니키아스는 이미 기습공격을 계획할 때부터 몸이 좋지 않았던 것 같다. 이 작전의 대담함과 돌파력은 라마코스의 손길을 느끼게 하기 때문이다. 다음 날 아테네 군은 포위벽의 남쪽 부분을 건설하기 시작했다. 이것은 에피폴라이의 "고리"에서 도시 남쪽의 대(大)항구까지였다. 이것이 완성되면 시라쿠사의 핵심부가 포위될 것이고, 아테네 군은 타프소스에서 함대를 이동시켜서 안전하게 대항구에 정박시킬 수 있을 것이다. 지금까지는 물자를 육상으로 에피폴라이까지 운반해야 했다. 포위벽이 없으면 대항구의 해안에 정박하는 아테네 군 함대를 보호하기 위해서 아테네 육군이 병력 분할이라는 위험을 감수해야 했기 때문이다.

시라쿠사인은 이 새로운 포위벽 건설에 놀랐고, 즉시 리시멜레이아 습지를 가로질러 새로운 대응벽을 건설하기 시작했다. 한편 아테네 군은 포위벽을 경사면의 끝까지 확장시켰고 이미 새로운 공격을 준비하고 있었다. 이번에는 육상과 해상 양쪽에서였다. 아테네 군은 대항구 안으로 함대를 이동시키고 에피폴라이에서 내려왔다. 이들은 습지의 가장 단단한 부분에 널빤지로 길을 내고 다시 한 번 시라쿠사 군을 기습했다. 이 공격은 시라쿠사 군을 둘로 쪼갰다. 우익은 도시로 도망갔고 좌익은 아나포스를 향해 갔다. 좌익은 다리를 향해 달려갔고, 아테네 군 기습부대는 그들을 고립시키기 위해서 서둘렀다. 그러나 시라쿠사 군 기병이 강에서 대기 중이었고, 이들은 중장 보병과 더불어 아테네 군 300명을 몰아내고 아테네 군 주력의 우익을 향해 들이쳤다. 팔랑크스의 우익은 가장 취약한 부분인데, 특히 기병과 보병의 연합 공격에 노출될 경우 더욱 약했다. 아테네 군 우익의 제1부대는 공황에 빠졌다. 용맹하고 대담한 라마코스는 좌익에 있다가 급히 도우러 왔다. 그는 전열을 붙잡아 정비했지만, 소수의 병사들과 도랑에서 고립되었고, 전사했다. 시라쿠사 군은 그의 시체를 가지고 강을 건너 올림피에온에 있는 요새를 향해 후퇴했다. 아테네 군의 승리는 값비싼 대가를 치렀다. 이제 병상에 있는 니키아스가 홀로 지휘해야 했고, 라마코스의 실력과 담력을 잃은 것은 뼈저린 손실이었다.

시라쿠사 군은 아테네 군이 도시 앞의 평지에 있는 것을 보고 한 부대를 보내어 주의를 끄는 한편 다른 부대를 보내어 고지의 "고리"를 공격하게 했다. 시라쿠사 군은 그 요새에서 남쪽으로 이어지는 미완성에 수비군도 없는 벽을 차지하여 무너뜨렸다. 니키아스는 요새 안에 있었는데, 병중에서도 정신을 차리고 불을 지르라고 명령했다. 이 불로 적군을 물리쳤을 뿐만 아니라, 평지에 내려갔던 아테네 군에게 요새가 위험함을 알릴 수 있었다. 시간적으로도 운이 좋았다. 시라쿠사 근처에 있던 아테네 군은 이미 적군을 물리쳤고, 아테네 함대가 막 항구에 도착했던 것이다. 아테네 군은 안전하게 시간에 맞추어 에피폴라이로 달려 올라가서 요새와 마지막 남은 장군을 보호할 수 있었고, 시라쿠사 군은 도시로 다시 도망쳤다.

이제 아테네 군은 아무런 방해 없이 바다를 향해 남쪽으로 벽을 쌓을 수 있었다. 만약 에피폴라이 고지를 가로질러 북쪽 벽을 쌓는다면, 바다는 함대가 지배했으므로 시라쿠사 포위가 완성될 수 있었다. 그리고서 적절하게 잘 감시한다면 적은 항복하거나 굶주릴 수밖에 없었을 것이다. 시라쿠사의 절망적인 상황에 대한 소식은 급속히 전파되었다. 그 결과 이전까지 시큰둥한 반응을 보였던 시켈인들이 동맹에 참여했으며 이탈리아에서는 물자를 공급했고 멀리 에트루리아에서도 3척의 배를 보내왔다.

시라쿠사 군은 "더 이상 전쟁에서 이길 것이라고 생각할 수 없었다. 펠로폰네소스에서는 아무런 도움도 오지 않았기 때문이었다."(6.103.3) 시라쿠사인이 장군들 3명을 모두 교체하자 항복할 것이라는 소문이 무성했다. 시라쿠사인은 내부적으로, 그리고 심지어는 니키아스와 더불어 강화 조건을 논의했고, 도시를 넘겨줄 배반 음모에 대한 소문이 돌았다. 언제나처럼 니키아스는 뛰어난 지능을 가지고 있었고, 아테네 군은 도시가 곧 전투 없이 항복할 것이라고 믿을 이유가 충분했다.

그러나 이 시점에서 니키아스는 경솔했고 자신감이 지나쳤다. 그는 창창한 아테네의 하늘에 저 멀리 드리운 한 조각의 구름을 무시했다. 4척의 배가 펠로폰네소스에서 오고 있었고, 그중 1척에는 스파르타인 길리포스가 타고 있었다. 비록 니키아스는 이미 얼마 전에 스파르타 군이 이탈리아에 도착했다는 소식을 들었지만, 그런 미미한 병력에 대해서 아무런 조치도 취하지 않았다. 신속하게 시라쿠사 포위를 완성하고, 함대 일부를 해협이나 이탈리아로 보내어 펠로폰네소스 군의 진입을 막으며, 시라쿠사 항구 둘을 모두 봉쇄하여 혹시 한 척이라도 전진배치된 요격 함대를 피해 빠져나올 경우를 대비하고, 에피폴라이로 가는 통로와 특히 에우리알로스를 방어하여 단 한 명의 펠로폰네소스인이라도 시칠리아에 도달하여 육상으로 시라쿠사로 갈 수 없도록 하는 것이 정석이었을 것이다. 니키아스는 이중에서 단 하나도 실행하지 않았고, 그 결과는 재앙과 같았다.

아테네의 조약 파기

이 시기 내내 니키아스의 평화는 여전히 공식적으로는 유효했지만, 낮은 수준의 적대행위는 계속되었다. 스파르타와 아르고스는 서로의 영토에 대한 약탈과 침공을 계속했다. 아테네는 필로스와 펠로폰네소스의 여러 지역에서부터 메세니아를 종종 약탈했다. 그러나 라코니아를 공격하자는 아르고스인의 요청은 거부했다. 양편이 암묵적으로 채택한 기묘한 해석에 따르자면, 이러한 행위들은 평화조약을 위반하는 것으로 판단되지 않았지만, 아테네가 직접 라코니아를 공격한다면 그것은 이야기가 달랐다. 그러나 기원전 414년에 아테네는 더욱 정력적인 도움을 바라는 동맹국들의 요청을 더 이상 무시할 수 없었다. 아르고스의 병사들이 시칠리아에서 아테네의 대의를 위해서 봉사하고 있었으므로, 아테네인은 라코니아 해안 여러 곳에 대한 해상에서의 공격 수행에 30척의 배를 보냈다. 시칠리아 원정은 이런 식으로 전쟁 전체에 중대한 결과를 안겨주었다. 아테네인의 행위는 "가장 극악한 방식으로 스파르타인과의 조약을 위반하는"(6.105.1) 것이었기 때문이다.

한편 길리포스와 코린토스 군 제독 피텐은 각자 2척씩의 펠로폰네소스 배를 지휘하면서 시칠리아를 향해 가고 있었다. 그들은 아테네인이 이미 시라쿠사에 대한 포위벽을 완전히 쌓았을 것이라고 생각했다. 그러나 이들은 이탈리아 남부 로크리에서 사실을 알게 되었고, 시라쿠사를 구출하러 나섰으며, 아테네 함대를 피하기 위해서 히메라로 항해했다. 니키아스는 이들이 로크리에 도착했다는 소식을 듣고 4척의 배를 보내어 중간에 차단하게 했다. 그러나 대응이 너무 늦었다. 히메라의 병력이 펠로폰네소스 군 원정대에 합류했고 무기도 제공했다. 셀리노스와 겔라에서도 도움이 이어졌고, 시켈인들도 친아테네 성향의 왕이 죽은 후 길리포스의 강력한 설득력에 편을 바꾸었다. 길리포스는 보병 3,000명과 기병 200명 가량의 병력을 이끌고 시라쿠사를 향해 출발했다.

구원군의 시라쿠사 도착

이외에도 시라쿠사를 향해 이미 오고 있는 지원군이 있었다. 이들은 코린토스인과 그 동맹국들이 제공한 11척의 삼단노선이었다. 그 배들 중 1척이 코린토스의 장군 공길로스의 지휘 아래에서 봉쇄선을 뚫고 시라쿠사에 도착했다. 길리포스가 육상으로 도착하기도 전이었다. 공길로스는 아슬아슬한 순간에 도착했다. 시라쿠사인은 항복을 논의하고 있었던 것이다. 공길로스는 이 문제를 결정할 민회를 열지 말라고 설득했다. 그리고 더 많은 배들이 오고 있으며 스파르타의 길리포스도 지휘를 맡으러 왔다고 알려주었다. 당연히 시라쿠사인은 이 소식을 듣고 계획을 변경했으며 스파르타 장군을 맞이하러 전군을 보냈다.

길리포스는 서쪽에서 에우리알로스 고개를 넘어 에피폴라이로 왔다. 이것은 아테네 군이 선택했던 것과 똑같은 경로였으며, 따라서 아테네 군이 이곳을 지키지 않고 버려둔 것은 이해하기 힘든 일이다. 길리포스는 결정적인 순간에 도착했다. 아테네인 군이 대항구까지 이중 포위벽을 완성하기 직전이었고, 바다 근처의 약간의 부분만을 마무리하면 되었기 때문이다. "트로길로스와 다른 편 바다 쪽을 향한 포위벽에는 이미 대부분의 구간에 돌들이 놓였다. 어떤 부분은 반쯤 완성되었고, 어떤 부분은 완성되었다. 시라쿠사는 이처럼 위험한 상황에 직면해 있었다."(7.2.4-5)

아테네 군의 포위벽에서 길리포스는 거만하게도 아테네 군에게 5일 안에 시칠리아를 떠난다면 평화조약을 맺어주겠다고 제안했다. 아테네 군은 이에 응답할 필요도 없다고 생각했지만, 시라쿠사인은 분명 그의 대담함에 깊은 감명을 받았을 것이다. 그러나 길리포스가 아무리 허세를 부린다고 해도, 자신에게는 규율과 훈련이 결여된 병력뿐이었다. 양편의 군대가 전투를 위해서 배치되었을 때, 길리포스는 자신의 병사들이 혼란스럽고 무질서해서 아테네 군의 기습에 취약한 상태임을 알았다. 이 시점에서 패배한다면 새로운 스파르타 장군도 불신임되고 더 이상의 저항의 용기도 꺾일 것이었다. 그러나 니키아스는 기회를 활용하는 인간이 아니었다. 길리포스가 개방된 평야 쪽으로 후퇴할 때, 니키아스는 추격의 기회를 내버리고 원래 자리를 고수했다.

다음 날 길리포스는 공세에 나섰다. 아테네 군의 포위벽에 대해서 거짓 공격을 하면서 에피폴라이로 다른 병력을 보냈다. 아테네 군은 에피폴라이에서 아직 포위벽을 다 완성하지 못했었다. 길리포스는 또 랍달론의 아테네 군 요새에도 병력을 보냈다. 그는 요새와 그 안의 모든 것을 손에 넣었고, 요새에서 근무 중이던 아테네 군을 모두 죽였다. 니키아스가 주의를 기울이지 않은 탓에 요새와 물자 보급소와 금고를 지키지 못한 것은 또 하나의 끔찍한 실패였다. 그러나 길리포스는 나아가 또다른 실책을 이용했다. 니키아스는 시라쿠사 포위벽을 가능한 신속히 완성했어야 했다. 순전히 해상 봉쇄만으로는 도시를 고립시키기에는 충분하지 않았기 때문이다. 그러나 니키아스는 외겹으로 된 북쪽, 즉 원형 요새에서 트로길로스까지 이르는 부분을 완성하기 이전에 남쪽에서 바다를 향한 이중벽을 쌓았다. 남쪽의 두 번째 벽에 소모된 시간과 인력은, 그 벽이 아무리 안전을 제공한다고 해도, 북쪽 부분이 완성되지 않는 이상 아테네 군으로서는 전용할 수 없는 자원이었다. 길리포스는 아테네 군의 포위벽이 트로길로스를 향해 북진하는 길목을 가로질러서 대응벽을 쌓기 시작했다.

니키아스, 플레미리온으로 이동하다

그러나 이제 니키아스는 시라쿠사를 정복하려는 모든 계획을 포기했다. 그는 병으로 고통 속에 있었고, 처음으로 대담하고 공격적인 적을 맞이했다. 니키아스는 자신의 병력의 안전과 시칠리아에서의 탈출에 가장 마음을 썼다. 니키아스는 길리포스의 대응벽 건설을 막기 위해서 서두르거나 트로길로스로 아테네 군의 포위벽을 완성하려고 애쓰지 않았다. 대신 대항구 입구의 남쪽에 있는 플레미리온에 요새 세 곳을 건설하여 이곳을 랍달론을 대신할 새로운 해군 기지 겸 보급창고로 쓰기로 결정했다. 그러나 이 장소에는 약점이 있었다. 그나마 조금 있는 물과 장작용 나무들은 요새에서 가까운 곳에 있지 않았고, 그래서 이 자원들을 모으러 나간 아테네 군 척후병들은 시라쿠사 기병의 손쉬운 먹이가 되었다. 시라쿠사 군은 근처의 올림피에온에 기지를 건설하고 아테네 군을 공격했던 것이다. "이런 이유들로 특히 선원들의 사기가 이때부터 떨어지기 시작했다."(7.4.6)

또 플레미리온으로 자리를 옮긴 것은 위험하게도 니키아스의 병력을 나뉘게 했다. 에피폴라이 고지에 있는 주력은 보급기지에서 멀리 떨어졌고, 적군은 자신들이 원할 때마다 이 요새들을 공격해서 아테네 군 주력이 요새를 방어하기 위해서 내려오게끔 강제할 수 있었다. 니키아스는 목표와 전략의 근본적인 변화를 반영하는 자신의 이 새로운 전술에 대해서 설득력 있는 변명을 하지 않았다. 랍달론을 상실하여 북쪽으로의 육상 탈출로가 막혔기 때문에, 니키아스는 해상으로 탈출할 수 있는 가장 안전한 기지로서 플레미리온으로 군대를 이동시켰던 것이다. 아테네 군이 그곳에 완전히 자리를 잡은 이후에야 비로소 니키아스는 20척의 배를 보내어 이탈리아에서 시칠리아로 접근하던 코린토스 함대를 중간에 막아서게 했다.

이와 같은 시간에 길리포스는 대응벽 건설을 계속했다. 그는 아테네 군이 자기들의 벽을 쌓을 때 사용했던 바로 그 돌들을 이용했다. 길리포스는 정기적으로 아테네 군에 싸우자고 도전했고, 결판은 성벽 건설 경쟁이 아니라 전투를 통해서 이루어질 것임을 잘 알고 있었다. 그리고 그는 니키아스가 어떤 적대행위에도 전투를 벌이고 싶어 하지 않는다는 것을 제대로 파악했다. 사령관의 소심성은 아테네 병사들의 사기를 잠식했고 동시에 적군의 확신에 힘을 실어주었다. 그러나 길리포스는 자신의 우월한 기병이 활동할 수 없는 지형을 선택해 첫 전투를 벌였고, 거기에서 패배함으로써 위험한 상황을 초래했다. 그는 패배의 책임을 전적으로 자신에게 돌렸다. 또 시라쿠사인에게 그들이 적에 비해 결코 열등하지 않다고 확신시켜줌으로써 시라쿠사인의 존경과 충성을 확보했다. 그리고 그들을 이끌고 다시 전투에 나섬으로써 자신의 말을 곧 증명했다.

길리포스의 대응벽이 마침내 트로길로스를 향한 아테네 군의 벽과 마주쳤을 때 길리포스에게 새로운 기회가 생겼다. 니키아스는 싸우거나 아니면 도시를 포위할 모든 희망을 포기할 수밖에 없었다. 전투는 개방된 지형에서 벌어졌고, 기병과 투창병 덕분에 시라쿠사 군이 아테네 중장 보병을 압도할 수 있었다. 기병은 결정적인 역할을 했다. 아테네 군의 노출된 좌익을 몰아붙여서 전열 전체를 무너뜨렸고, 아테네 군은 원형 요새의 안전지대로 도망쳐서야 겨우 괴멸을 면했다. 이 전투는 길리포스에게 커다란 전략적 승리를 안겨주었다. 시라쿠사 군이 아테네 군의 포위벽을 가로질러서 대응벽을 건설한 것이다.

아테네 군은 모든 관심을 에피폴라이 고지에 집중시켰기 때문에 에라시니데스가 이끄는 코린토스 함대가 안전하게 시라쿠사 항으로 들어오는 것을 막을 수 없었다. 이 함대의 승무원들은 길리포스에게 2,000명 이상의 인력을 공급했다. 이로써 대응벽 완성을 도울 수 있었고, 또 에피폴라이 전체로 이 벽을 늘여서 아테네 군을 평야로부터 그리고 북쪽 바다로부터 고립시킬 수 있었다. 현재의 병력으로 시라쿠사를 포위해서 굶주리게 함으로써 항복하게 만들려던 모든 희망은 이제 사라졌다.

재능 있고 열정적인 길리포스는 에우리알로스 고개에 요새를 짓고 그곳에 600명의 시라쿠사 군을 배치하여 에피폴라이로 들어오는 입구를 지키게 했다. 그리고 시라쿠사 군과 그 동맹군들을 고지 위의 진지 세 곳에 배치했다. 길리포스는 자신의 성공 소식을 등에 업고 순회 방문하여 중립국들에서 지원병을 모았고 또 아테네 군이 확실히 이길 것으로 보이던 동안에는 관여하지 않으려고 하던 동맹국들에서 도움을 얻었다. 그는 또 스파르타와 코린토스에 배와 병사들을 추가로 보내줄 것을 요청했다. 아테네 군이 여전히 지배하던 바다에서도, 길리포스의 승리는 시라쿠사인에게 아테네의 대함대와의 일전을 준비하기 위해서 선원들을 훈련시킬 의지와 용기를 주었다.

니키아스가 아테네로 보낸 편지

여름이 끝날 무렵, 니키아스는 아테네 원정군이 대단한 위험에 처해 있으므로 철수하거나 혹은 상당한 지원군의 도움을 받아야 한다고 믿었다. 그는 분명 철수하는 편을 선호했다. 그는 이 작전을 좋게 생각한 적이 없었고 이 작전의 전망에 믿음을 가진 적도 없었다. 그리고 최근의 사건들은 너무나 실망스러웠다. 니키아스는 유일하게 남은 장군으로서 아테네 민회가 3명의 장군에게 부여했던 모든 권한을 보유했고, 그래서 철수를 명령할 권한이 있었다. 그리고 아테네 해군의 지배력을 의지해 안전하게 빠져나갈 수 있었다.

그럼에도 니키아스는 지휘권을 포기하지 않았다. 그렇게 했다가는 불명예와 어쩌면 더 달갑지 않은 결과들을 초래할 것이었기 때문이다. 시칠리아 원정 때까지, 니키아스의 기록에는 무수한 승리가 있었고 단 한 번의 패배도 없었다. 그러나 별다른 성과 없이 시칠리아에서 철수한다는 것은 분명 실패로 간주될 것이었고, 어쩌면 더 심한 취급을 받을 가능성도 있었다. 전쟁 기간 내내 아테네인은 자신들의 기대를 실망시킨 장군들에게 가차 없는 처분을 내렸다. 심지어 위대한 페리클레스조차 정책과 전략의 결과가 만족스럽지 못했을 때에는 모욕과 처벌을 받았다. 같은 해에 아테네인은 많은 시간과 비용이 들어간 포위공격 끝에 포티다이아를 점령했던 두 장군을 재판에 회부했다. 이들이 맺은 평화조약이 민회의 마음에 들지 않았기 때문이었다. 기원전 424년에는 아테네인의 제1차 시칠리아 원정을 포기하게 만든 겔라의 평화를 체결했던 장군들, 즉 소포클레스, 피토도로스, 에우리메돈이 뇌물수수의 명목으로 기소되었다. 그러나 투키디데스는 그들이 실제로는 만족할 만한 전과를 거두지 못했기 때문에 처벌받은 것이라고 말해준다. 에우리메돈에 대한 처벌은 벌금형뿐이었다. 그러나 다른 두 사람은 추방되었다. 같은 해에 이번에는 투키디데스가 암피폴리스 상실로 인해서 추방되었다.

니키아스가 아테네에 돌아가면 심한 비난을 받을 것이 분명했다. 스파르타 군과 코린토스 군이 이제 시칠리아에서 중요한 역할을 수행하고 있다는 소식은 충격적일 것이고, 또 아테네인들은 니키아스가 강력한 원정대를 심각한 위험에서 구하기 위해서 귀국했다는 말을 믿지 않으려고 할 것이기 때문이었다. 이 작전에 불만을 품었던 많은 고참병들은 분명 함대가 패배하지 않고 바다를 지배했고 또 육군도 건재했는데도 니키아스가 철수를 명령했다고 불평할 것이다. 니키아스의 실수들, 굼뜬 행동들, 누락들은 공개되어 논의의 주제가 될 것이었다. 아테네 민회의 사전 승인 없이 철수를 명령했다가는 자기가 평생 쌓은 명성은 물론 재산과 나아가 생명까지도 위험해질 것이다.

그래서 니키아스는 교묘한 사기를 시도했다. 니키아스는 기원전 414년 가을에 아테네에 도착하는 공식 보고서와 함께 민회에 편지를 한 통 보냈다. 그 편지에서 니키아스는 원인에 대한 언급 없이 아테네 군의 역전패를 이야기하고, 현재의 상황을 설명했다. 아테네 군은 시라쿠사 포위를 중지했고 이제 방어태세를 취하고 있다. 길리포스는 지원군을 모집하여 아테네 군을 육상과 해상으로 공격할 계획이다. 아테네 군의 상황은 복구 불가능하다. 니키아스는 자신의 지도력에 대해서는 아무런 비난도 하지 않았다. 장기간의 작전 수행과 늘 배를 타고 나가 있어야 하는 봉쇄작전 때문에 배와 승무원들의 질이 떨어졌다고 설명했다. 적군은 봉쇄를 유지할 필요가 없으므로 쉽게 배를 건조시키고 선원들을 훈련시킬 수 있지만, 아테네 군은 모든 물자를 이탈리아에서 시라쿠사로 해상 수송하는 상황이기 때문에 만약 조금이라도 긴장을 늦추었다가는 물자공급이 끊어질 수 있었다. 시칠리아에서 아테네 군의 상황이 역전된 이후 다른 문제들도 생겼다. 진지를 떠나 식수, 땔감, 마초를 구하러 다니던 선원들이 적 기병에 의해서 공격받고 살해당했다. 노예, 용병, 자원병들이 떠나갔고, 그 결과 숙련된 노잡이가 부족해져서 아테네 함대는 본연의 전술적 우위를 잃어버렸다. 니키아스는 이제 곧 이탈리아의 물자 공급자들이 시라쿠사가 이길 것 같음을 알아채고서 식량 조달을 중지할 것이라고 경고했다. 그렇게 되면 아테네 원정군은 끝장이었다. 니키아스는 이 문제들 중 어느 것도 장군들이나 군대의 책임이 아니라고 강조했다. 아테네인은 "이곳의 병력을 소환하거나 아니면 거의 같은 규모의 보병과 함대와 막대한 자금을 추가로 지원해야 합니다."(7.15) 니키아스는 또 병을 이유로 자신의 지휘권을 면해줄 것을 요청했다. 그러나 니키아스는 민회가 무슨 결정을 내리든, 시칠리아의 적군이 너무 강력해지기 전에 서둘러야 한다고 주장했다.

니키아스의 서신은 상황을 실제보다 더 어둡게 그렸다. 아테네 군은 여전히 해상에서 우월했고, 물자가 곧 부족해질 것이라는 증거는 전혀 없었다. 아테네 군의 상황이 역전되었다는 것을 설명하려는 시도는 더욱 부정확했다. 현 상황에 가장 큰 책임은 니키아스의 태만하고 과도한 자신감에 매몰된 부주의한 지도력에 있었다. 니키아스는 시라쿠사가 절박한 항복에서 사기의 회복, 우선권 확보, 승리에 대한 진정한 전망으로 신속하게 전환되도록 허용했다. 니키아스는 길리포스의 보잘것없는 소규모 함대를 중간에 차단하지 못했고, 공길로스의 함대가 봉쇄선을 뚫고 들어오게 허용했다. 에피폴라이로 가는 길목을 방어하는 일을 태만히 했고, 북쪽의 포위벽도 미완성인 상태에서 고지 남쪽에 바다를 향한 이중 포위벽을 건설하고, 플레미리온에 요새 3개를 짓느라 시간을 낭비했다. 랍달론의 창고와 금고를 탈취당했고, 코린토스 함대가 시라쿠사에 도달하게 허용했으며, 함대를 플레미리온이라는 수비가 불가능한 곳으로 이동시켰다. 해군의 질적 저하는 불가피했던 것이 아니라 니키아스의 태만의 산물이었다. 니키아스는 길리포스가 도착하기 전에 자신의 배들을 매달마다 순번제로 건조하고 수리할 수 있었다. 아테네 군 선원들이 죽고 또 도망갔던 것은 플레미리온이라는 나쁜 입지에 배들을 두었기 때문이었다.

  니키아스가 부적절하고 자기 옹호적이고 정직하지 못한 설명을 한 목적은 민회를 설득해 원정군에 대한 귀환 명령을 내리게 하려는 것이었다. 이것에 실패한다고 해도, 그는 명예롭게 지휘권을 내려놓고 교체되기를 희망했다. 만약 그가 정직하게 자신의 판단으로는 승리의 가망성이 이제 없다고 말했다면, 아테네인은 철수에 동의했을지도 모른다. 만약 그가 너무 병이 깊어 임무를 수행할 수 없다고만 설명했더라도 아테네인은 그를 소환하고 대신 건강한 장군을 보냈을 것이다. 그러나 그는 아테네인에게 선택지를 주었다. 니키아스는 자신의 명성과 자기 안위를 위해서 아테네인에게 자신이 제안한 대로 하든지 아니면 처음 보낸 부대와 같은 규모의 원정군을 추가로 보내라고 말했다. 이것은 애초에 아테네인이 이 항해를 감행하지 않도록 하기 위해서 니키아스가 썼던 책략의 재판(再版)으로 보인다. 그 책략은 성공을 거두지 못했었다. 그러나 니키아스는 그 경험에서 아무것도 배우지 못한 것이다.

아테네인의 반응

이번에도 아테네인은 니키아스의 기대를 좌절시켰다. 새로운 함대와 군대를 보내기로 결의했고, 니키아스를 해임하는 것은 거부했다. 대신에 아테네인은 이미 시라쿠사에 있던 메난드로스와 에우티데모스를 임시 장군으로 임명했다. 증원군을 지휘하고 니키아스와 함께 공동으로 지휘할 정규 장군으로는 스팍테리아의 영웅 데모스테네스와 기원전 427년에서 424년까지 시칠리아에서 아테네 군을 이끌었던 에우리메돈을 선택했다. 에우리메돈은 배 10척, 은 120탈란트, 그리고 데모스테네스가 훨씬 더 큰 병력을 이끌고 뒤따라온다는 격려의 소식을 가지고 즉각 출발했다.

아테네인이 내린 결정의 모든 요소들은 놀라울 따름이다. 처음 원정군을 옹호했던 자들의 약속과 기대는 대부분 근거가 없는 것으로 드러났고, 반대했던 자들의 걱정은 이미 대부분 정당화된 상태였다. 이탈리아인과 시칠리아인은 열정적으로나 대규모로 아테네 군에 합류하지 않았다. 펠로폰네소스인은 이제 참전했고, 시라쿠사인은 심기일전하여 저항했다. 아테네인들이 이제 낙관론자들에게 속았다고 느끼고 회의론자들의 지혜에 승복하여 원정군과 그들의 회의적이고 병약한 사령관을 소환해야 마땅했을 것이다.

투키디데스가 시칠리아 작전이 계속된 것을 두고 탐욕스럽고 무지하고 바보 같은 아테네 직접 민주정을 비난한 것에 대부분의 역사가들은 동의한다. 그러나 이 일에서 아테네인이 보여준 행동은 종종 민주정 탓으로 돌려졌던 변덕스러운 우유부단함과는 정반대의 것이다. 아테네인은 좌절과 실망에도 불구하고 일관성 있고 결연한 의지로 자신들이 시작한 일을 추진해나갔다. 사실 그들의 실수는 정치체제에 상관없이 강력한 국가에서 흔히 볼 수 있는 일이다. 즉 자신들이 예상하기로는 약하고 쉽게 격퇴될 것 같던 적에게 예기치 못하게 좌절당했을 때 보이는 행동이다. 이런 국가들은 후퇴를 자신들의 위신이 꺾이는 것으로 간주한다. 그리고 후퇴는 그 자체로도 불쾌한 것일 뿐 아니라 자신들의 힘과 결심, 더불어 국가의 안전에 의문을 품게 하는 선택이 될 것이었다. 시칠리아 작전과 같은 모험에 대한 지지는 승리의 전망이 사라질 때까지는 대개 강력하게 존속된다.

그러나 아테네인은 왜 병약하고 기가 꺾인 니키아스를 계속 그 자리에 두었던 것일까? 아마 아테네인이 자신들의 장군에게 품었던 독특한 존경심에서 그 대답을 찾을 수 있을 것이다. 페리클레스의 탁월한 상상력과 수사학적 천재성, 모든 도전에 대해서 언제나 계획을 구상하거나 새로운 방법을 개발하고 또 그것을 사람들에게 설명하여 확신시킬 수 있었던 그의 지성을 보고 아테네인이 느꼈던 것은 두려움이 아니었다. 니키아스의 경우, 아테네인은 그의 성품, 삶의 방식, 그리고 언제나 그를 따라다니던 행운과 성공을 보았던 것이다. 니키아스는 전통적인 귀족 정치가들처럼 위엄 있는 태도로, 그러나 불쾌감을 일으키는 오만함은 없이 행동하려고 노력했다. "그의 위엄에는 엄격하거나 공격적인 종류가 아니라 어느 정도의 신중함이 섞여 있었다. 그가 대중의 마음을 얻었던 것은 그가 그들을 두려워하는 것처럼 보였기 때문이었다." 기묘하게도, 논객으로서 그의 능력 부족은 오히려 동정심을 사게 했다. "정치적 삶에서 그의 소심함은……오히려 그를 더 인기 있고 민주적인 인물로 만들었다."(플루타르코스, 『니키아스』 2.3-4)

니키아스는 코린토스 근처에서 벌어졌던 한 전투에서 승리한 후에, 자신이 2명의 아테네 병사를 매장하는 일을 잊어버렸음을 발견했다. 적군에게 시신을 매장할 허락을 요청하는 것은 패배의 상징으로 여겨졌다. 그러나 니키아스는 시신을 돌보지 않음으로써 불경죄를 짓는 것보다는 돌아가서 그 요청을 하는 편을 택했다. 플루타르코스가 말하듯이, "그는 두 시민을 매장하지 않고 버려두기보다는 차라리 승리의 명예와 영광을 포기하는 편을 택했다."(『니키아스』 6.4) 니키아스가 짧고, 쉽고 성공적이고 안전한 일들만 잘 골라서 지휘권을 맡았다고 하는 플루타르코스의 주장이 맞을 수도 있다. 그러나 아테네인은 그가 결코 패배하지 않았다는 것만을 알고 있었다. 심지어 그의 합창단도 디오니소스 제전의 연극 경연에서 패배한 적이 없었다. 그의 이름조차 승리를 의미하는 니케와 관련되었다.

그러므로, 비교(秘敎)에 대한 모독과 헤르메스 상의 훼손으로 신들이 모욕을 당한 지 2년도 채 지나지 않은 때에, 아테네인이 신들에게 가장 사랑받는, 그리고 자신들의 승리의 부적과도 같은 한 사람을 임무에서 빼지 않으려고 한 것도 놀라운 일이 아니다. 그가 병이 들었다면, 회복하면

되는 일이었다. 그동안에는 건강하고 정력적인 동료들이 그를 도울 것이다. 처음의 병력으로 그는 거의 시라쿠사를 손에 넣을 뻔했다. 이제 증원군과 유능한 동료들의 도움이 더해진다면, 그의 능력과 행운은 곧 승리를 안겨줄 것이 분명했다.

제24장
포위군이 포위되다 (기원전 414-413년)

스파르타의 공세

아테네인이 시칠리아의 문제에 몰두하고 있을 때 스파르타인은 불편하고 인위적인 평화에 종지부를 찍었다. 스파르타인은 현 상태에서 두 가지 중요한 실제적인 변화 때문에 아티카를 침공하고 아테네 본토에 항구적 요새를 건설하면서 전쟁을 재개했다. 첫 번째는 시칠리아에서의 전략적 균형의 역전이었다. 그곳에서 아테네 군은 시라쿠사 군에 패배할 것으로 보였다. 시칠리아 작전으로 인해서 대함대가 본국에서 임무 수행을 할 수 없게 되었고, 아테네의 국력은 더욱 고갈되었다. 두 번째 중요한 사건은 아테네인이 스파르타 영토에 보복적 공격을 가하기로 결정한 일이었다. 한동안 아테네 군은 펠로폰네소스 주변을 공격했었다. 그러나 그들은 언제나 라코니아 자체에는 공격을 피했다. 스파르타인은 사소한 것들은 평화조약 위반으로 간주하지 않는 편을 택했다. 그러나 기원전 414년 여름에 아테네 군이 라코니아 해안을 공략했고, 상황은 결정적으로 변화되었다. 아테네 군의 행동은 "가장 극악한 방식으로 스파르타와의 조약을 위반하는"(6.105.1) 것이었고, 스파르타인을 전쟁 발발 때부터 괴롭혔던 죄의식에서 해방시켰다. 스파르타인은 자신들의 테베 동맹국들이 플라타이아를 공격하여 휴전을 깨뜨림으로써 이 전쟁이 시작되었다는 점을 잘 알고 있었다. 또 그들이 기원전 423-431년의 중재를 수용 거부한 것은 잘못이었다는 것도, 그리고 자신들이 30년 평화조약의 맹세를 깨뜨리고 위반했다는 사실도 잘 알고 있었다. "이런 이유로 그들은 자신들이 불행들, 즉 필로스의 재앙과 자신들에게 닥친 여러 일들을 맞이해 마땅하다고 믿었다."(7.18.2)

그러나 지금 조약을 깨뜨리고 맹세를 더럽힌 것은 아테네인이었다. 아테네 군이 동맹국들과 함께 펠로폰네소스에서 싸우던 지난 몇 년 동안에는 불만들에 대한 중재를 요청했던 것은 스파르타인이었고 그것을 거부한 것은 아테네인이었다. "그러므로 이 시점에서 스파르타인은 이전에는 자신들에게 지워졌던 조약 위반의 죄의 부담이 이제는 방향을 바꾸어 아테네인에 의해서 자행되었고, 그래서 스파르타인은 기꺼이 전쟁으로 나아갔다."(7.18.3)

데켈레아 요새

아기스 왕은 기원전 413년 3월 초에 아티카 약탈을 재개했다. 그는 이번에는 데켈레아 시의 평야를 지배하는 언덕 위에 요새를 짓고 수비대를 배치했다. 이곳은 아테네에서 동북북 방향으로 약 23킬로미터 떨어진 곳이었고, 보이오티아와도 같은 거리에 있었다. 이전의 침략들은 40일을 넘은 적이 없었고 또 1년에 15일 정도밖에 되지 않았던 것에 비해, 이번에는 아테네인에게 유례없이 강력한 압력을 가했고, 이제 아테네인은 본거지와 평야로부터 완전히 격리되었다. "아테네는 도시가 아니라 주둔 요새가 되었다."(7.28.1) 밤낮없이 모든 연령대의 병사들이 돌아가며 스파르타의 공격을 감시했고, 이러한 상태는 겨울과 여름의 전쟁 시즌까지 계속되었다. 기병은 스파르타 군을 만에서 나오지 못하게 하기 위해서 매일 척후 활동을 했고, 이것은 사람과 말들을 피로하게 했다. 기병은 도시 방어에 필요했기 때문에 그들을 간절히 원했던 시칠리아 원정군에게 가지 못했다.

여러 가지 주목할 만한 점에서 데켈레아 점령은 아테네의 필로스 점령과 비교될 수 있다. 예를 들면, 첫 해에 약 2만 명의 노예가 도망쳤다. 그들 중 다수는 라우리온 은광에서 도망갔고, 이제 아테네인은 그 은광에서 수입을 거둘 수 없게 되었다. 펠로폰네소스 군은 또 가축과 짐을 싣는 짐승들을 전리품으로 거두었다. 스파르타의 아티카 공략에 동참했던 테베인은 동맹국들 중에서도 가장 기회를 잘 잡아 열심히 아테네인의 재산을 차지했다. 기원전 4세기의 한 역사가는 우리에게 테베인이 "작은 대가를 치르고서 전쟁의 포로들과 모든 다른 전리품들을 챙겼고, 그들이 아테네 이웃에 거주하던 까닭에, 집의 목재와 벽돌로부터 시작하여 아티카의 모든 비품들을 자기네 나라로 가져갔다"(『헬레니카 옥시린키아』 12.3)고 말해준다.

데켈레아의 스파르타 군은 또 오로포스를 경유하여 에우보이아로 가는 육상 통로를 봉쇄했다. 전쟁이 시작된 이후 아테네의 모든 가축들은 에우보이아에서 길렀다. 아테네인은 이곳에서 필수 물자를 공급받고 몇몇 상품들을 수출했다. 데켈레아 점령은 아테네인에게 수니온 곶을 경유하는 훨씬 더 비용이 많이 드는 방식으로 모든 것을 들이고 내보낼 수밖에 없게 했다. 이 모든 것이 아테네에 대단한 압력을 가했다.

이 전쟁에서 가장 끔찍한 잔혹행위들의 기초가 되었던 것은 바로 돈의 부족이었다. 아테네인은 시칠리아 증원군을 모집하면서 트라케의 경장보병 특수부대를 고용했다. 그러나 칼을 휘두르는 이 이방인 군대 1,300명은 아테네에 너무 늦게 도착해서 작전에 참여하지 못했다. 아테네인은 돈을 절약하기 위해서 디에이트레페스의 인도로 그들을 귀환시켰다. 이 아테네인 지휘관은 가는 도중에 그들을 이용해 무슨 피해라도 입히라는 명령을 받았다. 어느 날 새벽 그들은 무방비 상태였던 보이오티아의 미칼레소스라는 한 마을을 공격했다. "트라케인은 미칼레소스로 들이닥쳤다. 그들은 집과 신전을 약탈하고 사람들을 살육했는데, 젊은이나 늙은이를 가리지 않고 만나는 모든 사람을 죽였다. 어린이나 여자, 짐을 싣는 짐승들, 그리고 모든 살아 있는 것을 보는 대로 죽였다."(7.29.4) 그들은 또 소년들의 학교를 공격했다. "아이들은 이제 막 학교에 왔는데, 그들은 모두를 칼로 베어 쓰러뜨렸다."(7.29.5)

양편의 증원군들

아테네 군은 시칠리아에서 자신들의 위치를 강화하기 위해서 준비하고 있었고, 길리포스의 성공은 펠로폰네소스인에게 자신감을 주어 추가 부대를 보내게 했다. 펠로폰네소스인은 3개의 부대를 보낼 계획이었다. 하나는 스파르타 장군 에크리토스가 지휘하는 헤일로타이와 네오다모데이스 600명이었고, 둘째는 300명의 보이오티아 군과 그들의 장군들로서 남쪽의 타이나론 곶에서 출발하여 열린 바다로 함께 항해해 나갈 것이었다. 세 번째 병력은 코린토스인, 시키온인, 아르카디아 용병으로 구성된 중장보병 700명으로서 이들은 코린토스의 삼단노선 25척의 호위를 받으면서 코린토스 만을 통과해 서쪽으로 항해해서 나우팍토스의 아테네 군 기지를 지나갈 것이었다.

한편 아테네에서는 에우리메돈이 돈과 소규모 병력을 싣고 먼저 출발했고, 데모스테네스는 주력 구원함대를 준비하고 있었다. 기원전 413년 이른 봄에 두 함대가 카리클레스와 데모스테네스의 지휘 아래 피라이오스를 출항했다. 이들은 시칠리아로 곧장 항해하지 않고 아르고스인의 도움을 얻어 라코니아를 공격했다. 그들의 주 목표는 자신들이 상륙한 키테라 섬 맞은편의 한 곳이었고, 그 해협에 요새를 건설했다. 이것은 서쪽의 필로스와 같은 역할 ── 헤일로타이가 도망쳐 올 수 있고 또 이곳을 근거로 라코니아를 습격할 수 있는 곳 ── 을 하게 하려는 의도였다. 그러나 이 새 기지는 도망 노예들을 끌어들이기에는 메세니아에서 너무 멀었고, 아테네인은 여기에서 단 한 차례의 공격도 감행하지 않았다. 결국 다음 해에는 이곳을 포기했다.

카리클레스는 아테네로 귀환했다. 그러나 데모스테네스는 해안을 따라 시칠리아로 항해하면서 코린토스인을 괴롭혔고 도중에 동맹군을 모집했다. 데모스테네스는 아카르나니아에서 에우리메돈을 만났다. 그는 데모스테네스에게 아테네 군의 형편이 역전된 것과 증원군이 서둘러 와야 할 형편을 알려주러 돌아왔던 것이다. 그러나 그들이 출발하기 전에 나우팍토스의 아테네 군 제독 코논이 도착해서, 자신에게는 삼단노선이 18척밖에 없으며, 그것으로는 25척의 코린토스 호위함대를 덮칠 수 없다고 불평했다. 코논은 후에 그리스 제독들 중 가장 위대한 인물의 한 사람이 될 것이다. 그러므로 그의 망설임은 나우팍토스의 배들에 질이 떨어지는 승무원과 조타수가 타고 있으며, 가장 뛰어난 인력들은 이미 시칠리아에 가 있는 병력과 또 지금 가고 있는 병력들 때문에 씨가 말랐음을 시사한다.

데모스테네스와 에우리메돈은 시칠리아로 급히 떠나기 직전에 가장 뛰어난 배들을 그에게 보내주었다.

플레미리온 점령

길리포스는 여러 차례 중요한 승리를 거두기는 했지만, 새로운 아테네 군 병력이 시칠리아에 상륙한다면 그가 이룬 모든 성취는 위협받을 것이었다. 시라쿠사인은 7,000여 명의 외국 군대의 비용을 부담하느라 돈이 부족했다. 아테네 군의 봉쇄는 비록 불완전하기는 했어도 시민 개개인의 수입을 끊었고 무역을 중지시켜 국고에 수입세가 들어오지 못하게 했다. 게다가 전함을 건조하고 장비를 갖추고 인력을 준비하는 데 들어가는 비용은 시라쿠사인에게 엄청난 부담이 되었다. 시라쿠사인에게는 함대의 비용을 댈 만한 수입을 주는 제국이 없었고, 그들의 동맹국들은 전혀 자금을 제공하지 않았기 때문이다. 그러므로 아테네에서 신규로 증원군이 도착한다면 시라쿠사인은 다시 한 번 항복을 고려해야 했다.

결국 길리포스는 아테네 군의 취약점인 플레미리온을 향해 신속하게 움직였다. 해상으로 위장공격을 가함으로써 주의를 분산시키고 육상으로 적 기지를 공격했다. 길리포스는 무시무시한 아테네 해군에 대항하여 비록 주의를 끄는 정도라고는 해도 해상 전투를 수행하도록 시라쿠사 군을 설득해야 했고, 이를 위해서 헤르모크라테스에게 의지했다. 그는 당시 공직에는 있지 않았지만 여전히 유력한 인물이었다. 헤르모크라테스의 유창한 말에 시라쿠사인은 설득되어 열광적으로 배에 올랐다. 길리포스는 야심한 밤을 틈타 자신의 군대를 플레미리온으로 진격시켰고, 동시에 시라쿠사의 삼단노선 80척은 다른 곳에서 바다를 통해서 접근했다.

아테네 군 함대는 신속하게 대응하여 60척의 삼단노선이 투입되었다. 이들은 비록 수에서는 밀렸지만 적 함대를 멈추게 했다. 그러나 육상의 상황은 달랐다. 아테네 군은 적군의 접근을 알아차리지 못하고 해안에서 해상 전투를 바라보고 있었다. 길리포스는 새벽에 방어가 취약한 요새들을 공격했고, 비록 아테네 군 병사들은 대부분 탈출했으나 요새 세 곳을 모두 장악했다. 한편 아테네 해군은 자신들의 우수성을 유감 없이 드러냈고, 시라쿠사 함선들은 서로 충돌하여 "아테네 군에게 승리를 헌납했다." (7.23.3) 아테네 군은 11척을 침몰시켰고 3척을 잃었다. 해상의 지배력을 되찾은 것이다. 그러나 사상자 수가 많았고 요새 안에 있던 식량과 해군 물자(삼단노선 40척의 돛과 삭구, 그리고 해안에 있던 삼단노선 3척은 통째로)를 빼앗겼다. 플레미리온이 점령당함으로써 입은 전략적 손해는 더욱 컸다. 아테네 군은 더 이상 물자를 반입할 수 없게 되었고, "플레미리온 상실은 군대를 당황시키고 낙담시켰다."(7.24.3)

시라쿠사인은 자신들의 승리의 소식을 펠로폰네소스의 우방들에 전했고, 아테네에 대항해서 더욱 정력적으로 전쟁을 벌여달라고 요청했다. 그리고 함대를 이탈리아로 파견하여 아테네에서 오는 물자를 차단시켰다. 시라쿠사인은 또 플레미리온 함락 소식을 시칠리아 전체에 알렸고, 코린토스, 스파르타, 암브라키아의 사신들을 이용함으로써 이 소식에 신빙성을 더했다. 이 노력은 커다란 성공을 거두었다. "시칠리아의 거의 모든 이들이……이전에는 멀리 서서 바라보기만 하던 다른 이들이 이제 합류하여 아테네인에 대항해 시라쿠사인을 도우러 왔다."(7.33.1-2)

대항구의 전투

시라쿠사인은 시칠리아의 그리스인으로 한 부대를 모집하여 시라쿠사의 아테네 군을 향해 진격시켰다. 그러나 니키아스는 그들이 얼마 가기 전에 매복에 걸리도록 함으로써, 아테네 증원군이 오기 전에 아테네 군을 육상으로 공격하려던 시라쿠사인의 희망을 좌절시켰다. 그러므로 시라쿠사 군은 해상에서의 승리가 필요했고, 코린토스 만에서 들려온 새로운 소식은 승리의 희망을 키워주었다. 나우팍토스의 아테네 군 지휘관인 디필로스는 33척의 배를 가지고 코린토스의 지휘관 폴리안테스의 30척과 맞섰다. 폴리안테스는 아테네 군의 앞선 경험과 훈련의 차이를 극복하기 위해서 삼단노선의 모양에 작은, 그러나 중요한 변화를 줌으로써 새로운 전술을 가능하게 했다. 삼단노선의 뱃머리에는 에포티스(epotis)라고 하는 오늘날 배의 닻걸이와 같이 양쪽으로 튀어나온 널빤지가 있어서 그곳에서 닻을 달아내렸다. 삼단노선에서 에포티스는 현외 장치의 끝부분이었고 배의 양쪽 가장자리에 붙어 있었으며, 그 위에는 최상층의 노잡이들의 노걸이가 고정되어 있었다.

정상적인 전투에서 삼단노선은 서로 정면으로 충돌하는 것을 피했다. 그렇게 하면 양편의 배가 모두 상해서 어느 편에도 유리할 것이 없기 때문이었다. 그러나 폴리안테스는 자신의 배들의 에포티스들을 강력하게 보완했다. 그래서 아테네 군이 진격해올 때 그의 배들의 강력한 닻걸이들은 아테네 배들의 약한 닻걸이를 깨뜨릴 수 있었고, 거기에 달린 현외장치들도 함께 부숴서 아테네 배를 절름발이로 만들었다. 전투에서 코린토스 함선은 3척이 가라앉았고, 아테네 배 7척은 폴리안테스의 조작에 의해서 완전히 작동 불능이 되었다. 전투 결과는 분명하지 않았다. 양편이 모두 승전비를 세웠다. 그러나 전략적 승리는 펠로폰네소스 군의 것이었다. 아테네 군은 적 병력을 파괴하여 서쪽으로 이동하는 그들의 상선과 수송선을 보호하는 능력을 제거하는 데 실패했다. 처음으로 펠로폰네소스 군 함대는 수적으로 우세한 아테네 군 함대를 상대로 막상막하로 싸웠다. 이 전술은 넓은 바다에서 미리 준비된 적과 싸울 때에는 소용없을 것이다. 그러나 좁은 바다에서 준비를 갖추지 못한 적에게는 계속해서 성공을 거둘 수 있었다.

코린토스 만에서의 승리는 시라쿠사 군에게 힘을 주어 다시 한 번 해상과 육상의 연합 공격의 일환으로 아테네 함대에 도전하게 했다. 시라쿠사 함선들은 이제 배 안쪽과 바깥쪽 모두에서 고정식 버팀목으로 지지되는 두꺼운 닻걸이를 이용했다. 시라쿠사 항구의 좁은 공간에서 아테네 군은 시칠리아 군의 함열을 뚫거나(diekplous, 디에크플루스) 포위(periplous, 페리플루스)할 수 없었다. 그래서 육중한 들보를 아테네 군의 가벼운 들보에 충돌시키는 전술은 성공을 약속했다. 시라쿠사 군은 대항구 주변의 육지를 지배했으므로(아테네 군의 포위벽과 오르티기아 및 플레미리온 사이의 가느다란 해안선은 제외) 항구로 접근하는 길목을 통제했다.(지도 22) 그러므로 아테네 군이 그곳에서 패배한다면 괴멸로 이어질 수 있었다. 함선들은 육상으로도 바다로도 도망칠 수 없기 때문이다. 비록 아테네 군도 이제 코린토스 만에서 펠로폰네소스 군이 보여준 정면공격의 효율성을 알고 있었지만, 그들은 자신들의 우월함에 확신이 있었고 또 적군의 무능력을 경멸했다. 그래서 이것을 신중하게 계획된 전술로 여기지 않고, 수준 낮은 펠로폰네소스 조타수들의 부주의한 기동의 결과라고 생각했다.

길리포스는 육상 작전에서는 도시 정면의 아테네 군 포위벽을 향해 군대를 진격시켰고, 올림피에움 수비대에서 온 시라쿠사 군과 중장 보병, 기병, 경장 보병들은 맞은편에서 포위벽으로 접근했다. 이것은 아테네 군의 모든 주의를 포위벽을 방어하는 데 집중시켰고, 그럼으로써 그들에게 접근하는 시라쿠사 함대를 맞이할 준비를 하지 못하게 했다. 아테네 군 일부는 한쪽 포위벽으로 달려갔고, 일부는 다른 포위벽으로 갔다. 그리고 일부는 함대를 띄울 준비를 서둘렀다. 아테네 군은 그럭저럭 자신들에게 도전해오는 80척의 적 함선들에 대항해서 75척의 배를 띄울 수 있었다. 그리고 첫 날의 전투는 결말이 나지 않았다. 다음 날에는 전투가 없었다. 그래서 니키아스는 이 휴식을 이용해 추가 공격을 맞을 준비를 했다. 아테네 군은 해안에서 약간 떨어진 곳의 바다 밑 모래에 울타리를 박아 방벽을 만들었고, 이로써 해안으로 밀릴 때 자신들의 배를 보호할 수 있게 했다. 니키아스는 전투 중 이탈하는 함선을 보호하기 위해서 그 방벽 입구들에 60미터마다 상선을 배치했다. 이 상선들에는 돌고래 모양의 무거운 금속 덩어리를 장착한 기중기가 있었다. 이 기중기는 그 "돌고래"를 추격해오는 적 함선에 떨어뜨려 침몰시키거나 작동 불능으로 만들 수 있었다.

세 번째 날에 시라쿠사 군이 공격했고, 이번에도 전투는 오랜 탐색전이 되었다. 결국 시라쿠사 군이 휴식과 식사를 위해서 해안으로 철수했다. 해안에는 상인들이 굶주린 병사들을 위해서 음식 시장을 마련했다. 아테네 군도 그날의 전투가 끝났다고 믿고 해안으로 향했다. 그러나 병사들이 식사를 할 때 시라쿠사 군이 갑자기 다시 공격했고, 지치고 굶주리고 충격을 받은 아테네 군은 거의 함선을 바다로 보내지도 못했다. 아테네 군 지휘관들은 바다 위에서 계속 작전을 수행해야 하는 긴장감은 곧 병사들을 기진맥진하게 만들어, 휴식을 취한 시라쿠사 군의 상대가 되지 않을 것임을 알았다. 그러나 좁은 바다에서 일렬로 다가오는 적군 앞에서 후퇴한다는 것은 쉽지도 안전하지도 않은 일이었고, 어떤 경우에도 아테네 제독들이 수가 거의 비슷한 적군 앞에서 전투를 회피한다는 것은 유례가 없는 일이었다. 그래서 그들은 즉각 공격을 명령했다.
　시라쿠사 군은 아테네 군을 상대하면서 정면충돌은 물론 새로운 속임수도 몇 가지 사용했다. 그들은 갑판에 투창병들을 데리고 와서, 그들의 창으로 아테네 군 노잡이들을 무력화시켰다. 작은 배들에도 투창병들을 싣고서 아테네 군 삼단노선의 노잡이들의 자리 밑으로 저어 가서 더 많은 노잡이들을 죽일 수 있었다. 시라쿠사 군의 변칙적인 전술과 두 함대 선원들의 육체적 상태의 불균형이 시라쿠사 군에 승리를 안겨주었다. 아테네 군은 상선과 울타리 방벽 뒤로 숨어들어감으로써 겨우 전멸을 모면했다. 너무 공격적으로 추격했던 시라쿠사 군의 무모한 전함 2척은 "돌고래"에 의해서 파괴되었다. 아테네 군의 배 7척이 침몰되었고, 많은 배들이 상처를 입었다. 많은 아테네 군 선원들이 죽고 포로가 되었다. 시라쿠사 군은 대항구를 지배했고 승전비를 세웠다. 시라쿠사 군은 이제 자신들이 바다에서 아테네인을 앞섰다고 믿었고 육지에서도 곧 승리할 것이라고 믿었다. 그리고 양쪽으로 다시 공격할 준비를 하기 시작했다.

아테네 군의 제2함대 : 데모스테네스의 계획

　시라쿠사 군의 환희는 얼마 가지 못했다. 항구에서의 전투가 끝나자 곧 데모스테네스와 에우리메돈이 이끄는 아테네 증원군이 당당한 위용을 과시하며 도착했다. 여기에는 심리적, 군사적 목표가 있었다. 대함대는 "으리으리하게 치장되었고, 그래서 무기의 장식과 삼단노선의 깃발이……적군을 겁에 질리게 했다."(플루타르코스, 『니키아스』 21.1) 첫 원정군과 거의 같은 규모의 이 병력은 전함이 73척에 중장 보병을 거의 5,000명이나 싣고 왔고, 거기에 다수의 투창병, 투석병, 궁병은 물론 물자도 가져왔다. 이 엄청난 증원군은 비록 스파르타 군이 데켈레아 요새에서 아티카를 지배할 때 파견된 것이기는 해도 시라쿠사인을 놀라게 하고 겁에 질리게 했다. 그들은 자기 나라에 대한 위협이 가실 날이 오기나 할까 하고 생각했다.
　데모스테네스는 당시까지의 아테네 군의 작전 수행을 연구했고, 신속하게 공격하고 포위했더라면 시라쿠사인이 펠로폰네소스에 원군을 청하기 전에 항복시킬 수 있었을 것이라는 결론을 얻었다. 데모스테네스는 특유의 명쾌함과 대담함으로 그 실수를 즉시 교정하기 시작했다. "그는 자신이 이 순간에 적에게 가장 두려운 존재임을 알았고, 적의 현재의 공황 상태를 가장 신속하게 이용하려고 했다."(7.42.3) 그리고 즉각 공격에 나섰다.

데모스테네스는 자신의 함대가 도시를 해상에서 봉쇄할 수 있을 것이라고 확신했다. 중요한 과제는 도시를 육상으로 포위하지 못하게 하는 에피폴라이의 시라쿠사 군 대응벽을 점령하는 것이었다. 데모스테네스는 에피폴라이 고지로 접근하는 길이 강력한 스파르타 지휘관 길리포스에 의해서 방어되고 있다는 사실에도 불구하고 도박을 할 준비가 되어 있었다. 혹 패한다고 하더라도 아테네 군의 자원을 낭비하고 병력의 안전을 위험에 빠뜨리는 것보다는 나을 것이었기 때문이다. 만약 에피폴라이를 장악한다면 시라쿠사를 패배시키고 시칠리아를 지배할 수 있는 가능성이 높았다. 만약 실패한다면, 원정군을 이끌고 귀환한 뒤 다음번에 다시 싸우러 오면 되었다. 어느 경우에든 시칠리아의 전쟁은 원정군이 큰 피해를 입지 않은 채로 끝날 것이었다.

에피폴라이에 대한 야간 공격

시라쿠사 군의 대응벽에 대한 데모스테네스의 첫 정면공격은 실패했다. 이는 주간의 공격은 실패할 수밖에 없음을 알려주었다. 데모스테네스는 굴하지 않고 영리하게도 야간 공격을 감행할 계획을 세웠다. 그는 8월 초에 중장 보병 약 1,000명과 같은 수의 경장 보병부대를 이끌고 어둠을 틈타 달이 뜨기 전에 고지의 서쪽 끝인 에우리알로스 고개에 도착했다. 여기에서 그들은 시라쿠사 군 수비대를 기습하여 요새를 차지했다. 탈출한 병사들은 아테네 군이 강력한 병력으로 고지에 올랐다는 소식을 전했다. 그러나 가장 먼저 구원하러 온 시라쿠사의 엘리트 부대는 금방 패주했다. 아테네 군은 이제 이 성공을 이용하기 위해서 질주했다. 제1부대가 길을 확보하고 제2부대가 신속하게 대응벽으로 향했다. 시라쿠사 수비대는 도망쳤고, 아테네 군은 이 대응벽을 장악하여 일부분을 무너뜨렸다.

길리포스와 그의 부대는 이 대담하고 예상치 못한 전술에 놀랐고, 날뛰는 아테네 군을 저지하려고 애썼다. 그러나 아테네 군은 이들을 뒤로 물리치고 계속 에피폴라이 동쪽을 향해 질주했다. 아테네 군은 적군의 경악을 활용하려고 너무 서두르다가 스스로 전열이 무너지고 말았고 보이오티아 중장 보병에 의해서 저지되었다. 이것은 전투의 전환점이었다. 아테네 군의 한 부대가 서쪽으로 돌아서자마자 혼란이 야기되었던 것이다. 희미한 달빛 아래에서 진격하던 아테네 군은 자신들을 향해 달려오는 자들이 친구인지 적인지 구별할 수 없었다. 게다가 장군들이 이 고개에 교통정리를 할 사람들을 전혀 배치하지 않은 탓에 문제는 더 심각해졌다. 여러 병력들이 고지로 왔는데, 아테네 군 일부 병력은 저지받지 않고 동쪽으로 진격했고, 일부는 후퇴하며 에우리알로스로 되돌아오고 있었다. 또 일부는 이제 막 통로에 접어들어 아직 움직이지 않고 있었다. 새로 고지에 올라온 병사들에게 어느 쪽으로 합류하라고 지시해주는 사람이 아무도 없었다.

시라쿠사 군이 고함을 질러댐으로써 혼란이 더해졌다. 시라쿠사 군은 승리를 예감하자 역시 도리스인인 동맹국들과 함께 도리스인의 관습대로 환호성을 질렀다. 어둠 속에 터져나오는 그들의 고함 소리는 아테네 군을 공포에 빠뜨렸다. 아테네 군의 주력은 이오니아인이었지만, 아르고스인과 코르키라인과 같은 중요한 도리스인 부대도 있었다. 이들이 또 자신들의 환호를 내지르자 이것은 적군의 소리와 구별이 되지 않았고, 아테네 군은 적과 아군을 구별하기가 더 힘들어진 상태에서 더욱 공포에 빠졌다. "마침내 그들이 일단 혼란에 빠져들자, 그들은 전장의 곳곳에서 서로를 공격했다. 친구가 친구를, 시민이 동료 시민을 공격했다. 그들은 공황에 빠졌을 뿐만 아니라 서로를 치기 시작했고 겨우겨우 이 싸움을 말릴 수 있었다."(7.44.8)

아테네 군에서는 누구도 시라쿠사 군만큼 이 고지를 잘 알지 못했고, 데모스테네스와 에우리메돈과 함께 이제 막 도착한 병사들은 아예 깜깜했다. 어둠 속에서 승리가 패배로, 전진이 후퇴로, 후퇴는 패주로 변할 때 이 무지는 재난과 같았다. 많은 아테네 군 병사들이 탈출하려다가 절벽에서 떨어져 죽었고, 사고로 같은 운명을 맞은 이들도 많았을 것이다. 경험이 많은 니키아스 군대의 병사들은 결국 진지로 안전하게 돌아갈 수 있었지만, 증원군으로 새로 온 병사들은 날이 밝을 때까지 길을 헤맸다. 그리고 날이 밝자 시라쿠사 기병이 그들을 추적해 죽였다. 전투의 결과는 이때까지 아테네 군이 당했던 것 중 최악의 재난이었다. 2,000명에서 2,500명이 죽었고, 시라쿠사에서의 신속한 승리에 대한 모든 희망이 포기되었다.

후퇴냐 잔류냐?

승리한 시라쿠사 군이 최종적인 승리를 위해서 아테네 군의 포위벽을 공격할 시칠리아 동맹군을 추가로 모집하러 나섰을 때, 아테네 군의 사기는 바닥으로 내려앉았다. 전투에서의 패배 외에도, 시칠리아의 늦여름에 습지에 진을 친 탓에 말라리아와 이질이 엄습하여 사기를 떨어뜨렸다. "이 상황은 더 이상 가망이 있을 수가 없을 정도였다."(7.47.2) 데모스테네스는 아테네가 여전히 해상에서 우월한 동안에 귀국하자고 주장했다. "데모스테네스는 시라쿠사와 싸우는 것보다는 아테네 본토에 요새를 짓고 있는 적과 싸우는 것이 아테네에 더 유용할 것이라고 말했다. 그는 시라쿠사는 이제 더 이상 굴복시키기 쉽지도 않고 또 이 포위공격을 계속하느라 막대한 돈을 덧없이 소모하는 것도 옳지 않다고 말했다."(7.47.4) 이것은 현명한 충고였다. 에피폴라이의 시라쿠사 군 대응벽을 점령할 방법은 없었고, 포위가 성공할 가능성도, 추가적인 증원군이 올 가능성도 없었기 때문이다. 실망스러운 실패가 재난으로 변하기 전에 손실을 털어야 할 때였다.

그러므로 데모스테네스는 니키아스가 이에 동의하지 않았을 때 매우 놀랐을 것이다. 니키아스는 아테네 군이 위험에 처했음을 알았다. 그러나 그는 개인적으로 우유부단한 사람으로서 후퇴에 대한 확고한 결정을 내리고 싶지 않았다. 적군이 이 소식을 듣고 퇴로를 끊을까 두려웠던 것이다. 그는 또 자신의 개인적인 정보통으로부터 적군이 자신들보다 더 심각한 어려움을 겪고 있다고 들었다. 우세한 아테네 함대가 여전히 해상으로 시라쿠사에 물자가 도달하지 못하도록 하고 있었기 때문이었다. 니키아스가 가장 큰 희망을 걸었던 것은 시라쿠사 내에 아테네에 항복할 것을 요구하는 집단이 있다는 소식이었다. 니키아스는 그들과 접촉하고 있었고, 그들은 니키아스에게 버텨달라고 계속 요청했다.

그러나 그 어떤 이유도 그리 강력하지 않았다. 항로가 끊어져도 시라쿠사는 여전히 육상으로 물자를 얻을 수 있었고, 도시 내의 반란에 대한 희망은 환상에 불과했다. 항복을 원했던 자들은 별다른 지지를 얻지 못했고, 최근에 시라쿠사가 승리를 거둔 이후에는 더욱 그들이 지지를 확보할 가능성이 없었다. 공길로스와 길리포스의 도착은 항복에 대한 유일한 실제적인 기회마저도 앗아갔다.

니키아스는 아테네 장군들의 논쟁 가운데서 자신의 불안감을 억누르고 시칠리아에 잔류할 것을 주장했다. 니키아스의 주된 주장은 데모스테네스가 제기한 강력한 재정적 고려들에 반대하려는 것이었다. 니키아스는 시라쿠사인이 더 심각한 곤란에 빠져 있다고 주장했다. 함대와 많은 용병의 유지 비용으로 자신들이 가진 2,000탈란트를 모두 쓰고도 더 많은 돈을 차용해야 했다. 그들은 곧 용병들에게 지급할 자금이 바닥날 것이었다.

시라쿠사인은 분명 돈이 쪼들렸다. 그러나 그들은 여러 차례 승리를 거둠으로써 신용을 높였고, 동맹국들과 여러 나라들은 승리를 완성하기 위해서 시라쿠사인이 필요로 하는 돈을 빌려줄 용기가 생겼다. 게다가 시라쿠사인에게는 현재와 같은 긴급 상황에서 세금으로 징수할 수 있는 자신들만의 재산이 여전히 존재했다. 시라쿠사가 해상과 육상으로 모두 고립되지 않는다면, 이들은 무한정 버틸 수 있었다. 그러나 이제 도시를 가둘 수 있는 희망은 없었다.

니키아스는 자신의 나머지 연설에서 진정한 동기를 드러냈다. 그는 일단 아테네로 돌아가면, 병사들이 자기에게 등을 돌리고 실패에 대한 책임이 자신에게 있다고 민회를 설득할까봐 두려웠던 것이다. 그들은 "장군들이 뇌물을 받고 배신하여 철수했다"고 불평할 것이다. "뭐라고 해도 니키아스 자신은 아테네인의 성격을 알고 있었고, 아테네인에게 불명예스러운 죄목으로 부당하게 처형되기를 원치 않았다. 오히려 그는 필요하다면 기회를 잡고 스스로 적의 손에 죽음을 맞이하는 편을 원했다."(7.48.4)

데모스테네스와 에우리메돈은 잔류하자는 니키아스의 결정에 반대했지만, 병든 니키아스를 보조하기 위해서 임명된 2명의 장군인 메난드로스와 에우티데모스가 자신들의 존경받는 상급 지휘관을 지지하고 나서자 수에서 밀렸다. 데모스테네스와 에우리메돈은 타협안을 제시했다. 아테네 군을 설득해 최소한 늪지를 떠나 시라쿠사 밖의 더 건강에 좋고 안전한 장소인 타프소스 혹은 카타나로 후퇴하고, 그곳에서 시칠리아의 농촌을 공격하여 그것으로 먹고 살자는 것이었다. 일단 시라쿠사 항구에서 떨어지면, 그들은 넓은 바다에서 싸울 수가 있고 그러면 시라쿠사 군의 전술은 효과가 떨어지는 반면 자신들의 뛰어난 실력과 경험이 유리하게 작용할 것이었다. 그러나 니키아스는 두 장군의 지지를 등에 업고 이것 역시도 거부했다. 니키아스가 이 계획을 거부한 것은 아마 일단 군대가 배에 올라 시라쿠사 항구 밖으로 빠져나가면, 아테네 군을 시칠리아에 오랫동안 머물게 하는 것은 불가능할 것이라는 걱정 때문이었을 것이다.

한편, 길리포스는 시칠리아인으로 구성된 대규모 군대를 모집했고, 자기 병력에도 펠로폰네소스 중장 보병, 헤일로타이, 네오다모데이스 600명을 추가할 수 있었다. 이들은 폭풍 때문에 지연되었다가, 아테네 군에 대한 추가 공격 시간에 맞춰 시칠리아에 도착했던 것이다. 말라리아를 일으키는 늪지대의 질병들 때문에 계속 아테네 군의 수와 사기가 줄어들자, 니키아스조차 철수에 대한 반대를 누그러뜨렸다. 니키아스는 다만 철수에 대한 공개투표는 적에게 사전에 후퇴를 노출시킬 수 있으므로 하지 말자고 요청했다. 이렇게 해서 안전을 향한 길은 아직 열려 있었다. 이때 운명, 신, 또는 우연이 개입했다.

월식

기원전 413년 8월 27일 밤 9시 41분에서 10시 30분 사이에 개기월식이 발생했다. 미신을 믿는 아테네 군에 공포가 엄습해왔고, 병사들은 이 일을 즉각 항해에 나서는 것을 막는 신의 경고라고 생각했다. 니키아스는 점술가를 불렀다. 그는 아테네인이 출발하기 전에 "9일씩 3번을" 기다리라고 조언했다. 그러나 남을 쉽게 믿는 사람에게도 월식에 대한 이 해석은 유일하게 가능한 해석이 아니었다. 기원전 3세기에 살았던 역사가인 필로코로스는 그 자신이 점술가였는데 이와는 다른 해석을 했다. "그 징조는 항해에 나서려는 자들에게 불길하지 않다. 오히려 매우 길한 것이다. 공포에서 비롯된 행위에는 은폐가 필요하다. 반면에 빛은 그들에게

적인 것이다."(플루타르코스, 「니키아스」 23.5) 탈출을 원했던 지휘관이라면 쉽게 그러한 해석을 받아들이고 효과적으로 이용했을 것이다. 그러나 니키아스는 무작정 그 징조를 불길하게 받아들였고, 신들이 자신의 판단을 확증해주려고 개입했다고 굳게 믿었다. 니키아스는 "점술가가 추천한 대로 9일씩 3번을 기다리기 전에는 출항 문제에 대한 더 이상의 논의를 거부했다."(7.50.4)

탈영병들에 의해서 잔류에 대한 논쟁과 결정에 대한 소식이 시라쿠사인의 귀에 들어갔다. 그들은 아테네 군이 귀환하려고 계획했지만, 월식에 의해서 지연되고 있다고 전했다. 시라쿠사인은 아테네 군의 탈출을 막기 위해서 시라쿠사 항에서 즉각 새로운 해상 전투를 강요하기로 결정했다. 아테네인이 인내하며 점술가의 말을 따르고 있는 동안에, 시라쿠사 군은 선원들에게 해상 전술을 훈련시켰다. 그러나 첫 공격은 육상에서였다. 한 돌격부대가 아테네의 중장 보병과 기병을 문 밖으로 꼬여내어 분쇄하고 후퇴시켰다. 주 공격은 다음 날에 이루어졌다. 육군이 아테네 군의 포위벽을 공격하는 동안, 시라쿠사 해군은 76척의 삼단노선을 아테네 군 기지로 보냈고, 아테네 군은 86척의 배로 그들을 맞이했다.

아테네 군이 수적으로 우세했기 때문에 우익에 있던 에우리메돈의 배들은 시라쿠사 군의 좌익을 넘어설 수 있었고, 그래서 그는 포위 기동, 즉 페리플루스를 명령했다. 에우리메돈은 남쪽을 향해 출발해서 다스콘 앞쪽의 만으로 향해 갔다. 그러나 해안에 너무 가까워서 최고 속도를 내지는 못했던 것 같다. 에우리메돈이 적군 함열의 끝을 돌아가기 전에 시라쿠사 군이 아테네 군 중앙에 있던 메난드로스의 배들을 격파했다. 이때 코린토스 제독 피텐은 자기 앞에서 도망가는 아테네 군을 추격하지 않기로 하고 대신 남쪽으로 돌아 에우리메돈에 대한 공격에 합류했다. 시라쿠사 군은 아테네 군 우익을 뒤쪽 해안으로 몰아붙여서 7척의 배를 불태우고 에우리메돈을 죽였다. 이것이 전투의 전환점이었다. 아테네 전 함대는 패주하여 해안으로 몰렸고, 육지로 오르던 많은 병사들은 자신들이 방책 밖에 있으며 자신들의 방벽으로 보호되는 지역에서 멀리 떨어져 있음을 발견했다. 길리포스는 배를 해안으로 대거나 해안으로 헤엄쳐 도주하던 아테네 군을 살육했고, 바다에서는 시라쿠사 군이 버려진 삼단노선들을 끌고 갔다. 길리포스의 부대는 아테네 군 진지를 돌파하려고 하다가 아테네 군의 에트루리아 동맹군 부대와 마주쳐서 놀랐다. 이 에트루리아 부대는 아테네 군의 보조를 받아 대부분의 배들을 구할 수 있었다. 그렇다고 해도 18척의 삼단노선과 그 안의 모든 승무원들을 잃었다.

시라쿠사 군은 승전비를 세워 육상과 해상에서 거둔 자신들의 승리를 기록했다. 아테네 군 역시 방파제에서 길리포스를 물리친 것을 기록하기 위해서 승전비를 세웠다. 그러나 이것은 애처로운 몸짓이었다. 아테네 군은 강력한 증원군으로 규모가 더 커졌는데도 불구하고 해상과 육상에서 주요한 패배를 당했다. 투키디데스는 아테네 군이 두 가지 중요한 점에서 계산 착오를 했다고 믿는다. 아테네 군은 시라쿠사의 전함과 기병 모두의 힘을 과소평가했다. 그리고 아테네 군은 시라쿠사가 민주정이어서 그 단결력을 깨뜨리기가 더 어렵다는 사실을 무시했다. 아테네인이 당한 이 곤경에 대해서 막대한 규모의 원정군과 증원군을 결의한 민회를 비난하는 것은 불공평한 일로 보인다. 두 경우 모두에서 민회는 니키아스의 충고를 따랐기 때문이다. 두 번째 실수에 대해서도 역시 민회에 책임을 묻는 것은 잘못이다. 민회가 내부적 혁명이나 배신을 통해서 시라쿠사를 손에 넣으려고 했다는 증거는 없기 때문이다. 그것은 니키아스 혼자만의 생각이었다. 니키아스는 도시의 포위를 지연시켰고 승리의 가망성이 모두 사라진 지 오래일 때에도 배신을 통한 승리의 희망을 추구함으로써 아테네인에게 재앙을 안겨주었다. 그리고서야 마침내 아테네인은 승리가 불가능하다는 사실을 이해했다. "이전에도 그들은 무엇을 해야 할지 몰랐다. 그리고 자신들의 함대가 패배했다는 도저히 가능할 것 같지 않았던 일이 벌어지자, 그들은 이전보다 더욱더 어쩔 줄 몰라했다."(7.55.2) 이제 아테네 군이 바랄 수 있는 모든 것은 탈출이었다.

제25장
패배와 파멸 (기원전 413년)

항구에서 거둔 위대한 해전의 승리로 시라쿠사인은 활력을 되찾았고 이제 도시의 구원뿐만 아니라 아테네 원정군의 괴멸과 아테네가 지배하는 모든 그리스인의 자유를 확보하러 나섰다. 시라쿠사인은 이러한 위대한 업적을 이룬다면 자신들의 도시에 존경과 명예를 안겨줄 것이라고 믿었다. "세계의 모든 이들은 물론 그 이후 세대들도 그들을 경이로운 눈으로 바라볼 것이다."(7.56.2) 그래서 시라쿠사 군은 아테네 함대를 대항구에 가두는 일에 착수했다. 그들은 항구 입구에 삼단노선과 여러 배들을 걸쳐놓고, 그 배들을 널빤지로 연결하고 쇠사슬로 묶었다. 아테네 군이 아테네로 돌아가려면 배가 필요했고, 그들에게 유일하게 가능한 탈출로는 바다를 통하는 것이었으므로, 아테네 군은 비록 힘겨운 시도이기는 했으나 항구를 돌파하기로 결정했다.

마지막 해전

이제 생존 자체를 위해서 싸움을 준비하고 있는 아테네 군 병력은 경주하듯이 피라이오스에서 노를 저어 나왔던 자랑스럽고 날렵한 함대가 아니라 만신창이가 된 넝마의 모음이었다. 이들은 매우 시대에 뒤떨어져 보였다. 아테네를 바다의 여왕으로 만들어준 날쌘 충돌 전술이 아니라, 다수의 중장 보병, 투창병, 궁수를 태우고 다니면서 던지는 무기들과 육탄전에 근거를 둔 구닥다리 전투방식을 준비했다. 두꺼운 닻걸이로 정면충돌해 오는 적의 공격에 대응하기 위해서 그들은 "강철 손," 즉 갈고리로 공격해오는 적함을 붙잡아서, 일단 아테네 전함의 뱃머리로 들어온 이후에는 빠져나가지 못하게 하는 도구를 발명했다. 일단 적함을 그렇게 붙잡으면, 아테네 군의 수많은 보병들이 우세를 차지할 것이었고, 항구의 좁은 바다에서는 그보다 나은 전략이 있을 수 없었다. 그러나 이번에도 탈영병들이 적군에게 아테네 군의 수단을 경고했고, 시라쿠사 군은 배의 이물과 위쪽 부분을 가로지르는 장갑을 확장시켜서 갈고리로 잡을 수 없게 했다.

니키아스는 원래 육상 부대를 지휘했다. 그러나 그는 해안에서 전군을 향해 연설한 이후에 작은 배 한 척을 타고 아테네 함대를 다녔다. 니키아스는 삼단노선마다 들러서 선장의 이름을 불렀는데, 선장 자신의 이름, 그 아버지의 이름, 그의 부족 이름으로 불렀다. 조상과 가문에 대한 감정에 호소한 것이었다. 니키아스는 페리클레스가 했던 것처럼 그들에게 고국이 시민들에게 제공한 자유를 상기시켰다. 그러나 니키아스는 또 자신만의 방식으로 보다 덜 고양된 수준에서 연설하며 "사람들이 어느 때에나 거의 같은 언어로 말할 수 있는 것들, 즉 아내와 자식들과 조상의 신들에 대해서 말했다. 그러나 당장의 두려움 때문에 그들은 이런 것이 유용할 것이라고 생각했다."(7.69.1-3) 니키아스는 귀족 태생도 아니었고 지적 능력이나 페리클레스와 같은 정치적 기술도 없었다. 그러나 그의 단순하고 구식이고 일상적인 감동은 아테네 민주정에서 그 나름대로 강력한 호소력이 있었다.

이제 다른 아테네 장군들은 함대를 항구로 내보냈다. 항구의 입구를 목표로 하고, 그것을 통과하여 탈출할 수 있기를 희망했다. 시라쿠사인은 함대 일부로 입구를 지키게 하고 나머지는 그 주변에 분산시켰다. 때가 되면 모든 방향에서 동시에 아테네 함대를 공격할 수 있는 위치로 보낸 것이다. 시카노스와 아가타르코스가 양쪽 날개를 지휘했고 피텐은 중앙을 맡았다. 시라쿠사 보병들은 항구 거의 전체를 따라 해안에 줄지어 서 있었고, 아테네 보병들은 자신들이 지배하는 작은 부분만을 차지했다. 전투는 마치 육상 경기의 관람객들 앞에서 벌어지는 것 같았다. 시라쿠사 전사들의 가족들이 싸움을 볼 수 있는 모든 고지대를 차지하고 있었기 때문이었다.
　아테네 함대는 시라쿠사 군이 자신들의 배가 지나다니도록 방벽 가운데 만들어둔 작은 공간을 향해 나아갔다. 그리고 수적 우세 덕분에 돌파할 수 있었다. 아테네 군이 함열을 묶어둔 쇠사슬들을 끊기 시작했을 때, 시라쿠사 군의 나머지 함대들이 모든 방향에서 공격했고, 아테네 군을 측면과 배후에서 압박했다. 항구의 제한된 바다에서 거의 200척에 달하는 배들이 육박전을 벌였다. 충돌 전략이 불가능했기 때문이었다. 모든 것들이 아테네 군에게서 오랜 시간의 연습과 해전에서 쌓은 경험과 기술의 이점을 빼앗아가는 방향으로 작동했다. 아테네 군 병사들은 적을 향해 화살을 쏘고 창을 날렸지만, 그들은 원래 단단한 땅에서 싸웠던 것이지, 빠르게 움직이는 배 위에서 파도에 이리저리 움직였던 것이 아니었다. 그러니 정확성이 전혀 없었다. 반면에 시라쿠사 군은 전사한 코린토스 지휘관 아리스톤의 명령에 따라 적을 향해 돌을 던졌다. 돌은 이러한 전투 상황에서 더 조준하기 쉽고 효과적이었다. 많은 전투들에서 양편의 해병들은 적함에 올라타고 육박전을 벌였다. 공간이 제한되어 있어서 배들은 한쪽에서 공격하고 있는 중에도 다른 쪽에서 공격을 당했다. 병사들의 고함 소리가 너무 커서 노잡이들은 지휘관의 명령을 들을 수 없거나 노를 젓는 박자를 맞출 수 없었고, 이것 역시 아테네 군의 중요한 우위를 무효로 만들었다. 얼마가 지나자 키잡이들 자신들이 너무 흥분하여 동료들을 격려하는 고함을 질렀고, 이것도 그들의 박자 맞추는 소리를 방해했다.
　바다에서 벌어지는 이 전투의 드라마는 해안가의 서로 다른 유리한 위치에서 지켜보던 양편의 많은 수의 병사들은 물론 시라쿠사 시민들도 관람했다. 이들 모두는 전황이 유리해지거나 불리해짐에 따라 기뻐하거나 고통스러워했다. 이것은 감격적이거나 공포감이 넘치는 장관이었고, 그 결과는 모든 관람객들의 생명과 직결되었다. 마침내 시라쿠사 군이 아테네 군을 패주시켰다. 아테네 군은 공황 상태에서 해안으로 도망쳤고, 배들은 뒤에 버려둔 채 안전한 진지로 달려갔다. 규율과 사기는 붕괴되었고, 대부분은 오직 자기 목숨을 건질 생각만 했다. 전사자들을 매장하기 위한 휴전을 요구하지조차 않았는데, 이처럼 전사자 매장을 빼먹은 것은 놀라운 일이다. 그 무엇도 그들의 도주를 지연시킬 수 없었다. 그들은 오직 기적이 일어나야 자신들이 구원될 것이라고 믿었다.

이 끔찍한 상황에서 겨우 정신을 차리고 침착함을 되찾은 한 아테네인이 있었다. 데모스테네스는 아테네 군이 여전히 사용가능한 배를 60척이나 가지고 있는 반면에 적은 50척 이하인 것을 보았다. 그래서 병력을 집결하여 새벽녘에 다시 한 번 항구 돌파를 감행하자고 제안했다. 이 시도는 성공했을 수도 있었다. 시라쿠사 군으로서는 아테네 군이 다시 한 번 이런 시도를 하리라 기대하지 못했을 것이고, 전투 참가자 수가 줄어들어서 아테네 군에게 자신들의 전술적 우위를 활용할 여지를 남겨주었을 것이다. 또한 니키아스가 이 시도를 하기로 설득되었기 때문이다. 그러나 이것은 너무 늦었다. 장병들의 사기가 완전히 무너졌던 것이다. 병사들은 배에 다시 오르라는 장군들의 명령을 거부하고 대신 육상으로 탈출을 모색할 것을 요구했다.

마지막 퇴각

시라쿠사 군의 규율도 역시 붕괴되었다. 그러나 그 이유는 정반대였다. 그들은 승리와 구원의 기쁨에 도취되어 패배한 적군은 생각하지도 않고 술 마시며 들떴던 것이다. 그러나 전략적으로 사고하던 시라쿠사인이 한 명 있었다. 헤르모크라테스는 아테네 군이 여전히 위험한 존재임을 알았고, 만약 그들이 시칠리아의 다른 곳으로 탈출하는 데 성공한다면 재편성하고, 사기와 규율을 회복하고, 다시 돌아와 시라쿠사를 위협할 것임을 알아챘다. 헤르모크라테스는 기회가 있는 동안 아테네 군을 바로 그 자리, 바로 그 순간에 파멸시키고자 했다. 그래서 시라쿠사에서 나가는 도로와 통행로를 봉쇄할 것을 제안했다. 길리포스는 이에 동의했다. 그러나 길리포스 자신이나 다른 장군들은 현 상황에서 병사들이 명령에 따르지 않을 것으로 생각했다. 그래서 헤르모크라테스는 속임수를 썼다. 그는 해질 무렵에 아테네 진지로 기병들을 보냈다. 그들은 도시를 니키아스에 넘겨주려고 하는 시라쿠사인들인 척하면서, 멀리 서서 선별된 아테네인들의 이름을 부르고, 그들에게 시라쿠사 군이 도로를 방어하고 있으므로 그날 밤 이동하는 것은 안전하지 않을 것임을 니키아스에게 전해달라고 요청했다. 어둠 속에 적 영토를 이동하는 것에 대한 아테네 군 자신들의 두려움도 아마 마찬가지 결과를 낳았을 것이다. 그들은 진군을 연기했다. 아테네 군은 다음 날에도 우물쭈물했다. 길을 나서기 전에 물자와 장비들을 챙기느라 시간을 보냈고, 그동안에 적은 탈출로를 봉쇄하기에 충분한 시간을 가질 수 있었다.

약 4만 명의 사람들이 길을 나섰다. 그들 중 반은 병사들이었고 나머지는 비전투 요원들이었다. "그들은 꼭 도시 같아 보였다. 그것도 상당한 규모의 도시가 포위공격을 받은 끝에 몰래 도망치는 것 같았다."(7.75.5) 사람들은 전사자를 매장하지 않은 불경한 죄 때문에, 또 그들이 출발할 때 친구와 친척들에게 매달리며 가련하게 울부짖던 병자와 부상병들을 버려두고 온 것 때문에 수치심에 몸을 떨어야 했다. "그 결과 군대는 너무나 슬픔과 혼란에 빠져들어서 쉽게 출발할 수가 없었다. 그곳이 적국이었고, 또 이미 눈물이 마를 정도의 고난을 겪었음에도 말이다. 그리고 아직 모르는 미래의 고난들이 두려웠다."(7.75)

니키아스는 지치고 병들어 심한 고통 속에서 병사들에게 기백을 높이고 걱정을 가라앉히라고 말했다. 니키아스는 그들에게 패배와 불행에 대해서 자책하지 말라고 말하고, 그들의 운이 곧 다시 뒤바뀔 것이라는 희망을 가지라고 말했다. 니키아스는 그들에게 자신들이 여전히 강력한 군대임을 상기시켰다. "여러분은 아셔야 합니다. 여러분이 어디에 정착하든지, 여러분은 즉각 하나의 도시입니다. 시칠리아에는 여러분의 공격을 쉽게 견딜 도시도 없고, 여러분이 정착한다면 여러분을 몰아낼 수 있는 도시도 없습니다."(7.77.4) 그러므로 기운을 차리고 규율을 유지하며 질서 정연하게 신속하게 이동한다면 구원의 가능성은 남아 있었다. "병사들이여 전체적인 진실을 아십시오." 니키아스는 말했다. "용맹한 자가 되어야 합니다. 여러분이 겁쟁이가 된다면 안전하게 탈출 할 수 있는 곳은 이 근처에 없습니다. 그리고 지금 만약 적들에게서 벗어날 수 있다면 언젠가 여러분 모두는 가장 간절히 원하는 것을 다시 볼 수 있을 것입니다. 여러분 중 아테네인들은 여러분의 도시의 위대한 힘을, 지금은 아무리 무너졌다고 해도, 다시 일으킬 것입니다. 도시를 이루는 것은 성벽이나 사람 없는 배가 아니라 사람이기 때문입니다."(7.77.7)

처음 목적지는 카타나였다. 이곳은 아테네에 충성하는 도시로서, 따뜻하게 맞아주고 물자를 공급할 것이며, 이후의 작전기지로 쓰일 수 있었다. 에피폴라이 주변을 지나는 평범한 경로는 퇴각군을 시라쿠사 기병의 공격에 노출시킬 수 있었다. 그래서 아나포스 강의 경로를 따라 서쪽으로 진군하여 고지 어디에선가 우호적인 시켈인을 만나고, 에피폴라이 서쪽, 그리고 시라쿠사 군과 거리가 먼 어느 적절한 장소에서 북쪽으로 틀어서 카타나를 향해 나아가는 것이 계획이었다. 니키아스와 데모스테네스는 각각 민간인들을 둘러싼 정방형 부대를 이끌었다. 시라쿠사에서 약 6킬로미터 떨어진 곳, 아나포스 강을 따라 있는 한 지점에서 아테네 군은 시라쿠사 군과 그 동맹군 병력과 싸워 길을 냈다. 그러나 시라쿠사 기병과 경장 보병부대가 함께 있어서 계속된 공격과 쏟아지는 화살, 창, 돌들이 아테네 군을 괴롭혔다. 다음 날 아침, 아테네 군은 서북쪽으로 약 3킬로미터를 더 가서 식량과 식수를 구하려고 했고, 그 일에 하루 종일을 다 보냈다.

더 이상의 전진을 막았던 것은 오늘날 몬테 클리미타라고 불리는, 시라쿠사 서북방 13킬로미터에 있는 깎아지른 절벽이 있는 넓은 고원이었다. 아테네 군은 오늘날 카바 카스텔루치오라고 불리는 큰 계곡을 통과하여 안전하게 카타나로 들어갈 수 있기를 희망했다. 그러나 여기에서도 아테네 군은 시간을 끌다가 일을 망쳤다. 시라쿠사 군이 당시에 아크라이아의 너른 바위라고 불리던 것의 동쪽으로 계곡을 가로질러 벽을 건설하기에 충분한 시간을 주었기 때문이다. 다음 날 아침 아테네 군이 출발했을 때 시라쿠사 군과 동맹군들은 기병과 투창병으로 공격하여 아테네 군을 되돌려보냈다. 다음 날 아침, 아테네 군은 확고한 자리를 잡고 몸을 숨긴 적에 대항하면서 몬테 클레미티로 올라가 시라쿠사 군이 쌓은 벽까지 이르렀다. 거기에서 창과 화살이 계곡 양편의 위에서 비 오듯이 아테네 군 위로 쏟아졌고, 아테네 군은 다시 뒤로 물러서야 했다. 갑작스럽게 격렬한 폭풍우가 산길을 지나는 아테네 군을 덮쳤다. 이것은 매우 위험하고 두려운 사건이었으며, 많은 아테네인들은 이것을 신의 눈 밖에 난 징조라고 생각했다. 아테네 군은 적의 화살과 창에 시달렸고, 공포에 질렸고, 흠뻑 젖었고, 기진맥진했지만, 쉴 틈이 없었다. 길리포스가 이미 그들 뒤에 벽을 쌓고 있었기 때문이었다. 그 방벽이 그들을 고립시켜 그곳에서 괴멸당하게 할 수 있었기 때문에, 아테네 군은 급히 병력을 보내어 방벽의 완성을 막고, 전군을 시라쿠사 군과 멀리 떨어진 평지에 있는 진지로 되돌렸다.

아테네 군의 새 계획은 아나포스 강을 따라 서북쪽으로 진군하면서 몬테 클리미티를 오른편에 끼고 카타나로 향하는 것이었다. 5일째 되던 날 아테네 군은 오늘날 콘트라다 풀리가라고 불리는 평평한 지대에 도착했다. 그곳에서 시라쿠사 군의 기병과 투창병들이 다시 아테네 군의 전면, 옆면, 후면을 가로막고, 중장 보병과의 근접전을 피하면서 멀리서 화살과 창을 날렸다. 기병은 낙오병들을 고립시키고 쓰러뜨렸다. 아테네 군이 공격하면 시라쿠사 군은 퇴각했다. 아테네 군이 물러서면 시라쿠사 군이 돌격했다. 시라쿠사 군은 뒤쪽을 공격하는 데 주력했다. 나머지 부대에 공황 상태를 일으키려는 것이었다. 아테네 군은 용감하게 그리고 규율 있게 싸웠고, 약 0.8킬로미터 정도를 전진했으나 다시 진지로 돌아와 쉬어야 했다.

니키아스와 데모스테네스는 이제 바다를 향해 동남쪽으로 방향을 틀기로 했다. 바다로 흘러가는 여러 강들 중의 하나를 거슬러 상류의 수원지로 올라가서 그곳에서 시켈인과 합류하거나 아니면 더 멀리 도는 경로를 이용해 카타나로 향하기로 했다. 시라쿠사 군 몰래 지나가기 위해서 아테네 군은 가능한 많은 모닥불을 피워 미끼로 삼고, 어둠을 틈타 해안을 향해 뒤로 물러나 카시빌레라는 작은 마을로 갔다. 니키아스가 최전방 부대를 이끌고 무서운 외국의 어두움 속을 나아갔고 데모스테네스가 나머지 군대를 이끌고 뒤따랐다. 동틀 즈음에 그들은 해변 근처에서 만나서 카키파리스 강(오늘날의 카시빌레 강)을 향해 갔다. 강둑을 따라 내륙으로 이동해 시켈인 친구들을 만나려는 계획이었다. 이번에도 시라쿠사 군이 중간에 막아섰다. 그러나 아테네 군은 싸워서 길을 내며 강을 건넜고, 남쪽으로 진군하여 자신들의 경로에 있는 두 번째 강인 에리네오스 강으로 향했다.

아테네 군의 운명

니키아스는 데모스테네스보다 약 10킬로미터 정도 앞서서, 강 바로 건너편에 진지를 구축했다. 시라쿠사 군은 계속 데모스테네스 군을 괴롭혀서 후퇴의 속도를 늦추었다. 그리고 몬테 클리미티의 진지에 있던 시라쿠사 주력은 기병과 경장 보병들을 데리고 아테네 군의 후퇴 제 6일째 정오에 그 강력한 모습을 드러냈다. 그들은 카키파리스 강 남쪽으로 1.6킬로미터도 채 떨어지지 않은 곳에서 아테네 군을 차단했다. 그들은 아테네 군을 올리브 숲에서 매복하여 공격했다. 그 숲은 벽으로 둘러싸여 있었고, 벽의 양편에는 도로가 있었다. 시라쿠사 군은 그곳에서 아테네 군을 향해 모든 방향에서 창과 화살을 날릴 수 있었다. 아테네 군은 오후 내내 엄청난 손실을 입었고, 길리포스와 시라쿠사 군은 드디어 도망가고자 하는 아테네 동맹군들에게 자유를 제공함으로써 그들을 분열시키려고 했다. 항복한 동맹군 부대는 소수에 불과했다. 그러나 절망적인 상황이 되자 데모스테네스는 마침내 다음 조건들로 항복했다. 만약 아테네 군이 무기를 내려놓는다면, "아무도 죽지 않을 것이다. 폭력에 의해서든, 투옥이나 아니면 살아가기 위한 필수품들을 박탈당함으로써든"(7.82.2) 시라쿠사 군은 6,000명을 포로로 잡았다. 처음 후퇴를 시작했던 2만 명의 병사들이 1주일도 못되어 이 정도만 남은 것이다. 시라쿠사 군은 방패 4개에 전리품을 채워 갔다. 데모스테네스는 자기 칼로 죽으려고 했으나 그를 포로로 잡은 자들이 그의 자살을 막았다.

 다음 날 시라쿠사 군은 니키아스를 따라잡았고, 데모스테네스의 체포 소식을 전하며 그 역시 항복할 것을 요구했다. 니키아스는 시라쿠사 군에게 제안을 했다. 자신의 군대를 보내준다면, 아테네가 이 전쟁의 모든 비용을 지불하며, 그 담보로 병사 한 사람당 1탈란트로 쳐서 인질들을 남겨놓겠다고 했다. 시라쿠사 군은 이것을 거부했다. 그들은 자신들이 증오하던 적을 쓸어버릴 수 있는 완전한 승리의 기회를 눈앞에 두고 있었고, 아무리 돈을 준다고 해도 이를 두고 거래하려고 하지 않았다. 시라쿠사 군은 니키아스의 부대를 포위하고, 데모스테네스의 군대를 몰아넣었던 것과 같이 화살과 창으로 그들을 유린했다. 아테네 군은 다시 밤중에 탈출을 시도했으나 이번에는 시라쿠사 군도 준비를 하고 있었다. 그럼에도 300명의 병사들이 이 시도를 감행했고 시라쿠사 군의 방어를 뚫고 나갔다. 그러나 나머지는 시도 자체를 포기했다.

8일째에 니키아스는 포위군을 뚫고 남쪽으로 약 5킬로미터 떨어진 곳에 있는 다음 강, 즉 아시나로스 강으로 전진하려고 노력했다. 아테네 군에게는 더 이상 계획이라는 것이 없었다. 오직 탈출하고자 하는 맹목적인 갈망과 타는 듯한 목마름뿐이었다. 화살과 창, 기병의 공격, 중장 보병의 공격으로 살육당하면서 아테네 군은 아시나로스 강에 도착했다. 모든 병사들이 서로 먼저 강을 건너려고 하는 탓에 모든 질서는 붕괴되었다. 군대는 좁은 길에 들어찬 군중이 되었고, 그래서 적군은 이들이 강을 건너는 것을 더 쉽게 막을 수 있었다. "그들은 떼를 지어 앞으로 나아가야 했기 때문에 넘어진 사람 위에 넘어지고, 또 그들을 밟고 지나갔다. 어떤 이들은 바로 자기 창에 찔려 즉시 죽음을 당했고 또 어떤 이들은 자기 장비에 꼬이고 서로 간에 얽혀서 강에 쓸려 떠내려갔다. 시라쿠사 군은 가파른 반대편 강둑에 서 있으면서 아래의 아테네 군에게 화살과 창을 날렸다. 이 아테네 군은 대부분 게걸스레 물을 마시며 강의 움푹 꺼진 곳에 무질서하게 모여 있었다. 펠로폰네소스인은 또 내려와서 특히 강에 있는 자들을 살육했다. 그리고 강물은 곧 엉망이 되었다. 그러나 아테네 군은 강물이 진흙탕이고 또 피로 가득했어도 계속 마셨고, 대부분은 그 위에서 싸웠다."(7.84)

위대한 아테네 군에서 이제 남은 것이라고는 아시나로스 강의 패잔병들뿐이었다. 작전 내내 아테네 군을 그토록 괴롭혔던 시라쿠사 기병은 겨우 강을 건넌 소수의 사람들마저 죽였다. 니키아스는 항복했다. 그러나 길리포스에게 했다. "시라쿠사인보다는 차라리 그를 신뢰했기 때문이었다."(7.85.1) 이제야 비로소 스파르타 지휘관은 살육 중지를 명령했다. 니키아스의 부대 중에서 오직 1,000여 명만이 아직 살아 있었다. 몇몇은 아시나로스 강에서 탈출했고, 또 포로가 된 이후에 탈출한 사람들도 얼마간 있었는데, 이들은 모두 카타나로 도망갔다.

승리를 거둔 시라쿠사 군은 포로와 전리품을 챙겼고, 죽은 적군에게서 무장을 벗겨 강에 있는 가장 튼튼하고 큰 나무들에 매달았다. 그들은 스스로 승리의 화관을 만들어 쓰고 말들을 장식했다. 시라쿠사에 돌아와서는 민회를 열어 아테네 군과 제국 동맹군의 시종들은 노예로 삼기로 하고, 아테네 시민들과 시칠리아 그리스 동맹군들은 안전하게 채석장에 수용했다. 니키아스와 데모스테네스를 처형하자는 제안에는 논란이 많았다. 헤르모크라테스는 고상한 관용을 근거로 이에 반대했다. 그러나 민회는 고함쳐서 그를 내려가게 했다. 길리포스는 더 실용적인 주장을 했다. 그는 아테네 장군들을 스파르타 본국으로 데려가는 영광을 원했다. 데모스테네스는 필로스와 스팍테리아에서의 승리 때문에 가장 이를 갈던 적이었고, 니키아스는 친구라고 할 수 있었다. 그는 스파르타 군 포로들을 석방시키기 위해서 노력했고 또 스파르타와 평화조약을 맺고 이후에 동맹을 맺었던 자였던 것이다. 그러나 시라쿠사인은 이 요청을 거부했다. 코린토스인 역시 거부했다. 그래서 민회는 이 두 아테네 장군을 모두 처형하기로 결의했다.

니키아스에 대한 판단

투키디데스는 니키아스에게 유별난 찬사를 보냈다. "이런 이유로, 혹은 이와 거의 같은 이유로 그는 죽임을 당했다. 최소한 나의 시대의 모든 그리스인들 중에서 그는 그러한 극단적인 불행에 가장 어울리지 않는 사람이었다. 그는 자신의 모든 삶을 덕에 따라 살았기 때문이다."(7.86.5) 아테네의 시민들은 이와는 다른 견해를 가지고 있었다. 고대 연구가였던 파우사니아스는 아테네의 공공 묘지에서 한 비문을 보았다. 거기에는 시칠리아에서 전사한 장군들의 이름이 기록되어 있었는데, 니키아스의 이름만 빠져 있었다. 파우사니아스는 니키아스의 이름이 빠진 이유를 시칠리아 역사가 필리스토스에게서 배웠다. "데모스테네스는 자신의 남은 병사들을 위해서 휴전을 맺었고, 거기에 자신은 제외시켜 자살하려다가 잡혔다. 그러나 니키아스는 자발적으로 자신을 위해서 항복했다. 이런 이유로 니키아스의 이름은 그 비석에 기록되지 않았다. 그는 자발적인 포로이자 무가치한 병사라는 비난을 받았다."(1.29.11-12)

시라쿠사인은 이제 채석장에 7,000명의 포로를 보유했다. 그들은 비인간적인 조건 속에 좁은 공간에 모여 있었고, 낮에는 태양에 익고 밤에는 가을의 추위에 떨어야 했다. 그들에게는 매일 물 2분의 1파인트와 식량 1파인트 정도가 주어졌다. 이것은 스파르타인이 스팍테리아의 포로들에게 보내도록 허가받았던 양보다도 훨씬 적은 것이었고, 아테네인들은 굶주림과 갈증으로 끔찍한 고생을 겪었다. 부상과 질병으로, 그리고 치료를 받지 못해서 죽어갔고, 시체 위에 시체가 쌓여서 참을 수 없는 악취를 만들었다. 70일 후 생존자들 중 아테네인과 시칠리아 및 이탈리아의 그리스인을 제외하고는 모두 노예로 팔려갔다. 플루타르코스는 에우리피데스의 시구들을 낭송할 줄 아는 노예들이 자유를 얻은 이야기를 전한다. 시칠리아인은 에우리피데스의 열광적인 팬들이었던 것이다. 그러나 시도 그 무엇도 채석장에 남겨진 사람들을 도울 수 없었다. 그들은 8개월 동안 감금되었다. 아마 그 이상이었더라면 누구도 살아남을 수 없었을 것이다.

투키디데스는 시칠리아 원정에 대해서 "전쟁 동안 벌어진 것 중 가장 거대한 행동이었고, 최소한 내가 보기에는 그리스인들 사이에서 벌어진 우리가 알고 있는 모든 사건들 중에서 가장 큰 것이었다. 승리자들에게는 가장 영광스러운 사건이었고, 패배자들에게는 가장 끔찍한 재난이었다. 패배자들은 모든 면에서, 그리고 완벽하게 당했던 것이다. 그들이 당한 일은 모든 면에서 가장 심했다. 그들은 말하자면 완전한 패배 —— 군대, 배, 그리고 모든 것이 파괴되었다 —— 를 당했고, 수많은 이들 중 소수만이 돌아왔던 것이다."(7.87.5-6) 대부분의 그리스인들이 보기에 전쟁은 이제 거의 끝난것 같았다.

이 끔찍한 재난에 대한 궁극적인 책임은 누구에게 있었을까? 알키비아데스는 시칠리아 원정의 주창자였다. 그러나 니키아스는 더 핵심적인 역할을 했다. 투키디데스는 이 원정을 안내자 없고 잘못 인도된 민주정의 실수라고 생각했다. 투키디데스는 니키아스를 비난하지 않고 오히려 가장 높이 칭송했다. 그러나 그의 이야기 서술은 사건에 대한 그 자신의 해석과는 매우 다른 인상을 준다. 결국 위험부담이 적었던 적당한 규모의 과업이, 시칠리아 정복을 가능하고 안전한 일로 보이게 만든 거대한 작전으로 바뀐 것은 니키아스의 수사학적 속임수가 실패한 결과였다. 니키아스는 또 작전에 필요한 것들의 목록에서 기병을 빠뜨리는 중요한 기술적 실수도 저질렀다.

니키아스는 일단 시칠리아에서 지휘권을 획득하게 되자 여러 가지의 작위적, 부작위적 실수들을 저질러서 원정을 망쳤다. 그는 다른 과업을 시작하기 전에 포위벽 한 겹을 먼저 완성했어야 했는데, 그것을 지연시킴으로써 시라쿠사를 완전히 포위하는 데 실패했다. 그는 시라쿠사에서 자신과 의견을 달리 하는 사람들과 논의하느라 시간을 더 낭비했다. 길리포스가 시칠리아에 도착하는 것을 막을 수 있는 함대를 파견하지 않았다. 공길로스와 코린토스 함대가 해상으로 시라쿠사에 도착하는 것을 막을 수 있는 견고한 봉쇄선을 구축하지 않았다. 기습공격을 막을 수 있게 에피폴라이에 요새를 짓고 수비했어야 하는데 그러지 않았다. 이러한 행위들로 니키아스는 적의 부활을 허용했고, 적군은 이에 응답해 아테네 군의 지배를 물리쳤다. 니키아스는 그러자 아테네 해군, 물자 저장소, 금고를 플레미리온이라는 취약한 위치로 옮겼고, 그곳에서 함대의 사기와 질은 형편없이 떨어졌다. 그리고 길리포스가 아테네 군을 그곳에서 몰아내고 돈과 물자를 차지했다.

니키아스는 기원전 414년 여름 이후에 이미 가망이 없어진 작전을 포기하지 않고, 자신의 명성과 안전을 걱정하여 철수를 거부했다. 오히려 니키아스는 아테네인에게 철수냐 아니면 대규모 증원군을 보낼 것이냐 사이에서 선택하라고 요구했고, 자신은 지휘관에서 물러나게 해달라고 요구했다. 현재의 위험한 상황과 자신의 무능력에 대해서 직설적으로 솔직하게 설명했더라면 철수를 이끌어내고 따라서 엄청난 재난을 피할 수 있었을 것이다. 에피폴라이에서의 참혹한 패배 이후에도, 니키아스는 원정군을 귀환시키기를 거부했다. 자신의 명성을 지키고 처벌을 면하기 위해서 그는 월식을 마지막 기회로 이용했다. 그럼으로써 불가피했던 후퇴 결정을 지연시켰고, 아테네 군이 탈출할 수 있는 마지막 기회를 흘려보냈다.

제6부

제국과 아테네에서의 혁명

　기원전 413년에는 시칠리아 원정 직후 아테네가 붕괴할 것이라는 전망이 그리스인들 사이에서 팽배했지만, 이것은 시기상조였음이 드러났다. 그러한 기대에 이유가 없었던 것은 아니었다. 다음 몇 년 동안 아테네인은 제국에서의 반란들과 국내에서의 동란들에 직면해야 했고, 그것들은 아테네를 거의 무너뜨릴 뻔했다. 아테네는 놀라운 결단력과 노력으로 겨우 계속 싸워나갈 수 있었다.
　이후의 전쟁은 페르시아 제국의 강한 영향을 받았다. 아테네 제국과 전쟁 수행 노력이 예상과는 달리 붕괴하지 않자, 스파르타와 그 동맹국들에게는 함대를 건조하여 해상에서 아테네를 패배시키지 않는 이상 승리가 불가능함이 명백해졌다. 이 일은 페르시아인의 도움을 얻어야 가능했다. 페르시아인만이 이것에 필요한 재정적, 군사적 도움을 제공할 수 있었다. 비록 스파르타인과 페르시아인에게는 아테네의 힘을 파괴하고자 하는 공동의 욕구가 있었지만, 페르시아인의 목표는 스파르타인의 목표 및 야망과 충돌을 일으켰다. 아테네인 역시 산산이 부수어진 자신들의 함대를 재건하기 위해서 돈이 필요했고, 무엇보다도 페르시아인이 적군을 돕지 못하게 막아야 했다. 그러므로 시칠리아 전쟁이 끝난 이후, 관심은 동쪽으로 이동하여 페르시아의 대왕과 그의 서부 속주 총독들에게 집중되었다.

제26장

재난, 그 이후 (기원전 413-412년)

시칠리아 재난의 소식은 아마 기원전 413년 9월 말쯤에 아테네에 도달했을 것이다. 피라이오스에서 한 외국인이 이 이야기를 이발사에게 말해주었고, 이발사는 이 소식을 아테네로 가져갔지만 아무도 그를 믿으려고 하지 않았다. 한동안 사람들은 시칠리아에서 탈출한 병사들의 설명을 듣고서도 그 재난의 규모를 의심했다. 결국 진실을 받아들인 후, 분노와 공포에 휩싸인 아테네인들은 "마치 자신들은 원정 표결에 참여하지 않았던 것처럼"(8.1.1) 시칠리아 원정에 책임이 있다고 생각되는 정치가들에게, 그리고 성공을 예언했던 점술가들에게 분노를 쏟아부었다.

그들은 죽은 동료들을 애도했고, 자신들의 손실과 적의 이득을 계산해 본 뒤에는 자기 자신의 안전에 대해서 절망적인 공포를 느꼈다. 제국에서 대규모 반란이 일어날 것으로 예상되었고, 이와 함께 펠로폰네소스 군이 아테네를 공격할 것 같았다. 그리고 자신들의 도시가 그러한 위험에 직면하기에는 얼마나 방비가 허술한지를 알고 있었다. 무엇보다도 싸울 병사가 절망적일 정도로 부족했다. 역병이 주민의 3분의 1을 죽이고 또 많은 이들을 움직이지 못하게 했을 뿐 아니라, 시칠리아 원정으로 최소한 중장보병 3,000명과 테테스 9,000명, 그리고 수천 명의 거류외인을 잃었다. 기원전 413년에 아테네인은 모든 연령대의 병사들을 긁어모아 고작 중장보병 9,000명, 테테스 1만1,000명 정도, 그리고 거류외인 3,000명을 보유하고 있었을 것이며, 이것은 전쟁이 시작되었을 때 가용했던 수의 절반에도 미치지 못했다. 아테네인은 또 216척의 삼단노선을 잃었는데, 그중

160척은 아테네인의 것이었다. 이제 겨우 100척만이 남았고 그나마 모두 항해가 가능한 것은 아니었다.

복구와 재건을 위한 돈도 공급이 달렸다. 기원전 413년에 사용 가능했던 거의 5,000탈란트의 돈 중에서 이제 국고에 남은 것은 500탈란트였다. 데켈레아의 스파르타 병력 때문에 2만 명 이상의 노예들이 도망쳤고, 항구적인 스파르타 군의 위험 때문에 아테네인은 마음놓고 경작을 할 수도 없었고, 보이오티아의 습격자들은 아테네인의 집들을 약탈하고 농장의 가축들을 빼앗아갔다. 많은 이들이 시골에서 도시로 이주해야만 했고, 도시에서는 모든 상품의 가격이 올랐다. 더 많은 수입품이 필요했고, 더 많은 비용으로 더 멀리서 가져와야 했다. 구제(救濟) 문제도 국고를 더욱 압박했다. 전쟁으로 인한 가난한 과부와 고아들은 국가가 부양해야 했기 때문이다.

손해를 입은 아테네인 개개인은 국가를 위해서 배를 제공할 능력도 떨어졌다. 과거에는 부자들이 자기가 공적 의무를 수행해야 할 차례가 되면 독자적으로 전함을 준비할 수 있었다. 그러나 그들은 이제 신트리에르아르키아(syntrierarchia)를 도입해야 했다. 이것은 두 사람이 전함 한 척의 비용을 분담하는 제도였다. 아테네의 부자들은 또 이 긴급 상황에서도 많은 금액의 직접세를 부담할 수 있는 능력이 없었다.

프로불로이

시칠리아 원정으로 아테네는 가장 경험 많은 장군들 역시 잃었다. 데모스테네스, 라마코스, 니키아스, 에우리메돈이 죽었고, 알키비아데스는 망명을 떠났으며, 기원전 413/412년의 남은 장군 중 알려진 4명은 이전에 지휘를 맡은 경험이 없었다. 정치 지도자들 중에서는 니키아스와 알키비아데스만 잃은 것이 아니라 히페르볼로스 역시 추방된 상태였다. 이 공백을 메우기 위해서 아테네인은 "연장자들로 구성된 위원단을 선출하여 프로불로이(probouloi)로서 봉사하게 하기로" 결정했다. 이들은 "상황의 요구에 따라 현재의 문제들과 관련하여 입법을 제안하고 조언하는"(8.1.3) 역할을 할 것이었다. 아테네인은 각 부족에서 40세 이상의 남자로 1명씩 10

명의 프로불로이를 선택했다. 이들에게는 아마 민회로 법안을 제안할 권리가 주어졌을 것이며 그럼으로써 이 중요한 기능에서 이전의 협의회를 대체했다. 그들의 공식적 권한이 무엇이었든지 간에, 그들은 연장자였으며, 임기 제한 없이 선출되었고, 맡은 임무도 모호하고 일반적이었던 까닭에 유례없는 영향력과 권위를 지니게 되었다.

프로불로이 2명의 이름은 알려져 있다. 하그논과 위대한 비극 시인 소포클레스였다. 하그논은 기원전 440년의 사모스 작전 때 페리클레스와 더불어 장군이었다. 그러므로 기원전 413년에는 아마 60세가 넘었을 것이다. 하그논은 페리클레스의 옹호자였고 대단한 명성을 가진 공적 인물이었다. 소포클레스는 프로불로이로 선출되었을 때 80세가 훨씬 넘었을 것이다. 그 역시 장군을 역임했고, 아테네 동맹의 재무관이라는 높은 지위에도 선출되었다. 그러나 그의 가장 빛나는 경력은 반세기 이상 비극 경연대회에서 차지한 우승이었고, 이것은 그를 그리스에서 가장 유명하고 존경받는 인물의 한 사람으로 만들었다. 소포클레스는 하그논과 마찬가지로 페리클레스의 동료로 함께 일했다. 두 사람은 모두 부유하고 경험이 많고 존경받던 인물이었고, 기원전 413년의 상황에서 보수적이었다. 그러나 페리클레스와의 협력에서 알 수 있듯이 그들은 과두주의자도 아니었고 민주정의 적도 아니었다.

투키디데스는 페리클레스 이후의 민주정에 대해서 조소를 금치 못했다. "이 끔찍한 상황에서, 데모스는 늘 그러하듯이 모든 일을 규율이 확실히 잡힌 상태에서 수행했다."(8.1.4) 아테네 민회는 실제로 페리클레스의 절제와 신중함에 따라 행동했다. 그들은 존경받고 신뢰받으며 페리클레스를 따르는 중도파의 위원회에 특별한 권한을 줌으로써 스스로를 제한했다. 이들은 첫 번째 행위로서 "그들은 상황이 허락하는 한 포기하지 않고 함대를 준비하기로 결정했다. 가능한 모든 곳에서 목재와 자금을 마련하기로 했고, 동맹국들, 특히 에우보이아의 안전을 보살피며 공적 지출을 줄이기로 결정했다."(8.1.3)

아테네인은 새로운 배를 건조할 뿐만 아니라 아티카 남단의 수니온에 요새를 지어 근처를 항해하는 곡물 수송선을 보호했다. 비용만 들고 비효율적이었던 라코니아의 요새는 포기했다. "어떤 지출이든지 불필요하다고 판단되면 경제를 위해서 지출을 삭감했다."(8.4) 그들은 동맹국들을 면밀히 감시했고, "그래서 반란을 일으키지 못하게 했다."(8.4) 그리고 평가를 근거로 동맹 도시 각각에 부과되었던 공납 징세를, 해상을 통한 모든 수출입 상품에 대해서 단일하게 5퍼센트 관세로 대체했다. 이 조처는 반란이 일어나기 직전의 제국에서 얻을 수 있는 얼마 되지 않는 세입을 늘리기 위한 조치였다. 이 새로운 과세는 부담을 토지소유자에서 상인에게로 옮겼다. 상인들은 제국에서 이익을 보고 있었고, 따라서 더 기꺼이 세금을 지불할 것이며 아테네에 호의를 품고 있었을 것이다. 그럼에도 불구하고 "아테네의 속국들은 힘이 부치더라도 아테네에 대항해서 반란을 일으킬 준비가 되어 있었고"(8.2.2) 1년 안에 에우보이아, 레스보스, 로도스, 밀레토스, 에페소스와 같은 주요한 지역들이 반란을 일으켰다. 그러나 그들은 스파르타와 그 동맹의 도움이 없다면 자유를 쟁취할 수 없었다.

스파르타의 야망

시칠리아에서 아테네의 패배는 스파르타인에게 새로운 확신을 주었고, 여러 가지 더 야심찬 전쟁 목표를 가지게 했다. 처음 전쟁을 시작할 때에 그들은 "그리스인을 자유롭게 하기 위해서"라고 주장했다. 그러나 이제는 아테네와 싸워서 승리한 후에 "그들 자신이 안전하게 모든 그리스에 대한 헤게모니를 장악할 수 있을 것"(8.2.4)이라고 믿었다. 더 많은 스파르타인들이 "그들이 큰 부를 누리고, 스파르타가 더 거대하고 강력해지며, 시민 개개인의 가문은 크게 번영하게 될 것"(디오도로스 11.50)을 희망하게 되었다.

군사적 성공뿐 아니라 스파르타 사회의 변화도 이러한 특이한 분파의 성장에 기여했다. 스파르타 완전시민의 수는 감소하고 있었다. 기원전 479년에는 중장 보병 5,000명이 플라타이아에서 싸웠지만, 기원전 371년에 레욱트라에는 약 1,000명뿐이었다. 기원전 418년에 만티네아에는 3,500명 이하가 참여했다. 가장 원기 왕성한 시기에 부부를 강제로 격리시키는 스파르타의 관행과 동성연애는 계속해서 자손의 수를 제한했고, 스파르타인 자신들도 유산을 최대화하기 위해서 고의로 자녀를 적게 낳았다. 그들은 또 가능한 한 많은 사유지와 다른 재산을 획득하려고 노력함으로써 공유재산의 증가를 불가능하게 했다.

게다가 스파르타 완전시민의 수가 줄어들면서 라코니아에는 스파르타 완전시민이 아닌 자유민의 비중이 커졌다. 기원전 421년에는 이 지역에 네오다모데이스가 1,000명 있었다. 이들은 원래 헤일로타이였는데 스파르타 군에 종군하여 그 대가로 자유와 한 조각의 토지를 얻은 자들이었다. 기원전 396년에는 이들이 최소한 2,000명에 달했다. 그들과 그들의 후손들이 스파르타 완전시민의 신분이 되기를 원했을 것은 분명하다. 이 신분에는 일정한 시민권이 포함되어 있었기 때문이다. 이와 같은 집단으로 히포메이오네스(hypomeiones)가 있었다. 이들은 "열등자"라는 의미로서, 주로 스파르타 완전시민 계급에서 태어난 사람들이었고, 따라서 스파르타 시민권을 획득할 자격은 있었지만 가난 때문에 공동식사에 참여하지 못하는 사람들이었다. 결과적으로 그들은 시민권, 존경, 그리고 명예를 박탈당했다.

스파르타 완전시민단 밖에 있는 또다른 자유민으로는 모타케스라고 불리던 자들이 있었다. 이들 중 일부는 스파르타 완전시민 남성과 헤일로타이 여성 사이에서 태어난 불법적인 아들들이었던 것 같다. 그러나 나머지는 양친이 모두 스파르타인이었으나 가난해서 공동식사에 참여하지 못한 자들이었던 것 같다. 그러나 그들은 부유한 스파르타인이 후원자가 되어 그들의 몫을 기증해주면 스파르타 교육을 받을 수도 있었고, 공동식사에 참여할 수도 있었다. 이 신분의 사람들 중 3명 — 길리포스, 칼리크라티다스, 리산드로스 — 은 전쟁 동안에 군 고위 지휘관에까지 이르렀다. 이 열등한 출신의 개인들이 그렇게 명예롭고 높은 지위를 얻을 수 있었다는 사실은 다른 이들도 공동식사에 참여하고 완전시민권을 얻을 수 있을 만큼의 부를 획득할 수만 있다면 같은 일을 꿈꿀 수 있었음을 의미한다. 시민권을 얻을 수단이 없는 자들은 전쟁, 정복, 그리고 스파르타의 헤게모니에 의한 전리품들을 통해서 그것을 얻을 희망을 가질 수 있었다. 이런 자들은 자연히 정상 상태의 스파르타에 비해서 더 공격적인 정책을 취하도록 강력한 압력을 가했을 것이다.

기원전 413년에 이 야심찬 스파르타 분파에 대해서는 전쟁 중 이전의 어느 때보다도 저항이 적었다. 만티네이아에서 얻은 영광 덕분에 존경받던 아기스 왕은 보통의 스파르타 왕들보다 더 큰 권력을 가지고 데켈레아에 있었고, 스파르타와 자신의 명성과 힘을 더 키우고 싶어 했다. 펠로폰네소스 외부로의 모험을 반대하던 전통주의자들 편에는 아기스만큼 강력한 인물이 없었다. 불신임당한 플레이스토아낙스 왕은 논쟁의 밖에서 조용히 평화를 위해서 기도하는 것 외에 할 수 있는 일이 없었다.

그러나 신속한 승리로 전쟁을 끝낸다는 과업은 스파르타인에게 보기보다 어려운 일이었다. 언제나 그러했듯이 아테네인은 바다에서 그들을 패배시키지 않는 한 무찌를 수 없었다. 그러나 스파르타인에게는 여전히 배와 유능한 승무원, 그리고 배를 건조하고 승무원에게 대가를 지불할 돈이 없었다. 스파르타인은 이러한 필요들을 공급하기 위해서 동맹국들에 크게 의존했고, 전쟁으로 인해서 동맹국들의 경제가 심하게 손상되었음에도 불구하고 기원전 413년에 스파르타인은 각 동맹국이 건조해야 할 배의 양을 할당했다. 스파르타 자신은 25척, 보이오티아인도 같은 수인 25척, 코린토스인은 15척, 로크리스인과 포키스인이 함께 15척, 아르카디아, 펠레네, 시키온이 합력해서 10척, 메가라, 트로이젠, 에피다우로스, 헤르미오네가 함께 10척이었다. 이것은 전쟁 이전에 가능했던 것에 비하면 매우 적은 수였고, 총계인 100척의 삼단노선으로는 아테네 군을 물리치기에 전혀 충분하지 못했다. 그러나 이 할당량조차도 충족되지 못한 것으로 보인다. 그리고 기원전 412년 봄에는 오직 39척만이 전투 준비가 되었다. 이후의 해전에서 스파르타의 그리스 본토 동맹국들이 건조한 배는 극소수였다. 그리고 시칠리아의 동맹국들에 대단한 기대를 걸었으나 기원전 412년에 시라쿠사와 셀리노스는 겨우 22척의 배를 보내왔고, 시라쿠사는 409년에 추가로 5척을 더 보냈다.

동맹국의 경제적 현실을 고려해볼 때 적절한 도움을 제공할 수 있는 유일한 곳은 페르시아였다. 그러나 페르시아의 도움을 얻는 것은 쉬운 일이 아니었다. 스파르타인은 "그리스인의 자유"를 표어로 삼고 전쟁을 하고 있었기 때문에 아테네 제국을 무너뜨리고 그 속국들의 독립을 회복시켜야 했다. 그런데 그들 중 다수가 이런저런 시기에 페르시아의 지배를 경험했던 것이다.

페르시아인은 이들 전부는 아니더라도 대부분에서 자신들의 통치를 회복하기를 원했고 그래서 목표들의 충돌이 불가피했다. 이러한 상황은 스파르타의 여러 유력자들이 이미 "해방된" 도시들을 자신들의 이익에 맞게 이용하려는 계획을 세우고 있었기 때문에 더욱 복잡해졌다.

페르시아인과 스파르타인은 전쟁의 첫 10년 동안 정기적으로 의사소통을 하고 있었지만, 그들의 관계는 서로의 충돌하는 목표를 고려할 때 결코 생산적이지 못했다. 기원전 425년에 아테네 군은 페르시아 대왕의 편지를 가진 페르시아 사절을 중간에서 잡았다. 이 편지에서 대왕은 스파르타에서 너무 다양한 메시지들이 와서 혼란스러움을 표현했다.

아테네인도 같은 시기에 페르시아인과 협상의 문을 열기 위해서 노력했다. 그러나 아르타크세르크세스 왕은 무엇인가가 이루어지기 전에 죽었다. 그의 죽음은 치열한 계승 투쟁을 초래했고, 승리자는 다리우스 2세라는 이름을 취했다. 그는 죽은 왕의 17번째 서자였고, 나머지 16명이 남아 있었기 때문에 그의 왕좌는 불안했다. 기원전 424/423년에 아테네인과 페르시아인은 에필리코스 조약을 맺고 양자 사이의 "영원한 우정을 수립했다."(안도키데스, 『평화론』 29) 아테네는 암피폴리스 주변에 있던 브라시다스의 작전으로 위협을 당하자, 힘을 다해 페르시아가 스파르타를 돕지 못하도록 했던 것이다. 수년 동안 반란들이 새로운 왕에게 도전하고 있었기 때문에 다리우스로서는 이 조약을 즐거워할 만했다.

니키아스의 평화는 다리우스에게 자신의 정책을 수정할 만큼 유혹적이지 않았다. 아테네 해군이 바다를 지배하고, 그 배들의 비용을 대는 아테네의 국고가 군사적 지출로 낭비되지 않고 오히려 증가된 세입으로 채워지고 있는 상황에서, 현 상태에 참견할 이유가 없었던 것이다. 시칠리아에서의 재난은 그 균형을 뒤집었지만, 페르시아인이 상실했던 그리스의 속령들을 회복할 기회가 무르익은 것처럼 보이던 때조차도 이 목표를 성취하기 위해서 스파르타인과 타협하는 것은 쉬운 일이 아니었다.

지휘를 맡은 아기스

시칠리아 작전 이후 "양편은 이제 곧 전쟁이 시작될 것처럼 준비를 서둘렀다."(8.5.1) 스파르타인이 다시 공세에 나섰고, 아테네인은 이번에는 오직 방어를 준비할 수밖에 없었다. 전쟁 전에 아르키다모스 왕은 스파르타인이 이 분쟁을 아들들에게까지 물려주게 될 것이라고 경고했었는데, 실제로 기원전 413년에 그의 아들 아기스 왕은 데켈레아에서 스파르타군을 이끌고 있었다. 그곳에서 그는 "군대를 어디든 원하는 대로 보낼 수 있는 전권과 부대를 모집하고 돈을 모을 전권을 가지고 있었다. 그리고 이 시기 동안에 동맹국들은 스파르타에 있는 사람들보다도 더 그에게 복종했다. 아마 이것은 그가 군대를 통솔하고 있어서 어느 곳에라도 신속하게 나타나 두려움을 일으킬 수 있었기 때문일 것이다."(8.5.3)

아기스는 이제 스파르타의 힘을 증대시키고 자신의 영광을 드높이기 위해서 싸웠고, 군대를 이끌고 그리스 중부에서 작전을 전개함으로써 자신과 스파르타의 새롭고 더 공격적인 계획을 드러냈다.(지도 14) 늦가을에 아기스는 말리스 만 근처의 오이타 지역으로 진격했다. 이것은 인근 트라키스에 있는 헤라클레아라는 식민시를 회복하려는 노력이었다. 스파르타인은 기원전 426년에 헤라클레아를 건설했다. 그러나 기원전 420/419년에 보이오티아인이 이것을 아테네인의 손에 넘어가지 않게 한다는 핑계로 이곳을 차지했다. 기원전 413년에 이곳은 에게 해에서의 반란을 촉진할 기지로 스파르타인에게 유용했다. 그리고 기원전 409년에 이곳은 다시 스파르타의 지배 아래 들어올 것이다. 그러나 더 야심적인 계획을 가지고 있었던 아기스는 다수의 지역민들에게 돈을 강탈하기 시작했고 인질을 잡아 그들을 강제로 스파르타 동맹에 끌어들이려고 했다. 이러한 행동들은 스파르타의 힘이 그리스 중부까지 확장되었음을 나타냈고, 스파르타인은 전후에도 이러한 정책을 계속하여 오늘날 학자들이 "스파르타의 헤게모니"라고 부르는 것을 이룩할 것이다.

페르시아의 선수(先手)

아기스 왕은 데켈레아로 돌아오자마자 아테네에 대항해서 에우보이아가 일으킨 반란을 돕기로 했다. 그러나 그가 행동하기 전에 레스보스에서 사신이 와서 자신들의 반란을 지원해달라고 요청했다. 아기스는 레스보스를 지원하는 쪽으로 결정하고 배 10척과 네오다모데이스 300명을 그곳으로 보냈다. 보이오티아인은 추가로 삼단노선 10척을 제공했다. 이때 페르시아의 지지를 받은 다른 두 사절단이 스파르타로 직접 와서 자신들의 반란을 도와달라고 청원했다. 하나는 키오스와 에리트라이에서 왔는데, 그들은 사르디스의 페르시아 총독인 티사페르네스가 보낸 사신과 함께 왔다. 다른 하나는 페르시아 제국의 헬레스폰토스 지방 총독인 파르나바조스를 대신해서 왔다. 페르시아인을 대변하던 그리스 사신들은 스파르타인에게 헬레스폰토스 지역의 그리스 도시들의 반란을 지원해달라고 요청했다. 총독은 페르시아 대왕의 위임을 받았다. 페르시아는 이미 아테네와의 전쟁에 합류하고 있었다.

다리우스는 총독들에게 페르시아가 기원전 479년에 상실한 그리스 도시들로부터 공납금과 연체금을 거두라고 압박하고 있었다. 이것은 10여 년도 채 되지 않은 아테네와의 조약을 깨뜨리는 것일 뿐만 아니라 페르시아가 기원전 450년경 이래로 유지해왔던 아테네와의 평화 유지 정책을 뒤집는 것이기도 했다. 대왕은 왜 다시 아테네와 싸울 마음을 먹었던 것일까? 어떤 학자들은 카리아에서 대왕에게 반란을 일으킨 총독 피수트네스의 서자인 아모르게스와 아테네가 언제부터인가 동맹을 맺고 있었다는 사실을 대왕이 불쾌하게 여겼던 것을 지적한다. 그러나 페르시아의 반전에 대한 가장 그럴듯한 설명은 가장 명백한 것이다. 즉 시칠리아에서의 재난으로 아테네에 멸망의 전조가 드리웠던 것이다. 대왕으로서는 지금이 절망적으로 쇠약해진 적과 싸우는 전쟁에 참여할, 그리고 자신의 잃어버린 땅, 세입, 그리고 명예를 되찾을 절호의 기회였던 것이다.

스파르타에 온 총독들의 사신들은 실제로는 서로 경쟁자들이었다. 각자는 자기 영역에서 일어난 아테네에 대한 반란에 스파르타의 지원을 얻으려고 했고, 또 신용을 얻어 스파르타를 대왕과의 동맹에 들게 하려고 했다. 스파르타인은 외국의 문제에 개입하는 일을 두고 더욱 내부적으로 의견이 나뉘었다. 먼저 스파르타와 데켈레아에 있는 아기스 사이에 의견 차이가 있었다. 비록 왕은 레스보스인을 돕기로 결정했지만, 스파르타에서는 "심각한 갈등이 있었고, 그래서 어떤 이들은 민회를 설득하여 육군과 해군을 먼저 이오니아와 키오스에 보내려고 했던 반면, 또 어떤 이들은 헬레스폰토스의 편을 들었다."(8.6.2) 사실 위의 네 가지 제안 모두에 대해서는 모두 나름대로 훌륭한 옹호가 가능했다. 아테네인은 에우보이아에서 양과 소를 키웠고, 이것에 식량을 의존했다. 에우보이아가 기원전 411년에 반란을 일으켰을 때, 아테네인은 시칠리아에서의 재난 직후보다 더 겁에 질렸다. "그들은 아티카에서보다도 더 많은 유익을 이곳에서 얻었기 때문이었다."(8.96.2) 레스보스는 크고 부유하며 인구가 많은 섬이었고, 전략적 요충지에 자리잡고 있어서 흑해로 가는 아테네의 생명선을 끊는 작전을 위한 기지로 쓰일 수 있었다. 파르나바조스의 제안 역시 호소력이 컸다. 헬레스폰토스 자체로 가는 통로를 제공했고, 추가로 페르시아의 재정적 지원이라는 매력이 있었다.

키오스를 선택한 스파르타인

그러나 스파르타인은 결국 키오스인과 티사페르네스의 요청을 지지했다. 에우보이아와 레스보스의 요청들에는 그리스 함대도 페르시아의 지원에 대한 약속도 포함되어 있지 않았기 때문이었다. 표면상으로는 파르나바조스의 제안이 가장 매력적으로 보였을 것이다. 헬레스폰토스에서 성공한다면 아테네에 대한 가장 빠른 승리가 약속될 것이었고, 그의 사신들은 현금으로 25탈란트를 가지고 왔기 때문이다. 그러나 티사페르네스는 아테네에 대한 전쟁의 서방에서 더 우월한 지휘권을 가지고 있는 것으로 보였다. 그리고 키오스인은 규모가 상당한 자신들의 함대를 데리고 왔다. 스파르타인의 이 결정에 대해서 알키비아데스도 찬성했다. 그는 자신을 정당하게 의심하고 있는 스파르타인들에게 자신의 가치를 증명할 필요가 있었고, 키오스인의 반란으로 시작된 이오니아에서의 작전은 그에게 특별한 기회를 제공했다. 알키비아데스는 이오니아 지역에 유력한 친구들이 많았기 때문에 자기 자신을 스파르타인에게 없어서는 안 될 인물로 부각시킬 수 있을 것이라고 희망했다.

스파르타인은 키오스의 해군과 그 도시의 힘이 키오스인의 주장만큼 충분히 크고 강한지를 조심스럽게 점검했다. 그 후 표결을 통해서 그들과 또 만 건너편에 살고 있는 에리트라이인을 동맹에 가입시켰다. 스파르타인은 삼단노선 40척 —— 그중 10척은 멜란크리다스 제독의 지휘 아래 즉각 항해에 나설 것이었다 —— 을 보내어 키오스인의 함대 60척과 합류하게 했다. 그러나 그들이 출발하기에 앞서 지진이 발생했고, 이에 스파르타인은 두려움을 품고 제1차 파견군을 칼키데오스가 지휘하는 5척의 배로 줄였다. 그렇게 하고도 스파르타인은 천천히 일을 진행했고, 그래서 기원전 412년의 봄이 한참 지났을 때에도 함대를 출항시키지 않았다.

스파르타인이 지진과 징조를 정말 진지하게 받아들이기는 했지만, 이러한 지연에는 전략적, 정치적 요소들도 상당한 역할을 했을 것이다. 아기스는 자신의 계획이 다른 이들에 의해서 거부되는 것을 보고 기분이 좋았을 리가 없다. 해군 작전을 실행하기 전에는 반드시 펠로폰네소스 동맹에 자문을 구해야 했다. 대부분의 배들이 동맹군의 소유였고 안전을 위해서 코린토스 만에 정박해 있었기 때문이다. 마침내 코린토스에서 회의가 열렸을 때, 동맹은 칼키데오스를 키오스로 보내는 데 동의했다. 그러나 또한 아기스가 바랐던 대로 레스보스에도 함대를 파견하기로 했고, 그 지휘는 "아기스가 마음에 두고 있던 바로 그 사람"(8.8.2)인 알카메네스에게 맡겼다. 레스보스 작전 이후에 시작될 세 번째 파견군으로는, 클레아르코스가 병력을 이끌고 헬레스폰토스로 가기로 했다. 이 지나치게 복잡한 삼중 전략은, 마찬가지로 복잡했던 스파르타의 정치적 상황이 반영된 것임에 분명하다.

동맹 회의는 이 다양한 병력들이 이동을 숨기지 않고 즉시 출발할 것을 결의했다. "이는 그들이 아테네인의 무능력함을 경멸하고 있었기 때문이었다. 아테네에 대규모 함대가 조성되었다는 증거는 아직 없었다."(8.8.3-4) 그러나 그들은 매우 신중하게 움직였다. 아테네 해군에 당한 치욕의 기억이 아직도 강했기 때문이었다. 게다가 코린토스 군은 이스트모스 제전이 끝날 때까지는 출발하기를 거부했다. 아기스가 키오스로 가는 원정군의 지휘를 맡겠다고 제안했고, 또 코린토스 군이 제전 기간 동안에 본국에 머물러 있도록 허용했으나, 코린토스인은 이 제안을 거부했고, 동맹국들의 지지를 얻어 자신들의 방식을 고수했다.

당연하게도, 이로 인한 지연은 아테네인에게 그들의 계획을 탐지할 수 있는 시간을 주었다. 아테네인은 동맹국들 중 마지막으로 자신들의 함대를 유지하도록 허락받았던 키오스가 반란을 꾀한 것을 비난했고, 선한 믿음의 증거로 그들의 함대 중 다수를 제국 함대로 넘겨줄 것을 요구했다. 과두파는 키오스의 평민들과 친아테네 과두파가 자신들이 계략에 반대할까봐 두려웠고 또 펠로폰네소스 군의 주저함을 보고 약속된 지원이 과연 올 것인지 의심하게 되었다. 그래서 그들은 요구받은 대로 7척의 배를 아테네로 보냈다.

펠로폰네소스 군의 지연은 또 아테네인이 이스트모스 제전에 참가할 수 있게 했다. 그곳에서 아테네인은 키오스인의 계략과 펠로폰네소스 군의 계획을 더 자세히 알게 되었다. 알카메네스가 마침내 펠로폰네소스 군의 제1차 함대 21척을 데리고 기원전 412년 7월에 바다로 나섰을 때, 같은 규모의 아테네 함대가 그들을 기다리고 있었다. 그래서 알카메네스는 즉각 항구로 되돌아갔다. 한편 아테네인은 병력 증강을 위해서 피라이오스로 물러서서 함선 수를 37척으로 늘렸다. 알카메네스는 펠로폰네소스 해안을 따라 남쪽으로 몰래 빠져나가려고 했으나 아테네 군이 그를 따라잡았다. 알카메네스는 아테네 군을 보자마자 에피다우로스의 경계에서 조금 북쪽에 있는 스피라이온이라는 버려진 항구로 도망쳐 들어갔고, 잃은 것은 낙오된 1척뿐이었다. 그 외의 배들은 모두 항구에 도착했으나 안전하지는 못했다. 아테네 군이 육상과 해상에서 공격하여 해안에서 대부분의 적 함대를 파괴하고 알카메네스를 죽였다. 아테네인은 근처에 진을 치고 함대를 증원하여 적을 감시했다. 이들은 펠로폰네소스의 배를 한 척도 에게 해로 들이지 않을 태세였다.

스파르타에서는 에포로이가 소식을 기다리고 있었다. 이들은 알카메네스에게 항해에 나서자마자 자신들에게 소식을 전하라고 명령을 해두었다. 칼키데오스 휘하의 5척의 배를 보내어 그와 합류하게 하려던 것이었다. 사기는 높았고 장병들은 출항을 고대하고 있었다. 그때 패배와 알카메네스의 죽음, 그리고 스피라이온 봉쇄의 소식이 도착했고, 분위기는 순식간에 변했다. "이오니아 전쟁의 첫 번째 시도에서 실패한 그들은 더 이상 배를 내보낼 생각을 하지 못했고, 이미 바다에 나가 있는 자들도 귀환시키기를 원할 정도였다."(8.11.3)

알키비아데스의 개입

펠로폰네소스 군이 졌다는 소식은 키오스의 반란을 완전히 막았다. 그러나 이때 알키비아데스가 나타나 스파르타를 다시 행동하도록 만드는 데 중요한 역할을 했다. 그는 에포로이를 설득하여 패배의 소식이 이오니아에 도달하기 전에 칼키데오스의 지휘 아래 5척의 배를 곧바로 이오니아에 보내게 했다. 그리고 그 자신도 배에 올랐다. 알키비아데스는 이오니아인에게 아테네인의 쇠약함을 말해주고 스파르타인의 열심을 확신시킬 것이었다. 그리고 그는 아테네와 스파르타 양편에 대한 깊은 지식 덕분에, 그리고 이오니아의 유력자들에 대한 그의 영향력 덕분에 신뢰를 받을 수 있었다. 그가 에포로스 엔디오스에게 사적으로 메시지를 전한 것은 여전히 스파르타의 정책에서 개인적인 명예에 대한 경쟁과 당파적인 고려가 중요한 역할을 했음을 드러낸다. "알키비아데스를 통해서, 이오니아에 반란을 촉발시키고 대왕을 스파르타의 동맹으로 만들고, 또 이 일이 아기스에게 유리하게 돌아가지 않게 하는 것이 좋을 것이었다." 알키비아데스는 자신이 이 역할을 맡아야 할 이유들을 가지고 있었다. "그는 마침 아기스와 불화하고 있었기 때문이었다."(8.12.2) 이 언급은 스파르타에서 물의를 빚었던 유명한 사건을 환기시킨다. 아마 기원전 412년 2월 말이었을 것이다. 지진이 때문에 알키비아데스가 아기스의 아내의 침실에서 사람들의 눈앞으로 뛰쳐나왔다. 아기스는 이 소식을 듣고 곧 보복을 하려고 했다. 알키비아데스의 최선의 희망은 아기스조차 자신을 어찌할 수 없을 정도로 엄청난 성공을 거두는 것이었다. 만약 그러지 못한다면, 알키비아데스는 마지막 남은 피난처, 곧 페르시아 제국으로 도망가야 했다. 이오니아 원정은 두 가지 가능성 모두를 제공했다.

비밀 유지를 위해서, 칼키데오스가 이끄는 이 소함대는 키오스로 건너가는 동안 만나는 모든 사람을 붙잡았다. 키오스의 동맹자인 과두파는 스파르타 군의 도착과 협의회의 회합 시간이 맞아 떨어지도록 계획을 해두었다. 그 회합에는 과두파와 민주파가 혼합되어 있었는데, 함대의 등장에 "민주파는 놀라고 공황 상태에 빠졌다."(8.14.2) 알키비아데스는 스파르타의 배와 병사들에 의해서 보호받으면서 그들에게 대규모 추가 부대가 오고 있다고 말했다. 이에 자극받은 키오스인은 반란을 감행했고, 에리트라이도 끌어들였다. 알키비아데스 고유의 책략이 큰 성공을 거둔 것이다. 그는 소규모 함대와 속임수를 이용해서 60척의 전함과 안전한 작전기지를 확보했고, 처음으로 아테네 제국에서 중요한 이탈자를 얻었다. 그는 이 한 번의 일만으로도 그 이전 어떤 때보다 더 많은 피해를 아테네에 입혔고, 다시 한 번 아테네인에게 자신이 여전히 살아 있음을 극적으로 알렸다.

알키비아데스와 칼키데오스는 신속하게 인근 몇몇 도시들에서도 반란을 일으켰고, 얼마 지나지 않아서 키오스의 강력한 사례는 본토에서 에리트라이, 클라조메나이, 하이라이, 레베도스에서 반란을 촉발시켰으며, 테오스는 비무장 도시였다. 멀리 남쪽으로는 대도시 에페소스가 봉기에 참여했고, 작지만 전략적인 입지에 위치한 아나이아도 참여했다. 이 도시는 사모스 섬 맞은편 그리고 밀레토스 가까이에 있었다. 이제 알키비아데스는 이오니아의 보석인 밀레토스를 끌어들일 준비가 되었다. 알키비아데스는 펠로폰네소스 군 선원들을 키오스인들로 바꾸었다. 이것은 그가 "펠로폰네소스의 배들이 도착하기 전에 밀레토스인을 키오스인과 자신의 편으로 끌어들이기를 원했기 때문이었다. 그리고……그가 약속했던 대로, 가능한 가장 많은 수의 도시들을 반란으로 유도한……것에 대한 상을 자신을 보내준 엔디오스가 받도록 하려고 했기 때문이다."(8.17.2) 알키비아데스와 칼키데오스는 아테네가 막아서기 직전에 때를 맞추어 도착하여 밀레토스를 전체적인 반란에 동참하게 했다. 밀레토스의 이탈은 이오니아 남부와 카리아 해안의 섬들로 반란이 확산되는 것에 기초가 되었다.

티사페르네스의 예비 조약

밀레토스를 차지했다는 소식에 티사페르네스는 급히 그곳으로 가서 스파르타인과 대왕의 동맹을 맺었다. 이 일방적인 문서는 다리우스에게 그나 그의 조상들이 보유했던 모든 영토와 도시들을 반환했고, 페르시아인과 스파르타인은 이 지역들에서 아테네에 대한 세금 지급을 중지시키기 위해서 협력하기로 합의했다. 스파르타인은 모든 반항적인 속국들에 대해서 대왕을 도와야 했고, 왕은 동맹국들 중 누구라도 스파르타인에 대항한다면 스파르타인을 도와야 했다. 양자는 또한 아테네에 대항해서 공동으로 싸우고, 개별적으로는 평화조약을 맺지 않기로 했다. 그때 스파르타인은 자신의 동맹국들에서 말썽이 일어날 전망이 없었던 반면에 페르시아인은 아모르게스와 전쟁을 벌이고 있었고 또 기원전 480년 이후에 상실한 모든 그리스 도시들을 반란 상태에 있다고 여겼을 것이다. 이 협정은 문자 그대로 받아들인다면 페르시아인에게 살라미스 이전에 그들이 소유했던 모든 그리스 영토를 되돌려주는 것이었다. 반대로 페르시아인이 스파르타인에게 제공할 지원에 대해서는 재정적이건 그 어떤 것이건 명문화된 것이 없었다. 후에 한 탁월한 스파르타인은 이 동맹의 모든 합의에 대한 자신의 분노를 표출했다. 그는 말했다. "대왕이 지금이라도 그와 그의 조상들이 이전에 보유했던 땅들에 대해서 지배권을 주장할 수 있다는 것은 끔찍한 일입니다. 이것은 모든 섬들과 테살리아와 로크리스와 보이오티아까지의 모든 것들이 다시 노예가 된다는 의미이기 때문입니다. 스파르타인은 자유가 아니라 페르시아의 지배를 그리스인에게 부과하게 될 것입니다."(8.43.3) 당연히 스파르타인은 이 조약을 자신의 동맹국들에는 비밀에 부쳤다.

    스파르타인이 이토록 불공정한 합의를 기꺼이 받아들인 것에는 의심할 바 없이 알키비아데스가 중요한 역할을 했다. 그는 많은 협상을 해본 전문가로서 이 협상의 논의에서 상급 상대자였고, 칼키데오스는 그의 조언을 따랐다. 그는 분명 신속한 합의를 이루어야 칼키데오스에게 페르시아와의 동맹을 이룬 것에 대한 공로가 돌아갈 것이라고 주장했을 것이다. 세부 사항은 중요하지 않고 나중에 바꿀 수 있다고 했을 것이다. 주 목표는 다른 스파르타인 —— 아마도 아기스파의 일원 —— 이 도착해서 자신들의 공로를 주장하기 전에 페르시아인의 약속을 받아내는 것이었다. 이러한 주장은 알키비아데스 자신의 욕망과 맞아 떨어졌다. 그는 즉시 대단한 업적을 필요로 했다.

    칼키데오스의 조약은 그 궁극적 운명이야 어찌되었든 기원전 412년의 대성공으로 여겨졌다. 다만 이 조약을 만든 아테네 망명객은 스파르타 왕의 아내와 부정을 저지른 혐의를 받았고, 그 결과 순간순간을 겨우겨우 살아갔다. 그러나 이오니아의 반란과 대왕과의 조약은 알키비아데스가 엔디오스, 에포로이, 스파르타에 했던 약속을 이루었고, 비록 시간이 지나면 그 조약의 결함이 드러나지만, 알키비아데스는 스파르타를 소심함과 나태함에서 흔들어 깨워 승리로 가는 문을 열었다.

제27장
에게 해의 전쟁 (기원전 412-411년)

아테네의 반격

아테네인에게 키오스의 반란은 끔찍하리만치 위험한 사태 전개였다. 그들은 "남아 있는 동맹국들도 가장 큰 나라가 반란을 일으키는데 조용히 있으려고 하지 않을 것"(8.15.1)임을 알고 있었다. 그래서 기원전 412년 여름에 아테네인은 전쟁 초기에 긴급 상황을 위해서 따로 떼어놓은 유보 자금 1,000탈란트를 이용하기로 결의했다. 아테네인은 펠로폰네소스 해안의 적을 봉쇄하고 있던 배들을 불러서 키오스로 보냈고, 30척을 추가로 보낼 계획이었다. 반란이 하루 계속되면 아테네의 국고가 고갈될 것이고, 또 하루가 계속되면 페르시아인이 개입할 것이고, 또 하루가 계속되면 적 함대가 훈련으로 기술을 늘릴 것이다.

사모스에서 아테네 배 19척이 밀레토스의 반란을 저지하러 갔다. 그러나 그들은 너무 늦게 도착했다. 그러나 수적으로는 적의 25척에 밀렸음에도 도시에 대한 봉쇄선을 구축할 수 있었다. 아테네 군의 증원군이 언제라도 와서 이 기회를 이용할 수 있었음에도 불구하고 펠로폰네소스 함대를 지휘하던 칼키데오스는 공격을 하지 않았고, 키오스인이 나서겠다고 제안했을 때에 거부하기까지 했다. 그는 대부분의 스파르타 지휘관들과 같이, 해상에서 싸움을 벌이는 위험을 감수하기 싫었다. 상대가 비록 소규모의 아테네 군 함대라도 그러했다. 만약 키오스 군을 자기 병력에 추가시켰더라면, 함대의 수가 35대 19로 그에게 유리해질 것이고, 교전을 회피할 수 없었을 것이다. 이후의 사건들을 보면 그를 바보라거나 겁쟁이라고 판단할 수 없을 것이다. 다음 해에 키노세마와 키지코스에서 벌어진 전투에서 아테네 군은 자신들이 바다에서 우월함을 강력하게 증명했다.

그러나 칼키데오스는 싸움을 회피함으로써 아테네 군이 에게 해로 증원군을 보내어 사모스를 에게 해의 주력 해군 기지로 개발하도록 허용했다. 아테네 군이 기지를 건설할 때, 사모스에서는 내전이 벌어졌다. 이 내전의 특징은 극렬한 계급간의 증오였다. 평민들은 아테네 해군의 도움을 받아 도시를 지배하던 과두파의 귀족들에 대항해 봉기했다. 이들은 사모스의 귀족 200명을 죽이고 40명을 추방했으며, 그들의 땅과 집을 분배하고, 귀족들에게서 시민권을 박탈했다. 여기에는 하위 계급과의 통혼권도 포함되었다.

한편 키오스인은 레스보스로 가서 메팀나와 미틸레네에서 반란을 부추겼다.(지도 23) 동시에 펠로폰네소스 군이 소아시아 본토의 해안을 따라 북진했다. 이들은 클라조메나이, 포카이아, 키메를 지나갔고, 이 중요한 도시들을 자기들 편으로 끌어들였다. 펠로폰네소스 해안에서는 스피라이온의 스파르타 함대가 마침내 봉쇄선을 뚫고 아스티오코스의 지휘 아래 키오스로 항해해 왔다. 아스티오코스는 펠로폰네소스 군의 전 함대를 지휘하러 파견된 신임 해군 사령관이었다. 그는 레스보스에서 키오스의 주력과 합류했고, 피라에 상륙하여 다음 날 에레소스로 이동했다. 레온과 디오메돈이 이끄는 25척의 아테네 군 배들은 그들보다 단 몇 시간 앞서서 레스보스에 입항했다. 그들은 항구에서 키오스 배들을 물리치고 육상 전투에서도 승리한 후, 단 한 번의 공격으로 레스보스의 중요 도시를 점령했다. 아스티오코스는 에레소스를 반란에 끌어들인 후 레스보스 섬의 해안을 따라 북쪽으로 향하여 메팀나의 반란을 구원하고 안티사의 반란을 촉진하려고 했다. 그러나 "레스보스의 모든 일들은 그에게 불리하게 진행되고 있었다."(8.23.5) 그래서 그는 다시 밀레토스로 돌아갔다. 함대의 지원을 받을 수 없었던 육군은 도중에 헬레스폰토스로 돌아가야 했고, 동맹군 부대들을 귀환시켰다. 이렇게 해서 전쟁을 마무리하려던 펠로폰네소스인의 첫 시도는 금방 끝났다.

아테네 군은 레스보스를 확보한 후 키오스를 향해 출발했고, 떠나기 전

23. 에게 해와 소아시아

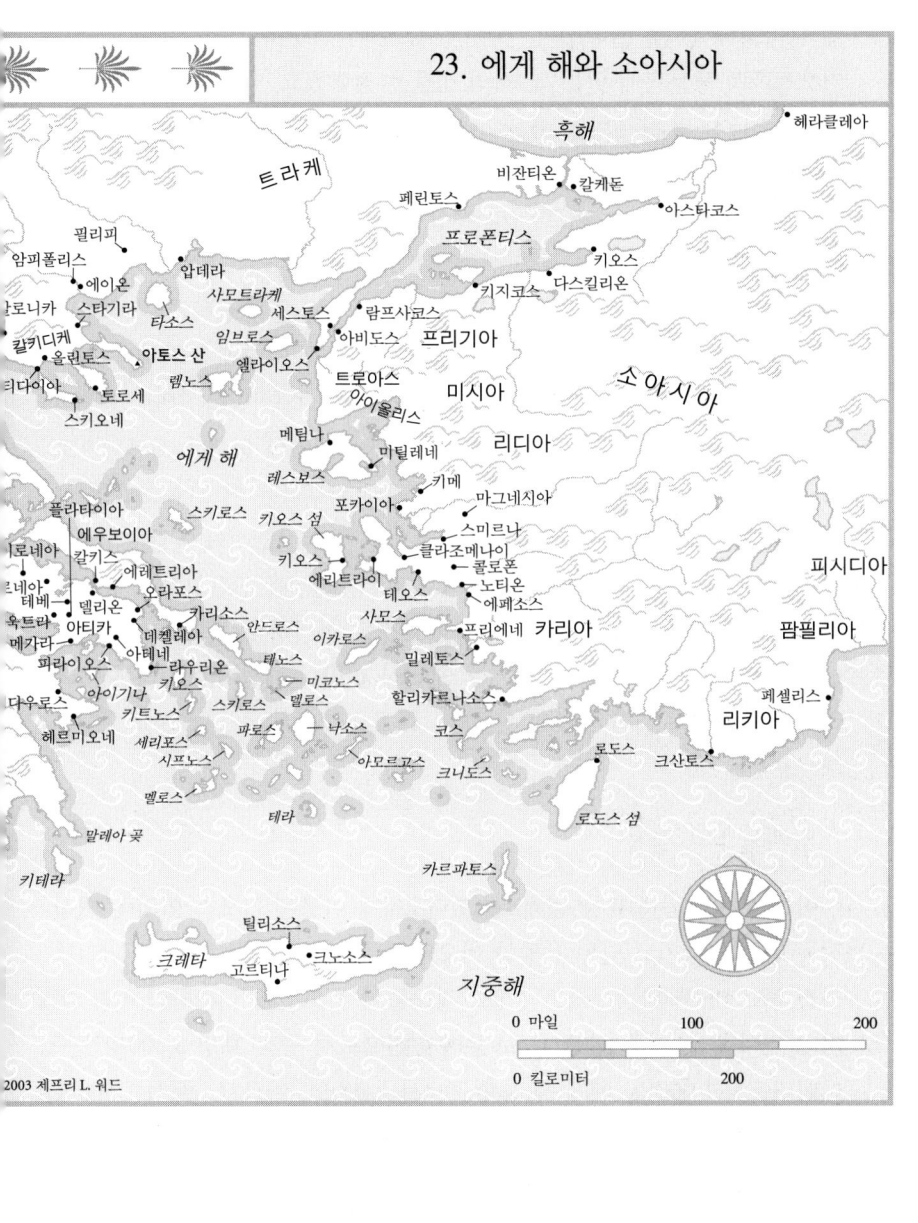

에 클라조메나이를 탈환했다. 레온과 디오메돈의 지휘 아래 아테네 군은 키오스에서 동북쪽에 있는 몇 개의 섬들을 점령했고, 키오스 맞은편 본토에 있는 두 곳의 요새화된 마을도 차지했다. 이 마을들은 해상 봉쇄와 해상 공격을 수행하기 위한 기지로 쓰였다. 이제 아테네 군은 그 지방의 바다를 지배했고, 원하는 대로 어디든 상륙할 수 있었다. 아테네 군은 또 보통의 테테스 대신에 중장 보병을 해병으로 이용했는데, 그렇게 함으로써 육상의 전투에서도 더욱 강해졌다. 이 배들이 적들을 충실하게 물리치자, 키오스인은 더 이상 바다에서 싸우려고 하지 않았고, 그래서 아테네 군은 상륙하여 부유하고 기름지고 가축이 풍성한 키오스의 땅을 약탈했다. 이때쯤 몇몇 키오스인은 정부를 전복시키고 아테네와의 동맹을 회복함으로써 이 공격을 멈추기를 원했다. 그러나 지배 과두파는 아스티오코스에게 도움을 요청했고, "그들이 어떻게 이 음모를 가장 온건하게 끝낼 수 있을지"(8.24.6) 궁금하게 생각했다. 아스티오코스는 인질을 잡음으로써 상황을 당분간 조용하게 만들었다. 그러나 키오스는 여전히 포위되었고 지속적인 공격에 노출되었으며, 더 이상 이오니아 반란의 핵심이 아니라 오히려 즉각적인 패배의 위험에 처해 있었다.

밀레토스의 결정

아테네의 다음 목표는 밀레토스였다. 이제 이곳은 키오스 이외에 여전히 반란을 일으키고 있는 유일한 이오니아 주요 도시였다. 10월에 피리니코스, 오노마클레스, 스키로니데스 장군들이 사모스에서 48척의 배를 데리고 건너왔다. 이중 몇 척은 보병 수송선으로서 중장 보병 3,500명 ── 아테네에서 1,000명, 에게 해 동맹군에서 1,000명, 아르고스에서 1,500명 ── 을 데려왔다. 시칠리아의 재난이 바로 얼마 전이었다는 점을 고려하면 이는 놀랄 만한 규모였다. 그들이 만난 적군은 밀레토스의 중장 보병 800명과 규모를 알 수 없는 펠로폰네소스 군, 총독 티사페르네스가 고용한 용병, 티사페르네스 자신이 거느린 기병이었다.

아르고스 군은 맹렬하게 돌격한 탓에 아테네 군 편의 진형을 무너뜨렸고, 그들의 성급함은 패배와 300명의 전사자라는 대가를 치렀다. 아테네 군과 그들의 이오니아 동맹군은 더 잘 싸웠다. 펠로폰네소스 군을 패주시키고 페르시아 군과 그 용병들을 물리쳤다. 그러자 밀레토스 군은 신중하게 도시 성벽 안으로 도망갔다. 이것은 기뻐할 만한 큰 승리였다. 아테네 군은 이제 바다와 육지 모두를 지배하게 된 것이었다. 남은 일은 오직 도시를 벽으로 에워싸고 항복하기를 기다리는 것이었다. 밀레토스가 무너지면 반란도 끝날 것이라고 확신했기 때문이었다.

그러나 승리를 거둔 바로 그날에 스파르타의 테리메네스가 이끄는 55척의 배가 밀레토스를 향해 오고 있다는 소식이 전해졌다. 그중 22척은 시칠리아에서 왔고, 아테네 군에는 복수의 여신과 같은 헤르모크라테스가 지휘했다. 그 함대가 이아소스 만으로 들어와 테이키우사에 진을 친 후, 그들에게 나타나 아테네 군이 밀레토스에서 승리했음을 알려준 자는 바로 알키비아데스였다. 그는 "만약 그들이 이오니아에서의 입지와 자신들의 큰 대의를 망치고 싶지 않다면 가능한 빨리 밀레토스를 구하러 가야 하고, 밀레토스가 벽으로 포위되는 것을 지켜보기만 해서는 안 된다"(8.26.3)고 말했다.

다른 아테네 장군들은 계속 머물러 싸우기를 원했지만, 프리니코스는 이렇게 주장하며 그들의 생각에 반대했다. "아테네인은 시칠리아의 재난을 겪은 이후에는, 절대적으로 필요한 일이 아닌 한 스스로 공격적인 행동을 취하는 것은 결코 정당화될 수 없었다. 강요당하지 않는 한 스스로 선택해서 위험 속으로 뛰어드는 것은 더욱더 정당화될 수 없었다."(8.27.3) 프리니코스의 주장이 먹혀들었고, 아테네 군은 "승리를 완성하지 않고"(8.27.60) 밀레토스를 포위와 봉쇄로부터 자유롭게 내버려둔 채로 사모스로 건너갔다. 이에 대응하여 아르고스 군은 화를 내며 돌아갔고 이후 전쟁에서 아무런 역할도 하지 않았다.

이 후퇴는 또다른 값비싼 대가를 치렀다. 티사페르네스가 밀레토스로 가서 펠로폰네소스 군을 설득해 이아소스의 아모르게스를 공격하게 한 것이다. 이아소스의 주민들은 아테네 군의 철수를 알지 못한 채 접근해오는 함대가 아테네 군일 것으로 생각하고 방어태세를 갖추지 않았다. 펠로폰네소스 군은 아모르게스를 생포하여 티사페르네스에게 넘겨주었고, 아모르게스의 펠로폰네소스 용병들을 자신들의 군대에 편입시켰고, 이아소스를 약탈하여 주민을 티사페르네스에게 팔고 도시의 나머지를 그에게 넘겨주었다. 그 결과 아테네 군은 또 하나의 동맹을 상실했고, 페르시아 군은 성가신 방해물을 제거했으며, 스파르타 군과 페르시아 군은 처음으로 협력하여 함께 승리를 거두었다.

어떤 이들은 프리니코스와 그의 전략을 칭송했지만 —— "이번 경우뿐 아니라 이후에도, 이 문제뿐 아니라 그가 참여했던 다른 문제들에서도, 그는 지적 능력이 부족하지 않음을 보였다"(8.27.5) —— 대부분의 동료 아테네인들은 반대의 관점을 가졌다. 그리고 다음 해에 이아소스와 아모르게스의 상실에 대해서 공식적으로 그에게 책임을 물었다. 현대 학자들은 시칠리아 이후 아테네 해군이 더 이상 이전의 아테네 해군이 아니었고 전술적 우위도 상실했으므로 너무 위험한 해상 전투를 감행할 수 없었다는 이유로 프리니코스를 옹호한다. 그러나 이런 판단은 사실에 부합하지 않는다. 비록 포르미온의 영광스러운 시절은 지나갔지만, 시칠리아의 재난이 아테네 해군의 전술적 지배력에 종말을 가져온 것은 아니었다. 이미 기원전 412년에 아테네 군은 펠로폰네소스 함대를 성공적으로 육지의 버려진 불리한 기지로 몰아낸 바 있었다. 기원전 411년 봄에는 심지어 이오니아 해안 전체가 더 이상 아테네 군의 손에 있지 않았음에도 불구하고, 스파르타 군이 너무나 아테네 군을 두려한 나머지 헬레스폰토스를 향해 육상으로 군대를 이동시켰다. 같은 해에 아테네 군은 76척 대 86척으로 수적으로 밀렸음에도 불구하고 헬레스폰토스에 있는 키노세마에서 펠로폰네소스 군을 패주시켰다.

프리니코스의 주장의 결함은 그의 주장을 따름으로써 아테네 군이 전투를 강요할 수 있는 자신들의 능력을 결코 신뢰하지 못했다는 것이다. 스파르타 군은 단순히 해상 분쟁을 거부하고 대신 육상으로 군대를 보냈다. 그러나 만약 그들이 해상으로 이동하는 편을 택했더라면 그들은 아테네 해군을 피해 더 많은 반란을 유도할 수 있었을 것이다. 아테네인의 최선의 희망은 적과 바다에서 싸우는 것이었고, 이것은 사실 열악해 보이는 함대를 이용해 적을 유도해낼 때 가능했다. 프리니코스는 거부했지만, 그 기회를 이용했더라면 어쩌면 테리메네스로 하여금 밀레토스를 구원하기 위해서 전투를 벌이도록 강요했을 수도 있었을 것이다. 아테네 군이 버티고 서서 싸웠더라면, 이 전쟁은 완전히 다르게 흘러갔을 수도 있었다. 아테네 군이 떠나버림으로써 반란자들에게는 숨 쉴 공간과 새로운 희망을 주었고, 국내적으로는 반대로 프로불로이의 중도적인 민주정에서 승리를 빼앗았다. 만약 승리했더라면 이 민주정의 위엄과 신뢰성을 높여줄 수 있었을 것이고, 아테네에서 조성되고 있던 과두파의 음모를 저지할 수 있었을 것이다.

한동안 스파르타 군은 해상에서 수적 우위를 누렸다. 이로써 스파르타 군은 헬레스폰토스로 가는 길목에 있는, 이오니아 반란의 핵심인 키오스를 봉쇄할 수 있었다. 그러나 그들은 행동이 느렸다. 스파르타 군은 여전히 넓은 바다에서 아테네 해군과의 교전을 두려워했고, 경험 많고 능력 있는 지휘관들이 부족했다. 페르시아 군과 협력해야 하는 의무도 문제였다. 페르시아 군만의 독자적인 실천 목표들이 필연적으로 지연과 행동 정지를 초래했다.

알키비아데스, 페르시아 군에 합류하다

테리메네스는 이아소스의 아모르게스를 공격한 후 밀레토스로 돌아갔다. 스파르타의 해군 사령관 아스티오코스는 여전히 키오스에 있었는데, 사모스의 아테네 함대로 인해서 자신의 해군과 떨어져 있었다. 기원전 412년 11월쯤에 티사페르네스가 자신이 약속했던 대금을 전달하러 밀레토스로 왔다. 선원들은 각자 하루 1아티카 드라크마씩 한 달분의 봉급을 받았다. 그러나 그는 다음번부터는 이번의 2분의 1만을 지불할 것이라고 선언했다. 그러자 성격이 불같은 시라쿠사 지휘관 헤르모크라테스가 나서서 그보다는 약간 높은 정도로 타협을 이끌어냈다.

알키비아데스는 이 논쟁에서 아무런 역할도 하지 않았다. 그는 밀레토스 전투 때 다시 편을 바꾸어 스파르타인을 떠나 티사페르네스에게 합류했다. "칼키데오스의 죽음과 밀레토스 전투 이후"(8.45.1) 알키비아데스에 대한 펠로폰네소스인의 의심이 공개적으로 일어났다. 이 아테네 반역자는 칼키데오스와 밀접하게 일했지만, 그 스파르타 지휘관이 습격을 당해 죽자 알키비아데스는 중요한 지지자를 잃었다. 동시에 엔디오스의 에포로이 임기도 끝났고, 이로써 그는 정말 필요한 시기에 유력한 지위에 있는 친구를 또 한 명 잃었다. 이제 그는 "아기스의 개인적 원수였고, 여러 이유들로 신뢰를 받지 못하고 있었다."(8.45.1) 알키비아데스의 출신, 인격, 경력은 늘 그를 의심받게 했다. 그러나 당시 이오니아에 있던 펠로폰네소스 군이 왜 갑자기 그가 배신행위에 관련되어 있다고 의심하기 시작했는지, 그리고 왜 아스티오코스에게 편지를 보내 알키비아데스를 죽이라고 했는지, 그 이유를 설명해주는 고대 저자는 아무도 없다.

어쩌면 그가 스파르타에서 권고했던 계획이 실패한 것이 이유였을지도 모른다. 아테네 군은 신속하게 제국의 반란을 진압할 듯했다. 키오스는 전체적인 반란의 핵심과 선동자가 되지 못하고 오히려 포위되어 펠로폰네소스 군의 자원을 고갈시키고 있었다. 알키비아데스는 또 스파르타인이 페르시아의 장단에 놀아나도록 설득했던 것 같다. 페르시아인은 스파르타 군에게 약속했던 임금을 지불하는 데 늑장을 부렸고, 이제 급료를 깎을 계획이었다. 칼키데오스는 알키비아데스의 충고대로 페르시아인과 스파르타에 불리한 조약을 맺었고, 다리우스에게 그리스의 노예화를 인정해준 것으로 보였다. 밀레토스에서 아테네 군은 육상의 전투에서도 펠로폰네소스 군을 물리쳤는데, 거기에서 티사페르네스의 용병들은 거의 도움이 되지 못했다. 테리메네스 휘하의 펠로폰네소스 군은 아테네 군을 물리치는 데 이용되지 않았고, 아모르게스와 이아소스를 넘겨주어 티사페르네스에게 호의를 베푸는 데 이용되었다.

알키비아데스는 아마 자신을 죽일 것을 명령하는 편지 소식을 듣고서는 편을 바꾸었을 것이다. 그래서 티사페르네스가 11월 초에 밀레토스로 왔을 때, 알키비아데스는 이미 여러 주 동안 그와 함께 했었던 것이다. 투키디데스는 알키비아데스가 총독의 "모든 것에 대한 조언자"가 되었다고 말하고, 티사페르네스가 "그에게 신뢰를 주었다"고 한다.(8.45.2; 46.5) 그러나 그 페르시아인은 현명하고 약은 사람이었고, 이중 망명자를 후원했던 데에는 나름대로 충분한 이유가 있었다.

당시 상황은 스파르타인에게는 물론 티사페르네스에게도 예상대로 풀리지 않고 있었다. 반란이 신속하게 제국으로 확산되지도, 즉각적인 승리를 가져다주지도 않았기 때문에, 전쟁은 계속될 것이었다. 그래서 대규모 병력과 엄청난 돈이 소요될 것이다. 그리고 최소한 이중 일부는 티사페르네스 개인의 자금에서 나가게 될 것이었다. 알키비아데스는 양 진영 모두에 가치 있는 접촉점을 가지고 있었고, 티사페르네스의 대변인으로서 그들을 다룰 때 유용하게 쓰일 수 있었다. 알키비아데스의 입장에서는, 페르시아 총독은 신변 안전을 위해서도, 그리고 인맥의 품질을 위해서도 필요했다. 전쟁의 결과를 결정할지도 모르는 인물에게 신임을 받는 친밀하고 필수적인 조언자로서 봉사한다는 것은 미래에 아테네로의 귀환을 가능하게 해줄 수도 있었다. 한동안은 알키비아데스로서는 티사페르네스의 옆에 늘 있으면서 그의 조언자로 있는 것이 편리했고, 티사페르네스로서도 그가 그렇게 하도록 허용하는 편이 좋았다.

알키비아데스는 또 전략적 조언도 했다. 그는 티사페르네스에게 "그가 준비하고 있던 페니키아의 배들을 데려와서든, 혹은 그가 봉급을 주고 있는 그리스인의 수를 늘려서든, 전쟁을 끝내려고 너무 서두르지 말고, 또 육지와 바다에 대한 지배권을 하나의 세력에 모두 주지도 말라고"(8.46.1-2) 제안했다. 여기에서 그는 다시 한 번 명백한 사실을 장황하게 말했다. 페르시아인에게는 전쟁에 승리를 안겨줄 수 있는 함대가 에게 해에 없었다. 페니키아 함대를 이용하려는 계획은 이번이 처음이었다. 티사페르네스가 정말 이들을 이용하려고 했는지 여부는 불분명하지만, 기원전 412/411년의 겨울에 그러한 함대는 이용할 준비가 되어 있지 않았다.

알키비아데스는 또 티사페르네스에게 스파르타와 결별하고 아테네에 접근하라고 제안했다. 그는 아테네인이 냉소적인 제국주의자이기 때문에 소아시아의 그리스인을 기꺼이 페르시아인에게 넘겨줄 것이고, "제국에 더 적절한 조력자"가 될 것이라고 주장했다. 반면에 스파르타인은 그리스인의 해방자로서 계속 그리스인을 지원할 것이었다. 그러므로 티사페르네스는 "먼저 양편을 모두 지치게 한 후, 아테네의 힘을 가능한 감소시키고, 그 후에 마지막으로 펠로폰네소스 군을 그의 땅에서 몰아내야"(8.46.3-4) 했다. 그러한 조언은 근본적으로 터무니없었고, 양편의 성격을 매우 크게 오도했다. 그러나 이것은 알키비아데스의 필요에는 맞았다. 한동안 그에게 가장 위험한 것은 스파르타인이었다. 게다가 만약 페르시아를 스파르타에서 멀리 떨어지게 할 수 있다면, 아테네인에게 감사를 요구할 수도 있었고 어쩌면 명예와 영광 속에 돌아갈 수 있을지도 몰랐다. 티사페르네스는 그러한 조언에 속아 넘어가지는 않았고, 자기에게 맞는 정책들을 추구했다. 그는 펠로폰네소스 군에게 삭감된 봉급을 불규칙하게 지불했고 페니키아의 함대가 곧 도착할 것이라는 약속을 되풀이해서 그들을 자신에게 묶어두었다. 이로써 펠로폰네소스 군은 별다른 움직임을 보일 수 없게 되었다.

스파르타와 페르시아의 새로운 조약

기원전 412년의 마지막 석 달 동안 펠로폰네소스 함대는 밀레토스에 머물렀고, 아테네 군은 사모스에 104척의 배를 모아 계속 바다를 지배했다. 아테네 군은 다양한 임무로 배들을 내보냈지만, 스파르타 군은 계속 전투를 거부했다. 그들은 자신들이 수적으로 우세할 때에 조차도 그러했다. 키오스의 아스티오코스만이 좀더 모험적이었다. 그는 이미 본 대로 인질을 잡아서 키오스의 혁명을 막았고, 그 지역에서 공세를 펼쳤다. 그러나 아테네 군의 본토 요새에 대한 공격은 실패했고, 날씨가 나빠져서 작전은 끝났다. 레스보스에서 온 사절들이 자신들의 반란을 도와달라고 요청하자, 그는 기꺼이 그들에게 가서 합류하려고 했지만 코린토스 군이 이끄는 동맹군은 이전에 그곳에서 실패했던 경험 때문에 거부했다. 레스보스인은 얼마 후에 다시 요청을 반복했고, 이번에는 아스티오코스가 키오스의 스파르타 군 사령관인 페다리토스에게 이 원정에 동참해달라고 요청했다. 이 원정에서 "그들은 더 많은 동맹국을 얻게거나 아니면 실패한다고 해도 아테네 군에 피해를 입힐 수 있었다."(8.32.3) 그러나 키오스인의 지지를 받던 페다리토스는 이를 거부했다. 아스티오코스는 쓴물을 삼키며 자신의 작전을 포기했고, 키오스를 떠나면서 그들이 자신을 필요로 하더라도 결코 도와주지 않겠노라 맹세했다.

아스티오코스는 그다음에 밀레토스로 가서 스파르타 주력함대를 지휘하려고 했다. 그러나 그가 도착하기 전에 스파르타 군과 페르시아 군이 처음의 예비 조약을 수정하기 시작했다. 불공평한 조약에 대한 재협상은 스파르타인이 먼저 제안했고 테리메네스가 수행했다. 그래서 그 결과로

타결된 합의에는 그의 이름이 붙었다. 테리메네스는 여러 면에서 조약을 개선했다. 소아시아의 그리스 도시들이 대왕에게 "속한다"고 했던 이전의 조항 대신에 상호불가침과 유사한 언어를 쓰는 새로운 조항이 삽입되었다. 페르시아에게만 유리했던, 서로 간에 반란 진압을 도와야 한다는 요구 사항은 삭제되었다. 이 새로운 조약에서는 대왕이 자신이 소집한 그리스 군 병력에게 대가를 지불해야 한다는 의무를 지정했으며, 더 나아가 이 동맹을 "조약이자 우정"(8.37)이라고 명시했다. 그러나 이러한 변화들은 단지 미묘한 말의 차이일 뿐이었다. 페르시아인은 이미 펠로폰네소스 군을 이용해서 아모르게스와 이아소스를 차지했고, 추가적인 도움은 아직 긴급하게 필요하지 않았기 때문이었다.

반면에 스파르타는 다시 한 번 중요한 양보를 했다. 칼키데오스가 협상한 조약에서는 양편이 모두 아테네가 공납을 거두는 것을 막을 의무가 있었다. 그러나 새로운 조약에서는 스파르타가 스스로 공납을 거두는 일을 금지했다. 이것은 아테네 제국을 대체하여 스파르타 제국의 성립을 효과적으로 막는 조치였다. 페르시아인이 약속한 그리스 군에 대한 대가 지불은 대왕이 소집한 수로 제한되었다. 그러나 나머지도 어떻게든 먹여살려야 했다. 새로운 조약의 주된 변화는 첫 구절에 나타난다. "다리우스 왕이나 그의 아버지나 선조들에게 속한 모든 영토와 도시에 대해서는, 스파르타인이나 동맹국들이 전쟁을 벌이거나 그 어떤 해를 끼쳐서도 안 된다."(8.37.2) 티사페르네스는 가까운 미래에 스파르타가 자신의 영토를 공격하고, 또 그들이 페르시아가 자신들의 소유로 생각하는 도시들에서 세금을 걷으려고 시도할 것을 두려워했다. 테리메네스가 협상한 이 조약은 스파르타인이 이러한 행동들을 취하지 못하게 발을 묶었다.

왜 스파르타의 지도자들은 또 하나의 불리한 조약을 체결했던 것일까? 테리메네스가 개인적으로 뛰어나거나 숙련된 협상가는 아니었다. 그러나 탁월하고 노련한 외교관이라고 해도 그 상황에서는 더 낫게 행동하기 어려웠을 것이다. 스파르타의 협상 위치가 너무나 불리했기 때문이다. 티사페르네스는 이미 자신이 원한 것을 성취했고, 만약 스파르타인이 자신을 지긋지긋하게 여긴다고 해도 아무 문제 없었다. 부활하는 아테네인 앞에서 페르시아의 돈과 지원을 그 어느 때보다 간절히 원했던 것은 바로 스파르타인이었기 때문이다. 테리메네스는 페르시아인과의 조약을 완성한 이후 공식적으로 자신의 함대를 해군 사령관 아스티오코스에게 넘겨주고 작은 배를 타고 떠나갔다. 그는 이후에 다시 보이지 않았고, 그의 운명은 알려지지 않았다.

아스티오코스는 밀레토스에서 약 90척의 삼단노선을 보유했기 때문에 인근 사모스에 정박 중인 아테네 군의 74척에 비해 비록 수적으로 유리했으나, 아테네 함대가 자신을 향해 공격해오더라도 전투를 피했다. 그의 선원들은 교전을 피하는 그의 정책이 펠로폰네소스 군의 대의를 잠식한다고 불평하기 시작했고, 그가 뇌물을 받았다고, 그리고 "그가 자기 유익을 위해서 티사페르네스에게 붙었다"(8.50.3)고 불평했다. 그러나 아스티오코스가 움직이지 않았던 것은 부패나 배신의 죄를 씌우지 않더라도 충분히 설명이 가능했다. 바다에 나온 대부분의 스파르타 지휘관들처럼, 그도 자연히 아테네 군을 공격하는 일에 조심스럽고 주저했던 것이다. 그리고 어찌되었든 그는 아마 적을 압도하기 위해서 페니키아 함대를 데려오겠다는 티사페르네스의 약속을 믿었을 것이고, 그래서 끈기 있게 그 함대의 도착을 기다렸다.

아테네 군은 키오스로 향해 가서 섬의 동쪽 해안에 상륙하고 델피니온에 요새를 건설하기 시작했다. 이곳은 중심 도시의 북쪽에 있었고, 좋은 항구를 가진 강력한 위치였다. 한편 페다리토스는 아테네에 동조한 것으로 고발된 자들을 처형했고, 중도적인 체제를 편협한 과두정으로 바꾸었으며, 그의 가혹한 조처들은 친아테네 활동들을 분쇄한 것으로 보인다. 키오스는 서로를 의심하고 아테네 군을 두려워하는 겁에 질린 사람들로 가득 찼다. 그들은 이러한 곤궁에서 아스티오코스에게 도움을 요청했다. 그러나 그는 계속 그들을 돕기를 거부했다. 페다리토스는 스파르타에 항의 편지를 써서 해군 사령관이 잘못을 저지른다며 비난했다. 그러나 그의 노력은 당분간은 아무런 성과도 거두지 못했다. 델피니온의 아테네 군 요새는 데켈레아의 스파르타 군 요새가 아테네를 괴롭혔던 것과 똑같이 키오스인을 괴롭혔다. 그리고 어떤 면에서는 더 심했다. 키오스인은 대단히 많은 수의 노예를 소유했고, 노예들을 지독히 괴롭혔다. 이 노예들 중 많은 수가 델피니온으로 도주했고, 어떤 방식으로든 아테네 군을 기꺼이 도우려고 했다. 또 아테네 군이 계속 바다를 지배했으므로 키오스인은 그 어떤 생필품도 수입할 수 없었다. 키오스인은 절망 속에서 다시 한 번 아스티오코스에게 호소했다. 그들은 그에게 "이오니아의 가장 큰 동맹국 도시가 해상으로 고립되고 육상으로 습격당하는 동안 지켜보고 있지만 말아 달라고"(8.40) 매달렸다.

그러나 아스티오코스는 여전히 뒷짐을 지고 있었고, 그 이유도 충분했다. 그와 키오스인 사이에는 아테네 전함 101척이 버티고 있었다. 그중 74척은 사모스에, 27척은 키오스에 있었다. 그러나 동맹군들은 키오스인의 호소에 마음이 움직여 아스티오코스에게 그들을 도와주러 가라고 압력을 가했다. 그는 그 압력 때문에, 또 스파르타 본국에서 비난이나 그 이상의 일을 당하게 될까 두려워서 마침내 두손을 들었고 항해하기로 동의했다.

스파르타의 새로운 전략

그러나 아스티오코스가 출발하기 전에, 안티스테네스가 11명의 "조언자들"(크심불로이)을 태운 함대와 함께 오고 있는 소식을 들었다. 이들은 "가장 최선의 방법으로 일을 함께 처리하라"는 명령을 받았다.(8.39.2; 41.1) 이 집단의 지도자는 부유하고, 명성이 높고, 영향력 있는 리카스였다. 그는 올림피아 경기의 전차경주에서 우승했고 상당한 외교적 경험을 갖춘 자로서, 유일하게 해군 사령관을 압도할 수 있는 사람이었다. 리카스와 다른 크심불로이는 필요하다면 아스티오코스를 해임하고 안티스테네스를 대신 그 자리에 세울 수 있는 유례없는 권한을 가지고 있었다. 분명 페다리토스의 항의 편지가 이들을 나서게 했을 것이다. 그러나 스파르타 내에서 아스티오코스의 활동에 대한 불만족이 높았던 것 역시 한몫을 했다. 크심불로이는 또 원하는 만큼 배들을 취해서, 그들을 람피아스의 아들 클레아르코스의 지휘 아래 헬레스폰토스에 있는 파르나바조스의 함대로 보내어, 아테네에 대항해서 그 해협을 막도록 하라는 명령도 가지고 있었다.

이것은 전략의 기본적인 변화였고, 분명 첫 번째 계획의 실패에 영향을 받았겠지만 또한 정치적인 변화를 반영한 것이었다. 처음에 키오스로 가는 결정을 지지했던 것은 엔디오스와 알키비아데스였다. 그러나 엔디오스는 이제 에포로이에서 물러났고 그 아테네 배신자는 티사페르네스 밑에 있었다. 키오스는 포위되었고 아테네 군은 소생했으며 펠로폰네소스 군은 무능하고 무기력했다. 그리고 페르시아와의 협상은 겨우 불만족스러운 조약과 신뢰할 수 없는 지원만을 이끌어냈다. 이제 대부분의 스파르타인은 무엇인가 바꿔야 할 때라고 생각했다. 페다리토스의 편지는 이미 진행되고 있던 정책 재검토를 촉진시키는 역할을 했다.

안티스테네스의 배들은 아테네 함대를 피하기 위해서 우회 경로를 택했고, 소아시아 남쪽 해안의 카우노스에 상륙했다. 거기에서 그들은 이제 이오니아에서 펠로폰네소스 군의 주력 기지가 된 밀레토스로 자신들을 데려갈 호위대를 요청했다. 아테네 군이 공격하리라고 예상했기 때문이었다. 아스티오코스는 키오스로 항해할 생각들은 모두 즉시 접었다. "합류하면 바다를 지배할 수 있는 그 거대한 함대를 호위하는 일과 또 자신을 조사하러 온 스파르타인을 안전하게 데려오는 일보다 우선하는 것은 없다고 생각했다."(8.41.1) 이것은 키오스와 그곳의 스파르타 군을 포기한다는 의미였다. 그러나 카우노스에서의 소환은 그에게 원정을 피할 수 있는 유효한 핑계를 제공했고, 필사적이었던 동맹국들도 그것을 받아들일 수밖에 없었다.

아테네 군은 안티스테네스가 카우노스에 도착했다는 소식을 듣고, 그를 중간에 차단하기 위해서, 아스티오코스가 이끌고 갔던 64척에 대항하여 20척의 배를 남쪽으로 보냈다. 아테네 군은 훨씬 대규모의 병력에 대항하여 그렇게 작은 함대를 보내는 데 주저함이 없었다. 그리고 사모스에는 밀레토스의 적 90척과 대치하여 54척만을 남겨두었다. 남쪽을 향하는 20척의 배는 밀레토스를 지나가야 했다. 그러나 지휘관 카르미노스는 스파르타 군의 공격을 전혀 위협적으로 여기지 않았다.

아스티오코스 남쪽으로 가서 가능한 빨리 안티스테네스를 호위하려고 했으나 비와 안개가 함대를 혼란에 빠뜨렸고, 그 혼란 속에서 아테네 함대와 맞닥뜨렸다. 카르미노스 역시 깜짝 놀랐지만 —— 그는 아스티오코스의 계획은 전혀 알지 못했고, 해군 사령관의 64척이 아니라 오직 안티스테네스의 27척과 마주칠 것만을 기대했다 —— 공격하기로 결정했다. 아테네 군은 안개 속에 숨어서 아스티오코스 군의 좌익을 두들겼다. 그러자 놀랍게도 스파르타 함대 전체가 자신들을 포위했다. 아테네 군은 돌파를 시도했고, 어쨌든 6척의 배만 잃고 나올 수 있었다. 아스티오코스는 그들을 추격하지 않고 크니도스로 가서 그곳에서 카우노스에서 온 병력과 합류했다. 이렇게 한 후에야 비로소 이 결합된 대함대는 시메로 가서 카르미노스의 20척에 대한 승전비를 세웠다.

그러나 아테네 군은 그들이 오랫동안 승리감을 누리도록 내버려두지 않았다. 아테네 군의 사모스 함대는 카르미노스의 배들을 포함하여 이제 겨우 70척도 채 되지 않았고, 아스티오코스가 이끄는 적군은 90척가량이었지만, 아테네 군은 그를 끌어내어 "패배"를 설욕하려고 했다. 그러나 그는 움직이지 않았다. 아스티오코스는 그토록 상황이 유리했음에도 불구하고 싸움을 피했다. 펠로폰네소스 함대가 하나로 합쳐지자, 크심불로이는 아스티오코스에 대한 고발을 조사했고, 결국에는 그를 무죄라고 선언하고 그의 지위를 확인했다.

이제 스파르타인이 티사페르네스에게 자신들의 불만을 제기할 무대가 마련되었다. 칭송받는 리카스가 그들의 대표로 나섰다. 비록 스파르타의 지휘관들은 페르시아와의 두 조약이 구속력이 있는 것처럼 행동했지만, 이 조약들은 스파르타에서 공식적으로 비준된 적이 없었다. 그리고 리카스는 이제 그 조약들을 경멸하며 이렇게 말했다. "대왕이 자기와 자기 조상들이 과거에 지배했던 영역들에 대해서 여전히 지배권을 주장한다면 큰 물의를 빚을 것이다. 그것은 모든 섬들은 물론 테살리아, 로크리스, 그리고 보이오티아에 이르는 모든 것들이 다시 그의 노예가 된다는 것이기 때문이다. 스파르타인은 자유 대신에 그리스인에게 페르시아 제국에 대한 복종을 가져다주게 될 것이다." 그는 경고했다. "이 조약들이 개선되지 않는다면, 스파르타인은 이것들을 지킬 수도 없고, 대왕도 그 조항들을 근거로 지원을 요청할 수 없을 것이다."(8.43.3-4)

리카스가 이러한 울분에 찬 목소리를 낸 것은 단순히 그리스인의 자유가 짓밟혔기 때문만은 아니었다. 그는 곧 소아시아의 그리스 도시들을 페르시아에 양도하는 세 번째 조약을 협상하고, 불쾌해하는 밀레토스인에게 그들과 "대왕의 땅에 있는 다른 모든 도시들이 온건한 방식으로 왕의 노예가 되어야 할 것"(8.84.5)이라고 말할 것이기 때문이다. 아마 리카스는 이전의 협상가들이 위협을 받았고 너무 고분고분했다고 믿었으며, 또 더 거칠게 접근하면 더 나은 결과를 얻을 수 있을 것이라고 믿었던 것 같다. 여기에는 그리스 도시들의 지위에 대해서 "그리스의 해방자"에게 덜 당혹스러운 표현들, 그리고 재정 지원에 대한 더 분명하고 개선된 조항들이 포함될 것이었다. 만약 그렇게 믿었다면, 리카스는 실망했을 것이다. 티사페르네스가 화를 내며 회담장을 나가버렸기 때문이다. 티사페르네스는 자신이 스파르타인을 필요로 하는 것보다 스파르타인이 자신을 더 필요로 한다는 사실을 분명하게 인식하고 있었고, 그들이 이 사실을 이해할 때까지 기다릴 수 있었다.

리카스의 행동에 대한 또 하나의 설명은 그가 스파르타에서 받아온 명령에서 찾을 수 있다. 그것은 지휘관들에게 전쟁을 이오니아에서 헬레스폰토스로, 티사페르네스의 관구에서 좀더 편한 상대자가 될 수 있을 파르나바조스의 관구로 옮기라고 지시했다. 아마 리카스는 자신이 티사페르네스와 나눈 대화의 분위기에 대해서 파르나바조스가 알게 되기를 원했을 것이다. 이것은 스파르타인이 새로운 작전의 국면에 들어갈 때 그 총독에게 유용한 경고가 될 수 있었다.

로도스의 반란

그러나 예상치 못했던 기회 때문에 북쪽으로의 이동이 지연되었다. 로도스의 과두파 무리가 크니도스에 와서 스파르타 지도자들에게 민주정 도시들의 아테네에 대한 반란을 지원하고, 과두정을 수립시키고, 그 섬의 풍부한 자원과 인력을 펠로폰네소스인의 편으로 끌어들이라고 설득했다.

스파르타인은 곧 동의했다. 이들은 이 잠재적인 부와 인력을 유입한다면 티사페르네스의 자금에 의지하지 않더라도 함대를 유지할 수 있을 것이라고 기대했다. 스파르타 군은 94척의 배를 가지고 로도스의 서부 해안에 있는 카미로스로 가서 그 도시를 기습하여 점령했다. 기원전 411년 1월에 린도스와 이알리소스와 더불어 로도스는 펠레폰네소스인의 편으로 넘어갔다.

이때 아테네 군은 밀레토스 점령 실패에 대한 대가를 치렀다. 아테네 군이 사모스에서 출발해 로도스에 도착했을 때, 그들은 너무 늦어서 반란을 막을 수 없었다. 프리니코스는 아테네 군이 "적절하게, 그리고 넉넉하게 준비를 한 후……나중에 싸우는 것"이 가능할 것이라고 주장했었다. 그러나 로도스의 사건들은 그의 판단이 얼마나 잘못되었는지를 증명했다. 아테네 군의 삼단노선 75척은 섬 인근에 머물면서 스파르타의 94척에 바다로 나와 싸우자고 도전했다. 그러나 스파르타인은 싸움을 거부했고, 1월 중순에 배를 로도스 해안으로 끌어올리고서는 봄이 무르익기까지 다시는 배를 바다에 내지 않았다.

아테네 군은 마침내 작년에 밀레토스에서 펠로폰네소스 함대와 싸우지 않기로 했던 결정이 얼마나 값비싼 대가를 치르게 하는지를 알게 되었고, 프리니코스와 스키로니데스를 해임하고 그 자리에 레온과 디오메돈을 앉혔다. 새로운 장군들은 펠로폰네소스 군의 배들이 해변에 머물러 있는 동안에 즉각 로도스를 공격했고, 로도스의 군대를 물리치고 인근의 칼케 섬으로 이동했다. 그리고 그곳에서 계속하여 습격을 가하면서 펠로폰네소스 군을 감시했다.

페다리토스는 로도스에서 무력화된 스파르타 군에 키오스에서 도와달라는 요청을 했다. 그는 아테네 군의 요새가 완성되었고 펠로폰네소스 군의 전 함대가 신속하게 오지 않는다면 키오스를 상실할 것이라고 설명했다. 스파르타 군이 도착하기를 기다리면서, 페다리토스 자신은 용병과 키오스인을 이끌고 아테네 군 요새를 공격하여 해변에 있던 배 몇 척을 빼앗았다. 그러나 아테네 군은 역습에 성공했고, 그 과정에서 페다리토스를 죽였다. 키오스인은 "이전보다 더욱 육상과 해상으로 봉쇄되었고, 굶주림에 시달렸다."(8.56.1)

로도스의 스파르타 군 지휘관들은 키오스에서 온 호소를 무시할 수 없었고, 다른 곳에서 키오스만큼 긴급한 호소가 있었음에도 불구하고 그들을 구원하기 위해서 출항할 준비를 했다. 보이오티아가 좁은 해협 맞은편의 오로포스를 빼앗은 것에 자극을 받아 에우보이아에서 반란이 일어났고, 반란자들은 펠로폰네소스 함대의 도움을 요청했다. 아테네인에게는 이보다 더 위협적인 반란이 있을 수 없었다. 그러나 로도스의 펠로폰네소스 군 함대는 에우보이아의 요청을 무시하고 3월에 키오스로 출발했다. 가는 길에 그들은 칼케에서 북쪽으로 항해하는 아테네 함대를 발견했다. 아테네 군은 싸우려고 하지 않고 계속 사모스로 향해 갔다. 그러나 아테네 군이 살짝 보인 것만으로도 스파르타 군을 밀레토스로 돌려보내기에는 충분했다. 스파르타 군은 "해상 전투 없이는 키오스를 도와주러 가는 것이 불가능한 일임을 알았다."(8.60.3)

에우보이아의 중요성

이 문제와 관련하여 양편의 행동들에는 설명이 필요하다. 아테네 함대가 무서워서 겨우내 배들을 로도스의 해변에 올려두었던 스파르타 군이 이제 그 함대를 향해 북쪽으로 나섰다. 그들은 분명 그 함대의 공격을 예상했을 것이다. 그러나 적을 보자마자 스파르타 군은 항구로 도망쳤다. 한편, 아테네 군이 칼케에 왔던 것은 무엇보다도 스파르타 군을 바다에서 잡아 전투를 강요하려는 목적이었다. 그런데 마침내 기회가 왔을 때 그들은 그냥 그 기회를 흘려보냈다.

이러한 행동들의 열쇠는 양편 모두에게 에우보이아가 중요했다는 사실이다. 에우보이아는 아테네의 생명이 걸린 곳이었다. 그해의 나중에 에우보이아 섬 전체가 반란을 일으켰을 때, "아테네는 그 어느 때보다 극심한 공황에 빠졌다. 이전의 그 어떤 사건들도, 그리고 시칠리아의 재난도, 당시에는 엄청나 보였지만, 이처럼 사람들을 두려움에 떨게 하지는 않았다."(8.96.1) 에우보이아는 "그들에게 아티카보다도 더 소중한"(8.96.2) 곳이었고, 에게 해의 아테네 군 지휘관들이 느낀 일차적인 충동은 분명 즉시 그곳으로 가서 방어하고자 하는 데에 있었을 것이다. 비록 그것이 로도스에 있는 스파르타의 대함대를 풀어주어 새로운 반란을 일으키게 하고, 키오스를 구원하게 하고, 사모스와 레스보스를 위협하게 하고, 헬레스폰토스와 아테네의 생명줄을 향해 진격하도록 하게 할지라도 그러했다. 대신에, 아테네 군은 사모스로 갔다. 그곳은 에우보이아로도 신속하게 이동할 수 있고 스파르타 군 함대를 차단할 수도 있는 곳이었다. 아테네 군이 북진하다가 스파르타 군과 싸우지 않으려고 했던 것은, 에우보이아에 즉각 투입될 경우를 대비해서 가능한 빨리 사모스에 도착하고 싶었기 때문이었다.

다른 한편 스파르타 군은 오로포스와 에우보이아의 반란 소식을 들었고, 아테네 군이 지체 없이 에우보이아로 갈 것이라고 기대했다. 아테네 군은 북쪽 항로를 자유롭게 버려둘 것이고 그럼으로써 스파르타 군이 키오스를 구원할 수 있었다. 그러나 막상 아테네 함대가 바로 자신들의 항로 위에 있는 것을 보자, 스파르타 군은 키오스를 포기하고 밀레토스의 주력 기지로 안전하게 돌아가는 편을 택했다. 그 길이 열려 있었기 때문이었다.

한편 에게 해에서 벌어지는 사건들은 상황에 대한 티사페르네스의 판단을 바꾸게 했다. 그가 스파르타에 등을 돌린 것은 스파르타가 두 열강 중에서 더 강해 보였기 때문이었다. 그리고 그의 전략은 양편 모두를 지치게 하는 것이었다. 리카스의 거친 말들 역시 아테네인을 매력적인 대안으로 여기게 하는 데 기여했을 테지만, 무엇보다 겨울에 벌어진 사건들이 자신의 계산이 틀렸음을 증명했다. 아테네 군은 수적으로는 열세였지만 다시 바다를 지배했고, 스파르타 군 함대는 분명히 싸우기를 두려워했다. 티사페르네스는 이제 스파르타인의 승리보다는 그들의 절망이 그들로 하여금 무슨 일을 하게 할 것인지에 더 관심이 있었다. 스파르타 군이 로도스에서 거두는 돈은 펠로폰네소스 함대의 선원들을 한 달 동안 부양하는 데에도 충분하지 않을 것이었고, 그들이 그곳에서 80일을 체류했으므로 그 부족은 더욱 심각할 것이었다. 티사페르네스는 스파르타 군이 자금이 바닥나면 "어쩔 수 없이 해전을 감행하고 패배하거나, 선원들이 도망가버려 배가 텅텅 비고 아테네 군이 자신의 도움 없이 그들의 목표를 달성하게 될까 걱정했다. 그러나 그것을 넘어서, 그가 가장 두려웠던 것은 스파르타 군이 생계를 유지하려고 소아시아 본토를 약탈하는 것이었다." (8.57.1) 그는 스파르타 함대가 자신의 지배 아래 밀레토스에 있기를 원했다. 그러면 아테네 군의 공격으로부터 그 전략적으로 중요한 항구도 지키고, 자신이 그 함대의 활동도 감시할 수 있기 때문이었다.

페르시아와의 새로운 조약

스파르타인은 최소한 화해를 하고 싶었다. 페르시아인이 아테네인과 대화를 나눌까봐 점점 더 걱정스러웠고, 돈은 부족했으며, 겨울에 벌어진 사건들은 자신들이 바다에서 아테네를 쓰러뜨릴 기회를 잡으려면 반드시 페르시아에서 상당한 도움을 얻어야 한다는 것을 드러냈다. 그러므로 스파르타 군 지휘관들은 2월에 카우노스에서 티사페르네스와 새로운 조약을 협상했다. 이전의 조약들과 마찬가지로, 이 조약에는 상호불가침 조항, 페르시아의 재정적 지원에 대한 언급, 공동으로 전쟁을 개시하고 평화조약을 맺을 의무 등이 포함되었다. 그러나 이 새 조약에서 달라진 점들이 중요했다. 이것은 양국의 정부에 의한 비준을 요구하는 공식 조약이었다. 다리우스 왕 자신은 다음과 같은 첫 조항을 분명히 승인했을 것이다. "아시아에 있는 왕의 모든 영토는 왕에게 속한다. 그리고 왕은 자신의 영토에 대해서 자신이 원하는 대로 결정한다."(8.58.2) 이 주장은 매우 거창하기는 했지만, 이전의 조약들에 포함되었던 유럽 쪽의 땅들에 대한 언급이 모두 빠졌다. 이것은 리카스의 불평에 대한 양보였다. 그러나 다리우스의 아시아에 대한 단독 지배권 주장에 대해서는 실수가 없었다.

이 조약을 이전의 것들과 구별하는 가장 중요한 요소들 중 하나는 "왕의 배들"의 이용에 대한 언급이었다. 이전 조약의 전제에서는 스파르타와 그 동맹국들이 싸움을 하고, 대왕에게는 오직 재정적인 의무만 있었다. 그러나 새로운 조약에서 군사적 성공의 기대를 부담으로 안은 것은 다리우스의 해군이었다. 왕의 대리자들은 이제 대왕의 배들이 도착할 때까지만 펠로폰네소스 군을 부양하기로 합의했다. 그 이후에는 펠로폰네소스 군은 스스로 비용을 대거나, 혹은 티사페르네스에게서 증여가 아니라 전쟁이 끝나면 갚아야 할 대부로서 돈을 얻어야 했다. 그리고 전쟁은 양편 모두에 의해서 수행될 것이었다.

실제 전투에서 그리스인과 싸운 페르시아 전함들의 기록은 비참했다. 그리고 결국 페르시아 군은 결코 자신들의 함대를 끌어들이지 않았다. 그러나 그들의 능력이 어떠하든지 간에, 그러한 증원군에 대한 확고한 약속은, 리카스는 물론 다른 스파르타 지도자들로 하여금 리카스가 그토록 격렬하게 비난했던 것보다 별로 낫지도 않은 조약을 승인하게 했다.

페르시아가 아시아 외부에 대한 주장을 포기한 것조차도 실제적으로는 별로 중요하지 않았다. 페르시아는 진지하게 그런 주장을 펼쳤던 적이 없었다. 그러나 스파르타인은 공식적으로 아시아의 그리스인을 포기했고, 해방자로서 자신의 역할도 포기했다. 이것은 새 조약의 대단히 부끄러운 양보였다. 스파르타인은 시칠리아의 재난 이후에 수행한 작전들이 실패하고, 그래서 다른 방식으로는 전쟁을 이길 수 없음을 확신하게 되었다. 만약 그렇지 않았더라면 그들은 그러한 조항에 동의하지 않았을 것이다.

헬레스폰토스의 스파르타 군

비록 페르시아의 함대는 결코 실제로 나타나지 않았지만, 페르시아의 돈은 스파르타가 우선권을 회복하는 데 도움이 되었고, 화해의 소식은 심지어 소아시아의 그리스인들로부터도 지지를 받았던 것 같다. 스파르타 군은 바다에서 아테네 군에 도전할 수 없었으므로, 이제 가능한 유일한 방법을 택했다. 데르킬리다스 장군의 지휘 아래 육상으로 헬레스폰토스까지 군대를 보냈다. 그들의 첫 목표는 아시아쪽에 있는 밀레토스의 식민시 아비도스였다. 그러나 일단 해협에 도착하자 그들은 그 지역 전체에서 반란을 부추기고 아테네의 무역과 식량 공급을 차단시키려는 희망을 품었다. 최소한 펠로폰네소스 군이 헬레스폰토스에 있다는 것만으로도 아테네 군은 에게 해에서 함대를 북쪽으로 올려야 했고, 그러면 제국에 반란의 문이 열릴 것이다.

데르킬리다스는 기원전 411년 5월에 헬레스폰토스에 도착했고, 신속하게 아비도스와 인근 람프사코스에서 반란을 촉발시켰다.(지도 24) 아테네 장군 스트롬비키데스는 24척의 배와 약간의 중장 보병을 데리고 가서 람프사코스를 회복했다. 그러나 아비도스를 탈환하지는 못했다. 그는 유럽쪽에 있는 세스토스에 "요새와 헬레스폰토스 전체를 감시할 망루"(8.62.3)를 건설했지만, 가장 중요한 수로에서 스파르타 군을 몰아내지는 못했다.

스파르타 군의 새 전략은 곧 에게 해의 전장에서 효과를 발휘했다. 얼마 전에 스파르타 군은 레온을 보내어 키오스 사령관 자리에 페다리토스

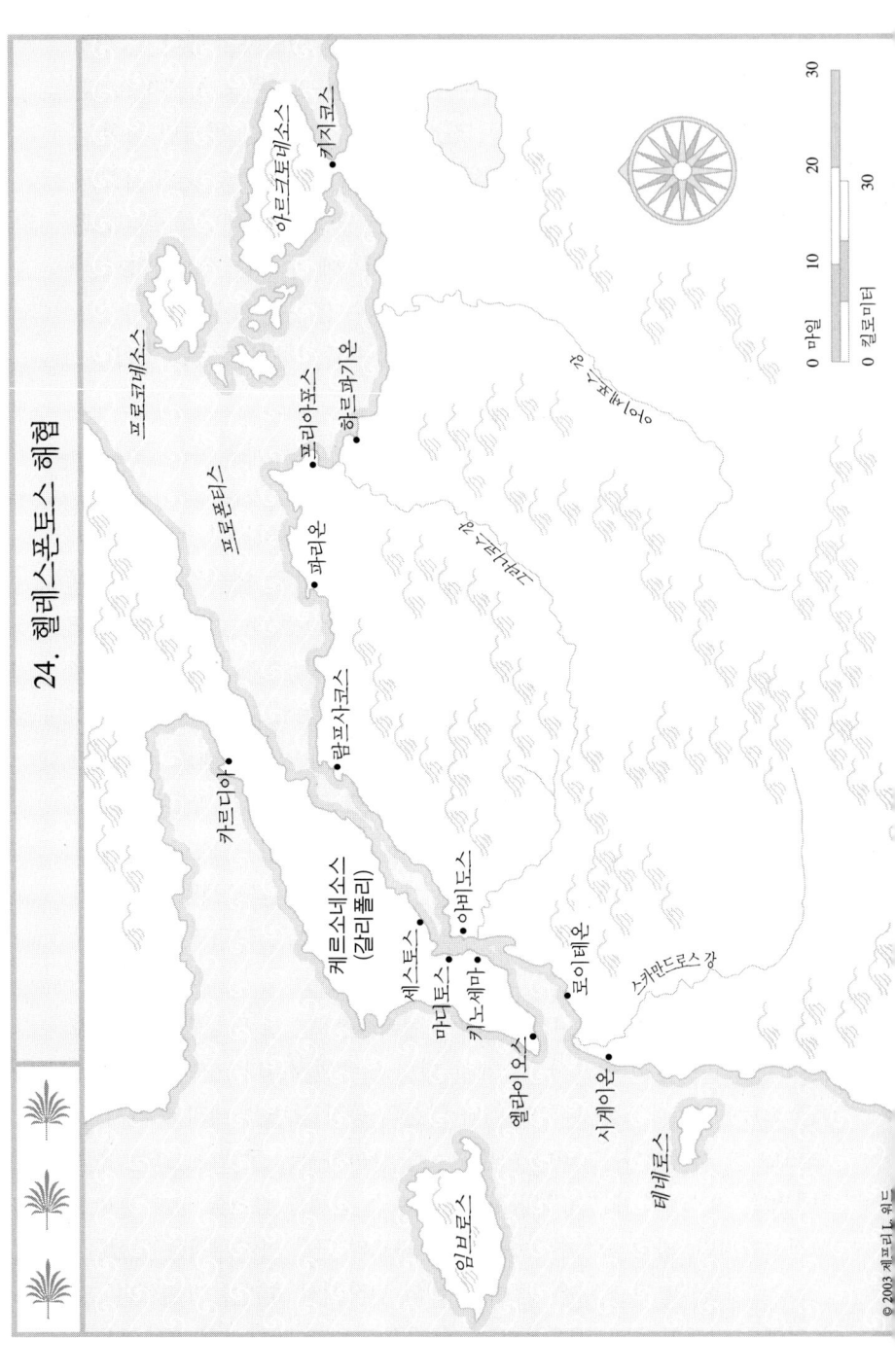

를 대신하게 했다. 그는 밀레토스의 12척에 키오스의 삼단노선 24척을 합류시켜 36척의 함대를 형성했다. 이에 대해서 아테네 군은 32척의 배를 보냈다. 그러나 그중 일부는 보병 수송선으로서 해전에서는 쓸모가 없었다. 펠로폰네소스 군은 우세하기는 했으나 결정적인 승리를 거둘 수 없었고, 밤이 되었다. 봉쇄는 계속 유지되었으나 펠로폰네소스 군과 동맹군은 해전에서 버티는 것 이상을 할 수 있음을 증명했다.

그 후 스트롬비키데스는 아테네 함대의 주력을 헬레스폰토스로 데려갈 수밖에 없었고, 키오스 바다 주변을 방어하는 데에는 겨우 8척만을 남겨두었다. 이에 고무된 아스티오코스는 사모스를 빠져나가 키오스로 갔고, 그곳에서 키오스와 밀레토스로부터 모은 100척 이상의 전함들을 가지고 사모스로 가서 아테네 군에 바다의 지배권을 두고 싸움을 걸었다. 그는 기껏 새롭게 용기를 냈는데, 그를 맞이한 것은 소심함이었다. 아테네 군이 전투를 거부했다. 투키디데스는 아테네 군이 아스티오코스와 싸우러 나오지 않은 것은 "그들이 서로를 의심"했기 때문이라고 설명했다. 이것은 최근에 아테네에서 발생한 내부 분쟁을 언급하는 것이었다. 이 분쟁으로 아테네의 시민들은 적대적인 분파들로 분열되었고 도시의 생존은 심각한 위협에 처했다. 갑자기 상황이 완전히 뒤집어졌다. 아테네가 해상에서의 지배권과 전쟁의 선제권을 상실했고, 내란으로 인해서 찢어진 것이다.

제28장
혁명을 향한 움직임 (기원전 411년)

아테네 사람들은 기원전 431년에 전쟁이 시작된 이래로 20년의 전쟁과 냉전 기간 내내 놀라운 결속력을 과시했다. 그들은 시골의 농장과 집들을 자유롭게 사용할 수 없었고, 도시 중심으로 몰려들어야 했고, 참혹한 역병을 겪었고, 결국에는 시칠리아에서 끔찍한 손해를 입었지만, 그럼에도 불구하고 아테네에서 참주정을 축출한 이후 1세기 동안 쿠데타나 내전을 피했던 놀라운 기록을 유지했다. 시칠리아 재난 이후 아테네는 바다에 대한 지배권을 놀라울 정도로 빠르게 회복했고, 이로 인해서 잘못 착상되었던 그 작전의 악영향을 무효화시키고, 또 제국의 잃어버린 도시들을 회복하며, 전쟁에서 승리의 희망을 높여줄 것으로 기대되었다. 그러나 페르시아가 상황에 개입함으로써 이러한 전망은 어두워졌다. 기원전 411년에 아테네에서 오랫동안 고분고분했던 민주정의 적대세력들이 임박한 페르시아의 위협과 알키비아데스의 야심을 이용하여 체제를 공격했다.

역설적이게도, 기원전 411년은 아테네가 참주정에서 해방된 100주년이 되는 해였다. 그리고 참주정은 곧 세계 최초의 민주정 수립으로 이어졌었다. 그 당시 아테네는 번영했고 강력했으며, 아테네 사람들은 민주정을 아테네의 자연적이고 정상적인 제도라고 여겼다. 민주정 모델은 여전히 그리스 도시들에서 드물었다. 대부분은 소수의 혹은 다수의 과두파에 의해서 지배되었다. 아테네 상류 계급은 민주정을 받아들였고, 주도권에 대한 경쟁에 참여하거나 혹은 그저 물러서 있었다. 그러나 펠로폰네소스 전쟁 때까지 거의 모든 주도적인 아테네 정치가들은 귀족 출신이었다.

귀족적 전통

그러나 어떤 귀족들은 인민의 지배에 대한 경멸을 포기하지 않았다. 이것은 그리스 전통에 강하게 뿌리 내린 편견이었다. 호메로스의 서사시에서는, 결정과 명령을 내리는 것은 귀족이었고 평민들은 자신의 분수를 알고 귀족에게 복종했다. 기원전 6세기에 메가라의 시인 테오그니스는 정치적, 사회적 변화로 인해서 자신의 세계를 전복당한 귀족으로서 신랄한 글을 썼고, 그의 사상은 기원전 4세기에 이르기까지 민주정의 적들에게 강한 영향을 끼쳤다. 테오그니스는 인간을 출생에 근거하여 두 유형으로 나누었다. 선하고 고귀한 자와 악하고 저급한 자였다. 고귀한 자만이 판단력(gnome, 그노메)과 존엄함(aidos, 아이도스)을 소유하고 있으므로, 오직 그러한 자에게만 중용, 절제, 정의의 능력이 있다. 인민 대중에게는 이러한 덕목이 없으며, 그러므로 수치를 모르고 거만하다. 게다가 선한 자질들은 가르쳐서 되는 것이 아니다. "한 사람에게 선한 분별력을 가르치는 것보다는 낳아서 기르는 편이 쉽다. 바보를 현명하게 만들거나 악한 자를 선하게 만드는 방법은 누구도 발견하지 못했다……. 만약 사고가 만들어질 수 있고 사람에게 주입될 수 있는 것이라면, 선한 사람의 아들은 결코 악인이 되지 않을 것이다. 그는 선한 조언을 따를 것이기 때문이다. 그러나 결코 악인을 가르쳐서 선하게 만들 수는 없을 것이다."(테오그니스 429-438)

기원전 5세기 후반에 살았던 테베의 시인 핀다로스의 견해 역시 아테네의 상류층에서 높게 평가받았다. 그의 메시지는 테오그니스를 반영했다. 고귀하게 태어난 자는 지적으로 그리고 도덕적으로 인민 대중보다 선천적으로 우월하며, 이 차이는 교육으로 제거될 수 없다는 것이었다.

> 혈통을 따라 흐르는 광채는 매우 무겁다오.
> 사람은 배워도 여전히 까막눈일 수 있지요.
> 한쪽으로 날려갔다가 또 다른 쪽으로,
> 언제나 불안한 걸음을 디디며
> 그의 마음은 완성되지 못하고

수천 가지 덕목들의 파편만을 먹고 산다네.
(『네메아』 3.40-42)

오직 타고난 현인만이 이해력을 가진다.

내 굽어진 손 아래에는
전통 안에 날카로운 화살들이 많다네.
그들은 지혜에 이야기하네, 그러나 대부분의 사람들은 해석해주어야 하지.
현자는 많은 것들을 자신의 혈통으로 안다네. 그러나 천한 자들은 가르쳐야 하지.
그들은 아무 말도 하지 않을 것이야. 제우스 신의 거룩한 새 앞에 모여든 까마귀들처럼, 헛되이 덜걱거릴 뿐.
(『올림피아』 2.86-87)

이러한 생각들에 의해서 형성된 정신에는 민주정이란 잘해야 바보짓이었고, 불공정하고 부도덕한 것이 될 수 있었다. 『아테네인의 국제(國制)』 —— 기원전 420년대에 "늙은 과두주의자"(The Old Oligarch)라고 불리는 한 이름 없는 저자가 쓴 소책자[1] —— 는 전쟁 동안에 몇몇 아테네인이 느꼈던 불만을 드러낸다. "아테네인의 국제에 대해서 말하자면, 나는 아테네인이 이 제도를 선택한 것을 칭찬하지 않는다. 이것을 선택함으로써 아테네인은 국가의 더 나은 부분을 선한 자들(chrestoi, 크레스토이)가 아니라 천박한 인민(poneroi, 포네로이)에게 주었기 때문이다. 아테네인은 안전하고 봉급을 받는 자리들에는 제비뽑기를 이용했고, 반면에 장군과 기병 지휘관 같은 위험한 직업들은 선거로, 그리고 가장 자격을 갖춘 자들에게 남겨주었다."(『아테네인의 국제』 1.1.3)

"늙은 과두주의자"와 같은 사람들이 자신의 국가에 대해서 원했던 것은 에우노미아(eunomia)였다. 이것은 스파르타인이 스파르타의 국제(國制)에 붙인 이름이었고, 핀다로스가 코린토스의 과두정에 적용한 이름이었다. 그러한 국제 아래에서는 가장 뛰어나고 가장 자격을 갖춘 자들이 법률을 제정하고, 선한 자가 악한 자를 심판한다. 선한 자는 "미친 자가

---

[1] 이것은 제목이 같은 아리스토텔레스의 논문과는 완전히 다른 저작이다.

협의회에 앉거나 민회에서 발언하게 허용하지 않을 것이다. 그러나 이러한 선한 조치들의 결과로 인민들은 물론 노예 상태가 된다."(1.9) 저자는 대중들이 민주정, 즉 "악한 정부"(kakonomia, 카코노미아)를 유지하려고 투쟁할 것으로 예상했다. 이것이 자신들에게 이익이 되기 때문이다. "그러나 인민에 속하지 않으면서도 과두정에 의해서 지배되는 도시가 아니라 민주적 지배에 놓인 도시에 살기를 더 원하는 자는 스스로를 부도덕하게 만드는 것이며, 악인이 과두적으로 지배되는 도시보다는 민주적인 도시에서 더 쉽게 자신을 감출 수 있다는 점을 잘 아는 것이다."(2.19) 그러므로 이러한 신념에 동의하는 사람들이 민주정의 전복을 도덕적 의무와 같은 것으로 여겼다는 점도 놀랄 일이 아니다.

민주정과 전쟁

펠로폰네소스 전쟁 동안에 민주정에 대한 반대는 최소한 철학적인 것만큼이나 실제적인 것이 되었다. 오랫동안 이어지는 분쟁, 고생과 궁핍, 결정적 승리를 얻기 위한 모든 전략의 실패, 그리고 무엇보다도 시칠리아의 재난은 체제의 성격과 그 체제를 쥐고 있는 자들을 비난하기 쉽게 만들었다. 키몬이나 페리클레스와 같은 강력하고 존경받는 귀족 출신의 정치 지도자가 없다는 것 역시 민주정과 그 비판가들 사이의 완충 지대를 제거하는 데 한몫을 했다. 기원전 411년에 지도력의 공백은 아테네 정치에서 중요한 역할을 했던 모임인 헤타이리아이의 힘이 특히 민주정 반대자들 사이에서 증대되었다. 이들의 구성원들과 유산 계급의 시민들은 전쟁을 지원하기 위해서 유례없는 재정적 부담을 지고 있었다. 게다가 세금 납부 계급은 전쟁 동안에 그 수가 줄어들었다. 전쟁 전에는 성인 남성이 거의 2만5,000명에 달했는데, 전쟁이 계속되면서 9,000명 정도로 준 것이다.

기원전 411년에 과두파뿐 아니라 많은 아테네인들이 민주적 관행의 축소를 고려하기 시작했고, 심지어 체제를 바꿔서라도 전쟁 수행을 돕고자 했다. 그러나 이러한 움직임의 발기인은 망명자 알키비아데스였고, 그의 동기는 언제나 그러했듯이 이념이 아닌 자기 이익이었다. 알키비아데스는 티사페르네스가 자신에게 제공하는 안전은 일시적인 것임을, 그리고 그와 이해관계를 달리하는 것이 시간문제일 뿐임을 약삭빠르게도 알아차렸다. 아기스가 있는 스파르타로 돌아가는 것은 불가능했으므로, 티사페르네스를 통해서 자신이 일시적으로 가진 영향력을 이용해서 안전하게 아테네로 돌아갈 준비를 했다.

알키비아데스는 그 첫 단계로, 사모스 섬에 있는 "(아테네인) 중에서 가장 중요한 사람들" —— 아마 장군들, 트리에르아르코스들, 그리고 여타 유력인사들 —— 과 연락을 취하여, "가장 뛰어난 사람들"(8.47.2)에게 자신에 대해서 말해달라고 요청했다. 민주정을 과두정으로 대체하는 것에 동의한다면 알키비아데스가 티사페르네스의 지원을 가지고 아테네로 돌아올 것이라고 말해달라는 내용이었다. 이 계획은 효과를 발휘했다. "사모스의 아테네 병사들은 알키비아데스가 티사페르네스에 대한 영향력이 있다는 것을 알았기 때문이었다."(8.47.2) 그리고 그들은 사신을 통해서 알키비아데스와 대화하기 시작했다. 투키디데스는 중요하지만 주목받지 못했던 한 부분에서, 과두적 움직임을 먼저 이끈 것이 아테네 군 지휘관들이었다고 보았다. "그러나 알키비아데스의 영향력과 약속들보다도, 그들 스스로, 즉 트리에르아르코스들과 사모스에 있던 아테네인들 중 가장 중요한 사람들이 민주정을 파괴하기를 열망했다."(8.47.2)

이 경우에서 투키디데스가 그러한 동기들을 사모스 섬의 아테네 군 지휘관들에게 돌린 것은 분명히 잘못이다. 우리가 이름을 아는 한 트리에르아르코스인 스테이리아의 리코스의 아들 트라시불로스는 결코 민주정의 적이 아니었기 때문이다. 사모스인은 민주정을 전복시키려는 과두파의 음모를 알게 되었을 때 처음부터 트라시불로스에게 왔다. 그는 "특히 그러한 음모가들에 언제나 반대하는 것으로 보였던"(8.73.4) 사람들 중의 한 명이었다. 트라시불로스와 그의 동료들은 사모스의 민주정을 방어하고 과두파의 반란을 진압하기 위해서 모였다. 그들은 모든 병사들에게 민주정에 대한 충성 서약을 강요했고, 완전히 민주적이 된 이 군대는 장군들을 해임하고 대신 신뢰할 만한 민주파 인사들을 선출했다. 트라시불로스는 그중 한 사람이었다. 그는 이후 전쟁 내내 민주정에 충성하는 지휘관이었고, 전쟁 이후에는 과두정에 저항하고, 마침내 30인 과두정을 전복시켜 아테네에 민주정을 회복시킨 영웅이었다. 만약 투키디데스가 그의 동기를 착각하거나 잘못 알고 있었다면, 다른 사람들에 대해서도 역시 잘못되었을 수 있을 것이다. 그러므로 우리는 그의 의견을 의심 없이 받아들일 것이 아니라 각각의 경우마다 점검해보아야 한다.

트라시불로스와 중도파

놀랍게도 트라시불로스는 민주정에 대한 확신에도 불구하고 사모스에서 알키비아데스가 아테네 편으로 돌아오는 것을 찬성했던 사람들 중 한 명이었다. 그러므로 다른 이들 역시 체제에 대한 적개심과는 무관하게 이 배신자의 복권(復權)을 찬성했을 수도 있다. 처음부터 사모스의 지휘관들은 최소한 두 집단으로 분열되었다. 하나는 트라시불로스의 집단으로, 투키디데스는 이 사람에 대해서 "그는 언제나 견해를 바꾸지 않았다. 즉 알키비아데스를 다시 불러와야 한다고 했다"(8.81.1)라고 말한다. 그러나 이것은 기원전 411년에 이 평생 민주파 인사가 최소한 일시적으로나마 민주정에 대한 제한을 받아들이려고 했음을 의미한다. 알키비아데스를 복권시키는 것은 현재의 정부가 지배하는 한 불가능했기 때문이다. 알키비아데스 자신도 처음부터 공개적으로 과두정에 대한 지지 의사를 밝혔다. 그러나 트라시불로스와 다른 진정한 민주파들이 아마 그에게 말의 수위를 조절하도록 했던 것 같다. 알키비아데스는 사모스에서 온 대표단을 만났을 때 자신의 입장을 수정하고, "만약 아테네인이 민주정 지배에 있지 않다면"(8.48.1) 티사페르네스를 아테네와의 동맹에 끌어들이겠다고 약속했던 것이다. 이 미묘한 말의 변화는 트라시불로스와 같은 사람들에 대한 양보였다. 그들은 이미 프로불로이들을 통해서 했던 것처럼 자신들의 제도를 수정할 준비는 되어 있었으나, 과두정으로 옮겨갈 생각은 없었던 사람들이었다.

트라시불로스는 알키비아데스를 사면하고 장군으로 선출하도록 사모스의 아테네 군을 설득한 뒤, 알키비아데스를 데리러 직접 티사페르네스의 진영으로 건너갔다. 투키디데스는 이것을 다음과 같이 설명한다. "그는 알키비아데스를 사모스로 데려왔다. 아테네의 안전을 지킬 유일한 길은 알키비아데스가 티사페르네스를 펠로폰네소스인에게서 자기들 편으로 끌어올 수 있느냐 여부에 달려 있다고 생각했기 때문이었다."(8.81.1) 트라시불로스는 페르시아와 스파르타의 동맹이 유지된다면 아테네가 패할 것으로 믿었다. 전쟁에 이기기 위해서는 페르시아를 반드시 자기편으로 삼아야 했고, 오직 알키비아데스만이 그 일을 할 수 있었다.

트라시불로스가 받아들일 만했던 민주정에 대한 제한은 기원전 411년 여름에 가장 철저한 과두파들이 알키비아데스를 과두정에 참여하기에 "부적합하다"며 거부한 이후 알키비아데스가 사모스의 아테네인들에게 제안했던 것들과 구별된다. 당시 알키비아데스는 폭력으로 과두적 권력을 잡은 400인 협의회를 해산하고 과거의 민주적 500인 협의회를 복원할 것을 제안했다. 그는 또 공공 봉사로 돈을 내는 관행을 끝내자고 했다. 이것 때문에 가난한 아테네인이 관직에 진출하지 못했기 때문이었다. 그리고 중장 보병 계급 이상의 완전능동 시민들로 제한된 5,000인회의 구성도 요구했다.

그러므로 한동안 트라시불로스는 이러한 조건들을 기꺼이 받아들였을 것이다. 그러나 그는 소수의 400인 정부는 받아들이지 않았다. 그에게 가장 잘 맞는 범주는 전통적 명칭인 "중도파"였다. 이것은 기원전 411년에는 아테네의 인민 민주정에 제한이 가해져야 한다고 할지라도 전쟁의 승리에 최우선 가치를 두는 사람을 지칭했다.

진정한 과두파

그러나 알키비아데스와 논의하던 다른 사람들은 모든 종류의 민주정에 대한 진정한 반대자들이었고, 민주정을 항구적으로 어떤 형태의 과두적 지배로 대체하기를 원했다. 이 음모에 가담한 두 명은 이전에 선동가였던 프리니코스와 페이산드로스였다. 전쟁이 끝나고 몇 년 후에 한 아테네 연설가는 이 둘을 과두정 수립에 협조했다는 죄목으로 고발했다. 그는 이들이 자신들이 아테네인에게 범한 많은 잘못들로 인해서 처벌받을 것이 두려워 과두정을 도왔다고 주장했다. 그러나 우리는 이 예전의 인민 민주파 정치가들이 과두 음모로 넘어가게 된 것에 어떤 개인적인 사항이 실제 역할을 했는지에 대해서는 확실히 알지 못한다.

아무튼, 그들은 전쟁에 이기기 위해서 알키비아데스를 데려오는 것에 반대했다. 프리니코스는 그의 귀환을 내내 반대했고, "그 누구보다도 자신이 과두정에 열심임을 드러내 보였다……. 그는 일단 일에 착수하자 가장 믿을 만한 사람임을 나타냈다."(8.63.3) 페이산드로스는 신속하게 알키비아데스 반대파가 되었고, 가장 폭력적이며 편협한 정신을 가진 과두파들의 우두머리가 되었다. 그는 400인 과두정을 세울 것을 제안했고, 제국과 아테네에서 민주정을 전복하는 데 주도적인 역할을 했다. 그는 과두정이 무너진 후에는 스파르타로 넘어갔다.

사모스의 "트리에르아르코스들과 가장 중요한 사람들"이 알키비아데스에게 대표단을 보냈을 때, 페이산드로스와 트라시불로스는 아마 그 대표단의 일원이었을 것이다. 회합에서 알키비아데스는 "만약 아테네인이 민주정을 유지하지 않는다면" 티사페르네스와 대왕을 아테네 편으로 끌어 오겠다고 약속했다. "왜냐하면 그렇게 해야 왕이 더욱 그들을 신뢰할 것이기 때문이었다."(8.48.1) 알키비아데스는 자신의 언변술로 중도파의 망설임을 완화시켰다. "민주정을 유지하지 않는 것"은 "저열한 민주정을 과두정으로 대체하는 것"과는 달리 중도파와 과두파 모두에게 맞는 방식으로 해석될 수 있었다.

지도자들이 취할 다음 단계는 "적합한 사람들"을 맹세를 통해서 하나의 작동하는 정치적 실체로 만드는 것이었다. 이 집단에는 아마 밀레토스 작전에 관련된 중장 보병들이 포함되었을 것이다. 그러나 트라시불로스가 이들 중에 있었다는 것은 이것이 단순한 과두적 음모가 아니었음을 알려준다. 이 새로운 집단은 사모스의 아테네인을 소집하여 "만약 알키비아데스의 귀환을 받아들이고 민주정에 의해서 지배되지 않는다면, 대왕이 자신들의 친구가 되고 돈을 제공할 것임을 모두에게 공개적으로 말했다."(8.48.2) 몇몇 사람들이 참여폭이 좁고 항구적인 과두정 수립 계획을 비밀 안건으로 가지고 있었다는 사실을 보통 사람들은 알 수 없었고, 트라시불로스와 같은 내부자들도 그것을 몰랐다.

투키디데스는 이 병사들과 선원들의 회의를 가리켜 "폭도들"이라고 부르는데, 이들은 "행해진 일들에 대해서 무엇인가 마음에 들지는 않았으나, 대왕으로부터 돈을 받을 수 있을 것이라는 희망적인 전망 때문에 조용히 수용했다."(8.48.3) 이것은 아테네 병사들과 선원들에 대한 불공평한 성격묘사이다. 투키디데스는 기원전 415년의 시칠리아 작전에 대한 인민의 열정을 묘사할 때와 마찬가지로 이번에도 단순한 탐욕이 유일한 동기였다고 주장한다. 그러나 이 일에는 훨씬 더 복잡한 감정들과 고려 사항들이 있었다. 기원전 412년과 411년에는 이 사람들은 물론 이들의 가족과 도시의 생존 자체가 위험에 처해 있었고, 그 외에도 앞으로 올 여러 해 동안 그들이 보여준 행동들은 애국심과 아테네 민주정에 대한 헌신을 여러 차례 증명했다.

알키비아데스를 반대하는 프리니코스

이 문제를 마침내 공식적으로 결정할 때가 되자, 지도자들의 회의에서 프리니코스를 제외한 모든 이들은 알키비아데스를 받아들일 준비가 되었다. 프리니코스는 알키비아데스나 아니면 다른 누구라도 페르시아를 아테네 편으로 만들 수 있다는 생각을 거부했고, 또 민주정을 포기하는 것이 제국 유지에 도움이 될 것이라는 생각에도 도전했다. 그는 계급 투쟁과 내부 분쟁이 국제(國制)의 형태보다 앞서 중요하다는 논의에 반대했고, 독립에 대한 사랑이 압도적으로 중요하다고 주장했다. 그는 경고했다. 어떤 동맹국도 "과두정이나 민주정에 의해서 노예가 되는 것보다는 차라리 그 어떤 체제 아래에서라도 자유로워지는 편을 원할 것입니다." (8.48.5)

이러한 고려 이외에도, 프리니코스는 알키비아데스를 신뢰할 수 없다고 주장했다. 알키비아데스에게는 국제 조정이 아무런 의미가 없었다. 그의 관심은 오직 아테네로 안전하게 귀환하는 것이었다. 그가 아테네에 나타나면 내란이 발발하여 아테네를 망쳐놓고, 그러므로 그를 받아들이지 말아야 한다는 것이었다. 이러한 주장이 제기되었음에도 불구하고, 아테네 지도자들은 자신들의 도시의 운명을 바꿀 방도를 찾느라 필사적이었기 때문에 이 회의에서 알키비아데스의 제안을 받아들였다. 그들은 페이산드로스를 지명하여 아테네로 사절단을 이끌게 해서, 알키비아데스의 귀환에 대한 협상을 시도하고 또 티사페르네스를 끌어들이기 위해서 현재의 민주정을 붕괴시키도록 했다.

프리니코스는 이제 자신이 큰 위험에 처했음을 알았다. 자신이 알키비아데스에게 반대했다는 소식이 전해지면, 그는 곧 복수하려고 할 것이기 때문이다. 프리니코스는 필사적으로 알키비아데스의 귀환을 막고 자신을 보호할 계획을 꾸몄다. 이후에 벌어진 사건들에 대해서 학자들은 오랫동안 골머리를 앓아왔다. 확실한 것은 아무것도 없지만, 다음은 가능성 있는 재구성들 중 하나이다. 이 사건 내내 프리니코스의 행동은 오래 묵은 강한 적개심의 표현이라고 생각할 때 가장 잘 이해될 수 있다. 그래야 그가 아무런 지지 없이도 기꺼이 드러내고 알키비아데스의 복권을 반대한 것이 설명된다. 그는 사모스의 회의에서 설득에 실패하자 자신의 안전을 염려하여 밀레토스의 스파르타 해군 사령관 아스티오코스에게 편지를 썼다. 그는 편지에서 알키비아데스를 귀환시키려는 음모와 이 배신자가 티사페르네스와 페르시아의 지지를 아테네 편으로 끌어오겠다고 약속했음을 알렸다. 프리니코스는 알키비아데스가 이미 스파르타 진영을 떠났다는 것을 몰랐기 때문에 아스티오코스가 즉시 그를 잡아서 음모에 끝을 낼 수 있을 것이라고 생각했다. 아스티오코스는 그렇게 할 수는 없었지만, 그럼에도 이 경고를 무시하고 아테네인의 음모가 성공하도록 방치할 수는 없었다.

아스티오코스가 택한 해결책은 이 편지를 마그네시아에 있는 티사페르네스에게 보내서 그 음모에 대처하게 하는 것이었다. 이 총독은 충격을 받았을 것이다. 그는 알키비아데스에게 분명 어떤 약속도 한 바가 없었기 때문이다. 알키비아데스는 심각한 위험에 처했고, 총독과의 관계도 즉시 붕괴하기 시작했다.

분노한 알키비아데스는 사모스에 편지를 써서 친구들에게 프리니코스의 편지를 알리고 그를 죽여달라고 요청했다. 프리니코스는 아스티오코스가 단번에 알키비아데스를 죽이고 그 음모를 막아줄 것으로 기대했고 또 편지의 내용을 공개하지 않을 것으로 생각했기 때문에, 겁에 질려 다시 아스티오코스에게 편지를 썼다. 사모스에 있는 아테네 군을 패배시킬 수 있는 방법을 조언한 것이다. 현대 학자들은 그가 너무나 어리석게도 한 번 배신당하고서도 다시 아스티오코스에게 두 번째 편지를 썼다는 것은 믿기 힘들어한다. 그러나 두 번째 편지를 쓸 때의 상황은 달랐다. 첫 번째 편지에서는 어리석게도 불가능한 요청을 했다. 알키비아데스는 이미 떠나버렸고 체포할 수 없었기 때문이다. 그러나 두 번째 편지는 이 해군 사령관에게 분명히 가능할 뿐 아니라 큰 승리, 곧 단번에 전쟁을 끝낼 수 있는 승리를 약속하는 기회를 제공했다. 놀라운 적응력과 광대한 개인적 야심을 가진, 그리고 자신의 안전과 경력을 위해서라면 기꺼이 조국을 배신할 준비가 되어 있던 아테네 정치가는 알키비아데스뿐이 아니었던 것이다.

그러나 아스티오코스는 이것이 함정일까봐 두려웠고, 또 페르시아로 하여금 편을 바꾸게 하려는 음모를 끝장내기 위해서 알키비아데스와 티사페르네스 모두에게 두 번째 편지에 대해서 알려주었다. 한편 프리니코스는 아스티오코스가 이번에도 자신의 편지 내용을 공개했음을 알게 되자, 아스티오코스가 두려워했던 바로 그 함정을 파기 시작했다. 아테네인에게 임박한 공격을, 자기 자신이 촉발한 그 공격을 경고했던 것이다. 이후 알키비아데스가 사모스의 아테네인에게 프리니코스의 배신과 계획된 공격에 대해서 경고의 편지를 보내자, 알키비아데스는 "믿을 수 없는 자로서"(8.51.3) 신용을 잃었다. 이 교활한 아테네 배신자는 더 약삭빠른 속임수에 당한 것이다. 알키비아데스가 보낸 편지는 프리니코스를 해치기보다는 프리니코스의 경고가 진실임을 확인해주었고, 이 모든 일들은 최소한 당분간은 프리니코스의 입지를 강화시켰다. 반대로 아테네 군 진영에서 알키비아데스에 대한 불신은 커져갔다. 또 티사페르네스와 알키비아데스 사이에도 틈이 벌어졌고, 알키비아데스가 사모스의 아테네 지도자들에게 했던 약속을 지킬 수 있는 가능성은 없어졌다. 티사페르네스와의 협상이 깨어지자, 알키비아데스를 복권시키려던 과두파 음모가들의 생각은 사라졌고, 스파르타와 페르시아 사이에는 새로운 조약이 성립되었다. 아테네 민주정에 대한 첫 번째 공격 시도는 실패했다.

제29장
쿠데타 (기원전 411년)

아테네로 간 페이산드로스의 파견단

기원전 412년 12월 말, 아테네 민주정을 변경시키려고 하던 사모스의 인사들은 페이산드로스를 우두머리로 해서 아테네에 사절단을 보냈다. 그들은 장차 알키비아데스를 불신임당하게 만들 음모에 대해서는 아직 알지 못했고, 그래서 알키비아데스와 그의 약속을 기초로 한 원래의 계획을 시작했다. 그래서 트라시불로스와 같은 중도파들이 여전히 변경안을 지지했고 또 이를 위해서 중요한 역할을 했기 때문에 이 움직임에 참여한 진정한 과두파들은 그에게 맞추기 위해서 자신들의 언어를 조절할 필요가 있었다.

사절단이 아테네 민회로 가져간 메시지는, 국가의 생존 자체와 전쟁의 승리가 페르시아의 도움에 달려 있으며, 오직 알키비아데스만이 그 도움을 얻을 수 있고, 그러므로 알키비아데스를 복권시켜야 하며, 그렇게 하기 위해서 민주정을 제한시켜야 한다는 것이었다. 그들은 아테네인이 단지 "다른 형태의 민주적 정부를 채택"(8.53.1)하기만 하면 된다고 설득했다. 이들이 아무리 세련되게 말을 해도, 이 제안의 두 부분 모두 강한 반대에 부딪혔다. 많은 이들이 민주정에 대한 어떠한 변경에도 반대했고, 알키비아데스의 수많은 적들은 그의 소환에 반대했다. 상황은 소란스럽고 거칠었다. 불만과 야유가 연설을 방해했다. 이 거칠고 비우호적인 대중 집회에서 페이산드로스는 놀라울 정도로 효과적인 연설을 했다. 그는 이전의 급진 민주파 정치가로서의 경력 덕분에 "좌파의 사람"으로 여겨졌고 그래서 더 보수적인 정치가들보다는 믿을 만한 사람으로 받아들여졌다는 점에서 유리했다. 그리고 이 유리한 점을 대담한 수사학적 계략으로 활용했다. 그는 야유하는 자들에게 스파르타가 아테네만큼의 배와 더 많은 동맹국들, 그리고 페르시아의 돈을 가진다면 아테네에 구원의 희망이 있겠느냐고 물었다. 그는 또 알키비아데스가 페르시아의 도움을 가지고 돌아오는 것 외에 다른 대안이 있느냐고 물었다. 아무도 대답하지 못했고, 소리치던 군중은 조용해졌다. 그러자 페이산드로스는 제정신을 차린 아테네 민주정에 피할 수 없는 결론을 내렸다. 알키비아데스와 페르시아의 도움을 가져오기 위해서 국제(國制)를 변경해야만 한다는 것이었다.

이 두 요구는 모두 사기였다. 이미 살펴본 대로, 알키비아데스는 아테네를 위해서 페르시아의 지지를 얻을 수 없었다. 그리고 페르시아가 아테네의 국제에 관심을 가졌다는 증거도 없다. 이 일을 추진하던 과두파들이 자신들의 이익을 위해서 국제의 변경을 원했던 것이고, 이 거래의 일부분으로서 알키비아데스를 받아들이고자 했던 것이다. 몇몇 중도파들은 민주정에 특정한 제한들을 두기 원했고 다른 이들은 있는 그대로 유지하는 편을 선호했다. 그러나 그들 모두 알키비아데스가 페르시아의 지지를 얻는 데 핵심이라고 믿었고, 그가 귀환하려면 국제를 변경해야 했으므로, 기꺼이 그 대가를 치르려고 했던 것이다.

페이산드로스는 중도파 동료들뿐 아니라 연설을 듣는 전체 민주파 청중들의 관점에도 잘 맞도록 신중하게 단어를 선택했다. 그는 "우리의 정부가 더 현명하게 다스리고 또 더 많은 관직들이 소수의 손에 들어가지 않는 한"(8.53.3) 아테네인이 목표를 이룰 수 없을 것이라고 주장했다. 이 각본에 따르면 민주정은 관직 보유에만 제한을 둘 뿐 지금과 같이 유지될 것이었다. 많은 사람들은 이것을 현실에 대한 온건하고 실용적인 대처라고 여겨 받아들일 수 있었다. 아테네는 국고가 빈 상태로는 공직을 맡은 이들에게 급여를 줄 수 없었다. 그러니 급여가 필요 없는 사람들에게로 관직을 제한하는 것이 좋지 않겠는가? 그는 위기의 시기는 국제의 형태에 대한 논쟁을 할 때가 아니라고 주장했다. 그는 또 어떻게 되던, 만약 새로운 국제가 마음에 들지 않는다면 이전의 것으로 돌아갈 수 있다고 다시 확인시켰다.

페이산드로스가 말한 것과는 달리, 이 민회는 "과두정에 대한"(8.54.1) 회의가 아니었다. 그러나 그는 다수에게 다른 길로는 안전을 얻을 수 없음을 확신시켰고, 그래서 민회는 두려움 때문에, 또 자신들의 행동을 쉽게 뒤집을 수 있을 것이라고 믿어서, 그의 주장을 받아들였다. 민회는 페이산드로스와 10명의 사람들을 보내서 "자신들이 보기에 가장 좋은 방식으로 알아서"(8.54.2) 알키비아데스와 티사페르네스와 협상을 하게 했다.

페이산드로스는 진로를 안전하게 하기 위해서, 프리니코스를 이아소스와 아모르게스를 배신했다는 반역죄로 고발함으로써 잠재적 방해물을 제거했다. 이 고발은 법률적으로는 거짓이었지만, 이 고발을 통해서 바로 프리니코스가 밀레토스에서 해상 전투를 회피한 일에 책임자라고 여기게 되었다. 게다가 그 회피는 이제 재난에 가까운 실수였다고 인식되고 있었다. 이 회피는 분명 그의 잘못이었고, 아테네인은 그와 그의 동료인 스키로니데스를 장군직에서 해임하고 디오메돈과 레온으로 대체했다. 그럼으로써 페이산드로스는 자신의 목표를 이루기 위해서 인민의 분노를 이용할 수 있었다.

그는 아테네를 떠나기 위해서 대부분 과두적인 정서를 가지고 있던 헤타이리아이를 방문했다. "민주정 전복의 계획을 함께 짜기 위해서"(8.54.4)였다. 그는 그런 자들에게는 내놓고 정직하게 말했다. 중도파 동맹자들의 관점에 맞추기 위해서 말을 꾸미지 않고, 소수에 의한 과두정을 수립하자고 요청했다.

과두파와 알키비아데스의 결별

그 후 페이산드로스와 다른 사절단들은 티사페르네스의 궁정으로 갔다. 그곳에서 총독 옆에 앉아 대변인 역할을 하는 알키비아데스를 만났다. 그러나 대단한 영향력이 있고 확고해 보이는 그의 위치는 눈속임에 불과했다. 이제 "티사페르네스와 관련하여 알키비아데스의 위치는 그다지 확실하지 않았기"(8.56.2) 때문이다. 이 지점까지는 투키디데스가 알키비아데스를 총독에게 진정으로 존경받고 또 영향력을 끼치고 있는 것으로 묘사했다. 그래서 알키비아데스가 사모스의 친구들에게 페르시아의 도움을 확보할 수 있노라고 말을 전했을 때, 그는 자신이 그렇게 할 수 있음을 믿었을 것이다. 그러나 이제 투키디데스의 말에 따르면 티사페르네스는 양편을 모두 지치게 하려는 자신의 계획을 재개했고, 그 결과 총독에 대한 알키비아데스의 관계는 불확실해졌다.

프리니코스와 아스티오코스 사이의 서신 교환을 통해서 알키비아데스가 자신의 이익을 위해서 총독을 등에 업고 일했던 것이 드러났으며, 그가 티사페르네스의 희망과는 상관없이 아테네로 돌아갈 계획을 비밀리에 짜고 있었음이 밝혀졌다. 이러한 폭로는 분명 이 믿을 수 없는 조언자에 대한 총독의 신뢰를 뒤흔들었을 것이며, 혹 아테네를 정말 도울 의도가 있었다고 할지라도 그 생각을 접게 만들었을 것이다. 당분간 그는 중립 정책으로 돌아갈 것이었고, 페이산드로스와 그 동료들을 접견하기 전에 이 결정을 알키비아데스에게 알렸을 것이 분명하다. 이 아테네 망명객이 자신의 대변인 역할을 할 것이기 때문이다.

그러므로 그 만남에서 알키비아데스는 자신이 약속을 지킬 수 없다는 것과 티사페르네스의 요구가 받아들일 수 없을 것임을 충분히 알고 있었다. 그러므로 그가 할 수 있는 일은 총독으로부터 계속 총애를 받고 있는 것처럼 보이게 하고, 페르시아와의 필연적인 협상 실패를 자신의 무능력 때문이 아니라 아테네인의 불합리함 때문인 듯이 보이게 만드는 것이었다. 회의는 세 차례에 걸쳐 이루어졌다. 티사페르네스는 소아시아 서부 해안의 모든 도시들, "부속 섬들과 그 외 모든 것들"(8.56.4)을 돌려달라고 요구했다. 여기에는 부유하고 중요한 지역들인 로도스, 사모스, 키오스, 레스보스가 포함되어 있었지만, 사절단은 이들을 넘겨주는 데 동의했다. 그러나 마지막 회의에서 알키비아데스는 아테네인이 "왕이 배를 만들어 언제든지 몇 번이든 원하는 대로 자신의 해안을 따라 항해할 수 있도록" (8.56.4) 허용해야 한다는 총독의 요구를 전달했다.

페르시아인은 그리스인이 기원전 479년에 자신들을 격퇴시킨 이후 에게 해나 헬레스폰토스에 전함을 보내는 것이 사실상 금지되었다. 이것은 페르시아 함대를 이 바다들에 얼씬거리지 못하게 하는 것이 아테네와 제국의 안전에 직결되었기 때문이었다. 그러나 이제 대왕의 총독은 페르시아 전쟁 이전의 상태로 돌아갈 것을 요구하고 있었다. 그 어떠한 자유로운 아테네 민회도 이러한 조건을 받아들일 수 없었고, 페이산드로스와 그의 동료들은 당연히 거부했다. 화가 난 아테네 사절단은 알키비아데스가 자신들을 속이고 티사페르네스의 편을 들었다고 믿었다. 그러나 이 배신자는 한 가지 점에서는 성공했다. 아테네인은 알키비아데스가 스스로 약속했던 일을 실행할 능력을 깊이 의심하기는 했지만, 그러나 그 나름대로의 어떤 이유 때문에 그렇게 한 것이리라고 믿었던 것이다. 따라서 알키비아데스의 힘과 영향력에 대한 신화는 계속 번성할 수 있었다.

아테네의 민주적 국제를 변경하려는 운동은 이제 위기에 처했다. 알키비아데스가 페르시아의 도움을 아테네로 가져오는 것을 꺼리거나 혹은 그럴 능력이 없었으므로, 트라시불로스와 같은 중도파에게 그의 계획이 처음에 가졌던 모든 매력은 사라졌다. 트라시불로스가 다음번에 이 움직임과 만났을 때에는 서로가 서로에게 제1의 적이었다. 다만 그는 그 집단에서 몇몇을 자신과 함께 반대편으로 데려왔다. 남은 자들은 알키비아데스를 결코 좋아하지 않았고, 그 이후로 "알키비아데스를 혼자 두기로" 결정했다. "그가 동참하기를 거부했고, 게다가 그는 과두정에 들어오기에 적합한 사람이 아니었기 때문이었다."(8.63.4) 이렇게 함으로써 그들은 페르시아의 지지를 얻을 희망을 버렸다. 그러나 민주정을 파괴하려는 결심은 이전보다 더 강해졌다. 목표를 이루기 위해서 이미 취했던 조치들로 인해서 자신들이 위험에 처하게 되었음을 느꼈기 때문이다.

음모가들 내부의 분열

이제 이 움직임의 구성원들은 국제 변경에 대한 자신들의 의도를 공개적으로 선언했다. 알키비아데스가 거짓된 설명을 했다거나, 그가 자신의 약속을 수행할 능력이 없다거나 하는 이유를 들어 계획을 포기하는 것도 아직은 가능했다. 트리에르아르코스인 트라시불로스와 다른 중도파들은 알키비아데스 및 티사페르네스와의 협상이 실패하자 바로 그렇게 했다.

이 운동에 계속 남아 있었던 사람들 중 몇몇은 진정한 과두파였다. 이들은 과두정을 위해서 정부 전복을 원했다. 그러나 다른 이들은 그렇게 극단적인 견해를 가지고 있지 않았다. 그들은 다만 급진 민주정의 실수들에 완전히 환멸을 느꼈고, 또 이 민주정이 장차 저지를 잘못들을 두려워했다. 그들은 또 국가가 대단히 절약해야 한다는 생각에 이끌렸다. 이것은 공직과 공공 봉사에 대해서 계속 급여를 지급하는 것과는 상충되었다.

그러나 이 두 집단은 모두 자신들이 위태위태한 입장에 처해 있음을 알았다. 그들은 더 이상 자신들의 목표가 페르시아의 동맹을 아테네 편으로 바꾸는 것이라고 주장할 수 없었다. 트라시불로스가 이탈했으므로 적들에게 자신들의 정체가 노출되었고, 게다가 트라시불로스는 적들 편에서 재능 있고 사태를 잘 아는 지도자가 될 것이다. 페르시아인이 도와줄 수 있다는 가능성이 사라진 후에도 방향을 고수했던 자들은 아마 점점 더 민주정의 적이자 잠재적 참주들로 여겨졌을 것이다. 그럼에도 불구하고 그들은 이 움직임을 계속 살려나가기로 결정했다. 자기 재산에서 돈과 모든 필요한 것을 냈고, 스파르타에게 결코 지지 않으려고 했다.

이 연합세력은 이제 지하로 내려가서 음모가가 되어야 했다. 이들은 성공을 거두기 위해서 세 가지 목표를 설정했다. 사모스의 해군 기지 장악, 제국 전체에 과두 혁명을 일으키기, 아테네에 과두정을 수립하는 것이었다. 그래서 사모스에서는 급진 민주정에 대해서 배의 노잡이들보다는 애착심이 덜한 중장 보병과 농부들의 지지를 얻기 위해서 작업했고, 이 섬의 "중요한 인사들"과 더불어 그곳에 과두정을 세우기 위한 모략을 꾸몄다.

한편 페이산드로스는 티사페르네스와 협상을 했던 사절단의 절반을 데리고 아테네로 향해 가면서, 제국에 과두정 정부들을 세우고 있었다. 5명의 다른 사절단은 에게 해 전체에 흩어져서 같은 일들을 했는데, 그 과정에서 문제에 부딪혔다. 음모가들 중 한 사람인 디에이트레페스 장군은 처음에는 타소스에서 민주정을 무너뜨리고 과두 지배를 세우는 데 성공했다. 그러나 타소스의 과두파는 아테네에서 과두정이 수립되었음에도 불구하고 곧 망명 중인 다른 과두파들과 재결합하여 아테네의 공격 가능성에 대비해서 자신들의 섬을 요새화했고, 코린토스 장군 티몰라오스가 이끄는 함대를 끌어들였다. 타소스의 과두파는 스파르타와의 동맹에서 "자유"를 얻을 수 있게 되자 더 이상 강요된 "귀족정"을 필요로 하지 않았던 것이다.

타소스에서의 사태 전개는 프리니코스의 주장에 힘을 실어주었다. 그는 민주정을 과두정으로 교체한다고 해서 복속국들이 아테네의 지배에 반드시 만족하지는 않을 것이라고 주장했다. 투키디데스가 이 점을 분명히 했다. "도시들이 중도적인 정부와 자신들 마음대로 할 수 있는 자유를 얻게 되자, 그들은 아테네인의 허울뿐인 에우노미아에 대해서는 전혀 관심을 가지지 않고 절대적인 자유를 향해 나아갔다."(8.64.5)

민주정의 전복

이러한 실망스러운 사태 전개에도 불구하고, 페이산드로스의 파견단은 여전히 전도가 유망해 보였다. 아테네에서는 그가 끌어모은 극단주의적인 젊은 귀족들이 이미 많은 민주파 지도자들을 암살했다. 그중에는 당시에 가장 인기 있던 정치가인 안드로클레스도 포함되어 있었다. 그가 목표가 되었던 이유는 선동가라는 것 때문만이 아니라, 알키비아데스를 기쁘게 하기 위해서였다. 그들은 분명 상황의 변화와 음모 지도자들의 목표 변경에 대해서 몰랐을 것이다. 그들은 중도파가 요구한 강령들을 계속 밀고 나가고 있었다. 즉 군역에 대한 급여 지급의 중지와 능동시민의 수를 중장보병 계급 이상인 5,000명 이하로 제한하는 것을 공개적으로 요구했다.

동시에 이 젊은 귀족들은 몇몇 정적들을 선별하여 암살했는데, 이것은 중도파들이 좋아하지 않는 방법이었다. 그들은 안드로클레스 외에도 "불편한 몇몇 사람들을 같은 방식으로, 비밀리에 죽였다."(8.65.2) 이러한 살인은 반대를 약화시키고 민주정 파괴를 용이하게 하기 위한 공포 정책의 일환이었다. 민회와 협의회는 여전히 열렸다. 그러나 이 운동의 구성원들은 이제 의제를 지배했고, 반대자들을 공포로 침묵시킨 후 자신들만 발언했다. "만약 누군가 반대 발언을 하려고 하면, 그는 즉각 어떤 편리한 방법으로 살해되었다."(8.66.2) 이 범죄자들은 용인되었고, 아무런 조사, 체포, 고발, 재판도 받지 않았다. 민주파의 구성원들은 누구도 믿을 수 없었기 때문에 서로 터놓고 이야기하는 것조차 두려워했다. 페이산드로스나 프리니코스와 같이 잘 알려진 선동가들조차 과두파의 지도자로 드러났기 때문이었다.

그리하여 음모가들은 노골적인 폭력의 사용에 의지하지 않고도 국가에 대한 지배권을 장악할 수 있는 공포 분위기를 만들었다. 이들은 합법성, 정당한 절차, 동의라는 껍데기의 보호를 받았다. 한 민회에서 그들은 10인의 프로불로이를 포함하여 30인 위원회(syngrapheis, 싱그라페이스)의 임명을 제안했다. 이들에게 "정해진 기한에 최선의 국가 운영안"(8.67.1)의 초안을 제출할 전권을 부여하자는 것이었다. 이것은 새로운 국제를 제안할 자격을 주자는 의미였고, 겁에 질린 민회는 아무런 도전 없이 이 제안을 통과시켰다.

위원회는 전해진 날에 보고서를 제출했다. 그러나 보통때처럼 아테네의 프닉스에서 하지 않고 도시에서 1.6킬로미터쯤 떨어진 콜로노스 히피오스라는 언덕에서 했다. 아마 이것은 낮은 계급 사람들의 공포심을 더 높이기 위해서였을 것이다. 무장한 중장 보병이 함께 한 것은 방어벽 바깥에서 열리는 집회를 보호하기에 충분해 보였겠지만, 낯선 집회 장소로 이동한다는 행위 자체가 이들을 불안하게 하는 신호였을 것이다. 싱그라페이스는 국가의 안전이나 최선의 운영을 위해서는 아무런 제안도 하지 않았다. 대신 단 하나의 발의를 했다. "어떤 아테네인이라도 자신이 원하는 것을 제안할 수 있도록, 또 그렇게 하더라도 처벌받지 않도록 허용하자"(8.67.2)는 것이었다. 이것은 불법적인 제안을 하지 못하도록 한 제도적인 금지규정인 그라페 파라노몬(graphe paranomon)의 중지를 의미했다.

이 회합의 위협적이고 통제된 분위기라는 맥락을 고려하면, 그러한 조치는 일반적인 자유로운 의사표현을 승인하려는 것이 아니라 오직 혁명을 계획하는 자들을 법적으로 보호하려는 것이었다. 이러한 분위기에서 페이산드로스만이 발언했고, 음모가들의 계획을 진행시켰다. 전쟁과 관련 없는 공무 수행에 대해서는 더 이상 급여가 지불되지 않을 것이다. 단 아르콘(archon)들과 프리타네이스는 예외로, 이들은 하루 0.5드라크마를 받았다. 그의 제안의 핵심은 400인 협의회를 설치하여 "전권을 가지고, 그들이 최선이라고 생각하는 대로, 지배하게 하자"(8.67.3)는 것이다. 이 집단은 복잡하고 간접적인 방법으로 선택될 것이었다. 매우 위협적인 분위기였으므로, 음모가들이 고른 사람들이 선출될 것은 자명했다. 중장 보병 계급 이상의 사람들로 구성된 5,000인회의 명단도 작성되었고, 400인회에는 언제든 적절하다고 판단될 때 그들을 소집할 권한이 부여되었다.

민회는 반대 없이 이 조치들을 통과시키고 해산되었다. 쿠데타가 성공했다. 거의 100년을 지배한 민주정은 하위 계급들을 정치적 삶에서 제외시키고, 또 현재의 국가 운영을 소수의 과두정에 넘겨주는 체제로 대체될 것이다.

비록 5,000인회를 위한 조항은 사기였지만, 기원전 411년의 아테네인이 보기에 이 제안은 전체적으로 중도파의 강령들과 일치했다. 전비를 조달하기 위해서 급여는 삭감되어야 했다. 급진 민주정은 전쟁 동안에는 좀더 제한된, 그러나 중도적인 체제에 양보해야 했다. 그러므로 400인 협의회는 5,000인회가 넘겨받을 때까지만 유효한, 임시적인 통치기구로 보였다.

이제 남은 일은 티사페르네스와 페르시아의 원조를 가져오겠다던 알키비아데스의 약속과 알키비아데스 자신이었다. 페이산드로스는 그러한 전망이 이제 더 이상 실현 가능하지 않음을 알고 있었지만, 이 운동의 중도파들이 당시 티사페르네스와의 협상 결렬에 대해서 알고 있었는지는 불확실하다. 아테네의 중도파는 쿠데타를 계속 지지했다. 아마 그들은 그 소식을 듣지 못했을 것이다. 그러나 혹 소식을 들었다고 해도, 그들은 여전히 계속해나갈 이유가 있었다. 사모스의 중도파가 알키비아데스와 페르시아와 관련된 핵심 요소들이 실패했음을 안 이후에도 계속 그 계획을 지지했던 것과 같이, 아테네의 중도파들은 "자신들이 이미 위험에 처했기 때문에," 그리고 앞으로 밀고 나가는 편이 안전했으므로 계속 버텼던 것이다. 또 아마 그들은 여전히 진정으로 전비를 위해서 공공 자금을 절약하기를 원했고, 또 능동시민을 유산 계급으로 제한하는 것이 아테네를 살리고 전쟁에서 승리하는 최선의 길이라고 믿었을 것이다.

과두파 지도자들

민주정을 전복시키는 운동의 지도자들은 페이산드로스, 프리니코스, 안티폰, 테라메네스였다. 첫 두 사람은 400인 협의회의 대부분의 사람들처럼 단지 개인적 야망에 따라 행동하는 이기적인 기회주의자들이었다. 그러나 안티폰은 그들과 다른 문제의식을 가지고 있었다. 프리니코스와 페이산드로스가 활동적이고 눈에 띄는 정치가였던 데 비해, 안티폰은 무대 뒤에서 일했다. 그는 아테네 최초의 전문 연설문 작가였던 듯하고, "법정이든 민회에서든 이기려는 사람을 돕는 데 최고의 능력을 가진 사람"으로 투키디데스의 존경을 받았다. 그러나 안티폰은 민주정의 친구는 아니었고, "위험할 정도로 영리하다는 평판 때문에 대중들에게 의심의 대상이 되었다." 그는 "이때에 이를 때까지 모든 일을 고안하고 길을 연" (8.68.1) 사람이었다. 안티폰은 민주정을 전복시키고 진정한 소수의 과두정을 세우는 것이 아테네를 위해서 최선의 길이라고 진심으로 믿었고, 그 일을 준비하기 위해서 기꺼이 열심히 일했으며, 그 목표를 달성하기 위해서 필요한 일이라면 무엇이든지 했다. 투키디데스는 그를 "자신의 시대에 아레테(arete, 용기, 탁월함, 덕)에서 누구에게도 뒤지지 않으며, 생각을 고안하고 그것을 연설로 표현하는 데에서 가장 뛰어난"(8.68.1) 사람이라고 불렀다.

그러나 기원전 411년에 가장 중요한 역할을 할 사람은 테라메네스였다. 그는 또한 네 사람들 중에서 가장 많은 논란의 대상이 되었다. 어떤 이에 의해서는 민주정에 대한 과두파 적이라고 고발당했고, 적들에 의해서는 코토르노스(kothornos), 즉 비극에 나오는 어떠한 발에도 맞는 신발이라고 불렸다. 그러나 그의 전체 경력은 그가 애국자이며 진정한 중도파임을 드러내며, 그는 제한된 민주정의 형태든 아니면 너른 기반을 가진 과두정의 형태든 상관없이, 중장 보병 계급에게 권력을 주는 국제에 진심으로 헌신했다.

이 네 사람들은 각자만의 이유와 서로 다른 철학적 동기에 의해서 "종속적이지 않았을 뿐 아니라 거의 반세기 동안의 자유를 누리며 남을 지배하는 데 익숙했던 사람들에게서 자유를 빼앗는 일"(8.68.4)에 착수했다.

페이산드로스는 새로운 체제가 지배권을 잡을 날짜를 확정하지 않았고, 많은 아테네인들은 약 한 달 후 협의회 연도가 끝날 때까지는 연기될 것이라고 기대했다. 그러나 음모가들은 신속하게 움직였고, 기원전 411년 6월 9일, 곧 콜로노스에서의 회의가 있은 지 며칠 후에 권력을 잡았다. 아테네인이 성벽의 자기 위치와 훈련장으로 떠나갔을 때 음모가들은 행동을 시작했다. 이들은 테노스, 안드로스, 카리스토스, 아이기나에서 명백히 쿠데타를 위해서 모은 400-500명의 도움을 받았다.

400인 협의회는 외투 안에 단검을 숨기고 아테네를 공포에 떨게 한 120명의 젊은 귀족들의 지지를 받아 협의회 건물로 난입했다. 그들은 민주적 협의회의 구성원들에게 잔여 임기의 급여를 지급하고서는 나가라고 명령했다. 위원들은 자신들의 돈을 챙겨서 항의 없이 떠났고, 다른 누구도 이 일에 간섭하지 않았다. 400인 협의회는 이전 협의회의 관행대로 추첨을 통해서 프리타네이스와 의장단을 선출했고, 임기에 앞서 의례적인 기도와 제사를 드렸다. 그들은 연속성, 정상성, 합법성의 느낌을 보존하기 위해서 모든 노력을 기울였다. 그러나 속을 사람은 거의 없었다. 기원전 510년에 페이시스트라토스 가문의 참주들이 축출된 이후 처음으로 위협과 무력에 의해서 국가가 탈취되었다.

제30장
권력을 잡은 400인 협의회 (기원전 411년)

400인 협의회의 지배를 구성하는 데 가장 적극적이었던 사람들은 중도파가 아니었다. 그러나 그들은 중도파의 지지가 필요했기 때문에 자신들의 의제를 감추고 보다 중도적인 미래를 약속했다. 그런 목표를 위해서 콜로노스 언덕의 회합에서 등록 위원회를 임명하여 5,000인회의 명단을 작성하게 했다. 이 작업은 결코 완결되지 못했다. 또 미래를 위한 항구적인 국제(國制)의 초안을 잡을 위원회도 임명했다. 이러한 조치들은 중도파에게 400인 협의회의 지배가 일시적이며 위기가 끝나면 5,000인회의 새로운 국제에 권한을 양도할 것임을 설득하려는 목적이었다.

그러나 극단주의자들의 의도는 400인 협의회의 지배를 당분간만 유지하고 결국에는 그보다 더 소수의 과두정을 수립하려는 것이었다. 그래서 그들은 여러 가지 속임수들을 써야 했다. 그러므로 국제 위원회는 "타협"에 도달했다. 두 개의 새로운 국제를 제안했는데, 하나는 즉각 이용할 것이고 다른 하나는 미래를 위한 것이었다. 즉시 사용될 국제는 극단주의자들을 공식적으로 승인하는 것이었다. 이것은 400인 협의회에 "마땅하다고 생각하는 대로 마음껏 행동할"(아리스토텔레스, 『아테네인의 국제』, 31.2) 권한을 부여하여 합법적인 지위를 주었다. 아테네인은 국제에 관해서 그들이 입법하는 모든 것을 받아들여야 하고, 그 무엇도 바꾸지 않으며, 그리고 그 어떤 새로운 것도 도입하지 않을 것임에 동의해야 했다. 이러한 조항들은 사실상 400인 협의회에 마음대로 무엇이든 할 수 있는 자격과 자신들이 희망하는 만큼 오랫동안 권력을 쥐고 있을 자격을 부여한 것이었다.

400인 협의회는 중도파들의 충성을 유지하기 위해서 또 미래의 국제에 대한 초안을 제시했다. 이 안은 근본적으로 불완전했다. 사법권에 대한 언급이 전혀 없었다. 그러나 5,000인회에서 30세 이상의 사람들로 무급 협의회를 구성하게 했다. 이것을 네 부분으로 나누어 돌아가며 1년 동안 협의회의 기능을 하게 했다. 장군과 주요 정무관 직은 당해 협의회 중에서 선출하게 하며, 그럼으로써 오직 1년만 재직할 수 있게 했다. 이러한 안배는 인민의 지도자가 대두하는 것을 막으려는 의도였다. 그러나 이 국제의 실현 불가능성은 문제가 되지 않았고, 이 문서의 다른 개별 세부 사항들 역시 문제가 아니었다. 과두파들은 이 국제가 효력을 발생하게 할 생각이 없었고, 이 국제는 결국 현실화되지 못했다. 중도파들은 당분간은 수평선에 있는 중도적인 국제에 대한 전망에 만족할 것이었다. 세부 사항은 나중에 다듬어도 될 것이라고 생각했다.

400인 협의회는 권력을 장악한 지 8일 후에 새로운 체제를 설립했다. 국제 초안 위원회는 자신들의 두 가지 새로운 국제를 공개했고, 5,000인회에 의해서 비준되었다고 주장했다. 이 주장은 분명 거짓이었다. 5,000인회의 명단은 존재하지도 않았다. 그러나 대부분의 아테네인은 너무나 겁에 질리고 혼란스러워서, 혹은 무지해서 아무런 의문도 제기하지 않았다. 이 공개적인 사건 전후로 다수의 사람들은 5,000인회가 이미 선출되었다고 믿었다. 400인 협의회에 있던 중도파들은 더 잘 알고 있었지만, 그러한 조작이 자신들이 소망하는 권력 이전을 위해서는 필수적인 부분이라고 생각하고 이를 방관했다. 그들의 목표는 사모스에 있는 아테네 군의 충성을 얻는 것이었다. 새로운 체제가 겉으로 합법적인 토대 위에 있는 것처럼 보이게 하고, 넓고 중도적인 정부가 다가올 것이라는 약속은 그 충성을 얻기 위한 방법들이었다.

과두정은 전쟁의 위기 때문에 대두했다. 그러나 이 과두정의 혁명적인 탄생은 국가 내에 다른 위기를 야기했다. 그래서 처음부터 심각한 도전에 직면해야 했다. 가장 시급한 일은 아테네를 확보하는 것이었다. 그 후에는 400인 협의회가 사모스에 있는 아테네 군의 지지를 확보해 아테네인을 자신들의 지배 아래에 재통합하는 것이었다. 그다음으로는 제국을 어떻게 할 것인가에 대한 결정과 전쟁을 진행시킬 것인가에 대한 결정을 내려야 했다. 계속 싸울 것인가? 만약 그렇다면 전략은 무엇인가? 만약 싸우지 않는다면, 어떤 조건으로 평화를 맺을 것인가? 어찌되었든 장기적으로는 아테네 정부가 어떤 형태를 취할 것인가? 처음부터 심각하게 분열되었던 400인 협의회는 이러한 질문들에 대답하기 위해서 나아갔다.

 그들은 온건함, 합법성, 연속성의 인상을 주기 위해서 민주정에서처럼 협의회의 주재자들을 추첨으로 뽑았다. 아테네의 무장 병력을 즉각 통제하기 위해서 자신들의 국제에 규정된 절차들을 따르지도 않고, 급히 새 장군단, 기병 사령관, 10인의 부족 사령관을 임명했다. 이름이 남겨진 장군들 중에서, 4명은 극단적 과두파였고, 테라메네스와 다른 1명은 중도파였다. 이것은 400인 협의회 내부의 균형을 비례적으로 대표했다. 그들 중 극단주의자들은 민주정하에서 국외 추방된 자들을 소환하기를 원했다. 이들 중 다수는 민주정에 대한 적의를 불태우고 있었다. 그렇지만 국외 추방자들을 일괄 복권시키면 그들이 불신하고 두려워하는 알키비아데스도 포함될 것이었다. 그러나 그러한 사면에서 알키비아데스만 제외시키면, 여전히 그와 밀접하게 연관된 중도파들을 소외시키게 될 것이다. 그래서 그들은 그 문제를 더 이상 추진하지 않았다.

 처음부터 쿠데타의 표면상 목적은 전쟁에서 승리를 가능하게 하는 것이었다. 그러나 400인 협의회는 자리를 잡자마자 스파르타와의 평화를 모색했다. 새로운 과두정은 반복해서 싸움을 계속하겠다는 의지를 표명했지만, 민주정의 파괴는 전쟁 지속과 양립할 수 없었음이 분명하다. 아테네가 승리할 수 있는 유일한 희망은 함대의 힘에 있었다. 그리고 그것은 하층 계급들과 그들의 민주파 지도자들과의 협력에 의지해야 가능했다. 국가의 안전이 그들에게 의존하고 있는 한 인민의 정부에 대한 어떠한 공격도 오랫동안 반격당하지 않을 수는 없었다. 그러나 스파르타와 일시적으로라도 평화를 맺으면, 대부분의 배들을 항구에 묶고 선원들을 해산시킬 수 있었다. 그런 상황이 되면 과두정이 공포와 중장 보병들의 지지를 바탕으로 새로운 체제를 강요할 수 있었다. 그 후에는 아테네를 과두적 지배 아래에 둘 수 있는 항구적 평화를 얻기 위해서 협상을 시작할 수도 있었다.

 그러한 방식도 쉽지는 않을 것이다. 중도파들은 당연히 계속 싸우기를 주장했고, 최소한 스파르타인이 허용하지 않을 조건들을 요구했다. 대부분의 극단주의자들도 분명 그러한 조건들을 선호했지만, 그들은 "어떤 조건이라도 참을 만하기만 하다면" 평화를 받아들일 준비가 되어 있었다. 그것이 아테네의 성벽, 함대, 독립의 포기를 의미할지라도 말이다. 테라메네스가 곧 400인 협의회를 권력에서 몰아내려는 움직임을 이끌게 된 것은 바로 그러한 결과를 막기 위해서였다. 그와 중도파들은 아테네의 독립과 제국과 힘을 남겨둔 평화라면 기꺼이 논의하려고 했다. 현 상태에 기초하여 반란을 일으킨 몇몇 속국들을 잃는 것도 받아들일 수 있었다. 그러나 그 이하로는 타협할 수 없었다. 극단주의자들은 훨씬 더 큰 양보를 하려고 했으나, 최소한 협상 첫 단계에서는 중도파들에게 동의할 수 있었다.

그래서 400인 협의회는 데켈레아의 아기스 왕에게 사신을 보내어 양편이 현재 차지한 영역들을 유지하는 평화조약을 제안했다. 아기스는 즉시 거부했다. "아테네인이 해상 제국을 포기하지 않는 한"(아리스토텔레스, 『아테네인의 국제』, 32.3) 평화는 있을 수 없었다. 스파르타 왕은 아테네인의 제안을 그들의 쇠약함에 대한 증거라고 여겼고, 따라서 펠로폰네소스의 대규모 군대에 아테네 성벽으로 진격하라는 명령을 내려, 데켈레아에서 왕이 이끌고 온 군대와 합류하게 했다. 그러나 아테네인은 양보할 생각이 없었고 사회의 모든 계급에서 모은 군대 ── 기병, 중장 보병, 경장 보병, 궁수 ── 로 성벽에 접근하는 적을 공격하여 스파르타 군을 몰아냈다.

아테네인의 결의는 승리가 쉽게 오지 않을 것임을 분명하게 드러냈다. 이 전투 후 400인 협의회는 계속 평화협상을 추진했고, 이제 정신을 차린 아기스는 아테네인에게 스파르타로 직접 사신을 보내라고 요청했다. 아기스는 평화의 걸림돌로 보이고 싶지는 않았지만, 스파르타 정부가 받아들일 수 없는 조건들을 직접 논의하고 싶지는 않았던 것이다.

사모스의 민주정

이제 400인 협의회는 사모스의 골치 아픈 문제로 향했다. 원래 계획은 이 섬을 과두정으로 만드는 것이었다. 그러나 이 계획은 금방 문제에 부덮혔다. 페이산드로스는 사모스의 몇몇 기회주의적 정치가들을 설득해 300인의 음모를 꾸미게 했다. 이들은 아테네에서 400인 협의회가 사용했던 것과 유사한 공포 전술을 이용했다. 이 집단은 기원전 416년에 도편추방을 당한 이후 이 섬에 살고 있던 히페르볼로스를 살해했다. 아테네 과두정에 대한 선한 믿음의 증표로 행한 일이었다. 그러나 사모스에서 이러한 폭력은 아테네에서와는 달리 별로 효과가 없었다. 사모스의 민주파는 이에 대응하여 민주정의 가장 신뢰받는 아테네인 친구들 —— 장군인 레온과 디오메돈, 트리에르아르코스인 트라시불로스와 고작 중장 보병 신분이었던 트라실로스 —— 에게 지도력을 맡겼다. 이들은 "언제나 음모가들에게 가장 반대하는 것으로 보였다."(8.73.4)

  사모스의 상황은 아테네 정부를 변경시키려는 원래의 음모가 처음부터 몇몇 이질적인 요소들을 지닌 미묘한 사건이었음을 더욱 분명하게 증명해준다. 국가적 재난에 직면하여, 과두파도 아니고 급진 민주파도 아니었던 레온과 디오메돈은 비록 썩 내키지는 않았지만, 알키비아데스를 다시 데려오고 아테네의 민주적 국제를 변경시키려는 계획을 받아들여야 했다. 그러나 그들은 장군으로서 400인 협의회의 내부자에서 제외되었을 리가 없다. 거기에는 페이산드로스와 같은 진정한 과두파들도 있었고, 따라서 외부인에게는 그들이 모두 과두정의 한 부분으로 보였을 것이다. 그래서 아테네의 민주파들은 나중에 그들과 다른 장군들, 그리고 믿을 수 없어 보이는 트리에르아르코스들을 해임했다.

  더 충격적인 일은 민주파들이 알키비아데스의 강력한 지지자이자 페르시아의 도움을 구하자는 계획을 고안한 사람인 트리에르아르코스 트라시불로스를 신뢰했다는 것이다. 사모스의 민주정을 구원하기 위해서 선출된 겨우 4명의 아테네인 지도자들 중 한 사람으로 트라시불로스가 선택되었다는 것은 이 일에 관련된 사람들이 400인 협의회가 모든 같은 생각을 가지고 있는 것은 아니며 그 속에 민주정의 진정한 친구들이 있다는 사실을 인식하고 있었음을 알려준다.

  선택된 각 아테네인들은 믿을 만한 아테네 병사들에게 위험을 경고하기 시작했다. 특히 민주적인 관점과 과두정에 대한 증오로 잘 알려진 아테네 연락선 파랄로스의 선원들에게 그 사실을 알렸다. 레온과 디오메돈은 신중하게 배들을 뒤에 남겨두었다. 어떤 임무를 띠고 나오게 되든지 사모스를 지키게 하려는 것이었다. 그리고 파랄로스를 그들과 함께 하게 했다. 그래서 사모스의 과두파가 쿠데타를 감행했을 때, 아테네 군 선원들과 특히 파랄로스의 승무원들은 그들을 막을 준비가 되어 있었다. 승리를 거둔 사모스의 민주파는 쿠데타의 주모자 30명을 죽이고 3명을 추방했다. 그러나 나머지 사람들은 사면했다. 이것은 당시의 기준으로 볼 때 대단한 자제력을 발휘한 것이었다. 그리고 이 노력은 곧 보상을 받게 된다. "그 이후 그들은 동료 시민들로서 민주정 아래에서 살았다."(8.73.6)

이 사건은 아테네에서의 쿠데타 직후에 발생했기 때문에, 사모스의 사람들은 수도에 과두정이 들어섰다는 사실을 아직 알지 못했다. 그래서 파랄로스가 이 섬의 민주파의 승리에 대한 엄청난 소식을 전하기 위해서 아테네에 도착했을 때, 이 배의 선원들은 즉각 체포되었다. 대단히 열정적인 민주파였던 카이레아스만이 홀로 탈출하여 급히 사모스로 돌아갔다. 아테네의 상황에 대한 그의 보고는 현실보다 훨씬 가혹했다. 그는 사람들이 채찍에 맞으며 처벌당하고 있다고 말했고, 정부에 대한 어떠한 비판도 허용되지 않으며, 과두파는 자신들의 대의에 따르지 않는 사모스에 있는 사람들의 친척들을 투옥하고 죽이겠다고 위협한다고 보고했다. 투키디데스에 따르면, "그는 그 외에도 여러 가지 거짓말을 했다."(8.74.3) 카이레아스의 연설은 아테네 병사들의 마음에 불을 질렀고, 그들은 "과두정의 핵심 모의자들"과 "그 일에 참여한 다른 자들"을 붙잡아 돌로 쳐 죽이려고 했다. 그러나 "중도적인 관점을 가진 사람들"이 그들을 막았다.(8.75.1) "핵심 모의자들"은 페이산드로스와 프리니코스와 가까운 사람들이었을 것이고, "참여한 다른 자들"에는 분명 레온과 디오메돈과 같은 중도적인 민주파도 포함되었을 것이다. 그들은 당시의 열기 속에서 장군직에서 해임되었다. "중도적인 관점을 가진 사람들" 중에는 분명 트라시불로스와 트라실로스가 있었을 것이다. 그들은 당시 벌어지고 있던 사건들에서 주도적인 역할을 했다. 그들은 또 폭력을 막고 과두적 운동의 초기에 참여했던 사람들에게 사면을 선언하는 데 핵심적인 역할을 했다. 즉 트라시불로스와 트라실로스는 아테네 군과 사모스 군에 맹세한 다음과 같은 서약에 그들을 동참시켰다. "민주정에 의해서 지배받고, 조화롭게 살며, 펠로폰네소스인과 정력적으로 전쟁을 벌이며, 400인 협의회의 적이 되고 그들과 협상을 벌이지 않을 것이다."(8.75.2) 이후로 그 섬의 아테네인과 사모스인은 펠로폰네소스의 적들뿐만 아니라 아테네의 400인 협의회에 대항하여 함께 나란히 설 것이다.

사모스의 아테네 병사들은 다른 이들과 함께 트라시불로스와 트라실로스를 해임된 장군 자리에 세웠다. 이것은 주권에 대한 선언이었고, 본국에 있는 과두 정부에 대항하여 스스로 정통성을 주장하는 행위였다. 새로운 지도자들은 아테네에 있는 과두파가 아니라 사모스의 아테네인이 다수를 대표하며 또 제국과 그 수입을 지배하는 유일한 존재인 해군 역시 대표한다고 선언함으로써 병사들을 격려했다. 아테네가 자신들에게 반란을 일으킨 것이지, 자신들이 국가에 반란을 일으킨 것이 아니라고 했다. 사모스에서 그들은 적을 물리치고 동시에 과두파로 하여금 아테네에 민주정을 회복시키도록 강요할 수 있을 것이라고 했다. 어떻게 되던 간에 대함대를 유지하는 한 그들은 안전하다고 말했다.

한편 사모스에서 멀지 않은 밀레토스의 기지에서 펠로폰네소스 군은 그들 나름의 문제를 겪고 있었다. 분노한 시라쿠사 군의 주도로 많은 병사들이 공개적으로 지휘관들을 비난했다. 그들은 아테네인들이 내분에 휩싸여 있는 동안 아무런 행동도 취하지 않는 것과 기회를 놓친 것에 대해서 불평했다. 그들은 전투를 회피하고 티사페르네스를 믿은 일에 대해서 해군 사령관과 아스티오코스를 비난했다. 그들은 결코 실현되지 않은 페니키아의 함대를 약속한 총독에게 화가 났고, 그가 급여를 부족하게 그리고 비정기적으로 지불하는 데에 대해서도 분노했다. 그들은 총독이 지연을 통해서 고의로 자신들의 힘을 약화시키려고 한다고 비난했다. 그들의 공격에 강요당한 아스티오코스는 협의회를 소집하여 전면전을 강요하기로 결정했다. 그들은 사모스에서 민주파가 과두파를 공격한다는 소식을 듣고, 적이 내전을 벌이는 동안 승리를 거둘 수 있으리라고 기대했다.

그래서 6월 중순에 그들은 112척의 전 함대를 이끌고 사모스를 향했다. 사모스의 아테네 군에는 배가 82척밖에 없었다. 그러나 아테네 군은 원정군에 대한 소식을 빨리 입수해서 헬레스폰토스에 있던 스트롬비키데스에게 속히 돌아오라는 명령을 보낼 수 있었다. 펠로폰네소스 군이 나타났을 때, 아테네 함대는 사모스로 피신하여 그의 귀환을 기다렸다. 펠로폰네소스 군은 사모스 맞은편 본토에 있는 미칼레에 진영을 차리고, 다음 날 항해할 준비를 했다. 그러나 스트롬비키데스가 도착하여 아테네 군 함대가 총 108척이 되었다는 소식을 듣자, 아스티오코스는 밀레토스로 퇴각했다. 아테네 군은 결정적인 전투를 벌이려고 추격했으나 아스티오코스는 항구에서 나오려고 하지 않았다. 아테네 군은 내부적인 어려움에도 불구하고 작년 겨울과 같은 힘의 균형을 회복했다. 아테네 해군은 수적으로는 약간 밀렸으나 다시 바다를 지배했던 것이다.

파르나바조스와 헬레스폰토스

사모스에서의 퇴각으로 펠로폰네소스 군 병사들과 선원들은 더욱 분노했고, 결과가 나오는 행동을 하라고 아스티오코스에게 압력을 가했다. 티사페르네스가 약속한 급여를 지불하지 않은 것은 이 해군 사령관이 함대를 유지할 능력을 더욱 위협했다. 다른 한편 아나톨리아 북부에 있던 다른 총독 파르나바조스는 아스티오코스에게 헬레스폰토스로 펠로폰네소스 군 함대를 이동시킨다면 그들을 지원하겠다고 약속했다. 보스포로스의 비잔티온 시민들 역시 그에게 아테네인에 대한 자신들의 반란을 도와달라고 했다. 게다가 아스티오코스는 클레아르코스 장군의 지휘 아래 파르나바조스에게 지원군을 보내라는 스파르타의 명령을 아직 실행하지 않았다. 이오니아에 머물면서 티사페르네스와 협력하려던 그의 계획은 분명하게 무산되었고, 그는 더 이상 늦출 수가 없었다.

7월 말에 클레아르코스는 40척의 배를 가지고 헬레스폰토스를 향해 출발했다. 그는 사모스에 있는 아테네 함대를 두려워해서 직선항로보다 훨씬 서쪽으로 항해해 넓은 바다로 나갔다. 그곳에서 그는 갑자기 삼단노선에 매우 치명적인 에게 해의 폭풍우를 만났다. 그는 자신의 목표를 포기하고 바다가 잠잠해지자 몰래 밀레토스로 돌아왔다. 한편 더 용감했거나 혹은 운이 좋았던 메가라의 장군 헬릭소스가 이끌던 10척의 배는 보스포로스 해협으로 계속 가서 비잔티온에 반란을 일으켰다. 곧이어 보스포로스 해협 맞은편의 칼케돈과 키지코스, 셀림브리아가 모두 반란에 참여했다.

이러한 사태 전개는 전략적 상황을 급격하게 변화시켰다. 보스포로스 해협에서의 반란과 스파르타 군 함대는 아테네의 곡물 공급과 전쟁 지속 능력을 위협했다. 파르나바조스의 영향권으로 펠로폰네소스 군이 움직인 것 역시 중요했다. 당시까지 펠로폰네소스 군은 티사페르네스의 간헐적이고 신뢰할 수 없는 지원에 의지해야 했고, 그의 계획에 의해서 통제되었기 때문이다. 펠로폰네소스 군은 파르나바조스를 동맹 겸 급료 지불자로 삼고 더 큰 성공을 기대할 수 있게 되었다. 특히 그들은 지금 아테네의 치명적인 공급선을 막아섰다.

알키비아데스의 소환

사모스의 아테네 군은 이 새로운 동맹의 위협을 신속하게 알아차리고 이에 대응하는 조치들을 취했다. 트라시불로스는 전쟁을 이기기 위한 열쇠로서 알키비아데스의 귀환을 끊임없이 요청해왔다. 그는 드디어 병사들 다수의 지지를 얻어 면제권과 함께 그를 소환하는 법령을 통과시켰다. 트라시불로스는 알키비아데스를 사모스로 데려오기 위해서 직접 배를 타고 나섰다. "그는 유일한 구원의 길은 티사페르네스를 펠로폰네소스 군에서 자기들 편으로 끌어오는 데 있다고 생각했다."(8.81.1)

그러나 고국으로 되돌아오는 알키비아데스의 상황은 그가 원했던 바와 달랐다. 많은 사람들이 그를 불신했고, 일부는 그를 증오했다. 그는 아테네의 집이 아니라 겨우 사모스에 왔다. 그곳에서 당분간은 면제권의 보호를 받을 수 있었지만, 미래가 보장된 것은 아니었다. 알키비아데스는 대연합의 가장 앞에 서서, 그리고 그 연합에서 자신이 없어서는 안 되는 핵심적인 인물로서, 아테네에 재등장하고 싶었을 것이다. 그러나 겨우 온건 민주파라는 한 분파가 그것도 트라시불로스라는 지도자의 고집 때문에, 본국과 사이가 좋지 않은 사모스로 그를 데려왔던 것이다. 그의 미래는 말할 것도 없고, 그의 성공도 트라시불로스와 좋은 관계를 유지하는 일에 달려 있었다. 트라시불로스는 비록 충실한 친구였지만 독립적인 정신을 소유한 강력한 사람이었고, 그 누구의 꼭두각시도 아니었다. 알키비아데스는 아테네 군 진영에 도착한 후 그의 지도를 따를 수밖에 없었다.

알키비아데스는 사모스에 도착하여 그곳의 아테네인 민회에서 연설했다. 그러나 그의 말은 아테네에 있는 과두파 지도자들과 또 펠로폰네소스인에게도 향한 것이었다. 투키디데스는 그의 의도가 사모스 주둔군의 존경을 얻고 그들의 자신감을 회복시키고, 티사페르네스에 대한 펠로폰네소스인의 의심을 증가시킴으로써 그들이 승리의 희망을 잃게 만들고, 아테네에서 과두정을 지배하는 자들의 마음에 자신이 돌아왔다는 공포를 심어주고 그럼으로써 극단주의적 과두파 집단들의 세력을 꺾으려는 것이었다고 설명한다. 알키비아데스는 연설의 핵심부에서 자신이 티사페르네스에게 커다란 영향력이 있다는, 그리고 그 총독이 아테네를 도우려고 한다는 거짓말을 계속했다. 티사페르네스가 펠로폰네소스인에게 약속했던 페니키아 함대를 아테네로 데리고 올 것이다. 그러나 그러기 위해서는 총독이 신뢰하는 알키비아데스를 복권시켜서 아테네인의 선한 믿음을 증명해야 한다는 것이었다. 아테네 군 병사들은 안전과 승리가 마침내 눈앞에 있다는 것을 믿고 싶었기 때문에 즉시 그를 장군으로 선출하고 "모든 일에 대한 권한을 넘겨주었다."(8.82.1)

사실 알키비아데스의 수사법은 오히려 너무 성공적이었던 것으로 드러났다. 아테네 군은 너무나 열광하여 바로 피라이오스로 진격해 400인 협의회를 공격하기를 원했다. 그러나 알키비아데스는 먼저 티사페르네스를 만날 시간이 필요했다. 그에게 자신이 더 이상 총독에게 안전과 생존을 의지하는 나라 없는 사람이 아니라, 사모스 주둔 아테네 군에서 새로 선출된 지도자이며 눈여겨봐야 할 그런 사람임을 알게 해야 했다. 투키디데스는 그가 "아테네인을 이용해 티사페르네스를 위협하고, 티사페르네스를 이용해 아테네인을 위협했다"(8.82.2)고 말한다. 그러나 그렇게 하기 위해서는 아테네 군이 어떤 행동을 취하기 전에 그가 먼저 총독을 만나야 했다.

한편 밀레토스에서는 펠로폰네소스 군과 티사페르네스의 관계가 더욱 악화되고 있었다. 티사페르네스는 그들이 아무런 행동도 취하지 않는 것을 핑계로 삼아 그들의 급여를 더욱 삭감했고, 이제는 장교들도 불만의 목소리를 내고, 특히 해군 사령관 아스티오코스의 수동성을 비난했다. 그들은 아스티오코스가 티사페르네스에게 지나치게 의존하는 것을 보고, 총독으로부터 뇌물을 받았다고 의심했다. 투리와 시라쿠사에서 온 병사들이 아스티오코스에게 급여를 요구하자 불만은 극에 달했다. 아스티오코스는 외국 군대를 지휘하는 전형적인 스파르타 장군의 거만함으로 그들에게 날카롭게 대답했고, 심지어 단장을 들어 투리 군을 지휘하던 위대한 육상 선수 도리에오스를 위협하기까지 했다. 아스티오코스가 제단으로 피하지 않았더라면 투리의 해군 병사들이 그를 돌로 쳐서 죽였을 것이다. 밀레토스인은 펠로폰네소스 군 내부의 분쟁을 이용해서 총독이 건설한 요새를 장악하고 총독의 수비대를 몰아냈다. 그리고 동맹국들과 특히 시라쿠사의 승인을 확보했다. 바로 이때, 즉 8월에 새로운 해군 사령관 민다로스가 와서 아스티오코스를 해임시켰다.

혼란상은 이런 일들이 벌어지던 때에 티사페르네스와 함께 밀레토스에 있던 알키비아데스를 분명 기쁘게 했을 것이다. 알키비아데스가 사모스로 돌아온 직후, 아테네의 400인 협의회가 보낸 사신이 도착하여 사모스에서 벌어진 불쾌한 일들을 처리하려고 했다. 처음에는 화난 병사들이 민회에서 연설하려는 그들을 소리쳐 끌어내렸고 자신들의 민주정을 파괴한 이들을 죽이려고 했다. 그러나 잠시 후에 그들은 안정을 되찾았고, 사신들은 가지고 온 메시지를 전달했다. 그들은 혁명의 목적이 아테네를 배신하려는 것이 아니라 구원하려는 것이라고 설명했다. 새로운 정부는 항구적으로 소수의 과두정이 아니었다. 400인 협의회는 결국 5,000인회에 자리를 내줄 것이다. 카이레아스의 고발은 거짓이었다. 아테네에 있는 병사들의 친척들은 안전했다. 그러나 이러한 보장의 말들이 청중들을 잠잠하게 할 수는 없었다. 그리고 피라이오스와 아테네의 과두파들을 즉시 공격하자는 제안이 강한 지지를 얻었다. 투키디데스는 "이때 다른 어느 누구도 무리들을 진정시킬 수 없었다. 알키비아데스만이 가능했다"(8.86.5)라고 말한다. 투키디데스는 종종 그러하듯이 여기에서도 이 아테네 배신자(아마 투키디데스의 역사 서술에서 핵심 증언자였을 것이다)에게 너무 큰 영향력을 돌린다. 트라시불로스도 역시 무리들을 진정시키는 데 동참했다. 그는 "돌아다니며 소리쳤다. 그는 아테네인들 중에서 가장 목소가 큰 사람으로 알려져 있다."(플루타르코스, 「알키비아데스」 26.6)

알키비아데스는 사절단에게 트라시불로스와 중도파의 강령을 채택하라고 주장했다. "그는 5,000인회에 반대하는 것이 아니었다. 그는 400인 협의회의 해산과 500인 협의회의 복원을 요구했다."(8.86.6) 알키비아데스는 무장 병력을 유지하기 위해서 취하는 모든 절약 조치를 인정했고, 적에게 항복하지 말라고 격려했다. 아테네가 아테네인의 손에 안전하게 있는 한, 화해의 희망이 있기 때문이었다. 병사들과 선원들은 물론 완전한 민주정의 회복을 원할 것이다. 그러나 그들의 지도자들은 여전히 처음부터 원했던 중도적인 체제를 세우려고 노력하고 있으며, 병사들은 그들의 소망에 동의했다.

그러나 알키비아데스의 연설의 제1목표는 아마 아테네의 지배 집단이었을 것이다. 알키비아데스의 말들은 극단주의자들에 의해서 계획되는 그 어떤 과도한 행위들에도 저항하겠다는, 또 나아가 스스로 지배권을 잡겠다는 중도파의 결의를 강화하려는 것이었다. 400인 협의회가 단독으로 적과 평화조약을 맺어 아테네를 넘겨주는 일을 막는 것이 알키비아데스의 연설의 목표였다. 사태가 그렇게 전개될 위험은 실재했다. 사모스 주둔군은 곧 400인 협의회가 다시 한 번 스파르타인과 협상하려고 시도했다는 결정적인 증거를 확보했던 것이다. 그러나 그 사신들은 스파르타에 도달하지 못했다. 사신들을 싣고 가던 배의 선원들이 "민주정 전복에 가장 책임이 큰" 자들에 대항하여 반란을 일으켜서 그들을 아르고스 군에 넘겨주었고, 아르고스 군은 다시 사모스로 그들을 이송했다.

기원전 411년의 여름이 끝나갈 무렵, 아테네에서 항구적인 과두정을 수립하려고 했던 자들은 자신들의 목표들을 하나도 이루지 못했다. 과두정을 수립함으로써 제국을 더 안전하게 만들려던 그들의 노력은 고작 더 많은 반란만을 촉발시켰을 뿐이었다. 그들의 쿠데타 시도는 사모스에서 우호적인 과두정을 세우지 못했고 오히려 자신들을 공격하러 오려는 마음을 겨우 억누르고 있는 분노한 민주정을 자극했다. 그들은 과두정 운동의 기초자들 중 한 명인 트라시불로스를 소외시켰고, 그는 한때 그들의 계획이 성공하기 위한 핵심 요소였던 그의 친구 알키비아데스와 더불어 위험한 적으로 변했다. 이 두 사람은 이제 400인 협의회의 해산을 요구했고, 그 협의회 내에 있는 중도파 친구들에게 영향을 끼쳤다. 스파르타와 평화를 맺으려던 시도는 실패했다. 이제 그들에게 남은 유일한 희망은 스파르타인을 설득하여 너무 늦기 전에 자신들을 구원하게 하는 것이었다.

제31장
5,000인회 (기원전 411년)

과두정의 사신들은 사모스에서 아테네로 돌아와서 알키비아데스의 메시지 중 일부만을 400인 협의회에 보고했다. 그들은 그가 스파르타에 항복하지 말고 버티라고 요구했다고 말했고, 화해와 승리에 대한 그의 희망에 대해서 말했다. 그러나 그가 5,000인회를 지지하고 400인 협의회를 거부한 것, 그리고 이전의 500인 협의회의 복구를 요구한 것은 전하지 않았다. 그런 생각들을 보고했다가는 운동의 분열을 심화시켰겠지만, 그들이 편집한 내용만으로도 중도파들의 마음은 고무되었다. 이 중도파들은 "과두정에 참여하고 있는 자들 중 다수였고, 이 이전에도 이미 불만을 품었으며, 만약 안전을 확보할 수만 있다면 어떤 방식으로든 이 일에서 기꺼이 빠지고 싶어 했다."(8.89.1)

400인 협의회 내의 반대파

이 반대파들은 테라메네스와 스켈리아스의 아들 아리스토크라테스가 이끌었다. 이 시기 동안의 테라메네스의 행적은 아테네의 중도적인 체제를 위한 대담하고 적극적인 경력을 예고했다. 아리스토크라테스는 뛰어난 아테네인으로서 니키아스의 평화조약과 스파르타와의 동맹에 서명할 정도로 중요한 장군이었으며, 기원전 414년에 아리스토파네스의 『새』에서 농담의 대상이 되기도 했다. 아리스토크라테스는 테라메네스와 트라시불로스처럼 아테네 민주정을 제한하기 위해서 이 운동을 지지했었고,

이제 400인 협의회에 등을 돌렸다. 그 역시 알키비아데스의 동료로서 회복된 민주정에서 이름을 날릴 것이다.

불만을 품은 자들끼리 논의하던 중에 테라메네스와 아리스토크라테스는 자신들이 두려워하는 것은 알키비아데스와 사모스의 군대만이 아니라, "스파르타에 사신을 보낸 자들"이라고 말했다. "그들이 다수와의 협의 없이 아테네에 해를 끼치지 못하도록 해야 한다"는 것이다. 아직 테라메네스와 아리스토크라테스는 조심스럽게 반(反)혁명의 언어들을 피했다. 더 심한 공포를 촉발시키고 내전을 불러일으켜서 아테네를 스파르타의 손쉬운 정복 대상이 되도록 노출시키고 싶지 않았던 것이다. 그래서 그들은 오직 400인 협의회가 약속을 지키기를 요구했다. "5,000인회를 이름뿐이 아니라 실제로 지명하고, [그럼으로써] 더 평등한 정체(政體)를 세우는"(8.89.2) 것이었다.

이 사람들은 개인적인 야심들을 제외한다면 애국심만큼이나 두려움에 의해서 움직였다. 상황이 열악해지면 극단주의자들은 400인 협의회 내의 반대파들에게 등을 돌릴 것이다. 그리고 그들은 자신들에게 반대하는 자들은 죽이겠다는 의지를 이미 증명했다. 다른 한편 만약 사모스의 아테네 민주파가 지배권을 잡는다면, 그들이 400인 협의회의 설립자들에게 자비를 베풀 가능성도 없었다. 그러므로 하루하루가 지나갈수록 극단주의자들이 과두정과 자신들을 구원하기 위해서 스파르타에 나라를 팔아넘길 가능성이 높아졌다. 그러나 아테네의 중도파는 국가의 독립을 유지하고 승리할 때까지 싸우겠다는 결의가 분명했다. 그리고 이후에 그들의 민주적 동료 시민들은 그들의 헌신을 인정하고, 그들을 연이어서 장군직에 선출할 것이다. 이 모든 고려 사항들이 결합하여 중도파가 신속하게 행동하도록 압력을 가했다.

아테네를 배신하려는 과두파의 계략

사신들이 꼼꼼하게 신경을 써서 알키비아데스의 메시지를 전부 공개하지 않았음에도 불구하고, 사모스에서 온 소식은 극단주의자 지도자들을 놀라게 했다. 그들은 피라이오스 항구에 있는 에이티오네이아 곶에 요새를 건설하기 시작했다. 이 곳은 항구 입구를 남쪽으로 가로질러 뻗어 있어서 들어오고 나가는 배들을 통제할 수 있는 장소였다. 표면상으로는 이 요새를 건설하면 내부의 적이 육지 쪽에서 해오는 공격을 소규모 병력으로 막을 수 있었다. 그러나 테라메네스와 중도파는 즉각 이것의 잠재적 위험을 알아챘다. 그들은 이 요새의 진정한 목표가 "그들이 원한다면 언제든지 육상과 해상으로 적들을 끌어들일 수 있게 하려는"(8.90.3) 것이라고 항의했다. 알키비아데스가 돌아왔다는 보고는 극단주의자들에게 두려움을 불러일으켰다. 그들은 "시민들의 다수는 물론 자신들이 이전에 신뢰했던 동료 집단의 일부가 마음을 바꾸고 있음을 보았다."(8.91.1) 극단주의자들은 독립을 유지하고, 아테네에 과두정을 세우고, 제국을 온전히 지키고 싶어 할 것이다. 만약 제국을 상실한다면, 독립을 유지하기 위해서 애쓸 것이다. 그러나 민주정의 복원을 받아들이기보다는 차라리 "적군을 끌어들이고, 배들과 성벽을 포기하고, 오직 자신들의 생명을 구하기 위해서 아테네에 관련된 모든 조건들을 받아들일 것이다."(8.91.3) 그래서 그들은 에이티오네이아의 새 요새 완성을 서둘렀고, 안티폰과 프리니코스를 포함한 10여 명의 사람들을 보내어 "어떻게든 참을 수 있는 것이라면 모든 조건을 받아들이고"(8.90.2) 스파르타와의 평화를 추구하라고 했다.

이 협상의 세부 내용에 대해서는 추측만이 가능하다. 아테네인들은 아마 현 상태에 기초한 평화를 요청했을 것이고, 스파르타인은 이를 거부했을 것이다. 그러므로 사신들은 전반적인 합의 없이 스파르타에서 돌아왔다. 그러나 극단주의자들을 위한 탈출구는 협상을 통해서 마련했다. 안티폰과 그의 동료들은 자신들의 안전을 대가로 아테네를 배신하기로 했다.

새로운 방벽이 계속 건설되자 테라메네스는 점점 더 공개적으로, 그리고 정력적이고 용감하게 불만을 제기했다. 극단주의자들에게 반대한다는 것은 언제든지 탄핵이나 암살을 초래할 수 있는 매우 위험한 행동이었다. 그러나 마침내 반(反)혁명이 시작되는데 도움이 되었던 것은 다른 종류의 암살이었다. 프리니코스가 협의회 회관에서 나오다가 붐비는 아고라에서 살해당했다. 살인자는 도망쳤고, 그와 함께 있었던 한 아르고스인은 고문을 받으면서도 음모가들의 이름을 하나도 대지 않았다. 이때 에우보이아의 반란을 도와줄 준비를 하고 있는 것처럼 보이던 펠로폰네소스 함대가 아이기나를 공격하기에 앞서 에피다우로스에 상륙했다는 소식이 아테네에 들어왔다. 그곳은 에우보이아로 가는 중간 기착지가 아니라 오히려 피라이오스로 오는 직선경로에 있었다. 테라메네스, 아리스토크라테스, 그리고 400인 협의회 내부와 외부의 여러 중도파들은 긴급회의를 열었다. 테라메네스는 펠로폰네소스 함대의 진정한 목표는 에우보이아가 아니라 아테네 항구라고 여러 차례 경고했고, 이제 행동을 지휘했다.

피라이오스에서 중장 보병 1개 부대를 지휘했던 아리스토크라테스는 즉각 알렉시클레스를 체포했다. 그는 "과두파의 장군이었고, 특히 클럽의 구성원들에게 마음이 기운 자였다."(8.92.4) 중장 보병들은 중도파의 명령에 따라 이 극단주의자 장군을 제거한 것을 환영했다. 이들은 군사력의 핵심이었고, 극단주의자들이 아테네를 스파르타에 넘겨주려는 계획을 실행에 옮기려면 반드시 장악해야 하는 집단이었다. 반란의 소식이 아테네에 전해졌을 때 400인 협의회는 협의회 회관에서 회의를 하고 있었고, 극단주의자들은 즉시 명백한 용의자인 테라메네스에게 달려들었다. 그러나 그는 알렉시클레스의 구출에 동참하겠다고 제안하여 그들을 놀라게 했다. 그들은 방어력도 잃었고, 이 사태에서 테라메네스의 역할도 불분명했다. 또 이런 위기의 순간에 공개적으로 분열을 일으키고 싶지는 않았기 때문에 테라메네스의 제안을 받아들이고, 그가 자신과 견해를 같이하는 다른 장군 한 명을 데리고 가도록 허락했다. 그들이 취한 유일한 대응조치는 극단주의자인 아리스타르코스를 세 번째 장군으로 그들과 동행시킨 것이었다.

아테네로부터 한 부대가 피라이오스의 다른 부대를 향해 진격하자, 내전은 피할 수 없을 듯했다. 그러나 피라이오스의 병력은 중도파가 지휘했고, 아테네에서 오는 집단의 장군 3명 중 2명도 중도파였으므로, 그 결과는 결정적인 전투가 아니라 익살스러운 연극이었다. 아리스타르코스가 화를 내며 중장 보병에게 열심히 싸우라고 명령하자, 테라메네스는 그들을 야단치는 척했다. 그러나 병사들은 대부분 주저하며 테라메네스에게 물었다. "당신은 저 요새가 좋은 의도에서 건설되고 있다고 생각합니까, 아니면 저것을 파괴하는 것이 좋을 것이라고 생각합니까?" 테라메네스는 만약 그들이 요새를 파괴하는 것이 좋다고 생각한다면, 자신은 그들과 동의한다고 말했다. 중장 보병들은 즉시 요새를 무너뜨리기 시작했다. 그들은 이렇게 소리쳤다. "400인 협의회 대신 5,000인회가 지배하기를 원하는 자는 모두 와서 도와라!"(8.92.10-11)

이러한 부추김은 당연히 중도파 계획의 일부였다. 그리고 이 외침은 요새를 무너뜨리도록 격려하고, 스파르타에 나라를 넘겨주려는 극단주의자들의 노력을 저지하기 위해서 "무리들"에게 한 것이었지만, 동시에 새로운 체제가 그들이 언제나 원했던 국제(國制)에 의해서 지배될 것을 확실히 하려는 의도도 있었다. 이 표어를 받아들이고 외쳤던 병사들은 충분히 생각을 했더라면 아마 완전 민주정으로 바로 돌아가기를 더 원했을 것이다. 그러나 테라메네스와 그의 동료들의 지휘를 따르고 있었으므로, 그들은 400인 협의회의 과두정을 무너뜨리고 그들의 반역을 막는 데 만족했다.

그러나 이러한 행동들을 이끌었던 중도파 지도자들은 내전을 원하지 않았고, 그래서 그들의 목표는 싸움이 아니라 극단주의자들의 양보였다. 다음 날 군대가 요새 파괴를 마무리하고 알렉시클레스를 석방한 다음, 그들은 아테네로 진격했다. 그러나 한 훈련장에서 멈추고 400인 협의회의 대표단과 만났다. 이 대표들은 5,000인회의 명단을 공개할 것과 400인 협의회를 이 5,000인회 내에서 5,000인회가 결정한 방식으로 선발하게 할 것을 약속했다. 그들은 병사들에게 진정하고 국가와 모든 이들을 위험에 처하게 하지 말라고 요구했다. 그리고 정해진 날짜에 디오니소스 극장에서 민회를 열어 조화의 회복을 논의하겠다고 설득했다.

극단주의자들은 최소한 이 마지막 제안에서는 진심이 아니었다. 그들은 "그토록 많은 수의 사람들을 정부에 참여시키는 것은 명백한 민주정이다"(8.92.11)라고 믿었기 때문이다. 오히려 그들의 목적은 스파르타 군이 와서 자신들을 구원할 시간을 버는 것이었다. 며칠 뒤 스파르타 함대가 살라미스를 향해 오고 있으며, 피라이오스의 요새가 무너진 것을 모르고 그곳으로 들어가려고 한다는 소식이 전해졌다. 스파르타 원정군의 피라이오스 상륙은 아테네 과두파들과 함께 고안한 계획의 일부였을 것이다. 만약 에이티오네이아가 우호세력의 손에 있다면 항구를 장악하거나 입구를 봉쇄하여 아테네인을 굶겨서 항복시킬 수 있었다. 운이 좋으면 아테네인이 내전으로 분열되어 항구의 수비군이 없을 수도 있었다. 만약 적대세력이 장악하고 있다면 언제든 바다로 나가서 에우보이아를 향해 갈 수 있었다.

그러나 요새가 무너졌기 때문에 그들은 아무것도 할 수 없는 상황에 놓였고, 적 함대가 접근하자 아테네 군이 항구로 달려가 방어했다. 스파르타 군 지휘관 아게산드리다스와 그의 배 42척은 아테네를 지나쳐서 남쪽의 수니온으로 향해 에우보이아로 갔다. 중도파와 시민들의 노력으로 아테네는 안전해졌다.

에우보이아를 향한 위협

에우보이아는 아테네 시, 피라이오스, 그리고 그 사이의 방벽에 갇힌 사람들에게 "모든 것"이었으므로, 아테네 군은 방어가 취약한 이 섬을 보호하기 위해서 서둘러 중도파 장군 티모카레스의 지휘 아래 임시 함대를 보냈다. 오로포스 해협 맞은편 11킬로미터 지점에서, 아게산드리다스의 함대는 아테네 함대에 비해 42대 36척으로 앞서 있었다. 스파르타 함대의 선원들은 경험과 준비에서도 앞섰고, 전투를 사전에 준비했으며, 기습공격이라는 점에서도 그리고 에레트리아인의 협력을 받는다는 점에서도 유리했다. 스파르타 군의 전략은 아테네 군에서 시장을 빼앗아서 그들이 식량을 찾아 내륙으로 분산되게 하는 것이었다. 아테네 군이 그렇게 분산되자, 에레트리아인이 신호를 보냈고, 아게산드리다스가 공격했다. 아테네 군은 배로 돌아와 급히 바다에 나서야 했고, 진형을 갖출 시간이 없었다. 그래서 그들은 곧 다시 해안으로 밀려났다. 에우보이아인이 도망가는 자들을 많이 죽였다. 그러나 몇몇은 탈출에 성공하여 칼키스로 갔고 또 몇몇은 섬의 아테네 요새로 갔다. 아테네 군은 결국 22척의 배와 선원을 잃었고, 펠로폰네소스 군은 승전비를 세웠다. 에우보이아의 북단에 있는 히스티아이아를 제외하고는 섬 전체가 반란에 동참했다.

이 패배로 인한 아테네인의 공황 상태는 시칠리아 재난 이후의 것보다 더 컸다. 그들은 돈과 배가 얼마 없었고, 도시 성벽 밖으로는 아티카의 그 어디로도 갈 수 없었다. 그리고 이제 정복지의 대체물 역할을 해왔던 에우보이아로도 갈 수 없게 되었다. 아테네 시는 불화로 분열되었고 배신의 위협을 받았다. 어느 때든 내전이 벌어지거나 사모스의 아테네 함대가 공격해올 수 있었다. 주민들이 가장 두려워한 것은 펠로폰네소스 군이 돌아와 적절한 함대의 보호를 받지 못하는 피라이오스를 공격하는 일이었다. 투키디데스는 스파르타 군이 항구를 봉쇄할 수도 포위할 수도 있었고, 사모스의 함대가 자신들의 도시와 친척들을 구원하기 위해서 달려오도록 함으로써 헬레스폰토스에서 에우보이아에 이르는 모든 제국을 상실하게 만들 수도 있었다고 믿었다. 그러나 그는 스파르타인이 "아테네인으로서는 가장 싸우기 편한 사람들이었다"(8.96.5)고 말한다. 이 경우에도 그렇고 다른 많은 경우에도 그들은 기회를 놓쳤던 것이다.

그러나 이후의 사건들을 보면 펠로폰네소스 군이 더 대담하게 행동했더라도 꼭 이득을 보지는 않았을 수도 있다. 아테네 내에서 스파르타의 공격 위협은 내전을 이끌어낸 것이 아니라 400인 협의회의 전복과 중도파 중심의 국가 통합을 이루게 했다. 이 일은 스파르타 군이 공격했더라면 오히려 더욱 신속하게 이루어졌을 것이다. 외부적으로는 스파르타 군이 피라이오스를 봉쇄하거나 포위했더라면 분명 사모스의 아테네 함대가 공격해왔을 것이고, 이 함대는 아게산드리다스가 이끄는 훨씬 적은 수의 함대를 쉽게 파괴했을 것이며, 제국에서 이탈자들이 생기지 않도록 막았을 것이다. 그렇게 되었다면 트라시불로스와 같은 중도파의 지휘 아래 아테네 함대가 재통합되었을 것이고, 테라메네스와 아리스토크라테스와 같은 중도파들이 이끄는 아테네가 등장했을 것이다. 그 후 새롭게 통합된 아테네가 펠로폰네소스 군 함대를 추적하여 승리를 거두고 잃어버린 영토들을 되찾을 가능성이 매우 높았을 것이다. 그러므로 스파르타 군이 아테네 항구를 공격하는 위험을 회피한 것에는 이유가 충분했다.

400인 협의회의 붕괴

물론 아테네인들은 어떤 일이 벌어질지 알 수 없었고, 그래서 자신들을 방어하기 위해서 필요한 조치들을 취했다. 있는 힘껏 항구를 보호하기 위해서 20척의 배에 승무원들을 채웠고, 민주정에서 정규적인 민회 장소였던 프닉스에 모여 현재의 지배가 끝났음을 분명하게 선언했다. 그들은 공식적으로 400인 협의회를 해산했고, "5,000인회에 일을 넘겨주었다." (8.97.1) 그리고 모든 공직자에 대한 급여 지급을 금지했다.

이것은 사실상 중도파의 강령을 비준한 행위였고, 하층 계급의 사람들로 구성된 함대가 대부분 사모스에 있었으므로, 이것은 특히 민회에서 투표를 한 중장 보병들에게 만족스러운 내용이었다. 어떤 이들은 이러한 국제를 그 자체로 선호한 반면, 다른 이들은 완전 민주정의 회복으로 가는 한 단계로서 이것을 지지했을 것이다. 중도파 지도자들의 신중함과 용기가 반역과 내란으로부터 아테네 시를 구했고, 과두정으로의 움직임을 중지시켰다. 이 위기 동안의 행동에 대해서 테라메네스와 아리스토크라테스는 아마도 사모스에 있는 매력적인 배신자보다 더 아래의 칭송에 걸맞을 것이다. "그 누구보다 더 국가에 유용한 사람들이었다."(8.86.4)

5,000인회의 국제

새로운 체제에서 민회에서 투표할 권리, 배심원으로 설 권리, 공직을 보유할 권리는 중장 보병 계급 이상의 사람들에게로 제한되었다. 권력의 자리는 400인 협의회에서 민회로 옮겨졌다. 그러나 이 민회는 실제로는 얼마나 컸을까? 5,000명이라는 숫자는 실제라기보다는 상징적이었다. 여기에는 스스로 무장을 갖추고 중장 보병이나 기병으로 참여할 수 있는 모든 남성이 포함되었기 때문이다. 기원전 411년 9월에 그 수는 아마 거의 1만 명에 달했을 것이다.

또 500명으로 구성되는 협의회가 있었다. 이들은 추첨이 아니라 선거로 뽑혔고, 이전 민주정의 협의회보다 더 큰 힘과 재량권을 가졌다. 다른 면에서 이 국제는 이전 민주정과 같아 보였다. 법정은 전통적인 방식으로 운영되는 듯했다. 다만 배심원단에서 이제 하층 계급들은 제외되었다. 전반적으로 계급 제한을 제외한다면 5,000인회의 정부는 이전 민주정 정부와 매우 유사하게 운영되었다.

결국에는 이 5,000인회는 10개월이 채 지나지 않아서 완전한 민주정에 평화적으로 길을 내주었다. "인민은 재빨리 국가에 대한 지배권을 가져갔다."(아리스토텔레스, 『아테네인의 국제』 34.1) 비록 단명했지만, 투키디데스는 이 5,000인회의 국제에 대해서 "소수의 정부와 다수의 정부에 비해서 중도적인 혼합물"(8.97.2)이라고 묘사했고, 자신의 생애 동안에 아테네인이 가졌던 최고의 정부였다고 평가했다. 아리스토텔레스는 아테네인이 "당시에 잘 통치되었던 것으로 보인다. 전쟁이 진행되고 있었고, 국가는 무기를 소유한 자들의 손에 있었기 때문이다."(『아테네인의 국제』 33.2)

그러나 새로운 국제의 가장 큰 약점은 압도적으로 해전 위주인 전쟁을 하는 동안 함대의 주축을 이루는 자들에게서 그들에게 익숙한 시민권을 박탈했기 때문에 심각한 도전에 직면할 수밖에 없었다는 점이었다. 새롭게 권력을 잡은 중도파들이 성공하기 위해서는 아테네 시에 있는 중장 보병과 기병을 사모스에 있는 더욱 중요한 함대와 통합해야만 했다. 그러나 일단 그렇게 하고 나면, 배의 노를 젓는 자들이 자신들의 완전한 참정권 회복을 요구하게 될 것은 시간문제였다. 그러므로 중도파는 딜레마에 빠졌다. 자신들과 자신들의 도시의 운명은 통합을 이루는 데 달려 있는데, 그 통합은 필연적으로 자신들이 선호하는 국제에 종지부를 찍을 것이다.

5,000인회의 행동

5,000인회는 양 진영을 화해시키기 위한 첫 단계로서, 알키비아데스와 그와 함께 있는 추방자 집단의 귀환을 표결했다. 테라메네스와 여러 중도파들은 항상 알키비아데스를 아테네로 다시 데려와서 그들이 보기에 비할 바 없던 그의 외교적, 군사적 재능을 이용하려고 했다. 그가 적으로서 나라를 거의 멸망시켰듯이 복권되면 나라를 구할 수 있었다. 이 발표 이후의 알키비아데스의 행동들로 볼 때 실제 복권 법령이 완전한 사면이나 용서를 제공하지는 않은 것 같다. 그 법령은 알키비아데스를 장군으로 선출한 함대의 선거를 인정했으므로 그의 신분은 더 이상 범죄자도 아니었고 그에 따른 처벌도 사라졌다. 그러나 그는 기원전 415년 가을과 같은 상태, 즉 고발은 당했지만 재판은 받지 않은 상태에 놓였을 수 있다. 그는 아테네로 돌아가 완전한 복권을 얻어내야 했을 것이다. 비록 그의 주요 적들은 이미 죽었거나 권력에서 멀어졌고 그의 친구들이 지배하고 있었

지만, 알키비아데스는 즉각 아테네로 돌아가 감사하는 주민들의 환영을 받으려고 하지 않았다. 오히려 그는 기원전 407년 여름까지 거의 4년을 기다렸다. 플루타르코스는 이것을 이렇게 설명한다. "그는 빈손으로 아무 것도 이룬 것 없이 대중들의 동정과 은혜 덕분에 돌아가는 것이 아니라, 영광이 가득하게 가야 한다고 생각했다."(『알키비아데스』 27.1) 더 정확히는 알키비아데스는 처벌받을 것이 계속 두려워서 등장을 늦추었던 것 같다.

새로운 체제는 결코 안전하지 않았다. 몇몇 극단주의자 과두파들은 즉각 도시에서 도망쳤지만, 상황은 여전히 유동적이어서 그들 중 다수가 남아 있어도 안전하다고 판단했고 심지어 다시 권력을 잡을지도 모른다는 희망도 가지고 있었다. 중도파는 신중하게 일을 진행해야 했다. 그들이 400인 협의회를 몰아내는 데 주도적인 역할을 하기는 했지만, 그들 중 다수도 그 집단의 구성원들이었기 때문이다. 그들은 과두정을 회복하거나 국가를 배신하려는 극단주의자들의 시도를 막아야 했을 뿐만 아니라, 또한 이전에 400인 협의회에서 자신들의 동료였던 이들과 자기 자신들을 대중의 마음에서 분리시켜야 했다. 그러나 그들이 취한 첫 번째 공식 행동은 이상했다. 민회는 프리니코스의 시신과 싸우는 법령을 통과시켰다. 이 죽은 자에게 반역죄를 씌운 것이었다. 이후 그가 유죄 판결을 받자 그의 뼈를 파내서 아티카 경계선 바깥에 버렸고, 그의 집을 파괴하고 재산을 압류했다. 판결문과 형벌의 내용은 청동비에 새겼다. 겉으로 보기에 이 법령은 적이 많았고 안전하게 제거된 한 사람을 공격함으로써 대중의 정서를 읽으려고 한 시도였다. 그렇다고 하더라도 아리스타르코스와 알렉시클레스는 프리니코스를 변호했는데, 이것은 이 두 극단주의자들이 여전히 자신들의 동료를 변호할 수 있을 만큼 충분히 안전하다고 느꼈음을 시사한다.

이 시험은 성공적이었다. 중도파는 그다음으로 살아 있는 극단주의자들을 향해 나아갔다. 페이산드로스는 선고가 내려지기 전에 탈출한 것으로 보인다. 그러나 아르케프톨레모스, 오노마클레스, 안티폰 3인의 주도적인 과두파에 대해서는 재판이 진행되었고, 이들에게는 "국가를 손상시키며" 스파르타인과 협상했다는 반역죄가 부과되었다. 오노마클레스는 도망친 것으로 보인다. 그러나 아르케프톨레모스와 안티폰은 남아서 스스로를 변호했다. 400인 협의회의 일원이었던 폴리스트라토스가 이미 벌금형만을 선고받고 석방된 전례가 있었고, 다른 많은 이들도 무죄 방면된 것으로 보였기 때문이었다. 그러나 이 두 과두파는 사형을 선고받았고, 프리니코스에게 부과된 것과 같은 불명예들과 함께 처형되었다. 그들에 대한 판결과 처벌은 청동비에 새겨져서 프리니코스와 관련된 법령들이 적혀 있는 청동비 옆에 세워졌다. 그리고 그들의 집이 있던 자리에는 "두 배신자 아르케프톨레모스와 안티폰의 땅"(플루타르코스, 『모랄리아』 834)이라는 명문(銘文)이 새겨진 돌들이 놓였다.

아르케프톨레모스와 안티폰의 운명은 남아 있던 모든 극단주의자들을 도망가게 만들었을 것이고, 더 이상의 배반 음모가 나타날 수 없게 했다. 그들을 처벌한 것은 또 중도파에 대한 대중의 지지를 확보했고, 그들의 자신감을 강화시켰을 것이다. 티모카레스는 해군 지휘관 역할을 계속했고, 테라메네스는 자신 있게 헬레스폰토스로 항해해서 그곳에서 트라시불로스와 알키비아데스와 합류했다. 중도파들은 이제 자신들의 관심을 전쟁을 이기는 과업으로 돌릴 수 있었다.

제32장
헬레스폰토스의 전쟁 (기원전 411–410년)

새로운 체제는 곧 국외의 적으로부터 치명적인 도전을 받았다. 소규모 펠로폰네소스 함대가 보스포로스에 있는 핵심 도시 비잔티온에 도착하여 그곳과 인근 도시들에서 반란을 유발시켰다. 그로 인해서 아테네는 곡물 공급과 생존 자체를 위협받았다. 소아시아 북부의 총독이었던 파르나바조스는 스파르타인에게 즉각 대규모 함대를 보내서 이 기회를 이용하라고 재촉했다. 그러나 민다로스는 신속하게 행동하지 않았다.

페니키아 함대의 유령

스파르타는 이오니아 지역에서 티사페르네스와 협력하겠다는 페르시아와의 조약에 여전히 묶여 있었다. 비록 총독은 간헐적이고 불충분한 급료 지급의 정책을 유지했지만, 그는 페니키아 함대를 에게 해로 데려오겠다고 약속한 바 있었다. 만약 이들과 펠로폰네소스 함대가 에게 해에서 합류한다면, 스파르타는 이 연합군의 힘으로 바다에서 승리를 거둘 수 있었다. 그러므로 아무리 오랫동안 그의 약속이 지켜지지 않는다고 해도 끈기 있게 티사페르네스에게 남아 있는 편이 현명한 일일 듯했다. 147척에 달하는 페니키아 함대는 실제로 소아시아 남부 해안의 아스펜도스까지 왔었다. 그러나 그 이상은 가지 않았다. 총독이 여전히 그리스인을 양편 모두에서 지치게 하려고 했기 때문이었다.

민다로스는 밀레토스에서 한 달 이상을 기다려서야 비로소 티사페르네스가 사실은 스파르타인을 속이고 있다는 소식을 들었다. 페니키아 함대도 이미 본국으로 돌아가고 있다고 했다. 이로써 그들의 기대는 끝났고, 스파르타인은 조약의 의무로부터 벗어나서 자유롭게 헬레스폰토스의 파르나바조스와 합류할 수 있게 되었다.

헬레스폰토스에 도달하기 위해서 해군 사령관은 자신의 함대 73척을 이끌고 사모스에서 길을 막고 있는 75척의 아테네 삼단노선을 지나갔다. 민다로스는 헬레스폰토스의 좁은 바다에서 싸움을 벌이기를 더 원했다. 그곳에서는 언제나 육지와 가까워서 함대가 페르시아 군의 지원을 얻을 수 있기 때문이다. 사모스에 대한 책임은 경험이 부족한 트라실로스에게 맡겨져 있었다. 그는 사모스에서 과두파 혁명을 막는 데 중요한 역할을 한 덕분에 일반 중장 보병에서 장군에까지 오른 사람이었고, 전함이나 부대를 지휘해본 적이 없었다. 그는 반란을 억누르는 데 성공한 뒤 곧 다른 도전에 직면했다. 레스보스에 있는 메팀나와 에레소스에서 반란이 발생했던 것이다. 그 섬의 아테네 군 병력은 메팀나를 감당할 수 있을 정도였고, 트라시불로스는 소규모 함대를 이끌고 에레소스를 처리하러 갔다. 트라실로스는 즉시 키오스로 가서 민다로스가 헬레스폰토스를 향해 통과하여 지나가지 못하게 막았어야 했지만, 오히려 55척의 배를 이끌고 급히 레스보스로 갔다. 그리고 나머지로 사모스의 기지를 지키게 했다. 그의 전략은 에레소스를 공격하고, 키오스 섬의 양끝과 본토에 파수대를 설치하여 민다로스를 감시하는 것이었다. 그는 장기간의 체류를 계획했다. 레스보스를 키오스의 스파르타 군을 공격하는 기지로 사용하려고 했다.

트라실로스는 너무 많은 것을 단번에 성취하려다가 자신의 핵심 임무에 실패했다. 민다로스는 키오스에서 헬레스폰토스까지 가기 위한 물자를 싣기 위해서 2일 동안만 머물렀다. 그리고는 교모하게 레스보스와 본토 사이의 좁은 바다를 지나갔다. 아테네 군은 그가 이 경로를 택하리라고는 예상하지 못했다. 그는 그곳을 통과해 지나갔고, 자정에는 안전하게 헬레스폰토스 입구에 도착했다. 약 20시간 동안 177킬로미터를 항해한 것이다. 그는 작전의 무대뿐만 아니라 전쟁의 진로도 바꾸었다. 그리고 아테네 군이 그의 대담하고 상상력 넘치는 성취를 미리 막지 못한 것은 자신들의 도시의 생존 자체를 위험에 빠뜨리는 심각한 실수였다.

키노세마 전투

아테네 추격군은 너무 늦게 도착하여 민다로스가 헬레스폰토스의 기지인 아비도스의 펠로폰네소스 함대와 합류하는 것을 막지 못했다.(지도 24) 이제 트라시불로스의 지휘 아래 아테네 군은 전투를 계획하고 준비하면서 다음 5일을 보냈고, 그 후 76척의 배로 일렬로 헬레스폰토스로 들어가 갈리폴리 해안 근처로 갔다. 트라시불로스는 공세를 취하는 것 이외의 대안이 없었다. 목숨이 걸린 곡물 수송로가 위기에 처했기 때문이었다. 스파르타 군에게는 넓은 바다로 나와 싸울 이유가 없었으므로, 아테네 군은 어쩔 수 없이 헬레스폰토스의 좁은 바다 안에서 그들과 교전을 벌여야 했다.

스파르타 군은 86척으로 수적으로 우세했고, 기지 근처에 머물면서 싸울 시간과 장소를 선택할 수 있었다. 민다로스는 이런 유리한 점들을 안고 배들을 아비도스와 다르다노스 사이의 113킬로미터에 걸쳐 배치했다. 시라쿠사 군을 우익에 배치하여 헬레스폰토스 쪽으로 가장 위에 두었고, 자신은 좌익을 맡아서 입구에 가장 가깝게 자리했다. 아테네 군 전열의 중앙이 해협이 가장 좁아지는 "개의 무덤"(Cynossema, 키노세마)이라고 불리는 곳 바로 앞에 이르자 민다로스는 공격했다. 아테네 군을 해안으로 밀어붙이면 자신의 뛰어난 해병들이 가장 효율적으로 싸울 수 있으리라고 기대했던 것이다. 아테네 함대를 완전히 괴멸시키려고 했기 때문에 그는 탈출로를 막기 위해서 적 함대를 포위하는 가장 어려운 일을 맡았다. 만약 스파르타 군 중앙이 자신의 임무를 완수하면, 아테네 군 우익은 포위된 중앙을 돕기 위해서 달려 올라갈 것이고, 그러면 민다로스는 그들과 헬레스폰토스 입구 사이에 자리를 잡고 효과적으로 아테네 군을 함정에 빠뜨릴 수 있었다. 아테네 군 중앙에 남아 있는 자들과 혼란에 빠진 좌익은 승리한 스파르타 군 중앙과 민다로스 사이에 잡힐 것이다. 그러면 헬레스폰토스 쪽으로 더 올라간 아테네 함대의 좌익을 분쇄하는 것은 쉬울 것이다.

트라실로스는 아테네 군의 전열의 가장 앞에서 이끌었다. 즉 좌익에서 시라쿠사 군과 대치한 것이다. 트라시불로스는 우익을 지휘하여 민다로스와 맞섰다. 선제권은 적군에게 있었고, 그래서 그들은 신속하고 즉흥적으로 대응할 준비를 갖추어야 했다. 아마 트라시불로스는 민다로스의 전략을 예상했던 것 같다. 그는 훌륭하게 대응했다. 아테네 군 중앙이 해협의 가장 좁은 곳에 이르자, 펠로폰네소스 군은 매우 성공적으로 공격했다. 트라실로스가 이끄는 좌익은 시라쿠사 군과 교전했고, 곶이 해협 아래쪽으로 가는 시선을 차단했기 때문에 중앙에서 무슨 일이 벌어지는지 알 수 없었다. 그러므로 아테네 군이 승리하느냐 아니면 패배하느냐는 트라시불로스가 이끄는 우익에 달려 있었다. 만약 그가 예상대로 중앙을 돕기 위해서 달려갔더라면, 적군의 중앙과 좌익의 합동 공격으로 심각한 수적 열세에 놓이고 함정에 빠졌을 것이다. 그리고 아테네 함대 전체는 민다로스의 계획처럼 전멸했을 것이다.

그러나 트라시불로스는 함정을 눈치채고 민다로스가 탈출로를 막기 위해서 움직이고 있음을 알아챘다. 그래서 그는 아테네 군의 뛰어난 속력을 활용해서 자신의 전열을 적군의 전열보다 더 길게 했다. 그렇게 함으로써 그는 심하게 공격받는 중앙을 약화시켰고, 펠로폰네소스 군은 많은 아테네 배들을 육지로 몰아붙이고 자신들의 보병들을 해안에 상륙시켰다. 여기에서 펠로폰네소스 군의 해전 경험 및 훈련의 부족이 승리를 앗아갔다. 그들이 자신들의 전열을 재정비하고 민다로스의 좌익과 합류하여 트라시불로스를 추격했더라면, 그들의 다수를 가라앉히거나 포획할 수 있었을 것이다. 최소한 트라실로스 휘하의 병력은 분쇄하고 헬레스폰토스에 대한 확고한 지배권을 확보할 수 있었을 것이다. 그러나 개별 함선들이 각각의 아테네 삼단노선을 쫓으러 달려나가는 바람에 펠로폰네소스 군의 전열이 무너졌다. 바로 이 적절한 순간에 트라시불로스가 들이쳤다. 그는 접근하는 민다로스의 배들을 향해 돌아서서 그들을 패주시켰다. 그 후 그는 무질서해진 적 중앙으로 돌격했고, 펠로폰네소스 함대는 저항도 하지 못하고 세스토스로 도망갔다. 시라쿠사 군은 키노세마의 만을 돌아서 나오다가 동료들이 도망가는 것을 보고 역시 서둘러 탈출했다. 이로써 펠로폰네소스 함대 전체는 아비도스의 피난처를 향해 질주했다.

이 시기의 역사에서 우리는 그리스의 해상 전투를 대개 장군의 눈을 통해서 본다. 그는 지휘관의 입장에서, 움직이는 양익의 입장에서, 중앙의 입장에서, 그리고 전 함대의 입장에서 전체 전장을 조감한다. 그러나 헬레스폰토스의 이 전투들에서는 역사가 디오도로스가 개별 전함의 갑판에서 개별 트리에르아르코스가 목격한 시각으로 바라볼 수 있는 드문 기회를 제공한다. 펠로폰네소스 군의 해병이 더 우수했기 때문에, 그들은 중앙에서 가장 큰 성공을 거두었다. 그곳에서는 근접전이 벌어졌고, 마구 싸우고 상대 전함을 잡고 그 배에 오르는 전략이 선호되었기 때문이다. 스파르타 군은 또 아테네 군이 해안가로 내몰리자 해전이 육전으로 변해 그들의 상황은 더 유리해졌다. 그러나 결국 아테네의 조타수들은 "경험에서 훨씬 앞섰고, 승리에 크게 기여했다."(디오도로스 13.39.5) 처음에는 적의 삼단노선에 강하게 밀렸던 트라시불로스가 어떻게 나중에는 바로 그 배들을 몰아낼 수 있었는지를 설명하는 데 바로 이 요소가 도움이 된다. 펠로폰네소스 군 중앙이 혼란에 빠지자 그는 전략을 바꾸었다. 트라시불로스는 더 이상 봉쇄당하는 것을 피하지 않고, 오히려 무질서를 이용하기 위해서 신속하게 민다로스와 전투를 벌임으로써 적군의 정비된 두 전열 사이에 잡히지 않을 수 있었다. 펠로폰네소스 군이 전 함대로 들이받으려고 시도할 때마다, 숙련된 아테네 군 키잡이들은 앞머리로 그들을 맞아서 충돌로 충돌을 상대할 수 있게 배를 움직였다. 좌절한 민다로스는 자신의 배들을 작은 집단으로 묶거나 각개전투를 하게 조정했지만, 이번에도 아테네 군의 키잡이들은 이러한 단독 혹은 소집단의 노력을 허사로 만들었고, 적함에 충돌하여 항해 불능으로 만들었다.(디오도로스 13.40.1-2)

  아테네 군은 비록 15척의 배를 잃고 겨우 21척의 배를 잡았지만, 트라시불로스의 선원들은 키노세마 곶 꼭대기에 승전비를 세울 권리를 얻었다. 아테네 군은 귀환하여 "예기치 못했던 행운"이라는 승리의 찬사를 받았고, 승리의 시기도 매우 적절했다. 에우보이아를 막 상실했고 또 400인 협의회의 전복을 둘러싼 투쟁 직후였기 때문에 이 승리는 아테네인의 사기를 높여주었다. "그들은 크게 용기를 얻었다. 그리고 열심히 일하기만 한다면 자신들의 대의가 여전히 이길 수 있으리라고 생각했다."(8.106)

  이 승리는 이후의 분쟁에서 가장 큰 중요성을 가졌다. 키노세마에서 트라시불로스는 오후 한나절 만에 전쟁 전체에서 패배를 당할 뻔했다. 만약 민다로스가 아테네 함대를 기원전 411년 10월 초의 그날에 패배시켰더라면, 아테네인은 아마 곧 항복할 수밖에 없었을 것이다. 아테네인에게는 새로운 함대를 건설할 돈이 없었고, 에우보이아를 상실한 이후에 또다시 패배한다면 제국 내에서 새로운 이탈자들이 부추김을 받을 것이었다. 키노세마의 승리는 그것을 방지했고 아테네에 전쟁을 온전히 그리고 명예롭게 빠져나올 기회를 남겨주었다.

키노세마 전투 이후 양편은 기회가 될 때마다 서로를 습격했다. 그리고 다음번의 중요한 전투를 위해서 함대의 규모를 늘리고자 노력했다. 다음 전투가 전쟁을 끝낼 수도 있다는 점을 잘 알았기 때문에, 민다로스는 로도스에서 반란을 진압하던 시라쿠사 군 지휘관 도리에오스에게 함대를 이끌고 북진하여 헬레스폰토스로 오라고 명령했다.

이와 거의 동시에 알키비아데스가 소아시아의 남부 해안에서 사모스로 돌아왔다. 알키비아데스는 티사페르네스가 아스펜도스에서 페니키아 함대와 합류한 이후에 소아시아로 갔다. 비록 그는 더 이상 총독에게 영향력을 끼칠 수 없었지만, 자신에게 페니키아 함대의 도착을 막은 공로가 있다고 주장했다. 그러나 그가 실제로 이룬 것은 카리아와 인근 지역에서 돈을 모아온 것이었다. 그는 10월 말에 그 돈을 사모스의 병사들에게 나눠주어 그들의 환심을 얻었다.

트라시불로스가 키노세마에서 생존을 위해서 싸우고 양편이 다음번 싸움을 위해서 병력 증강을 추진하는 동안 알키비아데스는 사모스에 머물렀다. 그곳에서 남쪽의 아테네 점령지를 위협하고 있는 도리에오스의 함대를 감시하기 위해서였다. 그러나 그것이 알키비아데스의 임무였다면, 그는 실패했다. 알키비아데스가 헬레스폰토스의 아테네 군을 지원하기 위해서 자신의 함대를 데려갔을 때, 도리에오스는 이미 그들을 빠져나가 먼저 그곳에 와 있었던 것이다.

이제 해협은 그 지역의 모든 관심의 초점이 되었고, 심지어 티사페르네스도 아스펜도스에서 그곳으로 향하기 시작했다. 펠로폰네소스 해군이 더 이상 자신의 관구 앞바다에 있지 않았고, 또 파르나바조스와 협력관계에 들어갔으므로, 티사페르네스는 자신의 경쟁자가 그가 실패한 임무인 아테네인을 패배시키는 데 성공하여 다리우스로부터 영광과 환심을 얻게 될까봐 두려웠던 것이다. 그러나 그의 마음을 움직였던 다른 고려 사항들도 있었다. 크니도스와 밀레토스의 그리스 도시들이 자신에 대항하여 반란을 일으키는 데 성공했고, 안탄드로스도 스파르타의 도움으로 반란을 일으켰다. 스파르타인들은 그에 대한 불만을 뒤에 있는 본국 정부로 보내고 있었고, 더 이상 자신에게 의존하지 않고 그와 맞서 싸우고 있었다. 그의 "동맹국들"이 장차 또 무슨 해를 끼칠지 알 수 없을 지경이었다.

다음번 싸움에 불을 붙인 것은 도리에오스의 도착이었다. 11월 초의 어느 날 새벽, 그는 어둠을 틈타 아테네 군의 감시초소를 피해 헬레스폰토스로 14척의 배를 이끌고 들어오려고 했다. 그러나 초병이 세스토스에 있는 아테네 장군들에게 그의 도착 소식을 알렸고, 장군들은 도리에오스를 로에테온 근처의 해안으로 밀어붙였다. 도리에오스는 잠시 기다린 후 아비도스의 스파르타 군 기지로 향해 나갈 수 있었지만, 다시 아테네 함대에 의해서 이번에는 다르다노스 해안으로 밀려났다. 민다로스는 도리에오스가 위험하다는 소식을 듣고 급히 트로이에서 아비도스의 기지로 달려가 파르나바조스에게 소식을 전했다. 민다로스는 84척의 배로 구원에 나섰고 파르나바조스는 육상에서 도리에오스를 지원할 군대를 일으켰다. 아테네 군은 자신들의 배에 탑승하여 해상 전투를 준비했다.

아비도스 전투

총 97척의 배가 다르다노스에서 아비도스까지 줄지어 늘어섰다. 민다로스는 아비도스에 가까운 우익을, 시라쿠사 군은 좌익을 맡았다. 그래서 민다로스는 아테네 군 좌익을 지휘했던 트라실로스와 맞섰고, 트라시불로스는 우익을 맡았다. 양편의 지휘관들이 신호를 올리고 그에 맞추어 나팔수들이 공격나팔을 부는 것으로 전투는 시작되었다. 싸움은 극렬했고 장시간 동안 우열을 가리기 힘들었다. 저녁 무렵에 마침내 18척의 배가 수평선에 나타났다. 양편은 각자 자신들의 지원군이 도착한 것으로 여기고 힘을 냈다. 그러나 그때 그 함대의 지휘관인 알키비아데스가 붉은 기를 올려서 아테네 군에 이 함대가 아군임을 알렸다.

이것은 행운의 문제가 아니었다. 이 신호는 미리 조정되었던 것이고, 알키비아데스는 예상을 하고 있었다. 운이 좋았던 것은 그가 도착한 타이밍이었다. 알키비아데스는 이 전투의 전술을 짜는 데는 참여하지 못했고,

너무 늦게 나타나서 그리 많이 싸우지도 못했지만, 그의 등장은 결정적이었다.

민다로스는 접근하는 배들이 아테네 군임을 알아채자 자신의 배들을 이끌고 아비도스로 향했다. 펠로폰네소스 군은 매우 긴 거리에 늘어서 있었고, 많은 배들이 해안을 따라 배를 뭍에 대도록 강요당했다. 그들은 육상에서 적을 막으려고 했다. 파르나바조스는 기병과 보병을 이끌고 그들을 도우려고 했고, 총독 자신이 말을 타고 바다에 뛰어들어 적을 격퇴했다. 총독의 개입과 어둠이 내려서 완전한 재난은 면할 수 있었다. 그러나 아테네 군은 펠로폰네소스 군의 배 30척을 포획하여 키노세마에서 상실한 15척을 회복했다. 민다로스는 밤을 틈타 함대의 잔여 병력과 함께 아비도스로 탈출했고, 아테네 군은 세스토스로 물러섰다. 다음 날 아침, 아테네 군은 여유 있게 돌아와 손상된 배들을 회수하고, 키노세마에 세운 첫 승전비에서 멀지 않은 곳에 또 승전비를 세웠다. 다시 한 번 아테네 군은 헬레스폰토스의 바다를 지배했다.

민다로스가 배들을 수리하고 본국에 지원을 요청하고, 파르나바조스와 함께 다음 작전의 계획을 짜는 동안에 아테네 군은 지원을 요청하고 헬레스폰토스에 남아 있는 펠로폰네소스 함대를 전멸시키기 위해서 전투를 강요했어야 했다. 만약 민다로스가 전투를 거부하면, 함대를 배치하여 적의 증원군을 봉쇄하고 그러는 동안 헬레스폰토스, 프로폰티스, 보스포로스 지역에서 제국에 반란을 일으킨 도시들을 수복해야 했다. 그러나 아테네 군은 이러한 일들 중에서 하나도 할 수 없었다. 아테네의 국고가 고갈되었고, 헬레스폰토스의 함대 전체가 겨울을 나기에도 부족했다. 게다가 키노세마와 아비도스에서의 전투 동안에 헬레스폰토스가 좁았던 덕분에 펠로폰네소스 군의 삼단노선은 심하게 밀리기는 했어도 육지에 올라감으로써 패배를 면할 수 있었다. 그러나 아테네 군은 그러한 전술에 대응할 중장 보병이 부족했다. 마지막으로 아테네 군은 본국 근처에서도 해군의 지원이 필요했다. 에우보이아가 여전히 반란 상태였기 때문이었다.

이 마지막 문제를 해결하기 위해서 테라메네스는 30척의 배로 함대를 만들어 반란자들을 처리하도록 했다. 이 반란자들은 그들의 새로운 동맹자인 보이오티아인의 도움을 받아 칼키스와 아울리스 사이에 둑을 쌓아서 섬과 본토를 연결시키고 있었다. 테라메네스의 병력은 노동자들을 보호하는 병사들을 물리치기에는 너무 부족했고, 그 대신 에우보이아와 보이오티아의 해안을 따라 적국의 농지를 황폐화시키며 상당한 양의 전리품을 거두었다. 그 후 테라메네스는 키클라데스 제도 주변으로 가서 400인 협의회에 의해서 설립되었던 과두정들을 붕괴시키고, 간절히 필요했던 돈을 모았으며 5,000인회의 새로운 체제의 권위를 높였다.

테라메네스는 에게 해에서 자신이 할 수 있는 만큼 성과를 이룬 후, 마케도니아로 가서 새로운 왕 아르켈라우스가 피드나를 포위하는 것을 도왔다. 마케도니아는 여전히 그리스에서 선박을 건조하는 데 쓰이는 목재의 주된 공급원이었고, 아르켈라우스는 아테네에 이 목재를 공급했고 또 돈도 제공했던 것 같다. 그 후 테라메네스는 타소스와 트라케 여러 지역의 과두정을 약탈하면서 자금을 모으고 있던 트라시불로스와 합류했다. 그곳에서 합류한 함대는 긴급 상황에 대비하여 신속하게 헬레스폰토스에 도달했다.

한편 알키비아데스는 티사페르네스가 헬레스폰토스에 도착했을 때 세스토스에 함대와 함께 있었고 총독을 친구이자 후원자로서 맞이했다. 아테네인은 여전히 이 두 사람의 사이가 좋다고 믿었고, 알키비아데스가 티사페르네스를 설득해서 페니키아 함대를 돌려보냈다고 믿었다. 알키비아데스는 진실을 혼자 숨겨두었고, 선물을 들고 그 페르시아인을 맞이하러 갔다. 그러나 알키비아데스는 상황을 심각하게 오판했다. 총독은 아테네와 우호관계를 맺을 생각이 전혀 없었던 것이다. 스파르타인은 자신들의 패배에 대해서 티사페르네스를 비난했다. 그리고 그들의 불만은 분명 대왕에게 도달했을 것이며, 대왕은 티사페르네스가 자신의 함대를 막대한 비용을 들이면서도 전혀 이용하지 않고 아스펜도스에 묶어두고 있음에 이미 기분이 나빴을 것이다. 그 결과 이제 아테네인이 헬레스폰토스에 있으며 왕의 잃어버린 영토를 되찾는 일에는 전혀 진전이 없었다.

티사페르네스는 이 상황에 대해서 "왕에게 비난받을 것을 두려워할"(플루타르코스, 『알키비아데스』 27.5) 이유가 충분했다. 따라서 티사페르네스는 알키비아데스를 체포하여 사르디스로 압송했다. 그러나 이 영리한 아테네인은 한 달 만에 탈출했다. 이 사건은 알키비아데스가 더 이상 티사페르네스에게 아무런 영향력도 끼칠 수 없다는 사실을 피할 길 없이 분명하게 만들었다. 그리고 그때부터 알키비아데스의 권위는 그가 페르시아의 인맥을 통해서 할 수 있다는 약속들이 아니라 실제의 성취에 의존할 것이다.

키지코스 전투

기원전 410년 봄에 민다로스는 80척의 삼단노선을 모았다. 아테네 군 지휘관들은 고작 40척의 배만 가지고서 밤에 세스토스를 떠나서 갈리폴리 북부 해안의 카르디아로 갔다. 그러나 트라케에 있던 트라시불로스와 테라메네스와 레스보스의 알키비아데스가 급히 와서 그들을 맞이했다. 카르디아의 함대는 이제 86척에 달했고, "함대의 장군들은 결정적인 전투를 노렸다."(디오도로스 13.39.4) 한편 민다로스와 파르나바조스는 프로폰티스 남쪽 해안의 키지코스를 포위하고 습격하여 점령했다.(지도 25) 아테네 장군들은 이 도시를 회복하러 나섰고, 들키지 않기 위해서 밤에 이동하면서 키지코스가 있는 반도 바로 서북쪽의 프로콘네소스 섬에 도착했다.

프로콘네소스에서 알키비아데스는 선원들과 병사들에게 "바다에서, 육지에서, 그리고 요새에 대항해서 싸우십시오. 적에게는 대왕이 준 돈이 많지만, [아테네인은] 완전한 승리를 거두기 전에는 아무것도 가진 것이 없기 때문입니다."(크세노폰, 『헬레니카』 1.1.14 ; 플루타르코스, 『알키비아데스』 28) 함대는 폭우 속에서 키지코스를 향했다. 접근 사실과 함대의 실제 수를 숨기기 위해서 폭풍우가 몰아치는 바다의 위험을 감수한 것이었다. 아테네 군은 본토와 할로니 섬 사이에 있는 반도의 서쪽에 도달했다. 아테네 군은 아르타키 곶과 해안에서 멀리 떨어지지 않은 동명(同名)의 섬에서 병력을 나누었다. 카이레아스와 중장 보병들은 상륙하여 키지코스를 향해 갔다. 테라메네스와 트라시불로스는 46척의 배를 나누어 곶 북쪽의 작은 항구에 함대를 숨겼다. 알키비아데스는 남는 40척의 배를 이끌고 키지코스를 향해 곧장 이동했다. 민다로스는 아테네 군이 헬레스폰토스의 40척만을 가지고 있다고 생각했을 것이고, 적의 병력이 실제로 얼마나 불었는지 알지 못했다. 그래서 그가 80척의 삼단노선을 모두 데리고 싸우러 나섰을 때, 그는 2대 1의 싸움을 할 수 있으리라고 생각했다. 아테네 군의

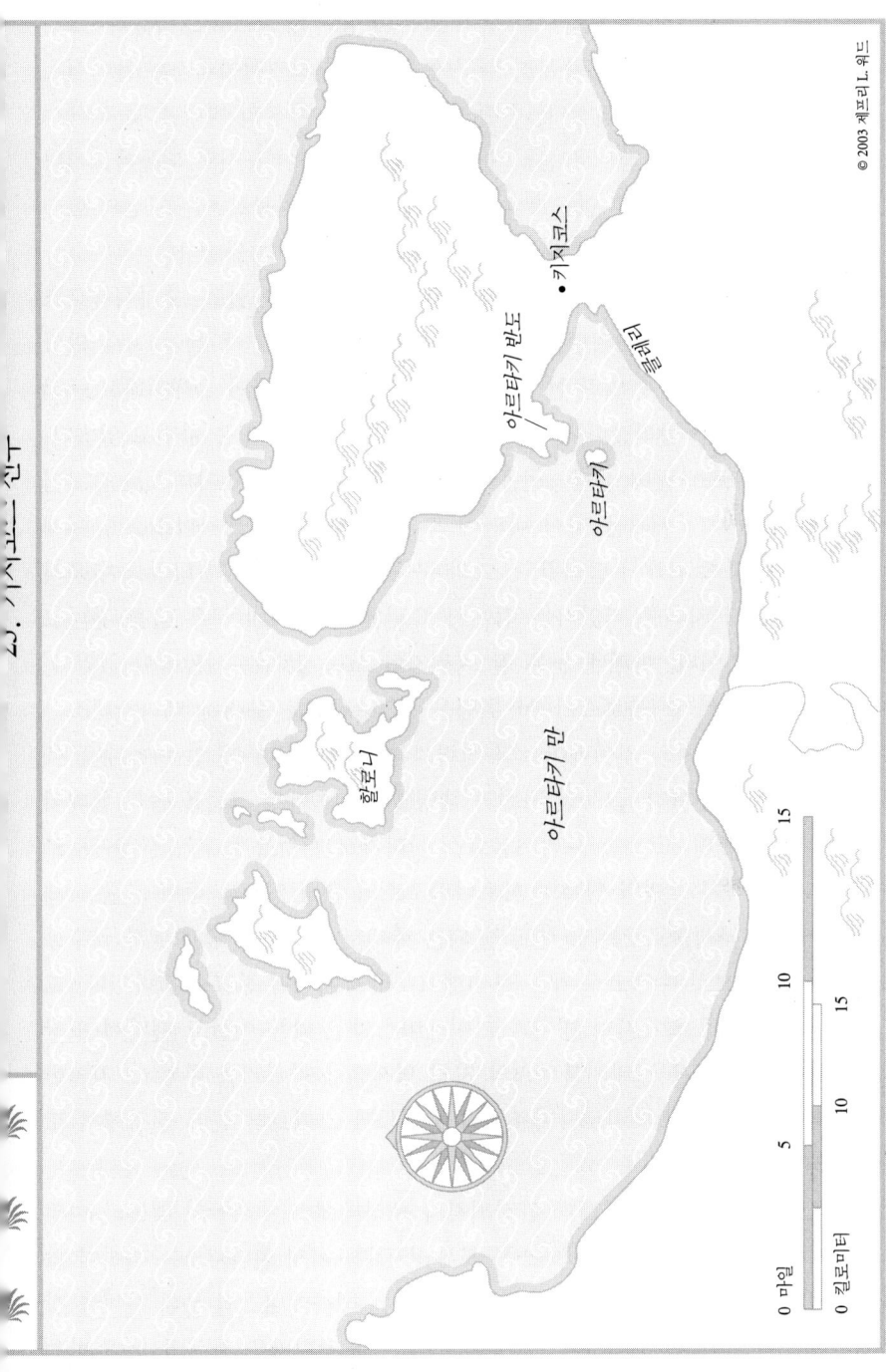

배들은 공황에 빠진 모습으로 섬이 있는 방향인 서쪽으로 도망갔다. 그러나 민다로스의 배들이 충분히 항구에 들어오자 알키비아데스는 돌아서서 추격해오는 적에게 맞섰다. 한편 테라메네스는 자신의 병력을 곧 뒤에서부터 키지코스 방향으로 움직여 펠로폰네소스 군이 도시로 되돌아오거나 근처 해안에 닿을 수 없도록 막았다. 동시에 트라시불로스는 자신의 함대를 데리고 남쪽으로 가서 서쪽으로부터의 탈출로를 차단했다.

민다로스는 자신을 위해서 준비된 덫을 금방 알아챘고, 트라시불로스와 테라메네스가 포위망을 완성하지 못하도록 제시간에 돌아올 수 있었다. 그는 자기에게 열린 한 방향, 즉 도시 서남쪽 해안인 클레리라고 불리는 곳을 향해 달려갔다. 그곳에는 파르나바조스가 진영을 차리고 있었다. 펠로폰네소스 군이 삼단노선을 뭍으로 올렸지만, 알키비아데스는 갈고리를 이용해 그 배들을 다시 바다에 띄우려고 했다. 파르나바조스가 이제 그를 구하기 위해서 달려왔고, 그의 군대는 적군보다 수가 많았으며 육지에 단단히 자리를 잡았다는 점에서 유리했다. 아테네 군은 물을 건너고 있었던 것이다. 아테네 군은 잘 싸웠지만 도움 없이는 가망성이 없었다. 바다에서 트라시불로스가 이 위험을 보고 신호를 보내어 테라메네스가 키지코스 근처의 카이레아스의 병력과 합류하여 전투 중인 아테네 군을 도우러 오게 했다. 그동안 자신과 해병들은 서쪽에서 그들을 돕기 위해서 달려갔다. 민다로스는 트라시불로스가 다가오는 것을 보고는 클레아르코스에게 자기의 병력 일부와 파르나바조스의 용병 일부를 주어 그를 막게 했다. 트라시불로스는 25척도 안 되는 배에서 데려온 중장 보병과 궁수들뿐이었으므로 수적으로 매우 불리했고, 막 포위되어 전멸될 찰나였다. 그때 테라메네스가 자기 병력과 카이레아스의 부대를 이끌고 때맞춰 도착했다. 증원군은 트라시불로스의 지친 병사들에게 활기를 주었고, 치열한 싸움 끝에 마침내 파르나바조스의 용병들과 스파르타 군이 전장에서 도망쳤다.

트라시불로스의 부대가 안전해지자 테라메네스는 해안의 배들과 여전히 싸우고 있던 알키비아데스를 도우러 갔다. 이제 민다로스는 자신이 알키비아데스의 부대와 반대편에서 접근하는 테라메네스의 부대 사이에 잡혔음을 알았다. 당황하지 않는 이 스파르타 지휘관은 자신의 부대 반을 보내어 테라메네스를 막게 하고, 자신은 알키비아데스에 대항하여 전열을 갖추었다. 그러나 그가 배들 사이에서 용감하게 싸우다가 전사하자 그의 병사들과 동맹군들은 공황에 빠져 도주했고, 파르나바조스가 기병을 데리고 도착하고서야 아테네 군의 추격을 막을 수 있었다.

아테네 군은 프로콘네소스로 물러났고 펠로폰네소스 군의 잔여 함대는 파르나바조스의 진영으로 도망갔다. 그들은 이후 키지코스를 포기했고, 이곳은 아테네 군의 지배 아래로 되돌아왔다. 아테네인 병사들은 많은 포로와 막대한 전리품을 챙겼고, 적군의 모든 배를 차지했다. 다만 시라쿠사 군 선원들은 배가 적의 손에 넘어가기 전에 모두 불질러 없애버렸다. 아테네 군은 육지와 바다에서 거둔 승리를 기념하기 위해서 승전비 두 개를 세웠다.

알키비아데스는 키지코스에 20일간 머물면서 돈을 모았고, 그 후 보스포로스 방향에 있는 프로폰티스의 북쪽 해안으로 향해 갔다. 가는 길에는 도시들을 차지하고 자금을 모았다. 알키비아데스는 비잔티온 맞은편의 크리소폴리스에 기지 겸 세관으로서 요새를 건설했다. 이후로 아테네인은 그곳에서 보스포로스를 지나가는 모든 상선에서 10분의 1의 관세를 거둘 것이다.

플루타르코스의 평가에 따르면, 키지코스 전투의 가장 큰 성과는 "아테네 군이 헬레스폰토스를 확실히 장악했을 뿐 아니라 스파르타 군의 모든 병력을 그 이외의 바다에서도 몰아냈다"(『알키비아데스』 28.6)는 것이었다. 이와 마찬가지로 중요한 효과로는 스파르타 군의 사기에 타격을 입힌 것을 들 수 있다. 이 전투 후에 아테네 군은 전사한 스파르타 군 해군 사령관의 비서인 히포크라테스가 보낸 편지를 중간에 가로챘다. 그 편지에서는 펠로폰네소스 군의 곤경을 라코니아 특유의 간결함으로 이렇게 표현했다. "배들을 잃었다. 민다로스는 죽었다. 병사들은 굶주린다. 우리는 어찌할 바를 모르겠다."(크세노폰, 『헬레니카』 1.1.23)

키지코스에서의 승리는 또한 아테네의 곡물 공급에 대한 위협을 당분간은 제거했고, 승리의 희망을 회복시켰다. 크세노폰과 플루타르코스는 둘 다 알키비아데스에게 이 승리에 대한 특별한 공로를 돌린다. 그러나 테라메네스와 트라시불로스는 최소한 그와 동등한 대접을 받아야 한다.

우리는 비록 키지코스에서 훌륭한 효과를 거둔 이 뛰어난 해군 작전을 누가 고안했는지는 모르지만, 알키비아데스는 분명 키노세마에서나 아비도스에서 전략을 짤 때 아무런 도움을 주지 않았다. 그는 처음 전투에는 참여하지 않았고, 두 번째 전투에서는 거의 끝날 즈음에 도착했다. 알키비아데스는 키지코스에서 멋지게 싸웠고, 자신의 임무를 완벽하게 해냈다. 한편 테라메네스의 성과 역시 뛰어났고, 결국 아테네 군의 승리를 결정지은 것은 그가 데리고 나타난 증원군이었다.

그러나 이 사건들을 신중하게 살펴보면 다시 한 번 트라시불로스의 역할이 결정적이었음이 강력하게 드러난다. 디오도로스는 그가 전 함대의 지휘관이었고 동시에 키노세마에서 결정권을 가진 지휘관이었다고 말하고 있다. 이것으로 미루어볼 때 아마 트라시불로스가 아비도스에서의 전술 계획을 고안했을 것이고 또 키지코스에서 주도적인 전략적 역할을 했을 것이다. 이 싸움에서 해군이 아무리 훌륭했다고 해도, 결과는 육지에서 결정되었다. 알키비아데스가 민다로스와 파르나바조스의 군대에 공격을 받았을 때가 결정적인 순간이었다. 만약 그가 홀로 내버려졌더라면, 그는 분명 쫓겨나서 파르나바조스의 보병과 기병들을 피할 수 있는 자신의 배들을 거의 모두 포기해야 했을 것이다. 그러나 바로 이 결정적 순간에 트라시불로스가 소규모 병력을 데리고 상륙하여 적군의 일부를 유도하고 알키비아데스를 구원했다. 그가 테라메네스에게 내린, 승리의 도장을 찍은 명령 역시 그만큼이나 중요했다. 트라시불로스는 전략가로서, 전술가로서, 그리고 뛰어난 야전 지휘관으로서 키지코스의 영웅으로 여겨져야 마땅하다. 우리는 로마 전기작가인 코르넬리우스 네포스의 평가를 존중해야 할 것이다. "펠로폰네소스 전쟁에서 트라시불로스는 알키비아데스 없이도 많은 승리들을 이루었다. 그러나 알키비아데스는 트라시불로스 없이는 아무것도 이루지 못했다. 그럼에도 불구하고 알키비아데스는 타고난 몇몇 재능들 덕분에 모든 공로를 차지했다."(코르넬리우스 네포스, 「트라시불로스」, 1.3)

제 7 부

아테네의 몰락

　시칠리아에서의 손실에 더해서 기원전 411년에 아테네를 휩쓴 내란으로 인해서, 아테네는 이제 한계에 다다른 듯했고, 패배할 것으로 보였다. 그러나 재건된 아테네 민주정은 놀라운 회복력을 보이며 7년을 더 싸웠다. 적들이 페르시아 제국의 지원을 얻었음에도 불구하고 아테네인은 해상의 지배권을 되찾을 수 있었고, 스파르타로 하여금 다시 한 번 평화조약을 요청하게 만들었다. 재건된 민주정은 5,000인회가 거둔 승리들에서 도움을 받았고, 도시의 실제적 문제들을 처리했으며, 아테네를 위대하게 만들었던 강력한 인민의 충성과 열정을 다시 불러일으킬 수 있었다.

제33장

회복 (기원전 410-409년)

키지코스 전투가 끝나고 보니, 펠로폰네소스 군은 단 몇 달 만에 135척에서 155척 정도의 배를 잃었다. 아테네는 흑해 지역으로부터의 중요한 식량 공급선은 물론 모든 바다를 지배했다. 페르시아의 돈도 데켈레아의 요새도 승리를 약속해주지 못했고, 쓸 만한 다른 전략도 없었다. 게다가 아테네 군은 많은 포로를 잡았기 때문에 —— 기원전 425년과 마찬가지로 —— 적으로 하여금 그들을 귀환시키기 위해서 평화조약을 희망하도록 만들 수 있었다.

스파르타의 평화 제안

그러므로 스파르타인은 페르시아와의 조약을 위반하고 평화를 제안했다. 알키비아데스와 가까웠던 엔디오스가 협상 책임자가 되어 스파르타의 안을 제시했다. "우리는 여러분 아테네 시민들과 평화를 맺고 싶습니다. 양편이 현재 지배하는 도시들은 보유하되, 상대방의 영역에 있는 요새들은 포기하도록 하고, 아테네인 1명 대 라코니아인 1명으로 포로를 교환하는 것입니다."(디오도로스 13.52.1-2)

전투 중지, 필로스와 데켈레아 교환, 포로 교환은 아테네인에게도 반가운 일들이었을 것이다. 그러나 제국의 현 상태를 유지하도록 하는 것은 완전히 다른 문제였다. 스파르타인은 여전히 에게 해의 로도스, 밀레토스, 에페소스, 키오스, 타소스, 그리고 에우보이아를 차지하고 있었다. 또 트라케 해안의 수많은 곳들과 헬레스폰토스의 아비도스, 그리고 보스포로스 양편의 비잔티온과 칼케돈도 차지하고 있었다. "가장 양식 있는 아테네인들"은 이러한 조건들을 받아들였는데 민회가 "공공의 어려움으로부터 사적인 이익을 챙기던 노련한 전쟁광들"(디오도로스 13.53)에게 속아서 이를 거부했다고 보는 것이 일반적인 관점이다.

이러한 해석은 더 나아가 아테네인이 평화를 거부한 것은 그들이 어리석게도 무모한 인민 지도자들에 의해서 좌우되었기 때문이라고 말한다. 그러한 지도자들 중에는 누구보다도 "당시의 가장 대단한 선동가"(디오도로스 13.53.2)였던 클레오폰이 있었다. 클레오폰은 희극 시인들이 즐기던 풍자의 대상이었고, 더 진지한 작가들에게는 경멸과 멸시의 대상이었다. 희극 작가들은 그를 가문의 배경이 없는 하층 수공업자인 수금(竪琴) 제작자로 묘사한다. (클레온을 무두장이로, 리시클레스를 소 거간꾼으로, 에우크라테스를 아마[亞麻] 장수로, 그리고 히페르볼로스를 등잔 만드는 사람으로 모욕한 것과 같다.) 그의 어머니는 이방인이라고 했고, 그 자신은 욕심 많은 외국인이라고 했다. 좀더 진지한 작가들은 그를 술주정꾼, 흉악범, 그리고 공적인 행위에서 엄청나게 거친 사람이라고 묘사했다. 그의 방식이 격렬하고 예의가 없기는 했지만, 이러한 묘사들은 편견에 치우쳐 있고, 부정확하다. 클레오폰은 아테네인이었고 아버지는 기원전 428/427년에 장군이었다. 그 자신도 장군이었고 포리스타이(poristai)라고 불리는 재무관들 중의 한 명이었다. 그가 죽은 뒤에 한 연설가는 클레오폰이 "여러 해 동안 국가의 모든 일들을 담당했다"(리시아스 19.48)고 적절하게 평가했다. 그는 가게나 공장을 소유했고, 그 덕분에 그의 아버지와 마찬가지로 부유했다.

평화 제안이 5,000인회의 국제(國制) 동안에 제시되었으므로, 클레오폰이 논쟁에 참여한 것은 그가 최소한 중장 보병 계급이었고, 아마 더 상위였을 것임을 알려준다. 그가 개인적 이익 때문에 행동했다는 주장에 대한 반대 증거로는 정치가들의 횡령이나 독직에 대한 불만이 일상적이었던 당시에 그를 상대로 한 그러한 고발이 전혀 없었다는 사실을 들 수 있을 것이다. 그가 가난하게 죽었다는 증거도 있다.

클레오폰은 전쟁에서 아테네의 전망을 좀더 희망적으로 보았고, 완전한 승리를 거둘 때까지 싸우자고 주장했다. 그의 말은 분명 설득력이 있었다. 그러나 많은 아테네인들은 키지코스에서의 위대한 승리에 감명을 받았고, 열정적으로 그 공로를 알키비아데스에게 돌렸으며, 그가 이끈다면 "자신들이 제국을 금방 회복할 수 있을 것이라고"(디오도로스 13.53.4) 믿었다. 그러나 단순히 승리에 들뜨고 미래의 전망에 대해서 낙관론을 가졌던 것 이외에도 스파르타의 제안을 거부할 정당한 이유들은 더 있었다. 만약 이전의 조약이 기원전 421년 이후에 깨어졌던 것처럼 이번에도 평화 조약이 무너진다면, 아테네인은 이전보다도 훨씬 더 큰 위험에 처하게 될 것이다.

당분간은 키지코스에서의 아테네 군의 승리가 스파르타의 함대를 파괴했고, 흑해에서 아테네로 필수 식량을 가져오는 상선들에 해협을 자유롭게 열어주었다.

그러나 파르나바조스는 펠로폰네소스 군에 새로운, 그리고 아마 더 큰 함대를 건설해줄 수 있었다. 펠로폰네소스 군은 비잔티온과 칼케돈에서 아테네 곡물 수송로의 요충지를 차지했고, 아테네를 굶주리게 할 위험이 있었다. 아테네 군은 자금이 부족했고, 제국의 많은 수입원들은 여전히 스파르타 군의 손에 있었다. 그래서 적군은 제국에서 숙련된 노잡이들을 자신들보다 더 많이 고용할 수 있었다. 아테네는 또 헬레스폰토스로 보내어 적군을 다시 패배시켜야 할 함대를 유지하고 승무원을 채우는 일에서도 매우 힘겨울 것이다. 아테네 함대가 또다시 그런 승리를 거둘 수 있으리라는 보장은 없었고, 단 한 번의 주요한 패배가 전쟁 전체의 패배로 이어질 수 있었다.

다른 한편 신속하게 행동한다면 적에게서 흑해로 가는 항로에 있는 기지들을 빼앗고, 해협을 확보할 수 있었다. 아테네 군은 에게 해에서도 잃어버린 영토들을 되찾을 기회가 생기고, 키지코스에서의 승리가 가져온 인상을 이용해서 친구들을 격려하고 적들을 두렵게 할 수 있었다. 잃어버린 속국들을 되찾고 바다를 지배한다면 아테네의 재정이 이전 수준과 같이 회복될 수 있을 것이고, 그러면 함대를 개선할 수 있고, 숙련된 노잡이들의 이탈을 막을 수 있었다.

아테네인에게는 스파르타와 페르시아의 동맹이 지속되지 않으리라고 기대할 이유도 있었다. 티사페르네스는 스파르타인을 분노하게 했고 신용을 잃었다. 파르나바조스의 땅을 계속 공격하면, 이미 키지코스 전투의 결과에 충격을 받은 페르시아 총독과 왕이 그리스 문제에 개입하는 것을 포기할 수도 있었다. 자주 반란으로 골치를 앓는 광대한 제국을 다스리는 대왕은, 다른 곳에서 심각한 반란이 발생한다면 서쪽 변방에서의 전쟁을 포기할 수밖에 없을 것이다. 마지막으로 아테네에 스파르타가 단독으로 평화를 제안한 것은 페르시아와의 조약 위반이었고, 그 자체로 결별을 초래할 수 있었다. 이러한 현실과 가능성들에 비추어볼 때, 아테네인이 평화 제안을 거부하기로 결정한 것을 어리석다고 평가할 필요가 없으며, 오히려 완전히 이해할 수 있는 일이었다.

재건된 민주정

아테네인이 평화 제안을 거부한 후 두 달 안에 5,000인회는 기원전 413년에 프로불로이를 도입하기 이전에 실행되었던 완전한 민주정의 회복에 길을 비껴주었다. 이 권력 이양은 점진적이었겠지만, 5,000인회의 배타적 권한이 폐지되고 시민단 전체에 완전 참정권이 되돌아간 결정적인 순간은 존재했다. 그 일은 아마 스파르타의 평화 제안을 거부한 이후에 있었을 것이다. 키지코스의 승리가 아무리 통합을 가져왔어도, 그 이후 스파르타의 선수(先手)는 엄청난 분열을 가져왔다. 중도파는 분명 평화 제안을 받아들이려던 "가장 양식 있는 아테네인들"이었을 것이다. 그러나 분명 다수는 그들과 다른 생각을 가지고 있었다. 평화를 둘러싼 논쟁 —— 키지코스 전투와 민주정 회복 사이에 우리가 아는 유일한 중요 사건 —— 이 5,000인회의 전복을 초래한 사건인 것 같다. 일단 전쟁을 계속하기로 결정이 내려지자, 아테네인은 평화를 원한 자들에게 국가를 맡겨서는 완전한 승리로 이끌도록 할 수는 없다는 결론을 쉽게 얻을 수 있었다. 그래서 스파르타의 제안을 거부한 것은 정부가 신임 투표에서 패배했음을 의미했다.

재건을 이끌어낸 논쟁에서 민주파는 또 유리한 점이 많았다. 그들은 클레오폰이라는 재능 있고 효과적인 지도자를 발견했다. 반면에 중도파 최고의 대변인인 테라메네스는 크리소폴리스에 임무를 맡아 나가 있었다.

최면술사 같은 알키비아데스 역시 부재 중이었다. 더 근본적으로는 당시 아테네에서 민주정을 옹호한 모든 자들은 암묵적으로 높은 도덕적 위치를 차지했다. 민주정은 이제 1세기나 되었고 대다수의 열정적인 애착심을 확보했다. 그들은 민주정을 전통적이고 자연적인 정부라고 여겼다. 모든 형태의 과두정은 아테네의 역사가 어두웠던 시기에 다른 방법이 없어 보일 때에만 잠시 자리를 차지했던 새로운 제도로 여겨졌다. 그래서 민주파 지도자들은 전통적 체제로 돌아갈 기회를 신속하게 잡았다. 기원전 410년 6월에 누군가가 5,000인회의 폐지와 전통적 민주정을 재건하자는 제안을 했음에 분명하다. 7월에는 이전의 민주정이 확고하게 자리를 잡았고, 적들로부터 자신을 보호하기 위해서 가혹한 법들을 통과시켰다.

새로 재건된 민주정의 정책들은 완전히 민주적이고 효과적인 체제 아래에서 전쟁을 수행하기 위한 일관되고, 통일성 있고, 포괄적인 계획을 구성했다. 기원전 410/409년에 도입된 입법조치는 국제, 법률, 재정, 사회적 및 영적 문제들을 포괄했고, 최근에야 패배와 좌절에서 회복된 도시를 놀라운 노력과 빛나는 성공으로 이끌었다.

재건된 민주정의 문서들 중 알려진 최초의 것은 관례적인 민주적 문구로 시작된다. "협의회와 인민에 의해서 제정되었다."(안도키데스, 『비교에 관하여』 96) "인민"은 민회를 지칭하고 "협의회"는 모든 계급의 시민들에서 추첨으로 뽑혔던 이전의 500인 협의회를 말한다. 민주파들은 과두적 협의회를 경험한 후 바로 이 민주적 제도에 새로운 제한을 부과했다. 협의회는 이제 민회나 인민 법정의 동의 없이 사형을 선고하거나 500드라크마 이상의 벌금을 부과할 권한을 상실했다. 또다른 새 법에서는 협의회의 구성원들이 추첨에 의해서 할당된 좌석에 앉도록 했는데, 이것은 분파들이 함께 앉아서 영향력을 행사하는 것을 막으려는 노력이었다.

400인 협의회로부터 5,000인회로의 급격한 변화와 완전 민주정으로의 회귀는 법률에 상당한 혼란을 가져왔다. 단명한 두 체제는 모두 위원회를 지명해서 새로운 입법을 점검하고, 바꾸고, 도입했고, 이에 놀란 민주파들은 전통적 법령들을 유효하게 하기 위해서 애썼다. 민주파는 등록 위원회(anagrapheis, 아나그라페이스)를 지명하여 솔론의 법들과 살인에 대한 드라콘 법들의 공인 판본을 발행하게 했다.

그러나 이전의 규칙들은 민주정의 전복을 막지 못했다. 그래서 아테네인은 민주정을 파괴하는 데 참여하거나, 민주정이 억압된 이후의 체제에서 관직을 보유한 자들은 아테네의 적으로 선언되도록 하는 법령을 제정했다. 그러한 자들을 살해해도 처벌받지 않을 것이고, 그들의 소유는 공적 재산이 될 것이다. 인민들은 이 법을 유지하겠다고 맹세하도록 요구받았고, 이 법은 협의회 회관 입구에 있는 돌에 새겨져 기원전 4세기에도 오랫동안 효력이 유지되었다.

기원전 409년에 아테네인은 2년 전에 프리니코스를 죽였던 사람들에게 시민권과 황금관, 그리고 여러 가지 특혜들을 주었다. 다음 해에는 400인 협의회에 참여했다는 것 자체는 범죄가 아니었음에도 불구하고 이전 400인 협의회의 구성원들, 그들 밑에서 관직에 임했던 사람들, 그리고 그들에게 봉사한 모든 사람들에 대한 고발이 급증했다. 재판에서 유죄 판결이 나면 그 처벌에는 추방, 벌금, 시민권 상실 등이 있었다. 물론 어떤 고발들은 타락한 것이었고 금품을 강탈하려는 것에 지나지 않았다. 그래서 상류층의 몇몇 민주파들은 이것을 신랄하게 비난했다. 그러나 아테네 민주정은 다른 나라들에서 내전에 승리한 자들과 비교해보면 상대적으로 절제력 있게 행동했다. 다른 나라들에서는 패배한 분파가 사형에 처해지거나 오직 내쫓긴 집단의 일원이라는 이유만으로도 대규모로 추방되었다. 반면에 재건된 아테네 민주정은 400인 협의회의 구성원들을 범죄자로 규정하지 않았고, 그들 중 몇몇은 새로운 정부에서 장군을 비롯한 최고위직에 선출되었다. 소급 입법은 전혀 이루어지지 않았고, 취해진 행동들은 특정 개인이나 특정 행위에 대한 것이었다. 전체적인 사형이나 추방은 벌어지지 않았고, 처벌은 범죄의 무게에 따라 지정되었다.

민주정의 재건과 함께 협의회와 배심원, 그리고 기타 공직에 대한 급여 지급이 재개되었다. 전쟁으로 가난한 자들의 고생이 극심했으며, 이전에는 빈곤하지 않았던 많은 사람들도 가난해졌다. 그래서 클레오폰은 디오벨리아(diobelia)라고 불리는 새로운 공적 보조금을 도입해서, 수혜자들에게 하루에 2오볼로스(3분의 1 드라크마)를 지급했다. 이것은 돈이 필요한 가난한 사람들에게 주어졌을 것이다.

후에 비판가들은 디오벨리아를 이익에 대한 인간의 저열한 욕구를 부추기는, 일종의 뇌물과 부패행위라고 비난했고, 그 금액도 소액으로 시작했지만 시간이 지나면서 결국 어쩔 수 없이 늘어났다고 비난했다. 그러나 이 제도는 도입 당시에는 필요했고 그렇게 많은 비용이 들지 않았다.

그렇다고 해도, 아테네인은 전쟁을 계속하기 위해서 여전히 많은 돈이 필요했다. 국고는 거의 비었지만, 키지코스 전투 이후 아테네의 힘과 위신의 회복은 수입 증가를 약속했다. 이미 속국들이 지불을 거부했지만, 새롭게 자신감을 얻은 아테네인은 무역에 대한 관세 대신에 이전의 공납 체제를 복원했고, 연체금과 현재의 납부액을 모두 거둘 것을 기대했다. 재건된 민주정은 기꺼이 또 하나의 직접 전쟁세(eisphora, 에이스포라)를 부과했다. 전쟁세는 기원전 428년에 처음 등장했지만, 그때 이후 전쟁이 끝날 때까지 이 세금이 부과된 것은 이번이 유일했다. 가난한 자들은 이 세금을 납부하지 않았지만, 아테네인을 포함하여 대부분의 그리스인들은 어떤 종류의 직접세에 대해서도 거부감을 가지고 있었고, 재건된 민주정도 어쩔 수 없는 상황에서만 그 수단을 이용했다.

시칠리아 원정 이래 중단되었던 아크로폴리스의 건설 계획이 재개된 것 역시 재정 부담에 한몫을 했다. 건설을 속개한 것은 가난한 자들에 대한 일종의 보조라고 할 수 있겠지만, 이 새로운 계획은 실제로는 전쟁 이전에 실행되었던 일련의 큰 사업들에 비하면 소규모에 불과했다. 아테나 니케 신전의 난간과 아테나 폴리아스(오늘날에는 에렉테이온으로 알려져 있다)를 완성하는 것이 전부였다. 일꾼도 많이 필요하지 않았고, 노동 기간도 짧았다. 이 사업을 설명한 비문을 보면, 71명의 일꾼들 중 20명만이 시민이었고, 나머지는 노예거나 거류외인이었다. 이것은 민주파 정치가들이 유권자들에게 일거리를 주려고 조직한 건설 사업이라고 할 수 없다. 페리클레스의 위대한 시절의 기상을 되살리려는 노력이라는, 보다 더 넓은 목표를 상상해보아야 한다. 거대하고 새로운 건물들을 보게 하는 것은 끔찍한 불행을 겪은 후 강력한 적에게 승리를 거두어야만 하는 사람들에게 자신감, 희망, 용기를 불어넣으려는 것이었다.

난간 공사는 키지코스에서의 위대한 승리에 대한 기념이었을 것이다. 그러나 에렉테이온의 완성은 도시민의 신앙심을 표현한 행동이었던 듯하다. 페리클레스의 시대가 계몽과 전통에 대한 회의의 시대였던 반면, 전쟁의 고난과 역병과 패배는 외국에서 들어온 신비적이고 난잡한 숭배가 퍼지게 했다. 합리적이고 과학적인 히포크라테스의 의학 학파가 최고의 위치에 있었음에도 불구하고, 아테네인들은 에피다우로스에서 뱀으로 상징되는 신이며 기적으로 질병을 치료한다는 아스클레피오스 숭배를 수입했다.

재건된 민주정이 귀중한 자금을 들여 도시의 수호여신이며 아크로폴리스 자체의 보호자인 신의 가장 오래된 집을 완성하기로 한 것은 바로 이러한 분위기 속에서였다. 또 에렉테이온의 경내(境內)에는 아크로폴리스에서 가장 오래된 성소들이 있었다. 이곳은 머나먼 청동기 시대에까지 기원이 올라가는 풍요의 여신 숭배, 대지의 신, 영웅 숭배와 관련된 장소였다. 고대의 전설적인 왕들의 무덤도 있었다. 아테나의 기적의 올리브 나무도 있었다. 포세이돈이 남긴 삼지창 모양과 짠 샘물들도 있었다. 어린 신 에렉토니오스가 뱀의 모양을 하고 아크로폴리스를 지켜주었다고 믿어지는 바위틈도 있었다. 그 외에도 여러 가지가 있었다.

그러므로 에렉테이온의 완성은 드라콘과 솔론의 고대의 법들을 출간한 것들과 마찬가지로 전통적인 목표를 가지고 있었다. 양자는 모두 신들의 호의를 얻고, 자신들 앞에 놓인 과업을 직면한 아테네인민에게 자신감과 용기를 주기 위해서 실행되었다.

전쟁의 재개

7월에 아기스는 아테네에서 일어난 최근의 체제 변화를 이용하여 공격을 가하려고 했다. 그러나 통합된 아테네인들은 방어태세를 갖추었고, 아테네 군이 성벽 밖에서 훈련하는 모습을 본 아기스는 데켈레아로 물러났다. 그러나 아기스가 빠져나가기 전에 아테네 군은 적군의 몇몇 낙오자들을 잡을 수 있었고, 이 작은 충돌에서의 성공은 새로운 체제에 자신감을 넘치게 해주었다. 그해 여름에 키오스에서는 반(反)스파르타 세력이 권력을 잡았고, 트라케 해안의 네아폴리스 시는 타시스 군과 약간의 펠로폰네소스 군 병력의 공격을 막아내고 아테네에 충성을 지켰다. 스파르타 군은 기원전 410/409년 겨울에 식민시인 트라키스의 헤라클레아가 그 이웃들에게 패배하고 그 과정에서 700여 명의 식민자들과 스파르타 총독이 죽음으로써 또 하나의 실패를 겪었다. 기원전 409년 여름에 카르타고가 시라쿠사와 전쟁을 시작함으로써 더욱 큰 피해를 주었다. 카르타고 군의 침공으로 시라쿠사 군은 에게 해와 헬레스폰토스에서 함대를 철수해야 했고, 스파르타 군은 가장 유능하고, 가장 대담하고, 가장 확고한 해상 동맹군을 잃었다.

이러한 사태 전개에도 불구하고, 기원전 410/409년은 아테네에 이득보다는 손실이 많았다. 민주정 재건 이전, 기원전 411/410년 겨울에 코르키라에서 새로운 내전이 발생하여 이 섬을 전쟁에서 탈락시켰고, 이것은 아테네에 타격을 주었다. 더 심각한 손실은 스파르타 군이 필로스의 아테네 요새를 장악한 것이었다. 이로써 스파르타는 커다란 눈엣가시를 제거했고, 아테네는 가치 있는 흥정거리를 잃었다. 다음 해 여름에 아테네는 또 니사이를 메가라인에게 잃었고, 결정적인 무대는 바다임이 증명되었지만 에게 해와 보스포로스 해협에서도 아테네인은 패배를 겪었다. 새 제독 크라테시피다스가 이끄는 스파르타 함대가 키오스를 스파르타의 지배로 되돌렸다. 그러나 더 심각한 문제는 아테네 군이 해협에서 키지코스의 대승리를 활용하지 못했다는 점이었다. 그 승리는 인상적이기는 했지만 세스토스, 비잔티온, 칼케돈과 같은 핵심적인 도시들은 여전히 적의 손에 있었다. 파르나바조스가 그 전투 이후에 스파르타 군에 파괴된 것만큼 큰 함대를 다시 건설할 수 있는 자금을 제공했기 때문에, 아테네 군은 적이 핵심 항구들을 지배하는 것을 막지 못한다면 헬레스폰토스의 지배권을 얻기 위해서 싸워야만 했다. 아테네 군은 또 반란 도시들과 그들에게서 나오는 수입을 회복하기 위해서는 에게 해로도 신속하게 움직여야 했다. 그러므로 증원군을 데리러 귀환했던 트라실로스 장군은 기원전 411년 12월에서 기원전 409년 4, 5월까지 아테네에 머물렀고, 헬레스폰토스에 있던 장군들은 기원전 410년 봄에서 기원전 409/408년 겨울까지 중요한 작전을 전혀 감행하지 않았다.

아테네 군에는 사실 기원전 409년에 헬레스폰토스로 새로운 병력을 파견할 때까지 기다려야 했던 충분한 이유가 있었다. 마침내 출발한 그 파견부대는 삼단노선 50척, 펠타스테스(작은 방패를 가진 경무장 보병)와 경장 보병의 장비를 갖춘 노잡이 5,000명, 중장 보병 1,000명, 기병 100기를 포함하여 총 1만1,000명이었다. 시칠리아 전쟁 이후 실제 낮은 수준이었던 급여 —— 하루에 3오볼로스 —— 를 고려해도, 이 원정군에 드는 비용은 한 달에 거의 30탈란트일 것이고, 함대는 여러 달의 급여를 손에 쥐고 나서지는 못했을 것이다. 중장 보병과 기병을 위한 보병 및 기마 수송선들에는 추가 비용이 들었을 것이며, 펠타스테스에게는 국가에서 방패를 지급해야 했을 것이다. 그러나 다양한 수입원에서 들어오는 자금들은 고갈된 국고에 도움이 되지 못했고, 아테네 군은 기원전 409년까지는 충분한 수의 삼단노선을 준비하지 못한 것으로 보인다.

트라실로스는 마침내 그해 여름에 출발했지만, 헬레스폰토스가 아니라 사모스를 경유해 이오니아로 갔다. 해협에 있는 아테네 군은 키지코스의 승리에 의한 이점은 이제 상실했지만 즉각적인 위협에 직면하지는 않았다. 다른 한편 이오니아는 훌륭한 기회를 제공했다. 그곳에는 스파르타 함대가 없었고, 티사페르네스는 자기 관구 내의 밀레토스, 크니도스, 안탄드로스의 반란으로 인해서 약해졌으며, 아테네의 친구들이 이오니아 도시들 대부분에 숨어서 기회만 닿으면 아테네에 이 도시들을 넘겨주려고 했다. 그곳에서 승리를 거둔다면 위신을 세우고 간절히 필요한 돈을 구할 수 있을 것이며, 트라실로스가 이오니아에서의 임무를 완수한 후 가게 되는 헬레스폰토스에서 더욱 중요한 행동들을 취할 수 있는 무대를 만들 것이다.

트라실로스는 기원전 409년 6월에 사모스에 도착했고, 신속하게 이오니아 본토에 상륙하여 잃어버린 도시들을 회복하고, 티사페르네스의 영역을 괴롭히고, 전리품을 수집했다. 그는 콜로폰 탈환을 포함하여 약간의 작은 성공들을 거둔 뒤 에페소스에서 패배했다. 이로써 그는 이오니아 작전을 포기했다. 그러나 그는 대신 해안을 따라 북진하여 겨울이 되기 직전에 헬레스폰토스에 도착했다.

이오니아 작전에서 트라실로스의 실패는 장군으로서의 단점을 드러냈다. 두 번에 걸쳐 그는 지역을 약탈하느라 시간을 낭비하고 적에게 자신의 공격에 대비할 수 있게 했다. 그가 즉각 에페소스로 진격했더라면, 아테네 군은 콜로폰처럼 그 도시를 쉽게 장악할 수 있었을 것이다. 트라실로스는 에페소스 전투에서 또 잘못된 전술을 채택했다. 자신의 병력을 나눔으로써 참혹한 결과를 낳은 것이다. 새로운 민주정 체제의 첫 번째 중요 작전은 실패했지만, 트라실로스의 병력은 대부분 온전했고, 더 경험이 많고 능력 있는 지휘관들 아래에서 중요한 결과들을 성취할 수 있는 기회는 아직 남아 있었다.

제34장
알키비아데스의 귀환 (기원전 409-408년)

아테네 군의 해협 확보 시도

트라실로스의 아테네 군 증원군이 기원전 409년 말에 마침내 헬레스폰토스에 도착했을 때, 그의 부대는 이미 그곳에 배치되어 있던 사람들에게 별로 환영받지 못했다. 알키비아데스는 이 두 병력을 통합하려고 애썼지만, 해협의 전투에서 뼈가 굵은 병사들은 이제 막 패배와 불명예를 겪고 찾아온 트라실로스의 병사들을 자신들 속에 받아들이려고 하지 않았다. 그럼에도 불구하고 두 장군은 전 병력을 헬레스폰토스의 아시아 쪽에 있는 람프사코스로 이동시켰다. 이곳은 파르나바조스의 영토를 공략하고 아비도스의 스파르타 주력기지를 공격하기에 좋은 자리에 위치한 기지였다. 아테네 군은 무적의 함대에 육군을 추가하여 해안을 따라 내려가 적군을 육상과 해상에서 위협할 수 있었다. 기원전 409/408년 겨울 동안에 아테네 군은 람프사코스를 요새화했고, 그 후 아비도스에 대한 공격에 나섰다.

트라실로스는 30척의 배를 데리고 아비도스 근처에 상륙했다. 파르나바조스가 보병과 기병을 데리고 구원하러 왔다. 그러나 알키비아데스가 이미 아테네 기병과 중장 보병 120명을 데리고 육상으로 오고 있었고, 제 시간에 도착하여 트라실로스의 병력과 교전하는 파르나바조스의 부대를 타격할 수 있었다. 아테네 군은 페르시아 군을 물리치고 승전비를 세웠고, 파르나바조스의 영토를 공격하여 많은 전리품을 챙겼다. 파르나바조스의 신속한 대응은 아비도스를 구원하여 여전히 스파르타의 손에 있게 했고, 그러므로 이 승리는 전략적으로는 실패였다. 그러나 이 승리가 아테네 군의 불화를 치료해주기는 했다. "두 분파는 통합되었고 함께 진영으로 돌아와 서로를 선의와 기쁨으로 대했다."(플루타르코스, 『알키비아데스』 29.2)

기원전 408년 봄, 통합된 아테네 군은 적을 보스포로스에서 몰아내고 흑해로 가는 자유로운 통로를 확보하기 위해서 나섰다. 이들은 먼저 아시아 쪽에 있는 칼케돈을 향해 움직였다.(지도 26) 칼케돈에서는 거의 2년 전에 클레아르코스가 방어를 개선시켰다. 그곳의 스파르타 수비군은 지금은 하르모스테스(harmostes), 즉 총독인 히포크라테스가 지휘했다. 테라메네스는 크리소폴리스의 기지에서 출발해 칼케도니아 지역을 황폐화시키기 시작했고, 곧 약 190척의 함대를 가진 알키비아데스와 트라실로스와 합류했다.

아테네 군은 성벽이 둘러진 칼케돈 시에 대한 포위공격을 시작하기 위해서 보르포로스에서 마르마라 바다까지 나무로 된 벽을 쌓았다. 이 벽은 칼케돈인을 삼각형 땅 안에 가두었으며, 그들과 페르시아 군 사이에는 아테네 군과 나무 장벽이 자리를 잡았다. 바다는 아테네 군 함대가 장악했으므로, 아테네 군의 포위는 완성되었다. 스파르타 군은 싸우러 나왔고, 트라실로스는 그들에 대해서 중장 보병을 전진시켰다. 방벽 때문에 파르나바조스의 보병과 기병은 싸움에 참여하지 못했고, 전투가 한참 진행 중일 때 알키비아데스가 기병과 소수의 중장 보병을 데리고 참가해서 마침내 스파르타 군의 저항을 깨뜨렸다. 히포크라테스는 전사했고 그의 군대는 도시로 도망가 문을 걸어 잠그고 방어를 계속했다. 이번에도 아테네 군은 포위 이외의 방법으로 도시를 점령하려는 매우 어려운 임무에 실패했다. 알키비아데스는 칼케돈 작전은 동료들의 손에 맡기고 돈을 구하러 헬레스폰토스 해안으로 떠났다.

칼케돈인은 육상과 해상으로 봉쇄되었으나 희망이 없는 것은 아니었다. 멀리 떨어지지 않은 곳에서 파르나바조스가 대규모 부대를 데리고 있었고, 그들은 아테네 군의 배후로부터 공격해 방벽을 뚫을 수 있었기 때문이었다. 아마 그렇기 때문에 아테네 장군들이 다음과 같은 조건으로 파르나바조스와 평화를 협의했던 것 같다. 칼케돈인은 지금까지의 체납액

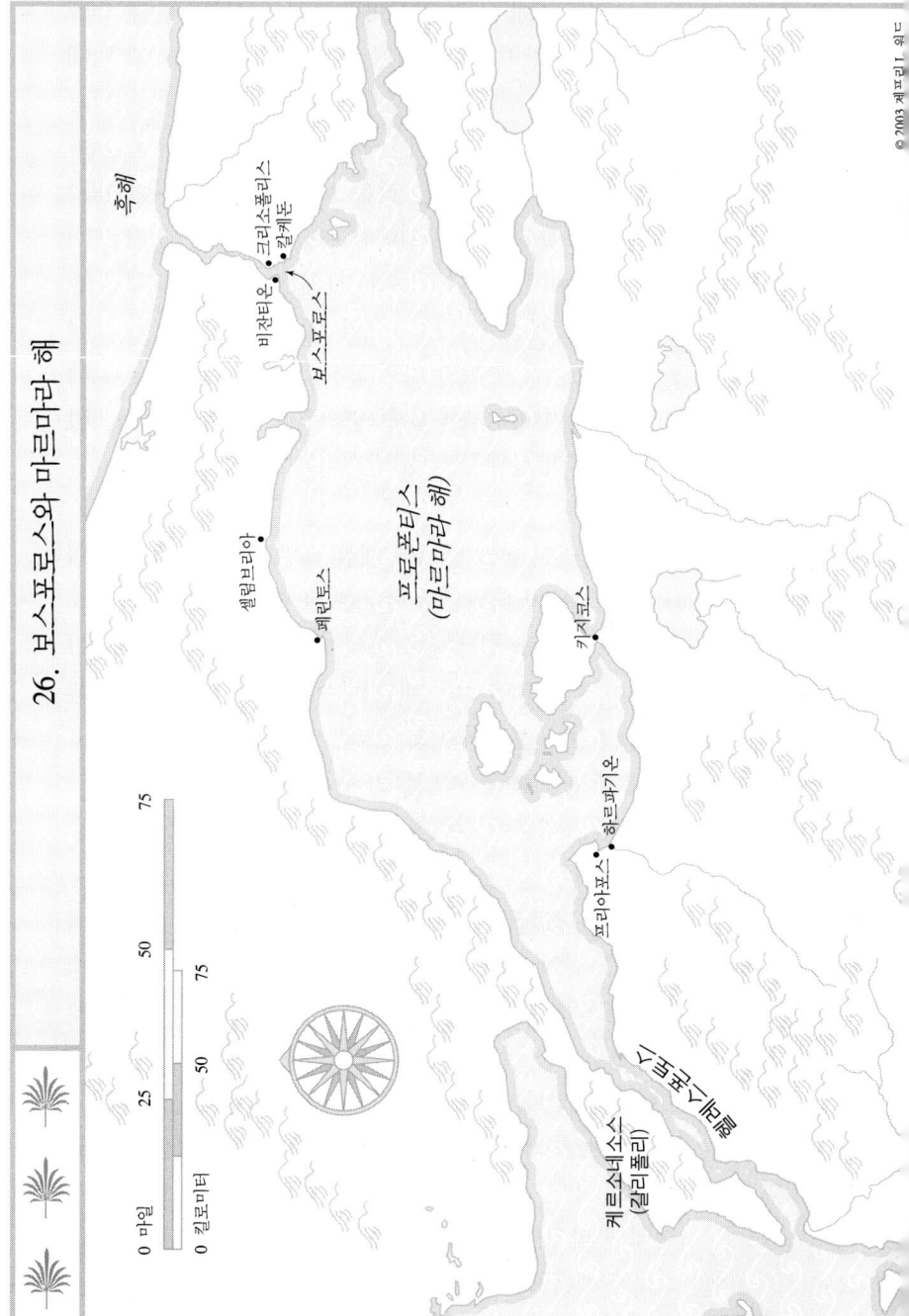

과 더불어 이전 수준의 공납을 아테네에 바치고, 파르나바조스는 아테네 군에 20탈란트를 지불하며, 아테네의 사절단을 대왕에게 데리고 가는 것이었다. 그 대가로 아테네 군은 사절단이 돌아올 때까지 칼케돈인이나 파르나바조스의 영토를 공격하지 않을 것을 맹세했다.

이것은 회복한 종속국들을 처리하는 일반적인 방법과 달랐다. 이 협정으로 아테네인은 칼케돈에 들어가지 못하게 되었지만, 그들의 공납과 체납액을 얻었고 또 칼케돈을 대신해 파르나바조스에게 일종의 배상금을 얻어냈다. 이것은 아테네 군이 간절히 바라던 즉시 사용할 수 있는 현금과 장래의 수입을 보장했고, 포위공격의 비용을 절약할 수 있게 했으며, 자유롭게 비잔티온으로 이동할 수 있도록 해주었다. 게다가 이 협정은 임시적인 것으로서 대왕과의 협상이 완결될 때까지만 유효했다. 파르나바조스로서는 포위공격을 견디거나 피하고 싶은 전투를 하지 않고도 도시를 지킬 수 있게 했다. 협상이 잘 되면 추가적인 전투가 필요 없어질 수도 있었고, 아니면 다른 사건들이 아테네 군의 승리를 막아줄 수도 있었다. 파르나바조스는 그러는 동안 칼케돈을 보유할 수 있었고, 그것은 20탈란트와 기묘한 타협을 할 만한 가치가 있었다.

비록 이 특별한 협정으로 칼케돈은 적의 손에 남겨두었지만, 아테네의 전략은 궁극적으로는 해협에 있는 모든 해안 도시들을 회복하는 것이었다. 그러므로 알키비아데스는 갈리폴리 반도에서 자금과 트라케 보병들을 모아서 프로폰티스의 북쪽 해안에 있는 셀림브리아를 공격했다. 알키비아데스는 포위공격이나 돌격을 피하고, 도시 내의 친(親)아테네파와 모의했다. 그들은 밤에 알키비아데스에게 성문을 열어주었다. 알키비아데스는 셀림브리아인에게 적절한 조건을 제시하고 그것을 확실히 준수하도록 엄격한 규율을 부과했다. 도시나 시민에게는 어떠한 피해도 끼치지 않았다. 아테네 군은 그곳에 수비대를 설치하고 약간의 돈을 가져갔을 뿐이었다. 이것은 시간, 자원, 인명을 아끼기 위한 능숙한 작업이었고, 목표를 완전히 달성했다. 알키비아데스는 이런 식의 전쟁에서 능력이 탁월했다.

셀림브리아 남쪽에는 보스포로스와 흑해로 가는 통로를 열어줄 핵심 도시인 비잔티온이 남아 있었다. 알키비아데스는 신속하게 움직여 칼케돈 포위에서 그곳으로 간 테라메네스 및 트라실로스와 합류했다. 아테네 군이 바다를 지배했고, 상당한 육군을 보유했고, 또 그 병력들을 유지할 적절한 자금도 있었지만, 아테네 군은 비잔티온과 같이 강력한 성벽을 가진 도시를 점령하는 것은 쉬운 일이 아님을 다시 한 번 알게 되었다. 아테네 군은 벽을 쌓아 육상으로 도시를 고립시키고 함대가 바다로의 출입을 막는 전략을 되풀이했다. 강인한 스파르타 하르모스테스(총독) 클레아르코스가 도시의 방어를 지휘했다. 그에게는 페리오이코이 한 부대와 약간의 네오다모데이스, 메가라와 보이오티아에서 온 부대와 용병 집단이 있었다. 그 자신은 유일한 스파르타인이었다.

도시에 대한 아테네 군의 공격이 성과를 거두지 못하자, 클레아르코스는 비잔티온의 방어를 자기 수하들에게 맡기고 아시아 해안에 있는 파르나바조스에게 가서 자신의 부대에 줄 급여를 받아오려고 했다. 그는 또 함대를 모아서 해협에 있는 아테네 동맹국들을 공격함으로써 아테네 군을 비잔티온에서 떨어지게 하려고 했다. 그러나 비잔티온의 상황은 클레아르코스가 생각했던 것보다 훨씬 나빴다. 도시민은 굶주렸고, 그는 전형적인 스파르타 총독으로서 가혹하고 거만했다. 그의 행위들은 마침내 많은 유력한 비잔티온 인사들을 분노하게 했고, 그들은 알키비아데스와 더불어 음모를 꾸몄다. 알키비아데스는 비잔티온인들에게 자신이 셀림브리아에서 보여준 것과 같은 관용을 약속했고, 약속한 날 밤에 아테네 군을 도시로 들여보내도록 설득했다. 알키비아데스는 이오니아에 임무가 있다는 헛소문을 퍼트리고, 약속된 날 오후에 마치 이오니아로 가려는 것처럼 아테네 전군을 도시에서 물러나게 했다.

밤이 되자 군대는 몰래 비잔티온 성벽으로 되돌아갔고, 함대는 항구로 돌아와서 정박 중이던 펠로폰네소스 군 배들을 공격했다. 그들을 돕기 위해서 수비군이 자리를 비워 도시 대부분의 방어가 허술해지자, 비잔티온의 음모가들은 수비군이 없는 벽에 사다리를 내려 기다리고 있던 알키비아데스와 테라메네스의 군대를 도시 안으로 들어오게 했다. 그러나 충성스러운 비잔티온인들이 너무나 용감하고 효율적으로 싸워서 알키비아데스는 그들의 안전을 약속한다는 선언을 할 수밖에 없었다. 이 보증을 받자 시민들은 펠로폰네소스 군에 등을 돌렸고, 그들은 대부분 전사했다. 아테네 군은 다시 한 번 그들의 서약을 명예롭게 지켰다. 비잔티온을 아테네의 동맹국으로 회복시켰고, 비잔티온인을 아무도 죽이거나 추방하지 않았다. 도시는 펠로폰네소스 수비대와 총독이 제거되고 모든 아테네 군이 떠날 정도로 독립을 회복했다. 펠로폰네소스 군 포로들은 죽이지 않고 무장해제하여 아테네에 보내 재판을 받게 했다. 이러한 모든 조치들은 제국을 회복하기 위한 수단으로 채택된 정의와 화해라는 새로운 정책을 나타냈다.

아테네와 페르시아의 협상

아테네 군이 칼케돈에서 기꺼이 상당한 양보를 한 것은 전쟁에서 승리하기 위한 그들의 계획에 새로운 요소가 생겨났음을 시사한다. 아테네 군은 부분적으로는 스파르타와 페르시아의 사이를 갈라놓을 수 있으리라는 희망에서 스파르타의 평화 제안을 거부했었고, 해협을 다시 장악함으로써 그렇게 할 수 있는 기회가 생겼다. 대왕 자신과 대화를 나눔으로써 페르시아의 의도를 확인해볼 때가 무르익은 것이다. 아무런 실제적 결과도 없이 반복해서 패배하고 많은 수의 함대를 잃은 것은 대왕에게 현재의 정책이 값비싸고 무용지물임을 설득할 수 있게 해줄 것이다. 게다가 스파르타의 단독적인 평화 제안은 페르시아와의 조약 위반이었다. 페르시아와의 협상이 성공한다면, 왕은 스파르타인에 대한 지원 중단에 동의할 것이고, 그러면 스파르타인은 바다에서 싸울 수 없게 되고 훨씬 불리한 조건으로 평화를 맺을 수밖에 없을 것이다.

이 전략이 가진 문제는 양편의 구체적인 목표들이 여전히 정면충돌하고 있다는 점이었다. 양편은 모두 소아시아의 도시들을 지배하고 그들로부터 수입을 얻으려고 했다. 칼케돈의 임시 협정은 항구적인 해결을 위한 모델이 될 수 없었고, 수용할 만한 협정이란 어떤 모양일지 생각하기 힘들었다. 그럼에도 아테네인은 이 노력이 해볼 만한 가치가 있다고 생각했다. 아테네인은 또 보이오티오스가 이끄는 스파르타 사절단이 수사에 갔다는 소식을 들었고, 그들을 저지하고 싶었을 수도 있다. 어쨌든, 아테네인으로서는 이러한 시도를 한다고 해도 잃을 것은 별로 없었다.

칼케돈 전투 이후, 파르나바조스는 아테네인에게 사절단을 초청하여 직접 수사의 대왕에게 안내했다. 총독과 사절단은 육상으로 천천히 이동했다. 겨울이 시작되었을 때 그들은 고작 프리기아의 고르디온까지밖에 가지 못했고, 그곳에서 봄이 올 때까지 체류했다. 그 후 수사로 여행을 다시 시작했지만, 다리우스 2세와 성공적인 회담을 마치고 돌아가는 보이오티오스가 이끄는 스파르타 사절단을 만났다. 이 스파르타인들은 왕에게 자신들이 원했던 모든 것을 얻었다고 주장했고, 왕의 아들 키로스를 내세워 그것을 증명했다. 키로스는 "해안의 모든 인민을 다스리고 스파르타인과 함께 싸우기 위해서"(크세노폰, 『헬레니카』 1.4.1-3) 왔던 것이다. 이로써 페르시아와 협정을 맺으려던 아테네의 시도는 끝장났고, 이제 대안을 구상해야 했다.

알키비아데스의 귀환

기원전 407년 봄에 아테네의 승전 장군들은 이미 헬레스폰토스에서 나와 아테네로 돌아가는 도중에 페르시아에서 온 나쁜 소식을 들었다. 비잔티온 정복으로 해협에서 아비도스를 제외하고는 적 항구가 없어졌다. 아테네 병사들과 선원들은 대부분이 수년 동안 고향을 떠나 있었지만, 알키비아데스만큼 귀환을 갈망하던 이는 없었을 것이다. 이제 그가 오랫동안 추구하던 바로 그 순간이 온 것이다. 기원전 415년에 스파르타로 도망간 이후 그는 교묘한 책략들을 펼쳤으나 결국 스파르타와 그 동맹국들의 영역뿐 아니라 페르시아 제국에서도 안전하지 않았다. 자신의 안전과 야망을 보존하기 위해서 그는 아테네로 돌아와야 했고 군대와 정치에서 공적인 경력을 쌓아야 했다.

그러나 알키비아데스는 비록 승전 함대의 제일 앞에서 돌아오기는 했지만 아직 완전히 안전하지는 않았다. 그는 쿠데타의 결과 사모스에 왔고, 아테네에서의 정규 선거에 의해서가 아니라 그곳에 기지를 둔 함대에 의해서 처음으로 군사적 지휘권을 부여받았다. 그의 귀환은 5,000인회가 동의한 것이었고, 재건된 민주정은 그 약속을 지키지 않을 수도 있었다. 아테네는 여전히 다양한 정치적 견해를 가진 그의 적들로 가득했다. 민주파들은 인민의 정부에 대한 그의 비방에 분노했고 그의 야심을 경계했다.

종교적 보수파들과 애국파들은 그의 반역을 잊지 않았다. 야심을 가진 정치가들은 그와의 경쟁을 두려워했다. 알키비아데스는 또 그를 죽음에 이르게 하거나 다시 위험한 추방을 당하게 할 수 있는 공격과 고발을 항상 경계해야 했다. 가장 든든한 보호망은 군사적인 성공이었다. 이것은 그에게 정치적 인기를 안겨주었다. 그러나 그에게 가장 큰 공로가 돌아간 아비도스의 승리와 키지코스의 대승 이후에조차 그는 귀환하지 않는 편을 선택했었다. 아마 그는 자기가 없는 틈에 다른 장군들이 자신보다 빛을 발하게 되는 것을 원치 않은 듯하다. 그리고 셀림브리아와 비잔티온에서의 뛰어난 업적들이 그의 명성을 드높여주기는 했으나, 그에게 돌아갈 확신을 주었던 결정적인 사건은 아마 칼케돈 협정에 날인하는 의식이었을 것이다. 장군들과 총독은 함께 맹세를 했다. 그러나 파르나바조스는 알키비아데스의 맹세 없이는 그 조약의 유효성을 인정하지 않으려고 했고, 이것은 아테네인에게 페르시아인에 대한 자신만의 영향력을 강조할 수 있는 기회가 되었다. 알키비아데스는 총독이 자신과 같은 조건들로 다시 한 번 맹세하게 했고, 아테네인들은 이후의 다리우스와의 협상에서 파르나바조스의 도움을 원하고 있었으므로, 이로써 그의 지위는 더욱 강조되었다. 기원전 407년 봄에 알키비아데스는 모든 면에서 아테네의 운명을 되살린 위대한 장군일 뿐 아니라 스파르타인에게서 페르시아의 도움을 제거하고 전쟁을 승리로 이끌 수 있는 유일한 사람이었다. 이제 아테네로 돌아갈 순간이 왔다.

아테네 군은 해협을 수비하기 위해서 함대를 남겨두었고, 그래서 트라실로스와 테라메네스도 귀환할 수 있었다. 아테네 군은 항해 중에 해상 지배권을 이용하여 잃어버렸던 영토들을 더 많이 되찾았다. 트라실로스는 트라케 해안을 정리했다. 그곳의 가장 중요한 지역들은 타소스 섬과 강력한 도시 압데라였다. 한편 알키비아데스는 가장 먼저 출발해 사모스로 갔다가 남진하여 카리아로 갔다. 그곳에서 수백 탈란트를 모은 후에 사모스로 돌아왔다. 그는 그곳에서 라코니아의 스파르타 주력 해군 기지인 기테온으로 가서 스파르타 군이 배들을 건조하는 것을 보았다. 그러나 별다른 행동을 취하지는 않았다. 그는 왜 빨리 아테네로 가서 개선장군으로 재등장하지 않고 이토록 지체하며 이곳저곳을 돌아다녔을까?

알키비아데스가 기테온에서 지체한 이유는 "아테네가 자신과 자신의 귀환에 대해서 어떻게 느끼는지"(크세노폰, 『헬레니카』 1.4.11) 보기 위해서였고, 이 설명은 헬레스폰토스를 떠난 이후 그의 모든 행동에도 적용된다. 특히 알키비아데스는 기원전 407년 여름의 장군 선거 결과를 기다리고 싶어 했다. 그 결과는 마음에 위안이 되었을 것이다. 새로운 장군단에는 가장 강력한 그의 지지자 트라시불로스와 여러 친구들의 이름이 올랐고, 적들의 이름은 없었다.

그러나 알키비아데스는 여전히 신중했다. 그는 법률적으로는 여전히 유죄였고, 가장 엄숙한 종교 행사들에 의해서 저주받았고, 그를 정죄하고 저주하는 비석이 아크로폴리스에 세워져 있었다. 그는 피라이오스에 닻을 내린 후에도 "적들이 두려워서" 배 위에서 망설였다. "그는 갑판으로 올라가 친구들이 있는지 살폈다. 사촌 페이시아낙스의 아들 에우리프톨레모스와 여러 친척들과 친구들이 있는 것을 보고서야 땅에 내려 도시로 올라갔다. 그리고 만약의 공격을 대비하여 그를 보호할 경호원들이 수행했다."(크세노폰, 『헬레니카』 1.4.18-19) 그러나 보호는 전혀 필요 없었다. 해안에 모인 수많은 사람들이 소리쳐 그를 격려하며 축하했다. 알키비아데스가 배에서 내리자 군중들이 달려와 그의 이름을 크게 외쳤고, 승리를 기념하여 화환을 머리에 씌웠다. 그가 없었기 때문에 치러야 했던 대가에 대한 이야기가 많았다. 많은 사람들은 알키비아데스가 계속 임무를 맡았더라면 시칠리아에서 승리했을 것이라고 주장했다. 알키비아데스는 아테네를 절망적인 상황에서 건져냈고 "바다의 지배권을 회복시켰을 뿐 아니라 육지에서도 도처에서 적에 대한 승리를 가져다주었다."(플루타르코스, 『알키비아데스』 32.4-5)

그러나 이러한 따뜻한 환영을 받기는 했으나, 알키비아데스는 협의회와 민회에 출석하여 이전의 고발들에 대한 공식적인 변호를 해야 했다. 그는 자신이 고발된 신성모독에 대해서 결백을 주장했고, 자신의 불운을 불평했다. 그는 약삭빠르게도 자기가 당한 불행에 대해서 어떤 개인이나 인민 전체를 비난하지 않고, 오직 자신의 불운과 자신을 괴롭히는 일종의 인격적 악마만을 비난했다. 그 후 그는 미래에 대한 위대한 전망을 이야기했다. 적의 희망을 꺾아내리고 아테네인에게 자신이 이전에 가졌던 자신감을 채워넣었다.

그는 비할 바 없는 성공을 거두었다. 누구도 그의 과거를 문제 삼지 않았고, 그와 그의 친구들이 제안한 어떤 것에도 반대하지 않았다. 아테네인은 그의 모든 혐의를 벗겨주었고, 몰수된 재산을 돌려주었으며, 사제들에게 명령하여 그에게 내렸던 저주를 취소하게 했고, 그에 대한 판결문과 그를 적대시하는 여러 행위들이 기록된 비문을 바다에 던졌다. 인민은 투표로 그에게 황금관을 씌우고 육해군의 총사령관(strategos autokrator, 스트라테고스 아우토크라토르)으로 임명했다.

그러나 그의 인기가 최고조에 달했던 이때에도 모든 것이 좋지는 않았다. 비교(秘敎)의 최고 사제였던 테오도로스는 저주를 취소하라는 명령을 이렇게 투덜거리며 받아들였다. "그가 국가에 아무런 잘못도 하지 않았더라면 나도 아무런 불행을 기원하지 않았을 것이다."(플루타코스, 『알키비아데스』 33.3) 테오도로스의 유보적 자세는 역시 몇몇 아테네인들이 가지고 있던 의심과 악의가 여전함을 반영했다. 기원전 407년에 그들은 소수에 불과했다. 그러나 그들은 알키비아데스가 오직 성공적일 때에만 자신의 지위를 유지할 수 있을 것임을 상기시켜주는 역할을 했다. 어떤 이들은 그가 플린테리아(Plynteria)라고 불리는 의식이 열리는 날에 아테네에 돌아왔다는 사실을 흉조로 보기도 했다. 그 의식은 아테나 폴리아스의 오래된 목상(木像)이 입고 있던 의상을 벗겨서 세탁하고 여신의 신상은 가려서 보이지 않게 하는 것이었다. 이 날은 중요한 일을 수행하기에 1년 중 가장 불운한 날로 여겨졌다. 플루타르코스의 말에 따르면, 여신이 알키비아데스의 귀환을 우호적으로 맞이하고 싶지 않아서 그에게서 자신을 감추고 그를 거부한 것처럼 보였다고 한다. 크세노폰의 말에 따르면, 그가 도착한 시기는 몇몇 아테네인들에게는 그와 국가 모두에게 흉조로 여겨졌다고 한다. 이 우연의 일치에 실제로 주목한 아테네인은 극소수에 불과했지만, 알키비아데스의 적들은 장차 이 일을 이용할 생각을 했다. 우리는 알키비아데스가 자신의 도착에 그토록 공을 들였으면서도 하필이면 거룩한 날을 잊어버렸다는 역설적인 사실을 발견하게 된다. 그의 옛 경쟁자 니키아스였다면 그러한 실수는 결코 하지 않았을 것이다.

알키비아데스가 귀환 후에 취한 첫 번째 중요 조치는 바로 이러한 부정적인 인상에 대처하는 것이었다. 엘레우시스 비교와 관련된 제전은 아마 아테네의 종교력에서 가장 엄숙하고 인상적인 행사였을 것이다. 전통적으로 매년 성스러운 행렬이 아티카의 서북쪽 경계 근처에 있는 엘레우시스로 22킬로미터를 걸어갔다. 입문자들은 데메테르의 성물(聖物)과 이아코스 상을 가지고 갔다. 그것은 한 젊은 남성 신이 횃불을 들고 여신 데메테르와 페르세포네를 수행하는 형상이었다. 입문자들은 도금양(桃金孃) 가지로 관을 만들어 썼고, 사제들은 화려한 예복을 입었으며, 피리와 수금 연주자들과 합창단이 찬가를 부르며 의식에 참여했다. 그러나 최근 몇 년 동안에는 데켈레아에 스파르타 군 요새와 군대가 있었기 때문에 이 행렬이 불가능했다. 그리고 기원전 413년에는 입문자들이 이 의식에 너무나 중요한 화려한 행렬 없이 바다로 여행해야 했다.

장관을 연출하는 데 예리한 감각을 가졌던 알키비아데스는 자신에 대한 종교적 문제들을 단번에 해결할 수 있는 기회를 찾아냈다. 알키비아데스는 관련 사제들과 논의한 후에 이 거대한 행렬에 전통적인 방식으로 참여할 준비를 했다. 그는 파수꾼들과 무장 경호원들에게 보호받으면서 거룩한 길을 따라 참석자들을 배웅했다. 그들은 아무 사건 없이 엘레우시스에 도달했고, 같은 길로 걸어 되돌아왔다. 이 광경은 경건한 행위로서는 종교적 의심을 제거하는 데 도움이 되었다. 그리고 군사적 담력과 용맹에 대한 과시로서는 그에게 표결로 부여된 특별한 권력을 정당화했고, 아테네 군의 사기를 높여주었다. 정치적으로도 엄청난 효과를 발휘했다. 알키비아데스와 니키아스가 경쟁하며 벌였던 그 어떤 대단한 선전 행위들도 시의적절함과 효과에서는 이 일에 비교될 수가 없었다. 알키비아데스는 문자 그대로 아테네에 귀환했던 것이다.

제35장
키로스와 리산드로스, 그리고 알키비아데스의 몰락 (기원전 408-406년)

헬레스폰토스에서의 승리 덕분에 아테네 군은 이오니아와 에게 해로 관심을 옮길 수 있었고, 그곳들은 전쟁 승리의 마지막 단계를 위한 무대가 될 수 있었다. 민회는 엘레우시스를 향한 영광스러운 행진 이후에 삼단노선 100척, 중장 보병 1,500명, 기병 150기를 알키비아데스의 휘하에 두기로 결의했다. 그의 동료 장군으로는 아리스토크라테스, 아데이만토스, 코논이 있었는데, 이들은 모두 알키비아데스가 고른 사람들이었다. 그들은 10월에 이 강력한 병력을 이끌고 에게 해로 가서 여전히 적의 손에 있는 지역들을 회복하려고 했다. 여기에는 밀레토스와 에페소스 같은 핵심 이오니아 도시들과, 키오스와 같이 중요한 섬들, 그리고 안드로스와 테노스처럼 전략적 위치에 있는 섬들이 포함되었다. 이 일을 진행하면, 그들은 제국을 회복하고 필수적인 수입을 늘일 수 있었고, 어쩌면 스파르타 함대를 분쇄하고 페르시아를 전쟁에서 물러나도록 할 수도 있었다.

티사페르네스를 대체한 키로스 왕자

그러나 아테네가 행동을 취하지 않았던 여러 달 동안, 스파르타 군은 함대를 재건하기에 바빴고 삼단노선의 수를 70척까지 끌어올렸다. 적의 지휘관의 변화 역시 그만큼 중요했다. 다리우스 왕은 티사페르네스의 지휘권을 몰수했다. 그는 스파르타와의 불화와 정책 실패로 불신임되었다. 그리고 왕은 그 대신 자신의 작은 아들 키로스를 세웠고, 티사페르네스에게는 덜 중요한 카리아 지방을 맡겼다. 이것은 주목할 만한 결정이었다. 키로스는 아직 17세도 채 되지 않았는데, 더 경험이 많은 사람들 — 그의 형을 포함해서 — 도 많이 있었다. 그러나 왕은 이 검증되지 않은 사춘기 소년에게 아나톨리아 서부 총독 관구의 카라노스(karanos, 지배자, 주군)라는 직함을 주고, 이오니아에 대한 지휘권과 더불어 리디아, 대(大)프리기아, 캅파도키아의 지배권을 맡겼다. 다리우스가 이러한 놀라운 임명을 한 것은 장남 아르사케스를 미워했던 그의 아내 파리사티스의 영향이었다.

이 어린 왕자와 그의 어머니는 아르사케스 대신 그에게 페르시아의 왕위가 계승되기를 원했다. 기원전 406년에 이미 키로스는 자신의 거만함과 야망을 드러냈다. 사촌 두 명을 단순히 대왕에게 바치는 존경을 자신에게 보이지 않았다는 이유만으로 처형했다. 그러나 어머니의 지원에도 불구하고 키로스에게 왕좌로 가는 길은 험난했다. 그에게는 본국에 강력한 적이 있었고, 다시 한 번 만만치 않은 상대가 된 아테네와 겨루어야 했다. 그는 또 때가 되면 자신의 계승 전쟁을 이길 수 있게 해줄 효과적인 도움도 구해야 했다.

키로스의 최우선 과제는 아테네인을 물리치는 것이었다. 그러나 이 일은 오직 스파르타인과 그들의 펠로폰네소스 동맹국들이 함께 해야만 이룰 수 있었다. 그런데 그들은 페르시아인이 아무리 많은 배와 돈을 지원해도 바다에서 승리할 능력이 없어 보였다. 승리를 위해서는 스파르타에서 아직 한번도 배출되지 못한 유능한 해군 지휘관이 있어야 했다. 키로스는 또 스파르타에서 자신의 개인적 야망을 위한 군사적 지원을 구해야 했는데, 이 일은 결코 쉽지 않을 것이다. 스파르타인과 페르시아인은 여전히 이해관계가 충돌했기 때문이었다. 키로스는 스파르타인이 전쟁에서 승리한다고 해도, 스파르타의 왕들과 에포로이와 게루시아와 민회가 자신을 도와 페르시아의 왕좌에 앉게 해줄 것으로 기대할 수는 없었다. 그래서 키로스는 자신과 협력할 이유가 있고, 스파르타를 자신의 편으로 끌어올 수 있는 권위와 보기 드문 군사적 재능을 가진 분파나 개인을 찾아야 했다. 키로스가 기원전 407년 여름에 사르디스로 향했을 때, 놀라운 행운으로 그러한 사람이 기다리고 있었다.

리산드로스의 대두

 기원전 407년에 스파르타의 신임 해군 사령관은 리산드로스였다. 그는 모타케스, 즉 스파르타 완전시민 아버지와 헤일로타이 어머니 사이의 아들이거나 혹은 시민권을 상실한 몰락한 스파르타인의 아들이었다. 어느 경우든지, 리산드로스는 적당한 재산을 가진 어떤 스파르타 완전시민의 아들의 친구로서 양육되었을 것이고, 스파르타식의 교육을 받았고, 보기 드문 할당지 분배를 받은 덕분에 완전시민권의 자격을 갖추었을 것이다.
 그러한 주변적 인물이 그토록 높은 지휘관 자리에 오른 것에는 설명이 필요하다. 리산드로스의 아버지는 비록 가난했으나 귀족의 후예였고 그 덕분에 젊은 리산드로스는 친구들 사이에서 특별했다. 게다가 전쟁 동안에 스파르타인은 3명 이상의 모타케스들을 해군 사령관에 임명했다. 시라쿠사의 영웅 길리포스, 리산드로스, 그리고 그의 후계자 칼리크라티다스가 그들이었다. 전쟁 내내 스파르타의 해군 지휘관들은 아테네 군에 대항해 변변한 성과를 거두지 못했다. 바다에서의 전쟁이 가장 중요해지자, 스파르타 군은 바다에서 성공하기 위해서라면 무슨 수단이든 취할 준비가 되어 있었고, 심지어 정통 스파르타인들의 매력적인 집단 외부에서 재능 있는 자를 선택해 해군 최고 지휘관에 임명하기까지 했다.
 물론 리산드로스는 기록에는 남아 있지 않지만 싸움에서 탁월한 재능을 보였을 것이다. 그러나 그의 엄청난 출세는 아마 강력한 후원자의 덕도 많이 보았을 것이다. 스파르타의 젊은이는 보통 12세가 되면 20세에서 30세 사이의 연장자를 선택해 멘토와 연인으로 삼았다. 고대 저자들은 이 관계의 교육적, 도덕적, 정신적 측면에 초점을 맞추었다. 그러나 그 관계에는 육체적 측면도 당연히 있었을 것이다. 리산드로스는 아기스 왕의 배다른 형제인 아게실라오스의 연인(에라스테스)이었다.
 이러한 관계는 또 정치적인 의미를 가질 수 있었다. 성인 연인과 사춘기 애인 사이의 관계는 밀접할 수밖에 없었고, 세월이 흐르면 그들 사이에 강력한 유대감이 생길 수 있기 때문이다. 리산드로스는 후에 아게실라오스가 스파르타의 왕이 되는 데 핵심적인 역할을 했고, 아마 기원전 396년에 이 젊은 왕을 설득하여 페르시아에 대한 대작전을 감행하게 한 것도 그였을 것이다.

리산드로스는 또 아기스와 진심어린 관계였던 것 같다. 그는 많은 스파르타인과는 달리, 아테네 제국을 스파르타의 헤게모니로 대체할 꿈을 아기스와 공유했다. 이 두 사람은 또 전쟁 막바지의 전략을 함께 구상했다. 리산드로스가 일단 출세를 한 후에는 그와 아기스가 정치적 동료였다고 보는 일반적 시각에는 근거가 충분하다. 리산드로스가 이 관계에서 이익을 보았을 것임은 쉽게 믿을 수 있다. 그는 자신의 정치적 야망을 추구하기 위해서 영향력 있는 스파르타인들과의 개인적 관계를 조심스럽게 관리했다. "그는 보통의 스파르타인들이 하는 것 이상으로 권력을 가진 사람들에게 선천적으로 친근하게 대했다. 그리고 이익을 위해서라면 과도한 권위도 기꺼이 참았다."(플루타르코스, 『리산드로스』 2.1-3) 그는 스파르타인들 사이에서조차 경쟁심과 야망으로 이름이 높았다.

리산드로스는 영광을 원했다. 그러나 그는 또한 권력을 추구했다. 믿을 만한 전승에 따르면 그는 후에 자신이 왕이 될 수 있도록 스파르타의 국제(國制)를 바꾸려고 했다고 한다. 그가 기원전 407년에 해군의 지휘를 맡았을 때에는 그러한 야망이 이미 그의 마음속에 자리잡고 있었다. 그는 커다란 포부를 품었기 때문에 자신만의 특출한 능력을 증명하고, 자신을 스파르타에 없어서는 안 될 인물로 만들어야 했다. 그러나 만약 자신의 이익이 국가의 이익과 충돌한다면, 그것은 국가에 매우 불행한 일이 되었을 것이다.

기원전 407년 봄, 리산드로스는 이오니아를 향해 에게 해를 가로질러 나가기 시작했다. 그는 가는 도중에 전함들을 모았고, 소아시아에 도달할 즈음에는 삼단노선 70척의 함대를 지휘했다. 그는 이전처럼 밀레토스에 기지를 건설하지 않고, 더 북쪽의 에페소스에 건설했다. 기지로서 밀레토스의 약점은 이제 분명했다. 사모스의 남쪽에 위치한 까닭에 보스포로스 해협으로 가려는 모든 스파르타 함대가 아테네 군에 의해서 저지당할 가능성이 있었던 것이다. 사모스의 북쪽에 있는 에페소스는 이런 취약점이 없었고, 다른 유리한 점들이 있었다. 예를 들면 페르시아의 지방 수도인 사르디스에 훨씬 더 가까웠다. 에페소스는 페르시아 색이 짙었고, 페르시아 관리들의 취향에 맞아서 그들이 자주 찾는 곳이었다. 그러므로 리산드로스가 개인적인 능력을 발휘해서 그의 동맹자이자 급여 지급자에게 영향력을 끼칠 수 있는 가능성이 더 컸다. 리산드로스는 또 그 도시의 귀족들이 "그에게 우호적이고 또 스파르타의 대의에 열의를 가지고 있다"(플루타르코스, 『리산드로스』 3.2)는 것을 알았다.

리산드로스는 선임자들과는 달리, 대규모 함대와 군대를 지탱할 수 있는 규모와 조건과 인구와 입지를 갖춘 항구가 필요함을 알았다. 에페소스는 이 모든 자원들을 가지고 있었으므로, 리산드로스는 즉각 이 도시를 상업 중심지이자 중요 조선소로 탈바꿈시키기 시작했다. 그러나 그 일에는 어느 정도 시간이 필요했는데, 리산드로스는 때마침 아테네가 머뭇거리는 틈을 이용해서 펠로폰네소스 군의 삼단노선 전투 기술을 다듬었다. 그는 함대를 준비하고 기지를 건설하고 선원들을 훈련시키는 동안 전투를 하지 않고 시간을 보내는 것을 기꺼이 받아들였다. 그가 필요로 했던 것은 오직 병사들에게 지급할 돈이었는데, 여름에 키로스가 도착하여 이 문제도 해결해주었다.

야심찬 젊은 왕자와 그에 뒤지지 않을 만큼 야심 많은 스파르타 장군의 이 만남은 역사에서 중대한 사건들의 경로를 확정짓는 데 개인들이 결정적인 역할을 맡은 결합들 중 하나였다. 그의 시대에 완벽한 남자였던 리산드로스는 야심찬 젊은 왕족의 신뢰를 얻는 기술에서도 매우 실제적이었고 능숙했다. 그의 탁월한 은폐술과 속임수는 널리 알려져 있다. "공기놀이로 소년들을 속이고 맹세로 어른들을 속이는 것"(플루타르코스, 『리산드로스』 8.4)이 그의 방식이었다. 리산드로스는 키로스와 함께 잘 일하고 승리에 필요한 지지를 얻어낸 유일한 스파르타인이었다.

키로스와 리산드로스의 협력

이 두 지도자는 처음부터 멋지게 일을 했다. 리산드로스는 파리사티스의 숙적인 티사페르네스가 범한 이전의 실패들과 오해들을 비난했고, 왕자에게 페르시아의 정책을 바꾸어 공동의 적에 대한 싸움에 스파르타를 전면적으로 지원해달라고 요청했다. 키로스는 승리를 위해서라면 필요한 모든 것을 해주겠노라고 대답했다. 키로스는 500탈란트를 가지고 왔고,

그 일을 위해서 자신의 돈을 쓰겠다고 약속했다. 그리고 만약 그것으로 충분하지 않다면, 자신이 앉아 있는 금과 은으로 만든 왕좌를 부수어 내놓겠다고 약속했다. 이 말은 현실적이기보다는 허장성세에 가까웠다. 리산드로스가 아테네 함대로부터의 탈영을 부추기기 위해서 자신의 노잡이들의 급료를 두 배로 올려달라고 키로스에게 요청했을 때, 이 젊은 왕자는 조약에 규정된 3오볼로스밖에는 지급할 수 없음을 인정해야 했기 때문이다.

그러나 리산드로스는 아첨꾼으로서의 재능을 업무에 활용했고, "대화에서 굴종적인 경의를 표함으로써"(플루타르코스, 『리산드로스』, 4.2) 젊은 왕자의 마음을 얻었다. 그들이 헤어질 때, 키로스는 어떻게 하면 자신이 리산드로스를 가장 기쁘게 해줄 수 있는지 물었고, 이 스파르타인은 이렇게 대답했다. "당신께서 선원들의 급료에 1오볼로스를 더해주신다면."(크세노폰, 『헬레니카』, 1.5.7) 키로스는 동의했을 뿐 아니라 연체된 급여들도 보상했고, 리산드로스에게 그의 군대에 대한 한 달치의 보수를 먼저 주었다. 오직 왕비의 총애를 받던 왕자만이 더 이상의 승인 절차 없이 스파르타 군에 대한 급여를 올려줄 수 있었다.

리산드로스는 여전히 페르시아 왕자의 선의에 전적으로 의존했다. 그는 독자적인 힘을 키우기 위해서 이오니아 도시들에서 가장 유력한 인사들을 에페소스에 모이게 하고, 그들에게 자신이 전쟁에서 승리한다면 도시들의 지배권을 귀족들에게 양도하겠다고 장담하면서, 정치적 모임들(헤타이리아이)을 만들자고 요청했다. 이 약속은 강력한 지지와 대규모 재정 지원을 가져왔다. 물론 그가 의도한 목표 중 일부는 이 부유한 개인들 사이에서 자신에 대한 개인적 충성도를 높이고, 이후에 그것을 자신의 목적을 위해서 이용하려는 것이었다. 플루타르코스가 말하듯이 그는 그들에게 개인적으로 호의를 베풀었고, "그들 속에 그가 나중에 자신이 만들 혁명적인 10두정의 씨앗을 그들 사이에 뿌렸다."(『리산드로스』 6.3-4)

아테네인은 키로스와 리산드로스의 만남의 결과를 걱정했고, 티사페르네스를 외교적 중재자로 이용하려고 했다. 이 전임 총독은 왕가의 적이자 양편에게 미움과 불신을 받는 사람으로서 분명 이 일에 적합하지 않은 자였지만, 어쨌든 왕자에게 그리스의 두 적대세력 사이에 서서 양편을 지치게 하는 이전의 정책을 재개할 것을 요청했다. 그러나 키로스는 그와 다른 방식에 확고하게 마음이 넘어가 있었고, 그의 충고를 거부했을 뿐 아니라 아테네 사절단을 만나는 것조차 거부했다. 페르시아와의 외교적 합의를 통해서 전쟁을 끝내려던 아테네인의 노력은 다리우스와 키로스 양편 모두에게서 실패했고, 그래서 전쟁은 계속될 수밖에 없었다.

노티온 전투

아테네 군은 전략적 상황에 따라, 에페소스에서 리산드로스에게 해상 전투를 강요해야 했다. 그곳에서 승리한다면 아테네 군이에게 해와 보스포로스 해협을 저항 없이 지배할 수 있을 것이고, 반란을 일으킨 국가들과 그들로부터의 수입을 제국으로 되찾아올 수 있기 때문이었다. 적 함대를 다시 한 번 격파한다면, 스파르타인에게 수용 가능한 조건으로 평화를 맺도록 설득할 수 있을 것이고, 만약 그렇게 되지 않는다고 해도 최소한 페르시아인은 자신들의 지원을 철수하는 문제를 더 적극적으로 고려할 것이었다. 그러나 아테네 군은 신속하게 공격해야 했다. 펠로폰네소스 군이 더 높은 급여를 제공했기 때문에 하루가 지날수록 더 많은 탈영병들이 생겨났던 것이다.

그러나 알키비아데스는 에페소스의 스파르타 군 기지로 곧바로 가지 않았다. 대신 에우보이아가 적의 손에 있었으므로, 헬레스폰토스에서 오는 곡물 수송선들의 경로에 있는 안드로스 섬을 점령하려고 했다. 알키비아데스는 육지에서 적을 물리쳤지만 섬을 점령할 수는 없었다. 그래서 일부 병력을 남겨 계속 싸우게 하고 그는 떠났다. 아테네에 있는 알키비아데스의 적들은 나중에 이 실패를 이용해 그를 공격할 것이다.

알키비아데스는 안드로스에서 동남쪽의 코스와 로도스로 가서 자기 병사들에게 급여를 주기 위해서 돈과 전리품을 구했다. 아테네의 국고는 여전히 자금이 부족했고, 알키비아데스에게는 만약 리산드로스가 항구에서 나오지 않는 편을 택한다면 자신의 함대를 오랫동안 바다에서 유지할 수 있는 충분한 자원이 없었을 것이다. 스파르타 함대를 상대하기 전에 가능한 많은 돈을 모으는 것이 분명 중요한 일이기는 했지만, 이러한 지연은 적에게 탈영병들과 엄격한 훈련으로 함대를 더 개선시킬 시간을 주었다.

알키비아데스는 그다음으로 사모스에 들렀다가 노티온으로 갔다. 노티온은 에페소스 서북쪽 해안에 자리잡은 콜로폰의 항구였다. 이곳은 중요한 해군 기지는 아니었지만, 에페소스에 공격을 가하기 좋은 위치에 있었다. 아테네 군은 그곳을 이용해서 에페소스와 키오스 사이를 오가는 스파르타 배들을 차단할 수 있었고, 헬레스폰토스로 도주하려는 모든 시도를 막을 수 있었다. 노티온에서 알키비아데스는 안드로스에 두고 온 20척을 제외한 80척의 배를 지휘했고, 리산드로스의 병력은 90척에 이르렀다. 리산드로스는 유리했음에도 불구하고 시간이 자기편이라고 믿었기 때문에 싸우러 나가지 않았다. 그의 함대는 훈련과 연습 프로그램에 의해서 실력이 향상되었고, 키로스가 허락한 더 높은 급여는 "적의 배들을 텅텅 비게 했다. 대부분의 선원들은 더 많은 급여를 주는 쪽으로 넘어왔고, 남아 있던 자들은 사기가 떨어지고 반항적으로 변해서 그들의 지휘관들을 매일 골치 아프게 했다."(플루타르코스, 『리산드로스』 4.4)

아테네 군 지휘관이라면 리산드로스가 자신의 때를 기다리던 것과 같은 이유에서 신속하게 행동해야 한다고 생각했겠지만, 알키비아데스에게도 그 나름대로 재빨리 움직여야 할 이유가 있었다. 그의 논리에 대한 플루타르코스의 분석은 올바르다. "만약 누군가 자기 자신의 명성 때문에 망한 사람이 있다면, 그는 바로 알키비아데스일 것이다. 그는 너무나 용감하고 현명하다고 생각되었고, 또 그래서 성공했다고 여겨졌기 때문에, 사람들은 그가 실패하자 노력을 하지 않은 것이 아닐까 의심했고, 그가 할 수 없는 일이 있으리라고는 믿지 않으려고 했다. 그가 노력하기만 한다면, 어떤 일도 그에게서 빠져나갈 수 없을 것이라고 생각했다."(『알키비아데스』 35.2) 그는 그토록 특별한 권한과 대규모 부대를 부여받았음에도 불구하고 안드로스에서 실패했고, 리산드로스를 해상 전투로 끌어낼 수 있는 방법을 아직 찾지 못했다. 조속히 성공을 거두지 못한다면, 그는 사람들의 의심을 사게 될 것이고, 그의 적들을 더욱 고무시키게 될 것이다.

알키비아데스는 노티온에 한 달 정도 머물렀고, 기원전 406년 2월경에 자신의 대규모 함대를 떠나 포카이아 포위전을 하고 있는 트라시불로스와 합류했다. 이것은 아마 리산드로스로 하여금 나와 싸우게 하려는 계획의 일환이었을 것이다. 만약 아테네 군이 이오니아 도시들을 장악하는 데 성공한다면, 리산드로스는 멀뚱히 지켜보고만 있을 수는 없었고 반드시 아테네 군과 한판 붙어야 할 것이었다. 포카이아는 이러한 전략의 좋은 목표가 되었다. 이곳은 키메, 클라조메나이, 그리고 키오스까지 공격을 가할 수 있는 기지로 쓰이기에 좋은 위치에 있었다. 알키비아데스는 이 일에 보병 수송선만을 데리고 갔다. 삼단노선들은 에페소스에 남겨 계속 성장하는 스파르타 함대를 감시하게 했다. 알키비아데스가 자신이 없는 동안 그곳의 해군을 지휘하게 한 것은 하급 장교였던 안티오코스였다. 그는 키잡이, 즉 키베르네테스(kybernetes)로서 알키비아데스가 타고 있던 배의 조타수였다. 아테네 해군사 전체를 통틀어 유일한 사례였던 이러한 임명에 대해서는 고대부터 지금까지 엄청난 비난이 쏟아졌다. 정상적인 경우 이 정도 규모의 함대는 한 명 혹은 두 명의 장군에게 맡겨야 했다. 그러나 알키비아데스의 동료들은 모두 다른 임무로 나가 있었던 듯하다. 그럴 경우 정상적인 관행으로는 해전 경험이 있고 이전의 작전들에서 자신의 능력을 증명한 함장(트리에르아르코스) 한 명을 임명해야 했다. 노티온의 많은 함장들 중에 그러한 사람이 분명 있었을 것이다. 그러나 알키비아데스의 변명에 따르면, 키베르네테스는 대개 경험이 많고 해전의 전술에 능숙하며, 또 대개 그 어떤 함장보다 더 많은 전투에 참여했고, 아테네 해군의 탁월함에 필수적인 존재였다. 게다가 이 경우에서 알키비아데스는 자신이 없는 동안에 전투가 발생하리라고 예상하지 않았고, 더욱이 바라지도 않았다. 그리고 안티오코스에게는 간단하고 분명한 명령을 내렸다. "리산드로스의 배들을 공격하지 마라."(크세노폰, 『헬레니카』 1.5.11) 독립적인 정신을 가진 고급 장교들보다 하급 장교가 그러한 명령에 문제 제기 없이 더 잘 복종하고 아무런 문제를 일으키지 않을 것이다. 이 상황에서 알키비아데스에게 필요했던 것은 신뢰할 수 있는 사람이었고, 자신의 조타수이자 오랜 부하였던 안티오코스는 가장 완벽한 선택으로 보였을 것이다.

그러나 알키비아데스는 자기 부하를 잘못 봤다. 안티오코스는 영예를 얻을 기회에 사로잡혀 전략을 짜서 공격을 감행했다. 그의 작전은 아마 키지코스에서 아테네 군에게 찬란한 승리를 안겨주었던 작전에 기초했을 것이다. 그 승리는 삼단노선 시대의 가장 위대한 해상 업적이었다. 그러나 키지코스에서의 전략은 은폐와 기만에 의지했고, 지형과 기후를 모두 이용하여 함대의 도착, 규모, 위치를 감추었다. 노티온에는 이러한 요소들이 전혀 없었다. 은폐할 수 있는 가능성이 없었을 것이고, 유사한 속임수를 쓸 의미가 없었다. 게다가 리산드로스는 한 달 이상 아테네 함대를 연구했고, 자기 진영으로 넘어온 탈영병들을 통해서 함대의 규모와 기동에 대해서 충분한 정보를 보유했다. 리산드로스는 또 키지코스에서의 사건들과 그곳에서 아테네 군이 쓴 전술에 대해서도 잘 알고 있었다.

그러나 안티오코스는 자신의 첫 계략을 키지코스에서 알키비아데스가 썼던 것을 흉내내서 짰다. 안티오코스는 자신의 배를 선두에 세우고 10척의 삼단노선을 에페소스 정면으로 진격시켰다. 나머지는 노티온에서 "적이 육지에서 멀리 떨어질 때까지"(『헬레니카 옥시린키아』 4.1) 대기하도록 했다. 리산드로스를 꼬드겨 자신의 소규모 함대를 쫓아 노티온 쪽의 넓은 바다로 나오게 하려는 생각이었다. 일단 그들이 충분히 멀리 나오면, 아테네의 전 함대가 그들을 항구로부터 차단시키고서 정면대결을 강요하거나 아니면 항구로 도망가는 그들을 추격할 것이었다.

그러나 리산드로스는 알키비아데스가 에페소스에 가고 없다는 것과, 아테네 함대가 지휘 경험이 전혀 없는 자의 손에 있다는 사실을 잘 알고 있었다. 이것은 전례 없는 기회였고, 이 기회를 잡은 리산드로스는 "스파르타인다운 무엇인가를 하기로"(디오도로스 13.71.3) 결정했다. 리산드로스는 스스로 3척의 삼단노선을 이끌고 선두의 배로 돌격하여 침몰시키고 안티오코스를 죽였다. 줄지어 오던 9척의 배는 즉각 도망쳤고 스파르타의 전 함대의 추격을 받았다. 리산드로스는 자신이 아테네 군에게 충격을 주었고 그들의 계획의 타이밍을 망쳤음을 깨달았다. 그래서 신속하게 그들의 혼란을 이용하기로 했다. 노티온의 아테네 군 주력은 명령받은 대로 여전히 기다리고 있었다. 아테네 군 선봉대가 추격하는 적군 앞에서 달려오고 있는 것을 본 후 바다에 나서려는 것이었다. 그러나 이들이 본 것은 소규모 병력이 공황 상태로 도주하는 모습이었고, 그 뒤로는 스파르타 군의 전 함대가 추격하고 있었다. 아테네 군에는 제대로 전투 진형을 갖출 시간이 없었고, 병력을 조직하고 명령을 내릴 직속 상관이 없었기 때문에, 각

트리에르아르코스는 가능한 빨리 자신의 배를 출발시켜야 했고, 그래서 아테네 군은 "그 어떤 질서도 없이"(디오도로스 13.71.4) 구원하러 왔다. 그들은 패배하여 22척의 배를 잃었다. 반면에 리산드로스는 바다를 지배하고 노티온에서의 기대하지 않은 승리를 기념하여 승전비를 세웠다.

알키비아데스는 트라실로스의 삼단노선 30척을 데리고 3일 후에 전장에 도착했다. 그래서 노티온의 아테네 군 전함은 (잃어버린 22척을 제외하고) 총 88척이 되었다. 알키비아데스는 필사적으로 패배를 만회하려고 했고, 리산드로스를 다시 전투에 끌어내기 위해서 에페소스로 갔다. 그러나 리산드로스에게는 강력한 지휘관이 있는 동등한 수의 함대와 싸우는 위험을 감수할 이유가 없었다. 알키비아데스는 아무것도 이루지 못하고 사모스로 돌아왔고, 손해를 되갚지 못했다.

리산드로스가 전투에서 자신의 뛰어난 재능을 증명했고, 또 그에게 공로가 돌아가는 것이 마땅하지만, 이것은 아테네 군 측이 저지른 엄청난 실수 덕을 톡톡히 본 승리였다. 아테네 군은 패배에 대해서 알키비아데스를 심하게 비난했고, 그럴 만도 했다. 알키비아데스가 무슨 목적으로 포카이아에 갔든지, 우세한 적군이 빤히 보는 앞에서 자신의 모든 삼단노선들을 지휘 경험이 전혀 없는 자에게 맡긴 것은 변명할 수 없는 무모함이었다. 아테네 군이 노티온에서 잃은 병력은 소수였고, 아직 에게 해에는 108척의 삼단노선이 있었으며 그래서 수적으로는 유리했지만, 이 패배는 전략적으로 중요한 의미를 지녔다. 키지코스 전투 이후 급격하게 아테네 쪽으로 기울던 전쟁의 흐름을 역전시켰기 때문이다. 아테네 군은 이오니아에서 자신들의 위치를 금방 회복하지는 못할 것이고, 안드로스를 점령하지도 못할 것이다. 사모스 기지에 있는 아테네 병사들과 선원들의 사기 역시 악영향을 받았고, 탈영은 늘어날 것이었다.

알키비아데스는 우선권을 되찾으려고 시도했으나 성공하지 못했다. 전 함대를 이끌고 키메로 가서 도시 주변을 약탈했는데, 키메의 전군이 기습하여 아테네 군을 배로 후퇴시켰다. 노티온에서의 패배에 곧이어 이렇게 또다시 실패함으로써, 그의 적에게는 비난의 근거가 하나 더 늘어났다.

알키비아데스의 몰락

알키비아데스가 떠나 있는 동안 아테네에서의 사건들은 그를 더욱 괴롭혔다. 아기스는 아테네의 중장 보병과 기병이 자리를 비운 틈을 타서 펠로폰네소스 군과 보이오티아군의 중장 보병, 경장 보병, 기병을 대규모로 동원하여 어두운 밤에 아테네 성벽으로 진격했다. 이들은 비록 격퇴당하기는 했으나, 물러나기 전에 아티카를 약탈했고, 이것은 노티온에서의 패배와 키메에서의 실패 소식을 들은 아테네인의 마음에 슬픔을 더했다. 알키비아데스의 적들은 이제 공격할 때가 되었다고 보았다. 한편, 알키비아데스의 숙적인 트라소의 아들 트라시불로스가 사모스의 진영에서 돌아왔는데, 그곳의 비분강개를 가득 안고 왔다. 그는 아테네 민회에서 알키비아데스가 마치 호화 여행을 즐기듯이 작전을 수행했고, 함대의 지휘를 능력이라고는 술을 마시고 선원들의 허튼소리를 하는 것뿐인 자에게 맡겼다고 비난했다. "그럼으로써 알키비아데스는 자유롭게 돌아다니며 돈을 모았고, 적 함대가 접근하는 동안에도 아비도스와 이오니아에서 술을 마시고 여자를 찾아다니며 방탕하게 지냈다."(플루타르코스, 『알키비아데스』 36.12) 다음으로는 키메에서 온 사절단이 알키비아데스가 "아무런 잘못도 없는 동맹국"을 공격했다고 비난했다. "동시에 몇몇 아테네인들은 그가 도시를 장악하려고 노력하지 않았다고 비난했으며, 그가 대왕에게 뇌물을 받았다고 주장했다."(디오도로스 13.73.6) 또 어떤 이들은 그의 과거의 잘못들, 스파르타인을 도운 것, 페르시아인과 협력한 것에 대해서 불평했고, 더 나아가 전쟁이 끝난 후에 페르시아인이 그를 아테네의 참주로 세울 것이라고 했다. 신구(新舊), 진위(眞僞)의 비난들이 그에게 퍼부어졌으며, 마침내 누군가가 —— 아마 클레오폰일 것이다 —— 그를 해임하자는 제안을 했고, 이 발의는 통과되었다.

아테네인은 코논을 사모스 함대의 지휘자로 임명했고, 알키비아데스는 다시 한 번 망명을 떠났다. 그는 자신의 적들이 사적인 소송과 엄청난 공적 고발을 잔뜩 준비하고 기다리는 아테네로는 돌아가지 않는 편이 나을 것임을 알았다. 알키비아데스는 사모스에서도 떠나야 했다. 그곳의 병력들도 적대적으로 변했기 때문이었다. 그는 스파르타와 페르시아의 영토에서도 환영받지 못했다. 그러나 그는 자신의 운명을 예상이라도 한 듯이 헬레스폰토스에서 근무하던 여러 해 동안에 갈리폴리 반도에 요새화된 성을 지어 자신을 위한 피난처로 준비해두었고, 그곳으로 갔다.

많은 이들은 알키비아데스의 이 마지막 이탈과 그가 아테네 군의 지휘관에서 끝내 제거된 것을 전쟁 마지막 국면의 전환점이라고, 그리고 아테네에 재난이었다고 생각한다. 비록 기원전 411년과 기원전 408년에 육상 또는 해상에서 그가 지휘관으로서 거둔 성공이 그를 뛰어난 기병 대장이자 능력 있는 해군 지휘관으로 만들어준 것은 사실이지만, 보스포로스 해협에서의 작전에서 가장 뛰어났던 지휘관은 알키비아데스가 아니라 리코스의 아들 트라시불로스였다. 그러나 언제나 그렇듯이 알키비아데스의 개인적 야심이 심각한 문제였다. 그는 자신의 적들을 불리고 그들의 증오를 강화시켰다. 그를 공격하려는 적들의 의지가 너무나 강했기 때문에 알키비아데스는 특출한 성취를 추구할 수밖에 없었고, 유일하게 안전을 보장해줄 수 있는 인민의 인기를 얻고 유지하게 위해서 이루어질 수 없는 것들을 약속해야 했다. 이것이 그로 하여금 다른 장군이었더라면 기피했을 위험을 감수하게 만들었고, 그것은 아테네에 재난을 몰고올 수밖에 없었다.

알키비아데스에게는 정치적으로도 심각한 책임이 있다. 그는 강력한 존경심 아니면 증오심을 촉발시켰던 불화를 낳는 사람이었고, 인민 다수에게서 지속적인 지지를 받지는 못했다. 그는 자신의 정책을 지지해줄 의지할 만한 다수를 얻지 못했고, 그렇다고 아테네를 위해서 다른 이의 정책에 자신을 굴복시키려고 하지도 않았다. 동시에 그는 어려운 시기에 자신 이외의 다른 사람이 지휘를 하지 못하게 했고, 아테네인은 그의 매력과 구원에 대한 약속에 의지했다. 노티온 전투 이후 1년이 채 지나지 않았을 때 한 희극에서 배우는 이렇게 말했다. "그들은 그를 동경했다. 그들은 그를 증오했다. 그러나 그들은 그가 돌아오기를 원했다."(아리스토파네스,『개구리』 1425) 그의 불명예는 트라시불로스와 테라메네스와 같은 유능한 친구들도 끌어내렸고, 이것은 아테네에 유능한 지휘관이 간절히 필요할 때에 가장 유능한 자들을 잃게 했다. 결국 이것이 노티온에서 거둔 스파르타의 승리가 낳은 가장 심각한 결과였을 것이다.

제36장

아르기누사이 (기원전 406년)

알키비아데스의 불명예는 그의 친구들도 함께 무너뜨렸다. 누구보다도 트라시불로스와 테라메네스가 기원전 406년 봄의 장군 선거에서 재선출되지 못했다. 그러나 새로운 장군단 선출에 분파주의가 압도적 요소로 작용하지는 않았다. 유권자들은 분파에 관계없이 알키비아데스와 가깝지 않으면서 경험이 많은 해군 지휘관을 선택하는 데 주로 관심이 있었다.

알키비아데스 자신은 기원전 406년 초에 사모스의 아테네 함대의 제독이 된 코논으로 교체되었다. 리산드로스가 더 많은 급여를 제안했고, 노티온에서 패배했기 때문에, 코논은 100척의 선박 중에서 70척에만 승무원을 채울 수 있었다. 그래서 그는 그 어떤 중요한 작전도 감행할 수 없었다. 이제 리산드로스는 완전히 반대 입장이었다. 그에게는 자금이 넉넉했고, 함대는 커지고 있었으며, 승무원들의 사기는 높았다. 그가 가는 길에는 장애물이 오직 하나뿐이었다. 스파르타의 법은 해군 사령관이 2년 동안 계속 지휘하는 것을 금지했다. 그래서 리산드로스는 어쩔 수 없이 자신의 함대를 후계자 칼리크라티다스에게 넘겨주었다.

새로운 해군 사령관

새로운 지휘관 역시 모타케스였다. 그러나 그는 전임자와는 여러 면에서 달랐다. 그는 매우 젊은 나이에 이 높은 지위에 올랐다. 아마 서른 살을 갓 넘었을 것이다. 그리고 용맹하고 대담하기는 했으나 리산드로스와 같은 개인적인 야망은 없었다. 디오도로스는 그를 "교활함이 없고 직선적인 성격"이라고 묘사하고, "외국인들의 방식에 익숙하지 않은" 사람이지만, "가장 정의로운 스파르타인"(13.76.2)이었다고 설명한다. 그가 선왕 플레이스토아낙스와 뒤를 이은 그의 아들 파우사니아스의 견해에 공감했다고 생각할 만한 이유가 있다. 아버지 왕은 아테네와 평화와 우호관계를 맺기 원했다. 아들 왕은 리산드로스의 강력한 적이 되기를 원했고, 한 학자가 "중도적이고 전통주의적인 집단"이라고 묘사한, 스파르타의 해외 제국에 반대하는 분파를 이끌었다. 그들은 국내적으로는 제국의 수익으로 들어오는 돈과 사치의 영향을 두려워했고, 리쿠르고스의 국제(國制)가 규정하는 엄격한 원칙으로 돌아가기를 원했다. 추측건대, 리산드로스가 키로스와 친밀한 관계를 맺은 것과 아시아 도시들에서 그에게 개인적으로 충성하는 정치 모임들을 조직한 것은 파우사니아스파에게 의혹을 불러일으켰을 것이고, 칼리크라티다스를 선택하게 했을 것이다.

새 해군 사령관이 기원전 406년 4월경에 에페소스에 도착하자마자 마찰이 빚어졌다. 리산드로스는 함대를 넘겨주면서 자신을 "바다의 지배자이며 바다의 전투에서 정복한 자"(크세노폰, 『헬레니카』 1.6.2)라고 선언했고, 칼리크라티다스는 이 큰소리에 즉각 도전했다. 리산드로스에게 사모스의 아테네 군을 지나가서 밀레토스의 함대를 구원함으로써 그 주장을 증명하라고 요구했다. 이 반박은 리산드로스의 업적의 한계를 강조했고, 새로온 사람이 그와 경쟁하여 더 큰 승리들을 성취할 것이라는 어투였다.

리산드로스는 미끼를 물지 않고 씁쓸한 뒷맛을 남긴 채 바로 귀환했다. 부대 내에서 리산드로스의 지지자들은 즉시 칼리크라티다스를 흔들기 시작했다. 그가 무능하고 경험이 부족하다는 이야기를 퍼트린 것이다. 젊은 해군 사령관은 그 조롱을 정면으로 받아들였다. 그는 함대를 모아놓고 스파르타인 특유의 단순하고 직설적인 연설을 했다. 칼리크라티다스는 "만약 리산드로스든 아니면 누구든지 스스로가 해군을 다루는 데 더 전문가라고 생각하는 사람이 있다면" 자신은 지휘권을 포기할 준비가 되어 있다고, 그러나 자신은 그들을 이끌라는 명령을 받았으므로 최선을 다해 그렇게 해야만 한다고 선언했다. 그는 자신의 목표를 검증하는 것, 자신에 대한 비난과 자신을 지휘관으로 세운 스파르타 정부에 대한 비난을 평가하는 것, 그리고 그 후에 자신에게 "내가 머물러야 할지, 아니면 귀환하여 정부에 이곳의 일들을 보고해야 할지"(크세노폰, 『헬레니카』 1.6.4)를 알려줄 것을 함대에 맡겼다. 이 연설로 불복종은 끝났다. 누구도 감히 그에게 명령에 불복하라고 주장할 수도 없었고, 그가 스파르타로 돌아가 자신들의 불온한 행동을 보고하게 할 수도 없었던 것이다.

그러나 리산드로스는 자신의 후임자에게 더 심각한 골칫거리를 남겨두었다. 그는 자리를 떠날 때 키로스가 주었던 돈의 일부를 여전히 가지고 있었다. 그는 이것을 당연히 후임자에게 넘겨주어야 했다. 그러나 그는 이 돈을 키로스에게 반환했고, 그 결과 칼리크라티다스에게는 함대를 유지하는 데 필요한 자금이 없었다. 반면에 리산드로스는 페르시아 왕자의 총애를 유지하고 자신의 경쟁자에게 모욕과 장애를 안겨주는 데 성공했다. 그래서 칼리크라티다스는 키로스에게 가서 자신의 병사들을 위한 돈을 요청해야 했다. 그러나 왕자는 접견을 위해서 이틀 동안이나 그를 기다리게 함으로써 고의적으로 이 젊은 해군 사령관에게 모욕을 주었다. 회견은 잘 이루어지지 않았다. 키로스는 그의 요청을 거부했고, 스파르타 군 지휘관은 화를 내며 떠나갔다. 그는 리산드로스의 정책에 대해서 이전보다 더욱 적대적이 되었다. "그는 그리스인이 돈을 위해서 이방인에게 아첨한 까닭에 가장 비참한 상황이 되었다고 말했고, 또 만약 자신이 안전하게 돌아간다면 최선을 다해 아테네인과 스파르타인을 화해시키겠다고 말했다."(크세노폰, 『헬레니카』 1.6.6-7) 이것은 전통주의적 스파르타인의 목소리였다. 그의 말들은 페르시아의 통제로부터 독립을 선언하고, 페르시아의 지원을 거부하고 다른 정책을 추구하겠다는 뜻을 드러냈다.

이에 칼리크라티다스는 스파르타 군의 기지를 에페소스에서 밀레토스로 옮기고, 새로운 계획을 추구하기 위해서 입지상의 전략적 이점을 포기했다. 밀레토스는 페르시아인에게 반란을 일으켰던 적이 있었기 때문에 자기 함대를 위한 돈을 모으기가 더 좋은 곳이었다. 밀레토스의 민회에서 칼리크라티다스는 자신의 새로운 강령을 밝히고 전쟁을 수행할 자금을 요청했다. "신들의 도움으로, 이방인들로 하여금 우리가 그들에게 충성하지 않고도 우리의 적을 벌할 수 있음을 알게 합시다."(크세노폰, 『헬레니카』 1.6.11) 그 지역의 그리스인들은 이 호소를 매우 따뜻하게 받아들였고, 리산드로스의 친구들조차도 기부를 망설이지 않았다.

칼리크라티다스에게는 140척의 배가 있었으므로 코논보다 두 배가 많았다. 그러나 그는 아테네 군이 이미 대규모 증원군을 준비하고 있음을 알았다. 그는 리산드로스를 노티온 전투 이후에 행동을 취하지 않았고, 사모스의 아테네 함대와의 대결을 두려워했다고 비난했으므로, 이제 자신은 그렇게 할 것임을 증명해야 했다. 게다가 커다란 승리를 거두면, 소아시아와 섬들의 그리스인들에게서 더 많은 재정 지원을 촉구할 수 있었다. 그래서 그는 가능한 빨리 전투를 벌이고 싶었다. 그래서 칼리크라티다스는 키오스의 델피니온과 테오스에 있는 아테네 군 요새를 공격하여 점령했고, 당시 사모스 북쪽에 있던 코논의 함대에 이 사실을 알렸다. 그는 다음으로 레스보스의 메팀나를 점령하여 많은 포로를 잡았다. 그러나 이들을 노예로 팔아 현금을 마련하자는 제안은 거부했다. 그는 스파르타가 전쟁에 나선 목적 — 그리스인들에게 자유를 안겨주는 것 — 을 상기시키면서, "내가 지휘하고 있는 한, 그리고 내가 힘이 있는 한 어떤 그리스인도 노예가 되지 않을 것이다"(크세노폰, 『헬레니카』, 1.6.14)라고 선언했다. 이것은 여전히 아테네의 속박에 묶인 도시들에는 반란을 일으킬 것을 격려하고, 또 이미 해방된 도시들에서는 지지를 얻으려는 정책이자 표어였다. 페르시아의 도움 없이 스파르타가 전쟁에 이기려면, 또 그리스를 해방시키겠다던 약속을 지키려면 이것이 유일한 방법이었다.

미틸레네에서 덫에 걸린 코논

칼리크라티다스는 능숙한 선전 작전의 일환으로 코논에게 사신을 보내어 자신은 자신의 적이 저지른 "바다에서의 부정한 행위"(크세노폰, 『헬레니카』, 1.6.15)를 끝내려고 한다고 말했다. 그는 이로써 아테네의 해상 제국을 불법으로 규정하고 싸움을 건 것이다. 코논은 양측의 충돌 사이의 시간을 이용해 함대의 상태를 최상으로 만들었고 "이전의 어느 장군들보다 더 잘 전투 준비를 갖추었다."(디오도로스 13.77.1) 하지만 그는 여전히 수적으로 매우 불리했고, 끌려나가지 않았다. 그러나 코논은 펠로폰네소스 군을 헬레스폰토스로 돌아오지 못하게 막는 가장 중요한 장벽인 레스보스가 위험해졌기 때문에 함대를 메팀나 동쪽의 헤카토네시 섬으로 이동시켜야 했다. 칼리크라티다스가 170척의 배와 일급의 승무원들을 데리고 뒤쫓아 오자, 코논은 미틸레네 쪽으로 도망쳤다. 그러나 추격해온 펠로폰네소스 군은 아테네 군을 항구 입구에서 잡았고, 아테네의 삼단노선 30척을 붙잡았다. 코논은 남은 40척의 배를 겨우 안전한 항구에 들일 수 있었지만, 칼리크라티다스가 미틸레네를 육상과 해상에서 포위하자 곧 갇혀버렸다. 코논은 봉쇄에 따른 굶주림과 도시 내의 많은 친(親)스파르타파의 배신에 위협을 받자, 배 한 척을 겨우 항구 밖으로 내보내 아테네로 가서 자신의 곤경을 알리게 했다.

그러나 그가 탈출함으로써 칼리크라티다스는 전쟁을 이길 수도 있었던 전멸의 기회를 놓쳤다. 아테네 함대는 거의 전멸하다시피 했지만, 만약 정말 완전히 전멸되었더라면, 스파르타 군은 아무런 저항도 받지 않고 레스보스와 무방비 상태인 레스보스의 아테네 군 기지를 차지하고, 그 후 역시 무방비인 헬레스폰토스로 가서 식량 공급선을 봉쇄할 수 있었을 것이다. 그러나 돈이 부족했던 칼리크라티다스는 확실한 포위공격을 할 수 없었고, 아테네 군에 증원군을 보내어 바다에 대한 그의 지배에 도전할 수 있는 시간적 여유를 허용했다. 그렇지만 칼리크라티다스에게는 다행스럽게도 키로스가 그의 성공을 보고 그가 완전한 승리에 이르렀다고 생각하게 되었다. 적대적인 장군에 의해서 페르시아의 지원 없이 스파르타가 승리를 거두게 되면, 자신에게는 재난이 될 것이다. 그래서 그는 편법적으로 자신의 전술을 바꾸어 함대에 지급할 돈을 보냈고, 지휘관에게 보내는 선물도 잊지 않았다. 돈이 필요했던 칼리크라티다스는 병사들에게 줄 돈은 받았으나, 리산드로스의 방식과는 무척이나 대조적이게도 개인적으로는 차갑게 거리를 두었다. 그는 이렇게 설명했다. "그 자신과 키로스 사이의 사적인 우정은 필요가 없었다. 모든 스파르타인과 맺은 협정으로 충분하다."(플루타르코스, 「모랄리아」 222E) 그러나 해군 사령관이 원했던 종류의 승리를 위해서는 신속하고 결정적인 전투가 필요했고, 그것은 아테네가 회복되기 전에, 그리고 페르시아의 돈이 결정적이 되기 전에 벌어져야 했다.

아테네 해군의 재건

코논의 연락선은 기원전 406년 6월 중순에 아테네에 도달했다. 아테네 군에는 약 40척의 배가 남아 있었을 것이다. 그러나 그들은 놀라운 노력을 기울여 한 달 만에 삼단노선 110척의 함대를 만들었다. 배의 부족은 문제의 일부일 뿐이었다. 국고가 이제 거의 완전히 바닥났다. 아테네인들은 함대 건설과 승무원들의 급여에 드는 비용을 충당하기 위해서 아크로폴리스 있던 황금의 니케 상을 녹여 주화를 찍어야 했다. 아테네인은 성스러운 언덕에 보관되어 있던 이러저러한 금, 은 덩어리들을 이용하여 은 2,000탈란트 이상의 금액을 조달할 수 있었고, 이것으로 함대의 비용을 충당했다. 인력 부족은 또다른 문제였다. 최고의 선원들은 이미 미틸레네에 배치되어 있었다. 코논이 특별히 자신의 임무를 위해서 모두 뽑아갔기 때문이었다. 실력은 떨어지지만 경험은 있는 노잡이들을 모두 데려온다고 해도 아테네를 출발할 준비를 하고 있는 배들의 일부만을 채울 수 있었다. 그래서 아테네인은 어쩔 수 없이 경험이 없는 자들을 노잡이로 써야 했다. 농부들, 기병으로 나갈 능력은 없는 부자들, 그리고 심지어 노예들도 자유와 시민권을 대가로 여기에 포함되었다. "그들은 군인이 될 수 있는 연령대의 모든 사람들을 자유인이든 노예든 가리지 않고 배에 태웠다."(크세노폰, 『헬레니카』 1.6.24) 아테네 군이 바다에서 전술적으로 적에 비해서 열등한 상태로 싸우는 것은 전쟁 동안에 이번이 처음이었다. 반면에 적은 바로 자신들의 병력에서 빠져나간 능숙하고 경험 많은 탈영병들에 의해서 뒷받침되고 있었다.

이 함대에는 전쟁 동안의 그 어떤 함대와 달리 8명의 장군들이 있었다. 그러나 우리가 아는 한 그들 중 누구도 최고 사령관의 역할을 하지 않았다. 이미 아테네 최고의 제독 코논을 물리친 용맹하고 젊은 스파르타의 지휘관과 싸워야 하는데, 이러한 편성으로는 그다지 전망이 밝지 않았다. 아테네 군은 7월에 사모스로 항해하면서 동맹군의 배 45척을 추가로 받아들여서 총 155척의 삼단노선을 보유했다. 칼리크라티다스는 미틸레네의 항구에 있는 코논의 함대와 지금 오고 있는 아테네 함대 사이에 붙잡히고 싶지 않았기 때문에 50척의 배를 보내 코논을 감시하게 하고 자신은

27. 아르기누사이

남은 120척의 배로 레스보스의 동남단에 있는 말레아 곶으로 가서 적을 차단하려고 했다. 그곳에서 그는 아테네 군이 본토에서 약간 떨어진 아르기누사이 섬에 있는 것을 발견했다. 스파르타 군의 위치에서 동쪽으로 약 3킬로미터 지점이었다.(지도 27) 그는 자신의 함대가 수적으로 열세라는 것을 알았는지 몰랐는지, 자기 선원들의 뛰어난 실력을 믿었고 승리를 확신했다.

아르기누사이 전투

칼리크라티다스는 야간에 공격함으로써 코논과의 전투에서 성공했던 기습 전술을 다시 쓰려고 했지만, 폭풍이 불어 그럴 수 없었다. 대신 그는 새벽에 뜨는 해를 안고 아르기누사이로 진격했다. 스파르타 군은 아테네 군의 전열에 나란히 서서 공격했다. 120척의 배가 나란히 서서 2,400야드, 즉 2킬로미터를 늘어섰다.(지도 28) 그들은 18미터 간격으로 삼단노선을 배치하고 아테네 군이 즐겨 쓰던, 그들을 해상의 지배자로 만들어준 전략을 썼다. 빠른 속도를 이용해 적 전열의 끝을 돌아들어가 측면과 배후를 공격하는 페리플루스, 그리고 적함 두 척 사이로 재빠르게 노를 저어 들어가서 둘 중 하나의 측면을 공격하는 디에크플루스가 그것이었다.

아테네 군은 자신들의 전술적 불리함을 잘 알았고 그에 따라 전열을 가다듬었는데, 그리스 해전사에서 다시없는 방식을 썼다. 아테네 군은 배들을 양익(兩翼)과 중앙, 이렇게 셋으로 나누었다. 양익은 각각 60척의 배로 구성되어 2열로 앞뒤로 늘어섰는데, 뒤쪽 열에 있는 배들이 앞쪽 열의 배들 사이의 간격을 막았다. 중앙에는 35척의 배가 일렬로 섰는데, 이들은 두 섬 중 서쪽 섬인 가리파다시 바로 앞에 자리를 잡았다. 이 섬은 스파르타 군이 중앙에서 디에크플루스를 하지 못하게 했고, 양익에서는 엇갈린 이중 전열 때문에 그러한 기동이 불가능했다. 아테네 군은 양익에서 배 사이의 거리를 일상적인 때보다 두 배로 늘였다. 그래서 만약 앞쪽 열의 넓은 간격을 보고 스파르타 군이 디에크플루스를 시도하면, 뒤쪽 열의 배들이 전진하여 그들을 막고, 양쪽의 삼단노선이 적을 들이받을 수 있게 했다. 간격을 두 배로 함으로써 아테네 군은 전열을 더 길게 만들 수 있었

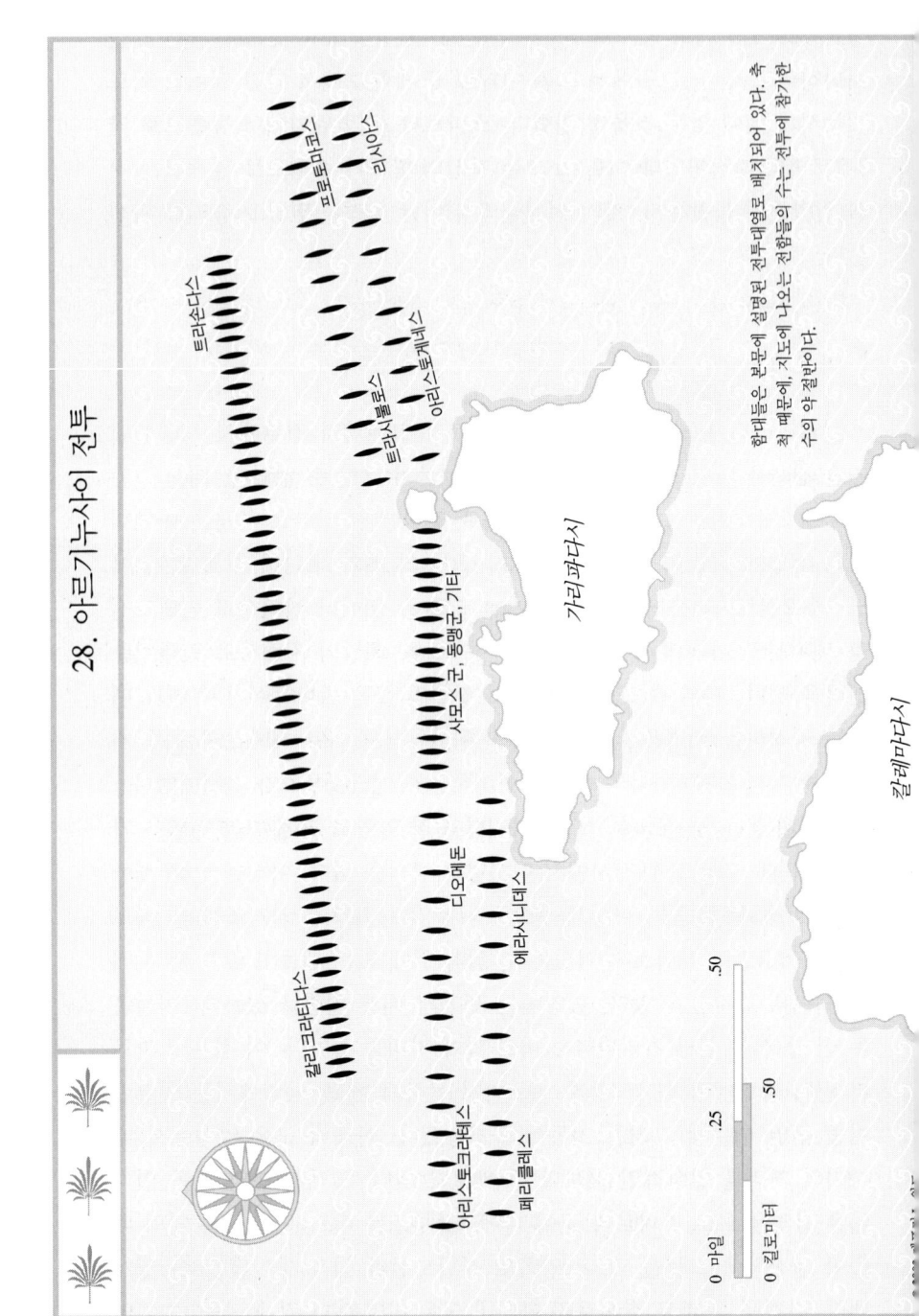

다. 그것은 아테네 군을 페리플루스에서 보호해주었고, 또 적을 포위공격할 수 있게 해주었다. 아테네 군은 또 하나의 정교함을 발휘했다. 양익을 8개의 독립적인 단위들로 나누고 각각에는 장군 한 명이 지휘하게 한 것이다. 이러한 분할은 특히 공격할 때에 유리할 것이다. 공격은 대개 더 넓은 바다에서 이루어질 것이고, 그곳에서는 각 단위들이 독립적으로 움직일 수 있는 능력이 유리하게 작용할 것이다.

칼리크라티다스가 전진을 시작하자 "아테네 군은 그에 대응하여 나섰고, 좌익을 넓은 바다를 향해 뻗었다."(크세노폰, 『헬레니카』 1.6.29) 즉 이미 적군을 넘어섰던 좌익은 더 남쪽으로 둥글게 돌아서 스파르타 군의 우익을 포위할 것처럼 위협하는 움직임을 보였다. 그러한 모략은 정상적인 경우 일부분을 전열에서 분리되게 함으로써 스파르타 군이 이용할 수 있는 공백을 남기게 될 것이었다. 그러나 아르기누사이에서 이용된 이중 전열은, 좌익 끝의 앞쪽 부대의 장군인 페리클레스(위대한 페리클레스와 그의 정부 아스파시아의 아들)로 하여금 넓게 휘돌 수 있게 해주었다. 그로 인해 생기는 공백은 아리스토크라테스가 지휘하는 좌익의 뒤쪽 부대를 남겨놓아 없애도록 했다. 칼리크라티다스가 그쪽 바다에서 취하려고 했던 모든 공세적 움직임은 날카롭고 분명한 포위의 위험 때문에 무산되고, 스파르타 군은 수세에 몰리게 될 것이다. 아마 아테네 군의 우익도 그와 같은 기동을 했을 테지만, 우리는 그들이 구체적으로 어떤 행동을 취했는지는 알지 못한다. 그러나 우익은 앞으로 곧장 나가기만 해도 이미 적의 측면을 포위할 수 있는 위치에 있었다. 중앙은 아무런 행동도 취하지 않고 단순히 섬 앞에 자리를 지키고 있었다.

칼리크라티다스는 우익을 지휘했는데, 그가 본 상황은 급박했다. 그의 직속 키베르네테스인 메가라의 헤르몬은 전장을 이탈하자고 요청했다. "아테네 군의 삼단노선이 훨씬 수가 많기 때문이었다." 그러나 젊은 제독은 그 말을 들으려고 하지 않았다. "그가 죽는다고 해서 스파르타가 더 악화되지는 않을 것이다. 그러나 도망가는 것은 수치가 될 것이다."(크세노폰, 『헬레니카』 1.6.32) 그의 굳건함은 위대한 전통인 스파르타인의 용기였고 그의 대담한 성격과 잘 맞았다. 그러나 이 구체적인 전략적 상황에서는 경솔함이었다. 전술적으로 불리한 상황에서 수적 열세를 안고 싸운다는 것은 언제나 어리석은 일이며, 스파르타 군에는 싸워야 할 이유가 없었다. 시간은 그들의 편이었다. 아테네 군은 돈이 떨어졌고, 바다에서 함대를 그리 오래 유지할 수 없을 것이다. 시간을 지연시키면 아테네 측에서 더 많은 탈영병을 데려올 수도 있었을 것이다. 신중한 지휘관이었다면 세력 균형이 스파르타에 유리한 때에 스파르타 군이 선택한 장소에서 아테네 군이 먼저 공격하도록 했을 것이다.

그러나 시간은 칼리크라티다스의 편이 아니었다. 그는 페르시아의 돈에 더 의지하기 전에, 그리고 전쟁의 계절이 끝나서 자신에게 승리의 기회가 사라지기 전에 빨리 승리하기를 원했다. 게다가 그가 헤르몬의 충고를 받아들여 전장을 이탈했더라면 무슨 일이 벌어졌겠는가? 그는 분명 미틸레네로 가서 코논을 끝장내야 했을 것이고, 아테네 함대 역시 그곳으로 그를 쫓아왔을 것이다. 그러면 그는 170척의 배를 보유하게 되고, 아테네 군은 155척으로 그의 앞을 막을 것이며 그의 배후에는 코논이 40척을 가지고 있었을 것이다. 그러므로 그는 아테네 군보다 35척이 적은 아르기누사이에서보다는 약간 나은 25척이 적었을 것이다. 하지만 그 약간의 개선도 앞과 뒤로 적을 맞아 싸워야 한다는 필요에 의해서 상쇄될 것이다. 그가 이러한 요소들을 고려했건 고려하지 않았건 간에, 칼리크라티다스의 결정을 단순히 기개 넘치는 젊은이의 경솔함과 미숙함이라고 치부할 필요는 없다.

칼리크라티다스는 측면이 위협받자 자신이 할 수 있는 일을 했고, 자신의 전열을 늘여서도 적군의 기동을 물리칠 수 없었다. 그러자 그는 "자신의 부대를 둘로 나누어 양쪽 날개에서 하나씩 두 가지 전투를 치르게 했다."(디오도로스 13.98.4-5) 이것은 중앙을 비워서 섬 앞에 자리잡고 있는 아테네 군의 일렬 함대가 공격할 공간을 내주었지만, 그는 상황에 밀려 전술적 타협을 할 수밖에 없었고, 포위라는 일차적인 위험은 무시하기에는 너무 중요했다. 사실 아테네 군의 중앙은 길고 거칠었던 전투 초반에는 자리를 지키고 있었다. "처음에 전투는 근접전이었고, 나중에는 분산되었다."(크세노폰, 『헬레니카』 1.6.33) 아테네 군의 측면공격은 원래 싸움을 중앙으로 집중시켜, 스파르타 군이 이제 자신들에게 유리한 능숙한 기동을 시도할 기회를 남겨주지 않았다. 전투가 진행되면서, 교전에 참여하지 않았고 피해를 보지 않은 아테네 군 중앙은 지친 스파르타 군에는 점점 더 위협적인 존재가 되었다. 칼리크라티다스는 그의 배가 적 삼단노선을 들이받았을 때 전사했고, 그 후에는 좌익이 전투를 포기하고 도망치려고 했다. 마침내 스파르타 군의 전열이 무너지자, 아테네 군 중앙은 파괴와 추격에 참여하여 도망가는 배들의 상당수를 파괴했고, 반면에 자신들은 전혀 손실을 입지 않았다. 우익에서는 싸움이 치열하게 오래 계속되었다. 마침내 해군 사령관과 함께 싸우던 라코니아의 배 10척 중 9척이 침몰하자 다른 모든 배들은 도망가야 했다. 아테네 군 우익은 단 한 척도 북쪽으로 도망가지 못하게 했다. 벗어난 소수의 배들은 남쪽으로 항해하여 키오스, 키메, 포카이아 같은 곳으로 갔다. 미틸레네의 스파르타 군 지휘관은 전투 결과를 듣자 역시 도망쳤고, 코논은 자유롭게 주력함대와 합류했다.

디오도로스에 따르면 아르기누사이 전투는 "그리스인 대 그리스인으로서는 사상 최대의 해상 전투"(13.98.5)였다. 스파르타 군은 77척의 배, 즉 전력의 64퍼센트를 상실했고 이는 대단히 놀라운 수치였다. 키노세마, 아비도스, 노티온에서는 패배한 측의 평균 손실률이 28퍼센트였다. 물론 키지코스에서는 아테네 군이 기만, 기습, 그리고 독립 부대들을 이용해 적을 바다로 끌어내서 포위함으로써 스파르타 함대를 전멸시켰다. 그와 비견될 만한 참패가 아르기누사이에서 벌어졌다. 뛰어난 작전 덕분에 스파르타 군은 다시 한 번 포위되고 인근 육지로부터 격리되었다. 스파르타의 배가 몇 척이라도 도망갈 수 있었던 것은 오직 아테네 군 좌익이 덫을 걸어 잠그지 못했기 때문이었다.

아테네 군은 155척 중에서 25척만을 잃고 엄청난 승리를 거두었다. 이 전투에서 패배했더라면 전쟁에서도 졌을 것이다. 그러나 그들은 형편없는 배들로 리산드로스가 훈련시키고 준비해놓은 우세한 적 병력을 파괴했고, 리산드로스의 후임으로 온 용맹한 젊은 제독을 죽였다. 이제 다시 한 번 아테네는 바다를 지배했고, 생존과 더 나아가 전쟁의 승리까지 바랄 수 있게 되었다.

구조와 시신 수습

아르기누사이의 승리는 아테네인을 구원했다. 그러나 그들은 오랫동안 기뻐할 수 없었다. 그 결말을 둘러싸고 격렬한 싸움이 곧 벌어졌던 것이다. 전투가 끝났을 때, 아테네 함대는 매우 거친 바다에서 거의 6제곱킬로미터에 걸쳐 흩어져 있었다. 싸움 중에 잃어버린 25척 중에서 좌초한 12척은 여전히 수면에 떠 있었고, 1,000명 정도가 살기 위해서 애쓰고 있었다. 많은 이들은 잔해에 매달려 있었고, 수많은 시체들이 부서진 배 위와 주변에 흩어져 있었다. 승리한 삼단노선의 선장들은 생존자를 구하거나 시신을 수습하기 위해서 멈추지 않고, 다음 단계를 논의하려고 아르기누사이로 급히 귀환했다.

그리스인들에게 죽은 자를 합당하게 매장하는 것은 생존자 구조만큼이나 중요한 일이었다. 서사시에서 오디세우스는 죽은 한 동료가 올바르게 매장되었는지를 확인하러 지하세계로 내려갔다. 고전 비극에서 안티고네는 죽은 가족을 매장시키지 않고 내버려두느니 차라리 왕에게 도전하고 생명을 내어놓는 편을 택했다. 왜 아테네 군은 그토록 거룩한 의무를 무시했던 것일까?

대답의 일부분은 그 전투가 예기치 못한 것이었다는 데에도 있다. 그래서 함대는 보통 때보다 더 먼 바다로 나갔고 넓은 범위에 흩어졌다. (기원전 411년 이래 모든 전투는 육지에 가까운 제한된 지역에서 벌어졌다.) 표준적인 전투 마무리 과정에서는 승리한 함대가 싸움이 끝난 후 상륙하여 생존자들과 시신을 어떻게 수습할 것인지, 누가 그 일을 할 것인지를 결정했다. 어느 때에든지 그 일을 할 만한 충분한 시간이 있었다. 이번 전투에서도 그런 결말이 기대되었을 것이다. 아테네의 이중 포위 작전은 아르기누사이 제도에서 멀지 않은 곳에서 모든 배들을 포위망 안에 넣으려고 했던 것이기 때문이다. 그러나 실제에서는 많은 적함들이 멀리까지 도망쳤고, 아테네 군이 그들을 추격해야 했을 때에는 정상적인 방식이 불가능해졌다.

선장들이 마침내 함대를 아르기누사이로 되돌렸을 때, 두 번째 문제가 벌어졌다. 코논은 여전히 19킬로미터 떨어진 곳에서 스파르타 군의 봉쇄망 때문에 미틸레네 항구에 갇혀 있었다. 그곳의 스파르타 지휘관 에테오니코스는 전투의 소식을 듣고 분명 도망쳐서 키오스의 스파르타 함대와 합류하려고 할 것이었다. 그렇게 되면 스파르타 함대는 90척 이상의 규모가 되고, 이것은 새로운 강력한 함대의 기초가 되어 다시 도전해올 것이다. 이러한 강력한 전략적 필요 때문에 아테네 군은 주력함대를 미틸레네로 보내어 스파르타 군의 탈출을 막아야 했다. 그러나 그들은 이러한 요구와 생존자 구조 및 시신 수습의 의무 사이에서 의견이 갈렸다. 그래서 그들은 타협을 보았다. 함대의 3분의 1과 8명의 장군들은 모두 서둘러 미틸레네로 가고, 47척의 배는 뒤에 남아 테라메네스와 트라시불로스 2명의 트리에르아르코스의 지휘 아래 구조대가 되었다.

이 결정 역시 많은 비판을 받았으나, 이것은 올바른 판단이었다. 미틸레네로 향한 병력은 만약 자신들이 성공적으로 에테오니코스의 배들을 고립시킨다면 또 전투를 치를 것을 예상해야 했다. 그리고 아르기누사이의 위대한 승리를 계획하고 실행한 장군들을 보내어 일을 마무리하게 한 것도 합리적이었다. 테라메네스와 트라시불로스 역시 보통의 선장들이 아니라 전임 장군으로서 대단한 재능과 경험을 가진 사람들이었다. 그들은 임무에 착수했지만 폭풍이 거세어지자 어려움에 처했다. 바다가 엄청나게 요동쳤고 생존자와 시신을 모으던 사람들은 두려움에 빠졌다.

에게 해의 바다를 항해해본 사람이라면 그곳의 폭풍이 얼마나 갑작스럽고 사나운지를 알 것이다. 현대의 배들조차 위협할 만큼 강력하다. 그러니 훨씬 덜 안전하고 그러한 조건에 적합하지 않은 삼단노선에 타고 있던 사람들에게는 얼마나 위협적이었겠는가. 아르기누사이에서 선원들은 테라메네스와 트라시불로스의 명령을 거부했다. "전투에서 너무 지쳤고, 파도가 너무 높았기 때문이다."(디오도로스 13.100.2) 선장들은 최선을 다했다. 그러나 곧 상황이 너무 악화되어서 더 이상 논쟁할 수 없었다.

폭풍 때문에 주력함대 역시 섬들로 돌아와 병력을 재통합했다. 그때 분명 어떤 불쾌한 장면이 벌어졌을 것이다. 장군들은 명령이 지켜지지 않은 데 화가 나서 구조 임무를 맡았던 두 선장을 비난했을 것이다. 테라메네스와 트라시불로스는 불공정한 비난이라고 생각하여 역정을 냈을 것이다. 그리고 아마 폭풍이 너무 거세지기 전에 장군들이 구조와 시신 수습을 했어야 했다고 생각했을 것이다.

날씨가 좋아지자 전 함대가 미틸레네를 향해 출발했다. 그러나 코논이 도중에 그들을 만나 에테오니코스와 그의 삼단노선 50척이 탈출했음을 알렸다. 아테네 군은 미틸레네에 들른 다음 키오스의 기지로 스파르타 군을 추격했다. 그러나 에테오니코스는 다시 싸울 만큼 어리석지는 않았고, 그래서 아테네 군은 사모스의 기지로 돌아올 수밖에 없었다. 그들의 진정한 대승리는 구조와 시신 수습 작전을 제대로 해내지 못한 것 때문에, 그리고 그들의 노력이 궁극적으로는 미완성이었기 때문에 빛이 바랬다. 이러한 요소들은 장군들이 아테네 민회로 제출할 보고서를 생각할 때 마음에 큰 짐이 되었다. 처음에는 선장들이 구조 임무를 실행하지 못한 것을 포함하여 전투 이후의 상황을 세세하게 설명하려고 했다. 그러나 그 사건에 대한 언급을 생략하고 단순히 모든 잘못된 일에 대해서 폭풍우를 탓하기로 했다. 그들은 그 누구를 비난하더라도 불화가 시작될 수밖에 없음을 알았고, 테라메네스와 트라시불로스가 강력한 정치적 지지기반을 갖춘 인기 있고 유능한 연설가이며, 따라서 무서운 적이 될 것이라는 사실을 인식하고 있었음에 분명하다.

장군들에 대한 재판

아테네에서는 승리의 소식이 안도와 기쁨을 가져왔고, 민회는 장군들을 칭송하는 제안을 통과시켰다. 그와 동시에 해군 지휘관들이 예상했듯이, 생존자와 시신을 처리하지 못한 것에 대한 분노가 있었다. 테라메네스와 트라시불로스는 사모스에서 즉시 아테네로 돌아왔는데, 필요하다면 자신들을 변호하기 위해서였다. 그러나 도시의 누구도 아르기누사이에서 벌어진 일의 세부 사항을 정확하게 알지 못했으므로, 그들은 어떤 고소도 당하지 않았고 장군들도 모두 마찬가지였다.

그러나 아테네인의 분노는 점점 커져갔고, 인민은 작전의 모든 국면을 책임지고 있었던 장군들의 행위에 의문을 제기하기 시작했다. 대중의 감정에 대한 소식이 사모스에 전해지자, 장군들은 자연히 자신들의 명예를 떨어뜨린 일에 대해서 그 두 선장에게 책임이 있다고 생각했다. 그래서 장군들은 다시 아테네로 편지를 보냈다. 이번에는 구조 임무가 사실은 테라메네스와 트라시불로스에게 맡겨졌던 일임을 밝혔다.

이것은 심각한 판단 착오였다. 이로써 두 선장은 이제 스스로를 방어할 수밖에 없게 된 것이다. 선장들은 폭풍우가 심했다는 것을 부인하지 않았다. 그러나 구조 실패에 대해서는 장군들을 비난했다. 그들은 아마 장군들이 헛된 추격을 하느라 귀중한 시간을 낭비했다고 불평했을 것이다. 장군들은 그 시간을 이용해서 스스로 구조에 나섰어야 했다. 그리고 구조 명령이 하달되기 전에 아르기누사이에서의 논쟁 때문에 시간이 더욱 지연되었다. 선장들이 명령을 하달받았을 때에는 이미 폭풍이 심해져서 구조가 불가능했다. 선장들의 변호는 효과가 있었다. 장군들의 편지가 민회에서 낭독되었을 때 대중은 즉시 선장들에게 분노했다. "그러나 선장들이 자신들을 변호하고 난 후에는 분노가 다시 장군들에게로 돌아갔다."(디오도로스 13.101.4) 민회는 이어서 장군들을 해임하고 아테네로 귀환시켜 재판에 회부하자는 제안을 통과시켰다. 장군들 중 2명은 즉시 망명했다. 그 나머지 장군들이 따라야 할 절차는 아마 에우티나이(euthynai), 즉 모든 장군이 임기 말에 거치는 정규적 검사였을 것이다. 이것은 장군의 재정 보고로 시작되지만 공직 수행의 모든 국면이 포함되었다.

가장 먼저 재판을 받은 것은 에라시니데스였다. 그는 공금 횡령과 부정 행위로 유죄를 선고받고 투옥되었다. 그가 가장 먼저 처벌을 받은 이유는 아마 손쉬운 목표였기 때문이었을 것이다. 아니면 그가 생존자들과 시신들을 무시하고 전 함대를 미틸레네로 보내자고 제안한 인물로 알려졌기 때문이었을 것이다. 남은 5명의 장군들은 500인 협의회에 출석하여 사건 정황을 보고했고, 원래의 전략대로 모든 일에 대해서 폭풍우를 탓했다. 아마 이 장군들은 두 선장들이 책임을 지지 않게 되었다는 소식을 듣고서는 처음과 같이 한편이 되기를 원했을 것이다. 그렇다고 해도 장군들은 너무 늦었다. 협의회는 5명의 장군들을 투옥하고 민회의 사법기구에 의한 재판에 회부하기로 표결했다. 그 재판에서 테라메네스는 오직 폭풍 탓만 했던 장군들의 첫 편지를 낭독하고, 생존자들을 잃어버린 것과 시신을 매장하지 않은 것에 대해서 여러 사람들과 더불어 장군들을 고발했다.

장군들이 서로 합의했던 설명에서 먼저 뒤로 물러서고 자신들을 비난했다는 데에 테라메네스와 트라시불로스는 화가 났을 것이다. 그리고 원래의 전략으로 돌아가기에는 이미 너무 늦었다고 생각했을 것이다. 아테네 인민들은 이제 사건의 내막을 모두 알고 있었고 죄인을 찾아 엄격하게 처벌하기를 원했다. 마지막 남은 질문은 누가 목표물이 될 것인가 하는 것이었다. 테라메네스는 공세에 나섬으로써 우세를 잡았고, 민회는 장군들을 향해 적대적으로 돌변했다. 장군들의 변호인들은 고함 소리에 밀려 내려갔고, 제대로 변호할 시간도 얻지 못했다. 그러한 압력 속에서 그들은 자연히 자신들을 고발한 자들에게 달려들었다. 그들은 테라메네스와 트라시불로스가 생존자 구출과 시신 수습의 책임을 지고 있었다고 주장했다. "구조와 관련해 누군가가 비난받아야 한다면, 그 임무를 맡은 사람 이외에는 비난받을 자가 없을 것입니다." 그러나 그때에도 그들은 처음의 변명을 포기하지 않고 "폭풍우가 너무 거세서 구조를 할 수 없었습니다" (크세노폰, 『헬레니카』, 1.7.6)라고 주장했다. 그들은 키잡이들과 선원들을 데려와 자신들의 주장을 지지하게 했고, 이것은 큰 효과가 있었다. 민회는 장군들이 사건에 대해서 일관되게 같은 설명을 하고 있다고 쉽게 믿었다. 그들이 선장들의 임무에 대한 세부 사항을 말하지 않은 것은 위신을 세워주려는 것이었고, 선장들 잘못이 아니라 폭풍우 탓이었기 때문이었다.

크세노폰은 "이렇게 말함으로써 장군들은 인민을 거의 설득하기에 이르렀다"(『헬레니카』 1.7.6)고 설명했고, 온건하고 상식적인 결과가 이제 곧 나올 듯했다. 바로 그때 우연이 개입했다. 표결하기 전에 날이 저물었고, 민회는 결정을 다음 날로 미루기로 하고 500인 협의회에 재판 진행 절차를 마련하도록 명령했다.

또 하나의 운명의 장난으로, 아파투리아 제전이 며칠 지나지 않아 열릴 예정이었다. 이 제전은 탄생, 성인식, 결혼의 의례를 수행하는 것이었고, 아티카 전역의 가문들이 모여들었다. 이 제전은 원래는 매우 행복하고 시끌벅적하게 즐거운 행사였다. 그러나 이 해의 친목회는 오직 아르기누사이 전투에서 죽은 젊은이들에 대한 고통스러운 기억만을 되살려주었고, 이 일에 책임이 있는 자들에 대한 강력한 분노를 되살렸다. 계획된 대로 민회가 다음 날 열렸을 때, 전사자들의 친척들은 애도의 뜻으로 머리를 밀고 복수를 요청했다. 그리고 "인민에게 조국을 지키기 위해서 기꺼이

죽은 사람들을 매장되지 못하게 만든 자들을 벌줄 것을 요구했다."(디오도로스 13.101.6)

이에 대응하여 500인 협의회의 칼릭세이노스는 장군들에게 가장 불리한 재판 절차를 협의회에 제안했다. 더 이상 논쟁을 하지 않고, 유죄냐 무죄냐에 대한 표결만을 하자는 것이었다. 질문은 가장 편향된 언어로 제시되었다. 즉 장군들이 "해상 전투에서 승리를 거둔 병사들을 구조하지 않은 것"(크세노폰, 『헬레니카』 1.7.9)이 유죄인가 아닌가 하는 것이었다. 유죄 판결을 받은 자에 대한 처벌은 사형이었고, 그의 재산은 몰수될 것이다. 마지막으로는 장군들이 모두 함께 재판에 회부되고, 단 한 번의 민회 표결이 모두의 운명을 결정하게 하자는 것이었다. 협의회는 이 제안이 보통과 다르며 편향적이었음에도 불구하고 승인했고, 장군들에게는 제2차 민회를 지배할 적대적인 분위기를 바꿀 수 있는 기회가 주어지지 않았다.

민회에서의 논쟁은 대단히 감정적이었다. 아르기누사이에서의 생존자라고 주장하는 한 사람은, 자기 옆에서 물에 빠져 죽어가던 병사들이 아테네인에게 전해달라며 자신에게 남긴 말을 회상했다. "장군들이 조국을 가장 잘 섬긴 자들을 구조하지 않았다."(크세노폰, 『헬레니카』 1.7.11) 이렇게 달아오른 분위기에서 알키비아데스의 사촌이자 측근이었던 에우리프톨레모스는 대담하게도 피고들의 편에서 연설했다. 그는 칼릭세이노스가 불법적인 제안을 했다고 주장했고, 그럼으로써 그라페 파라노몬을 제기했다. 이것은 정체(政體)를 수호하기 위해서 비교적 최근에 만들어진 절차였다.

이 조처는 제안자 자신이 한 불법적 제안에 대한 재판을 통해서 무죄판결을 받기 전까지는 그 제안자의 발의가 효력을 발휘하지 못하게 했다. 민회의 몇몇 사람들은 이 행동을 칭찬했지만, 많은 이들의 견해는 달랐다. 누군가가 에우리프톨레모스와 그를 지지하는 사람들도 장군들과 마찬가지로 고발해야 한다고 주장했다. 이 제안은 대단한 지지를 받았고, 칼릭세이노스의 원래의 제안은 철회되었다.

이로써 민회는 원래의 제안, 즉 단 한 번의 표결로 모든 장군들에게 사형을 선고하는 것으로 돌아갔다. 그러나 프리타네이스 —— 제비뽑기와 순번제로 선택된 협의회의 위원회로서, 담당인 날에 민회를 주관했다

—— 의 일부가 이 질문과 표결의 절차를 불법적이라는 이유로 거부했다. 그들의 논리에는 두 가지 강력한 논변이 있었다. 먼저 피고들을 집단적으로 재판하는 것은 민회의 전통적 관행에 어긋나며, 더 실제적으로는 모든 피고에 대한 개별 재판을 보증했던 칸노노스의 법령을 위반하는 것이기 때문이다. 두 번째, 장군들에게는 법에 규정된 대로 자신들을 변호할 수 있는 시간과 기회가 주어지지 않았다. 이러한 논변들은 물리치기 힘든 것이었다. 그러나 칼릭세이노스는 장군들에 대한 대중의 적개심을 파악하고서 그 논변들에 대해서 반박조차 하지 않았다. 그 대신 장군들에 대한 고소에 반항적인 프리타네이스들을 포함시키자고 제안했고, 인민은 동의의 함성으로 응답했다.

이에 프리타네이스는 두려움에 빠져 자신들의 반대를 철회하고 일회 표결에 대한 협의회의 제안에 동의했다. 소크라테스가 그해에 평생의 유일한 공직이었던 협의회의 일원으로 일했는데, 이것은 제비뽑기에 의한 순전한 우연이었다. 게다가 그의 부족이 그 달의 프리타네이스였던 것은 더 큰 우연의 일치였다. 소크라테스 자신은 그날에 프로스타테스(prostates), 즉 민회의 의장으로 일했다. 프리타네이스 중 유일하게, 소크라테스는 질문과 표결의 절차에 반대하는 입장을 고수했다. 몇 년 후, 전쟁이 끝나고서 플라톤은 소크라테스가 아테네 법정에서 자신을 변호할 때 했던 자신의 행위에 대한 설명을 전해주었다. "나는 프리타네이스 중에서 유일하게 그 불법 행위에 반대했습니다. 그리고 나는 여러분〔아테네 인민〕에 반대하여 투표했습니다. 그리고 연설가들이 나를 기소하고 체포하겠다고 협박하고 여러분이 고집을 부리며 고함을 칠 때, 나는 투옥이나 처형에 대한 두려움 때문에 정의에 반대하여 여러분 편에 서느니 차라리 법과 정의의 편에 서는 위험을 감수하겠노라 결심했습니다."(『변명』 32b-c) 그러나 그토록 원칙에 맞는 입장을 대하면서도 민회의 열정은 너무나 강했다. 그리고 공판은 진행되었다.

이제 에우리프톨레모스가 다시 용감하게 일어섰다. 그는 피고들을 여전히 가혹하게 다루기는 하지만 개별적인 재판을 받게 해줄 다른 절차를 제안했다. 그는 사건들에 의해서 촉발된 감정들과 아파투리아 제전에 의해서 증폭된 슬픔, 그리고 연설가들에 의해서 부추겨진 감정들은 조금만 시간이 지나면 누그러질 것이라고 분명히 믿었고, 개별 재판을 통해서 피고들이 자신을 변호할 수 있는 기회와 이성이 지배할 수 있는 기회가 생길 것이라고 믿었다. 그는 훌륭한 연설을 통해서 불법적인 절차에 대해서 경고했고, 민회에 기소된 장군들이 거둔 위대한 승리를 환기시켰으며, 장군들을 개별적으로 재판하자는 제안이 다수의 표를 얻었을 때 거의 승리를 거머쥔 듯했다. 그러나 결국에는 의회제도의 조작이 그 승리를 무산시켰다. 재투표가 이루어졌고, 민회는 이번에는 협의회의 제안을 표결했다. 귀환하지 않은 2명을 포함하여 8명의 장군 모두를 처형하기로 한 것이었다.

에우리프톨레모스는 간발의 차이로 그들을 구원하는 데에는 실패했지만, 아테네인이 분노를 계속 유지하지는 못할 것이라고 생각한 것은 옳았다. "얼마 지나지 않아서, 아테네인은 후회했고 인민을 속인 자들에 대해서 죄를 묻기로 표결했다." 칼릭세이노스는 그렇게 기소되어 체포된 5명 중 1명이었다. 이 5명은 모두 재판 전에 탈출했다. 그러나 칼릭세이노스가 아테네로 되돌아왔을 때, "모든 이들이 그를 중오했고, 그는 굶어 죽었다."(크세노폰, 『헬레니카』 1.7.35)

아테네인은 수많은 세대에 걸쳐 장군들을 처형한 일에 대해서 정당한 비난을 받았다. 그러나 그러한 악행이 특별히 민주정의 특징이라고 보는 고대에서 현대에 이르는 주장은 진실에서 멀리 떨어져 있다. 잔혹행위는 역사를 통틀어 모든 체제에서 자행되었다. 아테네 민주정이 일반적으로는 법과 정당한 절차에 집착했기 때문에 이 비정상적 행위가 그토록 악명을 떨친 것이었다. 우리가 본 대로 아테네인은 자신들의 실수를 즉각 후회했고 그것을 반복하지 않았다. 그러나 이것은 민주정의 적들이 그 이후로 아테네의 정부와 삶의 방식을 공격하는 데 줄곧 이용할 지워지지 않는 오점이 되었다.

아테네인들은 또 자신들이 내린 결정의 실제적인 심각한 결과를 즉각 겪게 되었다. 전쟁 중인 국가가 숙련되고 성공적인 군사 지도자 8명을 잃고도 무사하기는 힘들다. 기원전 406/405년의 장군들을 잃은 것 외에도, 아테네는 아르기누사이를 둘러싼 사건에 관련된 2명의 다른 숙련된 장군들도 잃었다. 트라시불로스는 기원전 405년의 선거에서 장군으로 뽑히지 못했고, 테라메네스는 비록 선출되었으나 신임 관리를 정규적으로 심사하는 위원회에 의해서 자격이 박탈되었다. 아테네는 이제 스파르타와 페르시아의 도전을 가장 뛰어난 지휘관들의 경험 없이 직면해야 했고, 그들 대신 선택된 자들은 선임자들의 운명을 보고 분명 기운을 잃었을 것이다.

제37장
아테네의 몰락 (기원전 405-404년)

아테네 군은 전투 후에 불행을 겪었지만, 아르기누사이에서 거둔 승리는 위대했고, 스파르타 함대는 심각한 어려움을 겪었다. 스파르타인에게는 90척의 삼단노선이 남았지만, 승무원들에게 줄 돈이 없었고, 병사들과 선원들은 키오스에서 농장 노동자로 직접 일하고서야 겨우 굶주림을 면했다. 그들의 가난은 너무나 절망적이었다. 몇몇은 스파르타의 동맹인 키오스 섬의 수도를 공격할 계획을 세우기도 했다. 당분간은 겁에 질린 키오스인이 병력을 제공하겠지만, 페르시아의 자금 지원 없이는 스파르타가 에게 해에서 전쟁을 계속할 수 없었다. 스파르타 본국에서는 그토록 미숙한 아테네 군에게 당한 패배를 보고 많은 이들이 완전 낙담했다. 게다가 칼리크라티다스의 확신을 공유했던 스파르타인들은 그리스에 대항하여 페르시아와 협력하는 것을 불명예로 여겼고, 리산드로스의 정적들은 그가 돌아와 지휘권을 장악하고 개인적 야망을 추구할 것을 우려했다.

스파르타의 추가 평화 제의

이 모든 이유 때문에 스파르타인은 다시 평화를 모색했다. 이번에는 데켈레아에서의 철수를 제안하고, 나머지 지역에서는 현재의 점령지를 유지하는 것이었다. 아테네인에게 이것은 키지코스 전투 이후에 거절했던 이전보다는 나은 제안이었다. 아테네가 기원전 410/409년에 필로스를 상실했으나, 스파르타인은 아티카에 있는 자신들의 요새를 응분의 대가 없이도 기꺼이 포기하겠다고 했다. 기원전 410년 이래로 스파르타인 역시 비잔티온과 칼케돈의 지배권을 내놓을 수밖에 없었다. 그래서 아테네인은 보스포로스에서 자유를 되찾았고, 흑해행 통로와 그 해안선을 따르는 곡물 수송선을 확보할 수 있었다. 이제 스파르타가 보유한 중요한 요새라고는 헬레스폰토스의 아비도스, 이오니아 해안의 중요한 키오스 섬, 그리고 본토의 중요한 도시들인 키메, 포카이아, 에페소스가 전부였다. 비록 이 평화 제안은 아테네인이 원한 모든 것을 담고 있지는 않았지만, 키지코스 이래 조항들이 상당히 개선되었다. 다른 이유들에서도 이 제안은 매력적이었을 것이다. 만약 스파르타가 페르시아의 도움을 다시 얻어 계속 싸우는 편을 선택한다면, 스파르타 군은 금방 함대의 수적 우위를 회복하고, 더 높은 급료를 내세워 적군의 노잡이들을 흡수할 수 있었다. 그리고 아르기누사이에서 거둔 아테네의 승리는 영광스럽기는 했으나 일종의 기적에 가까웠고, 전쟁이 재개되면 아테네의 자원은 금방 고갈될 것이다. 반면에, 평화를 맺으면 아테네인은 제국의 보안 확립과 공납 수취로 국고를 채울 수 있었다. 또 스파르타 군이 데켈레아에서 철수하면 아테네의 농부들이 자기 농지로 돌아가 다시 곡물을 생산할 수 있었다.

이러한 유혹에도 불구하고 아테네는 스파르타의 제안을 거부했다. 여러 고대 저술가들을 비롯해서 아리스토텔레스도 이 무모한 어리석음을 민주정이 저지를 만한 일이라고 비난했고, 특히 "선동가" 클레오폰을 비난했다. 그가 "평화를 막았다. 그는 술 취한 채 흉갑을 입고 민회에 들어가 스파르타가 모든 도시를 내놓지 않는 한 자신은 평화조약을 인정하지 않을 것이라고 말했다."(『아테네인의 국제』 14.1) 이것은 사건에 대한 단순히 당파적인 시각이다. 그러나 그 정확성은 어떠하든지 간에, 민회에 참석했던 수천 명의 아테네인들 중 다수가 평화를 거부했다는 사실은 남는다. 거부에 대한 가장 그럴듯한 설명은 스파르타가 니키아스의 평화 기간에 신뢰를 깨뜨린 후, 스파르타에 대한 아테네의 불신이 계속되었다는 것이다. 평화조약 고수의 맹세도 동맹조약 비준의 맹세도 펠로폰네소스인이 자신들의 협정을 지키도록 하는 데 확실한 보증이 되지는 못했던 것이다. 기원전 406년에 아테네인은 적이 다시 평화를 단순히 휴전으로 이용할까봐 두려웠다. 군대를 재편성하고, 패배에서 회복하고, 페르시아인과 협상을 재개하여 새로운 전쟁을 승리로 이끌 수 있는 자금을 구할 시간을 벌게 할까봐 두려웠다. 아테네인은 분명 스파르타인이 약화되고 용기를 잃었을 때, 그리고 페르시아와의 관계가 긴장 상태에 있을 때 계속 밀어붙여 완전한 승리를 거두는 편이 더 안전하리라고 판단했다.

리산드로스의 귀환

그러나 이 계획에는 문제가 있었다. 키로스가 여전히 충독이었고 스파르타의 병력을 자신의 목적을 위해서 이용하려고 하며, 한편 리산드로스는 그의 협력자로 그와 합류할 기회를 노리고 있었다. 사실 기원전 406/405년의 겨울에 에게 해와 아시아 본토에서 스파르타의 동맹국들은 에페소스에서 회합을 가졌다. 스파르타가 아르기누사이에서 패배한 이후 그들은 파죽지세인 아테네 군의 공격에 심각한 어려움을 겪고 있었다. 그들은 키로스가 보낸 사절단과 함께 스파르타인에게 리산드로스의 지휘권을 회복시켜달라고 청원했다. 그 요청에는 두 가지 장벽, 즉 스파르타의 정치와 스파르타의 정체(政體)가 있었다. 그러나 이 두 문제는 모두 쉽게 제거될 수 있었다. 아테네가 승리를 거두었고, 칼리크라티다스가 죽었고, 아테네가 평화조약을 거부했기 때문에 다른 대안이 없었던 것이다. 전쟁이 계속되어야 했으므로, 스파르타는 그리스인이건 페르시아인이건 동맹국들을 무시할 수 없었다. 리산드로스에 대한 모든 반대는 현실적 필요성 때문에 뒤로 밀려나야 했고, 정체를 둘러싼 긴장 역시 그러했다. 법에 따르면 한 사람은 평생 단 한 번만 해군 사령관을 맡을 수 있었다. 그러므로 스파르타인은 아라코스를 명목상의 해군 사령관으로 임명하고 리산드로스를 그의 비서(epistoleos, 에피스톨레오스) 겸 부사령관으로 임명했다. 이것이 순전히 법률상의 허구임은 모든 이들이 알고 있었다.

스파르타 해군의 이 뛰어난 멋쟁이는 즉각 행동을 취했다. 에페소스의 이전 기지에서 배들을 모으고 새 배들을 건조했다. 그 후 신속하게 키로스와의 접견을 마련하여 절실히 필요했던 돈을 요청했다. 이 왕자는 비록 리산드로스를 진심으로 사랑했지만, 대왕의 돈이 다 떨어졌을 뿐 아니라 자신의 돈도 마찬가지라고 말할 수밖에 없었다. 그러나 그는 설혹 대왕이 거부하더라도 자신의 재원으로 계속 지원하겠다고 약속했다. 그리고 자신의 말을 증명하기 위해서 그 자리에서 막대한 금액을 제공했다.

키로스는 리산드로스의 지원이 필요했다. 자신의 미래의 야망을 위해서뿐만 아니라 현재 닥친 어려움들을 해결하기 위해서도 그러했다. 자신이 왕족 사촌들을 살해한 일 때문에 그들의 부모들이 들고 일어섰고, 다리우스는 이에 대응하여 그를 수사의 법정으로 소환했다.

이 젊은 왕자는 복종할 수밖에 없었고, 자신의 부재시에 다스리도록 할 믿을 만한 페르시아인이 없었기 때문에 놀랄 만한 조치를 취했다. 그는 리산드로스를 사르디스로 불러 그 스파르타인을 자신을 대신하여 페르시아 제국의 속주를 다스리는 총독으로 임명했다. 키로스는 리산드로스에게 가용한 모든 돈을 넘겨주었고, 모든 예정된 공납을 거둘 권리를 주었다. 키로스는 이 스파르타인의 충성심은 믿었지만 신중함은 믿지 못했기 때문에 자신이 돌아올 때까지 아테네 군을 공격하지 말라고 말했다. 이 요청은 리산드로스에게 딱 맞는 것이었다. 리산드로스의 함대는 몇 달 동안은 수적으로 열세일 것이고, 승무원들을 리산드로스 자신이 요구하는 높은 수준으로 끌어올리기 위해서는 시간이 필요했던 것이다.

한편 키로스가 없는 동안 리산드로스는 개인적 목표들 때문에 칼리크라티다스의 영향력을 상쇄할 필요가 있었다. 이미 죽은 칼리크라티다스는 강력한 범그리스주의적, 반페르시아적 감정을 일깨웠고, 이것은 해당 지역의 그리스인들 사이에서 리산드로스에 대한 정치적 지지를 잠식했다. 특히 밀레토스가 그러했다. 그곳에서는 리산드로스에게 적대적인 민주 정부가 권력을 잡고 있었고, 리산드로스의 첫 행동은 이 정부를 물러나게 하는 것이었다. 이 도시는 스파르타에 충성을 하고 있었으므로, 가볍게 공격할 수는 없었다. 그래서 그는 자신의 정치적 무기고에 늘 보유하고 있던 사기와 속임수에 의지했다. 리산드로스는 공적으로는 밀레토스에서 분파주의의 종결을 승인하는 말들을 내뱉었지만, 은밀하게는 자신을 지지하는 자들이 민주정에 대항하여 반란을 일으키도록 부추겼다. 그들은 정치적 살해라는 수단을 이용해서 약 340명의 반대파를 집과 시장에서 죽였다. 그리고 1,000명 이상을 도시에서 몰아냈다. 그들은 민주정 대신에 자신들의 분파를 우두머리로 하는 과두정을 세우고, 스파르타가 아니라 리산드로스에게 의지하고 열렬히 충성했다. 리산드로스의 밀레토스 작전은 장래의 그의 수단들을 예고하는 전조였다. 배반을 이용하는 그의 수단에 대해서 비판자들에게, "공기놀이로 소년을 속이고 맹세로 어른을 속이는" 것을 자랑했던 이 남자는 "사자의 기술이 닿지 않는 곳에서는 여우의 기술로 메울 수밖에 없다"(플루타르코스, 『리산드로스』 7.4 ; 8.4)고 말하면서 뻔뻔스럽게 자신을 정당화했다.

리산드로스는 밀레토스에 가기 위해서 사모스의 아테네 함대를 지나 남쪽으로 항해해야 했다. 리산드로스의 승무원들은 아직 최고 수준에 이르지 못했으므로, 여전히 스파르타 군보다 수적으로 앞선 아테네 군은 바다에서 다시 전투를 강요할 수 있는 기회를 잡기 위해서 신경을 곤두세우고 있을 것이 분명했다. 그러나 그들은 리산드로스를 중간에 막아서려는 노력을 하지 않았다. 그러한 망설임은 아르기누사이 전투에서 승리한 장군들이 처형되고 추방되었던 일의 유산이었다. 새로운 장군들은 경험도 부족했고 승리를 통해서 생긴 자신감도 없었기 때문이었다. 그들 중에서 지도자가 생겨나지도 않았다. 그들은 분명 선임자들의 운명을 기억하며 겁을 먹었을 것이고, 의심도 많았을 것이다.

그들의 신중함은 값비싼 대가를 치렀다. 리산드로스는 밀레토스를 떠나자 곧 전략적 상황을 자신에게 유리하게 바꾸었다. 그는 카리아와 로도스에서 아테네의 동맹 도시들을 휩쓸었다. 남자들은 죽이고 여자들과 아이들은 노예로 팔았다. 이것은 고의적인 행동들이었다. 본보기로 공포를 일으켜 아테네의 다른 동맹국들의 저항의지를 꺾으려는 것이었다. 리산드로스의 정책은 칼리크라티다스와 정반대였다. 범그리스주의는 없었다. 전선은 그리스인과 페르시아인 사이가 아니라 리산드로스의 친구와 적 사이에 그어졌다. 그렇다고 해도 보스포로스 해협에서 승리를 거두어야 했고, 그 길을 막고 있는 사모스의 우월한 아테네 함대를 빠져나가야 했다. 그 일을 이루기 위해서 리산드로스는 에게 해를 가로질러 서쪽으로 질주했다. 섬들을 점령하고, 아테네의 안방인 에게 해와 살라미스를 약탈하고, 마침내 아티카에 상륙했다. 아무리 겁에 질린 아테네 군 지휘관들이라고 할지라도 손가락만 빨고 앉아서 그러한 공격을 허용할 수는 없었다. 아테네 함대는 추격에 나섰다. 리산드로스는 에게 해 남쪽을 가로질러 로도스로 돌아감으로써 그들을 교묘히 벗어났다. 리산드로스는 로도스에서 해안을 따라 북쪽으로 신속하게 이동했다. 그는 아테네 함대가 자리를 비운 사모스를 안전하게 지나갔다. 그리고 헬레스폰토스로 나아갔다. "상선들이 나올 수 없게 하고 스파르타에 반란을 일으킨 도시들을 정벌하기 위해서"(크세노폰, 『헬레니카』 2.1.18)였다. 뛰어나고 대담한 지휘관이 이끄는 강력한 스파르타 함대가 다시 한 번 아테네의 생명줄을 위협했다.

아이고스포타미 전투

리산드로스는 아비도스의 기지(지도 29)에서 군대를 모았다. 이 군대를 스파르타인 모타케스의 지휘 아래 배치해서 핵심 도시인 람프사코스를 육상과 해상으로 공격하여 기습적으로 점령했다. 이 성공으로 스파르타 군은 프로폰티스의 문턱에 이를 수 있었고, 비잔티온과 칼케돈으로 가는 길을 열었으며, 보스포로스를 차지하고 흑해를 통한 아테네의 무역의 숨통을 조일 기회를 열었다. 아테네인은 리산드로스를 싸움으로 끌어내어 결정적으로 패배시키지 않는 한 키노세마, 키지코스, 아르기누사이에서 거둔 모든 성취가 수포로 돌아갈 뿐 아니라 아테네의 생존 자체도 의심스러워졌음을 알았다. 그래서 아테네 군은 세스토스의 기지에 도착하여 그곳에서 헬레스폰토스를 약 19킬로미터 정도 위로 함대를 이동시켜 아이고스포타미라고 불리는 곳에 이르렀다. 이곳은 해협을 건너 람프사코스에서 약 5킬로미터 떨어진 곳이었다.

아테네 함대를 그곳에 배치한 것은 처음부터 논쟁의 대상이 되었다. 그 지역은 해변이 하나 밖에 없었고 적절한 항구가 없었기 때문이다. 인근의 작은 마을은 약 3만6,000명에 이르는 함대의 병사들을 먹일 충분한 식량과 식수를 제공하지 못했고, 아테네 군은 물자 보급을 위해서 반복적으로 병력을 분산하여 세스토스의 주력기지로 38킬로미터짜리 왕복여행을 해야 했다. 그들은 왜 간단히 세스토스에 진영을 구축하지 않고 그토록 큰 위험을 감수한 것일까? 그 대답은 그들이 직면했던 전략적 필요에 있다. 아테네 군의 제1목표는 리산드로스를 압박하고, 그가 프로폰티스로 들어가 보스포로스를 향해 가지 못하도록 하는 것이었다. 제2목표는 돈이 다 떨어지기 전에 가능한 빨리 전투를 강요하는 것이었다. 제1목표는 리산드

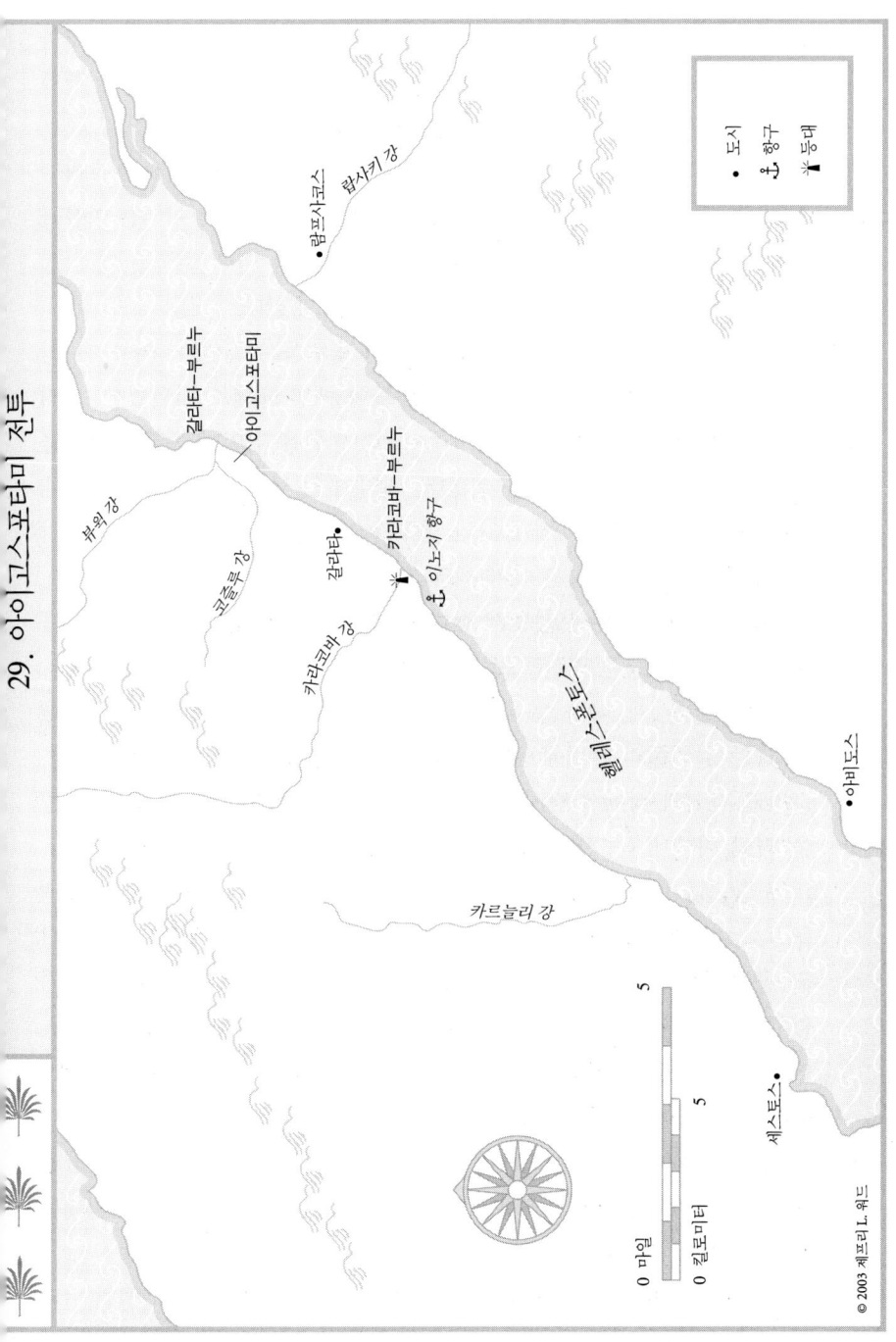

로스에게서 19킬로미터나 떨어진 기지에서는 실행이 불가능했고, 제2목표는 그렇게 멀리서는 더 어려울 뿐 아니라 더 위험할 수도 있었다. 세스토스에서 람프사코스에 있는 스파르타 함대에 도전하려면 아테네 군은 격류와 강한 바람을 맞으며 노를 저어나가야 했다. 그러면 전장에 도착했을 때 지쳐버려서 휴식을 취할 때 적의 먹이가 될 것이다. 이러한 이유들이 아테네 군의 기지 선택을 정당화하기는 하지만, 아테네 군은 이 작전 뒤에 이어지는 행위들에 대해서는 설명을 하지 못한다.

아테네 장군 6명이 아이고스포타미에서 병력을 이끌었다. 아르기누사이에서처럼 최고 사령관은 없었고 장군들이 매일 교대로 지휘했다. 그러나 아르기누사이에서의 지휘관들과는 달리 이들은 뛰어난 독창적 전략을 구상하지 못하고 뻔한 방법을 취했다. 매일 아침 람프사코스 항구로 함대를 이동시켜 리산드로스에게 나와 싸우자고 도전했다. 정확한 숫자는 알 수 없지만, 스파르타 군은 아마 적과 거의 같은 수의 배를 가졌던 듯하다. 지휘관 리산드로스는 4일 동안 함대를 항구에 두었다. 시간은 빠르게 흘러갔고, 아테네 군은 리산드로스를 전투로 끌어낼 길이 없어 보였다.

바로 이 순간에 다른 누구도 아닌 알키비아데스가 극적으로 재등장했다. 그는 갈리폴리 반도에 그가 소유한 땅에 망명해 살고 있었던 것 같다. 그리고 자신의 성에서 당시의 교착 상태를 관찰했다. 알키비아데스는 말을 타고 아테네 군 진영으로 달려가 조언과 도움을 주겠노라 제안했다. 그는 장군들에게 명백한 이유들을 들어 세스토스로 기지를 옮기라고 권했고, 트라케의 두 왕이 자신에게 전쟁을 이길 수 있는 군대를 약속했다고 공언했다. 우리가 알듯이 그 충고는 그가 생각했던 것보다는 쓸모가 없었다. 그러나 육군 보병이 도입된다면 매우 큰 가치가 있을 것이었다. 아테네 군이 람프사코스를 육상으로 점령한다면, 리산드로스는 항구에서 나와 더 유리한 위치에 있는 아테네 함대와 싸울 수밖에 없을 것이다. 그때와 장소는 아테네 군이 정할 수 있었다. 그런 상황에서는 스파르타 군이 패할 것이 분명했고, 육지도 적의 손에 들어간다면 스파르타 함대는 키지코스에서처럼 궤멸될 것이다.

그러나 아테네 장군들로서는 알키비아데스가 약속한 병력이 정말 나타날 것인지 의심할 이유가 있었다. 그와 유사한 과거의 약속들이 지켜지지 않은 사실을 너무나 잘 알았기 때문이다. 이 배반자는 또 자신의 도움의 대가로 받아들일 수 없는 조건을 내놓았다. 즉 아테네 군에 대한 공동 지휘권을 요구한 것이다. 당연히 장군들은 알키비아데스의 동기에 의문을 제기했고, "자신의 노력과 성취를 통해서 어떤 커다란 일을 거두어 사람들의 마음에 자신에 대한 이전의 애정을 회복하려는 욕망"(디오도로스 13.105.3)을 의심했다. 장군들이 어떤 생각을 했든지 간에 아테네 인민에 의해서 두 차례나 유죄 판결을 받은 망명자에게 감히 지휘권의 일부를 넘겨줄 장군은 없었을 것이다. 장군들은 알키비아데스와 같은 자의 제안을 받아들이고 싶은 마음은 더욱 없었다. "만약 패배한다면 그들 자신이 욕을 먹고, 그렇지 않더라도 모든 성공의 공로는 알키비아데스에게 돌아갈 것"이라고 우려했다. 그래서 장군들은 알키비아데스에게 "이제 장군은 자신들이지 그가 아니다"(디오도로스 13.105.4)라고 말했고, 떠나라고 명령했다.

장군들은 이제 원래의 전술로 돌아갔다. 그러나 그들이 시간을 끌고 행동을 취하지 않은 것은 규율과 사기에 해로운 영향을 주었다. 병사들은 부주의해졌고, 배가 해안에 닿자마자 적절한 보안조처 없이 바로 식량을 찾으러 나섰고, 지휘관들은 그들을 임무로 불러들이지 않았다. 상황은 어려웠고, 어떻게든 승무원들을 높은 수준으로 유지하는 것은 힘들었을 것이다. 그러나 장군들의 소심함은 문제를 더욱 악화시킬 뿐이었다.

5일째 되던 날, 지휘권 순번은 필로클레스에게 돌아왔다. 그는 고착 상태를 종결짓고 적을 전장으로 끌어낼 계획을 가졌던 것 같다. 필로클레스는 30척의 배를 이끌고 세스토스를 향했다. 함대의 나머지 선장들에게는 적절한 시기에 자신을 따라오라는 명령을 남겨두었다. 필로클레스는 리산드로스에게 아테네 군이 마침내 아이고스포타미에서의 성과 없는 위치를 고수하는 데 지쳐서 하류의 주 기지로 가는 것처럼 보이게 하려는 생각이었다. 필로클레스는 스파르타 군이 손쉽게 물리칠 수 있을 정도로 소규모이지만 동시에 목표로 삼을 만한 가치가 있을 정도의 크기인 분견대를 추격하려는 유혹을 이기지 못하기를 희망했다. 사실 리산드로스 자신이 노티온에서 비슷한 시도를 했었다. 그는 안티오코스의 선두 부대를 공격하고, 그 후 구원에 나선 아테네 함대 나머지를 격파하여 대승을 거두었다. 아마 필로클레스는 그 전략에 주목하고 아이고스포타미에서 그것을 이용하려고 했던 것 같다. 이번에는 선두 부대의 파견이 고의적인 미끼였고, 주력부대는 리산드로스가 미끼를 물면 덮칠 준비가 되어 있었다.

이 계획은 성공 가능성이 높았다. 그러나 이 작전이 성공하려면 능숙하고 자신감 있는 지휘, 강력한 규율, 뛰어난 타이밍, 부대 간의 조화가 필요했으나 그날에 아테네 함대는 이러한 자질들을 충분히 갖추지 못했다. 반대로 적 함대는 훈련이 잘 되었고, 자신의 재능에 정당한 자신감을 가진 단일 지도자의 지휘를 받았다. 리산드로스는 아테네 군이 결국에는 철수하거나 아니면 어떤 속임수를 써서 자신을 전투로 끌어내려고 할 것임을 알고 있었다. 그리고 그 어떤 우발적 사태에도 준비가 되어 있었다. 그래서 그는 참을성 있게 적을 면밀히 감시했고, 자신의 함대는 정비하고, 경계를 충실히 하고, 준비를 갖추게 했다. 그리고 기회가 오면 타격할 수 있도록 세심하게 준비를 했다. 그는 필로클레스의 출발을 보자마자 신속하게 뛰쳐나와 아테네 함대가 하류로 멀리 가기 전에 막아섰다. 리산드로스는 우월한 병력으로 필로클레스를 덮쳤고, 그의 함대를 패주시킨 후 뒤에 있던 아테네 주력함대를 향해 나아갔다. 그의 움직임은 너무나 빨라서 아테네 군은 타이밍을 놓쳤다. 아테네 군의 계획대로라면 리산드로스는 필로클레스를 추격하여 해협 하류로 내려가고, 그 배후는 기분 좋게 노출되어 있어야 했다. 그러나 아이고스포타미의 아테네 군은 필로클레스의 패잔병들이 자신들을 향해 도망쳐오고, 승기를 잡은 리산드로스의 함대가 맹렬히 추격하는 것을 보고 정신을 차릴 수가 없었다. 공황과 마비가 뒤따랐고, 많은 배들이 승무원 없이 해변에서 나포되었다.

아테네 군의 혼란에 기세가 오른 리산드로스는 에테오니코스 휘하로 한 부대를 보내어 아테네 군의 진영을 점령하게 했고, 한편 자신의 승리한 배들은 이미 해변에 놓인 아테네 군 삼단노선들을 끌어가고 있었다. 제정신을 잃은 아테네 군에는 그 두 공격에 저항할 조직적인 육상 병력이 없었다. 아테네 군은 사방으로 도망쳤고, 다수는 살기 위해서 세스토스로 향했다. 위대한 아테네 해군 중에서 고작 10척을 제외하고는 모두 나포되고 침몰했다. 리산드로스는 키지코스 전투의 결과를 뒤집었다. 그러나 패배한 아테네 군에는 자신들의 운명을 회복할 동맹이 없었다. 국고는 비었고, 다시 함대를 건조할 능력이 없었다. 그들은 이미 졌던 것이다.

전투의 결과들

리산드로스는 신속하게 자신의 커다란 승리의 소식을 스파르타로 전달한 후, 람프사코스에서 3,000명에서 4,000명의 아테네 군 포로들을 발견했다. 이들은 전체 적 병력의 10분의 1에 해당하는 수였다. 그가 이전에 패배한 적들에게 매우 가혹하기는 했지만, 만약 그가 홀로 선택할 수 있었더라면 이 포로들을 죽이거나 노예로 삼았을 것이라고 분명히 말하기는 어려울 것이다. 기록된 그의 잔혹행위들은 순간적인 열기 때문이 아니라 전형적으로 냉철한 계산의 결과였던 것 같다. 이미 살펴보았듯이, 그는 자비가 자신의 목적에 부합된다면 관대함을 베풀 줄도 알았다.

그러나 결정권은 덜 타산적인 사람들의 손에 있었다. 복수심에 불타던 동맹국들은 처형을 주장했다. 거의 사반세기 동안 전쟁이 계속되면서 코린토스, 메가라, 아이기나와 같은 도시들은 농지가 황폐화되었고, 무역이 끊어졌고, 경제는 붕괴되었으며, 번영과 지위는 항구적으로 감소되었다. 그들은 전투에서 많은 사상자를 냈고, 분쟁이 계속되면서 날로 잔인해지는 취급에 굴복되었다. 양편에서의 잔혹행위들은 나날이 끔찍해졌다. 특히 아테네인이 스키오네와 멜로스 같은 도시들의 주민들을 대량 학살하고 노예로 삼은 것은 유명했다. 승리자들은 대개 자신들이 당해야 했던 일들에 대해서 분노할 때에조차도, 자기 스스로 저지르는 과도한 행위에 대해서는 관대한 법이다. 게다가 아테네인들이 함대 이탈자들에게 화가 나서 모든 포로의 오른손을 자르기로 표결한 것도 최근의 일이었다. 마찬가지로, 필로클레스는 나포한 적함 2척의 승무원들을 배 밖으로 던져버리라고 명령했었다. 스파르타 군과 동맹군들은 그러한 기억이 머리에 생생했다. 그들은 모든 아테네 군 포로들을 죽이기로 결정했다.

크세노폰은 아테네가 아이고스포타미의 소식을 어떻게 받아들였는지를 말해준다. 아마 그는 당시 아테네에 있었던 것 같다.

파랄로스(특별한 임무를 수행하는 빠른 배 두 척 중 하나)가 밤에 아테네에 도착하여 재난을 알렸다. 피라이오스로부터 통곡이 시작되어 장벽을 지나 도시에 이르렀다. 사람들은 다른 이들에게 소식을 전해주었고, 그날 밤 아무도 잠을 이루지 못했다. 그들은 죽임을 당한 사람들을 위해서만 운 것이 아니었다. 포위공격으로 정복한 스파르타의 식민자들인 멜로스인, 그리고 히스티아이아인, 스키오네인, 토로네아인, 그리고 많은 다른 헬레네스에 부과했던 것과 같은 운명을 스스로 당하게 되었다고 생각했기 때문에 자신들을 위해서 더욱 울었던 것이다.(『헬레니카』 2.2.3)

아이고스포타미의 포로들에 대한 처분은 항복할 경우 죽음, 노예, 또는 최소한 추방을 당할 것이라는 확신만을 더해주었고, 그래서 아테네인은 저항을 선택했다. 민회는 가능한 모든 수단으로 도시를 방어하기로 표결했고, 아테네 군은 피할 수 없는 포위공격에 대비했다.

해협에서 리산드로스는 곧 정책에 대한 통제권을 되찾았고 더 이상의 학살은 없었다. 그 대신 리산드로스는 아테네의 동맹 도시들에 합리적인 조건을 제시했고, 그 도시들은 싸우지 않고 항복했다. 리산드로스는 아테네 군 주둔군과 관리들이 아테네로 돌아간다는 조건 아래에서 안전하게 떠날 수 있게까지 했다. 이러한 제스처는 비록 겉으로는 인정이 많은 듯이 보였으나 사실은 교활한 전술적 행동이었다. 리산드로스는 아테네가 기습으로 무너뜨리기에는 너무 강하고 오직 포위공격을 통해서만 점령할 수 있다는 것을 알았다. 그리고 아테네가 버틸 수 있는 시간을 최소화하기 위해서 도시 안에 가능한 많은 사람들이 굶주리기를 원했던 것이다. 이와 마찬가지 목표를 이루기 위해서 리산드로스는 보스포로스 해협의 양편의 비잔티온과 칼케돈에 주둔군을 배치하고, 아테네로 곡물을 가져가는 자는 사형에 처한다는 포고령을 내렸다.

이 두 도시들에서 그가 행한 조치들은 자신이 지배하는 모든 곳에서 수립하기를 원했던 체제의 유형을 보여주었다. 리산드로스는 하르모스테스(harmostes)라는 지휘관들 휘하에 주둔군을 배치시켰다. "귀족 출신이나 부자라는 것을 근거로 하지 않았다. 그는 사태에 대한 통제권을 자신의 정치적 당파 사람들과 자신과 개인적으로 끈이 있는 사람들의 손에 두었다. 그리고 그들에게 보상과 징벌의 권한을 주었다."(플루타르코스, 『리산드로스』 13.4) 그리고 점령한 모든 곳에서 민주정을 자신에 대한 충성파들의 과두정으로 대체했다. 그들은 종종 "10두정(decarchies)"이라고 불리던 10인 평의회를 구성하기도 했다. 이들은 개인적으로 그와 가까운 이들로 이루어졌다. 곧 "그리스인의 해방자"는 자신이 지배하는 도시들에서 공납을 거두었고, 스파르타 정부는 이 모든 조치들을 승인했다.

리산드로스는 그 후 아테네 제국의 도시들을 점령하면서 에게 해로 항해해 갔다. 사모스만이 홀로 저항했다. 그곳을 지배하던 민주파는 아테네에 열렬히 충성했고 귀족 정적들을 살해한 후 스파르타의 포위공격을 버틸 준비를 했다. 리산드로스는 이곳에 40척의 배를 남겨두어 작전을 수행하게 했고, 150척 이상을 이끌고 아티카로 갔다. 도중에 멜로스인과 아이기나인을 회복시켜주었다. 그들은 아테네인에 의해서 고향 섬에서 쫓겨났던 사람들이었다. 리산드로스는 자신의 개인적 대의에 해를 끼치지만 않는다면 해방자의 역할을 맡는 데 반대하지 않았다.

아테네의 운명

기원전 405년 10월에 리산드로스는 마침내 아티카에 도착했다. 그는 아테네 성벽 바로 밖에 있는 아카데미아 근처에 펠로폰네소스의 전군을 집결시켰다. 관례대로 각 도시에서 파견된 부대의 3분의 2와 함께 떠나지 않고, 아기스는 데켈레아에서 자신의 전 병력을 진군시켰으며 파우사니아스 왕은 펠로폰네소스에서 나머지 군대를 이끌고 왔다. 스파르타의 두 왕이 동시에 전장에 나온 것은 100년 이상 만에 처음 있는 일이었다. 그들의 의도는 겁에 질린 아테네인을 위협하여 즉각 항복하게 하려는 것이었다. 그러나 그러한 전례 없는 무력의 과시도 그런 일을 이룰 수는 없었다.

최소한 아테네인들 중 몇몇은 항복의 결과에 대해서 두려움만큼이나 희망을 가지고 있었음이 분명하다. 적들은 아테네 제국에 대한 증오로 뭉쳐 있었지만, 모두가 같은 목표를 공유했던 것은 아니었다. 예를 들면 테베인과 스파르타인의 야심은 전쟁 동안에 갈등을 빚었다. 아테네를 완전히 파괴하는 것이 테베인의 뜻과 들어맞았을 것이다. 그들은 아테네와 인접한 이웃이었고, 그렇게 해서 만들어진 공백 상태 속으로 들어갈 기대를 했을 것이다. 스파르타로서는 야심찬 동맹국의 힘이 팽창하는 것에서 이익을 볼 수 없었다. 때가 되면 스파르타인은 아테네인에게 더 나은 조건을 제시하는 것이 유리함을 알게 될 것이다. 어쨌든 적들은 자신들이 정복한 적을 처리하는 문제에서 한마음이 아니었다. 리산드로스는 아테네 제국을 자신이 지배하는 스파르타 제국으로 대체하려는 목표를 가진 야심찬 정책을 추구했다. 아기스가 이것에 대해서 어떻게 생각했는지는 불분명하다. 그러나 파우사니아스는 자신의 아버지 플레이스토아낙스처럼 곧 훨씬 보수적인 정책에 대한 선호를 드러낼 것이다. 그것은 스파르타인의 활동을 펠로폰네소스로 제한하고 힘과 제국을 상실한 아테네와 편안한 관계를 추구하는 것이었다. 왕의 자연스러운 영향력은 결국에는 일시적인 리산드로스의 특권을 이겨낼 것이고, 아테네와 더 수용할 만한 조정을 이룰 것이었다. 그러므로 아테네인은 가능한 오랫동안 버틸 준비를 했다.

　스파르타 군은 아테네가 즉각적인 항복을 하지 않을 것으로 보이자 파우사니아스의 군대를 귀환시켰고, 리산드로스는 대함대를 이끌고 사모스를 포위하러 갔다. 그리고 충분한 배들을 남겨두어 아테네 봉쇄를 유지하게 했다. 이들이 떠난 지 얼마 되지 않아서 스파르타 군은 동맹국들의 회의를 소집하여 아테네의 운명을 논의했다. 아마 이때 테베인과 코린토스인은 아테네의 파괴를 제안했을 것이고, 아기스와 리산드로스는 "자신들이 먼저 나서서 스파르타 민회의 승인 없이"(파우사니아스 3.8.6; 스파르타의 왕이 아니라 기원후 2세기의 저술가) 그 제안을 지지했을 것이다. 아마 아테네인은 이 결정을 전해듣고 깜짝 놀랐을 것이다. 그들은 데켈레아로 돌아오는 아기스 왕에게 사신을 보내어 방벽과 피라이오스 항구를 유지할 수 있다면 스파르타 동맹에 가입하겠다고 제안했다. 그런 협정은 잃어버린 제국에 대한 주장을 포기하는 것이었다. 그러나 아기스는 자신에게 평화를 협상할 권한이 없다고 응답했고, 스파르타에 가서 그 문제를 제기하라고 말했다. 그는 분명 그렇게 관대한 조건에 연루되고 싶지 않았던 것이다.

　아테네인이 그 문제를 논의하려고 스파르타로 사절단을 보냈을 때, 에포로이는 그들이 도시에 들어오는 것을 허락하지 않고, 라코니아 경계의 셀라지아에서 만나서 그들의 제안을 들었다. 그는 아테네인이 아기스에게 제안했던 조건들을 듣고서 논의도 없이 거부하고, 사절단에게 "당장 돌아가라고 명령하고, 만약 어떤 종류든 평화를 원한다면 더 나은 제안을 가지고 돌아오라고 했다."(크세노폰, 『헬레니카』 2.2.13) 에포로이는 최소한 아테네인이 1.6킬로미터 이상의 길이를 가진 장벽을 무너뜨려 스스로를 방어할 수 없게 하는 데 동의해야 한다고 말했다. 이것은 생각만 해도 끔찍한 일이었다. 이것은 아테네가 언제든 스파르타가 원하기만 하면 바다로부터 격리되어 포위 상태에서 굶주리게 될 것을 의미했기 때문이다.

스파르타인이 논의 자체를 거부한 것은 대단히 고통스러운 일이었다. 협상을 수행하는 시간 동안 많은 아테네인은 굶주릴 것이었기 때문이다. 그들은 그토록 절박한 상황에 몰렸다. 아르케스트라토스라는 이름의 한 사람이 아테네 협의회에서 일어서서 스파르타의 조건을 받아들이자고 제안했다. 그러나 아무리 절망스러운 상황이라고 해도 아테네인은 그 말을 들으려고 하지 않았다. 아테네인은 그 제안을 한 대가로 아르케스트라토스를 투옥시켰고, 미래에 이와 유사한 제안을 하는 것을 금지하자는 클레오폰의 발의를 통과시켰다. 그토록 극단적인 대응은 불신의 산물이었다. 아테네인은 스파르타인이 그 무슨 말을 하거나 무엇을 맹세하더라도, 조금만 기회가 주어지면 자신들을 죽이거나 노예로 삼을 것이라고 믿었다.

테라메네스의 평화협상

그러나 클레오폰도 평화협상을 영원히 지연시킬 수는 없었다. 이제 테라메네스가 재난을 피하려는 노력으로 다시 한 번 위험을 무릅썼다. 그는 기원전 411년에 아테네를 패배로부터 구원하는 데 동참했던, 그리고 400인 협의회가 도시를 스파르타인에게 넘기려고 할 때 그들을 전복시키기 위해서 나섰던 바로 그 인물이었다. 그는 전형적으로 중도적인 제안을 들고 나섰다. 스파르타의 조건을 받아들이거나 협상 자체를 거부하는 양극단을 피한 것이었다. 테라메네스는 스파르타인의 진정한 의도, 즉 그들은 정말 아테네와 그 인민을 파멸시키기 원하는지를 알아내기 위해서 리산드로스를 살펴보자고 제안했다. 동시에 테라메네스는 민회에서 자신이 아테네에 "대단한 가치를 가진 무엇"(리시아스 13.9)을 발견했다고 말하고, 자신에게 평화협상의 전권을 달라고 요청했다. 그토록 가치 있는 화제가 무엇인지 밝히라는 압력을 받자, 테라메네스는 대답을 거부하고 사람들에게 자신을 믿어달라고 요청했다. 아테네인은 이 협상가가 조금이라도 성공할 기회가 있으려면 비밀 유지가 필요하다는 것을 깨달았던 듯하다. 그리고 이제 아테네인은 어떻게든 협정을 이끌어낼 수 있기를 원했다. 그래서 테라메네스의 제안을 승인했다.

테라메네스는 사모스에서 리산드로스를 찾아 약 석 달 정도를 그와 함께 머물렀다. 테라메네스는 기원전 404년 3월 초에 귀환했고, 리산드로스가 자신을 억류했기 때문에 그토록 오랫동안 돌아오지 못했다고 설명했다. 그리고 리산드로스도 아기스와 같은 메시지를 자신에게 주어서 보냈다고 말했다. 즉 리산드로스 자신에게는 평화의 조건을 논의할 권한이 없다는 것이었다. 리산드로스는 그 일을 위해서라면 스파르타에 있는 에포로이에게로 가야 한다고 말했다. 그 설명은 너무나 터무니없었고, 고대의 저술가들도 그 말을 믿지 않았다. 고대의 저술가들은 오히려 이렇게 주장했다. 즉 테라메네스는 아테네인이 너무나 굶주려 스파르타가 제안하는 어떠한 평화라도 받아들이게 되도록 만들기 위해서 일부러 장기간 머물렀다는 것이다. 그러나 이성과 증거는 그러한 관점을 거부할 수밖에 없게 한다. 테라메네스의 부재는 저항의 시간을 더 연장시키기만 할 것이다. 아테네인은 자신들의 사절이 여전히 더 나은 평화를 얻기 위해서 애쓰고 있는 동안에는 이미 제시된 스파르타의 조건으로 항복하려고 하지 않을 것이기 때문이다. 테라메네스가 과정을 재촉하고 싶었다면, 그저 돌아와서 스파르타인이 사실은 아테네를 멸망시키기를 원치 않지만 리산드로스가 계속 이전의 조건들을 고집하고 있다고 전해주기만 하면 되었을 것이다. 게다가 만약 테라메네스가 사람들이 고생하고 있는 동안에 그토록 오랜 시간을 리산드로스와 함께 보내고서 빈손으로 돌아왔다고 아테네인이 믿었다면, 그들은 스파르타로 보내는 평화협상단을 테라메네스가 이끌게 하지 않았을 것이다. 테라메네스는 분명 아테네인에게 자신이 리산드로스와의 오랜 협의 끝에 중요한 진전을 이루었고, 이제 더 만족할 만한 평화를 성취할 수 있는 위치에 이르렀다고 설득했을 것이다.

어쨌든 결과는 그렇게 나왔다. 궁극적으로 스파르타인은 아테네를 보존하고 그 인민들을 완전히 독립적이지는 않더라도 자유롭게 살려두는 타협안에 합의했다. 테라메네스는 어떻게 리산드로스를 설득하여 아테네를 멸망시키겠다던 이전의 그의 공언을 포기하게 했을까? 그리고 그가 발견했다고 주장했던 "대단한 가치를 가진 무엇"은 무엇이었을까? 고대의 저술가들은 말해주지 않는다. 그러나 합리적인 추론은 가능하다. 테라메네스는 자신이 현 상황에서 건져낼 수 있는 것을 구하려고 했다. 그러나 아테네가 제국, 함대, 방벽을 포기해야 한다는 점은 알고 있었다. 스파르타는 그 이하로는 아무것도 받아들이지 않을 것이기 때문이다. 그의 목표는 도시와 주민과 자유를 구원하는 것이었고, 가능하면 독립도 유지하는 것이었다. 리산드로스와의 논의에 오랜 시간이 소요된 것은 이러한 목표를 이루기 위해서였다. 리산드로스가 아테네의 파괴를 바라는 분파의 주장들을 무마시킬 시간이 필요했던 것이다.

그들 중 가장 극렬한 집단은 테베인과 코린토스인이었다. "아테네 도시를 평지로 만들고 농촌은 양들이 풀을 뜯게 버려두자"(플루타르코스,『리산드로스』15.2)고 공식적으로 제안한 것은 바로 에리안토스라는 한 테베인이었다. 테라메네스로서는 아테네를 없애버리면 그 영토가 북쪽에 자리한 나날이 강력해지는 야심찬 경쟁자에게 넘어갈 것이라고 리산드로스를 어렵지 않게 설득할 수 있었을 것이다. 전쟁 동안에 자주 스파르타를 곤란하게 만들었고 전쟁을 이용해 규모와 영향력을 키웠던, 그리고 현재 스파르타에 적대적인 분파가 지배하면서 벌써 전리품의 많은 몫을 요구하고 있는 국가를 성장시키는 것은 스파르타에게도 또 리산드로스에게도 이득이 될 것이 없었다. 테라메네스는 아테네와 우호적인 관계를 유지하고 위협하지 않음으로써 테베의 야심에 대한 완충제와 견제물로 아테네를 이용하는 것이 훨씬 현명한 일이라고 지적할 수 있었을 것이다.

전후의 아테네에서 리산드로스는 자신과 밀접한 지지자들로만 구성된 극소수의 과두정, 어쩌면 이전에 아테네 제국이었던 곳들에서와 마찬가지로 주둔군이 지지하는 10인 과두정을 원했을 것이다. 그러므로 테라메네스는 리산드로스에게 어떤 주장을 폈기에 도시에 어느 정도의 독립성을 부여하도록 설득할 수 있었을까? 주지하듯이 여러 도시들에서 그의 성공과 그에게 주어진 특별한 명예는 이미 그를 스파르타 왕들과 다른 주도적 인물들에게서 우려와 질투의 대상이 되게 했다. "그는 도시들이 신에게 하듯이 제단을 세우고 제사를 드린 대상이 된 최초의 그리스인이었다."(플루타르코스,『리산드로스』18.3) 예를 들면 사모스의 재건된 과두파들은 자신들의 주요 제전의 이름을 헤라이아(Heraea)에서 리산드레이아 (Lysandreia)로 바꾸었다. 스파르타의 두 왕은 모두 그의 요구들에 대해서 곧 적개심을 드러낼 것이고, 리산드로스가 아테네인에게 부과하려는 체제를 취소할 것이다. 그러한 악감정은 이미 존재했고, 그래서 테라메네스는 노골적으로 그가 지배하는 소수의 과두정을 설치하는 것이 왕들과 다른 정적들의 일치단결된 반대를 불러일으킬 것이라고 정당하게 주장할 수 있었을 것이다. 게다가 그러한 체제는 1세기 이상 민주정에 익숙해진 대부분의 아테네인의 반감을 사고, 난처한 저항을 초래할 수도 있었다.

아마 테라메네스에게는 또다른 교섭 수단, 즉 스스로 아테네인들에게 말했던 "대단한 가치를 가진 무엇"이 있었을 것이다. 리산드로스의 권력을 지지하는 중요한 한 가지 요소는 페르시아 왕자 키로스와의 밀접한 관계였다. 리산드로스는 키로스에게 재정적, 군사적, 정치적 도움을 얻었다. 승리를 가능하게 해준 것도 키로스의 도움이었고, 리산드로스를 그토록 높은 지위로 올려준 것도 그의 도움 덕이었다. 그러나 키로스 자신의 위치가 이제 위험에 처했다. 키로스가 수사로 소환되었을 때, 그의 아버지 다리우스 2세는 죽음이 임박했다. 다리우스가 죽으면 왕좌는 키로스에게 적대적인 형에게 넘어갈 것이었다. 형 아르타크세르크세스 2세는 최소한 서방에서의 키로스의 지휘권을 박탈할 것이고, 그러면 리산드로스를 도울 수 있는 힘도 사라질 것이다. 그렇게 되면 현재의 권력 균형은 상당히 변화될 것이다. 새로운 왕은 그리스에서 그 어떤 단일한 거대 세력도 생겨나지 못하게 하려는 이전의 정책으로 되돌아갈 것이고, 스파르타에 대항하여 아테네를 지원하려고 할 것이다. 왕의 지원이 전쟁의 결과를 뒤집지는 못한다고 하더라도, 아테네인이 방벽 뒤에서 더 나은 조건이 확보될 때까지 버틸 수 있게 해줄 것이고, 또 스파르타에 있는 리산드로스의 정적들이 그의 위치를 잠식할 기회를 줄 것이다. 테라메네스는 다리우스가 죽고 그 소식이 그리스에 전해지기 전에 합리적인 평화를 맺고 아테네에 자신에게 우호적인 체제를 수립하는 것이 리산드로스에게 훨씬 이익이 되리라고 주장할 수 있었을 것이다.

어쨌든 이러한 추론은 왜 테라메네스가 3월 초에 아테네에 돌아오면서 리산드로스가 수용할 만한 평화를 지지할 준비가 되어 있다는 소식을 가지고 왔는지, 또 왜 아테네인이 그 후 테라메네스를 스파르타에서의 평화 협상단의 우두머리로 선출했는지를 설명해준다. 리산드로스는 또 에포로이에게 자신과 테라메네스의 만남을 보고하는 메시지를 보냈다. 그의 공식 보고에 따르면 리산드로스는 아기스가 이전에 했던 것과 똑같이 올바른 응답을 했다는 했다. 즉 결정권은 에포로이와 스파르타 시민들에게 있다고 말했다는 것이다. 리산드로스는 분명 비공식적으로 자신의 생각의 변화를 알렸을 것이다. 분명히 리산드로스의 견해는 왕이나 에포로이의 반대 없이 그날을 주도했다. 그들은 자신들의 고귀한 동기를 설명할 수사법을 찾기에 열중했던 것으로 보인다. 그들이 제안한 평화의 조건은 다음과 같았다. 장벽과 피라이오스의 방벽은 무너져야 한다. 리산드로스가 아테네 함대의 수를 결정할 것이다. (그 수는 물론 매우 적을 것이다.) 아테네인은 지배하던 도시들을 모두 포기해야 하지만, 아티카의 땅은 유지한다. 아테네인은 모든 추방자들이 귀환하도록 허용해야 한다. (이들 중 대부분은 친스파르타적인 과두파였을 것이다.) 아테네인은 자신들의 조상의 정체(政體)에 따라 통치될 것이다. (이것의 의미는 불분명했고, 곧 심각한 대립의 불씨가 되었다.) 아테네인은 스파르타인과 같은 친구와 적을 가질 것이고, 스파르타인이 이끄는 대로 따를 것이다. (이것은 사실상 아테네의 외교 정책을 스파르타의 통제 아래 넘겨주는 것이었다.)

이러한 조건들은 가혹해 보였지만, 아테네인들이 스파르타인이 모든 종류의 무조건 항복을 거부하고, 아테네와 그 인민들을 멸망시키거나 노예로 삼으리라고 두려워했던 것을 생각하면 그보다는 나았다. 그러나 테라메네스가 이러한 조건들이 제시되었다고 보고했을 때, 몇몇 동료 시민들은 이를 거부했다. 가장 반대했던 자들은 클레오폰과 같은 타협을 모르는 민주파였다. 이들은 항복이 민주정의 종식을 가져올 것임을 알았고, 극렬한 과두파 망명객들이 돌아오면 민주파 지도자들은 죽은 목숨임을 알았기 때문이다. 그들의 영향력은 너무나 위협적이었기 때문에, 평화를 옹호하는 자들은 그들을 제거해야 될 장애물로 믿었다. 테라메네스가 아테네로 돌아왔을 때, 클레오폰은 이미 재판을 받고 처형되었다. 그 이후에도 유력한 아테네인들은 계속 테라메네스에게 불평을 했다. 이에 대응하여 이제 다수를 차지한 평화 지지자들은 주도적인 반대파들을 고소하여 감옥에 가두었다. 테라메네스가 귀환한 다음 날, 아테네인은 스파르타의 제안을 논의하기 위해서 모였고, 비록 몇몇 아테네인들이 끝까지 반대표를 던졌으나 대다수가 받아들이는 쪽에 투표했다.

기원전 404년 3월의 어느 날, 전쟁이 시작된 지 27년이 조금 넘은 시점에 아테네와 스파르타의 대전쟁은 끝이 났다. 그 달 후반부에 리산드로스는 평화조약의 조건들을 실행하기 위해서 도착했다. 그와 함께 돌아온 망명객들은 이것이 아테네 역사에서 새로운 시대를 열어줄 것이라고 기대했다. 스파르타의 동맹국들은 화관을 머리에 쓰고 춤추며 기뻐했다. "엄청난 열정으로 그들은 소녀들의 피리 소리에 맞추어 방벽을 무너뜨렸고, 이 날에 그리스인의 자유가 시작되리라고 생각했다."(크세노폰, 『헬레니카』 2.2.3)

기원전 431년에 스파르타인이 전쟁을 자식들에게 물려주게 되리라던 아르키다모스의 예언은 이루어졌다. 그러나 아르키다모스는 그 분쟁이 스파르타인이 해상에서 거둔 위대한 승리로 종결되었다는 사실을 알면 무척 놀랐을 것이다. 또 스파르타가 기원전 479년에 물리친 것을 자랑스러워했던 바로 그 "이방인"들과 동맹을 맺었다는 사실에도 놀랐을 것이다. 전쟁의 경로에 대한 페리클레스의 예언은 이미 오래 전부터 불신되었다. 사실 누구도 이 대결이 그토록 오랫동안, 그토록 격렬하게, 그토록 값비싼 대가를 치르며 진행되리라고는, 그리고 수많은 생명과 재산과 그리스인의 오랜 전통과 제도들을 파괴하리라고는 예상하지 못했다. 투키디데스가 말하듯이 전쟁은 폭력 교사였고, 그리스에서 벌어진 이전의 어떤 전쟁도 이처럼 잔인하지는 않았다. 인간을 고귀하게 살아가게 하고 더 높은 가능성들을 성취하도록 했던 문명의 얇은 망은 수차례에 걸쳐 산산조각이 났고, 전투 참가자들은 가장 최악의 인간만이 저지를 수 있는 잔인함과 사악함의 늪으로 빠져들었다. 승리자의 공표된 목표였던 그리스인의 해방은 전쟁이 끝나기 전부터 이미 비웃음을 당했고, 뒤이은 평화는 지속 기간이 짧았다. 투키디데스가 말했듯이 이 전쟁은 "그리스인과 또 이방인의 일부분을 포함하여, 어쩌면 인류의 가장 많은 부분을 휩쓸었던 가장 큰 사건"(1.1.2)이었다. 이것은 그리스에서 벌어진 가장 큰 전쟁이기도 했지만, 동시에 가장 끔찍한 그리스 비극이기도 했다.

결론

결국 스파르타의 승리는 이전의 아테네 속국들에 그 어떤 자유도 가져다주지 않았다. 리산드로스는 소아시아의 여러 그리스 도시들을 점령했고, 페르시아인도 많은 도시들을 회복했기 때문이다. 스파르타인은 아테네인의 해상 제국을 자신들의 제국으로 대체했고, "해방 도시들"에 소수의 과두정과 스파르타 군 주둔군과 총독들을 배치하고, 공납을 다시 부과했다.

스파르타인은 아테네 자체에는 곧 잔인함으로 명성을 얻을 과두파의 괴뢰 정부, "30인 참주정"을 부과했다. 이 새로운 체제는 공포정치를 시작했다. 광범위한 재산 압류와 사법적인 살해가 이루어졌다. 우선은 유명한 민주정 지도자들로 시작했고, 그다음에는 이익을 얻기 위해서 부자들을 몰아쳤고, 마지막으로는 이러한 잔혹행위들에 항의했던 자신들 내부의 구성원인 중도파들마저 숙청했다. 적개심과 저항심이 증대되었고 30인 정부는 스파르타 군 주둔군을 불러 자신들을 동료 시민들에게서 보호하도록 했다.

스파르타인은 이전의 아테네 제국을 지배하게 됨으로써 이제 그리스 세계를 다스렸다. 모든 곳에서 민주정을 탄압하고 과두적인 위성 정부로 대체했다. 아테네는 점령지가 되었고 민주파에 대한 동정심을 가졌다는 의혹만으로도 죽음에 이를 수 있는 곳이 되었다. 여기에서 아테네인들은 리코스의 아들 트라시불로스를 이 상황에 도전할 수 있는 지도자로 삼았다. 대담한 트라시불로스는 30인 정부 아래에서 살기 싫어 테베로 도망갔다. 이곳은 이전에는 아테네에 적대적이었으나 이제는 스파르타에 의해서 소외된 나라였다. 그곳에서 탈출한 아테네 민주파들과 애국파들이 트라시불로스에게 모여들었고 작은 군대를 이루었다. 트라시불로스는 아테네 북쪽 경계의 산들에 요새를 짓고 이들을 배치했다. 30인 정부의 병력들이 이 반란자들을 누르는 데 실패하자, 더 많은 아테네인들이 용기를 얻어 망명하여 저항군에 동참했다. 마침내 트라시불로스는 진군해서 피라이오스를 차지하고 스파르타 군과 싸워 막상막하를 이룰 정도까지 강해졌다. 스파르타 군은 아테네를 포기하기로 결정했고, 기원전 403년에 트라시불로스와 그의 동료들은 완전한 민주정을 재건했다.

아테네는 다시 자유와 민주정을 되찾았다. 그러나 위험이 사라진 것은 아니었다. 많은 이들은 30인 정부가 저지른 난폭함에 분노했다. 죄를 지은 자들과 또 그들과 협력한 자들을 끌어내어 처벌하기를 원했고, 이것은 재판, 처형, 추방의 절차를 필요로 했다. 아테네는 수많은 다른 그리스 국가들에서 이미 민주정을 파괴했던 분파주의적 투쟁과 내전으로 분열될 뻔했다. 그러나 트라시불로스는 다른 중도파들과 합세하여 소수의 최악의 범죄자들만을 제외한 모든 이들을 보호하는 사면령을 발표했다. 새롭게 재건된 아테네 민주정은 온건함과 절제의 정책을 굳게 유지했고, 이러한 행위는 후에 아리스토텔레스에게서 대단한 칭찬을 받았다. "얼마 전의 재난에 대한 [아테네 민주파의] 대응은 공적으로나 사적으로나 그 어떤 사람들이 보여준 것보다도 가장 뛰어나고 가장 정치가다운 일이었다." 그들은 사면을 선언하고 집행했을 뿐만 아니라 30인 정부가 민주파들과 싸우기 위해서 스파르타에 빌린 돈을 갚으려고 공적 자금을 모으기도 했다. "그들은 이것이 조화를 회복하는 출발점이라고 생각했다. 다른 도시들에서는 민주파가 권력을 잡으면 자신들의 돈을 지불하려는 생각은 전혀 하지 않았다. 오히려 반대로 정적들의 토지를 몰수하여 재분배했다."(『아테네인의 국제』 40.2-3) 기원전 403년의 민주파의 중용은 계급과 분파의 화해를 가능하게 했고, 아테네 민주정은 거의 기원전 4세기 말까지 내전이나 쿠데타 없이 번영을 이루었다.

놀랍게도 아테네와 그 인민들을 제거하고, 민주적 정체를 파괴하고, 다른 국가를 지배할 능력을 제거하고 심지어 독자적인 외교 정책마저 없앨 것처럼 위협했던 패배는 오랫동안 이것들 중 단 하나도 이루지 못했다. 1년 안에 아테네인은 완전 민주정을 되찾았다. 10년 안에 그들은 함대, 방벽, 독립을 회복했고, 아테네는 스파르타가 그리스의 다른 국가들의 문제에 개입하는 것을 막기 위한 국가들의 연합에서 핵심적인 구성원이 되었다. 25년 안에 아테네인은 이전의 동맹국들 중 다수를 되찾았고, "제2차 아테네 제국"이라고 말할 수 있을 정도까지 힘을 회복했다.

물론 스파르타는 그리스에서 지배적인 세력이 되었다. 그러나 승리는 휴식을 가져다주지 않았고 오히려 많은 문제를 일으켰다. 몇 년 안에 스파르타인은 제국과 공납을 포기해야 했다. 그러나 이미 스파르타의 전통적인 규율과 제도를 잠식하기에 충분한 돈이 스파르타로 유입되었다. 곧 스파르티아타이는 자신들의 정체(政體)와 생존 자체를 위협하는 내부의 음모들과 싸워야 했다. 국외에서는 이전의 동맹국들과 이전의 적들이 맺은 연합에 대항해서 큰 전쟁을 벌여야 했고, 이것은 스파르타인을 펠로폰네소스 안에 가두었으며, 페르시아의 개입 없이는 펠로폰네소스에서 온전히 빠져나올 수 없었다. 일시적으로 스파르타인은 동료 그리스인에 대한 일종의 헤게모니를 장악했으나, 이것은 페르시아 왕이 허용하는 한에서만 가능했다. 스파르타인은 승리를 거둔 후 30년 안에 육상 전투에서 테베인에게 패배했고, 그들의 권력은 영원히 사라졌다.

길고 잔인했던 펠로폰네소스 전쟁의 대가는 엄청났다. 인명 손실은 전례가 없을 정도였고 어떤 곳들은 황무지로 변했다. 멜로스와 스키오네에서는 남성 주민 전부가 전멸했고, 플라타이아는 남성의 상당수를 잃었다. 전쟁이 끝나고 10년 뒤 아테네 남성 시민의 수는 분쟁 시작 당시의 약 절반이었던 것으로 보인다. 아테네는 그 어떤 나라들보다 많은 주민을 잃었다. 그들만이 주민의 3분의 1을 죽인 역병을 겪었고, 게다가 다른 나라들처럼 전쟁이 농지를 황폐하게 하고 무역을 막기 때문에 가난, 영양 결핍, 질병을 겪어야 했다. 아테네인은 메가라의 농사를 망쳐놓았고 여러 해 동안 무역을 막았다. 그래서 메가라인은 너무나 많은 세금을 부담했고 피폐해져서 도시의 번영을 회복하기 위해서는 노예 노동력에 대한 의존을 늘릴 수밖에 없었다. 코린토스인은 기원전 479년에 플라타이아에서 페르시아인과 싸울 때에 5,000명에 달하는 중장 보병을 보낼 수 있었다. 그러나 기원전 394년에 네메아에서 자신들의 땅을 지키는 데에도 고작 3,000명 —— 분명 그들의 전 병력이었을 것이다 —— 을 보낼 수 있었다.

전쟁 동안의 무역 제한으로 인한 가난으로 중장 보병으로 복무할 수 있는 재산 자격을 갖춘 남자들이 줄어들었다. 그러나 이것으로 손실을 다 설명할 수 없다. 병력 감소의 절반만이 인구 감소의 결과라고 한다고 해도, 이것은 100년도 채 안 되는 시간 동안 성인 남성의 수가 약 20퍼센트나 감소했음을 나타낸다. 전쟁의 고난은 직접적이든 간접적이든 그리스 세계 전체에서 시칠리아에서 보스포로스까지 이와 비슷한 인명의 대가를 치르게 했다.

경제적 손실 역시 인명 손실과 관련이 없는 경우에조차 여러 곳에서 심각했다. 아테네는 제국을 잃어버림으로써 엄청난 공적 재산의 근원을 상실했고, 기원전 5세기의 대규모 건설 계획도 사라졌다. 농업에 대한 파괴는 회복에 수많은 시간이 소요되었다. 메가라뿐만 아니라 에게 해의 섬들도 빈번한 약탈에 시달렸다. 코린토스, 메가라, 시키온과 같은 이스트모스의 국가들에는 상업이 결정적으로 중요했다. 이들은 에게 해와 거의 30년 동안 무역을 할 수 없었고, 그 시기의 대부분 동안 서쪽과의 무역도 심하게 제한을 받았다. 그리스의 여러 곳에서, 특히 펠로폰네소스에서 가난은 너무나 심각했다. 많은 이들이 용병으로 종종 외국 군대로 가서라도 생계를 이어야 했다.

도시들 내에서는 전쟁의 위험과 고난이 기존의 분파주의적 분쟁을 더욱 악화시켰다. 투키디데스, 크세노폰, 디오도로스, 플루타르코스는 모두 점점 내전이 널리 퍼졌음을 이야기해준다. 내전에 대한 공포는 점점 일반화되었고, 난폭하고 사악한 분쟁들이 모든 곳의 민주파와 과두파 사이에서 벌어졌다. 분노, 좌절, 복수심이 전쟁의 지속과 함께 증가되었고, 그래서 당시까지는 거의 혹은 전혀 알려지지 않았던 잔혹행위들이 줄지어 벌어졌다.

가문의 강력한 유대감과 가장 신성한 종교적 계율들도 오랜 전쟁의 압력에 압도되었다. 전쟁의 끔찍한 효과는 고전기 그리스 사회의 근간을 이루었던 전통적 가치들에 대한 의문을 제기하게 했고, 그 과정에서 사회를 더욱 분열시켰다. 어떤 이들은 모든 믿음을 거부하고 회의론이나 심지어 냉소적인 합리성을 선호했으며, 또 어떤 이들은 더욱 의고적이고 비합리적인 경건함으로 돌아가고자 노력했다.

또한 전쟁에서 아테네의 패배는 다른 그리스 도시들에서 민주정의 전망에 타격을 입혔다. 나라 밖에서 인민에 대한 정체의 영향력은 전쟁에서의 성공과 밀접하게 연관되어 있다. 강력하고 성공적인 아테네의 민주 정체는 다른 이들을 끌어들이는 자석이었고 모범이었다. 심지어 펠로폰네소스의 중심부에서도 그러했다. 아테네가 전쟁에서 스파르타에 패배한 것은 그 정체의 부적절함이 증명된 것으로 여겨졌다. 아테네의 실패들은 민주정의 오류라고 생각되었다. 일반적인 인간의 실수와 불행들이 민주정의 고유한 결과라고 판단되었다. 스파르타인이 기원전 418년에 만티네아에서 민주정 연합군에 승리를 거둔 것은 그리스의 정치적 발전이 민주정이 아니라 과두정을 향하게 하는 전환점이었다. 그러나 아테네의 최종적인 패배는 그 경향에 더욱 힘을 실어주었다.

겉으로 보기에 결정적인 결과들을 낸 것 같지만, 이 전쟁은 페르시아 전쟁 이후로 진화해온 불편한 권력 균형을 대체하여 안정적인 권력 균형을 수립하지는 못했다. 이 전쟁은 한 세대나 그 이상 지속될 수 있는 전반적인 평화를 낳을 새로운 질서를 만들지 못했다. 오히려 아테네에 대한 스파르타의 승리는 오직 일시적으로 스파르타의 영향력을 정상적인 스파르타의 힘보다 훨씬 넘어서게 했다. 스파르타인에게는 자신들이 승리해서 거둔 제국을 유지하거나 펠로폰네소스 외부의 사건들을 오랫동안 통제할 수 있는 인력, 재원, 정치적 자원이 없었다. 그렇게 하려던 스파르타인의 시도는 자신의 국가와 다른 그리스 국가들에 오직 분열과 쇠약만을 가져왔다.

기원전 404년의 협정은 결국 아테네의 힘을 항구적으로 파괴한 "카르타고의 평화조약"도 아니었고, 쓰디쓴 감정들을 완화시키려는 온건하고 타협적인 조정도 아니었다. 게다가 아테네는 패배의 순간에 드러난 것보다 훨씬 더 큰 실제적이고 잠재적인 힘을 가지고 있었다. 그래서 때가 되면 다시 그 힘이 드러나게 될 것이었다. 아테네인은 자유를 얻자마자 제국, 권력, 영광을 되돌리고, 그리스 국가들에 대한 스파르타의 지배에 도전할 계획을 세우기 시작했다. 기원전 404년의 아테네는 무장해제를 당했지만 진정되지는 않았고, 아테네를 계속 무장해제 상태로 유지하려면 어느 정도의 힘과 헌신과 협력과 일치된 목표가 있어야 했으나 승리한 세력들은 이런 것들을 보유하지 못했다. 테베의 야심은 이미 주도적인 국가로서의 동등성을 주장하기에 이르렀고, 얼마 뒤에는 헤게모니를 요구했다. 그리스를 지배하려는 스파르타의 헛된 시도는 오직 쇠약함을 가져왔다. 곧 그리스인에 의한 지배는 끝이 났고 외부인들의 통제에 종속되었다. 처음에는 페르시아가 개입했고, 나중에는 마케도니아에 의해서 정복되었다.

펠로폰네소스 전쟁이라고 부르기도 하고 또 어느 학자가 명명했듯이 "아테네와 스파르타의 대전쟁"이라고 부르기도 하는 이 전쟁에 대해서 생각해보는 것은 정당하고 또 유익하다. 1914-1918년의 유럽 전쟁에 대해서 초기 세대들이 "대전(the Great War)"이라는 이름을 붙인 것처럼, 이 전쟁은 비극적 사건이었고, 역사의 거대한 전환점이었으며, 진보, 번영, 자신감, 희망의 시대의 마지막이었고 더 어두운 시대의 시작이었다.

펠로폰네소스 전쟁사 자료들

펠로폰네소스 전쟁에 대한 가장 중요한 사료는 투키디데스의 역사이다. 오롤로스의 아들 투키디데스는 기원전 460년경에 태어난 아테네인이며, 아마 기원전 397년 정도까지 살았을 것이다. 투키디데스는 귀족 가문 출신이었으나 아테네 민주파 지도자인 페리클레스를 열렬히 존경했다. 투키디데스는 기원전 424년에 장군으로 선출되었다. 그해에 클레온과 더 급진적인 민주파가 세력을 잡았다. 그는 트라케의 암피폴리스 근처 함대를 지휘했다. 암피폴리스가 스파르타에 점령되자 투키디데스는 문책되어 재판에 회부되었고, 유죄 판결을 받아 전쟁이 계속되는 20년 동안 추방생활을 했다.

투키디데스의 저술은 곧 칭송을 받았다. 그리고 세부사항과 객관성에 대한 이 저술의 세심한 관심은 2,000년 이상 깊은 존경을 받았다. 투키디데스는 가능한 가장 정확하게 사실을 확립하는 것이 자신의 목표를 이루기 위해서 가장 중요하다고 믿었다. 그의 목표는 인간 본성이 특히 정치, 국제관계, 그리고 전쟁의 영역에서 이룬 업적들을 이해하고 조명하는 것이었다. 그러나 그의 해석은 모든 역사가에 대해서와 마찬가지로 신중하게 검사하고 평가해야 한다. 특히 그는 자신이 서술하는 사건들에 깊이 관여했던 사람이기 때문에 더욱 그러하다.

투키디데스의 서술을 보완해주는 것으로 세 가지 문서가 있는데, 그중 둘은 전쟁 당시의 것이다. 『아테네인의 국제(*Athenaion Politeia*)』는 크세노폰 전집에 포함되어 전승되었다. 그러나 현대 학자들은 이것이 그의 저술이 아니라고 본다. 이 저술은 기원전 420년대에 쓰인 것으로 보인다. 그리고 알려지지 않은 그 책의 저자는 종종 "늙은 과두주의자"라고 불린다. 그러나 그가 집필할 당시의 나이는 알 수 없다. 과두정에 대한 그의 공감은 숨길 수 없는 것이지만, 이 책자는 냉정한 분석을 통해서 아테네 민주정이 비록 비도덕적이었으나 효율적이었다고 주장한다. 또 하나의 『아테네인의 국제』가 있는데, 이 책은 기원전 4세기의 끝 무렵에 아리스토텔레스 혹은 그의 제자들 중 누군가가 쓴 것이다. 이 책은 아테네 민주정의 발달과정을 가장 초기부터 저자의 시대, 즉 기원전 330년대까지 추적하여 쓴 간략한 역사책이다. 전쟁 마지막 부분에 대한 이 책의 서술, 특히 기원전 411년의 과두 혁명에 대한 언급은 매우 중요하다. 기원전 4세기의 어떤 알려지지 않은 저자가 쓴 『헬레니카(Hellenica)』의 단편이 1906년 이집트의 옥시린코스에서 발견되었다. 이것의 대부분은 기원전 396-395년의 사건들에 대한 뛰어나고 통찰력 있는 서술이다. 그러나 그중 일부는 전쟁이 끝날 무렵 테베인이 아티카를 약탈한 것을 서술하고 있다. 이 문서 역시 투키디데스가 멈춘 지점에서 시작한 것으로 보이며, 이 문서의 가장 큰 중요성은 디오도로스나 플루타르코스와 같은 후대의 역사가들의 사료로서 이용되었을 것이라는 점이다.

투키디데스의 서술은 기원전 411년 가을에 끝난다. 전쟁이 끝나려면 아직 6년하고도 6개월이 남았다. 고대 저술가들은 투키디데스가 다룬 시기에 대해서는 그의 저술의 권위를 받아들였다. 3명의 역사가들이 투키디데스가 멈춘 지점을 이어받았다. 동시대 아테네인인 크라티포스는 그리스 세계의 역사를 최소한 기원전 394년까지 끌어갔고, 기원전 378년에 태어난 키오스의 테오폼포스도 그러했다. 그러나 그들의 저술들은 전해지지 않는다. 우리는 후대의 사료들에서 단편적인 인용문에서 겨우 그들의 존재를 알 뿐이다. 그릴로스의 아들 크세노폰은 기원전 428년경에 태어난 투키디데스의 동시대 사람으로, 역시 기원전 362년까지의 그리스 역사를 다룬『헬레니카(Hellenica)』를 썼고, 이 책은 현재까지 전해진다. 크세노폰은 소크라테스 학파의 일원이었고, 스파르타에 대한 열성적 지지자로서 강력한 왕 아게실라오스 밑에서 일했다. 그의 저술은 투키디데스와 같은 분석력은 떨어지지만, 전쟁의 마지막 몇 년에 대한 중요한 서술을 제공한다.

훨씬 후대의 2명의 저술가가 추가적인 정보를 제공하는데, 그들의 신뢰성과 가치는 상당히 차이가 난다. 시칠리아의 디오도로스는 율리우스

카이사르와 아우구스투스와 동시대인으로서 기원전 1세기에 세계사를 저술했다. 펠로폰네소스 전쟁이 끝난 지 약 4세기 후였다. 디오도로스의 저술의 신뢰도는 그가 사용한 자료들에 따라 달랐다. 여기에는 투키디데스도 포함되었지만 우리에게는 전해지지 않는 다른 자료들도 있었다. 그중 가장 중요해 보이는 것은 키메의 에포로스이다. 그는 전후 세대에 속했고 전쟁을 겪은 많은 이들과 이야기를 나누었을 것이다. 게다가 에포로스는 옥시린코스의 역사가의 잃어버린 부분들을 이용했던 것으로 보인다. 그 역사가의 신뢰성은 종종 크세노폰보다도 뛰어났다. 그러므로 디오도로스의 저술은 투키디데스가 서술을 중지한 이후의 몇 년 동안에 대해서는 진지하게 다루어져야 한다.

이제 남은 것은 카이로네아의 플루타르코스이다. 그는 대략 기원후 50년에서 120년 사이에 살았다. 자신이 쓴 이야기로부터는 위의 사람들보다 더 멀리 떨어진 것이다. 게다가 그의 『위대한 그리스인들과 로마인들의 생애(*Lives of Illustrious Greeks and Romans*)』는 역사가의 저술이 아니라 전기 작가의 저술이다. 플루타르코스의 명시적인 목표는 과거의 위대한 인물들의 생애에서 도덕적 교훈을 이끌어내는 것이었다. 때문에 많은 이들이 그의 신뢰성을 깎아내렸다. 그러나 그것은 스스로를 해치는 짓이다. 플루타르코스는 엄청난 장서를 보유하고 있었다. 거기에는 오늘날 우리에게 전해지지 않는 책들이 많았다. 그는 유실된 기원전 5세기의 희화시(comic poet), 투키디데스의 동시대인인 시라쿠사의 필리스토스와 레스보스의 헬라니코스의 역사책들, 그리고 투키디데스의 뒤를 이은 에포로스와 테오폼포스를 인용하고 언급하고 있다. 그는 또 기원전 5세기의 비문을 인용하고, 자기가 직접 눈으로 본 건물, 회화, 조각들을 묘사하고 있다. 『니키아스 전(*Life of Nicias*)』(1.5)에서 인용한 다음 단락은 그의 저술에서 발견할 수 있는 보물이 어떠한 것인지 알려준다. "투키디데스와 필리스토스가 제시한 이러한 행위들을……나는 간략히, 불필요하지 않을 만큼 상세히 살펴보았다. 부주의하다거나 게으르다거나 하는 평판을 피하기 위해서였다. 그러나 대부분의 저술가들이 잡지 못하거나 단순하게 언급했던 세부사항들, 혹은 고대의 봉헌물이나 공공 법령에 있는 세부사항들을 나는 열심히 수집했다. 쓸모없는 자료들을 끌어모으려는 것이 아니라, 후세에 인물의 됨됨이와 기질에 대한 올바른 평가를 전해주기 위해서 였다." 플루타르코스는 이러한 목표를 추구해서 우리에게 귀중하고 진실한 정보를 전해준다. 우리는 그것을 무시할 수 없다.

지난 2세기 동안에도 비문의 형태로 가치 있는 동시대의 증거들이 많이 도출되었다. 그리스 비문학은 비약적으로 발전하여 대단히 흥미롭고 중요한 문서들을 발견, 복원, 편집했다. 아마 가장 중요한 성취는, 아테네인이 기원전 454년부터 제국의 멸망 때까지 복속국들에게 부과했던 연 공납액을 적어둔 비문을 재구성하고 해석한 일일 것이다. 이 위대한 업적은 1939년에서 1953년 사이에 B. D. Meritt, H. T. Wad-Gery, M. F. McGregor에 의해서 *The Athenian Tribute Lists*, 4 volumes(I, Cambridge, Mass., II-IV, Princeton)으로 출간되었다. 이외에도 가장 관련성 높은 비문들이 수집되어 R. Meiggs와 D. M. Lewis에 의해서 *A Selection of Greek Inscriptions to the End of the Fifth Century B.C.*(revised edition, Oxford, 1992)로 출판되었다. 이 비문들 중 상당수에 대한 영어 번역과 접근하기 힘든 고대 저자들에 대한 주를 달아서, Charles Fornara가 *Archaic Times to the End of the Peloponnesian War*(second edition, Cambridge, 1983)으로 펴냈다.

이 전쟁에 대한 지식과 이해는 수많은 19세기 학자들의 연구에 의해서 크게 증진되었다. 이들의 선구적인 업적은 여전히 읽을 만하다. 이중 가장 위대한 학자는 거장, 오늘날의 고대 그리스 사학의 아버지인 George Grote이다. 그가 쓴 12권짜리 *History of Greece*(London, 1846-1856)은 세심하고 심오한 연구의 결과물이며 기존의 편견에 도전하는 많은 이들에게 굳건한 근거가 되어주었다. Grote의 걸작은 심각한 고민과 다양한 반응을 낳았다. 그중에서 가장 중요한 것들은 3명의 독일 학자가 쓴 여러 권짜리 역사책들에 들어 있다. 가장 인상적이고 가치가 높은 것은 Georg Busolt의 *Griechische Geschichte*(1893-1904)의 방대한 3권 하반부와 마지막 권이다. 이 저술은 고대의 증거와 당시까지의 근대 학문에 대한 깊고도 철저한 지식의 모범이다. 그리고 객관성을 달성하는 데 성공한 모범적인 사례이다. 그 다음에는 K. J. Beloch, *Griechische Geschichte*(second edition, 4 volumes in eight parts, Leipzig, 1912-1927)와 Eduard Meyer,

Geschichte des Altertums(fifth edition, 4 volumes, reprinted 1954 and 1956 in Basel, 마지막 두 권의 제1판은 19세기에 시작되었다)가 있다.

20세기에도 역시 중요한 연구들이 있었다. 아마 가장 유용한 것은 A. W. Gomme가 시작하고 A. Andrews와 K. J. Dover가 끝마친 *A Historical Commentary on Thucydides*(5 volumes, Oxford, 1950-1981)일 것이다. R. Meiggs의 *The Athenian Empire*(Oxford, 1972)와 G.E.M. de Ste. Croix의 *The Origins of the Peloponnesian War*(Oxford, 1972) 역시 매우 가치가 있다. 전쟁과 기타 연관된 주제들에 대한 세부 연구들의 문헌은 방대하다. 이들 대부분은 내가 쓴 4권짜리 전쟁사의 각 참고문헌 목록에 실려 있다. 그 책들은 코넬 대학교 출판부를 통해서 1967년에서 1987년 사이에 출간되었다.

역자 후기

저자 도널드 케이건은 일평생 투키디데스를 연구한 최고의 학자로, 현대의 일반 독자들에게 펠로폰네소스 전쟁 이야기를 들려주기에 가장 적격인 사람이다. 이 책은 투키디데스의 역사서를 현대적인 문장으로 풀어 쓴 해설서이며, 저자가 쓴 두툼한 4권짜리 투키디데스 연구서의 축약판이기도 하다.

투키디데스의 역사서는 오랜 세월동안 탁월한 걸작으로 인정받아왔다. 또 케이건이 증명하듯이 모든 시대의 사람들에게 귀중한 교훈을 전해주는 책인 것도 분명하다. 그러나 고대의 문장은 호흡이 길고 복잡한 수사학적 기교를 많이 구사해 자칫 지루한 느낌마저 든다. 그중에서도 투키디데스가 쓴 고대 그리스어 문장은 아주 난해하기로 이름이 나 있다. 문장뿐만이 아니다. 이 전쟁 자체가 너무나 복잡한 현상이었다. 두 동맹에 관련된 폴리스만 해도 수백을 헤아렸고, 각 폴리스에서는 분파들이 난립했다. 30여 년의 세월 동안 수많은 지도자들이 활약하다가 사라졌고, 정책, 전략, 음모가 끊임없이 변화했다. 한마디로 말해서 현대인이 원하는 간단한 몇 마디 말로써 설명할 수 있는 역사가 아닌 것이다. 그래서 오늘날 일반인들이 투키디데스를 직접 읽기는 매우 어렵다.

이 점에서 케이건은 매우 뛰어난 일을 해냈다. 고대인의 지혜를 훼손하지 않으면서 비전문가인 독자들이 편안하게 읽을 수 있는 역사를 그려낸 것이다. 케이건은 쉽고 흥미로운 서술로 고대로부터 전해진 교훈의 보물창고로 우리를 이끈다. 혼자 가면 미궁에 빠지기 쉬운 길이지만, 케이건의 안내를 받으면 별 뜻 없이 지루하게 들렸던 투키디데스의 목소리가 새롭게 이해되어 다가온다.

케이건과 함께 펠로폰네소스 전쟁의 역사를 여행하고 나면, 이 이야기가 오늘날의 현실에도 많은 시사점을 제공한다는 것을 알 수 있다. 케이건은 『전쟁의 기원(The Origins of War)』(1995)이라는 저서를 통해서 펠로폰네소스 전쟁, 제2차 포에니 전쟁, 제1차 및 제2차 세계대전, 쿠바 미사일 위기의 유사성을 비교한 바 있다. 서양인들은 대부분 이 전쟁 이야기를 들으면서 제1, 2차 세계대전을 떠올릴 것이다. 사실 고대 그리스의 국제관계는 현실적인 이유에서 종종 관심을 받고는 했다. 미국이 대외 정책에서 아테네 방식을 선택해야 할 것인가, 스파르타 방식을 선택해야 할 것인가 하는 식으로 말이다.

또한 케이건의 해설을 따라가다 보면, 분파 간의 분열, 계급 간의 갈등, 상황의 압박을 받는 지도자와 민중이 택할 수 있는 선택, 뛰어난 계략과 운명의 장난이 결합하여 만드는 사건들이 독자들의 마음을 사로잡는다. 펠로폰네소스 전쟁은 묘하게도 현대 우리의 한국전쟁과 같이 남북이 서로 대적해 대략 북위 38도선을 경계로 해서 싸웠던 전쟁이다. 한쪽은 민주정 국가였고 다른 한쪽은 전체주의, 군국주의 국가였다. 주변 여러 나라들이 이 전쟁에 휘말렸고, 두 나라 내부에서는 이데올로기적 분파 간의 대립이 치열했다. 친구와 친구, 아버지와 아들이 서로를 향해 창칼을 휘둘렀고, 광기 어린 증오심이 역사상 전례를 찾아보기 힘든 잔혹행위들을 낳았다. 비록 우리의 역사와는 달리 그리스에서는 민주정이 패배했고, 또 전쟁으로 모든 활력을 소모해버린 탓에 문명 자체가 몰락했지만, 작금의 우리의 현실을 일깨워주고 있다.

이렇듯이 이 책은 다른 전통적인 서양 고전 작품들이 도덕적, 인문적 교양을 증대시키는 데 집중하는 것에 비해서 대단히 현실적이고 현대적이다. 탁월한 고대의 지혜를 현대의 최고 지성이 알기 쉽게 해설해주는 이 책을 통해서 독자는 정치의 이상과 현실, 국제관계, 전쟁, 그리고 역사의 소용돌이에 대한 깊은 통찰력을 얻게 될 것이다.

2006년 8월
허승일, 박재욱

인명 색인

공길로스 Gongylos 344, 350, 366, 381
길리포스 Gylippos 337, 343-347, 350, 356, 358, 361, 363, 366-369, 375, 377, 379, 381, 389, 509

나우클리데스 Nauclides 92
니케라토스 Niceratos 223
니코스트라토스 Nicostratos 150-151, 153, 197
니키아스 Nicias 131, 137, 164, 166, 184, 188-189, 193, 197-198, 223, 233-237, 243-244, 246, 260-261, 268-269, 295-300, 303, 307-308, 310-312, 315, 318-320, 323, 326-328, 331-332, 336, 338, 340-343, 345-352, 359, 361, 365-369, 371, 373-381, 386, 506
님포도로스 Nymphodoros, prince of Abdera 101

다리우스 2세 Darius II, Great King of Persia 391, 393, 398, 408, 420, 474, 502, 507-508, 513, 558
데르킬리다스 Dercylidas 421
데모스테네스 Demosthenes 147, 154, 165-173, 176-179, 181, 188, 190-192, 197, 203, 206-207, 211, 312, 323, 331, 357-358, 362-366, 373, 375-377, 379, 386
도리에오스 Dorieos 474
디에이트레페스 Dieitrephes 356, 440

디오도로스 Diodoros 289, 473, 482, 521, 531, 564
디오도토스 Diodotos 142-145
디오메돈 Diomedon 404, 417, 437, 450
디오클레이데스 Diocleides 315-316

라마코스 Lamachos 197, 303, 321, 323, 340-342, 386
라케다이모니오스 Lacedaemonios 57
라케스 Laches 154-155, 157
람피아스 Ramphias 231
레온 Leon 404, 417, 437, 450
리산드로스 Lysandros 389, 509-517, 520-524, 531, 541, 543-546, 548-554, 556-561
리카스 Lichas 262-263, 291, 413, 415-416, 419-420

메난드로스 Menandros 351, 366, 368
메네다이오스 Menedaios 171
멜란크리다스 Melanchridas 395
멜레토스 Meletos 318
민다로스 Mindaros 469-476, 478, 480-482

브라시다스 Brasidas 98, 127, 151, 163, 181, 205, 212-214, 216-231, 238, 391

사도코스 Sadocos 113
살라이토스 Salaethos 138, 141-142

소크라테스 Socrates 210, 257, 538
소포클레스 Sophocles 157, 175-178, 181, 193, 199, 201-202, 348, 387
스키로니데스 Scironides 417, 437
스테네라이다스 Sthenelaidas 69
스트롬비키데스 Strombichides 421, 423, 452-453
시탈케스 Sitalces, king of Thrace 101, 113, 129

아가리스테 Agariste 317
아게산드리다스 Agesandridas 463
아게실라오스 Agesilaos 509
아기스 Agis, king of Sparta 138, 161, 178, 266-267, 269-270, 273-278, 280-283, 285-288, 293, 355, 390, 392, 395, 397, 407, 449, 492, 510, 553
아낙사고라스 Anaxagoras 33
아데이만토스 Adeimantos 317, 507
아라바이오스 Arrhabaeos, king of the Lyncestians 213
아르사케스 Arsaces 508
아르케스트라토스 Archestratos 555
아르케프톨레모스 Archeptolemos 467-468
아르켈라우스 Archelaus, king of Macedonia 477
아르키다모스 Archidamos, king of Sparta 64, 68, 70, 72, 76, 85-86, 89-90, 94-95, 97, 104, 109, 115, 118-119, 138, 161, 392, 560
아르타크세르크세스 1세 Artaxerxes I, Great King of Persia 113, 195, 391
아르타크세르크세스 2세 Artaxerxes II, Great King of Persia 558
아리스타르코스 Aristarchos 461, 467
아리스토크라테스 Aristocrates 458-459, 461, 464-465, 507, 529
아리스토클레스 Aristocles 285-286

아리스토텔레스 Aristotles 96, 466, 562
아리스토파네스 Aristophanes 96, 193, 234, 238, 256-257, 303, 331, 458
아리스톤 Ariston 372
아모르게스 Amorges 393, 399, 405
아스티오코스 Astyochos 402, 408, 410, 412-415, 423, 433-434, 438, 453, 455-456
아우토클레스 Autocles 197
아테나고라스 Athenagoras 324
악시오코스 Axiochos 317
안도키데스 Andocides 318
안드로클레스 Androcles 441
안탄드로스 Antandros 475
안티스테네스 Antisthenes 413-414
안티오코스 Antiochos 515-516
안티폰 Antiphon 443-444, 460, 467-468
알렉시클레스 Alexicles 461, 467
알카메네스 Alcamenes 395-396
알키다스 Alcidas 138-140, 151
알키비아데스 Alcibiades 210, 257-261, 264-265, 267-269, 274, 292-300, 303, 308-311, 313-314, 317, 319, 321, 323, 325-327, 332, 334-337, 380, 386, 394, 397, 399-400, 405, 407-409, 415, 427-439, 448, 450, 454-457, 460, 466-468, 474-475, 480, 485, 487-488, 496-497, 499-500, 502-507, 513-520, 548-549
알키프론 Alciphron 273
에라시니데스 Erasinides 347, 535
에우리로코스 Eurylochos 169-171
에우리마코스 Eurymachos 93
에우리메돈 Eurymedon 147, 153-154, 157, 164, 166, 175-178, 181, 193, 199, 201-202, 348, 357-358, 362, 364, 366, 368, 386
에우리프톨레모스 Euryptolemos 538-539

에우리피데스 Euripides 234, 380
에우클레스 Eucles 216-219
에우티데모스 Euthydemos 351, 366
에우페모스 Euphemos 333
에우필리토스 Euphilitos 318
에크리토스 Eccritos 357
에테오니코스 Eteonicos 534, 550
에피타다스 Epitadas 179
엔디오스 Endios 397, 407, 415, 485
오노마클레스 Onomacles 467
이스카고라스 Ischagoras 224

카로이아데스 Charoeades 155
카르미노스 Charminos 414
카리클레스 Charicles 357
카이레아스 Chaereas 451, 456, 478
칼리크라티다스 Callicratidas 389, 509, 520-525, 527, 529-531, 541, 544
칼릭세이노스 Callixeinos 537-539
칼키데오스 Chalcideos 395-399, 401-402, 407-408, 411
코논 Conon 357, 507, 518, 523-525, 530-532, 534
코몬 Comon 191
크네모스 Cnemos 121, 124, 127
크라테시피다스 Cratesippidas 493
크세나레스 Xenares 250-251, 259, 263
크세노폰 Xenophon 114, 120, 481, 536, 551, 564
크세륵세스 Xerxes 95
클레아르코스 Clearchos 395, 413, 453, 497, 500
클레아리다스 Clearidas 224, 228, 241, 249
클레오니모스 Cleonymos 224
클레오메네스 Cleomenes 138
클레오메데스 Cleomedes 297
클레오불로스 Cleobulos 250-251, 259, 263

클레오폰 Cleophon 486, 488, 490, 518, 555, 559
클레오폼포스 Cleopompos 107
클레온 Cleon 96-97, 111, 114, 117, 131, 137, 142-145, 153, 184, 186, 188-193, 196-197, 218, 225-231, 238, 298, 310
클레이스테네스 Cleisthenes 258, 317
키로스 Cyros 502, 507-508, 511-514, 521-522, 524, 543-544, 558-559
키몬 Cimon 32, 36, 57, 112, 243, 300, 427

테라메네스 Theramenes 443-444, 448-449, 458-461, 464-466, 468, 476-478, 480-482, 488, 497, 499, 503, 519-520, 533-536, 539, 555-560
테리메네스 Therimenes 405-408, 410-412
테살로스 Thessalos 317
테오그니스 Theognis 425
테오도로스 Theodoros 505
테우크로스 Teucros 315-316
테우티아플로스 Teutiaplos 139
투키디데스 Thucydides 24, 32, 34, 47, 56, 67, 70-71, 83, 96-97, 109, 112-113, 122, 127, 131, 137, 140, 142-143, 146, 151-153, 164, 166, 171, 173, 183, 190, 192, 197-198, 201, 213-214, 216-219, 227-233, 276, 289, 298, 303, 308, 313, 323, 331, 334, 340, 348, 351, 369, 379-380, 387, 408, 423, 428-429, 437-438, 441, 451, 455, 464, 560, 564
트라시멜리다스 Thrasymelidas 178
트라시불로스 Thrasybulos 428-431, 435, 439-440, 450-452, 454, 456-458, 464, 468, 471-475, 477-478, 480-482, 504, 514, 519-520, 533-536, 539, 561-562
트라실로스 Thrasyllos 273-274, 450-452, 470-472, 475, 493-497, 499, 503, 517

티모카레스 Thymochares 463, 468
티몰라오스 Timolaos 440
티사페르네스 Tissaphernes 393-394, 398, 404-412, 415-416, 419-420, 427-429, 431-434, 437-440, 443-444, 452-456, 469, 474, 477, 488, 507, 511
티시아스 Tisias 297

파곤다스 Pagondas 208-211
파노마코스 Phanomachos 114
파라크스 Pharax 289
파르나바조스 Pharnabazos 393-394, 413, 416, 453-454, 469, 475-476, 478, 480-482, 487-488, 493, 496-497, 499, 501, 503
파우사니아스 Pausanias, king of Sparta 379, 521, 553
파이악스 Phaeax 303
파케스 Paches 137, 140-142, 145-146
페다리토스 Pedaritos 410, 412, 415-417, 421
페르디카스 Perdiccas, king of Macedonia 101, 129, 213, 220, 222, 226, 228, 231, 294
페리클레스 Pericles 32-34, 38, 41, 45, 56, 58, 63-64, 67-68, 72-80, 85-90, 94-97, 99, 101-115, 117, 128-129, 131, 136-137, 144, 154, 183, 186, 196, 231, 236-237, 258, 298, 300, 310, 317, 352, 371, 387, 427, 560
페이산드로스 Peisandros 316, 430-432, 435-437, 439-444, 450-451, 467
페이티아스 Peithias 149-150
포르미온 Phormion 121-122, 124-127, 134, 136
폴리스트라토스 Polystratos 468
폴리안테스 Polyanthes 359-360

프로클레스 Procles 165, 168
프리니코스 Phrynichos 405-406, 417, 430-434, 437-438, 440-441, 443, 451, 460, 467-468, 470
플라톤 Platon 538
플레이스토아낙스 Pleistoanax, king of Sparta 38, 138, 161, 232, 248, 281, 286, 390, 521
플루타르코스 Plutarchos 58, 73-74, 87, 108, 117, 299, 325, 327, 331, 352, 380, 467, 481, 505, 512, 514, 564
피수트네스 Pissuthnes 45, 139
피텐 Python 343, 368
피토니코스 Pythonicos 314
피토도로스 Pythodoros 157, 175, 201-202, 348
핀다로스 Pindaros 425-426
필로클레스 Philocles 549-551
필리스토스 Philistos 379

하그논 Hagnon 107, 387
헤르모크라테스 Hermocrates 199-200, 202, 324, 333-334, 358, 373, 379, 405, 407
헤르몬 Hermon of Megara 529-530
헤르미포스 Hermippos 96, 167
헤스티오도로스 Hestiodoros 114
헬릭소스 Helixos 453
호메로스 Homeros 108, 425
히페르볼로스 Hyperbolos 256-257, 295-296, 386, 450
히포노이다스 Hipponoidas 285-286
히포니코스 Hipponicos 164, 166
(칼케돈 총독)히포크라테스 Hippocrates 497
(장군)히포크라테스 Hippocrates 203-204, 206-211